中国近代
思想家文库

◎

王兴国 编

牟宗三卷

中国人民大学出版社
·北京·

《中国近代思想家文库》编纂委员会名单

总　序

　　对于近代的理解，虽不见得所有人都是一致的，但总的说来，对于近代这个词所涵的基本意义，人们还是有共识的。一个国家、一个民族走入近代，就意味着以工业化为主导的经济取代了以地主经济、领主经济或自然经济为主导的中世纪的经济形态，也还意味着，它不再是孤立的或是封闭与半封闭的，而是以某种形式加入到世界总的发展进程。尤其重要的是，它以某种形式的民主制度取代君主专制或其他不同形式的专制制度。中国是个幅员广大、人口众多、历史悠久的多民族国家，由于长期历史发展是自成一体的，与外界的交往比较有限，其生产方式的代谢迟缓了一些。如果说，世界的近代是从 17 世纪开始的，那么中国的近代则是从 19 世纪中期才开始的。现在国内学界比较一致的认识，是把 1840 年到 1949 年视为中国的近代。

　　中国的近代起始的标志是 1840 年的鸦片战争。原来相对封闭的国门被拥有近代种种优势的英帝国以军舰、大炮再加上种种卑鄙的欺诈打开了。从此，中国不情愿地加入到世界秩序中，沦为半殖民地。原来独立的大一统的中央集权的君主专制国家，如今独立已经极大地被限制，大一统也逐渐残缺不全，中央集权因列强的侵夺也不完全名实相符了。后来因太平天国运动，地方军政势力崛起，形成内轻外重的形势，也使中央集权被弱化。经历第二次鸦片战争、中法战争、甲午战争、八国联军入侵的战争以及辛亥革命后的多次内外战争，直至日本全面侵略中国的战争，致使中国的经济、政治、教育、文化，都无法顺利走上近代发展的轨道。古今之间，新旧之间，中外之间，混杂、矛盾、冲突。总之，鸦片战争后的中国，既未能成为近代国家，更不能维持原有的统治秩序。而外患内忧咄咄逼人，人们都有某种程度"国将不国"的忧虑。

　　"天下兴亡，匹夫有责"，读书明理的士大夫，或今所谓知识分子，尤为敏感，在空前的危机与挑战面前，皆思有所献替。于是发生种种救亡图存的思想与主张。有的从所能见及的西方国家发展的经验中借鉴某些东西，形成自己的改革方案；有的从历史回忆中拾取某些智慧，形成某种民族复兴的设想；有的则力图把西方的和中国所固有的一些东西加以调和或结合，形成某种救亡图强的主张。这些方案、设想、主张，从世界上"最先进的"，到"最落后的"，几乎样样都有。就提出这些方案、设想、主张者的初衷而言，绝大多数都含着几分救国的意愿。其先进与落后，是否可行，能否成功，尽可充分讨论，但可不必过为诛心之论。显而易见，既然救国的问题最为紧迫，人们所心营目注者自然是种种与救国的方案直接相关的思想学说，而作为产生这些学说的更基础性的理论，及其他各种知识、思想，则关注者少。

围绕着救国、强国的大议题，知识精英们参考世界上种种思想学说，加以研究、选择，认为其中比较适用的思想学说，拿来向国人宣传，并赢得一部分人的认可。于是互相推引，互相激励，更加发挥，演而成潮。在近代中国，曾经得到比较广泛的传播的思想学说，或者够得上思潮的，主要有以下几种：

（一）进化论。近代西方思想较早被引介到中国，而又发生绝大影响的，要属进化论。中国人逐渐相信，进化是宇宙之铁则，不进化就必遭淘汰。以此思想警醒国人，颇曾有助于振作民族精神。但随后不久，社会达尔文主义伴随而来，不免发生一些负面的影响。人们对进化的了解，也存在某些片面性，有时把进化理解为一条简单的直线。辩证法思想帮助人们形成内容更丰富和更加符合实际的发展观念，减少或避免片面性的进化观念的某些负面影响。

（二）民族主义。中国古代的民族主义思想，其核心是"非我族类，其心必异"，所以最重"华夷之辨"。鸦片战争前后一段时期，中国人的民族思想，大体仍是如此。后来渐渐认识到"今之夷狄，非古之夷狄"，"西人治国有法度，不得以古旧之夷狄视之"。但当时中国正遭受西方列强的侵略和掠夺，追求民族独立是民族主义之第一义。20世纪初，中国知识精英开始有了"中华民族"的概念。于是，渐渐形成以建立近代民族国家为核心的近代民族主义。结束清朝君主专制，创立中华民国，是这一思想的初步实现。第一次世界大战爆发，中国加入"协约国"，第一次以主动的姿态参与世界事务，接着俄国十月革命爆发，这两件事对近代中国的发展历程造成绝大影响。同时也将中国人的民族主义提升到一个新的层次，即与国际主义（或世界主义）发生紧密联系。也可以说，中国人更加自觉地用世界的眼光来观察中国的问题。新生的中国共产党和改组后的国民党都是如此。民族主义成为中国的知识精英用来应对近代中国所面临的种种危机和种种挑战的一个重要的思想武器。

（三）社会主义。社会主义作为一种模糊的理想是早在古代就有的，而且不论东方和西方都曾有过。但作为近代思潮，它是于19世纪在批判近代资本主义的基础上产生的。起初仍带有空想的性质，直到马克思和恩格斯才创立起科学社会主义。20世纪初期，社会主义开始传入中国。当时的传播者不太了解科学社会主义与以往的社会主义学说的本质区别。有一部分人，明显地受到无政府主义的强烈影响，更远离科学社会主义。直到五四新文化运动兴起之后，中国人始较严格地引介、宣传科学社会主义。但有一段时间，无政府主义仍是一股很大的思想潮流。中国共产党的成立，从思想上说，是战胜无政府主义的结果。中国共产党把在中国实现社会主义乃至共产主义作为自己的奋斗目标。此后，社会主义者，多次同各种非科学社会主义思想的信仰者进行论争并不断克服种种非科学社会主义思想的影响。

（四）自由主义。自由主义也是从清末就被介绍到中国来，只是信从者一直寥寥。直到五四新文化运动兴起，具有欧美教育背景的知识精英的数量渐渐多起来，自由主义始渐渐形成一股思想潮流。自由主义强调个性解放、意志自由和自己承担责任，在政治上反对一切专制主义。在中国的社会条件下，自由主义缺乏社会基础。在政治激烈动荡的时候，自由主义者很难凝聚成一股有组织的力量；在稍稍平和的时候，他们往往更多沉浸在自己的专业中。所以，在中国近代史上，自由主义不曾有，也不可能有大的作为。

（五）激进主义与保守主义。处于转型期的社会，旧的东西尚未完全退出舞台，新的东西也还未能巩固地树立起来，新旧冲突往往要持续很长的时间，有时甚至达到很激烈的程度。凡助推新东西成长的，人们便视为进步的；凡帮助旧东西排斥新东西的，人们便视为保守的。其实，与保守主义对应的，应是进步主义；与顽固主义相对的则应是激进主义。不过在通常话语环境中人们不太严格加以区分。中国历史悠久，特别是君主专制制度持续两千余年，旧东西积累异常丰富，社会转型极其不易。而世界的发展却进步甚速。中国的一部分精英分子往往特别急切地想改造中国社会，总想找出最厉害的手段，选一条最捷近的路，以最快的速度实现全盘改造。这类思想、主张及其采取的行动，皆属激进主义。在中共党史上，它表现为"左"倾或极左的机会主义。从极端的激进主义到极端的顽固主义，中间有着各种程度的进步与保守的流派。社会的稳定，或社会和平改革的成功，都依赖有一个实力雄厚的中间力量。但因种种原因，中国社会的中间力量一直未能成长到足够的程度。进步主义与保守主义，以及激进主义与顽固主义，不断进行斗争，而实际所获进步不大。

（六）革命与和平改革。中国近代史上，革命运动与和平改革运动交替进行，有时又是平行发展。两者的宗旨都是为改变原有的君主专制制度而代之以某种形式的近代民主制度。有很长一个时期，有两种错误的观念，一是把革命理解为仅仅是指以暴力取得政权的行动，二是与此相关联，把暴力革命与和平改革对立起来，认为革命是推动历史进步的，而改革是维护旧有统治秩序的。这两种论调既无理论根据，也不合历史实际。凡是有助于改变君主专制制度的探索，无论暴力的或和平的改革都是应予肯定的。

中国近代揭幕之时，西方列强正在疯狂地侵略与掠夺殖民地和半殖民地，中国是它们互相争夺的最后一块、也是最大的资源地。而这时的中国，沿袭了两千年的君主专制制度已到了奄奄一息的末日，统治当局腐朽无能，对外不足以御侮，对内不足以言治，其统治的合法性和统治的能力均招致怀疑。革命运动与改革的呼声，以及自发的民变接连不断。国家、民族的命运真的到了千钧一发之际，危机极端紧迫。先觉分子救国之心切，每遇稍具新意义的思想学说便急不可待地学习引介。于是西方思想学说纷纷涌进中国，各阶层、各领域，凡能读书读报者，受其影响，各依其家庭、职业、教育之不同背景而选择自以为不错的一种，接受之，信仰之，传播之。于是西方几百年里相继风行的思想学说，在短时期内纷纷涌进中国。在清末最后的十几年里是这样，五四时期在较高的水准上重复出现这种情况。

这种情况直接造成两个重要的历史现象：一个是中国社会的实际代谢过程（亦即社会转型过程）相对迟缓，而思想的代谢过程却来得格外神速。另一个是在西方原是差不多三百年的历史中渐次出现的各种思想学说，集中在几年或十几年的时间里狂泻而来，人们不及深入研究、审慎抉择，便匆忙引介、传播，引介者、传播者、听闻者，都难免有些消化不良。其实，这种情况在清末，在五四时期，都已有人觉察。我们现在指出这些问题并非苛求前人，而是要引为教训。

同时我们也看到，中国近代思想无比的多样性与复杂性呈现出绚丽多彩的姿态，各种思想持续不断地展开论争，这又构成中国近代思想史的一个突出特点。有些论争为我们留下了非常丰富的思想资料。如兴洋务与反洋务之争，变法与反变法之争，革命与改良之争，共和与立宪之争，东西文化之争，文言与白话之争，新旧伦理之争，科学与人生观之争，中国社会性质的论争，社会史的论争，人权与约法之争，全盘西化与本位文化之争，民主与独裁之争，等等。这些争论都不同程度地关联着一直影响甚至困扰着中国人的几个核心问题，即所谓中西问题、古今问题与心物关系问题。

中国近代思想的光谱虽比较齐全，但各种思想的存在状态及其影响力是很不平衡的。有些思想信从者多，言论著作亦多，且略成系统；有些可能只有很少的人做过介绍或略加研究；有的还可能因种种原因，只存在私人载记中，当时未及面世。然这些思想，其中有很多并不因时间久远而失去其价值。因为就总的情况说，我们还没有完成社会的近代转型，所以先贤们对某些问题的思考，在今天对我们仍有参考借鉴的价值。我们编辑这套《中国近代思想家文库》，希望尽可能全面地、系统地整理出近代中国思想家的思想成果，一则借以保存这份珍贵遗产，再则为研究思想史提供方便，三则为有心于中国思想文化建设者提供参考借鉴的便利。

考虑到中国近代思想的上述诸特点，我们编辑本《文库》时，对于思想家不取太严格的界定，凡在某一学科、某一领域，有其独立思考、提出特别见解和主张者，都尽量收入。虽然其中有些主张与表述有时代和个人的局限，但为反映近代思想发展的轨迹，以供今人参考，我们亦保留其原貌。所以本《文库》实为"中国近代思想集成"。

本《文库》入选的思想家，主要是活跃在 1840 年至 1949 年之间的思想人物。但中共领袖人物，因有较为丰富的研究著述，本《文库》则未收入。

编辑如此规模的《文库》，对象范围的确定，材料的搜集，版本的比勘，体例的斟酌，在在皆非易事。限于我们的水平，容有瑕隙，敬请方家指正。

《中国近代思想家文库》编纂委员会

目　录

导　言

一、作为哲学家的一生

　　牟宗三，字离中，1909 年（清宣统元年）夏历四月廿五日生于山东栖霞蛇窝泊牟家疃祖宅。牟氏祖籍原为湖北公安县，明洪武年间迁居栖霞县，历经数百年繁衍，成为全县最大的望族。宗三乃栖霞牟氏老八支中第四支的后裔。其父牟荫清，最初以经营骡马店为业，后改为纩织业附带农耕，娶杜氏为妻，生三子，长子宗和，次子宗德，宗三为季子。荫清教子有方，宗三自幼深受父亲的影响。

　　1917 年，宗三（9 岁）读私塾；1919 年，升入蛇窝泊新制小学；1923 年，考入栖霞县立中学；1927 年，考入国立北京大学，读预科，一开始就决定了读哲学。两年后，宗三升入哲学系本科就读，开始全面地接触到西方哲学，同时在自学中把握到了中国哲学与文化的一大根源《周易》。宗三的学思在中西方哲学的来回中双向并进，一边读《周易》，一边沉浸于怀特海（Whitehead Alfred North）的哲学之中。宗三对怀氏哲学见解超凡，卓然而成一家之言，直至暮年，仍然引以为骄傲。然而，怀氏哲学无法满足宗三极强的思辨爱好与要求。因此，宗三从怀氏走向了罗素、莱布尼茨、康德的哲学。宗三自治易学，大学未毕业就写出了处女作《从周易方面研究中国之元学与道德哲学》（原名），假借易学阐发"中国之玄学与道德哲学"（"元学"即"玄学"），并为中国思想中的哲学赋予一个形式系统，后被誉为具有"划时代的意义"。在当时，此书就得到了林宰平、沈有鼎、熊十力、李证刚、张东荪、孙道升等著名学者的高度评价，并引起了名重一时的新文化运动领袖之一、北大文学院院长胡适的重视。因为此书的方法论之争及其中的玄学意味，导致宗三与胡适之间在学问的精神方向上的彻底决裂与分道扬镳。

在读大学期间，对宗三思想有直接影响的是张申府、金岳霖与张东荪三位先生，这三位先生是宗三的启蒙老师，分别从逻辑学与知识论方面对宗三早期的哲学思想产生了重要的影响。

1932 年冬，在邓高镜先生引荐下，宗三认识了熊十力先生。从此，宗三以熊十力为师，并终生服膺。这其中，最大的关键在于熊先生给宗三的生命与思想带来了一个具有"质"的决定意义的大转变，那就是使宗三从西方哲学复归中国哲学，接续了儒学的慧命。事实上，宗三成为熊十力衣钵的传人，接续与光大了以儒学为主的中国文化的慧命。

1933 年，宗三大学毕业，执教于山东鲁西寿张乡村师范学校。1934 年秋，宗三北上天津，投奔老师张东荪，并与罗隆基常相往还，加入了国家社会党，参与编辑其机关刊物《再生》杂志。宗三大学未毕业就已经成为《再生》的撰稿人，发表的文章受到师友好评，颇为张君劢欣赏。张君劢后来写《立国之道》一书，便请宗三代写其"哲学基础"一章。1934 年 10 月，关于"唯物辩证法论战"的论文，由张东荪主编，结集为同名著作出版。宗三有 3 篇论文，均全文收入该书。其中，《逻辑与辩证逻辑》一文成为该书的压卷之作。这年秋天，宗三赴粤，任教于陈济堂在广州创办的私立学海书院。这期间，宗三接替张东荪主编广州《民国日报·哲学周刊》，不负所望，编辑与刊发了国内许多著名哲学学者研究中西哲学的论文，他自己也在该周刊上发表了若干篇重要论文与译著，这些论文的大多数构成了其逻辑学与逻辑哲学巨著《逻辑典范》的部分基础。

1936 年秋，学海书院解散，宗三回北平，谋事无成，熊十力请求老友梁漱溟每月出资 30 元，供宗三继续从自己念书。梁先生一口应诺，却提出了苛刻的附加条件：要求宗三必须亲自观察和了解他在山东的乡建事业；必须读人生哲学之书籍；必须不得做政治的利用。宗三到了邹平乡村建设研究院，由于不能完全认同乡建运动，与梁漱溟争辩，极不相契，不辞而别。十年之后，宗三在宁创办《历史与文化》杂志，梁漱溟向宗三订阅。宗三作一长函致梁，有意对他斡旋于国共两党之间的政治活动提出规谏。未料，梁竟然率尔在宗三的信函上作答后寄回。宗三同样毫不客气地回敬了梁，将梁的答批一一剪下来，装入信封，原物寄还。梁牟就此绝交。20 世纪 70 年代，梁对研究他（梁漱溟）的美国专家艾凯（Guy Alitto）博士谈到此事，依然感叹说：牟宗三，"他脾气真大啊"！又感慨道："没想到，他如今以哲学家名于世矣。"虽说宗三与梁绝交，但是数十年之后，宗三在《现时之中国之宗教趋势》一文中，却能本于学术的公正立场对梁漱溟为中国文化所做出的杰出贡献给予高度的评价和礼赞。1988年，梁漱溟逝世，宗三全面客观公正地评价了梁漱溟伟大的一生。

"七七"事变后，宗三从北平辗转至长沙、南岳，再到桂林，先后在梧州中学和南宁中学任教。1938年秋，宗三来到成为全国"避难所"的大后方昆明，谋职无比艰难，一年多的时间全赖好友张遵骝资助度日，在困顿中发奋撰著《逻辑典范》。远在重庆的熊十力得知宗三春城被困，致书在西南联大的北大哲学系主事的同仁汤用彤教授，极力举荐宗三回母校任教，其中写道："宗三出自北大，北大自有哲学系以来，唯此一人为可造，汝何得无一言，不留之于母校，而让其漂流失所乎？"汤用彤的回答是：胡（适）先生通不过。此时，胡适为驻美大使，却仍然遥控校事。宗三自大学毕业，终身被拒之于北大门外。

身为国社党的一员，宗三求助于国社党党魁和老友张君劢，却毫无结果。此后，二人在昆明相见，谈话极不愉快，还发生了争吵。熊十力又推荐宗三进复性书院，马一浮以无款推辞。熊便向教育部部长陈立夫提议，由教育部支付薪金，让宗三以都讲名义进入书院。宗三去乐山见熊师，途经重庆，应邀与与《再生》杂志社的熟友会晤，宗三与张君劢又多次发生争执，在诸友的劝说下，二人归于和解。张君劢要留宗三主编《再生》杂志，不同意宗三去复性书院，并与陈立夫（国民党）发生关系。此时，张君劢正在筹备创建大理民族文化书院。宗三提出，等到书院成立后，就去那里读书。张君劢一一应诺，宗三才终于答应留下来负责《再生》杂志。然而，宗三的薪水仍然是由教育部供给的。宗三几经曲折，终于见到了被日机炸伤寄寓璧山疗养的熊十力，盘桓数日后返回重庆。1940年秋，大理民族文化书院正式招生，宗三以讲师名义进驻书院读书，但与张君劢关系极度紧张，精神上痛苦至极，变得消沉而颓废，显出生命个体性的破裂之象，从纯粹理论理性的一端下落于感性的追逐与沉沦的另一端。一边是理智抽象中的具体的哲学，一边是感性生动的具体的酒色，宗三从这边走到那边，又从那头回到这头。这边丢不下，那头挣不脱，只能在彷徨与痛苦中艰难地挣扎。终于，宗三从中真实地领悟了生命的真谛，体证到儒家的良知本体和天理，在生命的具体历程中解读与领略了佛家的业力以及耶教关于上帝的"普遍的爱"，觉情大发，提起生命，摄智归仁，向着"肉身成道"的方向转化，这颇有似于日本禅宗史上的一休在妓院悟道的经历。

1939年，宗三在重庆结识了唐君毅，两人由此结下了一生中最真挚的友谊。宗三与君毅同是哲学天才，但是君毅似乎比宗三更为早熟。君毅在哲学义理上相契于熊十力，先已自见于心，在哲学的某些方面、尤其是辩证法和形而上学方面，对宗三起到了"带路"的作用。在论学交往中，君毅影响了宗三，宗三也启发了君毅，二人交光互映，彼此相得益彰。君毅在晚年坦承：宗三在其《逻辑典范》与《认识心之批判》中所表现的分析与建构之才是自己所不及的，并断言宗三的著作可以证明现代逻辑不能超出理性理解，而别有所根。这同西方由康德、黑格尔到鲍桑奎之流，关于传统逻辑不能离开理性理解而别有所根的观点，正好遥相呼应；在与宗三的交谈中所触发的思想，甚至远远超过了从熊十力先生处得到的。君毅与宗三在哲学的康庄大道上不停迈进，互相启发与激励，你追我赶，硕果累累，大气磅礴，在世界哲学史上也是罕见的。在当代新儒家中，"唐牟"并称，二人的哲学同为当代新儒学的典范，代表了两大重镇。

1943年，大理民族文化书院因为政治的缘故被迫停办，宗三再回重庆投奔熊十力，途经故地昆明，应西南联大哲学系之邀，作了一次关于康德哲学的讲演，内容是关于《纯粹理性之批判》范畴论的探讨。出席的听众，除了以哲学系的学生为主的联大学生之外，更有师长辈的著名学者汤用彤、贺麟，以及沈有鼎等人。当时够资格讲康德哲学的人，除了权威的康德专家郑昕教授以外，可谓凤毛麟角。然而，流离失所的宗三居然可以到西南联大讲康德，是很了不起的！宗三到了勉仁书院后，与熊师寄寓于此，过了一段寄人篱下的日子。

这年秋天，在君毅的推荐下，宗三应聘为华西大学哲学历史系讲师，开始了他一生在大学独立讲学的生涯。在华大，宗三一边独自钻研全世界也没有超过15个人能读懂的那部由罗素和怀特海合著的巨制《数学原理》（一般称为PM系统），一边继续撰著平生第一部最重要的著作《认识心之批判》。康德的《纯粹理性之批判》以及罗素和怀特海合著的《数学原理》，乃是西方近世学问的两大骨干，宗三常自庆幸能出入于其中，得以认识人类智力的最高成就，一窥西方学问的庙堂之宏富，的确很不简单！由于宗三对罗素哲学下了大苦功，终于成为世所公认的罗素专家。

1945 年 8 月，抗日战争胜利，宗三转往在重庆的中央大学哲学系任教，被礼聘为教授（37 岁），得与挚友君毅共事。宗三的教学颇为出名。时任哲学系主任，以美学家名世的宗白华教授常与学生一起听宗三讲课。秋冬之际，重庆召开国民参政会议，梁漱溟和张东荪都将赴会，宗三写一长函给梁，同时托梁转呈一长函给张，对二位先生所从事的政治活动提出劝告。但没有得到以"狂人"著称的梁漱溟的答理。张东荪还算念及与宗三的师友之情，便约宗三面谈。结果，宗三失望而归。这时，宗三已从思想上和政治上同梁、张两位先生作了不可挽回的决裂。

1946 年春，中央大学迁回首都南京。中大哲学系系主任实行的是"轮流执政"的制度。秋季，宗三接续君毅当系主任，刚一上任就碰上了一桩麻烦事。系中资深的名教授方东美为延聘古希腊哲学专家陈康任教被学校否决而与学校顶撞起来，以罢教相抗。与方东美一向不契的许思园提议，为学生计，方教授的课程应该由人顶上。经过一番商量后，几个教授就把方讲授的西洋哲学史课程分担着上了。方误以为是系主任牟宗三的主意，毫不谅解，并予以报复。翌年暑假，宗三因为当系主任而曲遭谗诬，不再被续聘。君毅挺身而出，向校方争公平，没有效果。自此，牟方之间数十年不相往来。然而，彼此之间在学术上尚能秉持一种客观大度的精神和态度，不失大师风范。尽管方一直不大喜欢宗三，但是当宗三的《才性与玄理》出来后，方赞许其"功力甚深"，给予很高的评价；宗三在谈到台大哲学系的建设与发展问题时，对方也不乏微词，但是充分肯定了方的博学与开阔，而且方称当代西方哲学为"纤巧"的哲学，也得到了宗三的认可与采纳。直到 1972 年，在夏威夷召开的王阳明国际学术会议上，方向宗三提了许多问题，得到礼遇，二人之间长时期的僵局才得以打破，恢复了交谈。这成为哲学界的一桩趣事与美谈。

1947 年 1 月，内战全面爆发，宗三目睹国是日非，民族不幸，文运否塞，"客观的悲情"愈发昂扬，就以自己的薪水与友人姚汉源等人一起创办了《历史与文化》月刊，以"人禽"、"义利"、"夷夏"之辩昭告于世，从头疏导中华民族的文化生命与学术命脉，以期唤醒士心，昭苏国魂。宗三自任出版发行的具体事务，但只坚持到第四期就被迫停刊了。《历史与文化》的创办在当代新儒学史上是一个重大事件。

这年夏秋之际，宗三应聘为金陵大学和江南大学两校教授，往来于南京和无锡之间，暂时借住于好友、也是熊十力的另一大弟子徐复观家中。徐复观正在办《学原》杂志，白天各忙各的，夜来相聚，两人谈学论道，十分爽洽。宗三成为《学原》的重要撰稿人之一。这一时期，宗三的学术研究仍然是中西两线兼顾。夏天，他选译了圣托马斯·阿奎那的《神学总论》（未发表）。宗三视圣托马斯·阿奎那的神学哲学为西方哲学的一大骨干。接着，又撰著了《王阳明致良知教》上下篇，这是宗三研究宋明儒学的开始。1948 年秋，宗三与恩师熊十力一同任教于浙江大学。此时，熊十力的又一位高足程兆雄主持的江西信江农业专科学校升格为农业学院，地在南宋鹅湖书院故址。程校长有意邀请师友来鹅湖论学会讲，旨在重新复活朱（子）陆（象山）之学脉，并嘱请宗三撰写了《重振鹅湖书院缘起》。此文第一次提出了"儒学第三期发展使命"的观点，成为当代新儒学史上一篇具有重要历史意义的文献。1949 年春，内战的尾声降临，精思与写作近乎十年的伟构，宗三平生第一部最重要和最富于原创性的皇皇巨著《认识心之批判》，终于在杭州完稿了。此书具有取代康德《纯粹理性之批判》的意图，奠定了牟宗三哲学体系之大厦的础石。夏秋之间，宗三只身渡海到台湾。

1950 年，宗三受聘于台湾师范学院（后升格为国立师范大学）国文系，分别讲授理则学（逻辑学）、哲学概论，先秦诸子学和中国哲学史等课程。宗三的教学非常出色，并以"怪杰"著称。最为传神与不可思议的是，宗三上课总是那样：一课的段落正好讲完，钟声就响了，非常之准，从未有过失误。学生都十分惊奇，赞叹"牟先生怎么将时间把握得这么巧妙"！宗三口才好，有思想、有内容，又有技巧，讲得清楚、有条理、有逻辑，又很巧妙，而且非常的有感情。实在令人佩服不已。宗三走到哪个学校，就成为哪个学校的一块金字招牌。世所公认，在当代新儒家那一辈当中，宗三是最会讲课的人，是最杰出的一位哲学老师。学生门人将宗三比拟为佛门中"说法第一"的天台智者大师智顗！

1952 年初，金岳霖在大陆做自我批判和检讨的消息传到了台湾。宗三发表了《一个真正的自由人》一文，激怒了殷海光，并葬送了二人之间多年的友情。宗三与殷海光之间的断交，成为新儒家与自由主义两个阵营之间大论战的导火线。（新儒家出面论战的始终是徐复观。至1957 年，论战达到最高峰。最终，双方由敌视和对垒逐渐走向和解，并在某些观点上达成一致。）

1952 年 6 月 4 日，宗三在《台湾新生报》发表了《哲学智慧之开发》一文。此文一出，脍炙人口，青年学生争相传诵。台湾大学外文系有一个学生读了这篇鸿文，便决定了读哲学做哲学家的终生志向。经过多年的不懈努力和奋斗，这位才华横溢的大学生成为国际有名的哲学家。他就是华裔美籍哲学家傅伟勋。

宗三的教学与文章备受青年学生与社会人士的赞赏，影响日益扩大，引起了蒋总统介石先生的重视。蒋总统邀请宗三到他的官邸晤谈，嘱咐教育部部长张其昀具体办理。没想到，宗三脱口一句话："我不想被总统召见"，就轻而易举地谢绝了！蒋总统也随缘而处。① 这可真是难得一见的魏晋风流的再现！

1952年夏，宗三借主持师大的人文讲座之机，发起成立了"人文友会"。这是介于中国传统书院与现代大学教育体制之间的一种特殊的松散的现代教育形态与方式。文友会的聚会坚持了两年整，从无间断。先后参加聚会讲习的青年才俊不下百十之数，产生了学校与社会相通为一的效果。其中的许多人，如蔡仁厚、戴琏璋、劳思光、韦政通、唐亦男、陈修武等，日后都成了著名的思想家、哲学家或学者。1956年8月，宗三转往东海大学任人文学科主任。从1957年夏初开始，宗三在校内外举办了类似于在台北成功开创的人文友会的聚会，参加者常在百人以上，成员则来自全校各系，风气自由而开放，宗三改用了学术的方式讲学。后来，聚会改在假期举行，会员背着被子住在他家，白天听课，晚上打地铺睡在客厅，吃饭也全由他招待。刘述先、郭大春、韦政通、林清臣、蔡仁厚、马光宇、周文杰等先后在此打地铺听讲。1958年秋，宗三喜迎姗姗来迟的第二次婚姻。聚会间，大家在辩论中争吵得太厉害，宗三燕尔新婚的妻子无法忍受，显得非常不耐烦，他就悄悄地把妻子拉到里屋，对她交代说："你跟我发脾气不要紧，但是你不能跟我的学生发脾气。"世所公认，宗三对学生的宽容与爱护是无与伦比的。此期的聚会，体现了以学问表现生命的风力与观念的方向，收到了比较理想的效果。人文友会成为当代新儒学运动史上的一个重大事件。

1949年以后，以新亚书院为大本营，以《民主评论》杂志为阵地

---

① 关于此事的另一个版本是说，蒋经国先生久闻牟宗三先生大名，对牟宗三先生很是敬仰与器重，便拟招牟宗三先生一见，欲以文教学术之重任相托，并要委以一行政职务，未料被牟宗三先生婉拒，蒋经国先生尊从牟宗三先生之志，就作罢了。这两个版本，究竟孰是孰非，抑或皆真，由于当事人均已作古，难以求证，只能根据知情者所提供的情况做一记述，以志不忘。

而互相配合发展起来的生气勃勃的当代新儒学运动，至 1958 年达到一个高潮，宗三与唐君毅、徐复观、张君劢三先生联名，发表了当代新儒家具有纲领意义的重要文献《为中国文化敬告世界人士宣言》（又名"中国文化与世界宣言"）。这篇"宣言"是当代新儒学发展史上的一个重大的里程碑，成为当代新儒家逐渐成熟和自觉，并走向世界的重要标志。

1959 年，宗三完成了"新外王三书"《道德的理想主义》、《历史哲学》和《政道与治道》的写作，其基本用心是贯彻晚明三大儒顾炎武、黄宗羲和王夫之的遗志，旨在本于儒家"内圣"之学以开出"外王"事功之新途径；三书相互配合，融为一体，成为宗三中年时期的代表著作。

1960 年 10 月，宗三转往香港大学任教。在港时期，宗三所做的一项重要工作是对于中国哲学史的研究，一方面上接他的"新外王三书"，另一方面则下开他的哲学思想体系的创建，前后持续了 20 年之久（1960—1980 年）。他先后完成了《才性与玄理》、《心体与性体》以及《从陆象山到刘蕺山》和《佛性与般若》，然而始终没有写出计划中的《原始典型》一书。在讲学论道中，宗三对于以儒道两家为主的先秦哲学（尤其是先秦儒家哲学）仍然有一个比较系统的看法。先秦儒学对于宗三的"心性之学"的重要性，就在于它代表着中国哲学史的根源的基本形态。它既是宗三全面疏导和反省中国哲学和文化的哲学史的起点，同时也是他居于儒学的正统地位判释与融合佛道以及其他诸家学说的支撑点。对于老庄道家哲学，宗三在《历史哲学》、《才性与玄理》以及《心体与性体》、《中国哲学十九讲》等著作中均有透辟与精彩的论述，形成与代表了他对于先秦道家哲学的系统看法。此外，对于先秦哲学中的墨家、名家、法家、稷下学士与阴阳家以及农家，宗三也都有所论及，尤其是对于墨家、名家、法家的论述比较深入与系统。关于晚周诸子哲学的论释，或可有补于宗三没有写出《原始典型》的缺憾。以宗三之见，全部中国哲学发展演化的历史就是"心性之学"发展演化的历史。无疑，宗三的中国哲学史观是地道的正统的哲学史观，以孔子所开创的儒家哲学为宗主和主干，并按照儒家哲学为主流的历史发展的内在脉络的"开""合"来展现。显然，这与宗三所提出和坚执的"儒学三期发展说"是密切地联系在一起的。一般地说，1971 年和 1974 年，《智的直觉与中国哲学》和《现象与物自身》的先后出版，代表着牟宗三哲学体系——"道德的形上学"的建立，至 1985 年《圆善论》的刊行，以及"真善美的分别说与合一说"的提出，标志着牟宗三哲学体系的究极之完成。然而，宗三的哲学思考与教学并没有到此停止。

早在 1974 年，宗三从香港中文大学退休后，除了在新亚研究所担任哲学导师以外，师孔子归鲁之意，返台讲学。十余年间，先后在文化大学、师范大学、台湾大学、中央大学、东海大学担任客座教授或讲座教授。这一期的讲学是宗三一生讲学最鼎盛与最辉煌的时期。他每次讲学都潇洒自如，得心应手，思理精粹圆谛，出语成金如玉，充满智慧，光彩照人，而台下常挤满了上百数十的人群，不仅有从四面八方赶来听讲的大学生、研究生，还有名教授、名学者，甚至建筑学家与官员，达到了老师与学生之间的"精神上互相契洽，即以导师之全人格及其生平学问之整个体系为学生作亲切之指导"的境界（钱穆语），风行草偃，兴起者众，盛况空前。宗三成为当之无愧的"说法第一"的大宗师。

进入 20 世纪 90 年代以后，宗三已经到了耄耋之年，依然精力充沛，神采焕发，不知疲倦地来回于港台之间，除了继续讲学和指导研究生以外，还应邀出席一些重要的学术会议并发表主题讲演。然而，自 1992 年底开始，宗三身体日趋衰弱，每年都有一段时间在医院度过。1994 年 12 月 25 日（圣诞节），宗三在台大医院索取纸笔，写下了他临终前的"遗言"。1995 年 4 月 12 日下午 3 时 40 分，宗三与世长辞，静谧而安详，享年 87 岁。宗三作为一个哲学家活了一生，最后光荣地作为一个哲学家而死去。

二、对哲学的贡献和影响

牟宗三哲学几乎遍及哲学的所有领域，诸如逻辑学、知识论、历史哲学、政治哲学、文化哲学、伦理学、宗教哲学、人生哲学、美学、形上学，以及"比较哲学"、哲学方法论和哲学诠释学等，并且都有重要的创造性的建树。

在逻辑学领域，宗三形成了富有个性与特色的先验主义、理性主义与主体主义的逻辑观，提出了一套独立的逻辑哲学系统，是中国 20 世纪屈指可数的逻辑学家之一。

在知识论领域，宗三的启蒙师之一张东荪首开中国现代知识论的先河，提出"多元认识论"之说，成为中国现代知识论的先驱，而宗三与他的另一位老师金岳霖，则是中国 20 世纪精通知识论的两大哲学家，一同成为中国现代知识论的奠基人。宗三的知识论有前期与后期之分：

前期以"格度"论为中心的认识论思想主要建立在他的逻辑学与逻辑哲学的基础之上，藉康德哲学的知识论或认识论的思想进路融摄逻辑原子论、基础主义、直觉主义、约定主义以及潜在论的逻辑思想和知识论观点，对莱布尼茨、休谟、逻辑经验主义、新实在论以及科学哲学的知识论观点等，均有批判的汲取与融摄，并在其中糅合了中国传统的知识论思想，形成了一个独特的知识论系统；后期的知识论思想从东西方哲学的比较与贯通中透出，尤其是借康德哲学为桥梁融合会通东西方哲学，在一个庞大的"两层论"的"道德的形上学"中，相对于"无执的存有论"建立了一套具有相对独立意义的"执的存有论"，这是一套关于现象界的知识学系统，但它本身不是孤立存在的，而仅仅是隶属于"道德的形上学"的"一层"而已。这个知识学系统与存有论（整个存有论即"道德的形上学"以及"无执的存有论"）融为一体。此外，在知识论方面，宗三还有不少精彩的论述，其中更多地论述和阐发出东方，尤其是中国固有的知识论或认识论的特性，虽然没有形成一个相对独立的系统，但是更为成熟、通透、丰富与具有启迪性，可能更为重要。宗三以"智的直觉"为划分中西方哲学的分水岭，又将中西方哲学的知识论或认识论归属和定位于"智知"与"识知"的类型。这不仅使中国哲学的知识论摆脱了西方知识论的标准，找到了自己的特性与归属，而且厘清了自己生长与发展的谱系。此外，宗三以康德哲学和东方佛教哲学相会通，阐发佛学知识论的精义，发前人之所未发，开启了中国哲学乃至东方哲学研究的一个新的重要领域。

宗三的历史哲学以其《历史哲学》为代表，本于历史而言哲学，以见"历史之精神表现即是一部在发展途程中求完成之哲学系统"，旨在贯通民族生命、文化生命，以开出中华民族更新之道路；将历史视为一个民族的实践过程，以通观时代精神的发展，展现精神本身的表现形态和途径，以及如何顺着中国文化的发展方向而转出科学与民主；荡涤民国以来所风行的历史经济决定论，完成"历史的精神发展观"，以恢复人类的光明，指出人类之常道。宗三的历史哲学思想深受黑格尔历史哲学的影响，但不是黑格尔历史哲学的翻版。宗三成为中国现代历史哲学的重要奠基者之一。

在政治哲学领域，宗三从哲学理论上论证与说明中国本于内圣之学以解决外王事功的问题"如何可能"，结果其思想远远地超出了中国的政治哲学问题的范围，而触及中西方政治哲学以及一般的政治哲学问题。它的关键就在于如何从"理性之内容表现与运用表现"转出"理性之架构表现与外延表现",以开出各个层面的价值内容,如自由、人权、科学与民主等,并使这些价值的独立性得到应有的保证,又如何能够将"理性之架构表现"统摄于"理性之运用表现",以使其从观解理性上通于道德理性而得其本源,这就牵涉到政治哲学的理性基础问题。这些问题在其政治哲学中均得到了不同程度的论述或探讨,尤其是,它在从哲学理论上疏导如何解决或处理东亚传统文化与现代社会的民主政治之间的关系方面,树立了一个典范。

在文化哲学领域,宗三形成和提出了生命的历史文化观。他认为,一个民族的历史文化是人的精神生命的表现,植根于民族的人性人情之中,而以学术思想为核心。人类文化的生命,在其历史长河中,伴随着各个民族的人性人情之常轨,亦即各民族的生命轨迹,而长活常流。文化是自然的、历史的,是民族的、社会的,但不为任何一个社团的教条、主义或理论所决定。长存于中国历史河流中的中国文化的生命特征,就是它具有健康的理性生命。中国由尧、舜、禹、汤、文王、武王、周公、孔子所传下来的已有几千年悠久历史的文化是以"理性的健康性"为最高原则的,并以此决定着中国人(个人或集团)的生活方式,决定着中国社会活动的方向原则。不管中国历史的发展如何曲折、如何升降,中国社会的这一基本方向并没有改变。此外,理性涵盖天地,育和万物,保障了宇宙运行的秩序。因此,这一理性不仅是文化的、社会的、历史的,而且是哲学的、形上的,尤其重要的,它还是有生命的。因为是它成就了一切,安排了一切,赋予了文化与历史以生命。宗三的文化哲学还对当代文化建设与发展问题进行了系统深入的反省,表明了自己的立场和态度,期望开出中国文化发展之正当途径,体现和代表了当代新儒家的共同的文化观的特征。它所代表的文化观与自然主义的历史文化观及科学主义的历史文化观截然不同,将人类的历史、文化与人类的价值生命统一为一个整体,而且深入到人性与人的实践之中,对当代哲学和文化具有深远的影响,在中国哲学史与文化史上居于重要的地位。

在伦理学领域,宗三以孔孟陆王一系之心性学与康德的自由意志相会通,以儒家的心性为人类道德的根源,强调道德修养和实践的重要,主张和坚持道德自律论,力主和宣扬"道德理想主义",指出和强调"孔孟之文化生命与德慧生命所印证之'怵惕恻隐之仁'","由吾人当下反归于己之主体以亲证此怵惕恻隐之仁,此即为价值之根源,亦即理想之根源。直就此义而曰'道德的理想主义'"。"其目的唯在对时代唤醒人之价值意识、文化意识、与历史意识。故其中心观念之衍展亦在环绕此三者而为其外延。"宗三在对中国哲学的重建中，复活了中国儒家传统的伦理学。

在宗教哲学领域，宗三提出和主张建立儒家的"人文教"；同时又提出"即道德即宗教"之说，认为以儒学为主为代表的中国传统哲学是"即道德即宗教"的，力倡以现代哲学的方式，并在人类理性的范围内重建"即道德即宗教"的哲学。宗三虽然积极融摄西方的耶稣（基督）教，但是判其为（隔）离教，判中国儒释道为（圆）盈教，并判儒教为正（圆）盈教，判道佛为偏（圆）盈教，力主以中国（圆）盈教吸纳与消融西方（隔）离教，以儒家正（圆）盈教为宗主消解佛道偏（圆）盈教，使儒释道汇归为一大圆盈教系统，极力反对以耶稣（基督）教为中国文化的宗主。宗三的宗教哲学思想借鉴了佛学的判教方法，并将它发展为一种重要的现代哲学意义上的哲学方法。宗三判释东流之佛教，与当今普遍赞赏和推尊中国华严宗的绝大多数人的态度与观点不同，他极力推崇天台宗为佛教的圆教，认为中国禅宗属于真常心系；其所谓"教外别传"乃是教内的"教外别传"；其"无法可说"的禅境独显光彩，不但在佛教内部为共义，甚至是儒释道三教之共义；禅宗不能独立地讲；慧能禅属于天台宗的圆教，神会禅属于华严宗之别教的圆教。宗三的宗教哲学观既不同于胡适的"以科学代宗教"，也不同于蔡元培的"以美育代宗教"的（在本质上是根本反对宗教的）主张，与近代以来陈焕章所提倡的"孔教"亦大为异趣，尤其是与当代新士林哲学（台湾新托马斯主义的宗教哲学）的宗教文化观形成了尖锐的对立，但是又能融摄科学、美学与西方宗教，提倡和主张将科学、艺术（美学）、哲学、道德和宗教统一为一个整体。宗三的宗教哲学观重放儒家人文之光，对当代学术与宗教造成重大影响，具有深远的意义。

在人生哲学领域，宗三充分肯定、继承和高扬以孔孟儒家为代表的中国传统人生观，在东西哲学的融通中创造性地提出了"真善美合一"与"德福一致"以及对于"命"或命运彻底超化的理想主义与乐观主义的人生观；并提出个人"生命核心"（灵光之源）皆能对人类社会放光的"核心"说或"放光"说；主张与倡导以个人的生命去体验与实践中国传统文化和学问这一"生命的学问"的著名观点，等等。这一人生哲学观不仅基于东方哲学的智慧与立场从理论上回答了人类哲学中的最高峰问题，充分地反映出哲学的终极关怀，而且将哲学提升到一种极高的人生境界，成为人类的人生理想的一种标杆。由此，儒学对于人类的终极关怀的重大意义或价值，得到了前所未有的揭晓与阐明，使儒学在世界文明中与佛教，以及基督教和伊斯兰教处于并驾齐驱的地位，提供了一种当代哲学的理性基础。

在"比较哲学"领域，宗三提出了一种历史的策略比较观，认为所谓"比较哲学"本身并不是一门学问，从来没有一种哲学是"比较哲学"。所谓"比较哲学"，实质上只是哲学上的一种权宜之计，是在东西方哲学两个不同传统之间展开比较，借以照察出彼此之间的特性，以及它们与时代问题（例如现代化问题或后现代化问题）之间的关联，以便它们能够从比较中恰当地了解对方与了解自己，从而达到彼此之间如何学习对方之长，如何容纳与消化对方，使自己这一哲学传统中所原有的智慧彰显出来，以服务于哲学自身创造和发展的需要。由此可见，比较哲学只是一种具体的历史学，或一种具体的哲学的应用策略，而哲学的比较本身并非哲学，只是直接服务于哲学而已。换言之，比较哲学只是从属于哲学的一门具有哲学策略意义或方法论意义的历史学。宗三抱着"东方哲学如何能容纳从而消化西方哲学，使东方这一传统所原有的智慧彰显出来"的心愿与智慧，实践了他的比较哲学观，并树立起一个典范。

作为一代哲学的大宗师，哲学方法论在宗三的哲学思想中占有极其重要的地位。由于他提出与凸现"智的直觉"，而使这一问题成为中西方哲学的分水岭。在此前提下，中西方哲学各有其道，独自成为一统系，因此二者在方法论上的差异，自然有若霄汉之别。宗三的哲学方法论，是自觉地反省与超越古今中外的哲学方法论的结果，成为一个十分庞大的多面相的和内容丰富的方法论立体网络。其最大和最基本的奥秘和原则就在于，他在自己的哲学中始终坚持贯彻"称理而谈"的原则。就是说，哲学上所运用的任何一种方法都必须"称理"，即符合哲学本身的理性需求，才是有意义的。凡是不符合"称理而谈"的任何一种哲学方法论，都必须无条件地放弃。哲学方法的"称理而谈"是从哲学自身的运演之中产生出来的活的哲学生命的"灵魂"。因此，哲学方法论本身并不是历史的知识或技巧，而是哲学理性自身的构作与创造，它既是哲学的，又是具体（抽象的具体）的，甚至是实践的。

在宗三贯穿逻辑哲学、知识论与形上学，乃至历史哲学、政治哲学、文化哲学、人生哲学、宗教哲学、哲学史和美学等一切领域，并保持前后高度一致的方法论，主要有体现出其基本原则的七个方面：

一是实现之理与纪纲之理的方法，或存在之理与纪纲之理，亦名创造原则与轨约原则的方法。

二是内容真理与外延真理的方法。

三是名言或概念分析与超越分析，批判分解与辩证综合分层分境应用与综合统一的方法。

四是藉一个大哲学家（例如西方哲学家康德或中国哲学家胡宏）或某一宗（例如中国的天台学）的思想为基础或框架，综融中西古今哲学的主流，开创了一种消融与整合西方哲学的圆教哲学的道路。

五是即哲学以言哲学史，即哲学史以言哲学，哲学史与哲学互为表里，一体圆融。

六是现代意义的判教方法。宗三的判教不是为判教而判教，乃是通向他建立自己哲学的圆教系统的必由之路。因此，判教是一种真正的哲学理性的运演活动。它是哲学自身依据它的理性的返照、统观，为哲学的不同传统、学派或系统给予恰当定位。其目的在于藉判教来达到一种哲学总体上的综汇、整合、统一与定位的圆融之境。这需要由逻辑的厘清，批判的分解而实现超越的消融，辩证的综合，臻于宗三所称的"圆教"而后可。

七是宗三的道德的形上学在方法论上开创性地完成与实现了逻辑构造与直觉构造的合一，形上学同时被根植于实践与语言之中。"逻辑"与"道德"成为牟宗三哲学的两大支柱、两大契点与两种基本的进路，"语言"与"实践"构成了牟宗三哲学的两个基本的层面与居所。栖居在"语言"中的（生生不息的）"存有"最终必须返回到"实践"的体证之中去，才能有新的生成与开展。在经过了这一套方法论的手续中，宗三把传统形上学的本体论，从西方式的思辨证明变成了东方式的实践的亲证，因而使形上学在现代哲学世界中，获得了一种新的生命与形态。

以上这些方法之间互相联系与互相涵摄，成为一个方法论网络立体结构的整体，内在地存于牟宗三哲学之中。

此外，宗三的哲学方法论与其哲学诠释学是互相贯通和联结为一体的。它有如加达默尔的诠释学一样，不是为了仅仅阐明一种哲学的方法，而是旨在探明人类历史文化中的哲学问题以求哲学地解决，澄清哲学精神与人类生活世界经验的密切关系，因此是与其哲学的基本精神联系在一起的，表现了其会通中西哲学而自造哲学系统的旨趣。具体地说，宗三的诠释学是围绕着由中西方哲学原典诠释的特殊性与差异性所引出的种种哲学问题而展开、发展与初步建成的。它强调了"理解文献的途径"的首要的基础地位和意义：其一，从理解哲学本文的句子入手达到对本文义理的通盘了解。其二，从哲学本文的诠释达到与其哲学家的思想生命"感应"。这里所讲的哲学文献的途径，就是从了解或诠释哲学本文的语句开始，深入哲学本文的脉络或语境中，疏通段落，形成恰当的概念，了解其哲学思想的义理之骨干与智慧之方向，找出或发现其中所要解决的或隐藏的哲学问题，对症下药，做出相应的哲学诠释。如果说从了解文句来诠释哲学文献只是初步的，那么生命感应则是哲学诠释的极点即哲学诠释的最高境界，同时生命感应也是哲学诠释的最高标准。其中，生命、智慧、学养、法度与思辨统合为一个有机的和谐整体。除了生命之外，其他均为理性所涵摄。实质上，生命的感应原是理性的生命或生命的理性的感应。这不仅构成了与生命"相应"的"默契妙道"的基础与前提，而且成为判断诠释者能否具有与其生命"相应"的客观有效诠释的铁的标准。宗三将佛所说的"四依四不依"法则加以改造后引入了他的诠释学，整合成为其诠释学的总纲，代表了其诠释学的基本观点。具体有六大环节：

（1）依语以明义。包含五个基本环节：第一，了解文句，把握脉络，疏通段落；第二，了解该哲学的义理之骨干与智慧之方向；第三，形成恰当的概念；第四，提出问题；第五，哲学地诠释。

（2）依法不依人（函依理不依宗派）。对哲学本文的理解与诠释必须抱有学术的真诚与按照学问的法则、法度、学理、轨道行事。只有在对哲学本文的理解与诠释中，才能使第一序的"依语以明义"的诠释与第三序的"依义不依语"的诠释接榫。

（3）依义不依语。在"依语以明义"的诠释基础上，必须进一步把哲学本文置于诠释者由其生命、知识、学养、法度和思辨的结合所形成的系统中，也就是将它置于诠释者的生命与理性的高度融合中，以求在综合的经验透析过程中豁然贯通，实现理性的生命和生命的理性中的契印，最后以哲学的方式创造性地说出来，所得到的结果——一个新的本文，既有异于哲学原作品的本文，同时也可能超越了哲学原作品的本文。

（4）依智不依识。宗三从一种广义的知识论出发，把"智知"与狭义的知识论的"识知"概念加以区别，分别形成了"依识不依智"与"依智不依识"的诠释原则；强调在"一心开二门"的哲学原型中，"依识不依智"与"依智不依识"的诠释分别归属于其中的"生灭门"和"真如门"，得到它们各自所应有的定位。一方面"依识不依智"，但可以"转识成智"；另一方面"依智不依识"，却可以化"智"为"识"。这样，就消除了识知与智知之间的鸿沟，实现了它们之间的两来往。这两个创造性诠释原则，从其中一个可以反推出另一个。它们附属于"依义不依语"的诠释原则，本身就是创造性地诠释的结果。

（5）依了义经不依未了义。它明确规定：诠释的准则或标准只能是"了义"（"经"字省略或无意义）而不是且不能是"未了义"。根据上文的论述，对"了义"可以从"以语以明义"，"依法不依识"和"依义不依语"三个原则得到规定。这样，"了义"就具有四层含义：

其一，语言分析、逻辑分析或历史分析中的义理；

其二，学术法度中的义理；

其三，属于智知或识知的义理；

其四，与诠释者的生命和理性相契应的义理。

在把这一原则运用于具体的诠释时，一方面必须以上述"了义"的四层含义为根据和准则，另一方面则要求所有的诠释必须与上述"了义"的四层含义相应。

（6）分齐。一方面"分齐"原则贯穿上述的所有诠释原则，另一方面所有的诠释原则均统一于"分齐"原则。这是一个最高的统摄原则和组织原则。

在宗三诠释学总纲的各项原则中，以"依语以明义"、"依义不依语"和"分齐"三项最为重要，它们构成了其总纲的基本骨架。其中，"依义不依语"与"依语以明义"居于其全部诠释原则的中心地位。从"依语以明义"到"依义不依语"，就是从"语"到"义"的过程，依次递进，层层深入，基本上展现出诠释的历程。这一历程恰恰建立在"语"和"义"相互交错的诠释循环的基础之上。

在形上学的领域，宗三建立了一个"道德的形上学"体系，这是当代哲学的最为庞大的形上学体系之一，仅有君毅的"心通九境"的形上学体系可以与之相比，虽然其博大圆融绝不在"道德的形上学"体系之下，但是在哲学理论思辨力的细密与深透方面，则难免逊色一筹。当然，两大体系各有千秋，比拟于佛教的天台宗和华严宗来说，"道德的形上学"是"天台"式的，"心通九境"是"华严"式的，正可谓"梅须逊雪三分白，雪却输梅一段香"。最为有趣的是"唐牟"的形上学均由"心"所笼罩和涵盖，同为东方所特有的"彻底的唯心论"的典型形态。宗三道德的形上学分别以"逻辑"与"道德"为进路，开创性地将逻辑构造与直觉构造相结合，贯通西方哲学的"语言"层面与东方哲学的"实践"层面，构建出"执的存有论"与"无执的存有论"的两层存有论的形上学，并由"一心开二门"的模型凸现出哲学的原型，进而开出哲学的圆教系统，使哲学的最高峰问题——"圆善与真善美合一的问题"得到了一种前所未有的解答，不仅保持了"德福一致"和"真善美合一"的理想性和崇高性，而且使它们成为人类理性完全可理解的信仰。形上学同时被根植于实践与语言之中。但是，栖居在"语言"中的（生生不息的）无限心的"存有"最终必须返回到"实践"的体证、践形之中去，才会开出新的花朵并结出硕果。

在美学领域，宗三有着丰富的探索，并取得了开创性的成就，可以分为早晚两期。在早期，宗三由对文学作品的鉴赏以及文学艺术的本质、格调、意境和创作等的理解问题的研究，创造性地提出了"文艺是图像的象征"的观点；尤其是在其《认识心之批判》中将中国儒家哲学与康德哲学及美学进行比较和会通，重建真善美世界之圆成的宇宙论的过程中，不满意康德的美学（尤其是康德以美学为中介来沟通"第一批判"和"第二批判"，试图实现真善美统一的思想），因此就有了一个重建康德美学思想的"儒家式的美学大纲"。这是宗三初次探索真善美的统一。在晚期，宗三又藉批判和厘清康德美学与哲学而重新回到了美学的问题上，并重述康德关于美的四相说，尤其是费大力气提出"真善美的分别说与合一说"，以东方的智慧开辟出一条统一"真善美"的通道，树立起一个不同于西方的典范。

对于上述这些哲学领域，宗三皆有不同的重要探索与卓越贡献，所有这些领域的探索与思考，在其哲学思想中又构成了一个统一的有机整体，保持了在方法论的基本原则上的前后高度一致，从总体上充分地贯穿与体现了"分齐"的原理，表现出一代大哲思路的首尾一贯性、自洽性、简约性与透彻性。

宗三在晚年以一人之力将康德的"三大批判"——《纯粹理性之批判》、《实践理性之批判》和《判断力之批判》全部译为中文（汉语）出版，实为二百年来世界之第一人，对后世影响巨大。宗三自谓：此

（三）书之译，功不下于玄奘、罗什之译唯识与"智度"（《唯识经论》与《大智度论》）。超凡入圣，岂可量哉，岂可量哉！然真正仲尼临终不免叹口气，人又岂可妄哉，岂可妄哉！实际上，宗三所译康德的著作，尚有《道德形上学之原理》（一般译为《道德的形而上学基础》）。此外，宗三还译出了维特根斯坦的《名理论》（一般译为《逻辑哲学论》），以及亚里士多德、圣托马斯·阿奎那和海德格尔的少量西方哲学著作。宗三的译著继承与发扬了中国古代翻译佛典的精神，具有无可替代的参考价值。

宗三以康德为桥梁对于东西哲学所作的融合工作与巨大贡献，是前无古人的。在宗三以前或与宗三同时，中外皆有人试图通过康德哲学，探索一条融合东西哲学而创造一种新哲学的道路，但是没有取得成功，直到牟宗三哲学出现，才树立起一座划时代的里程碑。因此，宗三最伟大的天才和贡献是在藉康德哲学为桥梁，融合东西（西方、印度、中国的哲学），贯通哲学与哲学史，自造出一个前所未有的哲学体系。这一哲学体系以"道德的形上学"为中心，"一心开二门"，含融与收摄了哲学各部门的丰富内容，融通为一，"良知（心）"的"自我坎陷"，"内圣"开出"新外王"，实现了形上与形下的"两来往"，不仅"德福一致"，而且"真善美"谐和如一。这一哲学体系代表了中国哲学发展到当代所诞生的一个新哲学体系的问世。它既是中国数千年以来的哲学发展演化的结果，同时又是传统的东方哲学与西方哲学融合的产物。牟宗三哲学作为一个先进的融合典范，永远不会失去它的前瞻和启导意义。不难肯定，如果西方的哲学家并不独尊西方哲学，而有朝一日也殷切地希望尝试在西方传统哲学的背景下，走出一条融合东西哲学的通道，那么牟宗三哲学必将是一大不可或缺的典要与参照系。归根结蒂，牟宗三哲学是中国哲学，不是西方哲学。

20世纪70年代末期，宗三已经成为一个具有广泛和重要的世界性影响的大哲学家，著名中外哲学学者都公认宗三为世界水准的大哲学家、"学贯中西的哲学大师"，他的"才智、功力和在中西哲学的造诣，都足以和世界第一流的哲学学者并驾齐驱"（美籍华裔哲学家吴森语）。此后，牟宗三哲学的世界影响与日俱增，逐渐扩大。90年代以来，以牟宗三哲学做博士论文的逐渐增多，除中国大陆、台湾和香港两岸三地以外，主要有韩国、美国、法国、德国、加拿大、澳大利亚等国家或地区。其他研究牟宗三哲学的论文也逐年增多。宗三的不少著作已经分别被译成韩文，英文和法文出版。进入21世纪以来，韩国将宗三著作的

翻译作为国家重大课题立项，组成专门译团，投入巨额资金，着手对
其《心体与性体》进行了翻译。2003 年，《牟宗三先生全集》（共计
33 册）出版发行，有助于人们全面和系统地了解和研究牟宗三哲学。
迄今为止，海内外出版研究牟宗三哲学的专著已经超过 20 种之多。
据国际互联网的统计，截至 2007 年，在公开出版的中文著作的引用
中，艰涩难懂的牟宗三哲学著作居然高居前 80 位，出乎意料而又使
人不胜惊讶！

　　宗三的学术贡献早已有口皆碑。中外学者都从不同方面对宗三一生
在人格上和学术上的伟大建树给予了充分的肯定和高度评价，指出宗三
为中国在"道统"、"政统"以及"治统"之外，建立了一种独立的"学
统"的重要贡献，认为他以现代哲学的纯粹建构知识体系的形态完成了
许多前无古人的独创性的"中国哲学"的里程碑式的宏伟巨构，并建立
了自己的哲学体系，将中国哲学的发展推进到一个前所未有的高峰。美
籍华裔哲学家傅伟勋指出："牟（宗三）先生是王阳明以后继承熊十力
理路而足以代表近代到现代的中国哲学真正水平的第一人。中国哲学的
未来发展课题也就关涉到如何消化牟先生的论著，如何超越牟先生理路
的艰巨任务。"宗三的学术典范意义不仅是中国的，而且是人类的世界
的，也不仅仅是历史的和现实的，而且是现代的和未来的。

　　"牟宗三哲学"在今天是一门显学。

三、本书的选编原则和体例

　　关于本书的的选编原则和体例，交代如下：

　　（1）所选文章以《牟宗三先生全集》和《生命的学问》所收录的文
章为准，包括牟宗三先生一生各个时期的论著。

　　（2）所选文章皆为独立完整的单篇论文，包括选自《逻辑典范》和
《心体与性体》中的附录各一篇；凡是专著或专书，限于篇幅以及对其
完整性的尊重和保护，一概不选，也不节录。

　　（3）所选文章尽量避免与此前出版的牟宗三先生文选重复或雷同。

　　（4）所选文章内容广泛，横跨东西，几乎包罗或涵盖牟宗三先生一
生涉足的所有研究领域留下的文字，虽以哲学为主，但不限于哲学；文
章的类型和风格，除了以严谨的学术论文为主以外，也适当选录部分重
要和具有代表性的讲演录，以及学术随笔和信札。

（5）所选文章以《牟宗三先生全集》和《生命的学问》所收录的文章为底本，同时尽可能参照原刊或原书附录的文章进行校对。至于所选录的一篇未刊稿（《江西铅山鹅湖书院缘起暨章则》），则以《牟宗三先生全集》为准。

（6）所选文章原则上不做任何文字上的删节或更改，但出于不得已的情形，仍有少数几篇文章，在不影响文章意旨的前提下，略有极少量的删减，并出记，这是要请作者与原编者以及读者原谅的地方；对于个别地方有错误的文字，则予以纠正，并出校记；对于个别地方有脱漏的文字，则补入，并以〔 〕标记。

（7）对于所选文章的标点符号，一律相应地改为中国大陆所实行的新式规范标点符号，对于其中相同的部分，除了不够规范的标点与句子过长的标点偶有少数改动外，都尽可能保持原貌。标点符号的改换，不出校记。

（8）所选文章中，有少数文字的辨识，保留了《牟宗三先生全集》编者的按语，为了与今编文选区别开来，特别加以注释或说明。

（9）对所选文章中的引文以及所引用的文献名（书名或文章名称），没有标明或指明出处或来源的，或出处与来源不清楚的，则加注释标识原文的出处或来源；对于间接引语，也加注释说明并给出来源或出处。

（10）关于外文人名的翻译，原文中对于同一人名有前后不同的中文译名，在本书中，则力求统一。如"马克司"与"马克思"不分，则统一为"马克思"；"怀悌黑"与"怀悌海"不分，则统一为"怀悌海"；"爱因士坦"与"爱因斯坦"不分，则统一为"爱因斯坦"；"布辣得赖"与"布拉得赖"不分，则统一为"布拉得赖"；"维特根什坦"与"维特根斯坦"不分，则统一为"维特根斯坦"；"亚里斯多德"与"亚里士多德"不分，则统一为"亚里士多德"；等等。

（11）部分外国人名的翻译与今天的译法有较大的不同，为便于读者理解，用注释标出了今天的译法。

遵循以上原则和体例，本书从业已正式发表或出版的牟宗三著作中选出牟宗三先生各个时期的各类单篇文章，凡43篇，试图能涵盖与体现牟宗三哲学的各个方面，同时尽可能地保留其完整性，并与其各种专书专著区分开来，以便在阅读或使用中互相配合。根据文章的内容和性质以及时间，所选的文章，大致上可以分为10个单元，排列如下：

（1）有关逻辑学和知识论以及西方学术之流变的内容（8篇）；

（2）有关与逻辑和知识论有联系，而又与形上学有联系的内容（2篇）；

（3）有关牟宗三早期论文化的内容（2篇）；

（4）有关牟宗三早中期论哲学的内容（7篇）；

（5）有关名理与道家哲学的内容（2篇）；

（6）有关佛学，主要是中国佛学的内容（4篇）；

（7）有关儒学与宗教的内容（3篇）；

（8）有关儒家哲学，尤其是儒家道德的形上学的内容（4篇）；

（9）有关哲学的学思与方法论的内容（5篇）；

（10）有关美学、文艺以及读书做人的内容（6篇）。

编选牟宗三先生文集，是我多年以来的一个心愿。中国人民大学出版社立足学术高地，远见卓识，推出了这一丛书的出版计划，此书不可或缺，有幸列入其中，当之无愧。在此书的编选过程中，李明辉先生和杨祖汉先生提出了宝贵的建议，牟宗三先生的公子牟元一先生，对本书的编选表示支持并同意授权中国人民大学出版社出版，谨此深致谢意！感谢干春松教授的推荐与王琬莹小姐为合作编辑此书所付出的辛劳，使我得以实现这一心愿。然而，出于篇幅字数以及其他种种原因的限制，特别是我个人的学识与能力极其有限，在文章的选择、编辑与排列上，均不无缺憾。欢迎海内外方家不吝指教！如果有机会增订或重编，限制减少，那就大可改观了。

王兴国

2014 年 5 月 20 日于深圳湾畔寓所

矛盾与类型说
（1933）

A. "凡有" 与 "变易" 之正的解析

A. 1　"凡有" 与 "非有"

A. 11　此问题必须溯源于古希腊的巴门里第①。巴氏首先提出一个 "凡有"（being）来以指谓这个充实的世界。

A. 12　其论证的方法是：吾人的思维必有所指，有所指始有内容，这个所指或内容即表示世界是 "有" 而非 "无"。思维无所指即无内容，也即是 "非有"（non-being）或 "无"，"非有" 的思维是不成其为思维的，所以 "非有" 是不可思维的。

A. 13　这样有两个很显明的结果：

（i）思维与现实合一，或思维与 "凡有" 合一，黑格尔的 "合理的即是现实的，现实的即是合理的" 即由此来。

（ii）"非有" 并不能与 "现实" 合一；所以 "非有" 乃直是思想之所造，而不能有对象为其所指。吾人以为某特定物不在此，所以就说 "非有"；其实某特定物不在此，而其他却在此，所以仍是 "有" 而不是 "非有"。普通以为某物 "不在" 或 "缺"，因而就说 "非有"，其实这是错的。所以 "非有" 特为思想之所造而无实物为其表象。

A. 14　这样一来，我们也可以得两种启示：

（i）正概念即有 "凡有" 为其所指者。此种概念表象外物，即有所及之思维。

---

① 今译 "巴门尼德"。本书的脚注除另有标注者外，均为编者王兴国所加。

（ii）负概念即思想所造之"非有"是。此种概念不能表象外物，即无所及，无内容之思维；也即巴氏所谓不能思想之"非有"是。

A. 141　这两种概念非常重要。这是本文的思想线索之根本所在处。

A. 2　"变易"与"凡有"

A. 21　此问题也必须溯源于古希腊的海腊克里托斯①（Heraclitus）。海氏首先提出一个"变易"（change）来以指谓这个充实的宇宙。

A. 22　他这个"变易"并不是物理科学中所谓运动。它乃是一个根本之转化。

A. 221　运动是由此到彼，其间必有空；然而作为宇宙之根本实在的转化的火，似乎是无间可言，似乎是无此之始无彼之终的。所以他的"变易"不是运动。

A. 222　运动必有运动之物，即有物而动而移置；然而他这个"火"的转化变易似乎并不表示有物在动，而乃是表示即转化即物实。如是，他的变易决不是运动。

A. 23　他的变易既不是运动，则变易所指谓之世界当然也是"充实"的，当然也是无所谓"空"与无所谓"间"的。

A. 231　既然是充实的，是无空无间的，则他这个宇宙自然也是不能够有"非有"的。"非有"在转化变易的过程之大流中是找不出来的，因之也是不能被思维的东西。

A. 24　因为不能有"非有"，所以所谓"不变"乃只是感觉上的普通现象，并不是实际之真如。

A. 241　有了"非有"才有所谓"空"所谓"间"，因而也就才有所谓"变"与"不变"，而此时之"变"与"不变"即是所谓"运动"与"不运动"之谓。可是运动，上面已经说过，并不是海氏所谓转化之变易，那末，"非有"自然在海氏的思想中也是没有地位的。

A. 25　如是，海氏之"变易"与巴氏之"凡有"，其所指谓乃是一个东西，并不是相冲突的两个绝对相反的见解。他们乃直是一个东西的两个看法，而决不是相反相成的一种无聊的调和。

A. 251　巴氏是从"总"的方面看，所以就提出"凡有"这一方面的性德；因为主张了"凡有"，所以就必须反对"非有"，"非有"乃直

---

① 今译"赫拉克利特"。

是不可思维的东西。

A. 252　海氏是从"纵"的方面看，所以就指出"变易"这一方面的性德；因为主张了"变易"，所以就必须反对"不变"，因而也就反对"非有"，"非有"乃直是不可思维的东西。

A. 253　譬如海水，若从总的方面看，他即是一个充实的"凡有"，"非有"当然是没有地位的；若从纵的过程或动荡方面看，他即是一个转化变易之大流，无空无间无物无运动，乃即转化即物实，即动荡即大海。结果仍是一个"凡有"而不是"非有"，只不过于"凡有"以外加一个"变易"之性德而已。此例恰合，并非妄举。

A. 26　海氏所反对的"不变"并［不］是巴氏"凡有"中所主张的"不变"。他反对的"不变"乃只是在普通经验上所觉察到的运动中之不动。这个运动中之"不动"显然不是巴氏所主张的"不变"；因为若巴氏的"不变"就是这个运动中之"不动"，则在其思想中应有空，有间，有"非有"存在，可是这显然与其所主张的"凡有"不相合的。在另一方面，同样，海氏所主张的"变易"也仍不是巴氏所反对的"变易"。巴氏所反对的"变易"乃正是海氏所反对的"运动"，即有空、有间、有驻定、有运动、有换位，这种运动才是巴氏所反对的，而并不是海氏所主张之"变易"。

A. 261　世人不察，不知海氏所反对者并非巴氏之所主张，巴氏所反对者也并非海氏之所主张；所以也就不复知他们指谓之所同一，因此就说他们乃是绝对相反的两种见解。其实何尝如此！这种错误，到现在为止，据吾所知，还没有一个人见得到。

A. 3　芝诺之反对运动

A. 31　芝诺（Zeno）继承巴氏的"凡有"世界观，并进而完其未竟之志以反对"大小""众多"以及"运动"等事实。现在只解析其反对运动，其余俟 B 段述之。

A. 32　若照上边的理论看来，则芝诺之反对运动乃是必然的结果，而亦是很有理由的，并不是玩戏法的诡辩。

A. 321　因为世界是"凡有"是"充实"的，所以不能有空有间。

A. 322　因为不能有空有间，所以也就不能经过一个固定的空间（fixed space）而运动。

A. 323　因为不能有空有间，所以也不能有始有终，有运动的极限或范围（movable limit），因此也就不能有这样有范围的空间而为其运动。

A.324 因为无空无间而为绝对之充实，所以每一瞬之时间都是充满了"凡有"的，这个"凡有"若与海氏的"转化"结合起来，那所谓运动量简直是无限之充实而不可分割。你若加以分割，也必是无限之小而永得不着"间"之存在，那末仍是无所谓"运动"。这即是有转化而无"运动"；每一时间即是空间，而每一空间即是"凡有"，即是扩延的物实，结果是"不动"。芝诺的例子即是"飞矢不动"。其实，这种不动正足以表示那个转化之凡有，正足以表示所谓"非有"是不存在的。这种思想决非诡辩，浅人不深思耳。解者每以空间点之无限分割而证其不动。殊失转化之意，无奈太死太板乎？此盖皆由其不知海氏与巴氏两者所指相同之故也。

A.33 既然只有转化而无运动，那末，则所谓科学中之运动是什么意义呢？这是一个大问题。希腊哲学，据我看，只有两个大问题：一是本文所讨论的问题，即"有"与"非有"而至于矛盾的问题；一是运动与其推度格（referent scheme）的问题。据以上所论，无疑地，这两个问题是互相胶结着的，而同时又同为希腊人所发见。

A.331 这两个问题是西洋文化的所在地，它们支配了整个的科学思想和哲学思想。本文所讨论的即是支配哲学思想的问题；那个运动的问题即是支配科学思想的问题，吾将专文论之。

A.4 柏格森的创化论

A.41 柏格森即是发见了海氏所指出的那个"变易"之性德。不过，柏氏从"心力"上起推广出去以至于全宇宙，而海氏则还是从自然界出发。

A.42 柏氏名这种"变易"曰"创化"（creative evolution），其言创化之主旨，也不外以下三点：

（i）全宇宙整个是充实的，没有空处。

（ii）从时间方面说，全宇宙整个是向前创化而无一毫间断。

（iii）从空间方面说，全宇宙整个是互相渗透而分离不开的。

A.43 从这三点要义看来，则柏氏所谓"创化"，自无异于海氏之"变易"，并也无异于巴氏之"凡有"。

A.44 因此，芝诺所反对的运动，在柏氏的思想中，自然也是不可免地要承认其有据。

A.441 可是，因为柏氏也未曾明白海氏与巴氏二人所指谓的是同一个东西的两种性德，所以极力反对巴氏所主张的"不动"，以为一切都在创化，芝诺所证明的"不动"，其实是把"动"空间化，如活动影戏者然，全是抽象的，智慧的无限分割，这不是真实本相。所以"不动"纯是虚幻而不是"真如"。须知这纯是一曲之见。巴氏所主张的"不动"正是你所主张的"创化"；你所反对的"不动"也正是巴氏所反对的"运动"。结果是一样的。

A.45 如是，柏格森的创化也仍是"变易"而"凡有"。普通所谓运动，不能承认，所谓不动也不能承认，而思想中所造的"非有"更不能承认。

A.46 他所谓创化正是不动义，这个动与不动的同一正是"变易"与"凡有"的同一，而不是原子论者所主张的原子本身不变而变者为原子间的关系这种变与不变的结合。因此，他所谓动与不动，也不是在空的空间中有空有间有始有终的动与不动。

A.461 原子论者所结合的变与不变，与科学中所论谓的动与不动，皆非海氏、巴氏、柏氏所主张的凡有与变易之同一的意义。他们乃是另一个问题，即运动与推度格的问题；而凡有与变易乃是"有"与"非有"的问题。

A.462 这个"非"字最重要，它是一切知识之起源，它又是一切矛盾之所在处。本文所以要溯源于"有"与"非有"的问题，就是为此。

A.5 怀悌海①之自然流转说

A.51 怀悌海（Whitehead）据其数理逻辑的底子，承受现代物理科学的新发见，而形成其有根有据有机有神的科学底哲学之创发，其整个的系统在此不能详说，只述其于"凡有"与"变易"这个问题上有关的"自然之流转"。

A.52 怀氏言流转，其出发点与海氏同，同为从自然界出发，而不从心力上出发。

A.53 "自然之流转"（passage of nature）亦名"事素之流转"（passage of events）。这种事素之流转，据怀氏之意，是最具体的东西，因而也就是最真实的东西。

A.531 这种流转决非思想之所造，亦无一点抽象作用于其内。

A.532 因此，他把历来所认为最根本的"物"（matter）就看成是抽象的东西，把这种抽象物认为根本存在就是犯了他所谓"误置具体"

---

① 今译"怀特海"。

之错误的。

A.533 再如空间上的"孤独""单纯位置"之设立，都不是具体的流转之实相，而都是抽象的东西。若认为它是根本的存在，那也即是犯"误置具体"之错误的。

A.54 如是，由怀氏之认流转为具体，则我们也可说海氏的变易也是具体的；由其反对抽象之孤独，则我们也可知海氏所反对的不变，巴氏所反对的运动，乃正是在那里反对抽象之孤独而证明是具体的，并由此我们也可知巴氏所主张的"凡有"与"不变"也正是具体的流转了。

A.541 反之，我们也可以说，在怀氏的具体流转中，"非有"是不能有的东西，也是不能被思想的东西。

A.542 既然如此，则怀氏的流转，从"总"的方面看，自然也可说是"凡有"而"不动"的了；从"纵"的过程方面看，自然也是"变易"而充实的了。

A.55 "凡有"这个名词在怀氏思想中不常见；但"不变"（即不动）这个意思却为怀氏亲所指点。这是怀氏看穿了这个问题的所在处。

A.551 事素的根本关系是"扩及"。每一事素扩及其他些事素，而每一事素也被其他些事素所扩及。

A.552 扩及关系，从其空扩关系（spatial relation）方面看，可以显示出事素永远是"实现的"（actual）；若从其时动关系（temporal relation）方面看，则可以显示出事素永远是"成为的"（becomingness）。

A.553 这种永为现实或"实现"，永为"成为"，就是事素的流转或"创进"（creative advance）。

A.554 由其永为"实现"，所以它不能有"可能"；由其永为"成为"，所以它不会"再"。

A.555 事素恰如其所是：是其所是，时其所时，而处其所处。

A.56 由上所述，"事素从未变迁。自然是发展的，即是说，一件事素 e 变成事素 e′底一部分，而此事素 e′即内含（或扩及）e 并且也扩张成为将来而超出 e 之外。这样，在某意义，事素 e 是在那里变的，即是说在其对于那些在自然之创进中曾不实现而变为实现的事素之关系中而变的。一件事素 e 之变迁，在'变迁'这字底这种意义中，将被叫做是'e 之流转'，而'变迁'这字将不被用。如是，我们可说事素是流过的，而却不是变迁的。一件事素之流转即是它的流过而成为某一其他事素，此事素即不再是它了。”（从 A.551 到此条止，可参看怀氏的《自然知识之原则》，第 2 分第 5 章第 14 条。）

A.561　变迁是在其“成为”或“流转”，不变是在其永为实现而无“可能”亦无“再回”。如是，他所谓变迁即是海氏所谓变迁，而他所谓不变也即是巴氏所谓充实的“凡有”。

A.562　如是，所谓不变决不可认为“停止”，而“凡有”亦决不可认为“死板”。怀氏能把“凡有”与“变易”看穿了，融一炉而治之，的［确］是伟大。并能与人以具体的解析，而不空泛言变，神秘言化。

A.6　罗素的缘起三型说

A.61　更能给我们以具体的解析，更能遵守科学之发见而说话者，则为罗素。罗素之观点与怀氏同，其名最具体的东西亦曰“事素”。他这事素或亦名之曰“物理缘起”（physical occurrence），犹之乎怀悌海亦名之曰“物实”（actual entity）或“实缘”（actual occasion）一样。

A.62　罗素在其《物之分析》第 3 分第 XXXIV 章中曾把物理缘起分为三型：

（i）稳静事素（steady events）。据罗素说，这种稳静事素是由于“稳静运动”（steady motion）而来的，但这稳静事素却不必有运动之意。

（ii）节奏（rhythms）。此所谓节奏，即是一个整个的周期过程（periodic process），也即是一个继续的系列是，如电子之放射及吸收及其绕轨道之自转皆是。

（iii）转变（transactions）。此所谓转变是量子跳跃的变动。在这种变动里，动力可以从这一个系统转到另一个系统。节奏是那放射之继续的波动幅，转变则是那原子的一跃一跃地量之放射。

A.63　罗素以为这三种缘起型都各有其不同的规律以管辖之。

A.631　节奏为周期过程，为转变之间的变迁，如是节奏即是继续。管辖此种缘起型的为“内在微分律”（intrinsic differential law），或曰“内在因果律”（intrinsic causal law）。这内在因果律亦叫做“因果线”（causal line）。

A.632　转变是量子跳跃，是不继续。管辖这种缘起型的为“量子律”（quantum law），或亦曰“外在因果律”（extrinsic causal law）。

A.633　稳静事素也是继续的。此可与节奏相似，但无动意。我们可以使节奏与稳静连结起来，连结它们的规律，罗素名之曰“谐和律”（laws of harmony）。

A.64　罗素将缘起分为三型，有继续有转变，好像他所指示的世界是有始有终，有空有间似的。其实不然。他这种分法纯由于相对论与量子论而来。相对论证明继续，而量子论证明非继续。这两种理论正证明一件事之两面——跳跃与波动。然而，跳跃却不必有空有间，即"非有"是不能够在物界存在的。

A.641　罗素说："牛顿的摄引律即供给出一外在因果律之完全例子，然而爱因斯坦，则一见便知其不能。"（《物解》，3分，XXXI章。）

A.642　牛顿所以能供给出一种外在因果律来，乃是因为他承认有绝对的空间、时间与运动，并有所谓因致之"力"。所以，他这种外在因果律乃实是有空有间的"外在"。而罗素的外在因果律则显然不是牛顿之意，而显然乃是受了相对论的影响之后，并有了量子论之后的意义。所以，他的"外在"乃是由量子论而来的。

A.65　相对论中的摄引律，说神秘一点，显然是一摄一切，一切摄一之意；所以有场合（field）这个概念被引出来。

A.651　并且，相对论中的摄引律也不承认有所谓因致之"力"，更也不承认所谓绝对空间及绝对时间。因此，距离间的运动，及有力为之因致的运动都是不可能的。这个结果，乃为罗素及怀悌海所乐道者。

A.652　既然如此，则所谓"非有"，所谓"空"，所谓"间"，都是不为现代科学所能证明者。然则罗素所指谓的世界自然也就是"凡有"而"充实"的了，同时，自然也就是转化而变易的了。

A.7　本段的总结

A.71　巴门里第只空泛地指出一个"凡有"，而否认"非有"，而并未指出这个"凡有"是何等性质。但我们从其辩论，从其所反对，并与海氏合观，则知他们两派所主张的乃是同一东西。只因语焉不详，后人不察，乃把巴氏所说的"凡有"看成是一个绝的①神秘的东西。错误即由此出，下段述之。

A.72　柏格森把他们两派的见解，论谓的稍微具体了，但仍是不科学而神秘性大。及至罗素与怀悌海，才把它们具体化了，精密化了，详细化科学化了。

A.73　你若要真实明白他们所谓"凡有"、所谓"变易"到底是什么，就请你细读怀氏、罗氏的书，并读几本物理学即可。

----

①　此处原文作"的"，当改为"对"。

A. 731　柏格森与怀悌海有几分相似，这是人所承认，也是怀氏自己所承认的；但是柏氏与素却未见有谓其相同者，即罗素自己亦深反柏氏。今列于一支，不亦异乎？曰：无足异。其所反对者是方法，其同者是真理。用不同之方法，不妨得同一之真理。两人之不同：一为玄妙，一为科学；一为神秘，一为精密。其实，这种不同全由其不同之方法而来，于最后的真理无关大局。譬如对此流水，一人用其艺术的天才，说得天花乱坠，一人却用其无情的逻辑而淡然地把它陈述出来。其方法固然不同，然其结果正不妨同一指谓。

A. 74　本段最大的目的在指示世界是充实的，世界只是"是"而没有"非"，只是"凡有"而没有"非有"。

A. 75　"非"这个东西不能在世界里存在。"非"只是思想所造的一个概念以辅助来解析"是"者。

A. 751　"非"这个概念不推及外物，不指示外物，不表象外物。因为世界里没有"非有"存在。

A. 752　我名这种概念曰"负概念"，A. 14 条已论及之。

A. 76　本段所叙的一支思想家，对于"凡有"与"变易"都能看成是同一指谓。或至少把它们统一起来，与所述的各家思想不相违背。

A. 77　这一支思想家都不能把思想上所造的东西看为外界之实在，因而也都不能承认有个"非有"在外界存在。此自巴氏自己已然。故吾名此支的思想曰"'凡有'与'变易'之正的解析"。

A. 78　这种"正的解析"有以下几点当注意：

(i) 事实与概念之区分。

(ii) "是"与"非"，正概念与负概念，不是同一俦类中的两个同等的东西，不可认其为"兄弟也"。

(iii) "非"不在外界存在，而在思想的运用上存在。

(iv) "是"表象或指示外界的存在；而"非"则不指示任何东西。

(v) 外界无论怎样有条理合理性，但总不能有个"非"存在。无论黑格尔怎样说："凡合理的即是现实的，凡现实的即是合理的"，然"非"不能踏入那个现实而合理的世界中。

B. "凡有"与"非有"之负的解析

B. 1　芝诺之辩证的方法

B. 11　从上段可知，我们必须将"变易"与"凡有"合观，始可把握"凡有"之真性，始可明了芝诺反对运动之根据。并且，由上段也可知，巴氏之所以主张"凡有"，乃纯是为反对"非有"而然。我们决不可把他的"凡有"看成是超世界的，看成是绝对理念的，看成是所谓普遍的、永恒的、先在的、理性上的法模。他的"凡有"是具体存在的真实世界，他正在指出"非有"之为思想上的作用，而不能与"凡有"并列。可是，大部分都是误解了这个意思。而其结果，把"凡有"认为是空无所有的理性上的绝对法模、绝对理念，而把思想上的"非有"也拉杂进去，纠合于一起而造成了所谓矛盾的世界观。这一支的解析，吾名之曰"负的解析"，因非其本意故。

B.12 而所以能纠合于一起，即在乎芝诺的辩证方法之应用。

B.121 芝诺既承认了世界是"凡有"，反对了运动，并进而再用辩证的方法反对"多"。

B.122 其反对的步骤从两方面看：

（i）从量之大小方面看：他以为从这方面看，你若承认"凡有"是"多"，则必一方面为无限小，一方面为无限大。为无限小是因为那些多的部分可以无限的分割，直至分之不可再分，则所谓部分也即是无限小，而近至于无大小，结果也就无所谓"量"，无所谓"小"。为无限大是因为"多"的部分之间必预设一个连结之界限，而此界限本身也必有量；如此，它本身又必须与其他相连，相连之间又必有界限部分，依此类推，可至无穷，所以又是无限大。所以，你若说"多"，则必于"多"自身中含有一个矛盾的情形，即无限小同时又是无限大。既然如此，所以"多"是不能主张的。

（ii）从数目方面看：从这方面看，若说是多，则必一方为有限（limited），一方为无限（unlimited），有限是因为部分可以无限分割，结果有多少部分即是多少有限。无限是因为两部分之间必有一第三者，而此第三者与其他两者相分离，中间又必有一个第四者，推而至于第五、第六以至无穷。结果是无限。所以若主张多，必又是个矛盾，即一方为有限，一方为无限，同时发生。

B.13 芝诺之反对"多"即是反对当时的原子论者。他以为世界决不是颗粒性的多数的小原子所组成。他这种反对，正足以证明世界是"凡有"的转化或缘起。

B.14 可是，世界无论是否是原子之组合，然而芝诺用辩证的方法以反对多，使它们相矛盾起来以至于不可能，这却是犯了一个严重的错误。

B.141　这个错误即是概念与事实的混扰，把事实上的"有"与思想上的"非有"纠合于一起而同认其为客观存在的事实，因而发见出它们的矛盾而即宣布了它们的不可能。

B.142　思想上，可以将一个东西，无穷的分；但在事实上，不容你那样的分割。思想上的无穷分是逻辑层次。不能把逻辑层次的无限而①应用于事实上。

B.143　思想上，可以将一个东西，无穷分之，同时又可以无限地合之；但在事实上不能这样作。也许一经化分，就可以消散；也许一经化合，就可以生一整体。无限地分合，不是具体事实，而是逻辑上的，数学上的。

B.144　在思想，可以把分、合两个概念纠合在一起，而使其同时发生矛盾。但在事实上，你施行化分，可以有限，你施行化合，也是有限，而且也并不在同一时空里。

B.145　所以，无限的小与无限的大之矛盾，有限与无限的矛盾，全是由于把那个不存在的思想上的"非有"拉进来而作成的一种思想的辩证。须知转化的凡有世界是并不在那里停止着，等候你那样的分，等候你那样的合，并等候你作起那样的矛盾。

B.146　即便世界是原子之"多"，也不能有无限的小大无限地分合之矛盾。因为它们根本就是这样存在的了。所以，使其矛盾者，思想上之辩证作用也。事实非真有然。

B.15　所以，芝诺的目的在乎证明"凡有"之为一而不多，为同而不异；但其攻守之方法则是错的。一、同、多、异，乃是事实问题，不能纯用概念的辩证即可以反驳或极成。

B.151　若纯用概念的辩证以施行，则结果不但否认多，连一也得否认，最后即是一无所有，即是说不能够有所主张。下边所述的三家思想即是如此。

B.2　黑格尔的矛盾世界观

B.21　芝诺既用了辩证的方法以证明或反对某种问题；但不过仍以为这是一种思维方法而已，还未曾把它投之于外而以之为元学上的发展过程。作这步工作的就是黑格尔。

B.22　黑氏不但把它看成是思想上的作用，并且因为他主张"思即有"，所以简直还把它看成是元学上的存在，看成它是世界发展的过程。

───────────

①　此处的"而"为衍字，当删去。

B. 221 固然，有些人主张黑格尔的元学只是本体论上的，而不是宇宙发生论上的，只是逻辑范畴的繁衍论，而不必看成是世界创造论。此意诚善，因这样可以免去其辩证应用之错误；但黑氏的思想却并不如此。黑氏的野心并不限于逻辑范畴之繁衍，也并不只限于思想方法之运动。假若如此，则所谓派生之自然、精神以及最后的综和，并所谓具体的共相都是无意义的。而何况黑氏所反复证明的即是"思维与存在"合一，"现实与理性"合一。上帝即是绝对，即是理念，即是现实（actuality），其他一切存在也都是现实，也都是理念。哲学的主要任务即是在谐和"现实与经验"（即理念与存在是）。

B. 222 修改黑氏者实有见于黑氏这种辩证之应用是有缺陷的，所以把它只限于范畴之推演上，然而"理念与世界合一"这是黑氏的唯一目的，也是德国唯心论的主要任务。若只限于逻辑上，还成其为黑氏吗？可是，不成其为黑氏，也就不能有错误了。

B. 23 黑氏把思想上的辩证要元学化，第一先得改变巴氏的"凡有"之面目。因为不然，"非有"不能拉进去。

B. 231 他先把"凡有"看成是一个绝对理念，空无所有的绝对理念。这是最高最普遍的范畴。

B. 232 这个绝对理念，它自身是要发展的，而发展的唯一原因，是要它自身起矛盾。矛盾的唯一表示是因"凡有"中反映出"非有"以与之相对。这样，本来是思想上的"非有"，本来是不存在的东西，也掺进去而成为是实有的、必然而有的了。

B. 24 因为自身起矛盾，所以一说"有"马上同时即反射出一个"非有"。并非昨天是"有"，今天才是"非有"。所以这种矛盾的发展，并不占有时空。

B. 25 有了反射，即有了限制。互相反设，互相限制，范畴即渐渐地推演出，而每一范畴也就渐渐丰富其内容。结果，愈丰富，愈具体，而又愈离不了那些以往的（逻辑上的）范畴之汇集，此即所谓"具体的共相"是。

B. 26 因为有矛盾，所以每一范畴即是一个无穷的正、反、合，也即是一个无限地小和大，无限的有限与无限，无限地分与合。庄子所谓"是〔亦〕一无穷，非亦一无穷"①，正是如此。

———————————

① 语出《庄子·齐物论》。

B. 261　无穷的限制与无限制，而最终归于一个绝对的"合"，此即所谓的上帝、绝对理念是。

B. 262　所以结局，起于"凡有"而终于"凡有"。其实，"凡有"本身即是一个无穷的矛盾，无穷的限制。它本身即是一个辩证的繁衍，不过为说明起见，把它弄成一个过程而已。

B. 263　在这个过程中，自然、精神都被繁衍出来。而这个辩证之普遍的方式即是"在自身同时又对自身"，简约之，即是"在而对之自身"（in and for itself），矛盾的世界观即是如此。

B. 27　可是，请你观察自然之事实，请你观察转化之自然，哪里有个"非有"存在？哪一个"有"反映出一个"在而对之自身"而不占有时空？

B. 271　所以，一察事实，马上就露马脚来，也正因此，所以有人只将其哲学限于范畴之推演。须知黑氏并不如此。

B. 28　黑氏之错误正在其：

(i) 误认巴氏之"凡有"。

(ii) 误认巴氏的"凡有"与"思维"之一致关系。

B. 281　巴氏之"凡有"并非"理念"，"凡有"与"思维"之一致乃是指其指谓关系而言，并非"同一"（identity）。

B. 282　黑氏既认"凡有"为"理念"，故将"凡有"与"思维"弄成同一，既然如此，则本来即为思维上所造之"非有"自然也可以看成理念，使其与"凡有"合一了。须知，这是经不起具体事实之印证的。

B. 283　矛盾之起源在乎将"是"与"非"两概念在思想上加以辩证之纠合，而矛盾的世界观即是这种辩证的纠合之客观化、元学化。

B. 3　Bradley 的无限之全体

B. 31　黑格尔应用芝诺的方法而使其客观化，遂即主张了世界是矛盾的。布拉得赖①用芝诺的方法解剖一切现象，结果发见出每一现象都是自相矛盾，所以都是不可能的，因而也都不是实体而只是现象（appearance），实体必无矛盾，必能消融矛盾而谐和之。凡矛盾者皆为现象，凡一致而圆足者皆为实体。

B. 311　黑格尔不说矛盾者为现象，而说世界自身，"理念"自身，

———————

①　今译"布拉德雷"。

根本即是矛盾的，根本由矛盾而向前发展的。由矛盾而趋于合，始为矛盾之消融，始为绝对。步步绝对，步步矛盾，如此无穷，但无止境。

B.312　而布拉得赖以为凡矛盾者皆非真实自性，皆是虚幻，故不以矛盾为根本存在。但其所谓实体亦非在现象之外。所谓实体，即是总摄一切现象而超越之之"无限全体"（infinite whole）也。如是，无限全体即足以消融一切有限之矛盾现象，而此矛盾现象在此全体中，因矛盾消融，亦得为部分之真。

B.313　如是，布、黑二人着眼点虽不同，而结局则一。其理论之步骤不同，而根本精神则一。我们且看布氏怎样使一切现象成为矛盾。

B.32　他说一切性质，无论初性次性，皆依关系。离了关系而言性质，根本无意义；但是关系（relation）即是不可能的东西。

B.33　他否定关系的方法与芝诺同。且引一段话以证明之："让我们以关系为相关之属性，并使其多或少成为独立的。'有一个关系 C，在其中 A 与 B 是关系者；并且此关系 C 与它们俩都生关系。'此关系 C 被承认与 A 及 B 都不相同，所以决不会对于它们有所论谓。但是，似乎有某种物事来陈说这关系 C，并也陈说 A 及 B。这个某种物事并不是成为把这个东西归属于哪一个之上。因为假设如此，则必现有另一关系 D，在此关系 D 中，C 在一边站立着，A 及 B 在另一边站立着。但是，这样一来，马上就可引至一无限之进程。此新关系 D 也决不会有方法来论谓 C，以及 A 与 B；所以，因此，[①] 要使其有所论谓，我们必须又引出一新关系 E 来，使其居于 D 与 C 及 A，B 之间。但是，此又必须引出另一关系 F；依此类推，以至无穷。"（《现象与实体》，21 页）。

B.331　这样否认关系，其方法与芝诺反对"多"同。但是，此方法之对与否姑且不论，其首先误解关系则须注意。他竟认"关系"为一"实体"而使其为"关系者"，这是莫大之错误。把关系看成是"东西"，而以 C 表之，以与 A，B 居同等之对待地位，宁非怪事！

B.332　关系者（relatum of term）可以发生关系，但关系者与"关系"不能发生关系。关系复合体（relational complex）可以为关系者，但关系不能为关系者。

B.333　设以 R 代"关系及"，A，B 代关系者，则能有"ARB"，也能有"CR'ARB'"，然而不能有"ARr"，此 r 代表"关系"。

---

①　此处多出"因此，"，当删去。

B. 334　因为"关系"乃是两个东西之间发生关联的一种"表意"，而不能把它具形化以使之成为一个死的东西。它是看不见摸不着的。

B. 335　布氏所以错误，即在太不察事实，只注视概念与符号，既可同以符号表之，则皆可视为独立存在。其实这是错的。哪里有那末一个看不见摸不着的关系，在那里独立存在，而来摄持 A，B 并论谓 A，B 呢？

B. 336　须知关系乃是由关系者之活动而发生之，而并不是由"关系"来摄持"关系者"。我们能说由关系及作用以使它们连结起来；但不能说以"关系"来论谓或陈说"关系者"。我们能说"关系者"因它们有关系而有特种之意义；但不能说"关系"来归属某种事物给"关系者"。

B. 337　以上是布氏对于关系的误解；假若把这错误纠正了，则决不会有"关系"与"关系"间的无限关系之谬论。

B. 34　我们再看他用矛盾的方法以否定关系。他以为离了关系无所谓性质，但是关系中之性质与离了关系之性质也是一样地不可解。同样，从关系方面说，他以为没有性质之不同不能发生关系，但有性质而发生关系与无性质而有关系也是一样的不可解。

B. 341　先从第一方面说："因此，性质必须被关及。但是，有一种歧异性（diversity）落在每一性质里边。每一性质有一种变重品性（double character），这双重品性同时来支持这关系，同时又被这关系所造成。我们可以把它看成一方是条件（condition），一方是结果（result），而问题则是如何去把这种歧异之幻化结合起来。因为，必须要结合之，但是同时你又不能结合之。A 被关系造成它所是的样子，同时又是不被关系造成它所是的样子；这些不同的方面或面相，既不是互为（each other），也不是或 A 或非 A。假设我们把这种不同的面相叫做 a 与 α，则 A 一部分是 a，一部分是 α。从 a 这方面说，它是'区别'之所根据的不同（different）；从 α 方面说，它是因连结而有的'区别性'（distinctness）。A 即是这两方面的聚和，可写为 A（a-α）。但是，上边说过，若没有一个关系，那是不可能的[①]去论谓 A 之变幻或幻化性。但是，在另一方面，若是一个内在关系（internal relation），则 A 之统一性即消失了，而它的内容也被浪散于无底的区别过程中。A，第一步，

---

① 此处的"的"为衍字，当删去。

在与α的关系中，首先变成a，但这些项（即α，a等关系者）本身又同时都落于无希望的分离中。我们所得到的，不只是一个面相，而是一个新的性质a，这个a自己即是在关系中；因此，它的内容必须是多端的。当其进入关系中，它本身即是a^2，而从关系之结果看，它本身又是$α^2$。它想结合起这些属性来，但同时又不能结合起来。总之，我们落在一个劈分原则里，此原则使我们无有终止。每一性质在关系中，结果是有一种歧异性在其自性里，而这种歧异性又不能直接地被说是性质。因此，性质在一种内在关系上必须改变了它的统一性。这种歧异性即是每一个之内在统一的致命伤；它需求一种新关系，以至无穷。总之，性质在关系中其不可解与无关系之性质同。"（同书，31页。）

B. 342 这是从性质方面而有两难。再从关系方面看："从关系方面，可以得到同样的两难。关系无论与性质俱或不与性质俱，都是不可解的。"无性质，即无关系者，因此也就无关系可言。"但是，关系与性质俱何以亦不可解呢？因为，假设关系对于性质无所增加或改变，则它们即终于未关及；若然，则它们即不能成为性质，而它们的关系也是虚无。假设关系对于性质有所事事，则显然将又需要一新的连结关系。因为，关系很难是其关系者中之一个或两个的形容者。若要是，则又似乎是无穷。"（32页）在此布氏加了一个注说："关系不能是一个关系者底形容，因为，若然，它即不能相关。同理，关系也不能是互相分离的每一关系者之形容，因为它们之间仍然没有关系故。关系也不是它们的公共特性，因为如此什么东西能使它们分离呢？所以，结局，它们不是两个关系者，因为不分离故。"

B. 35 以上是布拉得赖反对关系的根本原则。他说若把握住了这个原则，则以下所反对的就不必花时间去看了。可是，我仍费些时间，去读了读。果然，他用同一方法来否定时间、空间、因果、变动等一切现象。

B. 351 他这个原则可以从两方面看：

（i）连之又连的无底止之原则，此即芝诺所谓无限大无限小，是无限又是有限者。

（ii）一物之双重品性原则，此自然是由上原则而昭示出的。

B. 352 黑格尔干脆即从一个绝对的单一起，而此单一自身起矛盾起反射而有双重之幻化；布氏则从关系起，凡关系至少有两关系者，所以他随着芝诺从"多"方面而发见其各个分子自身是双重，是矛盾，是无底止。黑氏无须用关系，布氏藉关系而否定关系。结局是一样。

B. 36　我们要知道这无聊的变戏法，无什么真理，也并无什么艰深。若把它看穿了，则马上显出其毫无所有。布氏自己说："元学即是给我们本能上所信的找坏理由者，但是去找这些坏理由也还仍不过是本能的。"这是布氏甘自承认元学是无理取闹；但又发见不出这种无理取闹有什么错处，所以结局只好归之于"本能"。假若我们不承认哲学是给本能找坏理由，则必须把他这种无理取闹的坏理由的元学定死刑。假若哲学就是他的无理取闹的元学，则哲学虽是坏理由，毫无容易；可是，哲学不纯是布拉得赖的天下啊！

B. 37　把这种辩证的矛盾法用来反驳一切自然现象都是错的，唯一的理由，就是转化的凡有世界没有矛盾，没有"非"。假若世界不是"多"的，那末你假设个"多"来反对之，这是你反对你自己造的，而不是反对世界；假若世界是"多"的，则不是你所能反对的，世界不容许你用那种矛盾的无底止方法来否定它。假若世界是矛盾的，则它就是矛盾的，而不能于它的"是矛盾"中反映出一个"非矛盾"，结果仍是不矛盾，仍是不允许你来否定它。

B. 371　黑格尔倒聪明，他不用矛盾的方法否定世界，他根本承认它是矛盾。而他所以认为矛盾的原因就在把"非有"之"非"与"实有"之"是"看成同类而客观化，即是说，把思想上的作用看成具体世界之作用，此误不在小。容下段论之。

B. 372　因为有黑格尔的承认矛盾，所以就有布拉得赖的否定矛盾。他们两人实在是在那里表演双簧。

B. 373　布拉得赖一误解关系，二误用矛盾。其错误又加上一层。夫关系不能作关系者，则当然它不能与关系者对待而站在一边，既不能对待而站在一边，则当然不能发生连之又连的无底止。布拉得赖于说关系者发生关系时之"关系"，其意与普通同，至其说这个关系对于关系者有所影响或形容时，则马上又把"关系"看成是一"实体"（entity）而与其关系者相对待。这是布氏无底止原则之所由生，也是根本错误之所由在。至于所以如此错误，吾意是吃了文字言语的亏了！

B. 374　无底止原则既寻出其致错之由，则双重原则亦易消灭。因为双重品性之所以发生正在其连之又连的无底止之关系上。譬如，按布氏无底止原则看来，A 当其与 B 生关系时有性质 a，可以写为 A^a，由此 A^a 始可以言与 B 有关系；但此 A^a 之质 a 根本又是由关系而来，所以一说 A^a 要与其他生关系，则此 A^a 马上即变成 A^{a2}。这即是说，每一个性质都有其歧异劈分的双重性而无底止，无关系，无性质。可是，若把关系的误解取消了，则即不能有这种无底止的劈分，也不能有这种无底止的矛盾。

B. 375 所以布氏的谬论、坏理由，全是由于误解关系而并参加"非"字于其中所造成的。结果，你所发见的矛盾是你自己所造的，你所否定的也是你自己所造的，与世界本身无关。

B. 38 此外，在佛学中，龙树之《中论》也用了同样的方法来否定世界以显示世界是空。举凡因缘、时空、因果、变动、一多、同异等问题，皆用了双重性的矛盾法以破之。

B. 381 不过，龙树是从"不是，不是"方面言，而布拉得赖则是从"是既又是"方面言。从前者，则所得为"空"，其绝对为"虚无"，吾名之曰"负的无限全体"（negative infinite whole）；从后者，则消融一切矛盾，而皆承认之，其"绝对"为"有"，吾名之曰"正的无限全体"（positive infinite whole）。

B. 382 无论是正是负，其方法皆妄，所以结果皆不极成。其辩论之过程皆为戏论。不过，《中论》之方法，因为与布氏同，所以在此不耗费时间了。

C. 矛盾之起源

C. 1 事实与概念

C. 11 事实与概念的不同，似乎是显而易见的，然而好找坏理由的哲学家们却又不自觉地把它忽略了。其不同，虽然是浅显，然而严重的戏论，却时常由于忽略他的不同而发生。上段所述思想家们即是忽略了这个不同的例子。本段把这个问题想作一个彻底的考察。

C. 12 先论"事实"。此可从三方面说：

（i）当前五官所觉的事实；

（ii）历史上的事实；

（iii）非官觉所及的概念事实。

C. 13 当前五官所觉的事实，即是在当下发生而存在，并可为官觉所及。此可从两方面说：

（i）自然现象：存在于特殊时空中的"桌子"，它虽然是一个物体，但也是一件事实。物理、化学、生物、心理、生理诸科学所对付的事实都是这一类。虽然有人说，电子并没人看得见，但它总是由官觉藉仪器而实验出而发见出的。有人分为粗野事实及科学事实，这种程度上的分别大可不必。

（ii）社会现象：政治、经济诸现象都是。这种现象也是占有一特殊时空而可以为人所觉。张学良下野、汪精卫上台、蒋介石北来、于平津银行发公债、工场工人罢工等都是。

C.14　历史上的事实。此即上两种事实之已成为过去而在历史上存在者是也。

（i）自然的历史上的事实：自然现象总是在时空格内缘起而流转的，所以每一件事实总有其以往之历史迹的。他以往的诸历史迹，现在虽然不占时空，不为所觉，但他在过去，当其为现在时，总是存在的，可以觉察的。这种虽不为所觉而曾存在被历史记下来者，吾人亦认其为事实。诸科学所对付的虽为时空现存之事实，然总不能只顾现在。它总是要流过的，人们的经验不能把它把住而使其不流，所以科学所对的事实，总有历史性的。

（ii）社会的历史上的事实：此即当前的社会现象已成为过去而被历史记载下来者。此虽不为所觉，不在现在存在，然它总发生过来，所以仍认其为事实。如陈涉揭竿而起、满清入关等都是。这种事实，固然有可靠与否的问题，但只要它一被记载，它即有成为事实的资格，可以把它看成客观的而讨论之。

C.15　以上所说的两类，其差别只是在一个时间问题。还有一种概念事实则与此不同。它既不占特殊时空，它又不为所觉。这种事实即是把"概念"看成事实，此亦可以名之曰"文化事实"或"思想产物事实"。本来，文化事实也可以归于社会历史上去，但在此吾愿限制其意义与范围。

C.151　概念不是与事实不同吗？怎末概念又可以为事实呢？曰：可。虽可而不碍其为不同。这也并不是一种什么矛盾，也并不是矛盾之谐和。譬如我造"鬼"这一个概念以指谓事实上的"鬼"。你可以把这个"鬼"概念取来作为你讨论的对象。它在你思量它的时候，它即是具有事实之资格。其所以为事实，即在吾会真造这个概念来，即这个概念，它曾经实在一度出现。但是，它虽出现，它却不占时空，它也不曾在时空存在，它也不为汝所觉知，也不为吾所觉知。当然，这个概念之出现是有其一定之特殊时空，我主张这个概念也有其一定之时空。但是，这概念本身却无一定之时空。其所以不占时空，即是因为它是概念故。"但是，一旦它成为客观存在，此存在不占时空，它即具有事实之性质。这也即是'事实'与'物体'不同之处。"这类事实，吾即名之曰"概念事实"。康德的哲学、朱子的思想等都是。

C.152　这一类的事实也可名之曰"派生的事实"，至于前两类则可说是"固有事实"。

C.153　"派生的事实"乃是吾人用概念来对付固有事实所得的结果，这种结果是思想上的产物。

C.154　我们讨论"派生事实"时，总时常要涉及固有事实，所以易于混扰，但不可不分。

C.16　再论概念。在 A.14 条，吾已分概念为二：

（i）正概念：即表象或指示外物之概念。如人、桌子、物等都是。

（ii）负概念：即不表象或指示外物之概念。此只有一个，即"非"是。

C.161　正概念可以是"是"这个概念。总之，"是"指示外物，有外物与之相应；"非"则不指示，亦无外物为其所指，故亦无与之相应者。所以这两种概念，虽为对待，但不同类。

C.162　"是"概念与事实混，不容易发生错误；但"非"概念若与事实混，则为害不浅。"是"概念与事实不易见出其不同，但"非"与事实则易见。若认"是"、"非"同为概念，而遂混而同之以与事实混，则大误矣。

C.163　"非"在逻辑上以"～"这个屈曲表之，在数学上以"—"表之。实在说来，数学中之"0"也应是负概念。因为"凡有"的世界就没有一个零与之相应。因此，数理逻辑中之"空类"（null class）也应是个"负概念"，空类以"Λ"表之。

C.17　概念是由人类对于固有事实加以解说论谓而生出。

C.171　正概念是由事实而抽成；负概念则是思想之作用，由于人之思想对于"事实"之了别而造出，可以说，它是思想的功能（function）之表示。当然，人之思维过程是一种作用；但"非"并不表示这种"过程"，因为这过程是充实的、缘起的，它只表示在那过程中，当思维时所起的对于外物之反复指谓间的那种"外距态度"。

C.18　事实之存在具有时空，概念则否。事实之变取有时空，而概念之发展推演则不取时空；事实之变有始有终，其间之过程为时间的、空间的，而概念之发展过程则为逻辑的，其先后始终亦为逻辑的而非时空的。事实是客观的，概念是主观的。因其为客观，故不能随人意而变更，但概念则可随人意而变更。

C.181 概念是人们解说事实时所用的原则或范畴。它们若不适用了，那就是它们的改变时候。所以概念之变，不是事实之变，乃不过是抛旧的换新的，人的态度之变而已。

C.182 事实不可改变，人们解说它总不能完全举尽其品性，总有所遗漏；但这不是事实的改变，而是人的知识之发展，也是人的知识之缺陷而时常修改其自己。修改不是修改事实，而是修改你对于事实的解说。

C.183 每修改一次，概念就要变更一次。这种概念变更即是路易士①（Lewis）的"概念唯用论"（conceptualistic pragmatism）。

C.2 思想律之发生

C.21 思想律固然可以只从逻辑上列举之，但也可以使其与外界发生关系以考察其发生之起源及其实际之效用。

C.22 先说第一个律，即"同一律"是。在此，我赞成金岳霖先生的说法。他把同一律的说法分成三种：

(i)"一件东西与它本身相同"。一件东西含有多方面的属性，故此容易发生误会。

(ii)"甲是甲"。此亦容易发生误会。现代辩证逻辑家们反对形式逻辑大半是把同一律看成以上两种说法，或甚至怎样说之使其有毛病即怎样说之，易于攻击也。黑格尔与布拉得赖似乎也即是把同一律如此说之而使其客观化以否定世界。

(iii)"如果 X 是甲，它就是甲"。"这样说法对于 X 没有肯定的主张；X 可以是也可以不是甲；X 在一时是甲，在另一地可以不是甲。对于 X 虽没有肯定的主张，而对于甲有肯定的主张；那就是说甲总是甲。"（参看他的《思想律与自相矛盾》一文，《清华学报》第 7 卷第 1 期。）

C.221 X 有时空上的变迁，并含有多种性质；但同一律不是笼统的总持 X，而是严格的特指"甲"。

_____

① 今译"刘易斯"。

C.222　反对同一律者总是喜欢以总体与特体对举以显示同一律之不能遍举。其实这是错的。认识事物的总体之方法与同一律根本不是同性质、同范围、同类型的东西。同一律是最根本不过的，反对它即是承认它，它不能与"总体"这个概念对举，"总体"概念先慢引进来！没有同一律，"总体"还不知在哪个世界里打旋风哩！

C.223　"同一律"最大的作用，就是思想之启蒙，就是思想之开荒。它是思想对于外界的发动，而不是外界分子与全体的对举关系。

C.224　"同一律"最大的功用就是在指出外界。它先指示出外界而使我们造成"是"的概念。

C.225　这个"是"即表象同一律所指示的外物的。指示出外物，我们对外物始能表示态度。

C.226　"同一律"只负指示之责，被指出的外物之内容，它是不能告诉我们的。对于内容的认识，则有待于将来的发展。

C.23　再说"矛盾律"。矛盾律是人们把一切东西分为"是"、"非"两类以后才成立的，即是说，把"二分法"引进了思想中以后才建设起来。而二分法的成立，其唯一的原因是"非"这个概念之引出。"非"怎样生起，下节再说。

C.231　"矛盾律"的说法是："X 不能是甲与不是甲"。此乃随着同一律而来的。同一律用一个命题来指示出外界，譬如说："这是红的"。"这"（this）即是那个命题所指示的外界，以 X 表之，"红的"即是我们所肯定的东西，以甲表之。同一律即要规定这个"是"字，即要把"这是红的"规定成"如果这是红的，它就是红的"。这种规定即表示我们对于所指示的东西之肯定的态度。有了这一步态度以后，才能往下说话；所以它乃是思想发展的问题，而不是外界属性之总体与分子的对举问题。

C.232　"矛盾律"既是二分法引进以后的东西，所以它所禁止的矛盾也是两个"命题"间的矛盾。它这一禁止益发增加你肯定的态度。所以，"矛盾律"乃是规定"是"的另一种高级的方法。

C.233　它所禁止的是"这是红的"（X 是甲）这个命题与"这不是红的"这个命题之同时主张。所以结局，我们不能说："如果这是红的，它就是红的，同时它又不是红的。"而我们当该说："如果这是红的，它就不能是红的与不是红的。"因为我们只主张"红"，而不是主张那个"这"的全体。"红"以外的事，我们一点都不知道，所以我们不能以那个以后了别的"全体"来与现在所规定的"红"对举而说"同一律"，不能周延而遍举。同样，也不能说"矛盾律"不周延而有所遗漏。因为"矛盾律"也只是规定那个"是"的方法故。

C.234　矛盾律既是人们对于外界的主张问题，而不是分子与全体对举的问题，所以它不能说为："X不能是甲与非甲"。这说法就等于说："X不能是甲与是'非甲'"也就等于"X是甲"与"X是非甲"的禁止。可是，这显然是错的。因为这两个命题都是指示命题，而不是否定命题。所主张的，即谓词，都是肯定的异类东西。"甲"代表一类，"非甲"即甲以外的又代表一类。所以你主张"甲"，我主张"非甲"都不冲突。因为"甲"与"非甲"（＝乙）可以同时存在。因此，"X是甲"与"X是非甲"也不冲突，所以你就不能禁止它们的合并，所以"矛盾律"写为"X不能是甲与非甲"是错的。因为一件东西可以既是"红"的又是"非红"的，"非红"的即是红以外的无量东西，所以"既是又是"并不能以矛盾律来禁止。反对矛盾律的人都是把矛盾律看成"既是又是"的禁止的。其实，"既是又是"并不矛盾，而矛盾律所禁止的乃是"既是又不是"。

C.24　再说"拒中律"。拒中律也是引进二分法后而成立的。它的作用也在规定"是"，即从另一种方法规定"是"。

C.241　拒中律的说法是："X一定是甲或者不是甲"。"X一定是红或者不是红"。如果它是红，它就是红，它不能不是红；如果它不是红，它就是"非红"（红以外的无量数），它不能够是"红"。所以，"是红或不是红"＝"是红或是'非红'"＝"是此或是彼"＝"非彼即彼"＝"非'是此'即'是彼'"。

C.242　所以，排中律即是借着"非"字来规定"是"字，决不能既非此又非彼。

C.243　这个律既证明世界只是"是"而没有"非"，只是"凡是"而没有"非有"。"空"是不可能的。

C.244　既然只有"是"，而没有"非"，所以那个"是"中也是不能有矛盾的。

C.25　所以，总上而观，思想律不是别的，只是来指出"是"，规定"是"，解说"是"，证明"是"的。

C.251　世界千变万化，不过是只是一个"是"，即"凡有"。

C.252　人们千说万道，不过解说一个"是"而指出其内容。

C.253　思想律即是解说时所用的反复论谓这个"是"的一些方法。

C.254　人们的思想过程即充满了思想律的反复应用。

C.255　思想律是不可驳的。概念可变，学说可变，而思想律（当然指这三条而言）不可变。

C.3　"非"之生起与"矛盾"之造成

C.31　世界既只是"是"，然则"非"从何而起？"矛盾"从何而成？这是本节的问题。

C.32　在上节 C.223 条，曾说同一律是思想之启蒙，是思想之开荒。"非"之生即是由启蒙而发展，由开荒而光明。

C.321　"非"之引出，始有二分法。"非"从何而起？不过说是从思想而起。为何能造"非"？吾说这是天生的。

C.322　人类知识中，只有这个"非"是天生的。人能造"非"是天生的本能。

C.323　"非"不由于经验而来，因为有了"非"始可言经验。"非"不由外界而输入，因为外界没有"非"。因而"非"也不表象外物，而只为解说外物而引起。

C.33　凡先天都是解说上或界说上的。"非"是最根本的先天成分。

C.331　由"非"而引起许多可能的概念或原则。这些原则也是用来解说或分析外界的，所以这些原则当也有其先天性。

C.332　"非"这个负概念固然是先天的，即便正概念也是由于先天地解说事实而形成。先天全在解析事实上显示出，并亦在分析概念上显示出。

C.333　解说事实之所为先天，即在解说时是有立法性的、设准性的。

C.334　先天的"非"永免不掉，而先天的"立法"也是永免不了；然而所立之法，虽为先天，却时常改变以适应。

C.335　因此，先天的并不是已成之直观形式，或先验范畴，也并不是这些范畴之先验的来限制经验；经验不须先天范畴之限制，经验须由对于事实之加以先天的解说而成。经验是无限的。

C.336　外界事实并不须在何等先天范畴条件之下始成为可知。事实根本是可知的；但解说之，必有先天的成分在。"物如"是没有的。

C. 337　先天并不改变事实，也不限制事实。先天不是已成之架格。

C. 338　架格乃是后起的，乃是由先天的解说事实而形成的。架格可以无限，架格可以改变。它的改变即是它的适应性。

C. 34　"非"不可界说，因为它是最根本的。因而，在《算理》中，"非"是根本观念之一。然而解说事实时，都需要它。

C. 341　由"非"而解说事实，而引出许多概念。这些概念一经成形，即有必然性、绝对性。这种概念不会有矛盾。因为思想解说事实时，其发展即按着矛盾律而前进的。

C. 342　事实本身也是绝对的，不会函胡的。它也是无所谓矛盾。

C. 343　概念本身之发展推演而成系统，也是必然的、绝对的。它也没有矛盾。这个系统即是思想律之先天地、纯粹地推演。一部《算理》不是完全可以归约于一个"非"字吗？这是尼构的发现。

C. 344　矛盾不容许于逻辑界，也不容许于事实界。然则，矛盾在哪儿存在呢？

C. 35　矛盾起于思想之混扰，在你混扰的脑子里存在。凡矛盾必妄。

C. 351　矛盾是真妄问题，而不是"事实本身"问题。真妄是在人们对于事实之解说这个关系上存在。矛盾也应在这里出现。

C. 352　我们现在就直接以是否合乎思想律为真妄标准。凡合乎思想律的思想，则所谓系统、一贯、相应、证实等都有了。

C. 36　前边曾提到同一律所指示的"这"（this）。这个"这"即是当前之"所与"（given），也即是当前之"凡有"。我们对于"这"下解说。按着思想律说，我们的合乎这种思想律的思想不会有矛盾，合乎这种思想律所解说的"事实"也是不会有矛盾的。

C. 361　可是，布拉得赖仍旧把它弄成是矛盾的。事实既弄成是矛盾的，所以他的思想也是不按着思想律而解说的。

C. 362　他以为"this"这个字所指示的两种意义：

（i）是正的：在此，"这"是绝对的、纯粹的、无矛盾的，是他所谓"实体"（reality）。在此，"这"是在一切关系与观念之下的"纯一"（unity），即是说，它没有关系与区别。

（ii）是负的：在此，是其所是的"这"就有"外拒性"（exclusive）。"这"可以外拒出"那"（that）。"这"可以是"这一个"以与

"那一个"、"其他个"相区别。在此，"这"即表示出一种外拒面相，它本身即包含一种外在的而且是负的关系。这种外在的关系由它反映出。可是，这样关系与本身相冲突的，即既是"这"又不是"这"。所以从此即开始矛盾下去。

C.363 如是，"这"若是一个纯粹的直接经验，则它即是正的意义。若只是看成它是一种外拒，而没有其他的普遍关系，则它即是负的。若对于它而施以内容之区别、关系之分裂，则它即是自杀。但是，这个自杀是它本身自有的。由此自杀乃可以起矛盾，超越自己，以至于最后的谐和与统一。（参看他的《现象与实体》第 19 章 "'这'与'我'"〔"The This and the Mine"〕。）

C.364 须知这解法是错的，乃是在造矛盾，而不是那"这"有矛盾。

C.37 其所以造矛盾，即在其把那个思想上的先天的"非"赋与外界。

C.371 我们解说"这"而发现其内容其关系，乃是我们用"非"以帮助思想律而反复解说的结果。"非"并不是"这"自身所具之自杀工具，乃是我们解说所用的工具。

C.372 由"这"而外拒"那"，乃是我们的看法，乃是"非"的应用、解说上的应用，而不是"这"本身所自具。

C.373 我们这样反复的解说，所发见的外界其内容随之亦愈多，而知识亦愈富。并不是"这"自身超越自己而否定自己。

C.374 布拉得赖所发见的矛盾，乃是他的思想不按思想律而前进，乃是他将"是"与"非"纠缠于一起而造的"矛盾"。

C.38 矛盾不是自然的事实，乃是人造的。如果他是自然的，它应不会有解决；如果它是人造的，它即是错觉所有的"妄"。妄是可以解决的。

C.381 矛盾的造成是在思想上的"非"与事实上的"是"的混一。

C.382 矛盾的造成是在解说的看法与事实的混一。

C.383 矛盾的造成是在概念与事实的混一。

C.384 矛盾的造成是在"凡有"与"非有"的混一。

C.385 矛盾的造成是在不按思想律而思想。

C.386 矛盾是不在逻辑次序内的"妄"。

C.4　"存在即被知"、"凡真实即合理"与"非"

C.41　若有人说，你这种解析矛盾不过是以一派哲学攻击另一派哲学而已。若然，则汝之所谓即或持之有故，言之成理，然亦不碍人家之各是其所是。吾曰否否。此不是哲学派别问题，乃确是一个公共的真妄问题。

C.42　张东荪先生常说西洋哲学始终只有理性主义与经验主义之对立，而没有唯心、唯物之争持。这话实是代表大部分真理。并说若以为心造世界，世界在心里存在，这还成何说法？这也有道理。

C.43　譬如柏克莱①的"存在即被知"，一切皆观念。其意即是反对一个不可知的世界而已。即言一切事物，它只要存在，它即是被知，决无一个东西能不被知或离开了心的关系而能独立存在者。此意并不是说你一闭眼，山河大地都不存在了。他主要的意义是在证明一个现实的具体世界，即凡一切东西，只要存在，它即是显现。他所反对的只是那个不可知的抽象的托子（substratum）似的物质（matter）。所以在柏克莱思想中最反对"抽象"。

C.431　至于他所谓一切皆观念，即是一切皆显现之意。所以他的"观念"（idea）即等于"事物"（thing）。所以用"观念"而不用"事物"这字，即在表示无物不显现而能存在者。不显现而存在即是不被知。这样东西柏氏是要反对的。他在当时引出一个"神心"来以总摄一切，以补其个人之心不足。人们以为"心"占满了他的全思想领域，所以以为一切东西都在心中了。因此也就有人以脚踏石，以试验石究竟是否是观念。以这种方法来反对柏克莱，枪毙了他，他也不承认。其实，我们现在实考他的目的是在否认那抽象的不可知的"托子"，而证明现显的具体世界。

C.432　所以他的存在即被知、一切皆观念，并不是无理取闹。其详处，吾已专文论之，在此不多说，只不过证明张东荪先生的话有道理而已。

C.44　再如"凡真实即合理"也是如此。这是德国理性论者的主要意义。其努力所证明者亦即是此。

C.441　他们总是认世界为有条理为有理性，一切东西总是合理的，可理解的；所以总认为世界有一个大理性在背后支持着一切。这个理性，他们总名之曰神（God），所以凡真实总是合理的，凡实在总是可理解的。

———————————

①　今译"贝克莱"。

C.442 康德不问科学能否的问题，而问如何可能的问题。这种如何可能的问法，最后即承认理性与实在合一。黑格尔更不容说，也是如此。

C.45 可是，无论"存在即被知"或是"凡真实即合理"皆不过是世界观而已。我们可以承认这两个命题所表示的世界，然我们不能承认在这两个命题所表示的世界中能有个"非"存在。

C.451 世界无论是怎样合理的，也不允许有个"非"于其中，理性也不能以"非"来使世界互相矛盾。

C.452 张东荪先生说："于此请先一言理性与思想之区别。普通所谓思想，大抵指吾人之思维作用而言。此种思维作用起于吾人心内。故凡思想必有所属：非我的思想即为汝的思想或他的思想。而理性不然。谓吾人之思想依理性而成则可，谓理性为吾人思想所创造则不可。是以，理性可为屹然自存者。特其存在非出于吾人耳闻目见，谓之无形的存在可矣。理性之无形存在乃在于吾人思想以先。吾人之所以有思想，思想之所以合于理性者，正以此故；换言之，即吾人之思想不过理性之一种表现而已。"（《道德哲学》，476 页、477 页。）

C.453 这段话可以帮助我们解析"理性"与"非"之不同。大概英国经验派哲学只习于耳闻目见之思想，而不去讨论这个无形先在之理性。大陆理性派是专门讨论这个无形先在之理性。所以他们的知识论，简直不是知识论，而是理性论。所以他们的问题范围皆不相同。

C.454 唯其如此，所以你讨论的问题是一回事，你讨论时的方法与过程即你的思想过程又是一回事。并不因讨论的问题是"理性"，你的思想即全是合理的；也并不因你承认世界是合理的，则你的思想也随之即是合理的。

C.455 所以你要讨论理性，不可不先考察你的思想作用。你须要承认思想与理性不同。思想虽为理性之表现，然思想不等于理性。不然，则所谓理性即应为思想所创造。思想虽依理性而成，然它可以合乎理性，也可以不合乎理性。若纯合乎理性，则思想应无真妄，亦无歧异，结果，思想与理性等，随之，理性也即可以由思想而创造。然而其实不尔。所以理性与思想定须区分。

C.456 然而，黑格尔与布拉得赖却正未注意这个区分。其错处也正在这个"思想"与"理性"的混扰上。因而他们所谓矛盾也正在这个混扰上出现，随之，也就把理性错解了。

C.46 "非"这概念显然是思想上所造的东西。其出生是在解说事实（理性也可），而并不在理性上存在，更也不在事实上存在。

C.461 黑格尔把这种思想上的"非"而与概念"是"纠合于一起，以使其客观化、元学化，以造成矛盾的世界观，而并谓这即是理性的发展，这显然是错的！

C.462 同样，布拉得赖把思想上的"非"与"是"纠合于一起而作成矛盾以否定一切现象，也是错的。

C.463 我们要承认黑氏的矛盾世界观是对的，必须承认神（God）不但是理性，而且还得承认他会思想，并还要承认他的思想方法与黑格尔一样才可。但这不是讲哲学！

C.464 若不是这样看"神"，则理性的神决不会使世界矛盾，决不会"既是又不是"以否定一切现象。不然，则科学根本无意义，康德的问题也无意义。但显然，科学又是有结果的。

C.465 我们看大千世界，有条有理，各个并存而不悖，并毫无一毫矛盾以互相否定。然则，理性错了呢？还是黑先生的思想方法错了呢？

C.47 我可以承认世界有理性，我不承认那理性会有"非"以造矛盾。我承认"非"是思想上的，是思想发展的主要条件；我不承认"非"是"理性"的必具条件。

C.471 "非"在思想的发展上，即便按辩证的前进，也不是矛盾的。由此概念反映出那个概念，并不是此概念否定那个概念，也并不是自相矛盾，乃是我们的"非"的应用。由此到彼，乃根本是一逻辑次序（logical order），并不是互相否定。

C.472 世界不会矛盾，用怀悌海的话说，世界是层叠的。他名之曰"自然之层叠"。

C.473 概念也不会矛盾。"概念系列"乃是逻辑条理或逻辑类型（logical type）。这种系列之成乃是"非"的应用。

C.474 所以，黑格尔把矛盾应用于世界固妄，即退而把它应用于概念上也是妄的。以为概念范畴自身会这样矛盾生出，这是解说与事实的混扰，理性与思想的混扰。

C.475 吾如证明了"非"是不在事实上、理性上存在，则黑氏与布氏的哲学，无论怎样高深，也是戏论。他们决绝是错的！

C.476 可以承认理性主义不必是唯心论；然而唯独黑氏与布氏这

种思想与理性的混扰的理性主义是决不可饶恕的唯心论。其所以不可饶恕，即在其以思想等理性，以思想造理性，即在乎其错是真妄问题，而不是"事实"问题。

C. 477 如果事实上是"心"，"心"是重要的，则唯心论即是一幅事实论；如果事实是"物"，物是重要的，则唯物论即是事实的一幅图象。所以唯心、唯物乃是事实问题，唯独黑格尔一流的客观唯心论则是真妄问题。

D. 类型说

D. 1 类型之意义

D. 11 类型说（Theory of Types）是《算理》（*Principia Mathematica*）用来解决矛盾的一种学说，并因之，丢圈子的毛病也因而取消。

D. 111 关于类型说，现在已有一种不同的解释，即刚死去的拉谟塞（Ramsey）的学说是。拉氏的学说其主要目的虽在数学之性质的讨论，然而关于矛盾问题也随之有一种解决。所以在此文［中］也愿把它并述出来，以与《算理》的解析相比较。不过我将指出，这种类型说虽能使思想弄清楚，但对于矛盾问题不是根本解决法。

D. 12 在此，先说类型说之意义类（class）与型或"基型"（type）看成是一个东西。每一类是一型，每一型也是一个类。

D. 121 类或型由命题函数规定。假设以"ψx"表示命题函数，则类或型即以"ψx"的变化范围而规定。

D. 122 每一命题函数有其真理值。这些真理值即是那命题函数所能变的一切可能的命题。这些可能命题也叫做"真理可能"，所以每一基型即是某一命题函数的"真理可能"之范围。

D. 123 只言"ψx"是无意义的，成为真理值始有意义。所以每一基型也就是"ψx"底表意之范围。

D. 124 其范围若是全体的、无遗漏的、永远真的，则此基型即是普遍型，或名之曰逻辑积（logical product）。我们以"(x)·ψx"表之。此式等于说：ψx 永远真或总是真或说 ψx 之一切值皆真。在"(x)·ψx"此式中，ψx 中之 x 是真实变量，（x）是显现变量或曰貌似变量。其实它的作用不是变量作用，而是表示那真实变量之范围的。所以（x）即可规定范围之大小，至于 ψ 则是规定那基型之性质的。

D.125　同样，其范围不限于永远真，而亦不是无一真，但表示有些真，则此型即是特殊型或曰存在型，或亦曰逻辑和（logical sum）。此型以"(∃x)·ψx"表之。"∃"表示存在。故此型之范围乃是有限的。

D.13　由此，进而规定一个"类"。每一类由一命题函数而规定之。

D.131　每一命题函数之外延函数（extensive function）即是每一命题函数所规定的类之函数。

D.132　外延函数可以从其命题函数中引申出，且其特性亦并不变（此即因还原公理而然。此下边再论）。如是，假设 ψx 是一命题函数，则其引申之外延函数可以写成 f(ψx)。同理，据 D.131 条，则此外延函数也即是 f{x̂(ψx)}。此函数即是命题函数所规定的类之函数。

D.133　在 f{x̂(ψx)} 中，x̂(ψx) 可以读为"满足 ψx̂ 的那些目数类"。本来，ψx 中之 x 即亦或名之曰"目数"，今特于（ψx）之外再加上一 x̂，即表示满足"ψx"之目数的全体分子。

D.134　于是，x̂(ψx) 即是一个类，此类即被命题函数"ψx̂"所规定。

D.135　设以 α 名某一类，而以"Cls"代表类，则类之界说如下：
Cls＝（α̂{(∃ψ)·(α＝x̂(ψx))}）Df.

D.136　如是，命题函数规定基型，而每一基型即是一个类。不过基型范围有大小，而类则是纯从外延方面讲。此其不同。

D.2　类型之次序

D.21　类型之次序（order of type）或亦曰类型之层次（hierarchy）。矛盾问题即由这种类型的层次而被解决。

D.211　上节论类与型纯从"ψx̂"上说，其它成分还未加在内，故类之界说与《算理》所列亦稍有不同。

D.22　最简单的函数不能以命题为其"目数"（argument），因为命题是命题函数之值（value）；也不能有一个函数以其自己为目数。

D.221　因此，最简单的函数必以个体（individual）为目数。个体既非命题，亦非函数。

D.222　个体可以自存，不能以分析而消灭之。

D.223　个体之综合组成最低之函数层。命题之最低层亦必只预设个体之综和。

D. 224　假设以 a，b，c……代表个体，则个体函数即为"ψa"。再设个体之综和为 x，则"ψx̂"即代表最低之函数层。设以"ψx"为"ψx̂"之任何值，则"ψx"即代表最低之命题层。这些函数式命题即皆以个体为其目数。

D. 225　最低层之每一命题可以有四种论谓：

（i）论一定的个体之命题：ψa，ψb，ψc……。

（ii）论任何个体之命题：ψx。

（iii）论某些个体之命题：（∃x）·ψx。

（iv）论一切个体之命题：（x）·ψx。

一切这些命题都可以看成是最低函数的些真理值。

D. 226　在此，一个命题函数要变成一个真命题，必须按以上所述的那四种目数范围而定。

D. 227　ψa，ψb，ψc，……ψx 可以名之曰"原素命题"，而（∃x）·ψx，（x）·ψx 则名之曰"推广命题"（generalized proposition）。

D. 23　如是，最低层之函数将亦曰"原素函数"（elementary function），其目数为个体。"ψx̂"即表示这种函数。在"x"上加以"ˆ"，表示其为函数本身。

D. 231　这样的函数亦曰个体的"指谓函数"（predicative function）。当其名曰个体的指谓函数时，即以感叹号"！"列于 x̂ 之前，而写为"ψ！x̂"。

D. 232　指谓函数亦曰"模胎"（matrix）。因一切其他可能的函数可由之而推出故。

D. 233　其推出之方法曰"推广化"（generalization）。推出的函数皆以"模胎"为底子，其目数与之同。

D. 234　最低层的目数可以无限，但必为个体，必为真实变量而无现量变量。

D. 235　"ψ！x̂"，"ψ！x̂·ŷ"，"ψ！（x̂，ŷ，F̂）"……等都是最低层的指谓函数，亦即是"模胎"。

D. 236　（i）由"ψ！x̂"，可以推出 ψa，ψx 等命题函数。

（ii）由 ψ！x̂·ŷ 可以推出（x）·ψ(x,ŷ)，（∃x）·ψ(x,ŷ)，（y）·ψ(x̂,y)，（∃y）·ψ(x̂,y) 这四个函数来。前两者是 y 之函数，后两者是 x 之函数。

（iii）由 ψ!（x̂・ŷ・ẑ），则推出的函数更多，今简举如下：（y，Z）・ψ(x̂,y,Z)，（∃y，Z）・ψ(x̂,y,Z)，（y）：（∃Z）・ψ(x̂,y,F)，（x，y）・ψ(x,y,ẑ)，（∃x）：（y）・ψ(x,y,ẑ)……。

D.237　由模胎函数可以推出任何可能的真理函数，并也可以推出任何可能的真理命题。今由上边 D.235 条中之模胎函数推广命题如下：

（i）由"ψ! x̂"，可以推出"ψa"，"ψx"，"（∃x）・ψx"，"（x）・ψx"四个命题来。而两者虽曾为函数，但因为它的目数只为一个个体，所以仍可为命题。

（ii）由 ψ!（x̂，ŷ）可以推出（x，y）・ψ(x，y）及（∃x，y）・ψ(x，y）两命题。

（iii）由 ψ!（x̂・ŷ・Z），可以推出（x，y，Z）・ψ(x,y,Z）及（∃x，y，Z）・ψ(x,y,Z）两命题。

D.238　由上，可知要从模胎函数变为命题，只须将其一切目数变为现显变量即可。若模胎含有 n 个变量，则将 n 个变量即目数变为现显变量即成为该模胎所引申出的命题。盖如此，即表示那个模胎所有的一切可能的真理值之范围。真理值即为命题，故那样变即为该模胎之命题。至于要成任何可能的函数，则不能尽变。

D.239　如是可说：

（i）最低层之模胎只以个体为目数，个体之数可以无限；

（ii）最低层之函数（模胎也在内）也只以个体为目数，其得之法是用推广法于模胎将其某些目数变为现显变量而来。

（iii）最低层之命题也是以个体为目数，其由来是用推广法于模胎而使其一切目数尽变为现显变量。

D.24　最低层亦曰第一层或第一序（first-order）。我们再进而论第二序。第二序由第一序推广而来。其推广乃是由我们对于某一对象之看法的扩大而定。

D.241　譬如以第一序之模胎函数"ψ! x̂"为例。当我们认其为第一序之模胎时，乃是因为我们只注意于它的个体目数 x 而然。即是说，只注意个体"x"有特性"ψ"，而对于 ψ 则未在注意之列。若再进而讨论 ψ，即把 ψ 也放在考察之内，则我们的对象即不只是个体 x，而还有特性 ψ。即是说，我们所注意的不只是个体，而且于个体外，还加上了一个命题函数，即是说，还有命题成分在其内。我们已知道，最低层的函数不以命题为其目数，现在有了命题为其目数，所以我们此刻所对付的函数即不是第一序，而倒是随着我们的看法之扩大而变成第二序了。

D. 242　设以"ψ! x̂"为模胎函数，以"ψ! x"为其任何值。此任何值当然也是一个命题函数。设对此函数作一整个的考察，则此包有一个个体为其目数的命题函数，现在即变成包有两个变量为其目数的了。此两变量是：

（i）个体 x，我们仍不要忘了个体成分。

（ii）函数 ψ，此 ψ 不能孤独地存在，必附于一个个体上，此个体当然也在 x 范围中，我们暂且以"Z"表之，则此函数即可变为命题函数"ψ! Z"。

D. 243　如是，"ψ! x"即含有一个命题变量为其目数而随之即变成第二序的函数了。

D. 244　于此，可以造成第二序的模胎函数 f! (φ̂! x̂)。即是说，经过扩大的考察以后，"φ̂! x"又加上了一种特性"f"了。

D. 245　由此模胎函数应用推广法，照上面第一序之方法，仍可得其他任何可能的函数，以及其他可能的一切命题。兹不录，可参考《算理》原书及姚格森（Jørgenson）的《形式逻辑》。

D. 25　由第二序再进一步考察可至第三序，依此类推以至无穷。

D. 251　设以"f! (φ! x̂)"为模胎函数，"f! (φ̂! x̂)"的任何值。同前，设对之作一整个的考察，即把"f"也在考察之内，则"f! (φ! x̂)"变成三个变量：

（i）函数"f! (x̂! ẑ)"；

（ii）函数"φ! ẑ"；

（iii）个体"x"。

D. 252　如是，"f! (φ! x̂)"经过这一扩大，它即含有第二序函数为其目数，如是，它马上即变成第三序函数了。

D. 253　依前写法，可把第三序的模胎函数写为 L! {f̂! (φ̂! x̂)}；而其任何值即为 L! {f! (φ̂! x̂)}。

D. 254　其命题与函数依样可以由此模胎推出来。符繁不录。

D. 26　以上把类型之次序推出三层，由此三层，可以得一总原则：任何式子若包含一个现显变量为其目数，则此式子即为另一类型而高于那个变量。

D. 261　如是，矛盾或绕圈子这一类的困难问题皆因此类型说而解决了。

D.262　这举一实例把上面说的类型层次表示出来。

（i）不矛盾的命题："孔子是人"。

（a）"孔子是人"是第一序，相应于"$\psi!\,\hat{x}$"。

（b）"'孔子是人'是会死的"是第二序，应于 $f!\,(\psi!\,\hat{x})$。

（c）"'孔子是人是会死的'是中国的圣人"是第三序，相应于 $L!\,\{\hat{f}!\,(\phi!\,\hat{x})\}$。依此类推。

（ii）矛盾的命题："无命题"。

（a）"无命题"是第一序。

（b）"'无命题'是命题"是第二序。

（c）"'无命题是命题'即是有命题"是第三序。

第一序与第三序是矛盾；但因为其层次不同，不能纠缠于一起，故没有矛盾。

D.263　我们将见这个解决法，并不很好。金岳霖先生已见及此，他以为不能只注意于外延方面，当还注意于内包方面。金先生的方法下段再论。

D.3　还原公理

D.31　《算理》中的类型说是从外范方面说，并也是从对象方面说。但有些情形并不因对象的外范之扩大而其内容或本性即也随而不同。

D.311　并且，《算理》中的类型之规定，据拉谟塞所解，并据我们上边所规定类之界说，乃是注目于对象之品德的。例如：假设有一组品德，它是一定种类底一切品德，设名此种类曰 A。于是，我们可以问任何东西是否它也有类型 A 之品德呢？假设有，则此品德即是它的另一种品德，而我们也可以问，这种它所有"A 类的品德"之品德其本身是否也是 A 类中的呢？假设是，则它即是矛盾的。可以，据类型说，它不能够是。因为它是较高层，其中所函的变量不同于其前一层，所以它所指示的也不能是低层的一切品德。这样矛盾便可以没有。

D.312　并且，这种层次的规定，是以对象之品德而决。所以，关于个类之陈说即实在是关于规定那个类的品德之陈说。这样毛病就发生了。

D.32　普通，以数学上的第低金节段（Dedekindian section）为例来说明其毛病。例如：假设以些实数，把它分成两个类：一个是上限类，一个是下限类。在此两类中间必有一个分割数，它或是上限类之最小者，或是下限类之最大者。这样一分，可把实数看成是合理节（sections of rational），而所谓合理节即是合理数类（classes of rational）之特种。因此，据 D. 312 之意，则关于实数之陈说即是关于一个合理类之陈说，也即是关于一种合理数底品德类之陈说。此品德类可以把它限制于一定的次序上。

D. 321　如是，假设 E 是实数类，是合理数底品德之类。再假设 ξ 是 E 底上限，以合理节规定之，而此合理节即是 E 的一切分子之综和。此即是说：ξ 的一切分子即是 E 的任何分子之一切分子，也即是说：ξ 的一切分子之品德即是 E 的一切分子之品德。

D. 322　据层次说，则 ξ 之规定品德即是比 E 之分子所有的品德为较高层。因此，假设实数是一切合理节而以一定的层次品德规定之，则此实数之上限将是一切合理节而为较高层之品德所规定。因此，它将不必是一个实数。如是，这即是一个矛盾。

D. 323　《算理》上为免此矛盾起见，所以又引出一个还原公理（axiom of reducibility）来。此公理意谓任何较高层之品德可以等于其较低层之品德，即是说，对于较高层之品德，这有一种较低层之品德与之相等。相等之意是任何东西为此有亦为彼有。因此公理，它们即可规定同一类。因此，高层品德所规定的合理类之品德也即等于规定低层类的那低层品德，因此也都是实数，而可以无矛盾。从 D. 311 到本条是拉谟塞的解析，可参看他的《数学基础》一书中第二章"数理逻辑"。

D. 33　上边拉氏的解析，于类型说不一定对。关于实数的矛盾乃是一种误解。此不可归罪于类型，亦不可求援于"还原"。

D. 331　把实数分成上下限，根本不是对象上的两个层次，乃实是一个层次的分解看法。此种看法的不同，不是《算理》上的类型说，而倒与拉氏自己的意思合。拉氏类型说的意义后边再说。

D. 332　低层高层的区别是在变量之多寡上；也就是在对象的品德之多寡上。一类实数并不因分上、下限而有层次之不同，犹如"孔子是人"并不因分为老年、少年而就不是人。所以此矛盾是不能造成的。

D. 333　即便，我们认为它是层次的不同，则它也不过是内容的增加，而并不能有矛盾以否定其自己。例如说："实数类"是一层。"实数类的上限即为上限实数"这是较高层。认其为矛盾者是只取了"上限"而忘了"实数"之故。殊不知，经过分为上下限以后，乃于"实数"上又加上一种"上限"的性质，而结果成为两个变量，故为较高层，而亦不矛盾。

D. 334　因此，还原公理亦并不为此而引，而此实数类之分为层次亦不必求援于还原公理。还原公理是在同一层次上为指谓函数即模胎及引申的其他函数之间而建设的。每一指谓函数可以引申好多可能的函数。这些引申函数与指谓函数属于同一层次，而类型不同，即是说，各有其自己之真理值的范围。但是，这些不同的范围同属于一个类，所以皆可还原而不能改变其真理值。

D. 335　"我们必须找出某种方法把某一序命题函数使其还原而还不能影响其真理值之可能。""特定任何命题函数 ψx，不论是哪一序，在 x 之一切值上，则这个 ψx 是等于陈说：'x 属于类 α'之形式。""救住类的唯一方法是供给出一种方法能将某一序命题函数还原。"而还原公理即是："每一命题函数，在其一切值上，是等于那同样目数底某一个指谓函数。""一个变量底每一函数，在其一切值上，是等于那与之同一目数底某一指谓函数。"即是说，任何函数，其变量为一，则其所等于的那个指谓函数之变量也必为一。于此始可言还原。

D. 336　譬如：Fu 是目数 u 底一个函数，任何序不管，而 u 本身也可以是个体，也可以是任何序之函数。因此，假设 F 是一模胎，我们可写 F！u 为模胎函数指谓函数，而 Fu 或 ψu 即是它的任何引申函数，而在其一切值上是与 F！相等的。此即还原公理。在《算理》＊12，以符号记之如下：

$$\ast 12.1 \quad \vdash : (\exists f) : \psi x. \equiv_{x}. f! \ x \qquad\qquad Pp$$

$$\ast 12.11 \quad \vdash : (\exists f) : \psi(x,y) \equiv_{xy} \cdot f! \ (x,y) \qquad\qquad Pp$$

Pp 表示根本命题（primitive proposition）。＊12.1 应用于类，亦名曰类之公理；＊12.11 应用于关系，亦名曰关系之公理。而总名曰"还原公理"。所以，还原公理乃是表示"模胎"与其"引申函数"间的关系的，而并不是两个层次间的还原。

D. 337　有了还原公理，一个类始能成立，不然，即有绕圈子的矛盾情形。并且，因此公理，对于一个类始能作好多样法的陈说，而不能改变那个类之值。譬如以"孔子"为一个类。以"x"表示孔子，以"ψ"表示孔子所有的性质即一切真理值。如是，以"ψ！x̂"为一模胎或指谓函数。由此，可以引出很多其他可能的函数来，如"孔子是人"以"fx"表之；"孔子是春秋时人"以"ψx"表之；"孔子是儒家之首领"以"xx"表之；"孔子是君子"以"Gx"表之。依此类推，直至举尽孔子的一切特性而后已。然这些引申函数皆可等于"ψ！x̂"。

D. 338　并且，我们从"$\phi!\hat{x}$"这个模胎，也可以推概其范围之大小而不变其值。若变为（ϕ）·ϕx,则表遍举孔子之特性而无遗漏；若变为（$\exists\phi$）·ϕx,则偏举孔子之特性。但并不因为偏举即改变了孔子之性质。所以无论（$\exists\phi$）·ϕx 或（ϕ）·ϕx 都可还原于 $\phi!x$ 而不变其值之可能。

D. 34　由以上的讨论，在本条作一特性之简举的综结：

（i）类型说为解决绕圈子及矛盾的问题而引出。

（ii）类型以命题函数而规定，即以对象之品德而规定。

（iii）关于类型之陈说即是关于规定那个类型的品德之陈说。

（iv）每一类型可以有好几种说法，每一说法皆可还原于表示那个类型的模胎函数。

（v）还原公理应用于模胎函数及其引申函数上，而不应用于不同层次上。

（vi）类型之层次由命题函数之变量的多寡而定其高低。变量之多寡由对象之品德的范围之大小而定。

（vii）层次是类型的发展，其序数可以无限。

D. 341　关于这种类型说之不能解决矛盾，下段再说。

E.　拉谟塞的类型说及金岳霖先生的解决法

E. 1　还原公理底取消

E. 11　拉谟塞在其《数学基础》一书上，其主要的目的是在讨论数学之性质，讨论《算理》中的缺陷，讨论《算理》中所假设的三个公理，而其主要的是在取消还原公理，并因而建设一种新学说以代替之，随而对于矛盾也有一种解决法。本节先述还原公理之取消。

E. 12　拉氏采取维特根斯坦的观点以为数学尽是套套逻辑[①]，逻辑命题尽是妥沓的，尽是必然的、无所说的，总之纯是形式而非实际，纯是外延而非内函。如"p 或非 p"即是一个套套逻辑（tautology）。它对于我们的知识毫无所增加。它不指示任何事实，它不是一个真正的命题。再如："天或下雨或不下雨"都是这一类的命题。数学即是这末一种逻辑而演成的。

E. 121　但是，还原公理，据拉氏所解，不是一种套套逻辑，它是

---

① 今译"重言式"。

以使逻辑命题成为事实的，成为经验的、或然的，而不是必然的。所以，此公理也是一个经验的，而不是必然的。因为照上段所说，那公理是表示：一切从模胎函数普遍化出来的个体函数或原子函数都应等于那与之同样目数的根本函数。又因为照上段所说，类由其品德而规定，陈说类即是陈说其品德，如是，等与否得看对象实际的品德如何而定，因此二故，我们必须尽知道了那无限的品德始能说其等，也必须一个一个地知道了始能言还原，并且也必须那些个体数及个体的原子函数之数都应是无穷的，始能主张此还原公理。但是，照《算理》中所意谓的类与还原公理，则此绝为不可能，因为它限于经验问题上去了。经验无论怎样多，但不能使此公理成为套套逻辑，成为逻辑的必然，而只不过是事实的偶然或实然。

E.122 因此，拉谟塞说此公理既非矛盾，亦非套套，乃是经验的。他指示如下：

（i）此公理不是一个矛盾，但可以真：因为显然可能必有一个规定任何个体的原子函数。在此情形，所以每一函数必应不只等于一个根本函数，且也等于一个原子函数。

（ii）此公理不是套套逻辑，但可以假：因为也显然可能必有一无限数的原子函数，并且也必有一个个体 a，而不管我们取哪一个原子函数，必有另一个个体契合于 a 而关于一切其他函数，但不相契合而关于我们所取的那个函数。因此，$(\phi) \cdot \psi! x \equiv \phi! a$，但并不必等于 x 之任何其他个体函数。

E.123 譬如"α"这个类，若照《算理》上那样解析，则必有一个函数所指示的契合于它，亦必有一个不契合于它。所以如此，即是因为是经验故，是事实故，契合者表示那个公理可以真，不契合者表示那个公理可以妄。但是，逻辑命题都应是妥沓的，所以还原公理，在数学中，没有假设的必要。

E.13 还原公理，在《算理》中于解决"矛盾"及规定"等"(identity)都是很重要的，若取消了，怎样对付这两个问题呢？关于前者，俟以下论之，关于"等"，吾愿于下节即稍微论及，以便指示数学之一般的性质，并于下边所论的亦有补助。

E.2 拉谟塞的类说

E.21 在《算理》中，类以命题函数规定之，以对象之品类规定之，并以此藉还原公理而规定"等"。其界说如下：

$$*13.01 x = y. = :(\psi):\psi! \ x \exists \psi! \ y \qquad \text{Df}$$

此即说：当每一指谓函数被 x 所满足并亦被 y 所满足，则 x 与 y 相等。可是这种界说，因为有还原公理的缘故，能使"＝"成为经验问题，而不是逻辑的必然。维特根斯坦想把"＝"号去之。但此殊不方便，而 x＝y 也决不会在规定有限类里成为一个命题函数；而我们所能讨论的类也只是那些被指谓函数所规定的了。

E.22 拉谟塞不赞成以"指谓函数"规定"等"。"等"是类间的东西，而不是指谓函数间的东西；即是说，我们只可从外范上观之，不必从内含上观之。

E.221 因为，若主重内含，则两件东西虽然可以在一切原子函数或一切指谓函数上相契合，但是它们究竟是两个东西，而不是一个东西，如等之界说所包含的。

E.222 所以外范（extension）这个观念在类上是必须的。并且，因为有些是命题函数而不必是指谓函数，所以"外范"又有了一个需要的根据。

拉氏举两个函数以明之。

E.2221 （i）F(x,y)＝x 与 y 以外的某种东西满足 $\psi \hat{z}$。此函数本身不是指谓函数，但是以两个指谓函数而组成：

（1）x≠y：则 F(x,y) 即是

$$\psi \text{'} x \cdot \psi y : \supset : Ne\text{'}\hat{z}(\psi z) \geqslant 3 \therefore$$
$$\psi x \cdot \sim\psi y \cdot v \cdot \psi y \cdot \sim\psi x : \supset : Ne\text{'}\hat{z}(\psi z) \geqslant 2 \therefore$$
$$\sim\psi x \cdot \sim\psi y : \supset : Ne\text{'}\hat{z}(\psi z) \geqslant 1 \therefore$$

Ne 表示基数（cardinal number），$\hat{z}(\psi z)$ 表示被命题函数"ψz"所规定的类。假设 x≠y，则第一类情形即表示其数为 3 或大于 3，第二步则表示为 2 或大于 2，第三则表示为 1 或大于 1。所以这是一个指谓函数，因为它是 ψx，ψy 之真理函数，而那不变之命题如 $Ne\text{'}\hat{z}(\psi z) \geqslant 1$，2，3，又不包含有 x，y。

（2）x＝y；则 F(x, x) 即是：

$$\psi(x). \supset . Ne\text{'}\hat{z}(\psi z) \geqslant 2;$$
$$\sim\psi x. \supset . Ne\text{'}\hat{z}(\psi z) \geqslant 1.$$

此也是一个指谓函数，但是 F(x, y) 本身却不是一个指谓函数。因为我们不能找出一个特定的个体 a 来满足之，我们只能把它分析成两部分指谓函数。

E. 2222　(ii) 再以"x＝y"为例。此与 F(x，y) 同，其本身不为指谓函数，但以两部分指谓函数组成之。

（1）设 x≠y，则"x＝y"可以看成是：

（∃ψ）• ψx∃〜ψx；

（∃ψ）• ψy∃〜ψy。

这两步是矛盾的。

（2）设"x＝y"，则"x＝y"可以看成是：

（ψ）∴ψx • v • 〜ψx；

ψy • v • 〜ψy。

此两步是套套逻辑。无论套套或矛盾，皆是指谓；但"x＝y"本身不是指谓函数。因为不能有一特体 a 满足之。

E. 223　于是，"x＝y"既非指谓函数（以后简称指函），即当需要一种非指函的命题函数以解之。非指谓函数，拉氏名之曰"外范函数"（a function in extension）。

E. 23　外范函数之得出由于把命题函数外范化，把一切命题函数看为是数学函数。

E. 231　外范函数可以 ψx̂ 表示之。"外函"由"指函"之外范化而引申出。每一类将被"外函"所规定，而不为"指函"所规定。这是与《算理》大不同处。

E. 232　外函之全体即是数学中所需。指函不用于数学，但用于一切"指谓"（all predicates）、一切特性（all properties）。

E. 233　外函应用于类。不须规定函数间之"等"，但须规定类间的"等"。但此类之等可以还原于函数之等。

E. 234　我们也不是论函数，而是论类之类。在类之类上用不着指谓函数；但在函数之函数上，则须用指谓函数。

E. 235　在个体函数之范围上用外范函数；在函数之函数上用指谓函数。这两种合起来，即是一个完全的类说。

E. 24　由外范函数可以规定"等"，使其成为套套逻辑而用不着还原公理。

E. 241　设以 （ψ_c）• ψ_c x≡ψ_c y 为例。此亦可从两方面说：

（i）假设 x＝y，则它即是套套逻辑，即是 p≡p 之值底逻辑积。

(ii) 假设 x≠y，则它即是矛盾。因为在某种关系里，某 p 与 x 相联，而 p 则可以与 y 相联；如是，则（ψ_c）·ψ_cx≡ψ_cy 即是矛盾的。

E. 242　如是，假设 x=y，则（ψ_c）·ψ_cx≡ψ_cy 即为套套逻辑；假设 x≠y，则即为矛盾。如是，我们很合适地可以规定 x=y 如下：x=y. =∶（ψ_c）·ψ_cx≡ψ_cy　　Df

E. 243　如是，x=y 即是两个变量底外范函数，而不是指谓函数。其值，当 x 与 y 有同一值时，则为套套逻辑；若有不同值时，则为矛盾。矛盾为不可能，为不等；所以结果必为套套逻辑。如是，"等"可以用不着还原公理。不然，x=y 必非逻辑之必然，必为实然；因此，即可以为两件东西，即可以有不同的值，因而也就可以。或真或假而为经验命题。

E. 244　如是，《算理》上的界说（ψ）·ψ! x≡ψ! y 为指谓函数，而不是"外函"；所以当 x=y，它虽可以为套套逻辑，而 x≠y 时，则却不必矛盾。因为它是真实问题，经验问题故。

E. 3　拉谟塞指谓函数说

E. 31　在上节论指谓函数与外范函数。外范函数由个体函数之范围而来，指谓函数由函数之函数而来，个体函数是量的，故可化为外范而规定类；函数之函数是质的，故为指谓函数而不足规定类。

E. 311　指谓函数是拉谟塞建设类型层次之根据，本节即要述之。

E. 32　拉谟塞采取维特根斯坦的命题说。维氏以为每一命题都是表示合于或不合于原子命题底真理可能。依此，我们能建设多不同的符号而一切都表示合于与不合于同一真理可能组。

E. 321　每一原子有两个可能，即真、妄二价是。两个原子命题发生关系有四个可能，若有 n 个，则有 2^n 个可能。四个可能普通以下格表之：

p	q （＋表示真，－表示妄）
＋	＋
－	＋
＋	－
－	－

用代数逻辑的方法，此亦可写为 (i) $\overline{p}q$，(ii) $\overline{p}q$，(iii) pq，(iv) $\overline{pq}$。用《算理》上的方法写，则为 (i) "p·q"，(ii) "~p·q"，(iii) "p·~q"，(iv) "~p·~q"。

E. 322　设"p⊃q"为一命题，此命题其界说为"∽p∨q"。如是，此命题即表示合于或不合于那个可能组，即合于（i）、（ii）及（iv），但不合于（iii）。

E. 323　并且，还能作其他些命题使其合于或不合于那个可能组。例如：（i）p⊃q，（ii）∽p.∨.q，（iii）∽：p. q，（iv）∽q⊃∽p。即皆合于（i）p. q，（ii）∽p. q，（iv）∽p.∽q 这三个可能，而唯不合于（iii）p.∽q 这一个可能。

E. 324　这种合于或不合于，那可能组的些命题即是具有那可能组的那个命题的些例子。譬如，"p⊃q"有三个可能即：（i）p. q，（ii）∽p. q，（iii）∽p.∽q，而合于这三个可能的那些命题即表示是"p⊃q"这个命题的些例子（instances）。即符号不同，而其意谓的对象同。即虽有不同的意义，而却有同一的意谓。

E. 325　再以根本命题为例。据维特根斯坦的意思，根本（elementary）与不根本（non-elementary）并不是命题型底形容词，而是它的些例子。同一命题既可以根本地表示之，又可以不根本地表示之，犹如一个字既可以"说"，又可以"写"。例如，举一串个体如 a，b，c，……以至成为 x。假设 ψx̂ 为一根本函数，而 ψa，ψb，……必是些根本命题，但是"（x）.ψx"却是不根本命题。但无论根本与否，都是表示合于或不合于那同一可能组，所以它们也都是同一命题。再以实际存在为例，如"ψa"是一根本命题，"（∃x）.ψx"是一不根本命题。但这两个是同一命题，因为（∃x）.ψx 对于 ψa 实在毫无增加。

E. 33　由上边根本观念，可以进而讨论个体之函数及个体之函数底函数的构造与不同。个体之函数以 ψx̂ 表之，函数之函数以 f(ψx̂) 表之。据拉谟塞的意思，这两种函数并不相同，并不可以类比。因为个体函数以东西为目数，而函数之函数以符号为目数。前者以个体之名字代 x 而成为命题，后者以个体函数为符号作为它的变量而成为命题。

E. 331　并且，个体函数之值的范围是被个体范围所规定，其整个的范围即是一个物观的整体。但是，函数之函数底目数范围是符号之范围，而不是客观之住定，而只依于我们的构造法而定。

E. 332　因此，在 f(ψx̂) 上就有不同的方法发生，即主观法与客观法是。主观法是《算理》中所采用的，其意是：一切函数之范围都是那些可以以一定的方法而构造起的东西。因此，它可以需要还原公理客观法是拉谟塞所用的。由此法，可以无须还原公理。

E.333 客观法是想以论个体函数之方法来论函数之函数。两者可以用同样的方法论之。在个体函数，以个体之名字代 x 而作为那个体函数之目数，这些个体名子①用来表示个体，其规定因其意义而定。同理，在 $f\hat{x}(\phi\hat{x})$ 这函数之函数上亦然，即以符号作为 $f(\phi\hat{x})$ 中之目数，这些符号之决定亦不因其构造法而决定，但因其意义而决定。

E.334 主观法注意其构造，客观法不注意其如何构造，而注意其意义或报告而决定它们的类型。这样，我们可以有些已成之命题，无法可以构造之，恰如 ψx 命题之值底范围，你若没有个体之名子②来代替那被讨论的个体，则即不能表示之一样。如是，我们不以如何构造而规定函数之范围，但以意义之摹状而规定之。

E.34 他由此客观法，进而规定指谓函数（predicative function）。此指谓函数不同于《算理》中之指函，《算理》中之指函是模胎，由此模胎引出之任何其他函数皆非指函，然藉还原公理可使其与之相等。拉谟塞的"指函"乃是一切任何目数底真理函数（truth－function）。指函不关于类，因此，也不关于等，但关于指谓或特性。一切关于特性之函数皆为指函，非指函是没有的。非指函，在拉谟塞，即是上节所说的"外延函数"，此用之来规定"等"者，而非《算理》中之"非指函"。凡此皆于上节论之。

E.341 拉氏规定指函从两方面说：（i）从个体上说，（ii）从函数上说。此两方面实即由上面刚才所说的个体函数与函数之函数之不同而来的。但此不同可用客观法以使其同，即可类比地而依此造出。

E.342 于是，个体底指函即是目数底任何真理函数。此所谓目数其数可以无限，而一切都是个体的原子函数，或是原子命题。承认无限即表示我们不以如何构造而规定函数之范围，而以它们的意义之摹状而规定之。并且承认无限，则目数不必是实际存在，因此也不必是经验问题。指函之为原子函数或原子命题之真理函数并不在其外表之现象，而在其表意。

E.3421 假设 $\psi(\hat{x}, \hat{y})$ 是一原子函数，p 是一原子命题，则 $\psi(\hat{x}, \hat{y})$，$\psi(\hat{x}, \hat{y}) \cdot v \cdot p$，$(y) \cdot \psi(\hat{x}, y)$ 等，都是指函。显然，在《算理》$(y) \cdot \psi(\hat{x}, y)$ 不认其为指谓函数，但在拉氏则认为是。因为它是原子

---

① 此处原文作"名子"，当改为"名字"。
② 此处原文作"名子"当改为"名字"。

函数 $\psi(\hat{x}, y)$ 在不同的 y 之值上的逻辑积。并且，据以上 E.325 条中所说，则 (y)·$\psi(\hat{x},y)$ 与 $\psi(\hat{x}, y)$ 符号意义虽不同，但其意谓是同的。同理，如是，(x)·$\psi(x,\hat{y})$ 也应是"指函"。它是原子函数 $\psi(x, \hat{y})$ 在不同的 x 之值上底逻辑积。

E.343 函数之函数底指谓函数亦可如此类推而规定为：个体的指函之指谓函数也即是些目数之真理函数，此所谓目数一切都是命题，或是个体函数底原子函数，或是个体的原子函数。依此类推，可至无限层。

E.344 依此，f($\hat{\phi}x$)，(ϕ)·f($\phi\hat{z}$,x) 等都是指谓函数。总言之，用推广法，无论貌似变量之类型是什么，我们决不会造出非指谓函数来。因为推广即是它的些例子之真理函数，假设其例子是指函，则其真理函数也是指函。

E.3441 因此，《算理》中之一切个体函数在拉氏之意都是指谓的，并且都含在变量 ϕ 中，因而还原公理也就无用。

E.4 拉谟塞的类型与层次或次序说

E.41 以上的讨论，无非说明拉氏的类型与《算理》中之类型的不同之根本所在处。即一是主观法而注重如何构造，一是客观法而注重其意义之报告。至于层次之递进，其作法是相同的。

E.42 每一类型（type）是一函数依其目数而函的真实品德。函数或命题之层次或次序则不是真实品德，它是皮亚诺所叫做的"准函数"（pseudo-function）。两命题 p, q 可以是同一命题的例子，但不能因此即说 p 之层次那等于 q 之层次。层次只作为某一命题或函数之例子的那特殊符号之品德。

E.421 命题本身没有层次（order）；它们之不同恰如不同的原子命题之真理函数之仅依于那原子命题之所是。

E.422 层次只是发生在我们用不同的方法以符号象征事实上。命题层次不是对象之性质，而是符号之性质。同一命题能以不同次序而表示之。其次序之不同不在其所意谓的，而是在所用的符号上。

E.43 于是，层次或次序即在意谓对象的不同样法上。一切层次都由因不同的样法用不同的符号来意谓对象而生起，层次即由那些符号而表显。

E.431 此种层次与数学、或逻辑、或类、或外延函数都无关，而只与"意谓"有关。

E. 432　《算理》中的层次都是类或数学成外延函数上的层次。这种层次只能解决类与分子的绕圈子之矛盾。

E. 433　我们可说，《算理》中之层次即是拉氏所说的外延函数，而拉氏的层次则是他所谓指谓。

E. 434　拉氏以为"类是其自己之分子"这一类的矛盾《算理》上的解决是对的；但如"我说谎"这一类的矛盾则皆有意谓上的、心理上的及认识上的成分在，而不属于外函或类、或数学、或纯粹逻辑。

E. 4341　这一类的矛盾只发生在他所谓层次上，只发生在用不同的符号以象征事实之意谓关系上。

E. 44　由此种根本的改观，拉氏主张一切矛盾皆发生在意谓的混扰上，与数学无关。

E. 441　他以为矛盾之起是因为我们不能得到一个包括一切意谓底关系。我们所取的命题无论是哪一层，总有一种方法构作一种符号去意谓那不包括在这个命题的意谓关系中。

E. 442　譬如"我说谎"这个命题。照拉氏的层次说，也就不会有矛盾。因为"我说谎"这个意谓关系其意义是有一定的层次的。设我们名此层次曰"n"序，如是，"我说谎"即是说"我说了一个假命题是 n 序的"。如果推到"我真说了一个假命题，我就不说谎"，这至少是在"n＋1"序里。即是说，我在"n＋1"序说"n"序的命题。其意谓关系又跳出去，而并不包在"我说谎"这个 n 序的命题中。所以"我说谎"这个命题也就不会与自己相矛盾。

E. 45　这情形，再从绕圈子方面看更显然。拉氏以为绕圈子也是意谓层次的混乱。

E. 451　譬如以"$(\psi) \cdot f(\psi\hat{x})$"为命题 $f(\psi\hat{x})$ 底逻辑积，即是说就 $f(\psi\hat{x})$ 的全体范围而言。再以 $F\hat{x}$ 表示命题 $f(\psi\hat{x})$ 的一切可能值之整体（totality）。如是就有 $F\hat{x}＝(\psi) \cdot f(\psi\hat{x})$ 的情形。如是，$(\psi) \cdot f(\psi\hat{x})$ 是否可以为 $F\hat{x}$ 中的一分子呢？若可，则岂非绕圈子？

E. 452　拉氏以为此不然，他以为 $F\hat{x}$ 在其表意上即是说在其所陈说的那事实上并不包含那一次函数之全体，只在符号上看之，似乎是包含着。$(\psi) \cdot f(\psi\hat{x})$ 是表示 $f(\psi\hat{x})$ 的另一种样法，它可以是 $F\hat{x}$ 中的一分子。即是说，它可以是 $f(\psi\hat{x})$ 之一切可能值中的一个分子。也即是说，表示最后的遍举的那个命题也是那全体可能的命题中的一个。此恰如一个人是某一群中之最高者，也可以是该群中之一分子一样。

E.453　（ψ）·f（ψẑ）可以为一全体中之分子，犹如"p·q"是 p，q，p∨q，p·q 等的逻辑积。而它本身也是其中的一分子一样。不过，其唯一不同处是在（ψ）·f（ψẑ）不能如"p·q"一样能单独地被表示出来，而我们又不能无限地写下去，所以最后必须把它表示成是一组命题而其自己也为其中的一分子底逻辑积。假设我们能无限地写下去，其中必有一个是它们一切的逻辑积。现在我们不能直接地表示之，只能间接地表示之而写为（ψ）·f（ψẑ）为一切可能之逻辑积而它自己也是其中的一分子。此虽是一个圈子，但并不可恶。可恶者意谓层次未能清楚也。

E.454　拉氏的层次论是根据维特根斯坦而来，其根本思想亦相同。结果都以层次来解决矛盾。维氏说："3.332　没有命题能在自己身上陈说什么，因为命题符号不能含于自己里头。此即全部类型论。"关此，要彻底了解，可参看他的《名理论》从 3.1 直至 3.333。

E.46　一切矛盾都起于意谓次序之混扰上，我们必须将每一意谓关系固定其次序之准确性。

E.5　穷尽类与层次类

E.51　《算理》只注意外延的层次，拉谟塞以为层次只在意谓关系上。拉氏似已注意到《算理》的层次不能解决矛盾问题，在中国，有金岳霖先生亦感觉到其不成。

E.52　本节叙金先生的方法，将见金先生的方法与拉谟塞的方法都不能解决这个问题。金先生关此问题曾发表了两篇论文：一篇在《哲学评论》第一卷第三期，一篇在《清华学报》第七卷第一期。本节之叙述根据后一篇。不过，我觉得对于他并不见得十分了解。姑且据我所见的［叙］述如下。

E.53　他以为纯注重外延层次并不能解决矛盾。因为外延虽不同，而内包的相同的共相仍同。例如："无命题"与"无命题是命题"层次虽不同，但均以"命题"见称，即可推到"有命题"。

E.531　他以为如果不承认这个内包的共相，则反正的推论如 ～（～p）＝p 即不可能。如是，他认层次只能引用于外延，而不能引用于内包。层次不同并不是说没有相同的共相。

E.532　他因为注意了内包方面，所以产生了以下的解决法。

E.54　他以为现行的逻辑是二分法的逻辑。即肯定与否定或是非两分的逻辑。

E.541　能够引用二分法的类称，就没有矛盾。不能引用而引用之的"类"，于引用之时，就均各自矛盾。

E.542　能引用二分法的类，即是彼此穷尽而无遗漏，故名之曰穷尽类，金先生亦名之曰"普通类"。

E.543　不能引用二分法的类，即是彼此不必穷尽而亦不必无遗漏，这种类金先生亦名之曰"层次类"。

E.55　普通类没有问题，层次类即是发生矛盾情形的类。"无命题"、"无真理"等都是自相矛盾的情形，都是不能引用二分法的。"不引用二分法，无命题可以不是一个命题，〔……〕引用二分法，它们就均各自相矛盾。〔……〕不引用二分法，它可以既真且假，引用二分法之后，它就不能既真且假。这类的命题不仅是层次与类称两方面所能解决的，它们根本就违背普通二分法的论理学。我们可以想一方法使这类命题不自相矛盾，但这类命题不自相矛盾的时候，二分法至少也就要受一种新的限制，而二分法的论理学也就不是教科书的论理学了。"

E.551　他又提示论理学的符号不必有系统外的意义。在系统内，有些命题是不能肯定，也不能否认。自相矛盾即是肯定那不能肯定，否定那不能否定的命题。"无命题"即是不能肯定与否定的，"无命题"之为矛盾即是偏肯定或否定之而发生的。

E.56　他的解决方法是承认外延之层次，又承认内包之共相。

E.561　层次不同，内包共相同，这样的结合即是一个层次类。层次类是其分子可以包括这一种的本身。

E.562　层次类有层次的分别，但不必有内包的不同。N层分子，不属于n-1层，但不同层次的分子有普遍的性质。

E.563　N层之分子不必都有N以前各层所有的分子所都有的性质，也不必都无N以前各层所有的分子所都无的性质。

E.564　二分法引用于普通类称一定普及于所有的分子，若引用于层次类称则不普及。二分法受了新的限制。

E.565　"无命题"即是层次类中的一个分子。我们不能完全肯定或否定之。因为"它所否认的虽是像这个命题这一类的东西，而它不必都有这一类东西所都有的共同性质，也不必都无这一类东西所都无的性质；所以世界上可以没有命题这类东西，而可以有它这一个命题"。如是，可以不矛盾。

E.57　以上是金先生的解决法，如果我述说的不错时，则显然这个方法是不成的。其中有几种误解。

E.571 （i）矛盾虽不能以外延层次来解决，但与内包共相也无关。内包共相是形成类的必具条件，矛盾并不是普遍性质与其分子的关系。

E.572 （ii）矛盾不可以层次类解析之，也不可以层次类解决之。一个类，除去空类（null class），若没有分子，不能成为类；若没有普遍性质，也不能成为类。层次类与穷尽类实是一个类的两种看法。从此类之普遍性质对彼类之普遍性质而言，则它是穷尽类；从此类本身之分子的系列看，则它即是层次类；从此类本身所已抽出的普遍性质对其他所未抽出的性质而言，则它又是穷尽类而不是层次类。

E.573 （iii）所以二分法并不是因层次类而受限制。二分法可以无限地应用。矛盾非层次类所能解决。

E.574 （iv）矛盾根本不遵守二分法。矛盾是不能肯定与不能否定的；它并不是有些可以肯定，有些可以否定，不能全否定或全肯定的；所以并不可以把它归之于层次类。它的背景不是层次类，层次类根本就不是矛盾的。

E.5741 金先生说："自相矛盾一定有一种论理学作它的背景。"什么背景，金先生没有明白指出来。但是言外看来，他似乎以层次类，二分法不能完全普及的类，为其背景。假若如此，则又错了。据吾所见，它的背景是辩证逻辑（dialectical logic）。

E.575 （v）还有一种误解即是把矛盾认为逻辑的问题。矛盾根本不是逻辑系统内的东西，其意义是逻辑系统外的。它是实际问题，而不是逻辑问题。

E.58 《算理》的层次不能解决矛盾，也即因为把矛盾看成为逻辑或数学问题了。逻辑根本是层次的，无论在内包或外延方面。如果矛盾了，并不因为逻辑层次而即不矛盾。

E.581 拉谟塞似乎见到了它是个实际问题；但是他又用意谓层次来解决之，此亦不成。我们同样可说，我们的逻辑意谓根本是层次的。既然是逻辑，其意义即不能不一步一步地排出来。所以"意谓层次"所对付的只是混扰而不是矛盾。如果矛盾了，并不因为层次不同即不矛盾。

E.582 金先生似乎注意到矛盾并不因为层次而即不矛盾。但他牵涉到共相以至于层次类，那就与矛盾无关了。

E.59 《算理》与拉谟塞以层次不同来解决；金先生以二分法所不普及的层次类来解决。三法都不极成，其故都在未认清矛盾问题之所在。

E.591 逻辑层次，无论是内包或外延，都是在时空外的，都是逻辑系统，都是套套逻辑或无所说；而矛盾则是实际问题。这是根本关键，下段再说。

F. 矛盾之起源

F.1 问题的所在

F.11 矛盾问题，也可仿照拉谟塞反对还原公理的方法而说明之。它不是逻辑或数学上的，而是经验上的。

F.12 普通认为已经矛盾的命题或言语成理论，这只表示它是错，它否定了它自己。如果他觉得了，他可以不再如此说。此不成问题。

F.13 成问题的是那句可以说的话或命题，而可以推到它有矛盾。此如"我说谎"、"无命题"……等都是。

F.14 这一类的命题如果只看成它是空架子，是无所说，那它就是无意义。你把它弄矛盾了，也不过是玩概念上的花圈而已。你若藉矛盾而否定它，而规定它是妄，则这一类的命题即是经验上的，有所说的。它的真妄，它的成立与否，可以从经验方面规定，不能从矛盾方面否定之。

F.141 你把它弄成矛盾是你犯了一种戏法上的错误。

F.142 矛盾是逻辑系统外的东西。矛盾命题是实际命题，不是命题函数。

F.15 上面所述的三种方法都是忽略了这个。

F.2 逻辑层次与自然之层叠

F.21 逻辑系统是妥沓的，逻辑过程根本是层次的，根本是在时空外的。

F.22 逻辑层次可以从三方面说：

（i）外延方面：随着变量的加多而扩大。

（ii）内包方面：随着变量的加多而扩大。

（iii）意谓方面：随着我们的思维前进而前进，如影随形一样。

F.221 这三方面的层次都不会有矛盾。层次说之出现最大的贡献是证明逻辑次序本身不会有矛盾，它不能解决矛盾。矛盾是外于逻辑次序的。从"无命题"推到"有命题"而使其矛盾，这只是用逻辑次序从不属于逻辑命题推到别的一样地不属于逻辑命题（套维特根斯坦语，参看他的《名理论》6.21，6.211 诸条）。并且，如果它真矛盾了，决非逻辑次序所可使其不矛盾。因为逻辑次序不取时空，无所说，所以即便其次序可以列成系列，但仍不害那个命题自身同时发生矛盾。

F.222 普通以为外延愈广，内容愈少；外延愈狭，内容愈多，其实这只指抽象与舍象而言。如果我们从层次方面看，我们也可使其随着范围而扩大。虽有共相，不妨其为逻辑层次。

F.23 如是，《算理》的层次固不能解决矛盾，而拉谟塞的层次也不能解决之。

F.24 除去逻辑层次，我们顾及到事实方面，名之曰"自然之层叠"（stratification of nature），这是自然之层次，此名为怀悌海所用。

F.241 自然之层次是取有时空，是缘起流转。这样的层叠也没有矛盾。

F.242 矛盾的背景是辩证逻辑，而辩证逻辑即是逻辑次序对于自然次序之应用，具体点说，即是思想上的"非"之应用于自然上的"是"。

F.243 辩证逻辑若看成是人对于自然之解析时的方法，则并无毛病。辩证的方法并不必使一切事物都矛盾，但使一切事物成为矛盾的那背景却是辩证逻辑。

F.3 矛盾的解决法

F.31 矛盾的条件：

(i) 凡矛盾必须同时；

(ii) 凡矛盾必须自身；

(iii) 凡矛盾必须消灭——自己否定自己。

F.311 时间上的刹那生灭，不可认为矛盾；空间上的对立，也不可认为矛盾。总之，事实不会矛盾。

F.32 矛盾的成立

(i) 事实与概念的混扰，即是"是"与"非"的混扰。此种矛盾为"非"之应用于事实。

(ii) 概念有矛盾的可能，此为"非"应用于概念。

F.321　此两种互有关系，因为要讲矛盾非在概念上不可，非把一切概念化不可。

F.322　还有一个重要原素，即是"非"，讲矛盾非用"非"不可。

F.33　黑格尔与布拉得赖的矛盾世界观，即是事实与概念的混扰，即是"非"之应用于事实。

(i) 概念不同于事实；

(ii)"非"虽可用来作解析之助，但不能把它客观化，即是说，辩证法虽可用，但不能使其客观化。

F.331　把这两点记住了，就算解决了这一派的矛盾。层次说是不能解决它的。因为它根本是一种对于事实的看法，不是层次问题。

F.332　譬如布拉得赖的"这"（this），它的矛盾，是由于把它概念化，再把辩证客观化而附着它身上去。你若说这是层次问题，布氏如何能承认？

F.34　"无命题"，在 F.1 已经说明它是经验问题。如是，"无命题"这个命题即是指示一定的事实的一个实际命题。它根本没有矛盾，它只有真妄。如果它妄了，它的指示即不能与之相应。只能以经验来决定它，不能以矛盾来否定它。

F.341　"无命题"之成为矛盾也是由于：

(i) 观念与事实的混扰；

(ii)"辩证"的应用于其上。

F.342　人把它造成矛盾，若不寻其何由成而解决之，是永远解决不了。

F.343　"无命题"是描写一件事实的命题，"'无命题'是命题"这是把"命题的界说或定义"附于它。它是命题与它所陈说的那件事实根本不相及。人们把它们弄在一起而辩证化之概念化之，以造成矛盾，这根本是事实与概念的混扰与辩证的客观化。即是说，把"无命题"、"有命题"这两个概念藉"是命题"这个概念为媒介连结在一起而造成矛盾。其实，这是两个世界的混扰。

F.344　既然如此，层次说是解决不了它的。因为它成为矛盾，并非由于它不遵守层次而来。矛盾与混乱不同。矛盾的背景是辩证逻辑。

F.345　如是，我们作两条规则如下：

(i) 事实不可混同于概念。

(ii) 辩证不可客观化。

这样便可禁止矛盾之成立，也可消灭其已成之矛盾。

F.35　至于"我说谎"都是如此，都可用同样法解决之。

F.351　其实"无命题"与"无桌子"都是同类的性质。我们不见"无桌子"为矛盾，然则"无命题"亦太不幸运了。它乃真是适逢其巧！"无真理"也是同样的不幸！

F.36　总之，矛盾问题不是纯粹逻辑上的，乃是经验上的。

F.361　经验上的命题不可从纯逻辑概念上把它弄矛盾。

F.362　弄成矛盾的那个"无命题"决不是指示一件事实的那个"无命题"；从"无命题"推到"有命题"这只证明指示事实的"无命题"是个命题，而推到"有命题"的这个"有命题"决不能否定了"无命题"所陈说的那件事实。因为这根本是两个不同的世界故。上述三种方法均未注意这种分别。

F.363　"无命题"是指示事实的，当把它弄成矛盾时，则它即已成为不指示事实的抽象概念了。

F.364　概念不可混于事实。无所说的"命题函数"决不可混于实际化了的"真实命题"。

F.365　辩证法不可客观化。辩证之能客观化全由于事实之概念化，事实之概念化全由于事实与概念之混同。

F.366　指示事实的真实命题本身决无矛盾，只有真妄。矛盾是人造的。

F.367　矛盾是经过两层误置（即事实之误置与辩证之误置）后在那里玩概念上的花圈，玩迷人的九巧的把戏。

F.37　把它说穿了，解决法是很简单的。

F.4　辩证逻辑

F.41　辩证起于两分法，即"是"、"非"两分。

F.42　"非"这个角色在知识中占必须的位置。

F.421　"非"为逻辑过程或逻辑系统之必要成分。逻辑系统之发展由之而造成。例如有一"p"与一"～p"可作如下推：

$$\sim(\sim p)=p,\ \sim\{\sim(d)\}=\sim p$$

F.43　由"非"而成为辩证逻辑乃是对于事实之反复解说。辩证即是反复解说，逻辑系统无所解说。

F.431　用辩证解说"事实"，则事实为对象，而其内容亦因之益明。若把辩证客观化而赋与事实，则一切皆矛盾。以此观世界，吾名之曰无聊的瞎吵闹。

F.432　用辩证解说"概念",则概念为对象为事实,而其意义亦因之而益明。若把辩证客观化而赋与概念,则作为对象之概念即起矛盾。此种概念,吾名之曰保暖生闲事在那里玩九巧之戏法以迷人。

F.44　逻辑系统无矛盾,自然层叠无矛盾;一件事实无矛盾,一个真实命题亦无矛盾;而用辩证的方法来反复解说事实亦不会有矛盾。

F.441　矛盾唯在辩证之客观化。

F.442　使其客观化,即是辩证法之真用处,也即是所以名为"辩证"之真意义。这是辩证法的复位。

F.45　辩证法若复了位,则在知识中,其用之大,莫与之京。

F.451 辩证法若复了位,则对于世界的说法是:这个世界既可以是A,又可以是B,C……;但不能说这个世界既是A而A又不是A。

F.452　辩证法若复了位,则自可以引出一种相当的知识论来,即什么样的知识论,知识中有什么成分,但在此可以打住。

F.46　吾这篇论文的根本观念是在"非"之不外在。如有人能证明其为外在,则吾这数万言全部倒塌,而矛盾的解决法也就无用,而矛盾也就根本成为不可解的谜,而黑格尔与布拉得赖的戏论也即是真谛。

(原载《哲学论评》第5卷第2期　1933年11月)

(本文选自《牟宗三先生全集25·牟宗三先生早期文集》(上),13~90页。)

逻辑与辩证逻辑
（1934）

A. 逻辑之定义

A1　记得哥德①曾劝人好好学逻辑，而李季先生于其大作《辩证法还是实验主义》一书之末又藉哥德之言以劝胡适或甚至一切人。我在此很愿以李先生之美意反而劝李先生也好好学逻辑，省得薄责于己而厚责于人。我所谓好好学逻辑是要彻底认识逻辑之本性或意义，并不是要宣传某种特殊的方法，也并不是说学了逻辑就会思索，也并不是说一切学问都可由逻辑推出，都可用逻辑解决。我的意思是：如果要了解一切科学的性质或一切问题的性质，不妨以逻辑为起点，不妨以认识逻辑为先著。由认识逻辑之本性，进而认识其他学问，划分其他学问，我想结果必能得一清楚的概念，决不至一塌糊涂，混淆不清。从这方面而进行哲学工作的是现代哲学的特性，也是主要的趋势。我现在要讨论逻辑与辩证逻辑这个问题，所以也愿把逻辑弄清了，再回来看看辩证逻辑究竟是个什么东西。

A2　逻辑，我们先笼统地可以把它看成是藏于人类思维中的东西。这东西有它的客观性、绝对性，我们认识它、解说它，犹之乎认识自然、解析自然而从其中发现自然律一样。无论人们有多少不同的认识，有多少不同的界说，有多少花样的逻辑，我们只可以看成他们是那个客观东西的论谓，因为它只是论谓，所以就有对或错，有见或蔽，犹之乎自然科学家发现自然律一样，有时对有时不对，有时近似地对有时概然

_____

①　今译"歌德"。

地对，然而这却不能说逻辑这个客观而绝对的东西就没有了自己的特性，而完全变成了主观的、相对的或多元的选替的（alternative logic）。如果我们能先确定了逻辑的绝对性、一元性及客观性，则我们就可以把它表示出来而藉以批决其他。

A3　在此，我先把逻辑的特性表示于下：

（i）逻辑是客观的、绝对的。

（ii）逻辑是普遍的、可能的。

（iii）逻辑是公共的法模（form），逻辑就是法模，称为"法模逻辑"乃是床上架床，毫无意义。

A3.1　这三种特性不十分容易了解，且于下边详细解析之。近来讲逻辑的都喜欢与数学合讲，讲数学基础的也必讲逻辑。此风集大成于罗素，因为罗素对于数学就有了三种不同的解析。在此，我愿藉这三种不同见解的略述，以期明白逻辑是什么，并可以说明数学是什么。

A4　这三派主张是：

（i）逻辑派，以罗素为代表。

（ii）型式派，以希伯德（Hilbert）[①] 为代表。

（iii）直观派，以布络维（Brouwer）[②] 为代表。

A5　直观派或亦曰直觉派（intuitionism），并亦称有限论（finitism）。这派思想是继承康德而来的。康德把数学或几何建基于纯粹直觉之上，但康德哲学的目的是在从认识方面把经验所得的材料与理性的先验方式打成一片，他总不使这两种东西分开，并且他以为这是分不开的。分开乃不过只是我们解说上的方便，事实上并没有这末一回（会）事。但康德以为理性又有两方面的意义：（i）超越的用法（transcendental use）；（ii）超验的意义（transcendent）。前一个意思是说它在经验中而为组织经验之主宰分子，也就是说，它居在优越的地位，但却不是超乎经验以外。所以在此把它译为"超越的"，我觉得是很妥当的。有人想把它译为"超验"，实在是不合原意，令人一见即有超乎经验之意，因为"超"为动字，"验"为名字，"超验"正恰是超乎经验。须知康德之意并不如此，而吾仍从"超越"之译亦实有理据。"超越"乃形容字，即形容某一东西的优越德性之意。言优越皆是指在某一世界或团体中之优秀分

---

① 今译"希尔伯脱"、"希尔伯托"或"希尔伯特"。

② 今译"布鲁维"或"布劳维尔"。

子，居优秀地位而言，并非指两个世界彼此隔离而言。在同一范围中，始可比较而言优越与服从。优越者为主宰，服从者为被主宰，主宰与被主宰两不相离而互相显示，此即所谓相反相成之意。吾人尝言优秀之人，中坚之士，其意皆谓此等人在某一团体中为中坚为优秀，并非指于此团体而外为中坚为优秀。这是最显然的道理。康德所谓"超越"，正是此意。他的"超越的摄受"（transcendental aesthetic）及"超越的分析"（transcendental analytic）皆是在那里讨论。经验之成立这个范围中的优秀分子与中坚分子，此恰如言团体中之优秀分子一样，故康德的知识论可总名之曰"超越的经验论"。因为康德特重视知识中之形式一方面，而形式或范畴又是先验的（a priori），而此种先验的形式在经验之成立上又实居主宰的地位，组织的地位。这种居在主宰或组织的地位，即是那先验形式在经验中的超越的主宰的机能（function）。因为康德特主重这个超越的机能，所以名他的经验论为"超越的经验论"。"超越"这字的引用，盖即意谓先验的形式在经验中之优越地位也，并非既超且验之超验。"超验"是我们上边所提出的那后一个意思。先验（a priori）、超越（transcendental）、超验（transcendent）这三个字的意思，在康德完全是用来论谓理性之意义与作用的。先验是指示理性之本性，言其不由经验得来；超越是指示理性在经验中之作用，言其有主宰之机能；超验是指示理性之在经验以外，言其不参加组织经验之责。这三层意思是理解康德哲学的关键。康德所谓理性的先验方式，与经验所得的材料之不可分，就是指理性的超越意义而言，并非其他两个意义。在这层意义下，理性与经验打成一片，经验的知识也是清楚的、必然的，因此他反对了来本之等人的理性与经验之分，也反对了休谟的经验知识之偶然与怀疑，并因而建设了数学的基础，几何的基础。这样，我们的知识皆可从直觉得来，从直觉得来的知识始为不空，而理性也必须与直觉所供给的材料发生关系始为有效。数学就是这方面的知识；但康德对于理性又有一个看法，即是上边所列的超验的意义。

A5.1　他以为理性在经验中与直觉所供给的材料发生关系始有妥当性、有效性或实在性。这种理性之实在性，即是理性之应用于现象界、经验界或可知界。他这个现象并非普通所谓虚幻与真实之分，也并非初性、次性之分，也并非主词的托子与谓词的属性之分。他这个现象界，用怀悌海的话说，就是实缘世界或具体的缘起世界（concrete occassional world）；用维特根斯坦（Wittgenstein）的话说，就是事实的世界（factual world）。这个世界就是经验界或可知界。理性应用于这个世界就是理性的实在性、有效性。这种主张，康德名之曰："经验的实在论"（empirical realism）。他说实在论非是经验的不可，这是反对柏拉图的超越的实在论。既反对超越的实在论，则不得不承认超验的理想论（transcendental idealism）。超验的理想论，即是指示理性之出乎经验以外而不应用于这种现象界。不应用于现象界，故无实在性，而只有理想性。不应用于现象界的理想性的理性之施行的所对，即是"非现象界"（nounmena）。这个非现象界，即是指理性的超验的意义而言。他的用处是在划分经验界与非经验界，可知界与不可知界（神秘界）。他这个现象与非现象之分，上边已说过，完全不是原子与光、光与色之分，我们简单言之，可说即是事实界与理想界或价值界之分。非现象界即是这个理想界、价值界，换言之，即不是科学的世界。这个价值界即是超验的性理所施行的世界，康德名之曰"非现象界"。若要说康德划分世界，那末就是这个划分法了。世人不察，愈讲愈糊涂，愈神秘。其实康德所以这样划分实在是最客观、最科学的，他一方面救住了科学，一方面为宗教道德留余地。非现象界即是预备着将来讲宗教讲道德的根据，他决不使它同于现象界。所以我以事实与理想或价值来说明他的现象与非现象实在是最浅显、最通达，而亦无不恰合。

A5.2 康德指示出他的非现象界有两层意思：（i）消极的意义（negative sense）；（ii）积极的意义（positive sense）。消极的意义是说：它不是我们感触直觉（sensible intuition）中的一个对象（object），即是说，我们不能经验着它。积极的意义是说：它可以作一个非感触直觉中的对象（an object of a nonsensible intuition），即是说，不可经验的对象。这种不可经验的对象即是宗教、道德所思维的对象。非现象界的必须就在这里，而其不同于现象界也就在此。这种非现象界的领会，康德名之曰"智慧的直觉"（intellectual intuition）。智慧的直觉与感触的直觉正相对，由这两种直觉表示理性之不同方面的应用。

A5.3 这不同方面的应用表示出理性之辩证性、相反性，即有名的二律背反（antinomy）是。从现象界这方面看，是有限的、机械的、无始的、无神的；从非现象界这方面看，则是无限的、自由的、有始的、有神的。康德对于这种相反性要想加以最后的综和，所以就引出一个"神"来。这是实践批判与判断批判中所讨论的问题。我们在此不能再述说下去了。在此，我们所要注意的，就是康德并没有把理性分说得清楚，也并没有调和好。第二点，我们当注意从康德这个观点来论数学，则我们的理性就要受限制，好多理性上可能的东西都变成不可能了。这个结论即是直觉派或有限论的结论。

A5.4　为什么说康德没有把理性弄清楚呢？康德对于理性的认识，我以为只有两点很重要的：（i）理性的先验性，即指明其不由经验得来；（ii）理性的机构性（organization），此在经验之成立上是很重要的。第一点是理性的起源问题，第二点是知识的可能问题。除此两点而外，他再没有进一步的发挥与指证。他所谓理性之普遍与必然，乃是对经验之成立而言，也就是对知识之可能而言的；即是说，有了它，我们的知识始有必然性、普遍性，而我们的经验亦始有可能（possibility），而他所谓可能亦就是现实（actuality）之谓。这样，他所谓普遍与必然，并不是指理性本身的发展过程间的普遍关系与必然关系。他只注意了理性的应用，而未注意理性本性的特性。再进一步说，他没有把逻辑与知识论分开。这一点十分重要，我们的知识无论怎样合乎逻辑，无论怎样应用逻辑，但我们不能说逻辑就是知识或就是知识论。这最是近人所分不清的一点，我们必须承认一个公共的客观的标准，不然我们就不能说话。这个公共标准就是理性自身的形式方面的发展或推演，也就是逻辑。我们论理性之先验普遍必然以及有限无限可能或不可能等问题，当从理性本身的形式推演方面论，不当从其应用方面论。理性的形式之应用，即成为真正的命题，有真假可言的命题，而不是普遍的无真假可言的命题函数（propositional function）。命题只有真妄二值，凡称为命题都是现实，现实里面没有可能，并随而亦无所谓先验、普遍、必然、有限、无限等问题。这些问题都当从命题函数间的关系方面论，即是说，都当从理性本身的发展方面论，不当从命题方面或理性的应用方面论。康德就是从应用方面论的，随之，也就是从命题方面论。他把一切学问都划入一组命题中，而把那个公共的标准的命题函数的学问忘记了。这部学问就是理性本身的学问，就是逻辑。

A5.5　从应用方面论，所论的是命题，是命题所指示的对象；随之，你所论的也就有真假可言，是你个人的见解而不是公共的，是特殊的而不是普遍的。我们不能从命题所指示的对象方面来划分理性，来指谓理性的有限与无限。这样的有限与无限是对象方面的，不是理性本身的，是学问的不同，不是理性的不同。康德所划分的就是学问的境界：有科学的世界，有宗教的世界，有道德的世界，有艺术的世界。这些差别不是理性的差别，这全是性格学上［的］差别，是生活的基型（types of life）上的差别。那个作为标准的理性本身是公共的、普遍的、齐同的。这样，康德的现象界与非现象界虽可以分，而理性却不可因之而有分别，随之，理性的辩证也完全用不着。我们不能以两个不同的世界作理性辩证之基础，理性不能因这两个世界而有辩证，而那两个世界自己也无所谓辩证。这样，我们对于康德作以下的结束：

（i）康德没有认清理性本身。

（ii）他没有明白数学，随之，也没有明白逻辑。

（iii）理性之有限无限，可能不可能，不能从不同的世界方面论，随之，理性的辩证也就无谓。

（iv）他的划分世界，我们可以承认。他讲知识之可能，经验之成立，思想之机构，我们也可以承认。但这是知识论方面的问题，我们对于他的理性论既不赞成，当然在讲知识论时，也须要全部的改作，他讲的时空格式、十二范畴等都是要不得的。此当专文论之。

A5.6　明白了康德这一套理论，我们再述说数学的直觉论或有限论的理论。这一派的见解，可以从两方面说：（1）能构作与否；（2）能直觉与否。先说第二点。布络维以为：凡能直接觉察得到的就有其存在，否则就不能存在。数学是直觉上的东西，所以凡是直觉的可以承认其存在，否则即不能承认其存在。数学上的"无限"（infinite）这个概念，据此，就是不能存在的，因为它是不能直觉的。因为他除消无限，所以他这见解又可称为"有限论"。这样以①来，数学上的好多东西都将要被除消，数学的范围很侧狭，这就不啻于把现在所已有的数学上的结果推翻了。这种直觉论完全契合于康德的知识论。康德以为，时空方式与先验范畴应用于经验中始有其实在性、有效性，但是随之也就有了它的限制，即是说只能应用于现象界。但是，我们的理性有时又可以超越了②现象界而扩大其范围，康德于此不知注意理性本身的学问，而却引出一个非现象界以安置这种理性的扩大，而这非现象界又只为宗教、道德而预备的；可是，这种宗教、道德的世界，我们前面已经说过，决不能表示理性本身的无限发展，不过只是生活基型上的不同境界而已。对于许多直觉上不能存在的东西，而又不是宗教道德范围内的，康德未

---

①　此处原文作"以"，当改为"一"。

②　此处的"了"为衍字，当删去。

曾予以适当的安置，亦未加以适当的解析，所以康德的数学论的观点是不能采取的，而所以不能采取的原因，就在他没有认清理性本身的独自发展或推演。布络维取了他这种观点，必然的即是除消数学上的许多概念，因为他亦没有注意理性本身的独自推演，所以布络维也不能解析数学，他也不能解析我们的理性之所以扩大。其唯一的毛病就在他如康德一样，也不从理性本身的形式方面的发展着想，而只从其应用方面着想；即是说，他不能从命题函数间的关系之发展看理性，而是从命题函数之变为命题这方面看理性。这样以①来，他所看的数学只是些有真假可言的"命题"而不是命题函数。既是命题，当然只是直觉上的东西，当然也不能有普遍、必然、可能、无限等概念。可是，这完全是错的。数学不是命题，乃是命题函数间的必然关系。维特根斯坦说：我们日常生活中完全用不着数学，我们所用的只是数学的应用，即是说，我们所用的只是数学的命题函数之变为一个一个的数学命题。康德、布络维完全把数学的应用当做数学了，所以直觉派没有明白数学。

A5.7 我们再论构作与否的问题。这是上面所举的头一点。这一点是关于逻辑方面的一个问题，即是关于除消排中律这个问题的。布络维以为，凡能构作的，或说凡能以式子摆出来的就可以存在，否则不能存在。例如排中律，他以为就是不能构作的，因为我们不能用一个式子把它列出来。"A 一定是 B 或者不是 B"，这是排中律的说法，这个说法的意义我们不能以式子表示出来，它好像是我们思想中最根本的一种运用而不是一个体。因为他不是一个体，所以很难构造它。既不能构造，所以他的数学与逻辑就是没有排中律的数学与逻辑。没有排中律，就是除消了二分法的表示。二分法就是真妄的二价逻辑，就是真妄彼此不相容而又彼此穷尽的二分逻辑。没有二分法，排中律当然也用不着，因为可以有第三者存在。这种见解也是不成立的。其毛病也是在不从理性自身方面着想，而是从其应用的、外表的结果方面看。排中律之不能构作只能表示说：在你的逻辑与数学中，没有排中律这个式子。构作与否是一回事，有没有又是一回事。不能构作只能表示：你在逻辑范围以外所说的话，二分法的取消也是站在逻辑范围外所发表的另一种见解。这都不是从逻辑本身或逻辑范围内所说的话。在逻辑范围以外，你当然可以建设好多不同的系统，但此不同的系统却不能代替了那逻辑本身，倒反

---

① 此处原文作"以"，当改为"一"。

必须以逻辑本身作根据、作底子。这样，二分法与排中律都是不能取消的，布络维说的也有理，但他只是站在逻辑范围以外所发表的另一种系统，而不是逻辑本身，也不是理性自身的发展。于是，他对于逻辑也没有搔着痒处，其原因就在不着重逻辑本身，而着重逻辑本身的实际应用。我们可综结直觉派的见解如下：

（i）不从理性自身而认识数学，而以数学的命题函数之变，为数学命题，为数学。

（ii）不从理性自身而认识逻辑，而以逻辑的命题函数之变，为逻辑命题，为逻辑。

A5.8 这见解显然是错的，其错误即在采取直觉的观点，所以直觉论不能解析数学，也不能认识逻辑。我们以下再述说型式论派（Formalist School）的见解。

A6 此所谓"型式"与普通所谓"形式逻辑"（其实这种说法就不通）之"形式"意义不相同。逻辑根本就是型式的、普遍的、必然的，而不是实质的、特殊的、实然的。型式论派之型式，含有以下三种意义：

（i）约定俗成的观念（conventional idea）。此即说：只要在社会上为通俗所承认、为惯例所允许即可，数学或逻辑都没有非如此不可的意义在。

（ii）随意选择的规则（arbitrary rule）。此即说：数学或逻辑不过是按照几条随意选定的规则而推演罢了，只要不违悖这规则，并且其间无矛盾即可。而那规则之定，是可以随意的、多元的，并且不是非如此不可的。

（iii）无意义的公式与无意义的记号（meaningless formula and meaningless mark）。此即说：按照那规则而造成的公式是没有一定的意义的，而公式中之记号也是无意义的记号。数学知识完全是在按照一定的规则而知道这一个公式如何从那一个公式推演出来，公式与记号之意义却不必一定。所以我们只要谨守其间无矛盾即可，完全不用顾及到这个推演系统以外的意义，数学是一种游戏，是一种智慧的闹玩意，所以这一派又称为游戏的数学论。

A6.1 型式论派的意义就是指以上三种特性而言的。这学说有其极强的理由，并也有其合乎真理之处。所以这学说在现在很风行一时；不过照以上所述的三点看来，其中有对的有不对的，在①根本的有不是根本的。譬如约定俗成这一点，其意义就不是根本的而是表面的、枝叶

———————

① 此处原文作"在"，当改为"有是"。

的。我们不能把数学或逻辑当做社会上的公认或惯例，犹如风俗习惯之成立一样。虽然月球上的人类之思维不必同于地球，但究竟这是属于六合之外的东西，我们也难断定它们必不同于地球。这就表示说，人类的思维法则或过程不只是约定俗成，它乃是有其普遍性、公共性、必然性的。约定俗成只是那个理性本身的应用或表达，即是说，约定俗成这观念只表示我们可以用不同的样法，把理性本身的发展表达出来。表达的方法，表达的记号，表达的设准、假设或规则，这都可以说是约定俗成的，并没有非如此不可的意义在。第二点的随意选择也只是指这方面而言，这完全是表面的、枝叶的，我们不能认为逻辑就是如此。逻辑就是理性本身的发展，我们表达的时候，可以依方便、依惯例、依约定俗成，但理性本身的发展不是约定俗成。由逻辑之应用而形成些命题组，即各门科学，可以是约定俗成，但逻辑本身不是约定俗成，不然我们就不能有一个共同的是非标准。约定俗成是邦嘉雷（Poincaré）① 及唯用论的最大发明；但这道理却不适合于逻辑本身。逻辑是一回事，"为用的逻辑"（logic for use）又是一回事，此决不可混同。唯用论者就把这点忽略了，而现代所谓辩证法的逻辑或克服逻辑，乃实在是一窍不通，对于逻辑还是大门以外的孩子，大门二门，升堂入室，更不容说了！

　　A6.2　所以，约定俗成与随意选择虽然在知识中为一实然之真理，但对于逻辑本身不能应用。我们批评形式论者与直觉论者，其方法其观点是同一的，而这两派也实是犯了同样的毛病，即不从理性本身来论逻辑或数学，而从其应用或表达方面来论。从这方面论，其为有限论，为约定俗成，为随意选择，乃是必然的结论。但因此，我们也可知，若我们明白了逻辑本身与逻辑应用之不同，则关于一切逻辑理论与派别都可以得一相当的解析，与以相当的位置，而包括于一个大系统之下。如是，一切争执都是茫然的；这决不是杂拌的调和，乃实是一个有机的整体，特为人们的固执所蔽耳。

　　A6.3　约定俗成与随意选择不是逻辑或数学的本性，乃是它们的表面或枝叶。型式论者特注意其枝叶而忘了根本，这是未触着逻辑之本性的。但第三点却为逻辑之本性，即逻辑实是一种无意义的公式与无意义的记号之无矛盾的、必然的推演。此处所谓无意义，是指没有逻辑系统以外的意义而言，并不是说系统内的意义也没有了。这就是说，其意

---

　　① 今译"庞加莱"或"彭加勒"。

义完全不是实质命题所具有的意义，而是意义不定的命题函数间的必然关系所具有的意义。实质命题的意义是有真假可言的，关于外界所说的话，是经验的，是有所指示的，因而也就是逻辑系统以外的意义，所谓无意义即是无这种意义。这样，逻辑全是普遍的、形式的、意义不定的命题函数间的必然的推演关系。关于这一点，形式论者是对的，我们用不着反对，我们当取而消化之，只是前两点则须将其意义弄明白，不可视为逻辑之本性、数学之特质。

A6.4　随着型式论者而发生的新见解，在此也有说明的必要。这派新见解就是最近美国新进哲学家兼记号逻辑家路易士（Lewis）[1]所倡导的"选替逻辑"（alternative logic，此名最难译）。这见解是说：逻辑是可以有好几个系统的，每一系统都可存在，都可通，而最后的决定则在适用。这种情形也叫做逻辑之相对性（relativity）。这好像几何学一样，有欧几里得几何，有非欧几里得几何，所以也有亚里士多德逻辑，有代数逻辑，有数理逻辑，也有路易士的选替逻辑。在此，我仍是本着以前的观点来批评他的选替逻辑与逻辑之相对性，并指出逻辑不可与几何同论。

A6.5　自从罗素与怀悌海出版了《算理》（*Principia Mathematica*）这部经典以后，路易士就继续研究着记号逻辑（symbolic logic），到现在止已经发表了两部名著：一是自作的《记号逻辑通览》（*A Survey of Symbolic Logic*）；一是与朗佛德（Longford）[2]最近合作的《记号逻辑》。在这两部书里，他提出了一种与《算理》不同的主张，而其不同的主要关键则在关于"含蕴"的界说这个问题。《算理》里面的含蕴是"实质含蕴"（material implication）；而路易士所用的是"严格含蕴"（strict implication）。因着关于含蕴所下的这两种不同的意义或界说，就有了两个不同的系统。因为有了这两个不同的系统，所以就有了"选替逻辑"这个名称。这两个系统我们在此不能详细的具体的摆出来，并且也不为本文的性质所允许。因为他们都是用符号写的，如果不细读他们的书，在此只提出其中几个命题来，一定不易领会。所以在此我仍愿用普通的言语把他们的主要概念解说明白就得了。

A6.6　含蕴是两命题间的一种关系，这关系我们叫它是推断关系。

---

① 今译"刘易斯"。
② 今译"（C. H.）朗格福特"。

这个推断关系我们可说它是推断的基础，即是说，在什么样的情形下才有推断，推断始可能。所以，含蕴是最根本的一个关系。它虽为推断关系之基础，但对于这个关系却有不同的解析与界说。《算理》以⊃代表含蕴，其界说是：

p⊃q＝～p∨q

假设一个命题以二分法的真妄或是非分之，则两个命题间的真妄关系就有四个可能：(i) p 真 q 真；(ii) p 妄 q 真；(iii) p 真 q 妄；(iv) p 妄 q 妄。这四个可能在含蕴上唯第三可能即 p 真 q 妄不适用，所以上面那个界说又可写为：

p⊃q＝⊃p∨q＝～p～q

～代表"非"，∨代表"或"，p 含蕴 q 即等于说："不是 p 妄就是 q 真"；或者说："或则 p 妄或则 q 真"，也就等于说："p 真 q 妄是妄的。"为什么说："p 含蕴 q"等于"或 p 妄或 q 真"而不等于"p 真 q 妄"呢？且分五步解析如下：

(i) 如 pq 两个命题，如 p 真则 q 真，则 pq 为连带真，由此连带真我们可说：

(ii) p 之反面若错，则 q 必对，由此也可推知：

(iii) p 之反面与 q 之正面不能同时都错，此即等于说：

(iv) p 之反面与 q 之正面至少有一为对，而两者至少有一为对为"析取"（disjunction），可以写为"～p∨q"，由此故知：

(v) p 之反面与 q 之正面至少有一为对，可写为"～p∨q""p 含蕴 q"等于"或 p 妄或 q 真"，那表示说："p 含蕴 q"在"p 之反面与 q 之正面至少有一为对"时，才可以成为推断关系，而推断也只要在这种情形之下就可能，用不着再规定其间的关系是一种什么样的形式。这是《算理》上的实质含蕴之意义，所以用"实质"一词其意是表示只要在这种关系之下就可以推断。至于推断之为何种推断，前提结论之为真为妄。为妄为真等问题，则要诉诸经验看实际情形。我们此时用不着先确定其推断之为何种推断，也不用着规定前提结论之为真为妄或为妄为真。可是路易士就未认清楚这一点，他就要把那含蕴关系规定成一种较狭的形式关系，以为只有在此种形式关系之下才可推断，这就是把推断已规定成为何种推断了。

A6.7 他的含蕴以"≺"代表，名之曰"严格合蕴"。其界说如下：

$$p \prec q = \sim \diamond p \sim q$$

$\sim \diamond$ 表示"不可能"（impossible）。此即说："p 严格含蕴 q"，等于说："p 真 q 妄是不可能的。"他这个含蕴的意思是"p 可以从 q 推出"（q is deducible from p），q 可以从 p 推出，当然 p 真 q 妄是不可能的，它这不可能很重要，其意义十分严格而准确，故 q 真 p 妄不可能，即表示 p 与 q 必须一致（consistency），必须相融洽。p 与 q 一致，即表示 p 与 q 俱是可能的，也即表示 q 可以代严格含蕴 q，q 可以从 p 推出。路易士就这样规定了含蕴而为推断之基础。他由这种含蕴的界说再进而规定命题间的一致关系：

$$poq = \sim (p \prec \sim q)$$

此即是说："p 与 q 一致"等于"p 含蕴 q 之妄是非的"。如是，他的含蕴关系必须有一种一致关系始可成立，如是也可以写：

$$p \prec q = poq$$

由这种一致关系，他又进而把真妄的程度规定成四种说法：

$$\diamond p = pop = \sim (p \prec \sim p)$$

（i）可能，以 $\diamond p$ 代之，$\diamond p$ 即表示 p 是可能的，其界说如下：

$$\diamond p = pop = \sim (p \prec \sim p)$$

（ii）不可能，以 $\sim \diamond$ 表之，此亦可说："可能是非的"，$\sim \diamond p$ 即表示：p 是不可能的，或者说："p 之可能是非的。"其界说如下：

$$\sim \diamond p = \sim (pop) = p \prec \sim p$$

（iii）不必真，也可以说妄是可能的，以 $\diamond \sim p$ 表之，此即是说："p 之妄是可能的"，也即是说："p 不必真。"其界说如下：

$$\diamond \sim p = \sim po \sim p = \sim (\sim p \prec p)$$

（iv）必真，也可以说："妄是不可能的"，以 $\sim \diamond \sim p$ 表之，此即是说："p 之妄是不可能的"，我们也可以加上括弧而写为 $\sim [\supset (\sim p)]$，此可读写[1]："p 之妄是可能的是非的"，此即是必真，其界说如下：

$$\sim \diamond \sim p = \sim \supset \sim po \sim p = \sim p \prec p$$

---

① 此处原文作"写"，当改为"为"。

　　这四种真妄的程度上的不同语气，都是从他的严格含蕴与一致关系而来的。他以为这种分别是实质含蕴系统中所没有的，因此这两个含蕴各自成一系，有相同者，有不相同者，结果严格系统能包括了实质系统，而实质系统却不能包括了严格系统。此即说，凡实质系统中所能有的命题，严格系统中都能有，反之，却不能。详细情形在路易士书已说得很清楚，读者可以细读原书。因为由他这种真妄的程度上的四分法，所以就有些人以为我们的逻辑不必二分法，三分、四分、五分以至无限都可。这样以①来，我们怎样分着，就有怎样一个系统随着。如是，逻辑是相对的，是多元的，是选替的，而最后的选择则归于便利与适用。这是最近很时髦的一种见解，我以为这见解当有指正的必要，当有弄清楚而赋与以适当位置之必要。

　　A6.8　关于路易士的严格含蕴，罗素曾有详细的答辩，并指出路易士的界说中所含的意义都是为他因经济的理由所抛弃的些见解。关此我不愿多论列，我要说明的就是：无论他们这两个含蕴是什么意思，无论谁方便谁不方便，谁根本谁不根本，谁的含意广，谁的含意不广，这都不能证明说：这有两个逻辑，或证明说：逻辑是选替的是相对的。就单凭对于逻辑的不同界说，是不能证明逻辑之相对性的。这相对性、选替性是在我们的表达上、界说上，而不在逻辑本身上。对于含蕴有不同的界说，这犹之乎对于一个对象有不同的看法一样。你从这方面看是一个系统，他从另一方面看又是一个系统，而各系统其实都是表达那个对象的。表达法虽有很多，但那个对象总不会随着也成为多元。并且，这些系统虽然很多，然因为对象是一个，所以总可以互相配合互相引出的。那两个含蕴系统正是如此，路易士的含蕴总可以由《算理》的含蕴渐渐推演出，即是说，《算理》的含蕴若渐渐严格化、狭义化，加以许多界说、许多规定，也可以推出严格含蕴，不过《算理》未向前作就是了。所以，这两个系统总不是相冲突的，也总不能使其成为两个逻辑。譬如严格含蕴所恃以与《算理》不同的，即在：可能、不可能、不必真、必真等概念的规定，但这些概念决不足以表示逻辑之相对性、选替性。它乃完全是表面的，都是每一系统中所能含有的，从《算理》中并不是不可以规定可能、不可能、必真、不必真等概念。在逻辑中，任何概念都可用逻辑方法顺逻辑次序而规定之，只要凡是"可能的"，逻辑

---

① 　此处原文作"以"，当改为"一"。

都能规定之。所以逻辑是可能的科学，只是讲可能。但这不是说只有一个可能，只讲可能；与只有一个可能不同。只讲可能是逻辑的本性，不只有一个可能是表示可以有很多的表达法与解说法。所以"选替""相对"完全是在表达解说上，而不在逻辑本身。路易士等人或许以为有好几个可能，所以随着就主张有好几个逻辑了。其实这全是错的。如是，以真、妄、零三分或以至无限分来推翻二分法而主张逻辑不必二分以造成选替逻辑，其毛病同应此驳。须知所谓三分、四分，完全同于路易士所提出的可能、不可能等概念的，也只是逻辑中的些可能概念，其成为另一系统也是表达解说上的一个可能的说法，而不能是另一个逻辑。所以，这种三分、四分是不能同于二分法的。在字面上、数目上，以为相同；但在意义上，我们所谓二分法实有其必然性、不可否证性。有了是非二分的逻辑，我们才有真、妄、零、负、可能、不可能等分别。所以，二分法在我们人类中是居在基础的地位，孳乳出来的东西，哪能与它相提并论？二分法既取消不了，排中律、矛盾律也取消不了。你总不能不按着一个是非标准而说话，这个标准就是二分法的逻辑系统，其余的三分、四分都是站在这个标准系统以外而所说的话，但虽然站在这系统以外而说话，他却仍含着那个系统作他说话的标准。这就是二分法的逻辑系统之根本处，不可否证处。这个不可否证的系统，就是我们的理性自身、逻辑自身。这个系统就是我们所谓客观的、公共的、绝对的逻辑，只有这末一个逻辑，除此而外不能有第二个逻辑。这就是《算理》上的主张。这种主张，他不能不用一种方法表达之，界说之。界说时的规则说法，不能不有他的自由性、随便性，这就是选替相对的所在。

A6.9　因此，我们可知逻辑也不能同于几何学，几何学是空间之学，现在的几何学几与物理学打成一片，所以如果我们的物理世界是非欧克里得的空边，则即需要一个新空间学以摹状之，这完全是一个经验问题。固然，经典的欧克里得几何学是由几个设准而推演出来，但这即是几何的逻辑化、数学化。这并不足以证明只有一个几何学，但逻辑却只有一个。

A7　我们再稍述逻辑派（logistic），这即是罗素所主持的。关于这派，我们用不着多说，因为以前的批驳与主张已经可以明白个大概了。所以名曰逻辑派，乃是表示以逻辑解析数学，使数学尽化为逻辑，由逻辑推演出来，即是以数学投降逻辑。但是一方面，逻辑也必须大改旧观，其意义其认识也必须与前不同。关此，可以从两方面说：（i）逻辑的新界说；（ii）逻辑的数学化。前者是关于逻辑本性的认识，后者是关于逻辑形式的表示。而这两点中重要的，要属第一点。因为对于逻辑有了新认识，所以才有逻辑派的名目，所以也才有以逻辑解析数学、数学的逻辑化等主张。所以综括说来，这派的主张不外数学的逻辑化、逻辑的数学化两言而已。逻辑的数学化在来本之与布尔（Boole）已有此企图了；但因为他们对于逻辑没有新认识，仍旧是亚里士多德传下来的说法，所以结果还是数学是数学，逻辑是逻辑，只不过用代数符号把逻辑格式表示出来，使得稍微严格点罢了。所以逻辑之为绝对为客观，决不在符号与否，符号不过是表达的工具而已，亚里士多德也是用符号来表示。符号的不同，不能区分了逻辑。最重要的还是逻辑的新认识。所以数学的逻辑化，倒是逻辑派的主要主张。

A7.1 数学的逻辑化一方面表示数学由逻辑推出，一方面表示数学得到了逻辑的特性。这特性就是所谓套套逻辑（tautology），即是说，一切数学命题都是无所谓的命题函数间的形式推演。这一个意思即表示说：数学命题不是指谓外界的真正命题，乃是无真假可言的命题函数间的必然关系。一部《算理》除去还原公里①（axiom of reducibility）而外，完全都是这种必然关系的推演。维特根斯坦与拉谟塞（Ramsey）就是修正《算理》中的缺陷而使数学完全归化于套套逻辑者。关此，我在《矛盾与类型论》② 一文中已有详细的论及，在此不多说。

A7.2 所谓套套逻辑，就是我们所谓那个绝对的、客观的、普遍的逻辑自身、理性自身。逻辑不是真正命题间的实际关系，乃是无真假可言的、命题函数间的、形式的、普遍的、必然的推演关系。在以前，把逻辑认为工具，认为思想的规范，认为得到正当思想的格式或规律。这完全可说是逻辑的应用，这样一来，逻辑成了有所指的真正命题间的实际关系了。其实，我们人类完全用不着先练习这种工具或格式才会思索。中国人没有逻辑学，但所思索却也未必不合逻辑；反之，西洋人有逻辑，却也未必都是对的思想。这正足以证明人类本是理性的动物，逻辑就是指谓这个理性自身的必然发展的，所以我们规定逻辑首先在认识逻辑本性而指定那理性自身。至于所谓工具规范等，那全是另一问题，那全是逻辑的表面认识，那是逻辑的应用问题，不该占住了逻辑界说这个位置。

A7.3 以前的逻辑界说既然是错的，我们现在就当按着理性自身

---

① 此处原文作"公里"，当改为"公理"。
② 此文原刊于《哲学评论》第5卷第2期，1933年。现已收入本书，即《矛盾与类型说》一文。

的发展而界说逻辑。逻辑既然是理性自身的发展而不是关论外界的应用，所以逻辑不是实际的，不是有真假可言的真正命题，而是形式的，而是无真假可言的命题函数；因而逻辑也不是特殊的、实然的，而是普通的、必然的。理性自身就是不关论外界的那普遍的、形式的人类理性。这个理性全是法模、全是架子，这架子间的推演关系就是所谓套套逻辑。套套逻辑的推演完全是先天的，不依靠经验的。凡个前提一确定，就可以推出全部的逻辑世界。所以逻辑只讲可能，而不讲实际。实际是它的应用。逻辑只是客观绝对，主观相对或选替乃是它的表达或应用。这样，逻辑派能解决那两派所不能解决的问题，并且我们在起首所列的逻辑意义，经过这长的讨论，也完全证实了。我们本着这个逻辑的定义来看辩证法究竟是个什么东西，那自然是很容易决定的；并且可以再反观那些骂形式逻辑的，又是怎样的不通与可笑！

A7.4　我为什么关于逻辑就说这末多时间？这完全因为中国人对于逻辑没有彻底明白的缘故。一切逻辑教科书都是展转相抄，千篇一律。我真不明白他们为什么这样乐意动笔墨费精神。一切错误的说法一点不知道改造，如果有人说不应该这样作，他便聊以自慰那是派别不同。派别！派别！你真是给偷懒人作了挡箭牌了！逻辑不明，辩证法当然也乘机而入，自称起什么辩证逻辑以与形式逻辑相对抗，并且还说有人是克服了形式逻辑。这种混淆的情形，当然需要一个彻底的根本明白与批抉。

本段的讨论，固然可说太专门不普遍，不易懂；但我说真理这种东西本来就不是皮相之流、耳食之辈所能梦见的。中国人如果肯虚心问道，决不至闹到这步田地！但中国人所求的，却只是皮毛、口号、标语、字眼与望文生义！

B.　辩证逻辑之历史的叙述

B1　根据以上的讨论，在本段之先，我先要提出逻辑与方法学（methodgy）这两种东西以区分之。方法学，普通亦常以特殊逻辑（special logic）或应用逻辑（applied logic）名之；而对于前［文］所谓绝对的公共的逻辑，则以普遍逻辑（general logic）或纯粹逻辑（pure logic）名之。这种分法本无不可；但我以为既然只有一个逻辑，则所谓特殊、应用等逻辑，其实就不是逻辑，乃不过是个人的见地与观点，个人的系统之出发点而已，所以最好还是以"方法学"名之。世人不察，每将逻辑同于方法学，随而亦将逻辑同于知识论，这完全由于不明白什么是逻辑，什么是知识论与方法学之故所致。现在我们明白了这种区分，我们再看：所谓辩证逻辑究竟是逻辑呢？还是方法学呢？还是什么也不是呢？要决定这个问题，我们且作一步史的述叙。

B2　辩证法之成为方法，其典型的意义实已完成于巴门尼第① (Parmenides) 及其弟子芝诺 (Zeno)。他们两人所以引出这种方法，实是因为他们要否定一种主张，并肯定一种主张而于无意中引法，实是因为他们要否定一种主张，并肯定一种主张而于无意中引出的。他所否定的是希拉克里图② (Heraclitus) 的"变"与当时原子论者的"多"。对于他们这两派变与不变的主张，我曾在"矛盾与类型说"一文中有详细的讨论。在那篇文中，我曾指出他们两派所指谓的世界并不冲突，乃实是同一世界的两种看法；我又指出他所反对的变不是希拉克里图的"变"，而他所反对的不变，也不是巴门尼第所主张的不变。详细理由在此不说；那篇文章将在《哲学评论》上发表，读者可以参看。在此我只说明巴门尼第与芝诺辩论时所用的方法即可，至于问题的内容则不暇述及。他否定"变"（即运动）与"多"所用的方法，我曾以两个原则尽之：

(i) 无限的劈分原则；

(ii) 无底止原则。

这两个原则合起来，就是辩证法之成为方法的真意义。何谓"无限的劈分"？譬如以"多"为例，他说世界如果是多的，则在多的数目中可以成为无限的多，同时又是无限的少。再以大小为例，如果有大小，则一个东西必为无限的大，同时又为无限的小。这种情形就是说在多数或大小之中它自身起矛盾：无限大，同时又是无限小；无限多，同时又是无限少。它自己否定了自己，所以不能主张多或大。这就是用了一种辩证的方法，使对方所主张的自身起矛盾。不过，这方法我曾指出是不成立的，它有一个根本的错误在，它是可以说穿的，凡此都当参看《矛盾与类型说》一文。但无论它成立与否，它却是一个方法，它是用来攻诘人的一种工具。这种方法时常被人用着，佛教中的龙树以及近代的布拉得赖 (Bradley) 都是善于使用这个方法的人，但也都是可以用同一方法揭穿之的。

B3　以上所述，乃是辩证法之成为方法的典型、意义，还有一种

---

① 今译"巴门尼德"。

② 今译"赫拉克利特"。

意义，也可以使辩证法成一个方法，这即是柏拉图与亚里士多德的辩证法。这个意义或用法与伊利亚学派大不相同，但同可谓一种方法。在柏拉图即是诘问对答之意，也即可说是谈话式的辩论。他以为要得到一个正确的主张或命题，用对话式诘问或辩论是很好的。这样一步一步地诘问下去，必能得着最后的真理而不可否认，因为这最后的真理已是由证几何似的或剥蕉似的一层一层而得到的。于是，这也是一个求真理的方法，不过这种方法乃是十分普遍而平常，并不像芝诺所用的那样专门而特殊。所以在柏拉图与亚里士多德，这辩证法并不惹人注意，但它却也可以算是一种方法。

B4　至于说到康德的辩证法，乃是指理性的应用于不同的世界所发生的不同意义。他所举的背反，全是两个世界的不同意义。这样算不得什么辩证，更也不能算是一种方法。这点已在 A 段中详细说明了，在此不再重复。

B5　我们再说黑格尔。典型的辩证法［在］黑格尔已经不是方法学，而是客观化、元学化，变成本体论（ontology）了。所以辩证法在黑格尔已变成本体论上的辩证过程了。但是，在此须知，他这辩证过程不是具体事实的变化过程，乃是逻辑概念的推演过程。因为它是概念的推演，所以结果并没有时间性与空间性，乃只是圆盘式的在那里丢圈子而未曾前进一步。在此，黑格尔的辩证法其意义同于芝诺，不过在他手中已不是一种否定人的方法，而是成为主张上的本体论之辩证过程。因为他同于芝诺，所以他就把这个世界看成是自己矛盾、自己否定而总期超越这个矛盾以达于绝对，这个绝对即是他所谓"凡有"［（being）］及"绝对理念"［（absolute idea）］。从凡有到绝对理念，其间因为辩证过程的施用，一切概念都引出了，但结果凡有与绝对理念总是一个，所以我们可说他乃一步也未走。他是静止，在那里以受这无限的劈分与无底止的矛盾的。这是辩证法的真意，也是典型辩证法的特色。这样的辩证法只是静的无限劈分，而不是动的时间演化。所以，说辩证法能对付动的现象，这完全是莫名其妙的皮相之见，而"动的逻辑"这名目也是毫无意思的空名词。

B5.1　这个道理只要打开他的《逻辑学》（Science of Logic）一看就可以晓得的。他从"凡有"（being）到"所以"（essence），到"总念"（notion），再到"绝对理念"（absolute idea），其间虽然产出了两大本书，把一切世界一切概念都引出了，但在时间上他却一步也未走。

这就因为辩证法的本意就是如此的。

B5.2 复次，黑格尔的辩证法也不是方法，也不是逻辑，它乃是本体论的概念辩证过程。他的书虽然叫做"逻辑"，但黑格尔的逻辑却不必就是逻辑；他的逻辑虽即同于元学，但是逻辑却不必同于元学，而元学也不必同于逻辑。如是，你如果说黑格尔的逻辑是动的逻辑，则吾即可说它乃实是一种静的本体论。

B5.3 黑格尔这种世界观本来是由于他的心之现象的研究而引出。他看出心的现象都是前后相贯、互相渗透而不可分离，他因着这种事实，于是就造成他那样的逻辑系统，因而也形成了他的元学论。可是，他所出发的乃是具体的事实，而逻辑系统却不能与之相应，即是说，由具体的互相关联的事实并不能使其逻辑化而成为矛盾的世界观；同时，他的逻辑化、矛盾化的元学系统也并不能表示那个互相关联的具体事实。活的世界教他因着辩证法的引用杀死了，而现在的人却又用着它来证明动的世界！

B6 现在的唯物辩证法既不是一种方法，也不是典型的辩证法之意义，更不是黑格尔的逻辑化、矛盾化的本体论。但是，有一点却同于黑格尔，即它也是一种元学上的辩证过程，所以它也是一种本体论或宇宙论，但它这本体论却不同于黑格尔的本体论。黑格尔的是逻辑概念内推演，而唯物辩证法却是物质或具体事实的演化。这样，黑格尔的世界观可以是矛盾的，而唯物辩证法的世界观则不是矛盾的。黑格尔的世界观是静的、圆圈的而未进一步，但唯物辩证法的世界观却是动的、时间的而永远变化的。

B6.1 这样，唯物辩证法其实就不是方法，乃是物质的演化或演化的物质的一种元学主张。它既不是一种方法，而所谓辩证又不同于芝诺与黑格尔，则"辩证法"这个名词从何说起？

B6.2 所以，唯物辩证法不能成一种方法，不过是一种元学主张而已。成为方法的辩证法，与它完全没有关系。在此我就要问：要使唯物辩证法成为一个方法，则这方法从何而来？如果从具体世界得来，那末它就是世界的真相，你怎样认识了这个真相？以摹状世界的主张或以世界的真相为方法，这真是奇事奇论。须知你这唯物辩证法是指谓世界的一种主张，实不同于芝诺所用以否定变与多的方法，即方法与主张不同。在黑格尔不得为方法，在马克思亦不得为方法。

B6.3 唯物辩证法既不是方法，更也不是逻辑。我们解剖出事物的相关，发现了事物的变动，这不能说是我们用了辩证法才如此的。从变的、从全的、从发展的、从关联的看事物，这并不能说是用了辩证法的方法。古今中外，就没有一个人不会这样思维的，然则辩证法是个什么方法？

B7　由以上所述，辩证法可以成为方法的有两派：

（i）芝诺、龙树、布拉得赖；

（ii）柏拉图、亚里士多德。

辩证法不成为方法的亦有两派：

（i）黑格尔的本体论；

（ii）马克思的本体论。

于是，现在所谓唯物辩证法既不是逻辑，也不是方法学，乃是什么也不是，而是一种元学主张。人们所鼓吹的乃是"世界是相关共变的"这个命题；但这有谁还不承认呢？所以它不但不是方法，而且也不是辩证方法。不但不是辩证方法，而且也不是黑格尔的逻辑学。辩证逻辑的意义既定，我们再进而讨论它与逻辑的异同。

C. 辩证逻辑与逻辑的根本原则

C1　在 A 段中，我已把逻辑的意义确定了，说明白了。在本段，再从逻辑的根本原则方面以证明逻辑之性质，并指出所谓辩证逻辑的原则是什么东西，是否能与我们的客观逻辑相提并论，是否就能克服了客观逻辑而融化之。

C1.1　逻辑的意义在以往的习而不察中已经埋没几千年了，我们现在既发现了逻辑的本性，所以逻辑中根本原则也不得不重新加以界说与注意。可是，这根本原则在中国还仍是展转相抄，道听涂说的混沌着。这样混沌的界说，被人反对，被人指摘，是极可能的事，也是极容易的事；可是，这是逻辑的本性吗？这样混沌的界说，如果有人指出说这是错的，有毛病的，他便反对你说：你这是以另一派来反对这一派，这是派别不同，各行其是好了！呜呼！绝对逻辑岂可以派别论哉！

C2　逻辑中的三个根本原则也称思想律，也称思想中的三个假设或设准。这三个假设的正确界说还是未普遍的被了解，还是在混沌着。在此，我们首先说这三个假设是思想中的东西，不是对象中的东西，是指说对象或确定对象的思想上的运用，不是对象本身的生成变化。这是第一要注意的一点，我们先说同一律。

C2.1 同一律的说法有三种：

(i)"一件东西与它本身相同"。这种说法就是从对象本身上着想，这就是辩证逻辑家反对逻辑时的说法，这也就是错的说法。一件东西本身有好几种性质，并且在时空中常常变化，与它本身哪种性质相同呢？因此，辩证逻辑家便出来反对，说同一律是不对的，是与事实不符的，是不能解析对象之关联性与变动性。这样轻轻地便把同一律否定了。不过，这种说法，虽然从对象本身上固然容易发生这种毛病，但这不过仍是一种不合同一律的本性的一种错的解析。须知从对象本身上说，也不是指那对象之总体与其中其一种性质。同一，与它某一时代或某一空间之本身相同一，其实这种同一就不是同一，乃是"相似"，相似是两件具体的东西的关系，其相似的程度当然是相对的。不过，同一律决不是指两件具体东西之相似而言，它是要确定一个东西之自身同一。"一件东西与它本身相同"，实是说："一件东西就是它那一件东西。"一件东西有空间上的关联，有时间上的发展，把它一切的发展与关联统摄于"一件东西"这个总体之下；那末所谓"同一"是指那件东西之总体的自己而言，并不是指它的某一种关联与某一种时代而言。但又不可把同一律所指的总体本身看成是由归纳而得出的普遍概念，同一律与归纳于①没有关系。同一律只是单纯的一个"是"之确立，这个"是"不是"A 是 B"间的"是"，而是"A 是 A"间的"是"。这种"同"是绝对的，同一律就是指这个"同"而言。这样，"一件东西与它本身相同"之发生，毛病乃是同一律的说法或解法发生毛病，并不是同一律本身发生毛病。

(ii)"A 是 A"或"甲是甲"的说法。由以上的解析，"一件东西与它本身相同"即是"A 是 A"的相同。但"A 是 A"的说法，如果不明白同一律的本意是什么，也可以有毛病发生，即 A 可以是 A 又可以不是 A 而是 B；在此时是 A，在彼时或许不是 A，在此地是 A，在彼地或许不是 A。这样以②来，辩证逻辑家又可以振振有辞的反对同一律，但这种反对又是他自己的错误的解析。同一律决不是对象本身各分子间的同一与否，也不是对象本身各时代各地方间的同一与否，它决不禁止事物的变迁与发展，它也决不禁止一个东西有多种性质与多种关系。从这

---

① 此处的"于"误，似应改为"法"，或作"间"亦可。

② 此处原文作"以"，当改为"一"。

方面来反对同一律，完全不明白什么是逻辑，什么是同一律。不但不明白什么是逻辑，就是辩证逻辑他也未曾明白。同一律不是解析对象诸性质诸关系的命题，它乃是理性开始发展之先在运用（antecedent function），它乃是理性的开荒之先锋队。

（iii）上两种说法容易发生毛病；但所谓发生毛病是指不明白同一律的意义而言，如果明白了它的意义，那两种说法也是不会发生毛病的。今为免此误会起见，改说为"如果 X 是 X，它就是 A"。这样一来，对于 X 没有肯定的主张，X 可以是 A 也可以不是 A，在某时某地，是在某时某地又可以不是。但对于 X 虽没有肯定的主张，而对于 A 却有肯定的主张，那就是说：A 总是 A，所以同一律不是 X 与 A 间的同一；而是 A 与 A 间的同一。这同一又是我们思想进行时的先在确定，不是对象本身的同异问题；它是"是"这个概念的确定，不是对象本身的性质之是此是彼、是红是白的确定。

C2.2　我们明白了同一律的意义，再看辩证逻辑家怎样的反对同一律。在此只以陈启修先生为例，他说："从表面上看来，自同律的要求是应该而且必要的，但是它有这种缺点。第一点、与实际上的事实不合〔……〕如说农民是农民，这一自同律的命题，可以有种种不同的内容。农民中有地主、富农、中农、小农、佃农、贫农等〔……〕同是农民，随时代的不同，而其性质也大有变动。又如说：我是我这一命题，我有幼年、壮年、中年、老年、衰年，今日之我已非昔日之我，身体及知识都有了改变了。所以对于一个的象所反映的概念，要求永远同一的内容，那是不可能的。"（《社会科学方法论》，221 页）。

C2.2.1　这样反对逻辑的不只陈先生一个人，真是千篇一律，"滔滔者天下皆是也"，兹不过以他一个人为例而已。我们读过了这段话后；不知不觉就有这种疑问："你这是说的什么？"对此真是雅不欲多所批评，因为这是人类脑袋的倒退，不足为批评之根据。你须知同一律并不反对农民中有富农、有中农、有小农佃农等，它也不反对同一农民可以随时空而不同，它也不反对他有多种性质。我之有壮年老年，同一律也并非不承认，今日之我非昔日之我，同一律也决不否认，它也不否认知识自体之变化。你几曾见过有人强不同以为同来？你几曾见过有人这样施用同一律来？照你这样说，好像以前的人都不知道有富农、中农、佃农、小农、幼年、壮年、老年、衰年，等你辩证逻辑家出来才发见了这个真理似的。照你这样来反对，则物理、化学一切其他的学问皆可来反对逻辑，皆可来反对同一律。何其谬也！对象之变化与思想之进行尚且分不开，还谈什么逻辑？说是脑袋的退化不算冤枉。说是不明白逻辑，也不明白辩证逻辑，也不算过分。

C2.2.2　我们再看他的第二点："第二点、依自同律，标志的总计就是概念。概念既要求永远同一的内容，就是要求标识的不变；如此，则根本否认了发展，否认新的事象是①出现。但在事实上，新的事象是常常发生的。自同律只能认识外部的标识，不能深探内部的关联；只能认识表面的虚象，不能把握真正的本质。"（同上，222 页）像这样的造谣生事，逻辑有知，也要与你起诉法庭。同一律与标识的总计所得的概念有什么关系？他何曾要求概念的内容永远不变？他何曾要求对象的标识不变？他也何曾否认事物的发展与新事象的出现？你须知对象的发展与性质和同一律是两回事，你须知解析对象的发展与性质的理论或学问与同一律也是两回事的，你就忘记了"说话要合逻辑"这句普通的话吗？就是你主张唯物辩证法，你作这部《社会科学研究方法论》不也是有条有理的吗？你如果真正能否认了逻辑否认了同一律，则不但我，就是全体人类，也早就不知你之所云了。

C2.3　我们再说矛盾律。同一律是既不能证明也不能否证的东西，这就是他的根本处。你不能拿着事物的变化与性质来否定它。矛盾律是我们人类真妄或是非二分以后的事。矛盾律不能直接由同一律推出，其所以有连带关系者，乃是一起首就有了二分法的作用。当我们讲同一律时，已经用了二分法的作用了。因为有了二分法，所以有了"是"便马上就会有"不是"，有了"真"便马上就会有"不真"。这是人类理性的先验运用，不能证明也不能否证。否证要用它，证明也要用它，除非了你性与人殊，你是没奈他何的。

C2.3.1　既然有二分法的作用，所以矛盾律就是"是"同时又是"不是"，"真"同时又是"不真"的禁止。这种禁止是禁止你的思想，不是禁止事物之有多种性质与多种关系，也不是禁止事物之有时间性、空间性与其发展性。你若以这些东西来反对矛盾律，那真是牛唇不对马嘴，无的放矢。所以矛盾律的说法当该是"X 不能同时是 A 又不是 A"。对于这个律的解析，也与同一律一样，是思想方面的，不是对象方面的，是从你的主张方面着想，不是从这个主张所摹状的对象方面着

---

① 此处原文作"是"，当改为"的"。

想。换言之，矛盾律是两个命题的矛盾之禁止，不是两个名称或两个对象、两种性质的禁止。矛盾只能有命题上说，不能在对象上说。对象、性质、名称根本无所谓矛盾。

C2.3.2　如是，"X 不能同时是 A 又不是 A"这句话，是说"X 是A"这个命题与"X 不是 A"这个命题不能同时成立；不然，它们就矛盾，就等于不说。这样矛盾律就不宜写成："X 不能是 A 与非 A"，这句话也就等于说："X 不能是 A 与是非 A"。在此，A 与非 A（$\overline{A}$）不是两个命题，而是两个名称。前边说过，两个名称可以同时存在，也就是说可以不矛盾；但是命题则不然。所以"A 与 $\overline{A}$"（即非 A）与"是 A与不是 A"在意义上实在不同。A 与非 A 可以同时存在，但"是 A"与"不是 A"不能同时成立。非 A 即是 A 以外的东西，A 与 A 以外的东西当然可以同时存在。矛盾律所以不当写成"X 不能是 A 与非 A"，就是因为这个写法是名称所指示的对象。普通根本就未想到"非 A"与"不是 A"的不同，并且一说矛盾律，马上就可以把它看成是多种性质同时存在的禁止。这是错到万分的错误。

C2.3.3　这个"非 A"与"不是 A"的分别是很重要的。如果不注意它，则逻辑中的直接推论常常弄出笑话来。今举一例以证明之。设有两个命题：（i）所有的人都是宇宙的分子；（ii）所有的非人都是宇宙的分子。这两个命题本来可以同时存在，因为人是宇宙中的分子，人外的非人也不能在宇宙之外。但是因为"非 A"与"不是 A"没有分别清楚，竟推到使第二个命题不能成立。其推法如下：

（A）"所有的人都是宇宙的分子"，用换质法得：

（E）"无人是非宇宙的分子"，用换位法得：

（E）"无非宇宙的分子是人"，用换质法得：

（A）"所有非宇宙的分子都是非人"，用换位法得：

（I）"有些非人是非宇宙的分子"，再用换质法得：

（O）"有些非人不是宇宙的分子"。

C2.3.4　这个最后的 O 命题，与上边所列的第二个命题"所有的非人都是宇宙的分子"相矛盾，即是说由第一个命题一直可以推到与第二个命题相矛盾的命题，而使本可以同时存在的命题成为不能同时存在的命题。这个问题是金岳霖先生提出来的（可参看《哲学评论》第 3 卷第 3 期《AEIO 的直接推论》一文），他并且有一种很繁难的解决法；可是我们若把"非人"与"不是人"弄清楚以后，则即用不着设法来解决它，它根本就推不出一个与之相矛盾的命题。后来，曾与金先生谈过，金先生也以为用不着费力气来解决。只要把界说弄清楚了，不会发生那个个题。"非人"与"不是人"的不同也是金先生指示出来的，我们现在就用这种区分另作推论，看看是否能否定了那第二个命题。

C2.3.5　设以 A 代表"所有的人"，以（I－A）代表"所有的非人"，即人以外的一切宇宙分子；再以 A 代表"不是人"，"不是人"只是否定了"人"并没有否定"非人"，即是说：只否定了 A，没有否定了（I－A）；再以"V"代表宇宙，以"ϵ"代表"是"，以"∼"代表"不是"，现在我们可以按照《算理》的方法把那两个命题及根本观念表示如下：

（ i ）"(A)ψAϵV"此即是说："所有的人是宇宙的分子"。

（ ii ）"(I－A)ψ(I－AϵV)"此即是说："所有的非人都是宇宙的分子"。

（iii）"$\overline{(A)ψA}$∼ϵV"此即是说："所有的不是人都不是宇宙的分子"。

（iv）"ψ(I－A)≠$\overline{ψA}$"此即是说："非人不等于不是人"。

C2.3.6　于是，我们再将那第一个命题即"(A)ψAϵV"作换质换位之直接推论如下：

A："(A)ψAϵV"＝"所有的人都是宇宙的分子"，用换质法得：

E："∼{(A)$\overline{ψAϵV}$}"＝"所有的人而是不是宇宙的分子是非的"＝"无一是人而是不是宇宙的分子"。用换位法 E 命题变为：

E："∼{$\overline{V}$ϵ(A)ψA}"＝"凡不是宇宙的分子是人是非的"＝"无一不是宇宙的分子而是人"。此再用换质法得：

A："$\overline{V}$ϵ$\overline{(A)ψA}$"＝"所有不是宇宙的分子都是不是人"。此再用换位法得：

I："$\overline{(∃A)}$ψAϵ$\overline{V}$"＝"有些不是人是不是宇宙的分子"。此再用换质法得：

O："$\overline{(∃A)}$ ψA∼ϵ$\overline{V}$"＝"有些不是人不是宇宙的分子"。

C2.3.7　这样以[①]来，最后的 O 命题与第一个 A 命题在意义上并不冲突，而亦不能否定了第二个 A 命题，即"所有的非人都是宇宙的分子"。凡换质换位，无论怎样换法，总不失原命题的意义才可。C2.3.3 条中的推论是没有顾及到"非人"与"不是人"的区别的。在那段推论中，最后的 O 命题与原命题即"所有的人都是宇宙的分子"

---

① 此处原文作"以"，当改为"一"。

意义不同。从原命题只能推到"不是人就不是宇宙的分子",并不能推到"非人不是宇宙的分子"。在"所有的非人都是宇宙的分子"这个命题中的"非人",本来是指人以外的东西而言,可是在从"所有的人都是宇宙的分子"这个命题作推论时,就忘记了"非人"这个特殊意义了。因为在推论中没有注意"非人"与"不是人"的区别,所以及至推出"有些非人不是宇宙的分子"时,就说它否定了那第二个命题了。其实你所推出的这个"非人"乃实是"不是人",不可与那第二命题中的"非人"相提并论也。"不是人"只是否定了"人",并没有否定人以外的"非人",所以"不是人不是宇宙的分子",并不是说:"非人不是宇宙的分子"。所以若把界说弄清楚了,便不会发生矛盾。非人与不是人必须弄清楚,以后凡逻辑中的命题,都当牢守这个区分而清楚地会陈说之,决不可再事混沌。对于矛盾律的说法亦复如此,我们不当说:"X不能是 A 又是非 A",我们当说:"X 不能是 A 又不是 A"。

C2.3.8 我们明白了这个道理,再看辩证逻辑家怎样的反对矛盾律。在此仍以陈启修先生一人为例,他说:"矛盾律是自同律向反面表示,它的公式是'甲非非甲'或'甲不能同是乙又是非乙'。这个原则要求同一主辞不能有两个相矛盾的宾辞;反过来说,它要求同一的宾辞,对于同一的主辞不能同时又被肯定又被否定。矛盾律表面上很合理,仍是不合事实。譬如社会主义的苏联,一方反对帝国主义,进行世界革命,一方又与帝国主义各国相依存,如通商关系。这种事实上矛盾的存在是形式论理所无力处理的。"(《社会科学研究方法论》,222 页)。这段话又是造谣生事,一窍不通。照以上所论,他这矛盾律的说法根本就有毛病,这且不提因为他这种混沌皮毛的脑子是难期其顾及这种细微的道理的。只是矛盾律何曾要求同一主辞不能有两个相矛盾的宾辞?(其实在此所谓矛盾就是不通的,辩证逻辑家每以一物之具有数种性质、数种关系为矛盾,真是不明白矛盾为何物,不通已极!)它又何曾要求同一的实辞?矛盾律与物体之多种性质有什么关系?它何曾禁止物体之多种性质、多种关系?以物体之多种性质同时存在来反对矛盾律,真是荒谬绝伦,这没有别的,只是表示脑袋的倒退而已。这不是矛盾律的表面上很合理,乃是你的表面的皮毛的错误认识。这也不是形式论理的无力处理,乃是你的荒谬不通的解析。苏联一方反对帝国主义,一方与帝国主义相依存,这正是它的多种性质与多种关系,这与矛盾律有什么关系?矛盾律何曾否认了它的多种性质与多种关系?矛盾律是两个命题的矛盾的禁止，并不是命题所指示的对象之多种性质的同时存在的禁止。你总不能说它是社会主义又不是社会主义吧！矛盾律就在这里。如果那个社会主义社会含着非社会主义的成分，这也只表示那个社会主义社会就含有多种成分、多种性质在其内，也仍不能否认了矛盾律。

C2.4　我们再说排中律。排中律也是思想进行方面的，不是对象方面的，是两个陈说对象的、命题上的拒中，而不是对象或名称的拒中。因此，排中律的引出也与矛盾律一样，是由二分法的引用引申出的。二分法不能反对，排中律也是不能反对的。同一律是指示，是"是"之确定，矛盾律与排中律是规定"是"的两种说法，思想上的解说与反复解析由这两个律起。同一律只负指示之责，有了二分法，引出矛盾律与排中律，我们的思想才能层层连绵而起，如蚕丝一样愈引而愈长。这种理性本身的无限的引长完全恃着藏在二分法中的矛盾律与排中律。这种无限的引长就是理性的推演，就是逻辑的层次，客观逻辑、绝对逻辑就是这个。

C2.4.1　排中律的说法是："A 一定是 B 或者不是 B"，同样，也不当该写成："A 或是 B 或是'非 B'。""非 B"是 B 以外的东西如 C、D、E 等，你所非的是那一个呢？如果是 D，则有第三者 C 可以是，这样便可有第三者存在。所以这种说法仍是名称上的、对象上的，不是思想上的、命题上的；仍是不合排中律的真意。排中律的本意是"A 是 B"与"A 不是 B"这两个矛盾的命题之间不能有第三可能，如果有第三可能，则便不算是矛盾。我们再进一步说，排中律就是表示："一个命题一定是真的或者不是真的。"一个命题就是有真妄二值的一句直陈的话，如果无真妄可言，那就是疑问，疑问无真妄可言，所以也就不是命题。所以一个命题只能是真的或者不是真的，故排中律只能适用于命题上。

C2.4.2　我们再看辩证逻辑家怎样无理取闹的反对排中律。陈启修先生说："排中律其公式为：甲或是乙或是非乙。二者必居其一。这个根本原则，只是矛盾律的另一说法，它要求同一概念，如有互相矛盾的判断，则必有一真一伪。如说，社会主义的社会或是有国家，或是没有国家，二者必居其一。但是事实上，社会主义社会可以说有国家，也可以说无国家。何以说有，因为社会主义社会也是有强固紧密组织的；何以说无，因为社会主义社会的组织已经变了质，与国家完全异趣。"（《社会科学研究方法论》，223 页）。这段话仍是与前一样，仍是从对象的性质上说，仍是把排中律看成是对象的性质之禁止。其实这是辩证逻辑家的造谣，这是妄自加名。你须知逻辑不是一种摹状对象的特殊学问或科学，它是思想进行间的规则与步骤的学问。

C2.4.3 陈先生在否定了思想律以后，便综结说："由上看来，形式论理的三根本原则是经不住批判的。表面上，仿佛是不待证明而自明的真理，但是不合事实。"（同上）。别说你一个陈启修，就是一千个一万个你也批判不了，试经得住批判了，除非你到了地球以外，性与斯人殊。你说"不合事实"，我说他根本就不与物理、化学同其性质的学问。你怎知他不合事实？

C3 我们再看辩证逻辑的根本原则是什么。陈先生在讲根本原则以前，提示出三种客观的事实：（i）真理的相对性；（ii）差别的相对性；（iii）二律相背性。这三种事实其意义皆模糊而不定。

C3.1 譬如真理的相对性，据陈先生的解析是说没有永久不变的真理，以牛顿的物理律为例。如果是这个意思，则真理的相对性于讲辩证逻辑没有关系，因为我们人类对于外界的知识根本不是万能的，是常常要修改或改变的；但改变只是改变了我们对于外界的态度或主张，并未改变了世界的真相。这于讲辩证法有什么关系？须知真理（truth）不同于真实（real）。如果所谓真理的相对性是指外界的真实之变化而言，则虽可以与你所讲的辩证原则有关系，但你所举的例则不类，有"真理"混于"真实"之弊。或许，你以"真理"之常变也认为是辩证事实了吧？

C3.2 如果如此，则所谓真理之相对性还是指我们对于外界的主张之常变而言，并不是指外界本身变化而言。可是，"差别的相对性"这一点又完全是指外界本身而言了。这一点即是指事物的异中之同、同中之异而言。这一种事实与前一种事实根本不相类，不是同一方面的。你是以那种为讲辩证原则之先在事实呢？据其意大概是以后者为有关系。如果前者也要有关系，则当改变说法，即当说："事实是变化的"。

C3.3 至于第三种，其意是一种东西可以有多种相矛盾的性质，这就是他所谓二律背反（antinomy）。此字本来是取之于康德，所以又以康德的 antinomy 为例。其实这又是望文生义，康德的背反与他所谓背反意义迥不相同，不可胡来比拟，康德之意可以参看 A 段。至于又牵涉到数学上的无限大、无限小，那更是莫名其妙。

C3.4 他这三种事实，如果我们把它的意义严格的表示出来，当是这样：（i）事实的时间上之变化性；（ii）事实的空间上之渗透性；

（iii）事实的性质或关系之多种性。这样清楚得多了，准确得多了。可是，这只是对于世界的解剖或说是一套元学理论，既不能算是什么方法学，复不能算是什么辩证逻辑。普通所谓"质量互变"、"对立之统一"、"否定之否定"三法则，其实即是这三种事实的另一种说法，不过用了黑格尔逻辑中的些名词而已。其实，这些名词在唯物辩证法的系统下多半是不通的，前两种犹可说，"否定之否定"则完全用不着。但无论如何，这三法则是描写事实的律，是元学原则，决不是什么方法，什么逻辑。陈启修所谓三种实观事实，无非就是这个。他以此三法则只是认识的必要观点，不是推理律。这就是说这三法则不是逻辑，其实在我们看来，它也不是观点，倒是认识上的所得。并且他又认为："研究现象的关联发展或运动"，"把现象具体的去研究"，"与人类的实践关连起来去研究"，这些说法都只能认为是认识的具体方法，不是基本律。这也就是说，这些说法不是推理律，不是逻辑原则。这见解是很对的，由这见解足以证明他所说的三种事实也不是逻辑原则。然则，他所说的逻辑原则或基本推理律是什么呢？陈先生很聪明，见出普通所讲的不能算是逻辑原则，也不能算是基本推理律，为的要使辩证法成为逻辑以与形式论理相对抗起见，所以也造出一个基本推理律即："相对的同一，绝对的不同一"。

C3.5　其实，这个律仍不是逻辑原则，其性质与前三种事实三法则并无不同之处。它仍是指示一种客观事实的性质，它仍是一个解析事实的命题，或者说，它仍是一个元学论上的原则，与物理律之性质并无不同。它决不是一个逻辑，与他所说的三种根本事实也并无性质上差别。那三种事实不能成为推理律，这个"相对的同一，绝对的不同一"难道就能成为推理律了吗？

C3.6　他这个推理律是引用列宁的话来作解析的："在知识的原始蓄积，我们必须伤害对象之现实的关联，使它单纯化。我们如果不把连续的中断，不把活的使它伤害，使它分割，使它死；我们即不能把对象表现出来，不能计量，不能描写。"这种暂时的使对象单纯化，使它死，使它中断，就是所谓"相对的同一"，"而结果，真实的世界还是永远常变，相互关联"，"绝对的不同一"。"相对的同一"只是假象，只是暂时的方便，这自柏格森起以直至邦嘉雷（Poincaré）、怀悌海，谁不知道这个道理？然而他们却从未说这是形式论理的应用，这是基本推理律，这是辩证论理克服了形式论理。

C3.7　陈先生说："〔……〕辩证论理固然可以把握全面的动态现

象，但非从空间的某一方面，时间的某一段落开始不可。形式论理的用处，即在能把握在关联及变动中的对象之某一方面及某一时间之安定性，〔……〕此种观察在思维的进程上是必要的，因为不如此，则思维无从开始。不过，所谓某一时间某一方面的安定性，只有相对的意义，不能看成绝对的；必须把它隶属于带有全面性及发展性的较高级较完全的论理。所以形式论理不是与辩证论理相对立，它被辩证论理克服了，而构成辩证论理的一部分。"（《社会科学研究方法论》，219 页）。这段话据说是描写关于两种论理的争论的最有力的一种见解，也就是列宁派的主张，陈先生也是赞成这主张的。所谓基本推理律就是这段话的缩影。可是，这里有许多不可饶恕的错误：

（i）认解析世界之起点为形式论理，错误一；

（ii）认客观的事实为辩证论理，错误二；

（iii）认此客观的事实为论理，并以此论理不与形式论理相对立而却克服形式论理包括形式，错误三；

（iv）认描写客观事实之原则为逻辑原则，为推理律，错误四。

C3.8 所以，不但三法则、三事实不能成为推理律，就是"相对的同一，绝对的不同一"也不能成为推理律。结果，那就是说，它不能成为一个逻辑，它也不能克服逻辑而包括逻辑。它们俩根本不是一会事，怎么能说它不是相对立的？你说它克服了形式论理，我说你讲辩证法也得用形式论理，你反对形式论理也得用形式论理。你怎样克服？

C3.9 照顾到 B 段，我们可说唯物辩证法乃是一个辩证过程，或说是一种唯物的元学论，摹状客观事实的一种理论，而不是方法学。在本段，我们指出说它只是一种解析世界的理论，它不能成为一个逻辑。它反对逻辑的那些话完全是无的放矢，风马牛不相及。它不能克服逻辑，包括逻辑。

D. 方法论

D1 上段从纯逻辑方面确定了逻辑之不可反驳，并指示了辩证逻辑之不能成为逻辑。现在再从方法论这方面证明辩证逻辑不能成为一个特殊方法，更不能与形式论理相对抗，更也不能有所谓形式论理的思索方法这种不通的谬见。陈启修先生讲完了那两种论理的根本原则以后，就来论这两种论理在思索方法上的差异及其关联。所谓差异，就是两者的不同，不用说这不同乃实是无理取闹；所谓关联，就是所谓克服，不用说，这个克服也是无的放矢。他论这两种论理的思想方法是从六方面来论：（i）抽象和概念；（ii）判断和推理；（iii）分析与综和；（iv）归纳和演绎；（v）经验和实验；（vi）科学的预见。从这六方面指出它们的差异关联，并也说出辩证法有辩证法的抽象、概念、推理、判断、分析、综和……等。我起初认为它能脱离了这些东西而独行其是，不想结果还是在如来佛的掌中。复次，他举这六方面就是普通所谓科学方法，可是这六方面都是些十分专门的问题，而没有一个问题是陈启修先生所能了解的，所谓不得其门而入者是也。

D2　在此，我们首先要指出形式论理的思索方法这句话之不通。形式论理，我们在前几段已经说明白，就是人类理性的无限的推演与发展。至于所谓抽象、概念、推理、判断、分析、综和、归纳、演绎等东西，完全是我们解析事物时所用的东西，也完全是在我们解析事物时这些东西才表现着。所以我们说，这些东西乃是科学方法中所有事，与逻辑迥乎不同。形式论理的思索方法更是不通。古今中外就没有一个人当其解析事物时只用了"A是A"这句话。至于所谓科学方法中的那些东西其为根本，其为不可反驳，与逻辑之为根本为不可反驳一样。

D3　我们先从抽象和概念起逐条作简单的指正。抽象是人类的思想在解析事物时的一种概括作用，无论哪一种学问，无论对于事物说成什么样子，都得用它。它不能尽举事物的真相，它也不即是事物的真相，但我们解析事物的真相时，举尽事物的真相时，却不能不用它。概念是我们经验的成立，是我们用抽象的方法解析具体事物的性质或关系时所得的总念，它是思想上的一个制造用来代表或标志种类的，无论你怎样解析事物，也不能离开它，反对它。可是，我们的陈启修先生却必须成见在胸地作无知的反对。他说："人是能造工具能思维能言语的动物"，这个界说便是形成论辩的界说，也便是形式论理的抽象或概念。他以为这不能"表象出现实的完全的人"，而辩证论理的抽象和概念是能举发了事物的真相的。他以马克思分析商品为例，从简单的渐渐到复杂的直至把整个的复杂的社会解剖出来，表象出来。这是辩证论理的抽象和概念，这是形式论理所办不到的。呜呼哀哉陈先生！你为什么不以人种学、生理学、心理学、生物学来反对"人"这个概念呢？吾为中国人哭！

D4　至于说到判断和推理，更是岂有此理的胡说。他说："国家是土地、人民及权力三要素集合而成的团体"这是形式论理的判断，而

"国家是支配阶级手里的工具"这是辩证论理的判断；"人类的本质是社会关系的总体"是辩证论理的判断，而"人类是能造工具能思维言语的动物"便是形式论理的判断。大家请看，说这样的话还有一分理性没有，真是不可救药；至于他论推理，更是罔知所云；吾实不愿多费笔墨。

D5　至于讲到分析、综和、归纳、演绎、经验、实验、科学的预见，那简直是一窍不通，令人批评也批评不下去了。读者不信，请去读一读他的大作，只要有一点脑筋，就可以见出这种理论是足以丢中国人之脸的。这没有别的，只表示脑袋的倒退！

D6　今有一人认识了这是电灯，于是凡不说电灯的都是错的，都是形式论理的，都是当该克服的。辩证论者千言万语，都是在玩这一套把戏。

D7　我们由以上的讨论，可综结于下：

（i）辩证逻辑不能成为一个逻辑，它不过是解析事物的一套理论而已。

（ii）辩证逻辑不能成为一个方法学，它所说的话人人都能说出，它的方法人人都会用。

（iii）辩证逻辑也不能自成一个特殊的思索方法，它的方法还仍不过是人人都有的理智的科学方法。我们不能以一门学问的内容来当作方法。

D8　我们普通所谓方法，其实就可分成两种：（i）科学法；（ii）直觉法。柏格森所说的直觉大概在人类中确是有这么一种情形的。不过，你要解说还得用科学法。辩证逻辑的思索法也不过是一种普通的科学法，它不能特成一个特殊的方法。除此两法而外，大概就是所谓观点、出发点而已。

D9　有些人常以为逻辑是反对不了的，但一方面反觉得辩证论理似乎也很有理。于是人们彷徨了。读者若读过了这篇东西，我想对于你的彷徨不是一点补救没有的。同时，辩证逻辑家也不要再丢脸了，你何必为一时的革命就造出这么些谬论来？将来时过境迁，岂不懊悔有碍于真理的发见？

（本文选自《牟宗三先生全集25·牟宗三先生早期文集》（上），93～138页，同时参照张东荪（编）：《唯物辩证法论战》上卷，北平：民友书局，1934年8月版，71～33页校对。）

论函蕴
（1936）

一

金岳霖先生说："提出蕴涵可真是非同小可。恐怕没有人敢说事实上蕴涵的意义究竟是什么一回事。"① 金先生所说的蕴涵即本文所说的函蕴。他这两句话虽然有点故事②玄虚，但函蕴这个问题，因为叫一般逻辑家弄成实在是玄虚的，所以也就实在是非同小可了，不过在我看来，说他非同小可，它自是不易理解的东西；但若看它是并非大可，它也自是很易理解的东西。无论大可小可，若能清清楚楚，很自然地解说出来，则大可也是小可，并没有什么玄虚。可是现在一般讲函蕴的，虽然把它看成了一个大可，但却并没有把其所以为大解说得清楚而自然，

---

① 这段引文的原文不知出自何处，在金岳霖先生的书面文字著作中没有找见，有可能是出自金先生的口语，但有一段书面文字与牟宗三先生这段引文的意旨一致。金先生说："究竟传统逻辑的蕴涵关系是怎样的关系，我们不敢说；究竟事实上我们在辩论中所引用的蕴涵关系是怎样的关系，我们也不敢说。不但我们不敢说，恐怕当代名师也不敢说。同时我们似乎也要注意：究竟是有问题未得解决呢？还是所谓问题者根本就不是问题呢？如果这问题根本就不是问题，我们用不着讨论；如果是问题，究竟是怎样的问题呢？对于后一层我们或者可以把它分作好几个问题。（一）传统的蕴涵究竟有一致的或一定的意义吗？（二）如果有以上所表示的，不过是说我们到现在还不知道它一致的或一定的意义如何；如果没有，我们的问题是传统的蕴涵有几种，而各种的不同点又何在呢？（三）各种不同的蕴涵有共同的意义呢？还是止有最低限度的意义呢？还是共同的意义就是最低限度的意义呢？蕴涵的问题太大，牵扯出来的问题太多，本书不必讨论，也不能讨论，现在所要表示的就是传统的蕴涵关系，或者意义不清楚，或者有一致的意义而我们不知其意义之所在。"（金岳霖：《逻辑》，北京，三联书店，1961，136～137 页。）

② 此处原文作"事"，当改为"弄"。

结果只成了一个玄虚。看他们越解，越觉得不是那么回事，即是说不自然，不自然即是心不安，心所以不安即在理有未得。所以没有人敢说究竟是什么一回事。不但金先生有这种感觉，我看了他们一切的解析（金先生的解析也在内），也仍然不明白究竟是什么一回事。本文的目的在把其所以为大可解说个心安理得，而结果亦不背其小可之意。

函蕴在英语为"implication"，由动词"imply"而来。此字本为包括、包含、内含之意。在含的意思上便很容易看出一个能含与被含，也很容易看出一个隶属大小与主从。能含为主为大，被含为属为小。由此又可看出一个连带的随从关系，由随从又可以有有了 X 即可以有 Y，Y随着 X 的观念。Y 既随从 X，则如果有了 X，便可以推知有 Y，Y 可以从 X 推出。由这个推，又可以把这个随从的推解说为"如果则"的关系。所以"函蕴"，如果用言语解说出来便有以下三个说法：

（一）Y 随着 X；

（二）Y 可以从 x 推出；

（三）如果 X—则 Y。

函蕴关系可以说即是这三种意义，而这三种意义也都恰合函蕴关系，而 X 函蕴 Y 也即函有这三种意义。从这方面说，函蕴的意义是很小可的，大家都会用，常识上也容易理解，人们一见也可以明白。虽然未必人人皆能很科学地加以界说，但其意义总可领会。这个很容易领会的小可意义，就是由函蕴可以推，是推所因以可能的关系：由 X 函蕴 Y，我们可以说由 X 可以推知 Y。X 函蕴 Y 不是 X 推 Y，乃是说由 X，Y 两者发生函蕴关系，我们始能说由 X 可以推 Y。推与函蕴是两层。所以函蕴是推所藉以可能的关系。这个为推的基础的函蕴关系，最简单的解析就是"如果则"。但是为什么弄成了非同小可呢？其原因即在《算理》上的一个界说。设以 pq 代表两命题，以⊃代表函蕴，《算理》界说p 函蕴 q 如下：

$$p \supset q = \sim pvq$$

这个界说实在不易了解，也实在与函蕴的意义无关。这个界说是说"p 含蕴 q"等于"或者 p 是假的，或者 q 是真的"。简单说即是：或 p假或 q 真。但这个意思与函蕴的意义，实在不容易找其关系。人们死咬定"或 p 假或 q 真"这个界说来讲函蕴，所以越讲越不自然、越玄虚。殊不知得到这个界说，其间是经过了很长的步骤的。若探本索源便很容易了解；若说"或 p 假或 q 真而观"，便不容易理解，便是个玄虚。以下讨论得到这个界说的来历。

二

要明白它的来源，便须明白命题的真妄关系。越研究真妄关系，越能明白这个专门化的函蕴的意义。此处所说的真妄关系即是指命题的真妄值的关系而言。而且命题的真妄值，此处也只指二价系统而言。即是说只限于二分法的逻辑，即把命题分成真妄两值，而且只是真妄两值，经过这样的分法，如是一个命题便有真妄两可能，即或假或真，没有第三者。若是两个命题合起来，按每一命题的真妄二分而言。便有四个真妄可能。若三个命题便有 2^3 个可能，即八个真妄可能。若是 n 个命题，便有 2^n 个可能。现在且只限于两个命题，譬如 pq。如是 pq 两命题的四个真妄可能如下：

（一）"pq"（即 p 真 q 真）；

（二）"～pq"（即 p 假 q 真）；

（三）"p～q"（即 p 真 q 假）；

（四）"～p～q"（即 p 假 q 真）。

如果以＋号代表真，以－号代表假，则 pq 的真妄可能可以格式表之如下：

p	q
＋	＋
－	＋
＋	－
－	－

在这四个可能中，第一个表示 pq 连带真，第四个表示 pq 连带妄，第二个表示 p 妄 q 真，第三个表示 p 真 q 妄。若把 pq 两命题看成一个是前提，一个是后件或结论，则第一便表示前提真，后件也真，第四表示前提妄后件也妄，第二表示前提妄，后件真，第三表示前提真后件妄。如果这个前提后件的关系是函蕴关系，或"如果则"的关系，试看在这四个可能中，哪几个能满足它呢？哪几个不能满足它呢？第一个与第四个不成问题，自然可以满足这个"如果则"的关系。如果 p 真则 q 真，如果 p 假则 q 假。这其间的"如果则"是很自然的，很可以有随后的、推知的、函蕴的意义。但是异口同声，大家都说第三个可能不能满

足"如果则"的函蕴关系即前提是真,而后件是假,则很难说"如果则"的关系。即是说在函蕴上,如果 p 真而 q 假,便不能说如果 p 则 q。因为显然如果了 p,而却不是 q;因为既是了 p 而却不是 q,所以在 p 之下,q 之上,"则"字不能用;则字既不能用,便表示 q 没有随着 p,q 既没有随着 p,便无法推下去,即从 p 不能再推,而打断于 p。所以"p 真 q 假"这个可能,在"如果则"的函蕴关系上不能存在,说它在"如果则"上不能存在,并不是说在一切关系上不能存在。在其他关系上也许可以存在,但在"如果则"的函蕴关系上不能存在。所以所谓"如果则",其意即是:"p 真而 q 假"是不对的,或者说没有"p 真而 q 假"这个情形,或者说 p 真而 q 假是假的。照能满足与否而言,可以说为:p 真而 q 假,在函蕴关系上,是不能满足的。照存在与否而言,可以说为:p 真而 q 假,在函蕴关系上,是不存在的。所有以上这些说法都是合于《算理》上所谓"真值函蕴"或"真妄函蕴"的(material implication)。在这些说法中,没有"p 真而 q 假是不可能的"这个说法,这个说法是路易士"严格函蕴"(strict implication)的界说。将见这两个函蕴系统即在这个"不可能"上分。但是《算理》上却认为"不可能"这个观念是用不着的,因着经济原则的理由把它剔去了。不要说可能或不可能,只在实际的真妄上,看其存在与否,满足与否即够了。这样一来,命题的关系,赤裸裸只是真妄可能的存在与不存在的关系。所以所谓真值函蕴其实即是实际的真妄函蕴。即实际上两个命题只要有函蕴格式里所承认的真妄关系,我们即可据之以为推。故所谓真妄函蕴,其意只是在函蕴上 p 真而 q 假是不存在的即足,用不着可能不可能的观念,可是路易士就因着这个"不可能"的加入,遂造成了另一个系统。但我以为这没有什么重大的意义,两个系统也没有什么严重的差别。这个问题,下边再论。现在只限于真值函蕴。如是我们可以规定真值函蕴如下:

$$p \supset q = \sim (p \sim q)$$

此即是说:所谓"如果 p 则 q",即等于"p 真而 q 假是假的"。如果以 N 代表不存在或不满足,则可重写如下:

$$p \supset q = N(p \sim q)$$

此即是说:所谓"如果 p 则 q",即等于"p 真而 q 假是不存在的或是不能满足的"。但是,N 这个符号既不被《算理》所采用,所以我们也不必多事，只用前者即足。

以上的定义是消极方面的表示，积极方面怎样界说呢？这便归到上边那个格式中第二个可能了。即"p假而q真"这个真妄可能是否满足"如果则"的关系呢？异口同声，大家都认为是可以满足的，即是说：p假而q真，在函蕴上是可以存在的；而"如果则"的推断，在p假而q真的情形下是可以说的。这话却并不是说：真的随从假的，真的由假的推出。但只是说：在前提假而后件真的情形下，仍可说"如果则"。此点甚重要，不可不加以严重的注意。普通讲这个函蕴的，都从真不能随从假上着想，所以说：既不能随从，则所谓函蕴自然不能推断。因为显然真的不能从假的推出，所以他们都把《算理》上的函蕴使其与推断脱了节。即是说：由p函蕴q，并不能说由p可以推q，或q可以从p推出。既然与推断脱了节，所以函蕴遂成了非同小可，遂成了玄虚，结果是莫明其妙。这都是解者从"p假而q真"的真不能从假的意义上弄出来的。但是，如果我们把p假而q真当作在其下可以说"如果则"的一个情形，则"p假而q真"便不见得与推断脱离关系。我们所以从真妄关系上讲即是为此。第一个关系p真q真，我们并不是马上就说，q之真从p之真推出，乃是说，在pq同真的情形下，我们可以说"如果则"，因为可以说"如果则"，所以我们才能说q由p出，由p推q。同理，p假q假也是如此。第三个关系p真q假，我们也并不是说q之假不能从p之真推出，乃是说，在p真q假的情形下，不能说"如果则"。因为不能说"如果则"，所以才不能由p真推q假，q假从p真出，而在p假q真的情形下可以说"如果则"，所以仍是属于推断中的，函蕴与推断并未脱了节。

怎见得在p假q真上可以说"如果则"呢？以例证之便明。譬如说：如果一切人是黄种的，则亚洲人是黄种的。设以前命题为前件，后命题为结论。显然前件是错的，后件是真的。但并不因为前件妄，后件真，便不能说"如果则"。因为显然一切人既是，则亚洲人当然可以是。这即表示在前件p假而后件q真上，仍可说"如果则"，仍可以是推断，仍可以满足函蕴。但在p真q假上，"如果则"却不能成立。因为：如果一切人是黄种的是真的，则亚洲人是黄种的是假的，显然是不能成立的。在这种解析下，则真妄函蕴，在积极方面可以规定如下：

$$p \supset q = \sim pq \cdot v \cdot pq \cdot v \cdot \sim p \sim q$$
$$= \sim p(qv\sim q) \cdot v \cdot q(pv\sim p)$$

$$=\sim pvq\cdot$$

如是： $p\supset q=\sim pvq\cdot$

这个界说与《算理》上的界说恰相合。其意即是：或 p 假或 q 真，但是 p 真 q 假却不能满足。或 p 假或 q 真，即从三个可能归约得来。在或 p 假或 q 真的规定下，则"如果则"的函蕴关系即表示：在 p 或真或假俱可，而 q 真的情形下，总可成立。p 或真或假俱可，真的更好，即说它是假的也不妨，所以在 p 上偏向于假。所以在或 p 假或 q 真的 pq 关系上，即可说"如果则"。p 如果是假的，则 q 也可真可假，假的更好，即便是真的也不妨，所以在 q 上却偏向于真。但是，p 如果是真，而 q 却决不能是假。所以 pq 若用"或"字表示，必须是"或 p 假或 q 真"才行，若说为"或 p 真或 q 假"，便是错的，因为这是函有 p 真 q 假一可能的。但是"p 真 q 假"是不存在的，所以在消极方面：

$$p\supset q=\sim(p\sim q)。$$

而"p 假 q 真"是存在的，所以在积极方面：

$$p\supset q=\sim pvq，$$

而不能是　$p\supset q=pv\sim q，$

而　　　　$p\supset q=\sim(p\sim q)=pvq\cdot$

同时　　　$\sim pvq=\sim p(qv\sim q)\cdot v\cdot q(pv\sim p)$

$$=\sim pq\cdot v\cdot\sim p\sim q\cdot v\cdot pq\cdot$$

所以函蕴关系虽然规定为"或 p 假或 q 真"，但这却是由三个可能合约而成的。如果从"或 p 假或 q 真"方面不易领会，则从三个方面便容易领会。如果函蕴有这三个可能，则从 p 假 q 真方面看，断定其不为推断的人们，将怎样对付 p 真 q 真，p 假 q 假这两个可能呢？所以那些说函蕴非推断的人们，决是走错了方向，不会懂得函蕴的。

但是，由函蕴既可以至推，为何不以 p 真 q 真、p 假 q 假这两个显明的可能规定，而偏以类乎 p 假 q 真的"或 p 假或 q 真"规定呢？曰函蕴之所以为函蕴，函蕴之所以有普通包含之意所以不背于常议，所以能成为"如果则"，所以能成为推断，所以能使推断成为妥当，完全在这个"p 假 q 真"上表示出，而其他两个显明的倒不能完全表示出。如果明白了这点，则 G. E. Moore 的"entailment"便是多事，而路易士的另造系统也是妄举。

三

本节即讨论所以有"p假而q真"的理由。函蕴有三个可能,在此三可能中,pq的函蕴关系有以下三个说法:

(一)因为p真q真是存在的,所以我们可以说如果p真则q真,pq可以推;

(二)因为p假q假是存在的,所以也可以说如果p假则q假,pq也可以推;

(三)因为p假q真是存在的,所以也可以说如果p假则q真,pq也可以推,(此点足以使我们说《算理》上的函蕴有意义上的连带关系)。

由此三个说法可得以下三个重要函义:

(一)因为p真q真,p假q也真,所以p或真或假,我们总可以说如果则,总可以推q。这即表示:p真,q可以成立,p假q也可以成立;不但是成立,而且仍可以是推;并不因其为假,"如果则"就不能说。这种情形即表示:必是p的外范或容纳性大于q,不然便不能有那种情形,尤其不能有"如果则"的情形。即是说,如果p的外范不大于q,即便p假q真可以成立,pq间也不能有"如果则"的情形,而何况在不大于q下,p假q真在函蕴上决不能成立,所以p假q真与"如果则"相连而生,这两个相连必表示p的外范大于q。可以说:p假q真与"如果—则"是p大于q的充足而必须的条件。

(二)因为p假q真,所以p或真或假,q总可成立;但是p真q假却不能成立。即是说:q若假,p必须是假;p真时,q必须是真,决不能与q真时p或真或假一样。这即表示:p真q假时,不能说"如果则"。p真q假不能说"如果则",但p假q真却能说。这即表示:在后者,q可以随p,在前者q不能随p。在前者,q若要随p,必须q为真,这即表示:q必须把范围缩小而不能大于p才可,现在p真q假,明明q大于p,所以在函蕴上不能成立。在后者,q随p,是因为p大于q,所以p假q真,在函蕴上可以成立。因为p假q真,p大于q,故有如果则;p真q假,q大于p,故不能说如果则。故函蕴必排斥p真q假,其余皆可。这即表示:函蕴不背常识,有意义上的连带关系。

(三)在上面我们从p假q真可,p真q假不可上证明了函蕴必是p

大于 q，即 p 的外范大于 q 的外范始可言函蕴。兹再从 pq 的真假之多少上看，即从内容上看。先从 p 方面着想：p 真 q 真，p 假 q 假，p 假 q 也真，这即表示 q 的固定的真妄值多于 p，即 q 的可能性大于 p，q 的成立性大于 p。再从 q 方面着想：q 真 p 可真，q 真 p 可假，q 假 p 必假，这即表示：p 的固定的真妄值少于 q，即 p 的可能性小于 q，p 的成立性小于 q。而 p 之固定值少于 q 却由 p 之外范大于 q 而来。此恰合外范大者内容少，外范小者内容多之原则。而 pq 之或大或小，或多或少。又都由 p 假 q 真表示出，即 p 假 q 真一方表示 p 之外范大于 q，一方表示 p 内容少于 q。如是，"p 假 q 真"正可以表示 pq 之函蕴关系。所以函蕴必规定为"或 p 假或 q 真"。写为定义如下：

$$p \supset q = \sim p \lor q$$

由以上三条完全证明了函蕴之必规定为或 p 假或 q 真。其所以如此之理由如下：

（一）能表示 p 之外范大于 q，故可言函；

（二）能表示 p 之固定值少于 q，完全恰合内包外延原则；

（三）能不背于常识；

（四）能表示"如果则"，而 pq 同真或同假之当然可推也含在内；

（五）因为能表示"如果则"，故有意义上的连带关系，而函蕴与推断并未脱节；

（六）若用同真或同假，则以上五个意义便不容易完全表示出来。

四

以上 p 假 q 真的函蕴关系可以举例明之，看得如何结果。（一）如果一切亚洲人是黄种的，则一切中国人是黄种的：如果 p 真则 q 真；（二）如果一切亚洲人是黑种的，则一切中国人是黑种的：如果 p 假则 q 假，（三）如果一切亚洲人是黄种的是假的，则一切中国人是黄种的可以是真的：如果 p 假则 q 真。第三种"如果则"与第一个"如果则"可以同时成立。即"如果则"在第三与第一两种情形下都可成立。其所以能成立，即在亚洲人之外范大于中国人，而其固定之真妄值少于中国人。一切亚洲人既是黄种的，则中国人是亚洲人，当然也是黄种的，"如果则"很自然地可以成立。如果一切亚洲人是黄种的假了，则一切中国人是黄种的却未必假，所以如果亚洲方面假，则中国方面真，这

"如果则"也很自然地可以成立。

这情形便有似于传统逻辑中的 AI 的关系。A 命题是：一切 s 是 p；I 命题是：有些 s 是 p。如是一切 s 是 p 是假的，则有些 s 是 p 是假的；如果一切 s 是 p 是真的，则有些 s 是 p 是真的。这是表示：AI 可以同真，可以同假。但是：有些 s 是 p 是真的，则一切 s 是 p 未必是真的，可以是真，也可以是假，所以如果一切 s 是 p 是假的，则有些 s 是 p 是真的，可以成立，即表示："如果则"在 A 假 I 真上可以成立。可是：如果有些 s 是 p 是假的，则一切 s 是 p 也必须假，所以 A 假 I 假可，A 真 I 假决不可。这即表示 A 假 I 真，可以说"如果则"，A 真 I 假不能说"如果则"。如是 AI 的可能关系如下：

（一）可以同真，（p 真 q 真）；

（二）可以同假，（p 假 q 假）；

（三）A 假 I 真，（p 假 q 真）；

（四）A 真，I 决不能假，（p 真 q 假是不存在的）。

所以 AI 的关系完全同于函蕴的关系。而 AI 即是同质而可以包括的关系，即 A 包着 I，A 的外范大于 I。所以普通名之曰差等，其实即是包括或包含，故我曾以函蕴名之。而"或 p 假或 q 真"的函蕴，因着 AI 的帮助，遂使我们洞然明白《算理》上的"函蕴"不背常识，而亦与推断并未脱节，这是从外范上说。若从内包上说，I 的真妄值也多于 A：A 所有的或真或妄，I 都有，但是 I 所有的，A 却未必随着有。因为 I 多于 A，所以 A 假 I 真可以成立，可以说如果则，但是 A 真 I 假便不可以成立，不能说"如果则"。而且 A 之大于 I，少于 I，又都在"A 假 I 真"上表示出，至 AI 同真或同假却并不能表示出 AI 之为差等，为包含，为包括。其所表示的例是 AI 纯等。但是 AI 显然不等。若相等，便不会有 A 假 I 真；若有 A 假 I 真，便即是差等，便即是 AI。或 p 假或 q 真之函蕴也是如此。我们并不因为"A 假 I 真"，而说 AI 不是包含，而说由 A 不能推 I；难道我们即能因"或 p 假或 q 真"，遂说由 p 不能推 q，q 则不由 p 出，函蕴与推断脱了节，无意义上的关系吗？所以 AI 之为差等，完全由 A 假 I 真上表示，故函蕴也必完全由"或 p 假或 q 真"上表示。

函蕴虽由"p 假 q 真"表示，但死咬定"p 假 q 真"却不易看出函蕴关系，所以一般解析函蕴的遂说它与推断无关。这犹之乎单看 A 假 I 真，看不出其差等关系一样。我们如果把"差等"规定为 A 假 I 真，难道我们即可说 AI 不是差等，不为包含吗？所以显然一般解析函蕴的，都是不得其门而入的。

函蕴之为非同小可，即在从函蕴所有的真妄关系上看。AI 为差等，一见即明，乃因从外范上看，若从 AI 之真妄关系上看，他同函蕴一样为非同小可。但虽是非同小可，却并不玄虚，却并非不可思议，莫明其妙。其所以如此，即在其"非同小可"可以归为"并非大可"，而与常识不背，而可以自然地说"如果则"，并与推断未脱节。从内包上看，非同小可；从外范上看，并非大可。然内包外范恰相应和。故函蕴并非玄虚，我们可以明白它的意义，究竟是什么。

传统逻辑重外范，故讲差等，而亦未忘内包，故有周延原则；现代逻辑重真妄关系，以真妄关系决定函蕴，既尽其内容，亦示其外范，故整然系统，而纯由真妄关系间之函蕴关系推出。循前者，有许多禁律，循后者无一禁律。至传统逻辑"一切"、"某些"诸外范概念，将必尽吸收于现代逻辑遍举与偏举之命题函值中。即遍举与偏举之命题函值乃综和真妄关系与外范概念而为一者也。现代逻辑之惟一特色在提出真妄关系，而将目光集中于逻辑自己，于是，二分、同一、矛盾、拒中，遂成了根本原则、原始观念。而传统逻辑中所讲的倒成了后部的工作，可以尽吸收于现代逻辑的大系统中，至于函蕴与推断，函蕴与等，函蕴与严格函蕴，皆于下面论之。

五

在以上说明了函蕴本身的意义，证明它不背常识，它有意义的连带关系，它并有传统逻辑中 AI 两命题真假关系之性质，如是函蕴之为函蕴甚清楚近情而显然，并非如普通所想像的那样玄虚，不可捉摸。除此而外，并也说明了为何用"或 p 假或 q 真来界说，其所以然之故即在因或 p 假或 q 真"始能表示 p 之外范大定值少，q 之外范小定值多，与 AI 同性质而不背于常识的函蕴关系，本节再继续下去讨论函蕴与其他意义的关系。

第一，须知"$p \supset q = \sim p v q$"这虽是一个等式，它却是一个界说，在原书上有界说符"Df"标识之。界说与等并不相同。"$2+2=4$"一看便知是个等式，但这个函蕴的界说式却并不相等，我们并看不出它有等的意义，因为一边是函蕴，一边是"或者"，而"或者"又决无包含的意义，所以显然不是等式。大家若认为有等号，遂即认为是等式，那就错了。于是，我悟出界说与等并不相同。但也不能说它完全没有等的关系，不然便无法发生关系。可是这并不碍界说是界说，等是等。单就逻辑系统内而言，界说是可以有自由性、选择性、人定性，即是说可以由己；但可随着界说而来的一串等式却并不由己，却是必然的。譬如函蕴现在就有好几个界说，纵然这些界说不必皆有异于《算理》上的函蕴，但表面看之，总是各不相同，且也各持之有故，言之成理。所以界说显然是有自由性，人定性，但后来的等式却并不如此。即就《算理》函蕴（即以上与本节所论的函蕴）而言，这个界说，若从"或 p 假或 q 真"方面看，完全看不出等来；若从它所立有的三个真妄可能方面看，虽可以比较显明，然仍看不出与函蕴这个意义有什么等的地方。若真正是等，则当为："p 函蕴 q"等于"q 可由 p 推出"。但这虽然是一个等式，却并不是一个界说。它并不能把函蕴的意义全幅表示出来。成 p 假或 q 真，表面看之，虽表示不出函蕴来，然它却是由三个真妄可能归约而来的；而这三个真妄可能合起来却能表示函蕴的全幅意义，所以"或 p 假或 q 真"这一个归约的结果也可以表示函蕴的全幅意义了。所以"或 p 假或 q 真"或者那三个真妄可能合起来，都不是等于 p 函蕴 q，而是借着它们可以表示 p 函蕴 q。可以表示函蕴之全幅意义，并不是等于函蕴之意义。所以"或 p 假或 q 真"，是一个界说，决不是一个等式。

　　既然是个界说，我们就当就着界说它的三个真妄可能而寻绎函蕴的意义，决不当看成它是个等式，专就"或 p 假或 q 真"上发挥道理。但是现在一般解析函蕴的却不明白这个道理，他们不从界说上看，反从等式上看。因为从等式上看，所以发现不出"或 p 假或 p 真"有什么函蕴的意义在内，所以他们又说《算理》上的真值函蕴没有连带关系，不可以推。他们解析"或 p 假或 q 真"所举的例如下：

　　（1）或"苏格拉底是三角形"是假的，或"2＋2＝4"是真的；

　　（2）或"中国在非洲"是假的，或"唐太宗是人"是真的。

　　他们这样举的例就是死咬定"或 p 假或 q 真"并以之为等式的看法。这种看法毫无函蕴的意义。所以 pq 无连带关系，不可以推，但须知这种解法是错的。不是函蕴关系，倒是故意找一个不相干的假命题安在前面。

　　这两个例子是，是"p 假 q 真"而言的，函蕴尚有"p 真 q 真"一可能，对付这个可能，他们举的例子是：或苏格拉底是人，或二加二等四。这两个命题虽然都真，但却不相干。他们所以这种举法，无非证明真值函蕴无连带关系，不可以推罢了。但孰知结果却弄成函蕴非函蕴，而成为独立了。但显然函蕴究非独立。所以这种举法决绝是错的。因为在这种例子上而说"如果则"，虽三尺童子亦知其不可。然则"如果则"还有何用？即便照"或p假或q真"举例，也当如我上节所举的，如下：

（1）或"一切亚洲人是黄种的"是假的，或"一切中国人是黄种的"是真的；

（2）或"一切动物是有理性的"是假的，或"一切人类是有理性的"是真的。

这类的命题如果翻成"如果则"是很合情理的：

（1）如果一切亚洲人是黄种的，则一切中国人是黄种的；

（2）如果一切动物是有理性的，则一切人类是有理性的。

"如果则"虽可以说，但 p 方面即前件可以假；p 方面虽可以假，但又不碍 q 方面之真。这种举法既可以满足"如果则"的关系，又可以满足"p假q真"这个条件。这样举法，怎见得pq不可推？怎见得无连带关系。这样一来，函蕴仍是函蕴，不会成为独立，我这个举法乃是以"或 p 假或 q 真"为界说不为等式的看法。即"或 p 假或 q 真"这个条件是最能表示函蕴之意义的，所以用它来表示函蕴，并不是函蕴等于"或 p 假或 q 真"。虽然式子中用了个等号，但须知还有个界说符号，也不可忽略。用"或 p 假或 q 真"所表示的函蕴，其为函蕴如下：

（1）p 之外范大于 q，p 之定值少于 q；

（2）q 之外范小于 p，q 之定值多于 p。

这两个意义即足以使真值函蕴可以推，有连带关系，不背于常识。这点上面已解析过了。

六

解析真值函蕴的人，把函蕴解成独立，所以想补救函蕴的人也不认为真值函蕴是函蕴，而另寻他物以代之。穆尔[①]用"推至"（entailment）以代之，路易士用"严格函蕴"（strict implication）以代之。本节讨论穆尔的推至，下节讨论路易士的函蕴，看结果如何。

真值函蕴是从两命题的真妄关系方面看，穆尔的函蕴即"推至"是

---

① 今译"穆勒"或"密尔"、"弥尔"。

从函蕴本身的意义方面看。他没有研究过真妄关系，所以他无法了解真值函蕴为何物，他只得向字面的意义去找道理。"推至"的反面是"从自"（follows from）。p 推至 q，反过来即 q 从自 p，在"从自"关系上，被从的前件必须是完全注意，毫无遗漏。这样，能从的后件始能无条件的真。譬如：这是一个直角，随着这是一个角，角从自直角；反过来，由直角必推至它是一个角，这是必然的真。再如：这是红的，随着这是有颜色的，色从自红；反过来，由红必推至有色，这也是必然的真。这种"推至"即是穆尔的函蕴。p 推至 q 与 q 从自 p 相关，犹之乎 A 大于 B 与 B 小于 A 相关，始是"推至"的实例如下：

（1）"这是红的"推至"这是有色的"；

（2）一切人有理性与孔子是人推至孔子有理性。

前者是两命题的推至，后者是三命题的三段论法之推至，都可以表示他的"推至"与"从自"的严格关系。这种推至当然不会有 p 假 q 真的情形，p 真 q 假更不容说。他所有的只有 p 真 q 真，p 假 q 假，这两个可能。pq 之真假相连相随。如是 pq 有连带关系可以推，而《算理》上的古怪情形也不能有。但是他这种解法是否是函蕴呢？他说真值函蕴不是函蕴，可是他的"推至"更未必是函蕴。他的推至中的 pq 虽可以相随，虽可以推至，然推至与相随的未必尽是穆尔函蕴。他这种推至，据刚才所说只有两个可能，有这两个可能的恰巧是"相等"关系，而不是函蕴关系。以格式表之如下：

pq	p$\equiv$q
＋＋	E
－＋	N
＋－	N
－－	E

但是函蕴有三个可能如下：

pq	p$\supset$q
＋＋	E
－＋	E
＋－	N
－－	E

相等的命题固然可以表示相连相推，但相连相推的未必是相等。观上两格式，相等所有的可能尽为函蕴所有，但函蕴所有的相等却未有，

于此可知，函蕴可以包相等，相等不能包函蕴了。相等中可以说推，可以说从，在函蕴上也可以说；但在函蕴上所能说的相等上却不能说。从可知相等虽可以表示推与从，但推与从未必是相等。穆尔的"推至"如果是函蕴，那便是床加上床，为多事，如果是相等，便是指鹿为马，为妄作，究竟是哪个意思呢？

先从它是函蕴方面看。即以他举的例为例。这是红的可以推至这是有色的。这个推固然很可靠；但这两个命题却未必连带为真，连带为假，即是说未必是相等。兹就有色的范围而言；如果这是红的是假的，这是有色的却未必假，因为红以外的黄黑白俱是有色。所以是红虽可以假，但有色却仍可真。即不指黄黑白而言，亦可证明有色是真的。例如："如果红花是白的，则它是有色的"，这也表示 p 假 q 真，而且"如果则"的关系也很容易成立。再如："如果一切人是黄种的，则是有色的"，"如果中国人是白色的，则中国人是有色的"：这也表示 p 假 q 真，而且"如果则"很易成立，而且所推出的也必然的真，但却不免 p 之为假，如是，"这是红"与"这是有色"固然可同真，可相从相推，但一假一真也仍可相从相推。而且同为必然，然则穆尔的"推至"究竟是函蕴还是相等。如果是函蕴便无法禁止"p 假 q 真"之成立。p 假 q 真中含着 p 真 q 真，是穆尔之意亦在其内，然而只主张 p 真 q 真而排除 p 假 q 真，以为函蕴，这便是床上架床，为多事，且有所漏，即有些相从相推的"如果则"穆尔不能说。若不是函蕴而是相等，则不但"p 假 q 真"的"如果则"不能说，即"这是红"与"这是有色"两个命题同真的"如果则"也不能说。因为这两个命题并不相等，显然可以允许 p 假 q 真之存在。如是，穆尔的推至，可以说的例子定是很少，将只限于相等者：

（1）如果他是有理性的动物，他就是人；

（2）如果它是等边三角形，它就是等角三角形；

（3）如果他是《春秋》的著者，他就是孔子。

这三对命题都可以满足穆尔相等式的推至，但如果它是相等式的推至，即有好多可以说而却不能说的命题：

（1）如果他是人，他就是会死的；

（2）如果它是红，它就是有色的；

（3）如果它是直角，它就是一个角。

这三对命题都不能满足相等式的推至，因为"是人"与"是会死"

不等，"是红"与"有色"亦不等，"直角"与"角"也不等。这三对命题都满足函蕴的推至，而不满足相等的推至。穆尔的推至如果是函蕴，这三对命题便可以说；如果可以说，则他的推至必承认 p 假 q 真；如果承认 p 假 q 真，他的推至必归隔于真值函蕴；如果归要于真值函蕴，而又要以"推至"来代替，便是多事。如果他不承认 p 假 q 真，则他的"推至"便是相等；如果是相等，便有好多相从相推的"如果则"不能说；如果不能说，则他的推至不是函蕴，不是"如果则"；如果不是"如果则"而偏说"如果则"以解析相从相推，便是指鹿为马。穆尔的意思好像不是相等的推至，如果不是，则必属函蕴无疑。如属函蕴，则穆尔为多事亦无疑。穆尔不了解他所说的"推至"即函在真值函蕴中，而又不知函蕴可以允许 p 假 q 真之存在，所以才有这番多事。

　　穆尔的"推至"既为多事，但还有些人把穆尔的"推至"看为逻辑的、形式的、必然的，把真值函蕴看为实际的，不是必然的。这不但是几个人的见解，好像大家都作如此观。路易士以严格函蕴代替真值函蕴，穆尔以"推至"代替，都以为自己是逻辑的、必然的，认《算理》上的为实际的。大家也随着这样去解，其实都是不得其门而入。关于路易士的，下节再论，兹先论穆尔的推至与真值函蕴的关系。我以为对于路易士函蕴与真值函蕴，以形式实际来比论，尚可马虎过去，惟对于穆尔则似不伦。穆尔的推至，根本无"p 假 q 真"一可能，若照一般解真值函蕴为不相干的而言，则真值函蕴根本即不能推，即根本无连带关系。或"中国在非洲"或"唐太宗是人"，这两命题即使是逻辑的而非实际的也不能推，所以与穆尔的"推至"根本不能比拟。若照我的解析，真值函蕴有连带关系，可以推，则这个推也决不是实际的。一般人根本不了解"material"一字之用意，又不了解"或 p 假或 q 真"之解析，遂揣测其辞，故事①玄虚，结果弄得莫明其妙。须知真值 material 一字决非指与理论、形式，或逻辑相对的事实，实际而言。不然，他当用 practical，factual，actual 等字，何必单用 material 这字呢？须知此字本含有质素、材料、内容之意。决不同于事实或实际。命题的质素或内容即是真妄值。讲的是真妄值推演关系，而推演之所以可能，其根据惟在命题之函蕴关系，故讲真妄值的函蕴，始可讲真妄值的推演。真妄值既是质素或内容，故 material implication 即真妄值函蕴（truth-false

---

① 此处原文作"事"，当改为"弄"。

implication 简称之曰真值函蕴 truth implication）。而此所谓真妄值又不是实际上一个命题的真妄，乃是由是非二分得来的真妄。逻辑就是这种由二分得来的真妄之推演关系，与事实实际毫无关系。即使是事实，也是真妄值的事实，并非与理论或形式相对的事实。所以，说穆尔的"推至"为必然，为形式，说真值函蕴为实然，为事实，而无必然，决是不对的。因为若照我的解析，p 之外范大于 q，而内容少于 q，则 pq 间之如果则，其推其从，决是必然的，无疑问的。不用说它是形式的，它自然是形式的。因为真妄值决非事实上一个命题的真妄值故也。《算理》所以名之曰真值函蕴，是对着以后的形式函蕴（formal implication）而言。此所谓形式是意谓"遍举"或"偏举"的命题函值（propositional function）。遍举者为(x) • ψx，偏举者为(∃x) • ψx。这种遍举或偏举之函值，即是一个抽象的普遍的格式。遍举为"一切"，偏举为"某些"。这是表示范围的两个格式，故曰形式。所以此所谓形式函蕴之"形式"决非与事实实际相对之论理的，或形式的之"形式"。形式函蕴中命题是"一切"、"某些"的表示，真值函蕴中的命题是任何单个（any one, singular）的表示。任何单个无范围而有真妄，故曰真值函蕴。故所谓真值与形式恰似亚里士多德形式与质料之对举。并非普通理论上与事实上之对举也。解者不明此意，以为真值是事实上的，无必然。而以穆尔的"推至"为形式上的，有必然，根本是多事。所以穆尔的"推至"与"真值函蕴"决不是理论与事实、形式与实际、必然与实然之差，而实是相等的推至与函蕴的推至之差；或不是相等的推至，也是床上架床之差。同时真值函蕴可以推，可以从，而亦有必然性。至若普通将函蕴解成不相干，而又以之与穆尔"推至"作必然与实然之较，乃实是糊涂可笑。

七

本节再论路易士严格函蕴与真值函蕴之差别及关系。路易士的函蕴，在"严格"这个意思上说，与穆尔的"推至"有同等的作用；但路易士的函蕴，其界说，在背后似乎也是以真妄值的关系为根据。如是，他的函蕴比穆尔的推至又复杂一层，不只是穆尔的 p 推 q，q 从 p 的表面简单关系。他的函蕴似乎也承认 p 真 q 真，p 假 q 假，p 假 q 真，这三个可能。说"似乎"者，因为他对于"p 假 q 真"没有积极的主张，他只有积极地禁止"p 真 q 假"这个可能。而且他也并没有特别提出否认"p 假 q 真"这个可能。若果承认了那三个可能，则他的函蕴与真值函蕴的唯一差别在什么地方呢？曰即在"严格"一意，而严格的表示则在"不可能"一概念。然则严格函蕴与真值函蕴的重要区别惟在"不可能"一点了。"可能"与"不可能"在路易士系统内是一个原始观念，即未界说的观念。他用"可能"、"否定"及"絜和"三原始观念规定严格函蕴如下：

$$p \prec q = \sim\diamondsuit(p\sim q)。$$

即"p 严格函蕴 q"等于说："p 真而 q 假是不可能的"。此界说可与《算理》上的合观：

$$p \supset q = \sim(p\sim q)（消极的界说）。$$

这个界说只说："p 函蕴 q"等于说："p 真 q 假是假的"。而路易士于此不但说它是假，而且是"不可能"。既是"不可能"。只有 q 随 p 真，p 推 q 真。这样，q 可以从 p 推出，而 p 也可以推 q，且是必然的、无异议的。在这一点上说，路易士的函蕴与穆尔的推至有同等的作用。

但是，"p 真 q 假是不可能的"，这只是消极方面的积极禁止；至于积极方面，"可能的"究竟是什么呢？p 真 q 真，p 假 q 假是可能的，p 假 q 真是否也可能呢？关此，路易士没有积极方面的界说，但《算理》却有。若自三可能皆承认方面观之，替路易士造一个与《算理》合观，则积极方面的两个界说如下：

$$p \prec q = \diamondsuit(\sim p\vee q)$$

"p 严格函蕴 p[①]"等于说："或 p 假或 q 真是可能的。"《算理》（中）的如下：

$$p \supset q = \sim p\vee q$$

"p 函蕴 q"等于说："或 p 假或 q 真"。但路易士举例证明"或 p 假或 q 真"，所举的例仍与普通一样，即解成不相干的。他举的两命题是：（一）醋是酸的；（二）有些人有胡子。这两个命题，在《算理》函蕴，消极方面是这样的连结："醋是酸的是真的，而有些人有胡子是假的"是假的。在积极方面则如此："或醋是甜的或有些人有胡子"。无论在积

---

① 此处原文的后一个"p"当改为"q"。

极方面或消极方面，这两个命题的连结法皆是不相干的，各自独立的。因为不相干，所以 q 不能从 p 推出，p 不能推 q。因为不能推，所以路易士说它可以真，但不是套套逻辑；要是套套逻辑，必须再来一个函蕴才行（这一点下边再论）。但路易士的严格函蕴，据说是可以推的，且是必然的即套套逻辑。若果可以推，则路易士的函蕴便当不是独立的。如果不是独立的，照他所举的是独立的例子看来，他的界说中应反对"p 假 q 真"这个可能。如果不反对这个可能，则他不能举这样不相干的例子来解析"或 p 假或 q 真"；如果要这样举，不但"或 p 假或 q 真"是不相干的，即他的"p 真 q 假是不可能的"也是不相干的，也不能推。这其中有个两难，根本关键还是在路易士未了解"或 p 假或 q 真"的真意。以下设从两方面看这两个函蕴间的关系：

（一）从"p 真 q 假是假的"这方面看它们两的关系；

（二）从"p 假 q 真是存在的"这方面看它们两的关系，这点又可从两方面来看：

（1）从路易士承认"p 假 q 真"方面看；

（2）从路易士不承认"p 假 q 真"方面看。

讨论这两方面的关系还是以"必然"与"实然"或"或然"作区别的关键，兹依次论之如下。

从"p 真 q 假是假的"这方面说，路易士的严格函蕴似乎比较容易领会、容易成立；但究竟如何也难说。据他说"p 函蕴 q"有时是套套逻辑（即必然），有时不是套套逻辑而是可以真，即不是必然，但可以真。真值函蕴是可以真但不是必然；严格函蕴不但真而且是必然。如是"p⊃q"不是一套套逻辑，而"p⊰q"是一套套逻辑。因为据路易士的解析，前者是独立的，不能推的；后者是可以推的。因为在"醋是酸的是真的，有些人有胡子是假的"是假的这个命题中，显然，"有些人有胡子"不是从"醋是酸的"推出。虽不能推，但那个陈说可以是真的。就因为它不能推而可以真，所以才不是套套逻辑。如是，若不能推，推演系统怎样成立呢？套套逻辑怎样成立呢？路易士以为 p⊃q，只有一个前提 p，所以不能推（按照界说），若再加一个前提，则便可以推 q 真，q 也可以从这两个前提的结合推出。如是"p⊃q"是可以真而不是套套逻辑，但"p·p⊃q∶⊃·q"这个命题是套套逻辑，是可以推的。试举例以证之："有些人有胡子"虽不能从"醋是酸的"推出，但可以从（1）"醋是酸的"，（2）"醋是酸的无人有胡子"是假的，这两个前提中推出，即"有些人有胡子"可以从这两个前提中很妥当地、必然地推知。如是套套逻辑便可以成立。一步不能成立，两步便成立；一步无连带关系，两步便有连带关系；一步不能推，两步便能推。《算理》的套套逻辑据说是这样造成的。如是我们可说：当"p⊃q"是真的，但不是必然，则 q 只能从"p·p⊃q"两个前提中推出，此时便是必然，如果 p 函蕴 q 是一必然，则 q 即能从 p 推出，用不着两个前提。路易士的严格函蕴"p≺q"即是可以推的，用不着两个前提，所以也是套套逻辑。但于此我有疑问。（一）路易士规定他的函蕴为"p 真 q 假是不可能的"，在"不可能"上看，好像必归于 p 真 q 也真，始可言推，毫无异议；故从消极方面，积极的加以禁止，在意义上似乎可容易承认严格函蕴是可以推的。但如果如此，则《算理》的"p 真 q 假是假的"这种禁止也未见得不能推。既是假的，也可以函着 p 真 q 也当真，才是真的，然则，"p 真 q 假是假的"如何不能表示推？如何必为："醋是酸的，有些人有胡子"，这类不相干的命题的连络呢？如果以这类的命题解析《算理》的函蕴为不可推，吾岂不可以这类的命题解析严格函蕴？如果可以解析，则岂因将"是假的"改为"不可能"。这种不相干的命题就可以相干，不能推的就可以推？所以路易士决不当举不相干的例子作例证，因为这样举法与他自己函蕴也无好处。（二）兹姑舍此不论，再从相干方面看。他以为他的函蕴可以推。且是必然的；《算理》的函蕴不能推，可以真但不是必然。但于此就有困难。试问既不能推，便是不相干；既不相干既无实然或必然之可言；即属实然而非必然，也是不相干的实然，与函蕴之推无关。所以路易士如果以不相干解真值函蕴，则不能以必然与实然作区别函蕴的特征，即是说根本不能比。（三）如果不解为不相干，那种例子便不能举。如果不举那种例子，则两种函蕴可皆为相干，皆可推。如果皆可推，则必然与实然之比也不能成立，因为真值函蕴是真妄二值的函蕴。真妄二值间的可能是有定的，诸可能间的关系也必是有定的，因而也必是必然的。"不可能"的禁止固然可以有必然，"是假的"之禁止也是必然。然则"必然"不能专属路易士，即《算理》亦有之。如果同是必然，则路易士的"不可能"这个观念，固然可由之而得必然，但却是另一种意义，即 intensional 是，其中有一种心理的作用，此点以后再论。又有应注意者，即此处所证明《算理》函蕴之有必然，非前边路易士所证明的两步后之必然，乃即"p⊃q"本身之必然也。此点甚重要，有关逻辑系统问题，本文暂不论。（四）从 p

真 q 假之或"是假的"或是"不可能"的方面看,两个函蕴皆可解成"可推"与必然;亦皆可解成不可推即不相干,但无所谓必然与不必然。从皆可解成"可推"方面看,是因为《算理》函蕴中也有同真同假两个可能;从皆可解成"不相干"方面看,足证一般讲函蕴的是走错了方向,不当举那种不相干的例子。如果不举那种例子而使其为相干的,则(1)路易士承认不承认"p 假 q 真"这个可能呢?(2)如果要承认,则"p 假 q 真"表面观之也是不相干;如果要承认而且使其相干,将怎样解析它呢?这是上边所列的第二方面的比较。

从"p 假 q 真"是存在的这方面看,可有两种态度:(一)路易士不承认;(二)路易士承认。先从不承认方面看。照他所举的不相干的例子看,他似乎不能承认"p 假 q 真"。因为如果承认,他的可推的也不能推了,也成不相干的了。可是,如果他不承认,结果一个可推,一个不可推,两个根本不同,不能比较不能相函路易士系统也不能吸收《算理》系统,而他的"14·1p ≺ q·≺·p ⊃ q"这个命题也不能成立。因为这个命题是表示:凡严格函蕴能主张,真值函蕴也能主张,但反之则不能。因为严格函蕴较狭于真值函蕴,所以严格函蕴之主张较强于真值函蕴之主张。这意思即必然与实然之比;但我前面曾证明:如果一个可推,一个不可推,根本不同,根本不能比;要能比,必皆可推,如皆可推必为相似。现在,路易士既以为必然与实然来比这两个函蕴,则他必不认为它两个有根本不同,不然他就不能比。可是照刚才所说,他似乎不能承认"p 假 q 真"这个可能,这即表示他的函蕴与真值函蕴根本不同,所以按理他不能有"p ≺ q·≺·p ⊃ q"这个命题,可是他竟有了。在此,就有个两难:如果他不承认 p 假 q 真,他那个命题不能成立;如果要承认,他自己的函蕴也成了不可推;如果要承认,且也可推,则他那种不相干的例子不能举。如果要保存那个命题,他得承认 p 假 q 真;如果承认 p 假 q 真,那种不相干的例子不能举,真值函蕴的"或 p 假或 q 真",得另举别例。这条路我想路易士可以承认。以上的辩论即足以使路易士(1)非承认 q 假 p 真不可;(2)非除消他那种不相干的解析不可。写到此地,那第二步即易解决了,即从他承认方面看,其结果也容易得到了:(1)他非承认 p 假 q 真不可;(2)他的不相干的例子非除消不可,因这种解析法定是错的。

以上从 p 真 q 假、q 假 p 真;两方面讨论,结果得以下五点:

(一)一般解析真值函蕴所举的例子都是不相干的,因而都是错的。

以后决不当这样举：（1）"醋是酸的是真的，有些人有胡子是假的"是假的（消极方面）；（2）"或醋是甜的或有些人有胡子"（积极方面）。当如我上算所论，这样举：（1）"如果一切亚洲人是黄种的是真的，则中国人是黄种的是假的"是假的（消极方面）；（2）"或一切人是黄种的或中国人是黄种的"（积极方面）。

（二）真值函蕴也可推，有连带关系；

（三）路易士函蕴以"不可能"而得必然，真值函蕴以真妄关系之有定而得必然；

（四）真值函蕴"p⊃q"是一套套逻辑，用不着"p·p⊃q：⊃·q"才是套套逻辑。

（五）如果严格函蕴中所有的真妄关系与真值函蕴所有的同，则不必加"不可能"始有必然；如果不必加，则路易士的（不可能）为另一种作用，可有可无，可以剔去。下节论之。

八

本节的讨论不过是一个余波，或继往开来的几句结束语，兹提出四点如下：

（一）命题的内的关系与外的关系（intensional relation and extensional relation）此问题吾已于第一卷第三章中论之。譬如说："挟泰山以超北海是一种奇迹"这命题便表示是可惊的，"挟泰山以超北海是不能够的"，这命题也有惊讶之意。关于这类的命题可以叫做是惊讶的连结，但不是逻辑的连结。因此，这类命题的真妄定值的关系是不能决定的。再如：一个人相信一命题 p，又相信一命题 q，此时，pq 间的关系便无法决定 pq 的真妄可能。这种关系也不是逻辑的，而是信仰的。像以上这两种非逻辑的连结都有一种心理作用在内。这种心理作用的连结，《算理》名之曰"内的关系"。脱离这种心理作用，只看事实上由二分得来的真妄关系之定值，或说只看真妄值的必然而机械的些可能关系，此时的连结便是逻辑的。《算理》名之曰"外的关系"。路易士的"不可能"即是一种"内的关系"的表示：有一种心理作用在内。他虽然引出它使"连结"成为必然，但是我如果证明真值函蕴的关系也是必然，而且路易士的函蕴所有的真妄可能同于真值函蕴，则他的"不可能"便是一种心理的保险，是附加的，不是必须的，有了它不能增加其必然，无了它也无损其必然。但是逻辑总当与心理脱离关系，所以这种心理作用定当剔去，使逻辑赤裸裸地成为必然的机械的关系，此即所谓外的连结。认清这一点，即"不可能"也可规定为逻辑的，而不必是内的。但在路易士系统内却是内的。如是，我们可用二价的真妄可能规定三个概念如下：

I.　　‖（必然）＝pq・v・p～q・v・～pq・v・～p～q
　　　　　　　＝p(pv～q)・v・～p(qv～q)
　　　　　　　＝pv～p＝～pvp＝p⊃p

II.　　◇（可能）＝pq・v・～pq・v・～p～q
　　　　　　　＝～p(qv～q)・v・q(pv～p)
　　　　　　　＝～pvq＝p⊃q・

III.　　～◇（不可能）＝pq・～pq・p～q・～p～q
　　　　　　　＝q(p・～p)・～q(p・～p)
　　　　　　　＝q・～q・p・～p

第一个表示必然，即无论如何总真；第二个表示可能，凡可能的即必然，总属必然中之一。第三个表示"不可能"。此"不可能"由全幅矛盾表示，因矛盾故不可能。于是，"不可能"与"可能"及"必然"纯是逻辑的，而非心理的。且纯由真妄关系之矛盾与否来表示：凡矛盾的总是不可能的，凡不矛盾的总是可能的。这样，可能与不可能便不能是原始观念，如路易士系统中所表示的。如是，路易士系统倒不能吸收《算理》系统，反被《算理》系统所吸收了，而且也不失为逻辑的。以上关于"内的"、"外的"之讨论可得两结果：

（1）剔去路易士的不必须的那种内的"不可能"（此点罗素曾表示过，但理由不详）。

（2）由真值函蕴系统规定"可能"与"不可能"，把路易士的概念吸收进来改为外的逻辑的（听说亚伯拉姆已主此说，其论据不知如何）。

（二）穆尔的"推至"是床上架床，前已论过。穆尔本未研究真妄关系，所以他对于"或p假或q真"的界说未免大惊小怪。路易士的界说也是以真妄关系为据，但未弄清楚，而引出"不可能"以补救，这也未免妄作。

（三）真值函蕴是任何单举命题的二分真妄值之函蕴关系，它有意义的连带关系（逻辑系统内的意义），可以推。形式函蕴是任何遍举命题的二分真妄值之函蕴关系，有意义的连带关系（也是系统内的），也可以推，此点前已论过。

（四）真值函蕴系统有三层必然，不可不一一证明：（1）二分必然性；（2）"p 函蕴 q"的必然性；（3）系统中的必然性，即推演的必然性。前两者是最重要的。如果证明了前两者，则逻辑是绝对的，二价系统是标准系统。后一者不成问题。这点有关于逻辑系统的一多问题。可参看第一分五节。

（本文选自《牟宗三先生全集》Ⅱ（第十一册），303～335 页；同时参照牟宗三著《逻辑典范》（香港商务印书馆，1941 年版）第二卷附录 252～278 页校对。）

觉知底因果说与知识底可能说
（1937）

序　言

自从美国路易士（Lewis）① 发表了他的名著《心与世界条理》，中国张东荪先生发表了他的杰作《认识的多元论》（亦名曰《条理、范畴与设准》，前名登在《大陆杂志》第一卷第三、四、五三期；后名登在《哲学评论》第四卷第二、三、四三期）以后，认识论（我则愿名之曰知识论）有了新的曙光，以前的人只是很刚愎的、很固执的在牛角里蹭，现在有了这两道曙光，我想我们可以出幽谷、迁乔木了。

不过他们俩虽都想着将实在论、康德派及唯用论结合起来，虽都对于知识论中的主要概念之本性有新的解说，有清楚的认识，但他们对于知识论的建设理论，却不能十分成功或甚至在不相干的路上发展。这话说的固然太笼统，但是看完了本文就自然可以知道了。

本文就是想把罗素派的觉知因果说与康德派的知识可能说结合起来而与一种新的解析，在另一种不同的路上发展。至于结果，也许在正的方面，也许在负的方面，作者之愚不敢绝然断定。

在写正文之前，我有几个设准，先把它列出来，以作纲领：

（i）知识论决不可混同于元学，随着，知识论里面的范畴或概念决不可混同于元学里面的范畴或概念。

（ii）讲知识必须承认外界，随之也必须承认外界的条理。这种承认我可以叫它是先验的信仰，信仰条理的外在于讲知识上并没有多大的危

---

① 今译"刘易斯"。

险或妨碍。

（iii）讲知识必须承认主体的心或思维作用，这种承认是事实上的证明，用不着说是先验的信仰。此处所谓主观的心采取张东荪先生所指示的意义：（1）"能知"与"自我"不可混同；（2）"主观"与作为元学概念的本质的"心"不可混同；（3）主客只在认识关系上。我觉得这是知识论上最有用、最方便的一个发现，读者可参看他的《认识论的多元论》讲"范畴"条之末几段。

（iv）讲知识须把知识看成是一种关系，从这关系所成的结果上再解剖或解说其中的各组织分子。

（v）知识既是一种关系，所以在知识论里当然不能有唯心唯物的主张。

（vi）知识论是解析"知"这个关系的"生"与"成"的科学。

A. 感觉与思维

A.1 感觉

A.11 "有生才有欲，并不是有欲才有生。"生是根本的，生之过程是根本的，知识是生之过程中所有事，感觉与思维当然也是生之过程中所有事。

A.12 "生"即是指具体的"生活"而言，并不是指抽象的"生命"而言。

A.121 生既是具体的，必是在时间空间上占有位置，也必是与其他分子发生关系。

A.122 与"生"发生关系的那些分子是站在时空点上的那个"生"之关系场；那个生即是那个关系场之"焦点"。

A.13 作为焦点的那个生，以肉体作为演员，作为与其他分子发生关系的"资具"。

A.131 这个资具，在知识方面讲即是官觉或感觉。

A.14 只有感觉的生活，吾名之曰"赤裸的生活"（bare life）。

A.141 赤裸的生活在事实上当然不见得有；但在逻辑上，我可以先从它讲起。

A.142 赤裸的生活是没有意义的生活，当然也是没有价值可言的生活。这样的生活过程，只是流转的过程。

A.15 在这流转过程中，与外界发生关系的感觉只是一种"感得"

（feeling）或"摄受"（prehending）。

A.151　在这摄受关系中，摄者是绝对的客观真实，无真假虚幻可言；被摄者也是绝对的客观真实，无真假虚幻可言。

A.152　在这摄受关系中，摄者与被摄者可以说都有其存在，都有其表现其自己的舞台，也可以说都上了呈现其自己的焦点。

A.153　凡上了呈现焦点上的东西都是实现的、真实的、具体的。

A.154　如果这个赤裸的生活不只限于人，则巴克莱①的"凡存在即被知"即等于说"凡存在即实现"，"凡存在即被摄或被感"。这样一来，他这个原则，在人的生活上固然对，但也可以把它推广而应用于一切。因为照上所说，赤裸的生在人实无异于在蛆，在狗，在草木。

A.16　在这赤裸生活过程中，感觉引起了外界方面的许多刺激，并引起了内界方面的许多刺激。

A.161　此处所谓刺激并不指外界刺激你，你随之有感觉之反应而言，乃是指感觉本身就是个刺激，即是说，感觉能引起对于感觉世界的主观态度。

A.17　这个初步的主观态度我叫它是"抵回"。抵回是抵回外界方面的许多刺激以及内界方面的许多刺激，空间的或时间的。

A.171　由感觉世界而至于抵回，则此感觉世界必是很复杂的，也必是一个很复杂的过程。所以初步的主观态度根本即不是一个呈现焦点上的呈现物。若只是这一个呈现焦点上的呈现物，也许永不会有主观态度发生。

A.172　在最复杂的呈现焦点上，即感觉世界，才能有参互错综繁难疑问，主观态度即在这里发生。

A.173　初步的主观态度，即抵回，是赤裸的生与有意义的生的分水岭。分水岭的那一方面是无意义的感觉世界，分水岭这一方面是有意义的真美善（当然也含着假丑恶）世界。

A.2　思维

A.21　"思维"是第二步主观态度，是有意义的生活中所有事。

A.22　有意义的生活可分三方面：一曰真妄界，二曰善恶界，三曰美丑界。

A.221　真妄界是由抵回而至观念。观念之生是因生活的流转过程之有疑难或打断。观念即是解决这疑难，恢复这打断的计划或主意。由

_____

① 今译"贝克莱"。

此观念再进而解析世界解决问题，这即是知识问题。这知识问题虽然也是有意义生活中的事，但我愿名这个意义是无价值的意义。所以无价值即在其只有真妄二值，并无美丑善恶之可言。这是科学家的世界，也是知识的世界，康德的现象世界也即是这个世界。

A.222　善恶界是由抵回而至道德理想，此固不离观念，但不即是那观念。这个有意义的生活吾叫它是有价值的意义。张东荪先生的"生活即超生活"，据以上的论据，可以从两方面看：有知识方面的放大，有道德理想方面的放大。前者为解决知识问题，后者为改造现实问题。前者为认取，为求是，为理解；后者为评衡，为立应，为附加（添加人之主张）。两者固互为影响，互有补助，但实有分别，不可混同。张东荪先生讲道德哲学时，并没有把这个分别清楚。

A.223　美丑界是由抵回而至鉴赏或观照。此固不离观念，但也不即是那观念。这个有意义的生活吾亦叫它是有价值的意义。美也是超生活，也是生活的放大，即吾所谓有价值的意义生活。但此却不同于道德理想。美亦可为理想，亦可为现实之摄取，故曰审美。美是摄取方面多；美是由抵回而把事物意义化、价值化，再实行其鉴赏或观照。美是离不了具体世界的。美是具体世界的具体关系之恰好的表意。

A.23　主观价值即为对世界之品题或体验。体验的结果而投于外以使其客观化则为客观价值，是谓价值之共通。客观价值可量可比，主观价值则否。

A.231　道德，美既是主观，又可为客观。及成客观，则为公共。在此吾只注意主观，而不注意客观。因为客观价值有其他文化学讨论之，用不着在此讨论。

A.24　道德与知识不能视为同一范畴。知识当然也可以成为客观价值，当然也可以列入文化大流中；但是这个知的关系却不是价值问题，却不是文化学中的问题。知识之列入文化非知与被知这个关系，乃是知之结果。将知之结果价值化而归于一，以使其与道德同为一文化范畴下的目，这乃是多加了一次工，在其根本上是不相同的。

A.241　本文是讨论知识关系，不是讨论知识之结果，所以知识之成为客观价值也不在讨论之列。

A.25　于是吾可说：由抵回而至打断之观念为知识；由抵回而至改造现实为道德理想；由抵回而至审美为美丑。把这三种观念以图表其不同于下：

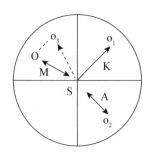

在图内，S 表示主观，o_1 表示知识的对象，K 表示知识界，o_2 表示审美的对象，A 表示美丑界；o_3 表示道德的对象，M 表示道德界。在知识界，我们用一向的箭头，表示只注目于对象的理解，以对象为转移。在美丑界，我们用两向的往复箭头，表示主观的鉴赏及美之不离具体关系。在道德界，我们用两向的往复箭头，再用一向的箭头引起出另一超现实的境界，表示对于现实之改造与人生之鹄的。

A.251 这三界的区分其实就是两界的区分，即前面所谓有价值的意义世界与无价值的意义世界。这个区分其实也即是康德的现象界与非现象界的区分，当然立论的根据各有不同。

A.252 这个区分是必须的，罗素的"伦理之中立"也无非要注意这个区分而已。区分之于讲道德没有妨碍，不区分则于科学有危险。

A.253 无价值的意义世界可以叫做是物理世界；有价值的意义世界可以叫做是伦理世界。

A.254 我们现在解剖知识关系就是指无价值的物理世界而言。思维虽普遍于各界，但在知识界却是最重要的角色。

A.26 "感觉"是作为焦点的"生"与外界发生关系的结果；"思维"是作为焦点的那个"生"之主观方面与外界发生关系的结果。

A.261 感觉是肉体方面与外界的接触，这一接触使双方都上了呈现焦点。思维是对于上了呈现焦点的客观存在者加以理解，发现其组织分子与分子间的关系。

A.262 这样的思维的结果即是科学知识，所以思维在科学知识上是很重要的角色。我们现在所提出的思维即是在科学知识方面有若何重要的思维，至于在道德界方面则非所注意。

A.27 此处所谓思维即是序言中第三设准所说的主观。因为主观最显然的表示就是思维作用。至于思维之体、心、自觉、自我等概念可由心理学讨论之，或由形而上学讨论之。此处之主观或心只言其对于外界之作用，不涉及作为本体之心。

A. 271 从别方面看，一切可以无心，但从知识上看不能离心。从别方面看，一切可以心化，但从知识方面看不能无物。

A. 272 心是知识成立中的重要成分，但心不必是神心。

A. 273 从发生心理学上或从形而上学上可以规定心之本体、心之发展，但说知识时，不必涉及心之本体、心之发展。

A. 28 我们讲知识切不可与形而上学混。以形而上学来讨论知识，是不能解剖知识的。但是我们可用形而上学来看知识本身之结构，即是说，我们可以把知识结构之解剖看成是一种形而上学式的知识解剖学。在英语"metaphysical concerning"与"concerned as a metaphysics or concerned metaphysically"总该有不同的；可是历来大半都忽略了这个。可能说的建立者康德忽略了这个，因果说的重镇罗素也是忽略了这个。

B. 纯粹所与与显现所与

B. 1 内在关系与外在关系

B. 11 感觉将生活之肉体介绍给外界，使内外都上了呈现的焦点。这一个呈现焦点即表出生活之肉体与周围关系场发生了因果作用。换言之，因果过程即表现在这个呈现焦点上。

B. 12 在这个呈现焦点范围内，其中一切分子或关系者发生内在关系。

B. 121 这种内在关系只是表示生理的或物理的具体事实之有机结合，并不表示外界之可知与不可知或有客观标准与无客观标准的问题。

B. 122 这个内在关系之整个即是一客观事实，它即是我们思维或理解的标准或对象。

B. 123 这个内在关系之整个即是物界中的一种变化，这是物界本身的问题，不是主观的思维与这个内在关系的问题。

B. 13 物界既是有机的联络，则一切关系当然都是内在的。如果不是内在的，则一切物事不会产生，一切物事之特性也不会产生。

B. 131 宇宙里面的东西，没有一个能有其先天的绝对的固有的性质。一切性质都在关联中发展中生长着。我们从性质中不能找出一个绝对的标准，说某某是本有的，某某是附加的。

B.132　一切性质系列只要上了呈现焦点，它们即都是固有的。

B.133　我们所知的属于性质方面的很少，关于关系、结构或条理方面的则较多；并且据上面的推论，我们的知识，其目的似乎也不必在性质方面多所追求，所注目的是在外界条理或架格的获得。

B.134　我们的推断之根据不在性质之标准，而在条理之标准；我们所用以制裁自然者还是在条理的知识（即自然律之获得），而不在性质之知识。爱丁顿曾屡次表示这个意思，不过他的说法与此稍有出入。

B.14　我们所以主张内在关系，其目的即在解析性质之出生与变化。性质是内在关系的表意，因此，性质是后起，是附加，是上层，是遂形之影。

B.141　因此，性质也是特殊的、常变的，关系是公的、共的、不变的，这即是我们知的对象，也是我们知识的客观标准。知识之所以可能（不同于康德之可能），所以能公，即在我们所求的是这个公的条理。

B.142　因此，内在关系不影响知识之可能，内在关系与一切物事之质有连带关系，质因为内在关系之故而有特，有变；但是知识却不因为内在关系之故而变为特殊，变为不可能。这是一方面因为内在关系是物界或元学上的一个范畴，一方面因为知识所求的乃是那个不变的条理而不是那常变之质，即是说，所求的是那个关系，而不是那附随着关系而变的质。

B.143　因此，我们在感觉上主内在关系，在思维或理解上主外在关系。

B.15　感觉是肉体的接触故为内在，因为内在，故可以因关系者而不同，但此不同只是质的不同，而那个"因此所以"的因果关系却并未不同，它不失为一个客观条理，因此他也不失为一个公共的标准，而我们所求的也正是这个。只要我们发现了"因此所以"的因果条理，那就算是我们对于某物有了知识。

B.151　罗素的"观景说"、伯老德①的"感相说"即表示"感觉的内在关系说"；而怀悌海的"感觉物象说"也正是这个感觉内在关系的表示。

B.152　可是因着内在关系而有的观景、感相或物相之随时随地随各人之不同而变易，乃是质的变易，而不是条理的变易。认定了这点，我们决不用再问"外物"是什么样，"感相"是什么样，这两者之间的

_____

① 疑为今译的"布拉德雷"或"布拉德赖"（Francis Herbert Bradley）。

关系是什么样。因为照上面的理论，一切东西决没有绝对的、固有的性质作标准。因此之故，罗素及伯老德所绞脑的问题大部分都可解消。当然，他们的话不是完全可以无用，譬如罗素的"事物"之构造论仍有其价值，但只不可再把它当作公私问题或主客问题论。公私问题，若着眼于此，永不能得其解决。

B.153　历来的哲学家大都是在求原样，求仿本，求原样仿本间的关系中讨生活。实在论承认原样，观念论不承认原样。知道注重条理的康德，他却又把条理拉进内界，而把着眼点又放在内界条理如何组织外物上，结果闹出现象与物自身的区分。这种区分所留给后人的，仍是原样仿本保留取消的争论。他虽知求公于条理，但他把它拉进内界却又是不是那会事了。我们现在可以跳出以往的问题说法之圈套，再另起三间屋。

B.154　条理是外界的关系，质的原样不可求、不必求、亦不能求，求公即是求条理、求关系。"质"的千变万化不过是我们求条理的资具而已。

B.155　质的认识是体认，是渗透，是柏格森所谓的直觉。知之不为多，不知之不为少。现在的唯物辩证法以为若明白了质量推移，就算是有了质的认识，其实追求起来，若问认识了多少质，必茫然无以答。所谓质量推移，不过是在说明质的产生或由来或变化而已，而这产生或变化的了解结果也还仍不过是一点因果条理的理解，岂真认识了质吗？

B.16　条理的认识是理解或思维。思维与条理的认知关系是外在关系。物理化学的世界，一切关系是内在的。惟理解这个世界里边的关系这个"理解关系"是外在关系。

B.161　思维是主观的一种活动，固然离不了生理的机构或运动，但"思维"这个活动却未曾影响了条理。生理影响了思维，但思维却未接触条理。生理与思维纠结在一起，但思维却未与条理纠结在一起。

B.162　条理是物界的因果关系，但关系是看不见的东西。他根本无体可具，既然无体可具，就无所谓接触；既然不能手舞足蹈地接触之，就无所谓影响，当然也不是内在关系。

B.163　条理不是感觉的，只是思维的；不能以官觉触之，只能以理解解之。"思维"也不是感觉的，我们没有接触过思维，我们官觉所及的只是生理活动。行为主义不承认思维，其根据或许就在此。

B.164　条理与物质纠缠着。思维与心质（即生理结构）纠缠着。唯独这两种不可感觉的"条理"与"思维"未曾纠缠着，所以它们不是内在关系。五步之内的条理可以思及，千里之外的条理也可以思及，这不是天地间之奇迹吗？未接触而可思及之奇迹即是我所谓外在关系。

B.165　关系者与关系者发生关系，关系者与关系不能发生关系，关系与关系更不能发生关系；这是我主张思维与条理的外在关系之唯一根据。

B.17　条理虽不可见，但却不可说它是内的。它虽无体可具，却有象可征。

B.18　条理既属外界，则我们的思维或理解只有真妄可言，不可说"塑性"。即便是可塑性，也是我们知识的可能性，而不是外界条理的可塑性。所谓知识的可塑性其实也即是知识的变更性，因为人不是全知全能的。

B.19　我如果指明了条理是公的，对于条理的理解是外在的，并指明了我们知识的唯一目的是在求条理，则维持此条约的质料是物质也好，是心质也好，是感相也好，是觉相也好，都没有多大的关系；因此，我的感觉内在关系说也决无碍于知识之可能。

B.2　纯粹所与与显现所与

B.21　这个区分是由张东荪先生暗示出来的。他把"所与"分为纯粹的与不纯粹的，由他这种区分，我便马上联想到怀悌海的思想。本节的理论大半都是继承怀氏的思想述叙下来的。

B.22　自然的世界根本上是事素的世界，关系是事素的关系，流转是事素的流转。上面所说的内在关系即是指这种事素的关系而言。

B.221　每一件事素扩及其他些事素，而每一件事素也被其他些事素所扩及。扩及关系即是事素间的根本关系。

B.23　每一件事素与其他任何一件事素若发生了扩及关系，则他们因为这个关系的缘故便可有一种结聚，因为这个结聚便可有一种定型。

B.231　这个定型一方面是他们呈现的焦点，一方面是他们呈现的样子。由呈现焦点可以窥出他们的因果链子，由"呈现的样子"可以固定我们认识的对象。

B.232　这个呈现的样子我们叫它是"物相"。"事素"与"物相"在呈现焦点上具备因果关系。物相是果，事素的关系是因。

B.24　在知识上，感觉关系也是事素的关系。肉体方面，我们名之曰"中座事素"。

B.241　中座事素与其周围的客观事素也是发生事素的根本关系。每一中座事素因为与其他事素发生扩及关系的缘故，便可与那与之发生关系的事素发生"相配关系"。

B.242　每一件中座事素必与一件与之相适应的事素相配合。这种配合也是一种结聚，也是一个定型。这定型也是"呈现焦点"，并具有其"呈现样式"。

B.243　这种呈现样式之定型就叫做"感觉定型"，或亦曰"感觉物相"。

B.244　感觉物相就是体官扑住外界的定型。

B.25　感觉物相就是"现显所与"；发生此感觉物相的那些事素即是"纯粹所与"。

B.251　纯粹所与间因为有扩及关系，所以也有因果关系，这个因果关系可以由呈现焦点上窥出。这种因果关系也可仿照罗素分它为"内在因果关系"与"外在因果关系"。求这种因果关系即是求世界条理；求的时候我们以作为"现显所与"的那定型或物相为根据。

B.252　"现显所与"与"纯粹所与"间也是一种因果关系。这种因果关系可以说是上层下层的因果关系。用《算理》上的话，我们可以下层为模胎函数，以上层为引申函数。每一这样因果关系中的上层与下层即是每一层次或类型中模胎函数与引申函数。这一层的因果关系又好像影与形的关系。影或下层是现显所与，形或下层是纯粹所与。因为好似影的性质，所以张东荪先生才说现显所与（即他所谓不纯粹的）在存在上不是真有的。

B.253　其实上层也是真实的。我们不能禁止事素发生关系，我们也不能禁止其有结聚有定型。这种上层下层的关系，切不可把它看成伯老德所谓感相与其本体的关系，因为他那种关系始终是原样与仿本的关系；不过，这种原样与仿本的关系，我前边已经说过，是求不着的，所以我们决不用再向那方面想。

B.26　复次，纯粹所与既是那事素之关系与事素之流转，则此种关系与流转，也即是张东荪先生所谓相关共变之条理。张先生以相关共变之条理作纯粹所与并以之为实在，这确是一个最新奇的大发见。不过，他以后又讲到三种条理而归依到康德，则此发见又成为暗淡的了。

B.261　我现在想本这个发见的光明一贯下去。我则以为这个纯粹所与，这个相关共变的条理，就是物界的真正条理。除此而外，再没有另一种条理，我们所求的也就是这一种条理。至于知道的多少，那是知识的有限问题，不是条理本身的问题。

B.262　物界条理不可以多少论。不易知是一回事，实有条理又是一回事。

B.263　张先生又把外界条理分成三种：（1）是原子性；（2）是连续性；（3）是创变性。其实，这种讲法殊不很妥，这三种特性只是正足以表示世界有条理而已。条理只是关系或方式，条理不是性，更不可以有三个或四个的区分。这三种性，可以证明世界有条理。这三种东西，在条理方面说，总摄起来，其实即是一种因果关系，所以我们在讲条理时，只要能找出因果关系，就算指出了条理。三种特性不过表示那条理可能而已。因此，罗素于分析物界时特讲因果律，以因果关系解析一切，统贯一切，的〔确〕是干净漂亮。这个因果的世界就是条理的世界。

B.27　我们要解剖这个条理世界，不能不根据于那作为现显所与之定型或物相。

B.271　那定型，亦可叫做典型或格式。这个格式是公的、不变的。事素可以千变万化，质料可以千差万异；但是它们成了结聚后所具的格式，若为我们所认取后，则是公的、共的、不变的。怀悌海叫这种定型曰"永相"（eternal object）就是这个道理。

B.272　我们的知识之根据完全在这个永相上；我们的知识之所以只能求条理、得条理，也就是因此它的根据只在永相上。这一刹那等同于那一刹那并不是因为事素同质料同，乃是因为格式同，定型同。

B.273　这格式或定型须知只是事素发生关系后所具的而呈现出来的样子，为我们所认取者，决不是内心所造的，也不是柏拉图的理型世界。

B.274　我们由此公共不变的定型，才可进而窥探其他因果关系即世界条理。

B.275　我们由此公共不变的定型，也始可进而摹状世界的本性，形容世界的本性。

B.28　作为现显所与的感觉物相是最根本的物相，还是物界的事，因为它是中座事素与其他事素发生内在的感觉关系所致的。

B.281　由感觉物相之格式的组合可以组成"知觉物相"。这种知觉物相虽距感觉物相很近，但其成也却大半偏重于许多感觉物相之抽象的联合，所谓抽象在此只是指物相的格式关系之组合。因为在知觉物相中有好多情形逃避了感觉的内在关系而夹杂在内。这种藉"感觉的"推至"未感觉的"而一起组织起来所成的"知觉物相",就是格式间的关系之抽象的联合。

B. 282　这种格式的联合越普遍,越一贯,也越简单,同时也就越抽象。最后的推概就是"科学物相"之获得。

B. 283　这种抽象的意义即是怀悌海的抽延法之应用,也许我这解析比怀氏自己还实在一点、物观一点;同时离柏格森的智慧之劈分也就更远了。

B. 284　复次,越抽象越用思维,越用思维越接近世界条理。因为我前边已经说过思维是理解条理的。感觉不能供给我们最后的、精密的、一贯的条理。

B. 29　本段讲"所与"特重因果即是吸收了罗素派的觉知因果说,同时也就是实在论的根据。觉知因果说能证明外界,能证明世界条理。当然我的说法是比较接近于怀悌海的。

B. 291　现在知识的对象,知识的所与都已指明了,都已安置妥当了,我们可以再进而注目于内界方面,探讨知识之组织作用以吸收康德的知识之可能说。

C. 解析与范畴

C. 1　先验与范畴

C. 11　知识的所与已经有了,我们再进而讨论解析这所与的思维。解析所与即是思维所与;因为思维与所与的关系是外在关系,所以思维所对的"所与"是独立的、绝对的客观存在(当然不是柏克莱所反对的)。我们只能解析它,不能改变它。

C. 12　解析的过程即是思维的过程。感觉的内在关系不能使我们的知识成立,感觉器官不能从外界输送知识给我们。知识的成立完全是在用思维解析"所与"的过程上。所谓对某物有知识,就是对某物有一个概念;可是,感觉不能从外界输送个观念给你。

C. 121　一个概念既不能全由经验传进来,那末在解析的过程中必有一种不由经验传进来的东西。这种不由经验传进的东西必是知识成立的必具条件,并也必是思维可能的必具条件。

C. 122　这个不由经验得来而为一切经验知识成立的、必具条件的东西，就是先验范畴。

C.123　"先验"之意，只是指其不由经验得来而言，并不涉及其他意义，如在经验之前与在经验之外等义。

C.124　"范畴"是指知识中或说思维中的必具条件而言。形而上学中的范畴不在其内，解析一切事物所用的概念也不是我所谓知识中的范畴。范畴之义很模糊，有些人所用的名之为范畴，有些人即不名之为范畴。这种可是可不是的范畴不是我所谓知识中的范畴。我们必须找一种绝对普遍、绝对不可变更的东西充当知识中的必具条件即范畴。

C.125　譬如康德的十二范畴就是可变更的，并也不是知识中的。他对于范畴的本性之解析虽然是对的，但他所举的是错的。对错的方向历来大都如此，就是张东荪先生还仍也是如此，他所解析的是对的，所举的是错的。

C.126　所以如此之由，即在其所举的不是知识或思维中的范畴，而不过是解析一切事物所用的比较根本的概念而已。可是，这根本或不根本却即是随人而异的东西。

C.127　因为这个缘故，所以就有人主张康德的十二范畴在数目上并不是必然的，是可多可少的；可是既然是先验范畴，怎么可以随便增减呢？因为可多可少，所以又有人主张范畴的数目可以无限；因为可以无限，所以就用不着举出什么是范畴，什么是非范畴。路易士就是这样的。

C.13　所谓先验，当然是用来形容那不由经验得来的必具条件的。所谓必具条件，在此我们须注意，它必是组织实际知识中的东西，换言之，它必是思维过程上的东西。这个意思康德把握住了，张东荪先生也把握住了，而路易士没有把握住。

C.131　路易士的先验不是组织知识中的必具条件的先验，换言之，即是不在组织知识中显出先验，而是逻辑上的先验，而是在逻辑的界说或逻辑的解析中显出先验。他这种先验，显然是由研究套套逻辑得来的。可是，这种先验只是逻辑间的必然关系之特性，而不是组织知识的先验。

C.132　路易士解说先验，总是说它是界说上的、解析上的。这样一来，则先验完全是解析或界说时的一种不由经验得来的特性。路易士对于范畴未曾检举，对于先验如此举发，其对于范畴先验之见如此而已。

C. 133　不过现在由张东荪先生的路径，我们可以把路易士的先验看成是设准的先验。路易士是新路的启蒙时期，张东荪先生是新路的蔚然大国之形成者。作者不敏，甚愿寻此路而纠正之。

C. 14　康德的知识可能说是首先注重知识之机构的。我们必须吸收他这一点。他的可能也即是实现之意。知识如何可能的问题即是知识如何成立的问题。我们下边就要讨论他的使知识可能的直觉格式与先验范畴。

C. 2　时间、空间与范畴

C. 21　康德把知识分成三阶段：一曰直觉，二曰悟性，三曰理性。按吾前边的分法，直觉即是吾所谓感觉的内在关系，悟性与理性可以归并于吾所谓思维关系方面。

C. 22　康德因为有这三阶段的分法，所以对于每一阶段都有其特属之形式，并未相混。

C. 221　直觉因为即是所谓感觉，所以直觉供给材料，悟性制造概念，理性形成推理。

C. 222　直觉成立之先验格式为时间与空间；悟性与理性可以合起来，其格式为十二范畴。

C. 223　康德以时空为"直觉"之格式，不以之为思想之范畴，我们以为按照他的系统而言这是对的。时空与范畴虽可同为格式；但直觉中之时空确不可同于范畴。这两等级中的格式实有性质上的不同类之差别；就因为这种不同，我才可以进而讨论时空究竟是否为知识中之先验格式。

C. 224　按照我的感觉内在关系说，时空虽然可说是格式，但却不必先验，也不是知识中的格式，更也不是思想中的范畴。康德以之为直觉格式，不以之为思想范畴，很清楚地表示出时空不是知识中的范畴。虽然知识离不了感觉，虽然他说它是主观的，然在我们现在看来，这种作为直觉格式的时空确与知识之成立，与知识之可能无重要关系。它可以是其他方面的重要的、必须的范畴，但却不是知识中的范畴。在讲元学时，它可以是一件事态的必具格式；在讲知识中，可以完全用不着它。要明白这个结论，先看清康德的时空观。

C. 23　康德对于空间有以下几种特性之简举：

（i）"空间不是从外在经验中产生出的一个经验概念。"

（ii）"空间是一种必然的先验表象，他是一切外在经验底唯一基础。"

（iii）"那是不可能的去想像那儿而无空间，然而一个人可以很好地想像有空间而无物相充满之。"

（iv）"空间并不是一种由辩论的推证而得的一个概念，也并不是所谓事物底关系底普遍概念，而只是一个纯净直觉。"

（v）"我们只能表相一个空间给我们自己；假设我们说不同的些空间时，我们只是意谓一个同样的统一空间里底些部分。"

（vi）"这些部分不能在那一个摄握一切的空间之前，那一个统一的空间因着它们而被组合成；反之，这些部分却只能被设想是在那个统一的空间之中。"

（vii）"空间根本是一个；其中的变形（manifold）及一般的些空间概念，只是依靠限制而成。因此，它是一个先验的，而不是一个经验的，它是一个先验的直觉而伏于一切空间概念之下为其基础。"

（viii）"空间被表象成是无限的。"

（ix）"空间不能表象事物本身底任何特性，也不能在其相互关系间表象它们，那即是说，空间不能表象那接触于事物本身上的任何定相〔……〕空间只是一切外感底现象之形式，它是感性底主观条件，只有在其下，外感始能变为可能。"

C.231　空间如此，时间亦可依此类比：

（i）"时间不是从任何经验中派生出的一个经验概念。"

（ii）"时间是一必须的表象，居于一切直觉之下而为其基础。"

（iii）"在关及于一般的现象中，我们不能移去时间本身，然而我们很能想像时间是一无现象之虚空。所以时间是先验地被给出，只有在时间中，现象底实现始为可能。现象，一个或一切，可以消灭；但是时间（现象的可能之普遍条件）本身不能被更动。"

（iv）"关于时间关系或一般的时间公理之关系的必然原则之可能也是基于这种先验的必然性的。"

（v）"时间只有一度；不同的时间并不是同时而是相续，恰如不同的空间不是相续而是同时一样。这些原则不能从经验中派生出，因为经验既不能给我们严格的普遍性，复不能给我们必然的确定性。"

（vi）"时间不是一个由推证辩论而得的概念，也不是所谓一个普遍的概念，但只是一个感官直觉底纯净形式。"

（vii）"时间底无限即只是表示：每一决定的时间量若是可能的，只有经过居于其下而为其基础的那一个整个的时间之限制始可。所以原始的表象，即时间，必须是无限制的。"

（viii）"时间不是一种东西，它自己存在，也不是附着于事物中而当着是一客观的定相。"

（ix）"时间只是内感底形式，即只是我们自己及内部情态底直觉之形式。它不能是外在现象底一个定相；它既与形状无关，复与位置无关，但与内部情态中的些表相之关系有关。"

（x）"时间是一切任何现象底先验的形式条件。空间当作是一切外觉底纯净形式，是有限制的；它只是外在现象底先验条件。"

C.232　以上的引证都是《纯理批判》中"超越的感性论"里边的译文，读者可以细察。

C.24　元学上的本体论范畴或根本存在的范畴，不可当作知识中的范畴。时空显然是一件事情的外范格式。

C.241　康德把时空限于直觉，即是把时空看成是一件事情的外范格式，决不是知识中的思想范畴。

C.242　纵然直觉所得是知识的材料，但这材料因为是感觉关系的产物的缘故，所以也只是是其所是的直接呈现。时空只是它所呈现的时候与地方，即是所谓时其所时，处其所处。所以感觉关系上的材料即是存在上的一件事情。我们如果说时空是它的格式，那只表示时空是元学上根本存在的一个范畴，不是知识中的范畴。

C.243　我在前面把感觉关系看成是内在关系，看成是物理或生理的结聚过程，即表示感觉关系是真实的物观的，绝对存在而无真假可言的，这也即表示凡上了感觉的呈现焦点的，都是在元学上作为一根本存在的东西。我们指示这个根本存在的格式或范畴都是元学上的范畴而不是知识的范畴。

C.244　康德的直觉，也不过是这么一种关系而已。怀悌海的"感"（feeling）或"正的摄受"（positive prehension）也是表示这一种关系。

C.245　我们不能禁止物理事物发生关系，我们也不能禁止生理上的五官发生感觉关系，这是一件自然的事实，这是一个物界的过程。时空就是它们呈现的外范格式。我们指示直觉时可以用它，指示一般的物事也可以用它。唯其如此，所以它不是知识中的范畴，而是元学的范畴。

C.246 黄子通先生用新的浅近的话解析康德的超越的直觉，我觉得很得正解。他以为超越的直觉即是特殊本体的形式，即是指示出一个特体如"这""那"等便是。"这""那"等特体一形成，时空便具于具上以具体化之。照这种解析，时空也不能是知识中的范畴。

C.25 康德的全部知识论即是元学论。他的《纯理批判》，无论是超越的感性或超越的逻辑，都是从两方面下手解剖：一是元学的解析，一是超越的解析；而后者又以前者为基础。今以超越的感性为例，元学的解析是决定时空概念底性质，并指示出它们是被先验的直觉所给出。超越的解析，是指示出空间与时间如何能使总和的先验知识成为可能；换言之，元学的解析是要了解并决定时空之性质；超越的解析则是指示出时空如何规定、结合、运用经验而使其成为可能。元学的性质决定了便可以给出时空的超越的性质来。超越的解析在此暂且可以不管，而元学的解析却有注意之必要。

C.251 康德的本意，其初也许只是以元学的观点看知识，却不料结果把知识论看成元学论。

C.252 康德的根本主张，本来就是不分开这两方面的。他的全部哲学的精义即是：知识可能的条件即是知识对象可能的条件。

C.253 它虽然说格式是主观的、先验的，但这不过是解剖上的指证，而最后结果上却是不分内外的。内的格式也即是外的条理，外的条理也即是内的格式。他根本就没有这种分别。他的问题不是内界的主观格式如何影响外界，外界如何因而不被知其原样的问题。他的问题乃是知识如何可能，对象如何可能，随之也就是世界如何可能的问题。他的不可知并不是受了格式的影响才不可知，乃只是划分知识界与非知识界的一个极限概念。这样，我们可说，他的物自说原是不可知并不是因受影响而不可知。所以他的物自相只是一个消极的极限概念，并不是实际存在的一个东西。

C.254 这样，他的现象世界即是我们的现实世界；他的对象如何可能的问题即是现象或现实世界如何可能的问题。这样一来，知识论不就完全变成元学了吗？

C.255 站在元学的立场上，时空即是一个特体的直接呈现之外范格式；范畴即是整个世界的一般法则或条理。对象在这种格式或范畴下成立，我们的知识也在其下即变成可能。

C.26 时空，我们既证明了它是元学上根本存在之范畴，然则何以说它是先验呢？关于这一点，我用诺滋洛普（Northrop）① 的一个名词解说之，即"数学的自然说"（mathematical theory of nature）是。他把历来关于自然的根本原则的见解分成三派：一是物理的自然说；二是数学的自然说；三是机能的自然说。以时、空、物质三者的关系来说，物理说主张以物质决定时空，如希腊的原子论者第孟克里托②、现在的爱因斯坦等是。数学说主张以时空决定物质，如柏拉图、近之爱丁顿等是。机能说则主张时空与物互不规定，而由一更根本的东西规定之，如亚里士多德、今之怀悌海是。

C. 261　他没有说到康德。据我看，康德即可划归于他所说的"数学自然说"里。详细情形，可以看诺滋洛普的《科学与第一原则》（*Science and First Principle*）一书。这是一本很有趣，很有新奇见解的著作。我将或再写一专文讨论他所提出的问题，在此不想多说。

C. 262　康德既可划归于数学说内，则他对于时空的主张都是应有的说法。

C. 263　他的先验说即是以数学说为基础的格式论。此可从两方面说：

（i）从知识方面：所谓先验是不由经验来而寓于经验中为经验可能的条件。

（ii）从元学方面：所谓先验是一件事物，格式作主而为逻辑的先在，这是使对象可能的条件。

这两方面按前面内外合一原则是同一的。

C. 264　康德的超越逻辑方面的范畴我们暂且舍去不论，现在我们只注意超越感性方面的直觉。我们如果证明了作为直觉的先验格式之时空是以数学说为基础的一种元学上的根本存在之范畴，则我们马上即可把它提出知识范围之外，不能再把它看成是知识中的范畴。

C. 265　纵使数学说是对的，随之，纵然他的先验格式（指直觉而言）说是对的，但因为它属于性质不同的另一范围内即元学领域内，则它即不能成为知识中的范畴。何况数学说不一定对。关于数学说的批评（时空方面），可以注意以下三点：

（i）自然之流转或绵延；

（ii）呈现焦点的分化作用；

———

① 今译"诺思罗普"。
② 今译"德谟克利特"。

（iii）由分化而起的时空概念之构造即实际的时空之构造。

C.27　康德的时空是属于三点中的哪一点呢？第一点只是流转，无所谓时空；第三点是他所说的部分空间是后起的概念，也不是他所谓的先验格式；那末先验格式必在第二点显示了。我们批评时可以从这第二点检讨下去以决定时空之性质，但这属于元学上的第一原则问题，在此可以打住。

C.271　我们不认时空为知识中之范畴，总之可以从两点说：

（i）直觉是生理的感觉关系，是物理过程；

（ii）时空是元学上的根本存在之范畴。

C.272　时空既不是知识中的范畴，则康德的十二范畴，虽然在他的数学说之下，虽然在他的内外不分原则之下是可以主张的；但在我们只注意于知识关系的人也就不能承认了。

C.273　问题的起原与解决大半各有所对，康德是对着休谟而发的。休谟不承认外界有条理，康德只不过是从主观方面推而于外，证明世界有条理，所以讲来讲去，最后都不是知识关系中的问题。在康德，因为是对着休谟，所以那主张是有理由的。现在我们的问题既不继承休谟，所以当然也用不着继承康德。

C.274　康德的十二范畴已有人不承认其为范畴了，在中国张东荪先生讲范畴就没有一个是康德的，所以我们现在用不着在多事批评。

C.275　路易士没有列举范畴；张先生举出四个来：

（i）时间；（ii）空间；（iii）涵义；（iv）主客。

这四个中只有涵义可以说是真正知识中之范畴，其余三个都不成。时间、空间我们已证明了，以下我们再讨论他的涵义与主客。

C.28　涵义是取之于逻辑中的，我想即是数理逻辑中所谓"implication"，此字普通译为"函蕴"，今仍从之。

C.281　罗素建设逻辑系统以函蕴为推演的根本关系。逻辑的推演即是思想的发展。如是，"函蕴"我可以认为他是知识中的范畴或必具条件。不过张先生讲"函蕴"又牵涉到总体与因果的问题，那又使这个知识中的必具条件不纯粹了。

C.282　函蕴是套套逻辑的推演之基础；总体与部分是元学上的范畴；因果律是世界条理的问题，是经验知识归纳推断之基础（当然归纳基础是有问题的）。这三者不可混讲。关此下节再详细指明。

C.283　"主客"关系不能成为知识中的范畴。其不能成如时间、空间之不能成一样。

C.284 主客关系由知识关系引出或显出。以主客为范畴，犹如以知识关系为范畴，这等于不说。

C.285 以时空主客为范畴，犹如地球为人类托足之范畴一样，殊无意义。

C.29 时空主客就其存在而言，是本体论上的，在知识范围之外；就其为概念而言，则它是一个完成的经验。成就这个经验的就是思维之发展，或曰知识之发展。

C.291 在这个发展过程中，我们如果能找出其中的必具条件，则此必具条件就是知识中的范畴。这种范畴是真正的知识中的范畴。下节详之。

C.3 知识中的范畴与必具条件

C.31 "范畴"二字在中国本是从〈洪范〉九畴而来。〈洪范〉九畴是以几种概念统驭一切自然现象，并以九种概念统驭一切人事现象。这些概念即是由归纳而得来的些或然原则，用这些比较根本的原则解析一切现象。这是中国开始有有系统的知识，并且中国人历来认为这些原则是古圣先贤传授下来的，所以名之曰"洪范"。

C.311 现在我们以范畴来译康德的"category"，也即是因为康德的"category"是组织知识的些先验格式并是成立对象的自然条理。

C.312 康德名他的范畴常是用"格式"，也常是用"条件"。这两个名辞在康德思想中固可通用，但因为我们现在所意谓的知识中之范畴与康德无一相似，故我将分我所谓范畴为二：一曰"必具条件"，二曰作为格式之范畴。

C.32 我所认为知识中的必具条件共有三个：

(i) 我名之曰"非"，以"～"表之。

(ii) 我名之曰"或"，以"∨"表之。

(iii) 我名之曰"函蕴"，以"⊃"表之。

C.321 这三个必具条件我是采取于罗素、怀悌海合著之《算理》上的。《算理》上讲数理逻辑上"非"或"或"为不可界说的根本观念，以"函蕴"为逻辑推演之根本的基础关系。这个基础关系可以以"非"与"或"来解说。

C.322 在推演的逻辑系统上，其选择根本观念很可有相当的自由。譬如《算理》系统以"非"与"或"为根本观念，而路易士的"严格函蕴"（strict implication）系统则以"非"与"与"为根本概念，而蛇斐（Sheffer）与尼构（Nicod）又以"非"与"或"结合成的"杠子系统"（stroke-system）中的"｜"为根本观念。这个根本观念以符号写之即为"p｜q"，读为"非 p 或非 q"（either not-p or not-q）。

C.323　不过，无论是《算理》系统或严格函蕴系统或杠子系统，他们都是注意逻辑推演的方便问题，在这方面着想很可有相当的自由。但是那绝对逻辑或逻辑本身，或换言之，那思想发展或理性本身却是绝对的、必然的、普遍的，那些不同的系统不过是表达这个"绝对系统"的工具或样法。

C.324　表示绝对系统的那些相对系统可以更变，而绝对系统本身不可更变。同样，那理性自身也不可更变。我们现在要找知识中的必具条件即是要找理性发展过程中的必具条件。

C.325　这些必具条件不可更变，它们必是先验的、必然的、普遍的；纵或我所举的有可以出入的地方，但它本身不应有出入。我们可以把它看成是客观的，我们去发见它。

C.33　既然如此，我发见的结果，上面所举的那三个就是知识中的必具条件。逻辑家把它们当作根本观念和根本关系，但是因为"绝对系统"即"逻辑本身"就是理性本身，就是理性发展的必然过程，所以我们现在讲组织知识的那思想作用或理性作用，也可以把它们当作知识中的必具条件。我们现在就从组织知识方面讲。

C.331　"非"是不可界说的，它是根本的。"非"也不是在外存在可以由经验得来，所以它是先验的。"非"是我们的绝对理性开始发展的先锋队，所以"非"是理性发展的可能之先验条件。"非"是我们知识之成立或经验之成立的必然作用，所以"非"是知识可能的、必具的先验条件。"非"是我们解说外界时的"否定态度"，这否定态度也是先验的、必然的，没有了它，我们的界说或解说便不可能；所以"非"又是解说的可能之必具的先验条件。

C.332　"或"也是不可界说的，也是根本的。它也是不由经验得来的东西，因为外界并没有一个"或"。"或"是我们理性的分化作用，"或"是我们解说外界时的两分作用或析取作用。没有了它，我们的界说或解说还是不可能。

C.333　函蕴虽然是根本的，虽然也是不由经验得来的，但它可以由"非"与"或"来界说。如果"非"以命题表之写为"～p"，"或"以命题表之写为"p∨q","函蕴"以命题表之写为"p⊃q",则 p⊃q=～p∨q。

C.334　"函蕴"是由"非"与"或"发展出来的推演关系。这个推演关系是一切推演关系的基础，是理性的一切发展之可能的基础。没有了它，将来的发展便不可能，随之，解说外界时的思维过程也不可能。

C.335　理性发展的可能之条件即是解说外界时思维发展的可能之条件，但不是外界对象可能的条件。对象的范畴或条理不同于知识中的必具条件。

C.336　随之，"函蕴"也不可与总体部分间的同一律与外界的因果律相提并论。总体律与因果律都是经验的，由它们我们可以作归纳的推断，可以证实我们的设准（设准后边再论）。函蕴是理性发展的必具条件。前两者给我们事实的根据，"函蕴"给我们论理的根据。

C.337　张东荪先生讲"函蕴"的本性都对，唯与总体律、因果律合讲便不对了。

C.338　"非"、"或"与"函蕴"是知识中理性发展的必具条件。由此三个必具条件，我们还能逻辑地推出其他些必然的、先验的法则。这些法则也即是理性本身的发展，同时也就是解说外界时的知识中的思维法则。这些法则我可以用"范畴"之名表示之。这样"范畴"与"必具条件"意义不相同，所指亦不相同，虽然它们都是由必具条件发展出。

C.34　除去必具条件而外，知识中的范畴可有以下十六个，兹简易说明并用符号表之。

C.341　范畴Ⅰ."同一原理"（principle of identity）。此原理即是逻辑中的"同一律"。同一原理是我们理性发展中的肯定态度，在解说外界时，它负指定之责。这决定是我们思维时的法则，决不可认为是对象上的法则。我们思维时第一要遵守这个法则，不然便不能思维下去。其式如下：

★1　　├. p⊃p.

"★"表示序数，"├"表示主张。

C.342　范畴Ⅱ."矛盾原理"（principle of contradiction）。此原理即是逻辑中的"矛盾律"。矛盾原理是"非"与"或"引出后"是非"同时主张的禁止，因此它也是思维上的而不是对象上的。我们的思维也必须遵守这个原则，不然，思维也不能发展下去。其式如下：

★2　　├. ∼(p∼p).

p 与 ∼p 之间的方点表示"与"或"和"。

C. 343　范畴Ⅲ．"拒中原理"（principle of excluded middle）。此原理即是逻辑中的"拒中律"。拒中原理是"非"与"或"引出后"是非"二分的主张。这是二分法逻辑的根据，也是我们思维发展中必遵守的法则。普通有于二分以外，还主张三分、四分以至无限分，以为这可以代替二分，二分不是必然的。但是据我看，无论你几分，总离不了二分逻辑的根据。二分逻辑的思维法则是公的、普遍的、绝对的，是理性本身。因此，它不能被否认。否认它即是证明它。其式如下：

★3　　├. p∨∼p.
或　　├. ∼p∨p.

C. 344　范畴Ⅳ．"托沓原理"（principle of tautology）。其式如下：

★4　　├. p∨p. ⊃. p.

C. 345　范畴Ⅴ．"再非原理"（principle of double megation）。其式如下：

★5　　├. p. ≡. ∼(∼p).

C. 346　范畴Ⅵ．（简化原理）（principle of simplification）。其式如下：

★6　　├. p・q⊃. p.
或　　├. p・q⊃. q.

C. 347　范畴Ⅶ．"能主原理"（principle of assertion）。其式如下：

★7　　├. p・p⊃q.

C. 348　范畴Ⅷ．"归谬原则"（principle of the reductio ad absurdum）。其式如下：

★8　　├. p⊃∼p. ⊃. ∼p.

C. 349　范畴Ⅸ．"添加原理"（principle of addition）。其式如下：

★9　　├. q. ⊃: p∨q.

C. 3410　范畴Ⅹ．"交换原理"（principle of permutation）。其式

如下：

$$\bigstar 10 \qquad \vdash. \ p \vee q. \supset . q \vee p.$$

C. 3411　范畴Ⅺ. "朕珠原理"（principle of syllogism），即三段论法。其式如下：

$$\bigstar 11 \qquad \vdash. \ q \supset r. \supset \vdots p \supset q. \supset . p \supset r.$$
$$\text{或} \qquad \vdash. \ p \supset q. \supset \vdots q \supset r. \supset p \supset r.$$
$$\text{或} \qquad \vdash. \ p \supset q \cdot q \supset r. \supset . p \supset r.$$
$$\text{或} \qquad \vdash. \ q \supset r \cdot p \supset q. \supset . p \supset r.$$

C. 3412　范畴Ⅻ. "输出原理"（principle of exportation）。其式如下：

$$\bigstar 12 \qquad \vdash. \ p \cdot q. \supset r. \vdots \supset p. \supset . q \supset r.$$

C. 3413　范畴ⅩⅢ. "吸入原理"（principle of importation）。其式如下：

$$\bigstar 13 \qquad \vdash. \ p. \supset . q \supset r \vdots \supset \vdots p \cdot q. \supset . r.$$

C. 3414　范畴ⅩⅣ. "组合原理"（principle of composition）。其式如下：

$$\bigstar 14 \qquad \vdash. \ p \supset q \cdot p \supset r. \supset \vdots p. \supset q \cdot r.$$

C. 3415　范畴ⅩⅤ. "掺进原理"（principle of factor），即参加因子之意。其式如下：

$$\bigstar 15 \qquad \vdash. \ p \supset q. \supset p \cdot r \supset q \cdot r.$$

C. 3416　范畴ⅩⅥ. "可宝原理"或曰"金玉原理"（praedarum theorema），即可贵重的金科玉律。其式如下：

$$\bigstar 16 \qquad \vdash. \ p \supset r \cdot q \supset s. \supset p \cdot q. \supset r \cdot s.$$

C. 35　以上是知识中的三个必具条件，及十六个先验范畴。所列举的数目并不是毫不可增减，但自问这些范畴在知识论上说是很恰合的，决不像康德所举的那些牛唇不对马嘴的范畴。

C. 351　康德注重知识可能的问题即知识的机构问题，是千古不灭的真理。他所讲的先验性、超越性也都是很对的，都是值得我们注意的。唯独他所举的范畴不对，他的讲法不对，这是我们现在所当注意的。而其关键，据我看，还是逻辑本身的问题，还是因为对于逻辑的看法不同的缘故。

C.352 康德所吸收的逻辑是亚里士多德的逻辑中的看法。亚氏对于逻辑的看法是本体属性的关系的看法，是关及于外界的一种判断的看法，总之是一个真实命题的看法，所以他叫他的论理学是《工具学》(Organon)，这即表示他的论理学是在实用方面着想，而不在理解理性本身的发展。他的十个范畴就是关于对于外界的判断力方面的根本概念，也就是关于命题种类的些根本概念。

C.353 康德的十二个范畴就是亚氏的十范畴的变相。在亚氏十范畴是关于判断外界的；在康德因为对付休谟的问题，所以便把那些关于判断外界的范畴使其摇身一变，变成知识组织上的先验范畴了；又因为亚氏的十范畴原是关于外界的判断的，所以遂形成了"知识底可能的条件即是知识对象可能的条件"的康德哲学的精义。

C.354 自佛列格（Frege）、皮亚诺（Peano）到罗素、维特根斯坦，对于逻辑的看法变了。认为逻辑是理性本身的普遍必然的空架子的，无关外界的命题函数的推演，而不是讲关于外界的判断或真实命题的学问或"工具学"。总之，用专名说，命题函数间的必然的推演关系与命题函数之应用而成为对于外界之判断的"真实命题"是两会事，不可混为一谈。

C.355 从亚氏到康德是混为一谈的看法，所以有康德的"知识可能的条件即是知识对象可能的条件"的结论。现在我们的看法改变了，我们当说："理性本身发展的可能之条件与范畴即是思维解说外界或理解外界时的可能之条件与范畴。"这是画时代的两个遥遥相对的结论。我不敢说这是我的发见，我只能说这是新逻辑应有的结论。

C.356 因为这是古今逻辑看法的不同，所以现在讲知识论如果要找知识中的范畴，便不能不以理性本身发展的法则为知识中的范畴，便不能不把古人关于判断外界的些范畴、似是而非的范畴、牛唇不对马嘴的范畴、或元学上的范畴加以否认。

C.36 有人说你这样以逻辑中的法则为范畴，有什么希罕？岂不是在讲逻辑吗？我说不然。说到希罕，本没有什么希罕。唯其不希罕，所以才普遍，才客观，才无人不遵守。我以这种无人不遵守的逻辑法则为范畴亦并不是讲逻辑。只要理性本身发展的法则可能了，人人都遵守了，那就是我们知识可能的根据或标准。理性本身的法则就是组织知识使其可能的法则。

C.361 知识的可能，就是因为为人人所遵守的那理性法则是可能的。我们找知识可能的条件与范畴，就当向理性本身的发展法则方面找。

C.362 这样找法，康德是对的，他找的方向是错的，他所找的也是错的，然而他能给我们以找的方法，这就是他最大的价值了。

C.4 先验与超越

C.41 我们讲知识是以知识关系这个整体为对象。我们要解剖这个整体，这种解剖就是打开（broken up）的工作。

C.411 将这个整体打开而解剖其中的组织成分，我们发现有一种先验的成分在。所谓先验即指不自经验来而言。

C.412 这种先验的建立是在知识的组织上说，不在知识的来源与发展上说。讲知识的来源与发展者，谓心如白纸，知识皆由经验来，这也有道理，因为我们刚生下来是什么都不懂，这就是英国经验派所执持的主张。谓心非如白纸，乃具有天赋观念，这是大陆理性派所执持的道理，这似乎也有相当的道理。但无论如何，这两派的论证法都不是解剖知识，都不是解决问题，不过是在讲心理学，从心理方面追溯其源而已。这种追溯其源的推问方法结果就是康德所批驳过的武断法，由这种武断法，理性派说得的天赋观念并不是我们所谓"先验"。我们这种得先验的方法完全是康德的批判法。

C.413 批判法得的先验是在知识或经验之成立上着眼。即是说，从知识之组织或知识如何可能上，我们看出有先验的成分在。这样的先验，当然不是时间上的先，而是论理上的先；当然也不是知识的来源与发展的问题，而是知识之组织与可能的问题。

C.414 我所说的先验的必具条件与先验的十六范畴，其所谓先验都是这个意义。

C.42 在解剖知识而发见出有先验的成分时，我们对此先验条件与范畴可从两方面来解说：

（i）元学的解说（metaphysical exposition）：此种解说决定先验成分的性质，指出它们是先验的，并指出它们是什么样的一种先验。

（ii）超越的解说（transcendental exposition）：此种解说决定先验成分在组织知识中的作用，指示出它们的优越的地位，并指示出它们附着于知识中而为知识可能之条件并为解说对象可能之条件。

C. 421　关于元学的解说，我们对于先验的成分如何领悟之证明之？曰：用"纯粹直觉"（pure intuition）或"先验直觉"（a priori intuition）。所谓"纯粹"即不杂任何经验成分之意。在此"直觉"有其地位，直觉主义的数学派也有其地位。逻辑派是言明数学发展的本性，直觉派言明其意义（指系统内的意义而言）之证明与领悟。我这个说法不必同于康德与布罗维（Brouwer）。

C. 422　关于超越的解说，我们不主张知识可能的条件即知识对象可能的条件，所以我们也不说先验条件规范知识限制知识。我们只能说它组织知识，使知识成立，使解说可能。我们的经验知识是无限制的，先验条件与范畴决不拘束它们，决不给它们划定界线。因此，康德的"现象界"，"非现象界"以及"物自相"都是不必有的。

C. 43　先验条件与范畴可以自其本身看，也可以自其应用看。自其本身看，它是一个"托沓逻辑"（tautology）；自其应用看，它是一个"工具学"（organon）。

C. 431　从它是一个托沓逻辑方面看，它是超验的（transcendent），它与经验无关，它无真假可言，它只是绝对的真，它只有系统内的意义，而没有系统外的意义，它是"纯粹概念"（pure concept），它是命题函数间无矛盾的必然关系，它是一个逻辑世界（logical world）。

C. 432　从它是一个"工具学"方面看，它是经验的，应用于经验上的，它与经验发生关系，它把它自己因着经验而变成一个真实的命题，它又使着经验能成为一个真实的命题，这时它有系统外的意义，所以它有真妄可言。这时它是一个命题的格式，而经验所得即"所与"是这个命题的内容。所谓它有真妄可言，并不是指那格式本身有真妄可言，乃只是指它这时系统外的意义，它与"经验所与"合起来形成一个命题，这个命题对"所与"即"内容"而言有真妄可言。它这一应用，能使我们对着"所与"造成一个"经验概念"（empirical concept）。这种应用就是先验范畴的"经验现实性"（empirical actuality），也就是它的"客观有效性"（objective validity）。

C. 44　这种区分当然是类比于康德的"超越理想性"与"经验现实性"而来的。不过，在"经验现实性"上到没有大差池，唯在"超越理想性"上，吾与康德则大有不同。

C. 441　康德因为主张"知识可能的条件就是知识对象可能的条件"，内的格式即是外的条理，所以他可以反对柏拉图的"超越的实在论"，而主张他的"超越的理想论"，以为离了经验它只是"虚无"，它只有理想性而无现实性，同时现象世界也就不能成立，而知识也就归于乌有。

C. 442　不过在吾，"知识可能的条件就是解说可能的条件，而与对象的条理无关"，则理性本身发展的先验范畴，若不与经验有关，则它就是一个托沓逻辑①；我们只能说它是一个"逻辑世界"，康德的话都不适用，与柏拉图也无关。这是两个系统根本不同的一点。

C. 45　在本段，极力吸收康德的方法与康德的精神，把范畴两方面的意义图表如下，以便醒目：

范畴
- (i) 妥沓逻辑
  - (1) 纯粹概念
  - (2) 纯粹直感
- (ii) 工具学的
  - (1) 经验概念
  - (2) 经验直觉（即感觉关系）

C. 451　下段就论妥沓逻辑应用于经验怎样造成经验概念，其中还有什么成分等问题。

D.　设准与真妄

D. 1　类化与象象

D. 11　本段主要的论据，是在藉设准把范畴与所与关涉起来或牵连起来。

D. 12　类化，亦可叫做经验的普遍化。类化的可能或根据完全在 B 段所说的现显所与上，亦即在那由结聚而有的"定型"上。这个"定型"在 B 段亦叫做"永相"，永相即是使类化可能的根据。

D. 121　永相可以形成一个层级（hierarchy）。一个层级即是一个系列层，在此系列层中，每一层是一个类型。

D. 122　最低层的类型我们叫它是"感觉物相"，这种物相当然也是个永相。感觉物相我们名之曰"基础层"。

D. 123　纯粹的感觉物相是不常有的，差不多都是组织在知觉物相里。

D. 13　每一系列层当然可以有好多层次即类型包在内。每一层次

---

① 又作"妥沓逻辑"或"套套逻辑"，今译"重言式"。

当然也包有好多分子在内。

D. 131　不过，在此我要遵守巴克莱的反抽象原则以及怀悌海的具体原则，我要主张有限论。具体世界内一切都是有限的。

D. 132　层级内所含的层次在数目上说是有限的，每一层内的分子也是有限的。无论它们怎样多，也不能成为数学或逻辑上的无限，因为它们是具体事实故。这是我的概念与事实的区分原则之应用，我在《矛盾与类型说》一文里已用此原则揭穿了芝诺与布拉得赖的辩证原则。有限论因着辩证原则之揭穿而得进一步的证明。

D. 133　我们对于永相的看法，在逻辑上虽然可以无限，但它本身不能无限。逻辑层次的无限不能混同于永相层次的有限。

D. 134　这种有限论，辩白得最清的莫若巴克莱，他的"低限感相论"（theory of minimum sensibilia）是最有趣并且也是最有依据的。可惜他不懂数学或逻辑，所以他不能了解无限。

D. 14　每一永相即是一个类。永相间的组合即是类间的组合，类的组合便是类的普遍化。

D. 141　定型或永相可能即类化可能。

D. 142　类间的组合，其最大关键在乎"相似"之获得，或在乎"合同"（congruence）之可能。

D. 143　怀悌海说合同基于重认。再重认的东西只有"永相"或"定型"，除此而外，任何其他东西皆不会有"再"，皆不会被重认。这样一来，重认的可能在乎永相，反过来，永相使重认可能；重认可能，我们即可在永相间发现合同。于是合同的可能是建筑在永相之可以被重认上。

D. 144　重认与合同可能了，我们即可讨论类间的组合，也即是永相间的抽象的组合。

D. 15　在永相间的组合上，我们有两个概念须注意：一是"彖"，二是"象"，此两名词原出于《易经》，现在用来，我以为最恰当不过。

D. 151　"彖"是断定永相的内性与外性；"象"是以彖所定之永相为根据藉"合同"关系而类比其他。

D. 152　须知"彖"并不是没有根据的，并不是凭空去固定永相的。实际上，"彖"与"象"常是互相为用的，为解说上的方便，不得不分开来说。

D. 153　因此，"彖"与"象"在知识上虽是重要的，但不是居在基础的地位，更根本的乃是永相、重认与合同。

D.154 彖与象乃是类化的居间过程：对着"象"而言，"彖"即是怀悌海所谓"象征的推度"（symbolic reference）；对着"彖"而言，"象"即是"象征推度的标准"（the standard of symbolic reference）。"象"即是合同关系的扩大；"彖"即是辐辏律（the law of convergence）的应用。

B.155 由彖象可以得到理想的简单，可以得到抽象的普遍化。点、线、面、一切空间的构造及一切时间的构造、全部的几何学基础，完全由永相、重认、合同、彖象这个基础上建筑起，这是白头教授最拿手的好戏，我们不能再有所置喙了。

D.16 这种类化过程完全是经验的，彖与象包括全部的归纳推断过程。归纳推断的基础在永相、重认与合同上，这也是经验的。

D.161 经验科学之所以为经验科学，即在归纳推断的基础是经验的。经验科学只须用彖象的方法去类化永相而发见外界之条理，它不必问及内界的成分，它也不必问及在它的思维过程中哪是先验的，哪是经验的。知识论者则要用批判的方法指明之。

D.162 彖象是由相似合同而至经验上的类比或推断；组织或支持这推断作用而使思维理性化的，则有必具条件与范畴；运用或指使这推断作用而使思维有始有终完成其自己而实现一个概念者，则为经验中之设准。

D.163 设准就好像航海的指南、船上的把舵者，下节就论这个把舵者的使命。

D.2 设准与彖象

D.21 那把舵者的作用是在对于外物之解说或界说上显。彖象之成立一方固在物界之永相，一方也在内界之设准。

D.22 设准的特性是思想运用过程中的指导作用，它是主观态度表示的焦点。范畴是我们理性思维的法则，设准才是真正的主观态度。

D.221 没有了它，经验的思维，彖象的推断便不能有所起点，对于外界之解说或界说也不能成功。

D.222 因此，凡设准也必是先验的。离了它不行，因此，它也是"常自有效"的。

D.23 这种表示主观态度的设准，最显然的就是"如果怎样，则就怎样"的形式，简化为"如果，则就"。

D. 231 "如果"所引出的命题就是设准所在的地方，它是一个标准，"则就"所引出的命题是经验的，对着这个标准它始有意义。

D. 232 "如果"所表示的是先验的指导形式；"则就"所表示的是所解说的经验内容。

D. 24 设准与被设的东西常在一起，然而却不是没有分别的。设准总是先验的、主观的，被设的则常是经验的、客观的（但也许有先验的，但此甚不易指）。

D. 241 康德的十二范畴，张东荪先生所举的那些设准，其实就是所设的东西，这些东西很难认其为先验。

D. 242 一切经验的东西，即经验概念，都可作设准的工具即所设的东西。"如果花是红的，则它必是有颜色的"，"红"是被设的概念，它是经验的。"如果前行的是因，则继起的是果"，康德随休谟之后，认因果关系为先验的，但在我们看起来，"前行的是因"，"因"虽为被设的东西，但不能认为它是先验的，唯一的原因就是它是指示"前行的东西"。前行的是经验的，我们所注重的是那"前行"与"后继"的关系，而不是"因"与"果"这两个空洞字眼。这两个字眼或许是人造的，但我们讲知识的先验，不能以这种造字眼的能力为先验。

D. 243 有人说设准是经验成立的指导，而设准又离不了所设，所设既不是先验，那末第一个经验之成立用什么作所设呢？这固然是个疑问，但设准是用在解说或界说的思维上，而不用在那物相的感受上。一个最简单的经验概念，例如指示某一对象的句子，并不必须要设准的解说始可成立。设准决不在这个地方显出。但是，只有那个简单的指示句子，也不能成为有系统的知识。设准只在需要解说而成为有系统的知识时，始显现出。

D. 244 现在我可以用怀悌海的名词表示这几个阶段的不同。我所说的内在的感觉关系可以用他的"正的或积极的感得"（positive prehension）来代表；我所说的对于物相间的"合同"之获得，可以用他的"负的或消极的感得"（negative prehension）表示，此种"消极的感得"也可以用他的"重认"（recognition）或"概念的感得"（conceptual prehension）来表示，这一阶段最大的表示，是在"象象"而不在"设准"。设准的出现是在对于外界的解说或界说上，而不在"感得"上，设准施行所成的是"一个理论"（a theory）。如是，设准所表示的是理论的篆成阶段，是有始有终的系统阶段。

D. 245　如是，施用设准时，最初所设的是重认的东西，是感得的概念，是象象所得东西，使象象过度到一个理论，这是设准的功能。"世界上一切东西是原子集合的"，这是一个理论，"世界上一切东西可以用因果律来解析，可以用同一的本体来解析"等，这也是一个理论。

D. 246　设准即在这一套一套的理论上表示，而所设的东西都不碍其为经验的。先验的只是那个设准作用，只是那个"如果则就"的形式，具体化这个形式的那些内容都是经验的。

D. 247　最初所设的东西是象象阶段中的。解说即用象象所得为根据、用设准的指导而过渡到一套理论。

D. 25　如是，我们论设准决不必列举什么是设准，张东荪先生所举的那些设准其实就不是设准，而是设准所设的东西。

D. 251　所设的东西既是经验的，我们即不能列举它们作为设准，我们只可以举它们为例来说明设准。设准只可举例说明，不可列举。列举的不是设准，而是设准所设的。

D. 252　设准只在"如果，则就"这个形式关系上表示出来。设准是解说关系上的先验立法性，而非所立之法。所立之法之为先是逻辑上的前提之先，而非组织知识之先验性。

D. 253　路易士与张东荪先生所说的设准可以替换，其实即指所设的而言。因为所设的是经验的，所以才有替换，才有便利与不便利。如果知识中的设准即指这种所设的东西而言，则决不能有康德所说的那种超越的先验的普遍立法性，也决不能尽了组织知识中的先验指导者之责。

D. 254　所设的东西之为先，只不过是逻辑上的前提之先，这种先在的东西是随时可以变更替换的。因此，我们讲设准时，只当指出知识中"如果，则就"这个先验立法性而已，用不着同范畴那样列举那些所设的东西。

D. 255　这样，设准才能表示其为知识中的先验的超越的立法性。路易士的"先"没有这种特性；张东荪先生很明白这种特性，但他没有指示清楚，分辨明白。

D. 26　设准一方面牵范畴，一方面顾"所与"而施行其解说以制成一套理论或经验概念。

D. 261　"范畴"、"设准"与"所与"是组成知识的三个独立的因子，概念或理论是结果。三个因子无真妄可言，唯作为结果的概念或理论始有真妄可言。

D.3 概念与真妄

D.31 本节所说的概念是指经验概念而言，即由范畴设准组织所与而成的概念。这种概念即是由解说事实而成的一套理论，与拖沓逻辑中的无所说的纯粹概念不同。

D.32 真妄即是这种概念上的问题，而不是纯粹概念上的问题。

D.321 概念之成立与概念之真妄是两会事。成立了，不一定真，也不一定妄。

D.322 概念之成立，可以叫做是概念之实现；概念之真，可以叫做概念之爆炸；概念之妄，可以叫做概念之摈弃。

D.33 概念之实现，即是所设的东西之实现。

D.331 所设的东西在以前曾经爆炸了，在将来的新概念上不一定能爆炸。

D.332 所设的东西是新概念的根据，新概念之实现与爆炸即是旧概念的扩大，旧概念没入于新系统中。

D.333 这样，概念是一层一层的套合：每一概念是一套，包括其他分子；每一概念也必力求没入于另一高层中而为其分子，以成一较大之系统，即成一包括较广之系统。

D.334 这种互为套合即是概念之所以有意义，也就是真妄所在的地方。概念之有意义，即概念必在一个相对的系统中；概念之真妄，即是设准所设的是否能爆炸。

D.34 于是真妄之条件当有以下四点：

（i）要有意义即必在一系统中。

（ii）要相融，即必互为套合，一贯说被吸收在内。

（iii）要与外界相应或一致，实在论的主张被吸收在内，此即罗素所谓直接的。

（iv）要能爆炸或证实或有效，或如尔所期，此即罗素所谓间接的，这是唯用论的主张。

D.341 这是真理论最近的一种新趋势，在中国金岳霖先生讲的很详细，但他还没有发表出来。此外可参看罗素的《哲学大纲》二十四章讲真妄，他吸收唯用论与批评唯用论都很清楚。

D.342 一贯说只知套合，不知外界的原因与将来的结果，所以它没有标准，结果只是讲观念的套合，而与概念之真妄没有关系。相应说只知一致，也太简单；唯用论只重间接的结果，不重直接的原因，只重将来，不重现在与过去，所以也不是完满的学说。

D.343　必须三派相絜合，始能完成真理论。但如罗素与金岳霖先生等人只讲这种絜合，而不知对知识作批判的解剖，其真理论也必显得无根。我们前边的那些讨论是知识论的主文，真理论是知识论的圆成。

D.35　经验概念的真妄是概然的、常变的、相对的、唯用的。拖沓逻辑中的纯粹概念与外界的真实事实是绝对的、必然的，但也无所谓真妄。

D.351　理性的范畴之推演，若不应用于经验，那只有康德所谓理想性（类比地说来），只是无所说。

D.36　所与、范畴与设准，这是组织知识的三个独立的不可还原的因子，概念是结果。这样我完全同意张东荪先生的多元论，但是概念却在摈除之列。

（原载《哲学评论》第 6 卷第 2/3 合期
1937 年 9 月）
（本文选自《牟宗三先生全集 25·牟宗三先生早期文集》（上），295～343 页。）

知觉现象之客观化问题
（1948）

一、柏拉图讨论此问题

知觉现象或感觉现象之为主观的、变化的，这一事实，在哲学史上，早就被认识。而如果是主观的变化的，则知觉现象即不能为知识之客观的对象，而感觉或知觉亦不能给吾人以知识，依是，知觉现象如何能客观化而为知识之真实对象，乃知识论中必须努力解答之问题。柏拉图在 *Theaetetus* 篇中曾藉证明知觉不是知识暗示此问题。以下试就 Theaetetus 与苏格拉底之对话以申明之。

T（代表 Theaetetus，下同）："自我观之，某人知道某种东西，即是觉知他所知道的东西。是以自吾现在之情形观之，知识不过是知觉。"

S（代表苏格拉底，下同）："你所给之知识之性质，实不可轻忽。汝所给者同于普洛塔哥拉斯之所给，虽其述法稍有不同。你须不忘记他说：人是一切事物之尺度，即：'是'之事物之为有以及'不是'之事物之为非有之尺度。无疑，你曾习知此道理。"

T："是，吾曾熟阅之。"

S："他曾如此说：任何事如是对于我，乃是现于我，如是对于你，乃是现于你，而你与我则是人。彼非如此而言乎？"

T："是，他实如此说。"

S："善哉！以彼之聪明，其所说当不至无意义。兹且顺其义而观之。同一风也，当其吹时，有时某人觉其料峭，而某人则不。或某人觉其稍寒，而某人则觉其甚冷。"

T："诚然。"

S: "然则，吾人将说彼风自己是冷乎抑不冷乎？抑或顺普氏义而如此说：风对彼觉其料峭者而为冷，对彼不觉者而不冷乎？"

T: "此甚合理。"

S: "复次，对吾人中任何人，皆如此而'现'乎？"

T: "是。"

S: "而所谓现，意即'觉'其如此，非乎？"

T: "诚然。"

S: "然则，显现同于觉知。对于热之事物如此，或任何其他事物皆如此。它们之对于每一人'是如此'，意即其觉之是如此。"

T: "似是如此。"

S: "然则，知觉总是某种东西'是'之觉知，而如其是知识，则觉知之为知识必是'不会错误的'。"

T: "此甚显然。"

以上是"知识是知觉"与普洛塔哥拉斯"人为万物的尺度"一主张相结合。依此结合，足以表示：知觉现象是主观的。假若知识不过就是知觉，则知觉之为知识，意即：知觉是对于"是"（意即存在）或真实的东西之"无错误的"领纳。知觉是不会错误的，而如果它就是知识，它必是对于存在或真实之领纳。因惟有能把握住存在或真实者，方可说是知识。然则，知觉是否能把握住存在或真实呢？以下再就"知识是知觉"与海拉克里图斯[①]变之主张相结合以明知觉现象是变的，而且知觉推其极根本不能有所知。

S: "居，吾语汝，此一主张甚可注意。依此主张，无有一物能恰如其自己而为一物，你也不能以一定之名字而恰当地称呼之，甚至你不能说它是任何种东西。反之，如你名之曰'大'，将见它亦是'小'；如名之曰重，它亦是轻。推之其他，皆然。因为无有一物能是'一'物或是'某'物或是任何一定之物。一切东西，吾人欲名之曰'是'，而实是在变之过程中又不能是。吾人如说其为'有'或'在'，实是错误，因为无有一物能'是'，它们总是在变。〔……〕"

此段所述之主张，有两义须区别：一、无有一种反对能离其自己之反对面而存在。此义即说：无有一物能恰如其自己而为一物。二、一切吾人谓其有"在"之东西，实从未曾"在"或"是"，但在变之过程中。

———————————————

① 今译"赫拉克利特"。

Cornford 于其《柏拉图的知识论》一书中，于此段对话解云："应用于感觉物，柏拉图承认海氏之主张〔……〕此原则，柏氏引之于其感官知觉论。而结果则修改了普洛塔哥拉斯之陈述：我是'是'者之尺度，凡现于我者即于我为'是'。在此，'是'吾人代之以'变为'。在知觉范围内，我是那变的东西之尺度，但从未是'是'之尺度。而普氏之要求知觉总是'是的东西'之觉知，乃变为柏拉图的主张：知觉总是那在'变之过程中的东西'之觉知。"（39 页）

S："其学说之其他方面且不论。只问一切东西，如你所述，是在一永远变之流中。非乎？"

TD（代表 Theodorus，下同）："是。"

S："变岂不有两种乎？一是地位之变，一是质变。"

TD："如果所有东西在变，此自如此。"

S："若然，则如果它们只在空间中动而不变更其质，我们自能说它们在此流中动时所具有之性质。汝以为吾不能如此说乎？"

TD："自是可能。"

S："但是，因为无有一物能是定常，不惟地位之动，且亦质有更变。在流之物，并非流其白，而是变其白。是以即自白自己而言之，亦必流变而飞入另一颜色。然则吾人能给任何颜色以名字，而且吾之名之也甚恰当，此为可能乎？"

TD："苏翁，此如何其可。"

S："复次，对于任何东西之知觉将如何说，譬如见或聪之知觉？吾人能说它以其自己之本性留住于此而为见或听乎？"

TD："如一切在变，此决不能。"

S："然则，名之曰'见'，无以异于'不见'。即在其他知觉亦然。名之曰知觉，无以异于'不是知觉'。"

TD："诚然无异。"

S："可是，依 T 及我，吾人皆说知觉是知识。"

TD："是你们实曾如此说。"

S："如其如此，则答何谓知识，亦不能有异'知识即是非知识'。名之曰知识，无以异于非知识。"

TD："此显然也。"

Cornford 解云："此段辩论，后半讨论知觉，似不如前半讨论对象之有力。吾人可答辩云：虽然视觉器官及知觉（即视）变无停时，然而并不能因此即说：视成为不是视而名之曰'不视'。T之等视知觉与知识，其意为：每一单独的知觉活动是对于某种存在的东西之无错误的了知。此义并不能因指出知觉及其对象总是在变而被否证。'知觉加对象'这一完整之复体可以变，但如其在任何刹那给以知识，则即永远是知识。吾人只是在极细微不同之刹那间而了知极细微不同之对象，但每一新知觉其无错误皆与前此之知觉同。变之事实不能使知觉成为不是知觉，或如果它曾是知识，它亦不能成为不是知识。但是，极端的海拉克里图斯①主义者不能作此答辩。我之知觉，虽其内容常变不居，然而当其一有'是知觉与知识'之特性，它总是可以保留其'是知觉与知识'而为此同一常住之事物。但海拉克里图斯主义者说：无有留住不变而为同一者。柏拉图意是如此：如果一切东西，无有例外，总是在变，则言语不能有固定之意义。在'知觉是知识'一陈述中，其中诸字之意义必须永远变更。是以该陈述不能保留其为真，或保留其为同一陈述。海氏主义者克拉太露斯②（Cratylus）（他曾影响少年时之柏拉图），实已达到此结论。亚里士多德说：视真实与感触世界为一的思想家们归结说：'追求真理实如追求一飞鸟。''他们以为整个自然世界是在变动中，并以为关于变之事物无有真的陈述可作；至少亦可说：关于任何处任何方面都是变之事物，无有一物可以真地被肯定。〔……〕。'柏拉图所使吾人引出之结论是如此：设于海氏之流外，吾人不能认知某种可知的东西，而且能站住而为言词之固定的意义，则无有一种知识之界说能比其矛盾方面为更真。柏拉图在此是决定使吾人感到型式之必要。如无型式，则如其在《巴门里第篇》之所说，即无论辩。"（《柏拉图的知识论》，99页）

知觉现象如果与普洛塔哥拉斯的主张相结合，则是主观的；如果与海拉克里图斯的主张相结合，则是变化的。顺"主观的"一义，则知觉现象不过是我生理器官之变形，是想像之游戏或幻像，而不能为一客观之真实对象。顺"变化的"一义，则不但是生理器官之变形，想像之游戏或幻像，而且变形亦不能留住而为一变形，幻像亦不能恰如其自己而为一幻像，真是一虚无之流，任何物不能为"是"，不能有"在"。Cornford说：知觉为对于某种存在物之无错误的了知；如其在任何一刹那它能给我以知识，则此知识即永远是知识。此义适合于普洛塔哥拉斯

---

① 今译"赫拉克利特"。
② 今译"克拉底鲁"。

"人为存在之尺度"一主张，而不适合变之主张。人为存在之尺度，尚能量出一存在（即有或是），且可说一切所如此量度出者皆为真。知觉之为无错误之了知，亦如此。以其为对于某种存在物之了知，是以尚有"是"或"在"可言也。故云：凡现于我者即于我为"是"或"存在"。哪怕是一刹那之现，亦是一刹那之"是"。故云：于极细微不同之刹那间了知极细微不同之对象。但应用流之主张于知觉现象，则"是"已改为"变"矣。我是"是"之尺度，乃变为我是"变的东西"之尺度，但从未是"是"之尺度。如不能量出"是"，则即无对象可言，亦即无物可言。对象方面既是一虚无之流，则知觉本身，如听本身或见本身，亦是一虚无之流。盖吾人之知觉是以生理器官去知觉，以眼去看，以耳去听。眼耳诸官本身即变，所谓听之作用或见之作用亦变。见不成其为见，听不成其为听。即以此义，而说"是见"无以异于"不是见"，"是听"亦无以异于"不是听"，"是知"亦无以异于"不是知"。依是，纵使是刹那间之听之见之知亦不能有也。盖一言变，必变到底，决不能说在一刹那间可留住而为"是"也。是以变之流必为虚无流。故从知觉方面讨论与从知觉对象方面讨论同样地有力。复次，即从知觉对象方面亦可以表示听即是"不是听"，见即是"不是见"。盖对象既是一虚无流，不能有"是"，则即无所见，无所听，是即等于听而不是听，见而不是见也。依是，若一切在变，则知识决不可能。若知识不过是知觉，则知觉决不能给吾以知识。若以知觉为知识，能知觉现象不但是主观的，且必然亦是变的、虚无的。依是，欲使知识可能，顺柏拉图，则必须于知觉外，引出型式，以及能把握此型式之器官。看柏拉图如何引出之。

S："请告予，汝经由之以觉知温暖、坚硬、轻重或甘苦之一切工具皆是身体之部分而非其他，岂不然乎？"

T："实是如此，而非其他。"

S："你将同意，经由此器官而觉知之对象不能再经由别的器官而觉知之乎？譬如，听之对象可以经由视官乎？视之对象可以经由听官乎？"

T："此自不能。"

S："然则，如果你对于两个对象同时有某种思想，你不能即时有包含两者之知觉，你只能或经由此官，或经由他官。而无论经由何官，皆只有一对象之知觉，而不能有包含两个对象之知觉。"

T："自然不能。"

S："设以声音与颜色为例。你开始，岂不即时有包含此两者之思想乎？即，岂不曰彼两者皆‘存在’乎？”

T：“吾诚有之。”

S：“岂不亦有此两者中之每一个皆‘不同’于其他，而‘自同’于其自己乎？”

T：“自然有之。”

S：“岂不又有两者合之为‘二’，而其中之每一个皆为‘一’乎？”

T：“是。”

S：“岂不亦常自问此两者互相间究是否‘相似’抑‘不相似’乎？”

T：“无疑。”

S：“然则，汝经由何官而对此两者思维此种种乎？凡同于此两者者，皆不经由听或经由看而领纳之。此意，可再取一例以明之。假使吾人能研究声音与颜色两者究是否为咸或不咸，无疑你能告汝以何官而知之。即，显非以视或听，但须用他官。”

T：“自然须用他官，即用舌以尝之。”

S：“甚善。汝可告予，经由何官可以使汝知不惟于此等对象为公共者，且于一切东西为公共者。所谓‘存在’或‘不存在’，以及适所提出之诸词，皆何意义乎？汝经由何官，吾人之觉知部分能以之觉知其中每一个字之所指乎？”

T：“汝所意谓非‘存在’与‘不存在’，‘相似’与‘不相似’，同与异，以及单一与应用于其上之一般数目，而且汝之问题亦必兼摄奇数偶数以及一切与之同类之概念乎？汝岂非问经由身体之何部吾人之心能觉知此种种乎？”

S：“善哉善哉！汝甚得我心也。此即吾之问题。”

T：“苏格拉底乎！似并无一特殊器官以觉知此种种也。吾意此心之自己即是其自己之工具以默识彼应用于每一事物之公名耳。”

S：“T！汝诚秀雅人也，决不似 TD 所说之丑陋。盖在论辩之时，聪慧语惟秀雅之人始能道。汝谓心经由其自己之工具而默识某种事物，其他事物则经由身体器官而知之。如汝于此莹彻于心，汝之救予于冗长论辩之困厄，汝实秀也，而进于慧矣。汝所说者先得我心矣。虽然，吾愿汝之契此也。”

T：“敬愿心领神契。”

Cornford 解云：“此段辩论，吾人首先回到前所讨论之感官知觉。依前所讨论之感官知觉，吾人认主体不过是一堆不同的感觉器官，而感官知觉则只是发生于器官与外物间之一历程。此义已立。现在复进而指出：于各不同器官之后，尚有一心官，专接受各种器官各自不同的报告，而且能够反省各种感觉器官之所与，而且因而造成判断。在此等判断中，思维之心使用各种名词，如'存在'、'同于'、'异于'等等。凡此等等，皆非知觉之对象，皆非经由任何特殊器官之通路而达于心，但只是对于一切感官对象为'公共'之物事。心经由其自己之工具而与此等名词之'意义'相接遇，而非经由身体器官与对象间之交通而相遇。此等名词名之以'公共'，而与各种器官之私的或特属的对象相反对。公共之意不过如此。此等'公共名项'切不可与亚里士多德所说之'公共感触物'相混扰。此'公共感触物'，依亚氏，则以为是位置于肉心内之一公共感觉器官之对象，即，可为多过一个感官之器官所觉之对象，例如运动、形状、数目、大小之量、时间等。柏拉图未曾言'公共感觉'，但反之，却只说：他所谓'公共名项'不被任何感官所接纳，但只为思想所领悟。含有此'公共名项'之判断为心所造成。心依其自己之思考而造成之，无有任何特殊的身体器官之参助。名曰'公共'之诸名项，并非亚氏意。其意只为一个名字公共于任何数之个体。依是，'存在'是公共地应用于一切物事；它可以出现于对于任何主词之陈述中。'存在性'，柏氏告吾人曰，是隶属于一切东西。此等公共名项，事实上，即是公名之'意义'，亦即柏拉图所叫做之型式或理型。此段辨论中所提之公共名项之示例，同于《巴门里第篇》所举之例。在那篇对话中，苏格拉底以为芝诺之两难可以因分离相似性不相似性，多性一性，静止运动，以及与此相类之一切型式而避免。稍后他又加上许多道德的型式，如美、善等。此恰如此处之所加者。在此篇对话中，柏拉图极力少说型式，而且极力避免此字。但是所谓公共名项实即是型式。此对于凡稍读《巴门里第篇》者皆显然也。因此词之避免，遂误引论者以为型式一词，此篇并未提及，因而遂误视公共名项为范畴矣。〔……〕"
（所著书105～106页。）

    S："然则，你将如何安置'存在'？因为存在一概念究竟是属于每一物事的东西。"

    T："我必将安置之于心自己所领悟之事物中。"

    S："相似不相似，同与异，亦将如此安置乎？"

    T："是。"

    S："然则，荣誉不荣誉，好与坏，又如何？"

T："凡此等等，吾意，其为'存在之有'亦为心所思及。当心在其自己内反省过去、现在并瞻望将来时，以此较彼，立即可以思及凡此诸物之为有。"

S："止，勿多述。兹可如此述：某种硬东西之硬性及某种软东西之软性，将为心经由触觉而觉知之，非乎？"

T："是。"

S："但是，它们的存在性，以及它们两者俱存在一事实，以及它们之互相反对，以及此种反对性之存在，凡此等等，却是心自己判断给我们的，当心反省它们时，以及将它们比较时。"

T："诚然。"

S："然则，经由身体而透入吾心之一切印象（感觉）及人禽之所同，而且从有生之顷，即天然而构成。惟反省之而涉及其存在性及有用性，只有很困难的经由长而麻烦之教育历程始能获得之。此岂不然乎？"

T："诚然。"

S："然则，一人若不能达到存在，其达到真理，乃可能乎？"

T："诚不可能。"

S："若一人不能达到一物之真理，能谓之为知该物乎？"

T："不也，夫子。彼如何其能？"

S："如其如此，知识决不藏在印象中，但在吾人之反省此印象中。它在反省中，不在印象中。即此，乃使把握存在与真理为可能。"

T："此显然也。"

S："然则，知识与知觉之两物，其不同如此其甚，吾人能以同一名字给予之乎？"

T："此决不宜。"

S："然则汝将以何名字名见、听、闻、觉冷、觉暖乎？"

T："自当以'知觉'名之。尚有其他名名之乎？"

S："若将此种种取而总之，汝名之为'知觉'乎？"

T："自必如此。"

S："然而此知觉之为物，吾人已知其决无能领悟真理，因其决无能领悟存在也。"

T："此诚然。"

S："依是，彼于知识亦无分也。"

T："决然无分。"

S："然则，知觉与知识恐不能为同一物矣。"

T："苏翁，显不能也。知识必是某种不同于知觉之物事。而今而后，乃知此实甚为分明 之事也。"

Cornford 解云："此是对于要求知觉为知识之最后的否证。虽在某意义吾人承认知觉无错误，然而知觉仍无知识之第二特征。此即言：知觉不能领悟存在与真理。存在与真理两词有模糊不清处。柏拉图用此两词皆意指真的实在，即，其所归给型式而不能归给感觉对象之真的实在。如果吾人记住前文所提之意义，吾人可说：即使是最简单的判断，如'绿色存在于此'亦必超出知觉范围以外，即超出吾人对于绿之直接了知以外。知觉能力不能认识'存在'一词之意义。因为只有判断或陈述才能是真的，所以一切真理皆必须在知觉能力范围之外。"（同上所引书，页 108）

真的知识必有两特征：一、无错误，二、领悟真的实在。知觉虽有前者，而无后者。实在、存在、真理、型式，所指是一。不能及真的存在，即不能及真理。不能及一物之真理，即不能谓为知一物。是即谓不能有知识也。知觉无力领悟存在，以其所领纳者常变不居故。瞬息即灭，非真实故。因而亦无力领悟真理。以真理即实在故。

惟以上顺柏拉图的思路说，只能证明知觉不是知识，只能表明型式之必要，尚不能表明知觉现象之客观化而可为知识之真实对象。柏拉图在此只能使吾人感觉到型式之必要，而提出理世界。然柏氏之理型是与感触现象隔离的。如果理型与感触现象隔离而外在，而不能为感触现象之构成之形式条件，则感触世界仍为一虚无流。真实者自真实，不真实者仍自若。依是，柏氏的理型说对于吾人之问题只有暗示性，而不能算解答。顺柏氏的理型，若想与吾人的问题有关系，则似乎当该说：理型必须内在于感触现象而为其形式条件。内在于现象，并非谓变的现象即可因而成为不变。变者仍是变者，但可因不变者而成为真实，而成为客观的事象，而成其为变者。但若理型隔离而外在，则现象不能有此诸义。柏拉图自富于哲学的智慧，又具有诗人的情味。然后来的哲学思辨则大都顺亚里士多德之用心而前进。此并非有爱于现象，而是为的成就经验知识。

二、康德解答此问题

柏拉图虽不能解答吾人之问题，但知识论，甚至整个哲学，却必须自了解柏拉图所说的知觉之本性起。那些具有普遍性的概念，即理型，一方不能为知觉所把握，但一方又为"知识之可能"所必须。柏氏首先告诉吾人，假若只是知觉现象，只是一切在变，则无有知识之可能，无有任何一词能有固定之意义。但是，假若理型不能与现象有若何确定之关系，则柏拉图之哲学的智慧仍无助于自然知识之成立。只不过是提出一个洁净空旷的理世界以为灵魂之寄托所。可是，假若理世界不能获得其真实可能性，则人们又可以自感觉经验而遮拨之。近代哲学中的经验主义不是顺柏拉图的线索如何去建立为知识所必须的理型，而是顺知觉之本性如何去否定知觉所无能把握的普遍概念。经过了巴克莱及休谟的激荡，遂产生了康德的批评哲学。巴氏所想极成的是"存在即被知"一主断，所否证的是那永不被知而却被认为有存在的物质本体。他为的要去掉这个抽象的物质本体，为的要极成"存在即被知"，他必须以神心代物质。但是，若只限于从知觉上以言"凡存在即被知"，则上帝亦是不能被知觉的。依是，无关心的哲学思辨必以为以上帝代物质只是宗教上的偏爱。（自然巴克莱哲学的最后宗旨必须被极成，但是巴氏本人尚不能避免哲学家的疑问。）如是，巴氏的哲学启发了休谟。休谟确是守着感官知觉之本性而遮拨一切的。休谟的哲学只是柏拉图的感觉论（与普洛塔哥拉斯的主张及海拉克里图斯的主张结合的感觉论）之正面的肯定。假若认此种感觉论为知识的唯一源泉，则凡超出此源泉的东西必然被否定。实则并不须休谟来否定，柏拉图早已知道徒由知觉不能把握普遍性的东西。但柏拉图却进而复知知觉并非知识，而休谟却认为知觉是知识的唯一源泉，除此以外，再不能有其他源泉可想。若真如此，则柏拉图必可说"是源泉无以异于不是源泉"。依是，经验主义终必自身否定，而不能为说明知识之理论。依是，知识之可能必赖于感官知觉及知觉现象以外之心与理之提出。解答"知识之可能性"一问题，乃至"知觉现象之客观化"一问题，端视对于心与理如何讲。在此，康德提出了哲学史上独一无二的一种解答。本文吾并不想对于康德的哲学作详细的陈述。兹作简单介绍如下：

依康德，知觉现象所以能成其为知识真实对象，端赖于统觉底统一，即是携着纯粹概念（即范畴）而去综和现象所成功的统觉之统一。一切现象皆在统觉之统一中方是属于我的。否则，不得属于我。不属于我，即表示不在我的意识中，因而亦不能有之。我不能有此现象（康德名曰表象），则现象亦不成其为现象。依是，一切具体而现实的表象必尽摄于统觉中，而为统觉所伴有。原则，在我主体中被表象的某种东西必不能被思想，而此亦即等于说表象不可能，或至少对于我一无所有。所有的表象在统觉中，即表示在统觉之超越的统一中。在此统一中，一切现象有它们的综和统一。统觉底统一是一切综和的先验根据。理解中的范畴所成功的纯粹综和或先验综和，亦必含在统觉底统一中始可能。所以统觉底统一是理解底可能性之根据。康德有时说统觉即是理解，有时亦表示统觉使理解可能。顺此后者说，统觉不即理解，但可显示其用而为理解。一切现象统一于统觉中，是表示统一于一个意识中。是以统觉底统一是总持的、独个的、整一的。但统觉不能不表现为理解，而理解自身又有许多纯粹概念。每一概念表示一种综和之原则，表示一种特殊相状之综和。依是，统觉表现为理解即表示其统一虽是独个的，然同时亦是多式的。从此多式的方面想，统觉底统一是依照概念去统一的。惟在概念下去统一，则理解不但是思一切表象，而且始能知一切表象。依概念去统一表象，则概念必为综和表象之形式条件。依是，从概念方面说，概念必有客观妥实性；从表象方面说，表象方能是对象底表象，即有客观真实性。在此，康德建立了内感与外感的真实性，因而成功了他的经验实在论。

表象必是某种对象的表象。但吾人经由感性所直接获得的只是表象，吾人不能有表象所表象的"对象"之所与。是以对表象言，对象只是"某种东西一般"，康德名此曰超越对象，即 X。凡是表象一定是属于对象的，决不只是我的想像之游戏。但表象之能属于对象而有客观真实性，却不能自超越对象方面说，因为我对此超越是一无所知的。普通是想从对象方面来摄聚对象的表象于一起，但康德以为此是不可能的。康德是想从表象来决定（虽不是产生）对象。他如何能如此决定之？曰：因统觉底统一而可能。统觉底统一使从表象决定对象为可能，同时亦即由统觉底统一方面来摄聚对象底表象使之属于对象。此是将一切表象由经过属于我而后始可能属于对象。从统觉底统一方面想，统一，虽是从主体方面说，却是客观的统一。惟此客观的统一，才能使表象属于对象，而不只是想像之游戏。依是，此处说之超越的对象（即 X），实由超越统觉倒映而出。因此倒映而置定之，但此置定却因超越的统觉这个根据而获得其切实义。因超越统觉之统一而将表象摄聚于一起使之属于一对象，此名曰"超越的亲和性"，此亦不能由感官经验而获得。

统觉底统一何以能是客观的统一？统觉是心底作用，统一是心用所成的综和。一切综和都要靠心底活动。但是心底活动追溯到什么地步才能停住而又可以在此成就此客观的统一？康德曾言三重综和：一、直觉中摄取底综和；二、想像中再现底综和；三、在一概念中认识底综和。这三重综和，都有其经验的一面与超越的一面。现在且置经验的一面而不论。超越的一面则如此说：直觉中摄取底综和必须是这样成就的，即，将直觉中的杂多排列在时空形式中，而时空形式是先验的，故此种顺直觉而来的摄取之综和是超越的综和。康德说："每一直觉在其自身中含有一杂多，而此杂多能被表象为一杂多，只有当心在印象底承续中把时间彰著出来才行。因为每一表象，当其被含在一个单独的一瞬中，它不过就是绝对的统一。要使这种直觉底统一能从杂多中发生出（如在空间底表象中所需的），首先这些杂多必须能贯于一起。这种活动，我名之曰摄取底综和，因为它是顺直觉而起的。直觉诚然能给予以杂多，但除非在这样一种综和中，它不能被表象为一杂多，亦不能被表象为含在一个单独的表象中。"但是这种摄取底综和，因为是直接顺直觉而起，所以它所成的综和不过是顺直觉之所历而如如地贯于一起以成功一个单独的表象。而单独之所以为单独，不过是表象在一个时间中或一个空间中。时空虽是先验形式，然这种综和却仍是顺直觉之接受性而为当下之印持的。它尚非心之主动的或创生的综和运用。依是，吾人再进入"想像中再现之综和"。直觉所给吾的一切杂多皆留在记忆中。想像把它们再现出来而综和于一起，此则不限于当下之印持，摄取底综和，而是进入心底总持运用了。惟康德复以为再现底综和尚是顺经验进行的。想像之创生的综和方是先验的或超越的。再现的综和则依于经验的条件。想像底纯粹而超越的综和，从心方面说，唯是主动的创生的总持作用；从所综和方面言，唯是时间底纯杂多之先验的结合，亦就是产生时间自身底综和。此种综和下面关着直觉而上面通于统觉。它是具体的，而且亦不是带着概念去综和。所以它所表现的还仍只是心之动用一面。它虽是对于纯杂多为超越的综和，或为产生时间自身底综和，但徒有时间尚不能确定地决定对象，虽然一切经验对象无有例外皆在时间中。依是，在先验地确定地决定对象上，在成功我们的客观统一上，吾人尚不能止于想像底超越综和，且必须进至能表现"我思"这个表象的统觉，纯粹或根源的统觉，亦就是必须进至"在一概念中认识底综和"。统觉统摄一切表象而使之属于我。它虽也是心底活动，但它不只是活动。它表现为理解，而依照概念去综和。所以康德说："统觉底超越统一就是在一个直觉中给予的一切杂多经由之而可以在一个对象底概念中被联合起来的那种统一。所以它可以叫做是客观的统一〔……〕"此句中"在一个对象底概念中被联合起来"云云，此中所谓"对象底概念"就是关涉于对象的纯粹概念，即范畴。当然，统觉也可以拿着经验概念去综和，但是此种综和所成的统一名曰"统觉之经验的统一"，而不是超越的统一。而由此种统一所成功的对于对象之决定亦是经验的决定，而不是超越的决定。统觉之超越的统一亦曰根源的统一，唯此才是客观地妥实的。而它的经验的统一，则只是在一定的具体条件下从那根源的统一中引生出的，它只有主观的妥实性。譬如一个字对于此人暗示一件事，对于另一人又暗示另一件事。所以作为经验的那种意识之统一，对所与言，并不是必然地普遍地妥实的。根源的统一带着纯粹概念去综和，所以它的综和不只是一种心之动用，而且即在动用中有"理"（此字代表纯概念）。超越的统觉带着先验的概念去综和表象，去决定对象。这种综和叫做先验的综和，决定叫做超越的决定。在此种综和及决定中，始成功我们对于现象的客观的统一。

康德顺着直觉中摄取底综和一直向后追溯向里收摄，至统觉而停止。他何以能停止于统觉处？我们可以中国学问中常见的语句表示之，即统觉是心理合一之处。（理自是逻辑的，心是认识的。）惟到理处，始可以停止，亦始有客观的意义，因而说到统一始可为客观的统一。假若我们暂不追问统觉背后那个"超越的我"，则我们对此心理合一的统觉可名曰"逻辑的心"或"逻辑的我"，亦即客观的心或客观的我也。

康德向里收摄，进到超越的统觉，是把成就经验以及经验现象而为其可能之根据的心与理放在经验的背后。摆在我前面的是经验现象，这是可以用生理器官去接触的；但是它们的根据却在后面，这个是生理器官所能与之照面的，但只可由反显而得之。此种居在后面而只可由反显以得之的根据必是先验的根据。由此根据而决定对象，综和杂多，必是超越的决定，先验的综和。经验的根据必在经验以外，而且物质的经验现象之所以可能之根据必为非物质的，此即是心与理。这种作为根据的心不只是了别之用或观照的心，而是主动的给出律则的心，理亦不是柏拉图的理型，单为心所领悟的对象，而是具于心中发出来而构造地综和现象的律则。此为心与理之哥白尼的革命式之调整。假若心只是"了别之用"的心，理只是为心所领悟的理，则理必与经验现象隔绝而挂空。依是，柏拉图是毁弃经验的，而还归于洁净空旷的理世界。康德是成就经验的，乃是据体以成用。此种据体以成用的经验论名曰"经验底形上学",或曰"内在形上学"。

我承认康德的办法确实是一种解答,他的路向大体是对的。现在的哲学大都不能还归这个路向,所以也根本无法解答我们的问题。他们似乎也知道这是一个问题,但他们结果都只是事实之指出,而不能算解答。现在以罗素为例,以明近人为学之态度及趋势。罗素是在讨论"外延原则"之应用上而显示这个问题(参看他的《意义与真理》第 19章)。

吾人一切知识上的命题,自其最基本处言之,皆与心理生理的条件发生关系。此即罗素所谓"命题态度"。如"我相信孔子是春秋时人"、"我相信凡人有死"或"A 相信 B 是热的"等,皆是命题态度中的命题(此亦曰内的命题)。但是逻辑或科学中的命题就是要脱离这种命题态度,而为一客观的命题,能客观地说其为真或假的命题。客观的命题就是外延原则能应用于其上的命题,而在命题态度中的命题上,外延原则即无效。那么,此处显然暗示出一个问题,即:内的命题如何能转为外的命题,即如何能把它客观化而使外延原则可以应用于其上。这个问题同于我们的问题。但是罗素并不正面接触这个问题,因而亦不想解答这个问题。他只指出在什么情形下外延原则可以应用,在什么情形下不能应用。他以为一个句子及某些字有两种不同的非语言的使用:一、作为指示对象,二、作为表示心之情态。一个字或句子可以经过它们的表意而出现,而没有作为"指示"而出现。这点当它们作为只是"表示"时即如此。依是,一个命题 p 可以在两种不同的非语言的路数中出现:a. 指示与表示两者俱是相干的;b. 只有表示是相干的。当句子作为一个主断,因其自己而出现,我们即有 a 条。在"A 相信 p"中我们即有b 条。此因为我们所主断的生起事能完全地被描述而不必涉及 p 之真或假。但是当我们主"p 或 q",或任何其他真理函值时,我们即有 a 条。外延原则只应用于 a 条之情形,而不能应用于 b 条之情形。在"A 相信B 是热的"一句子,"B 是热的"这几个字描述那为"B 是热的"所表示的,即是说,这几个字并不真地涉及 B,但只描述 A 之情态。依此,我们必然于"p"与"属某之 p"之间引出一个严格的区别。当真地是 p而且 p 出现,我们能保持外延原则。但是,当是"属某之 p"发生,则此原则之失效的理由是因为 p 事实上并未出现。在"A 相信 p"中,并未涉及 p 之自身,而只表示 A 之情态,p 即于描述 A 之情态中而被介绍进来。至于 p 之为事或命题,其本身如何,在此句里并未涉及。所以于 p 本身之真或假，亦未确定。此即所以不能用外延原则之故。罗素对此问题的态度不过如此。但事实上，所有的经验现象都是系属于生理器官的。纵不说是心之变形，亦可说是生理机体之变形。所以在根本上说，假定表之以命题，则命题起初都只是表示的，即说是指示，亦是主观地指示的。我们如何能使它所指示的有客观的真实性？如何能使它真成为一个客观的命题？此则决非徒说"作为指示"即可解答。p 如何能真地是 p 而且 p 出现？在"B 是热的"中如何能真地涉及 B，而不只是我的情态？此皆需要一个根据以解答之。如果没有一个解答，则没有客观知识可言。徒说外延原则之能应用或不能应用，只能满足逻辑上之需要，而不能解决真实的问题。近人态度大抵如此，故终无哲学智慧可言也。

（原载《学原》第 1 卷第 9 期　1948 年 1 月）

（本文选自《牟宗三先生全集 26·牟宗三先生早期文集》（下），439～459 页。）

《康德知识论要义》序
（1957）

　　若论超悟神解，以中国学问的标准说，康德是不甚特显的，亦不甚圆熟。但他有严格而精明的思辨，有宏大而深远的识度，有严肃而崇高的道德感与神圣感。这三者形成康德哲学的规模，以及其规模之正大。因为他有严格而精明的思辨（即逻辑的辨解），所以他言有法度，理路不乱；因为他有宏大而深远的识度，所以他能立知识的限界，"知止于其所不知"；因为他有严肃而崇高的道德感与神圣感，所以他能于知性主体以外，透显价值主体，遮拨外在的理论思辨的神学，而建立道德的神学。

　　具有如此规模的康德哲学，了解起来，的确不易。讲康德的人，若是没有思辨的法度，则是学力能力不及；若是没有识度与道德感，则是高明不及。此三者若不能莫逆于心，平素常常若有事焉，心领神会，则决难语于了解；即广有言说，亦只是学语，决难相应。

　　友人劳思光先生近撰《康德知识论要义》，清晰确定，恰当相应，为历来所未有。他在"绪言"中，很中肯地指出：形成康德哲学全部理论系统的"基源问题"便是对本体的知识是否可能。这是融会了康德的全部哲学以后综起来如此说的，亦是根据康德所说的"一切对象划分为本体与现象"一义而说出的。这是康德哲学的一个总纲领。以此为基源问题当然是很中肯的。所谓"对本体的知识是否可能"，不是直问直答，乃是对内在于知识与外在于知识两方面都有积极的正视的全部工作，都要从头有系统地真正建立起来。内在于知识，就是要把知识的形成，以及其本性与范围，都要系统地确定地解剖出来。这部艰难冗长的工作就是《纯理批判》中《超越分析》一部所作的。外在于知识，就是要把本体界中的观念明其何以不是知识的对象，以及其如何才可能；这些都要系统地确定地解答出来。这部艰难冗长的工作就是《纯理批判》中《超越的辩证》一部所作的，而且需要牵连到《实践理性批判》。"对本体的知识是否可能"一问题，只是这全部系统的一个总汇、总关节。如果我们的心思不能再展开对内在于知识以及外在于知识都有积极的正视与处理，而只把那问题看成是直问直答，则便不能相应康德的精神。可是如果我们握住了那个总关节，则在了解康德哲学上便有了眉目与头脑。所以这个基源问题的提出便表示作者相契了康德的识度。

康德达到这批判哲学的确定形态并不是一时的聪明与灵感所能至的，乃是一个长期的蕴酿与磨练。于是本书作者对于康德批判前期的思想又作了一个概述。这一章非常重要。平常讲康德哲学的人多忽略这一个发展，故对于康德的了解常嫌突兀，因而不能见其发展的痕迹，而自己亦无渐渍洽浃之感。读者由此一章可见出康德的精明的思辨。义理系统虽未成熟，然其对于每一概念的思辨方式却极有法度。这里所表现的是训练西方哲学的一些起码的矩矱。对于一个概念的建立，不只要问其"形式的可能性"，而且要问其"真实的可能性"。此种辨解的方式便使康德跳出了吴尔夫的理性主义而兼融了经验主义。进一步再经一番陶铸，便是批判哲学的出现。如是，作者于概述批判前期的思想后，便进而对于《纯理批判》的全部系统作一解析的呈现。读者通过此书，可窥康德哲学的全貌。

平常讲康德的人多不能企及康德的识度，常只顺《纯理批判》中的"引言"所说及的"先验综和判断如何可能"、"数学如何可能"、"自然科学如何可能"、"形而上学如何可能"诸问题去说，而常不得其解。主要的症结大体是在：对于外在于知识的本体界，不能有积极的意识，或根本无所窥（此即所谓无识度）。对于这方面完全是空虚，其心思不能上遂，如是遂完全退缩于知识范围内。内在于知识界，而又为《纯理批判》中《超越分析》这一艰难冗长的旅程所吸住，逐步看去，支节作解，遂觉触途成滞，到处是疑，心思不能豁顺，不承认自己的学力识度根本不及，反以为康德根本谬误，不可理解。其为人们所信不及处，主要地是集中在他的"先验主义"与"主观主义"。尤其近时学人，心思一往下顺外取，对于这两点根本不能相契。但是我们必须承认，若没有相当的识度与学力，对于义理不能有几番出入，翻腾几个过，对于这两点是很难企及的。据我个人的经验以及所接触到的对于康德的非难，直接的或间接的，我感觉到主要的症结只是在：近人对于知识与超知识的领域划分不能有郑重的认识，对于本体界、价值界不能有积极的意义或根本无所窥。这不是说，对于这方面有积极而郑重的意识，便非接受康德的全部哲学不可。但我相信：假若对于这方面有积极而郑重的意识，再返而对于知识的形成以及其本性与范围有确定而透彻的了解，则康德的途径是必然而不可移的，先验主义与主观主义是必然要极成的。"主观主义"一词，令人一见便不愉快。实则这里所谓"主观"并不是心理意义的主观，乃只是从"主体"方面透显先在而普遍的法则，仍是客观的，并不是普通所意想的主体。故此词最好译为"主体主义"。

说到这里，我不想对于康德哲学再有所讲述，这有本书的作者解剖给读者。我只想略说一点我个人的经验，此或有助读者对于康德的了解。我这点接近康德的经验是很松散的、题外的，并不是扣紧康德哲学的主文而言。近人或初学哲学者大体对于康德的时空主观说以及先验范畴说很难领悟。我是困勉以学的人，当然不能例外。但我曾经有个机会读到了佛学里面所说的"不相应行法"，此亦曰"分位假法"。我忽然想到康德的时空说与范畴说，我明白了这些东西何以是主观的。在此"主观的"一义下，佛家说为分位假法，而康德因正视知识，则说为从主体方面而透显的普遍法则、形式条件，或直觉的形式。双方的意指当然很不同。但是由佛学里面的说法，很可以使我们接近康德的主张。佛家为什么说时空、因果、一多、同异等，为不相应行法，或分位假法？正因为他有超知识（比量或俗谛）的胜义现量（真谛或本体界）。本体界中的观念很多，说法亦不一。在康德则集中在上帝、灵魂不灭与意志自由；在道家，则说为不可道之"道"；在儒家则说为仁体流行，说为诚、神、几；在佛家则说为真如、涅槃。不管如何说法，总属本体界，亦总非知识所行境界，即非知识的对象，因此凡作为成功知识的条件的在此俱不能用。反之，凡知识之成必有其形式条件，而形式条件亦只能用于现象，不能用于本体。此在中国无论儒、释、道，皆无异辞。不过在中国儒、释、道方面，只注重本体的超悟，不能正视知识（因无科学故），故于知识之形成、本性及范围，不能系统地确定地解剖出来，而只有一个一般的观念。而康德则因文化遗产不同，却能正视知识，积极地予以解剖。此不独见康德的识度，亦见其下学上达之功力。孟子说："其至，尔力也；其中，非尔力也。"[①] 这正是力量与识度的问题。在知识方面，

---

① 语出《孟子·万章章句下》。原文为："由射于百步之外也，其至，尔力也；其中，非尔力也。"

中国的儒、释、道三家所表现的力量都不够，然而康德却够。至于超知识方面，康德虽不及中国儒、释、道三家之圆熟，然而亦能中，此即所谓识度。故对于本体界如无积极而郑重的意识，则对于康德哲学总不能有相应的了解。而且在这里，我还可以告诉读者：了解康德，固须深入其理论内部，然不要胶着，为其所闷住。及不解时，便须放下，跳出来，轻松一下，凌空一想，便可时有悟处。

我由佛学的"分位假法"一观念接近而契悟了康德的主张，因此我便深喜我亦了解了《超越感性论》中康德对于时空所说的"超越观念性"与"经验实在性"，以及他所说的时空惟是人类这种有限存在的直觉形式，至于其他有限存在或无限存在，则不必须这种形式或有这种形式。这些话好像是闲话，大家不甚注意。其实这正是大关节所在、大眼目所在。这些表示界线的话，如能看清了，则对于康德哲学的全部系统，内在于知识所说的，外在于知识所说的，都可了悟无间。是以要读康德的哲学，必须有识度与学力。不够，便须培养，以求上达。徒然的分析、表面的精察，全不济事。疑可，妄肆讥议则不可。小疑则小悟，大疑则大悟，不疑则不悟。故疑可。然若停滞自封，动辄以立场自居，门户自限，则不可语于上达。深喜劳先生此作精审恰当，嘉惠学人。故不揣固陋，勉为之序。

牟宗三序于台北

（原载劳思光《康德知识论要义》（香港：友联出版社）1957 年 7 月）

（本文选自《牟宗三先生全集 27・牟宗三先生晚期文集》，107～112 页。）

近代学术的流变
（1958）

十九世纪是哲学上伟大的建设时期。在这时期中康德（Kant）及黑格尔（Hegel）相继出现，完成了哲学上的建设。康德的工作是"超越的分析"，而黑格尔的主要努力是"辩证的综和"。把超越分析所达的境界通过具体事物，在具体综和下表现之，这就叫做"辩证的综和"。由超越的分析到辩证的综和在哲学上是进一步的表现。

逻辑的分析为经验的分析，而康德的工作却是超越的分析。其目的是欲使经验知识所以成为可能的先天原理建立起来，所以说是超越的分析。康德一生的努力就在把"人心"活动中全部领域的先天原理发现出来，使人类生活的各面皆为理性所能贯注得到，使人的心智活动都有合理而可靠的先天依据。康德的努力还只是一个立骨干的工作。进一步就是黑格尔的辩证的综和。综和的方式是通过具体的表现而综和。换言之，就是在具体中综和分解，使之成为一具体的综和。这就是黑格尔所作的辩证综和的工作。康德系统发展到黑格尔，到达了极高峰。因此，我们称十七、十八世纪是伟大系统的建设时期，它代表光明、健康。但是，从时代精神上看，最高峰所在，常常就是下降的关键，我们亦就是要通着时代精神，对黑格尔哲学作一大体的了解。

为什么我们说高峰就是下降的关键？首先我们得回头去看看十九世纪到现在江河日下的下降趋势。这是一极繁复问题，亦可以有许多线索来表示。下面我们就从三方面来加以说明。

1. 科学：a. 达尔文进化论、b. 物理学、c. 数学

2. 社会科学

3. 哲学本身

这虽然是三个不同的线索，但他们有一共同的任务，这任务就是要拆穿由康德到黑格尔所建立起来的理性的理想主义的伟大系统。我们说康德、黑格尔以后的时代精神就是一下降的趋势，亦就是克就这意义说的。不过，这虽然是一步下降，而这下降趋势中，每一面尚有其正面的意义。即是说，每一条下趋的线索，其本身都有积极的贡献，它们都能接触一真正问题，复针对问题，提一解答方式。故虽下降，依然表现一些光明。为什么我们一面说它们是下降，一面又说有些光明？这里我们就需要依照上列次序，作进一步的解释。

兹先从达尔文的进化论说起。

达尔文的进化论出现以后，它使我们正视生物的演化，同时也把人拉到生物中去，平等看待，所以首先受到它影响的，是《创世记》中上帝创造世界的观念，这观念在中世纪是人人必须信守的，而现在起了彻底的动摇。其次，达尔文宣布，人是从猴子变来的。这话以前没有人说过，它不仅仅改变了人的世界观，而且这样一来，使人的尊严扫地了，因为人并没有什么了不得，人的祖先不过是个猴子。在过去，各文化传统，从未将人看成是由生物的演化而来。例如中国，把人与天、地合称为三才，认为只有人才能参天地赞化育。佛教则说："人身难得"①。惟其难得，故最可贵。达尔文出，是一转换点。转捩点的意义是说：以前各文化传统，主要是从价值观念看人，因此必须重视理性。自达尔文起，则是从自然事实方面看人。如果我们只从自然事实方面看人，那末人只是一大堆细胞，无足可贵。古今对人看法之不同，实正昭然。在这里，如果我们真能了解其不同，了解其为两重真理，问题就不严重。但实际的情形并不如此，达尔文进化论一出，使西方世界受了极大的震动，把人震荡得头昏眼撩，于是大家随从了新的标准，抛弃了老传统，并进一步认为老传统都是胡说。经过这样一个大的转变，理性、价值等观念被抹杀了，理性主义建立起来的伟大传统，也被拆穿了。

其次，我们从物理学方面看。十九世纪末，爱因斯坦的相对论出现，这也是划时代的。近代物理学当溯源到哥白尼、加里流②，以及盖卜勒③，

---

① 语出《佛说四十二章经·第三十六章》。原文为："佛言：'人离恶道，得为人难。……生中国难。既生中国，值佛世难。既值佛世，遇道者难。……'"。一般被概括为："人身难得，中国难生，善知识难遇，佛法佛世难值。"

② 今译"伽利略"。

③ 今译"开普勒"。

牛顿是集大成者。从牛顿到爱因斯坦，是一步猛进，它不仅对人心的影响极大，并且直接影响到康德、黑格尔的哲学系统的内容。康德讲"时空"的主要特色，是说明时空的先验性，以及时空是直觉的形式。他所以要说明这些，主要目的在证明欧氏几何的必然性。爱因斯坦出，他认为时不离空，空不离时，而且他主要是讲曲度，因他想宇宙根本是圆球形，所以我们应用的几何，应该是非欧几何，不是欧氏几何，欧氏几何亦无必然性。在欧氏几何中，两平行直线是永远不能相交的，但在非欧几何中，是可以相交的。自从非欧几何得势以后，他们就以为康德从认识主体讲时空、讲数学的理论可以打倒，因为康德不合科学事实。当然，康德哲学的内容，不能说全不受影响，全不可修改，但其基本精神，解答问题的基本路向，则并不因物理学的变动而全塌落。物理学的发展需要正视，康德的哲学，亦仍须予以不断的正视而认清其真义。不可一听见科学有新发展，便以为康德的哲学可全塌落。但是耳拾之辈和在进化论方面一样，也因科学的新发展而被震动得眩晕了。

复次，另一面直接影响康德哲学的是数学的高度发展。西方人对数学的了解，主要系于逻辑。近代的逻辑，大家都知道是有大成就的一门学问，因此对数学也发生了空前的影响。现代的数学，都成了"套套逻辑"（tautology）。例如：P⊃P 这式子表示结论对前提不能有丝毫的增加，另一意思就是："今天或下雨或不下雨"。这种话总是对的，因它包涵了气候变化的一切可能。所以现在的数学，纯是一形式的推演系统，都有一分析的必然，它不牵涉到经验的内容，如一牵涉到经验内容，就是综和的。这就是逻辑高度发展后对数学达到的精微认识，这是很相应数学本性的。这一套很明显地要影响到康德，因为在康德，所有的数学命题，都是先验而是综和的，依现代人的想法，一讲综和，就必是经验的综和，康德却要讲先验的综和，所以现在没有人能了解康德。其实，康德的意思，如果是从数学形成以后看，当然都有分析的必然性，但从如何形成处想，就必是先验的。故康德的说法，不是随便可以打倒的。

现在，再从社会方面看。从十九世纪马克思出来，他对世界人类的影响，已不像科学方面仅是理论的问题。他所接触以及他所解决的，是一实际问题。我们为了了解马克思在历史中所代表的意义，不妨先返回去看看他以前的历史背景。

前面我们说过，康德与黑格尔是代表西方十七、十八世纪的光辉时代。如从时代精神看，他们所代表的特征究竟在那里？那就是法国大革命的人权运动，这一划时代的运动，是代表第三阶级争自由、争平等的运动。西方在中世纪，人们只是两眼看天，所听到的，都只是些精神上安慰的话，但近代人却要将之在现实生活上实现，以前只说在上帝面前人人平等，现在是要取得实际上的平等，所以这是一理性解放的运动，主要目的，在争回人自身的尊严。康德、黑格尔大系统的建立，文化上的意义主要就是以这运动为背景的。当康德看到卢梭的天赋人权、人生而平等诸说的时候，曾喻之为如牛顿发现万有引力律。他为何作如此比喻？盖万有引力是经验现象背后一个根本的物理实体，这是一种很抽象的悟入。但是牛顿的物理学、机械力学却由此为基点而建立起来。其实比万有引力律还不如比惰性律更直接而恰当。惰性律谓："如无外力干扰，则动者恒动，静者恒静。"这在事实中是不存在的。然而，在物理学中第一步仍不能不假定它，因它是讲运动的标准。物理学中的惰性律是如此，卢梭讲人生而平等亦然，因人生而平等，在现实历史事实上也是没有的。卢梭讲人生而平等，是从人的特殊武力、特权、文化、风俗习惯，以及后天所加诸人的一切都剥掉以后的原始状态处讲。如从现实事实上去看人，则贫富、智愚、强弱有种种的不平等，但从人权处讲，却不能不平等。就靠这生而平等，与天赋人权的观念，才能向统治阶级争取，故是一大发现。在这里，我们需要特别加以注意的一点是，这些观念都是从理性上讲的，所以顺着这些观念向统治阶级争取自由平等，是从事一理想的奋斗；也因此，我们说民主政治的实现，就是一种理想的实现。

但到马克思出来，他所注意的不复是天赋人权和生而平等，他的着重点纯是一经济问题和被压迫的第四阶级，这问题本亦可依据人权运动的方式去解决，而且只应该本于这种方式去解决，因为人权运动是根据理性价值发出来的。但马克思在这里绕了出去，他的目的，只是要把第四阶级翻上来，所以主张革命。这种无产阶级的革命，它的根据不是理性，而是唯物论、唯物史观和经济定命论。从这里马克思把前人的政治问题，转为社会经济革命。他根据经济定命论，他相信历史的轮子一定要转到这里，这是一种科学的社会主义。他并不像理想主义者是为了实现理想而如此做。他纯粹是依历史的经济法则的必然发展来确定革命运动。这种社会主义的革命运动，是一十足反理性的运动，他们既以唯物论做基础原则去观察一切，康德与黑格尔的伟大传统，在他们看起来，就都变成了废话，都是属于资产阶级的唯心论。这种骇人的荒谬论调，竟一下子把知识分子都吸住了，如中国过去几十年无人敢说社会主义不对、唯物论不对，一直到现在，依然不敢讲唯心论，而要讲心物合一。从这里不难想像唯物论对时代人心的影响。

最后，我们从哲学本身来看。

在德国，康德、黑格尔以后，直接下来的就是叔本华和尼采，他们两人在伟大系统建立以后，表现了异军突起，别开生面，表示这时代注意的问题不同了。叔本华一开始就不重视理性，他所重视的是生命，在西方的历史中，本来就有两条流，而以理性之流为正流。这一条正流到康德、黑格尔，已发展到顶峰，所以叔本华转出来重又重视生命，重视人的混浊面、非理性面。因此他肯定生命只是盲目的意志。基此肯定，复推进一步，于是他说，这世界的一切现象，都是盲目意志纯动的外在化，毫无道理可言，故人生是痛苦的。他曾想解脱这种痛苦，但他未能提出解决之道。这种问题，孔子与释迦牟尼佛都有办法，这表现东方的智慧，西方对此问题，没有真正解决之道。因这类问题单靠哲学是无用的，这是生活上的问题。可是叔本华所代表的趋势，很显然是在拆穿前人所建立的伟大系统。顺着这条线索继起者就是尼采，他进一步讲权力欲、新贵族和超人。他讲这些，和叔本华一样，不是从德性的观念讲的，也是从生命上讲。在尼采这里，道德、智慧、强力三者合一，因此他一方面反基督教，同时也反对民主主义。他所以要反对基督教，因在他看，基督教的道德是奴隶的道德。他所以要反对民主主义，是因在他看，民主主义所代表的，只是一群乌鸦式的庸众。纳粹希特勒就是表现了尼采的精神。不过，如果我们对尼采作一同情的了解，他这套后面也含藏着一价值意识，这价值的意识就是要人永远向上超越，不陷溺在卑陋平凡的境域。所以他认为只有超人才配出来统治世界。这里面亦有其理想主义的成分，但它不是理性的理想主义，而是浪漫的理想主义。

叔本华和尼采在这时代虽起了不小的影响，但就哲学本身看，他们不能代表当代哲学的重镇。当代哲学的重镇是英、美的思想。英国方面以摩尔（G. E. Moore）为首，美国方面以威廉·詹姆斯为首。前者代表新实在论，结果开出罗素的一个大系统。詹姆斯所代表的，是实用主义（或曰唯用论），这两派思想都是反对康德与黑格尔的。现在在美国流行的逻辑实证论，就是这两条流混合而成。

詹姆斯当时曾发一问题：我们的意识是否是一 entity？是否可以看

成是一本体（mental substance，mind）？他发这问题的主要意思就是要打掉本体。他所注意的，只是一活动的意义，他认为真理不过就是观念（唯用论者所讲的 idea 是经验主义所讲的意义）的效用化，他从心理学中讲观念，主要想发现观念之指导行为的指导性，它是动态的，这些观念的真理性，完全要看它是否能指导我们的活动而有效。这种过分重视工作性、实效性的精神，我们不能不说它是一向下拖的精神，因为它根本不能离开经验世界。

在英国这方面，他们首先反对巴克莱的"存在即被知"，也反对黑格尔一切皆是观念的变化的理论。他们承认经验现象有客观的真实性，这看法与常识相合，他们坚持这种常识的见地，目的在维护科学。这当然不是英国哲学的精采所在，他们的主要精采在逻辑。不过，如果说严格一点，新实在论对西方哲学的传统是无甚贡献的，因为把这些理论当哲学看，实是非常简单的，而且只是一些方法上的问题。此外，对这时代也曾发生影响的，还有柏格森的创化论和佛洛依特①的唯性史观。目前西方世界最流行的思想，除了逻辑实证论以外，就是由丹麦哲人契尔克伽德②所开创的存在主义。这许多线索，他们都表示对康德、黑格尔的大系统的拆散，克就此拆散来说，是下降的。对此下降精神，我们综和起来说，它是一无体、无理、无力的精神。可是我们这时代最大的敌人共产党，却是有体有理有力的，虽然他们所讲的与正统所讲的全不相合。他们是以唯物论为体，以历史必然发展的法则为理，这虽是十足的魔道，但亦能充分发挥其魔力。因此，我们觉得世界未来的前途不可乐观，还有大的苦难在后头。

（本文系牟先生于 3 月 21 日在东海大学哲学研究会所讲黑格尔哲学之导言，由韦政通记录。）

（原载《东风》第 4 期（1958 年 6 月））
（本文选自《牟宗三先生全集 27·牟宗三先生晚期文集》，113～120 页。）

---

① 今译"弗洛伊德"。
② 今译"克尔凯戈尔"。

逻辑实征论^①述评
（1958）

　　传统哲学到黑格尔发展得最高了。可是，到了十九、二十世纪，却是走向反传统哲学的道路。无论社会科学、自然科学、哲学……各方面，都表示了新的流变。在社会科学方面，马克思出现了；在自然科学方面，达尔文的进化论出现了，爱因斯坦的相对论出现了。这都影响宇宙观很大，而且都是反抗黑格尔这一架子的。在哲学本身方面：在美国，有唯用论（pragmatism）；在英国，摩尔（Moore）提倡实在论（realism），而下开罗素的系统；在德国，尼采更从生命非理性这方面发挥，以拆穿理性的大架子，这是浪漫的反动。医学方面，佛洛伊特^②（Freud）的心理分析，也是从反面来看人生，以性的观点解释一切，这是从非理性方面去拆黑格尔的大架子。

　　支配西方的，可以说大多是犹太人，马克思、列宁、佛洛伊特、爱因斯坦……他们都是，十七世纪的斯宾诺塞（Spinoza）^③也是犹太人，他们都把一切放在同一层次。一般的去讲，即只有普遍性，而无特殊性，但是，欧洲希腊的哲学精神，却是非常重视价值、个性、自由和理性。爱因斯坦晚年虽讲宗教，但他的物理学的世界观影响很大。相对论的宣布，如达尔文的进化论宣布一样。从社会的影响看，爱因斯坦的精神与西方传统的精神是不相容的，传统的科学家以为发现一条自然律，就是发现一条神性律。这是象征着西方的传统精神是有体的。牛顿讲物理学为自然哲学，这还是有体有本的；但近代人看这些都是形而上的假定了。相对论看自然，当然是比较干净简洁，但是，把传统科学家相信

---

① 此处原文作"逻辑实征论"，当改为"逻辑实证论"。本文下同。
② 今译"弗洛伊德"。
③ 今译"斯宾诺莎"。

的基本观念——形而上学的观念，完全去掉，如"绝对时空"、"力"。相对论中没有"力"的观念。"相对论"在科学方面的益处虽大，但在人文方面，则使人安于现实之经验世界，超经验世界则视为无道理，我认为把科学世界弄干净可以，但从人生价值去看，结果把十九、二十世纪的世界弄成一个无理、无体、无力的世界了，这是我们今日所处的世界所以人人受苦受难的原因。这在西方尼采以前，诗人荷德林（Hölderlin）①就发出这样的浩叹："今日世界是上帝引退的世界"。在西方上帝即代表体，难怪尼采要说："上帝已经死亡"，故他要讲超人哲学而不谈上帝了。

本体（substance）、理性（reason）、力（force）是相同的名词，但今人却不喜讲它，把它外延的去讲，如吾人今日谈反共，不因共产党为一罪恶，而把它当作社会问题去处理，这就是没有体的讲法，这就是中了这种学术的毒。

休谟（Hume）讲因果律，不讲"力"的观念，他认为"力"不能证明，把"力"看成形而上学的观念，爱因斯坦就顺着这个方向把"力"去掉了。可是，这影响世界风气极大，这就是否定体、否定理、否定力的变形。须知外延法在科学上当行，在人文学科方面，却不是如此。所以，今日世界之所以成为灰色世界、虚无主义，这就是对宇宙没有肯定，从灰色自然流于黄色，也当然就流于感性的层次上去了。

哲学方面，在此风气下，哲学思想的本身开出二流：

（一）逻辑实征论（logicial positivism）：这一流是顺着这种风气往下滚，他们不谈人生问题，这是承继西方文化十九世纪科学的成就，顺着科学发展来讲，除此以外，采消极的态度。

（二）存在主义（existentialism）：这是发自德、法等国的一派，他们与逻辑实征论相反，乃针对此时代的毛病一切群众化、混沌化、没有个性，想要重新建立道德宗教的觉醒。在西方文化，这是承基督教而来，可说对时代有深切的感觉。

西方文化在科学方面是进步的时代，但在人生方面，确是显出不够。逻辑实征论就是顺着这无体、无力、无理的思路去讲的，他们的用心，便是拿科学方法来衡量人生，这实在是很浅薄的。须知科学研究的对象，只是客观的事实，故培根所以主去四蔽，限于经验界，至于超感

---

① 今译"荷尔德林"。

官经验以外，则属哲学范围，这是最起码的概念。

逻辑实征论这一派的发起，原来叫维也纳学派（Vienna Circle），因为当时有人在维也纳集会而组成此学会，时间为1930年左右，领导人为德人希里克（Schlick）①，这一派重要的观念，皆由他这里发出。真的说起来，此派的大宗师应该是罗素，他们的态度和方法大致和罗素相同，而以奥国之维特根斯坦（Wittgenstein）为此派巨子。维特根斯坦著有《逻辑哲学》（*Tractatus Logico Philosophicus*）一书，书名是拉丁文，中译为"名理论"，上面说的希里克，他的主要观念和思想便是来自这本书。

希里克是一个有哲学思想的人，他的基本观念只有几个，而这几个观念又来自维特根斯坦的《名理论》。此书乃符语体，但不是符号。开头就从命题讨论起。命题函值与命题是不同的，所谓命题函值，这是可以套出命题的架子，如：PVX，以个体代入，可以PVA、PVC正如数学中之f（x）；而命题一定是叙述具体一定之对象，故凡陈述一定对象的曰命题，命题是有真假可说的句子；命题架子则是不能说真假的，这是在首先分别了解的。维特根斯坦即从命题开始，在逻辑上最基本之命题即为个体命题，所谓个体命题，即是命题前面没有all或some这些字，维特根斯坦也叫这为原子式命题（atomic proposition），照他说，每一个原子命题均摹状一原子事实——具体的事实。何以用"原子"一词呢？那就是说作为知识对象的事实，是可以分解的。如神秘主义的看法——"一粒沙中见世界"，则每一事实不能孤立，这便是有机的（organic），而不是原子的（atomic）。因为人的知识有限，决不可能了解全世界，所以神秘主义是不能讲科学知识的。要讲科学知识，便非先要肯定"原子性原则"不可。由此肯定，命题才有效，如老子的"道可道，非常道"②，即不可作命题。所以原子性的肯定，即在知识对象之可能分解；讲玄学的人，总说部分不能离开全体，但原子性的原则，却认为部分可以离开全体，是一个原子（atom）。由此进一步说命题是描述世界的图画，但成功一个命题，必须有形式字（formal word）在内——即常项在内。命题有一定架子，照维特根斯坦的想法，这个命题的形式与被描述之事实的形式该相对应，假若不了解对象之形式，则不可成为命题。他说科学知识世界即在了解命题对象的形式，这一个世界是用逻

---

① 今译"石里克"。
② 语出《老子·第一章》。

辑来说明的世界，可以用概念去说明的，可以用命题去表述的。

由此进一步说逻辑命题所表示的是事实世界（factual world），这是要鉴别意义世界与价值世界。维特根斯坦说：你问宇宙的意义、世界的意义吗？他答世界没有意义，世界的意义在世界之外。在此，他之所谓意义，不是原子事实间的关系事实世界。乃是其所是，没有价值观念在内。而世界的意义，在世界之外，这就是说这种意义（乃指价值），是不能用命题来表述的。很显然，他在此把科学与超科学分开了，科学世界是命题世界，超科学世界是神秘世界是超命题世界。维特根斯坦的意思，是想把意义（价值）放在神秘世界，这不是命题所能表象的，命题只能表象事实。他也说人生没有意义，人生的意义在人生以外，他这里指的人生实指生理现象的人生，可以用生理学、心理学的命题去解释，这样表述人生，人生当然没有意义；而人生意义在人生之外，这就进入超越世界中的意义了，这是不能用原子命题去表示的，此其所以为神秘。他更说人生没有死，死在人生以外，没有人过过死，只有过生，像这些问题，都可说在世界之外。不过，维特根斯坦的态度还是客观的，他在该书的结论中说："凡是可以说的地方，必须要清楚的说，如其不可说，必须默然。"

把他的思想总结起来，就是泛事实论或泛客观论（panobjectivism）。拿心理情态说，把心理现象以命题来表示，使心理学成为科学，这就是行为心理学（behaviorism）。结果，心理现象划归到刺激反应系中去。这样没有主体的人生，怎么会是真正的人生？所以了[1]在泛事实论情形下，只有事实对事实之对列关系，而无主体；如有了主体，则客观事实要隶属于主体。这在科学上是没有的。只把自己放在凌空的世界来看自然看自己所以一切都外在化平铺而为事实。但凌空的立足点在哪里呢？即是逻辑的立足点。可是，再问逻辑的立足点在哪里呢？维特根斯坦却不往下想，一般人也不往下想。如果说，凌空观察的态度本身也是原子的，那便应该平铺下来，所以维特根斯坦这种态度，即不是原子的。

希里克承接着这一思想的线索，而开出所谓逻辑实证论。他根据维特根斯坦所分别的命题世界和非命题世界，进一步否定了非命题世界（指价值的有意义），而专注在命题世界中去，成为一种纯粹知识的认知意义。这是一步极大的改变，当该特别注意。他认为一句原则上可以说真说假的话便算有意义。而可以用经验证实的，就算真，为经验所否证

---

[1] 此处的"了"为衍字，当删去。

的就是假，而原则上不能用经验证实其为真或假的，便是无意义。如"月里有嫦娥"，这句话在原则上是不能证实其为真或假的，所以便认为无意义。结果把意义只定在一个标准——认知这一层上，而把维特根斯坦存而不论的一面否定了。他们把语意分为二种：一是指示的，一是情感的。这后者是假命题，不能以感觉资料（sense data）证实。如"意志自由"、"灵魂不灭"、"上帝存在"，这不过只具有命题的样子，而实没有命题的意义——没有单单可以用经验事实证明其为真或假的意义。这些只是呓语，或概念的诗歌而已。须知传统的哲学所讨论的最后，全集中在这一部分，也只有这一部分才是哲学的极点。但是逻辑实征论的说法却把这全部抹杀了。这看来很像哲学，因为维特根斯坦曾经说过："科学是一组命题，哲学是一种厘清的活动。"

这样解释哲学，实在只是消极的意义，而逻辑实征论硬性地否定非命题世界之有意义，实际上等于取消了哲学。我们必须进一步说：哲学不但是一种活动而且是一种系统。

为甚么哲学不但是一种活动而且是一种系统呢？照逻辑实征论的说法，哲学只是一种活动，如其为系统，则为科学知识。但我们看来，如果活动的结果只说明成功科学知识，其他都无意义，则哲学即无独立、自存性，哲学不能站住其自己。要知道哲学本身必须有其独立的意义："不但是一活动，而亦是一系统"。西方二千年来的哲学史，就是一个系统，只有这样才停得下来，有独立的存在。何以哲学是系统呢？逻辑实征论的看法，科学才是命题系统，有意义；而形而上学则是非命题、假命题，无意义，是一首概念的诗歌。由这一观点看，形而上学便不成其为学了。所以，我们说形而上学有意义，则必须看成为一系统。然而，要把哲学说明为系统，这系统是甚么呢？如"意志自由"等等，我们说，这不代表科学知识，但决不是概念的诗歌或呓语，只为满足情感。虽非知识命题，亦决非没有意义，这就是形而上学所讲的东西，也是哲学最终的目的。从此看，形而上学当然是一系统，然而这既不是知识命题之对象，这些话代表甚么呢？因此我们可以说：这系统是原则的系统，先天（验）原则的系统，哲学就在要发现这些先验原则，如不能发现，则哲学没有意义。

上面我说过，人类的心理状态——喜、怒、哀、乐……的起伏，如果只是在刺激反应的因果串中，则"意志自由"不能讲了。如果不能讲"意志自由"，则有何法律、道德、责任之可言？可是，法律、道德、责任是有的，这根据在哪里？这根据就在先肯定"意志自由"，所以"意志自由"是说明法律、道德、责任的根据，这根据就是原则；有此原则，法律、道德、责任才为可能，这样去观察人生，才没有落在生灭起伏状态的因果串中。所谓先验原则（不是生物学上之先天）是对经验原则而说的，也是说，它的形成，不靠经验或归纳过程来证实。如 2＋2＝4 这就是先验命题，因为它依矛盾律即可决定真假，而不靠经验来证实。数目"2"，世界毁了依然存在，用不着靠经验。说到此，英国经验主义的洛克他就反对，他说小孩和白痴即不知有"2"。这完全是从学习立场去说的。如从学习立场说，则一切都靠经验，故洛克说"心如白纸"。但是我们要晓得，理性主义所说的"2"不是从学习立场讲，而是从数目命题形成的本性上讲。要知道数学命题和经验命题是不同的。数学命题之值是必然的，因它的反面不可能。如"今天下雨"，这便不是先天命题，而要靠经验证实。故经验原则是要通过归纳过程的。"意志自由"何以是先天原则呢？这决不是从生灭起伏的刺激反应中去看人的心理状态（此与心理学把心理状态划归到刺激反应系中，有绝大的差别）。现在心理学当作科学，就是把不可观察的去掉，把心理状态与刺激反应活动平行的去看。这样在因果串中，还有何"意志自由"可言？所以讲道德行为，便非肯定"意志自由"不可，这就是先天的原则。这种原则，不在因果串中，不靠经验来成立，不在生灭起伏的刺激反应中，而是在我们生命中本有的、固有的，如孟子所谓："恻隐之心，人皆有之；羞恶之心，人皆有之；恭敬之心，人皆有之；是非之心，人皆有之。恻隐之心，仁也；〔……〕非由外铄我也，我固有之也。"①

这就是先验（天）原则，如此才可以讲道德。孟子的性善论就是根据这一先验原则开出来的。然而这些原则怎样肯定呢？这要反身当下来肯定，再问这先天原则的本身是甚么呢？哲学上叫作最后的真实（reality），而把握最后的真实，这才是形而上学的任务。而把握最后的真实是用体性学的方式，而不能用因果方式。

（郭荣赵记录）

（原载《东风》第 5 期（1958 年 11 月））

（本文选自《牟宗三先生全集 27·牟宗三先生晚期文集》，121～129 页。）

① 语出《孟子·告子章句上》。

传统逻辑与康德的范畴
（1940）

第一节　解证思考与创发思考

康德《纯理批判》"概念之分析"一部，中含二章。第一章题目曰："理性之一切纯粹概念之发见之线索"，第二章则曰："理解之纯粹概念之推述"。第一章之题目实即等于"理解范畴之发见之线索"。纯粹概念即范畴。依照一线索而发见范畴之工作名曰"范畴之形上学的推述"。所谓形上学的推述，吾意可解为"有之推述"。即关于范畴之成立或出现之推述。此推述已，即进入第二章。是以第二章所言之"纯粹概念之推述"，实即为纯粹概念之超越推述。而"超越推述"，吾意即"认识论之推述"，亦即范畴如何能有客观应用之推述。本文所论只限于"关于范畴之有之推述"。康德此章问题甚大。决定本书系统与康德系统之不同。吾人若能取得一决定性之批抉，则纵然康德立言之精神与方法可保留，而其哲学则彻头彻尾须改变。

所谓"依照一线索而发见范畴"，此中之"线索"，粗略言之，即是传统逻辑中之判断。依照此逻辑中之判断发见理解中之范畴。此是粗略言之。若再深入而言，则一般逻辑亦可摄入"理解"而言之。依此，一般逻辑所表现之思考是解证之思考，而一般逻辑中之判断亦曰分解判断。此种解证之思考及分解判断若摄入理解以理解为准而言之，则曰"理解之逻辑使用"（此言逻辑是指一般逻辑言）。此种"逻辑使用"发为思考为解证思考，发为判断为分解判断。此义足示康德将一般逻辑归宿于理解而言之：理解之解证的思考即表现为一般的形式逻辑中之物事如判断如推理之所示。今以一般逻辑为线索而发见范畴是单指其中之判断言。每一分解判断具有一种形式，即其中各成分如何关联所呈现之形式。吾人由此"形式"，再推进一步，寻其归宿，可以发见理解之范畴，即理解之纯粹概念。然至此步，则于解证思考外，须得承认一种"创发思考"。理解之解证思考是分解的，理解之创发思考则当是综和的。康德要作"范畴之形上学推述"，实当先有此区别以为纲领。然彼又未意识及此。是以述义不显，常滋误会。须知此两种思考之区别，在康德思想中，实随处表现。兹引士密斯①语以代吾之说明：

在康德，超越逻辑与一般逻辑之区别实是理解使用之差别。一种使用是：理解，依其创发之综和活动，从所与之杂多中，产生感官经验之复杂对象。理解在其如此工作中，即经由发于其自身之概念以解析杂多而且组织杂多。另一种使用，则是：理解分化而且比较感官经验之内容，并且因而就此已经分化而比较之感官经验之内容以引申出传统逻辑中之种类概念。康德于本节中〔案：即第一节："理解之逻辑使用"〕，其意似在申辨此两种活动之公性，即：如果在此两种活动中，关于概念之起源之差异置而不论，又如果吾人只注意此两种活动之一般通性，则吾人必可见出此两种活动将在一基本之姿态上而得契合，此即言：此两种活动皆表示"统一之机能"。每一种活动皆基于思想之自动性，即：此一方面基于综和解析（诠表）之自动性，另一方面则基于分化与比较之自动性。此公共于此两种活动之一基本姿态，可以进而定为"活动之统一"，因此活动之统一，杂多性可以在一单一表象下而被综摄。在"每一金属是一物体"一判断中，金属之变化性是经由"物体"一概念而归化于"统一"。同理，综和的理解则经由譬如"本体与属性"一类之"统一之形式"以组织直觉所与之杂多。即此"本体与属性"一范畴始居于上列判断之下，而且即此范畴始使该整个判断之"特殊统一"成为可能。（《〈纯理批判〉解》，页176～177）

此两种思考皆表示一种"统一"。属于解证思考者，吾人可名曰"分解之统一"。此分解之统一乃由分化比较而成者。由感官经验之内容施以分化比较，使其内容之脉络关系或结构全部明朗，然后自此明朗之内容引出一种类概念，即以此种类概念而总摄之，此即曰分解之统一。譬如"每一金属是一物体"，吾人由金属之杂多性或变化性，即具体之

---

① 今译"斯密"或"斯密斯"。

个个金属，施以分化与比较，而发见其中之公性，名之曰"物体"，如是，即以此"物体"一概念综摄该杂多之金属而使之成为一"统一"之表象。须知此"物体"一概念所表示者即是将该杂多之脉络关系或结构全部明朗后（因分化比较而明朗）而成者。每一概念皆代表一种关系所成之理型或共相。"物体"一概念只代表其全部关系之一相而已。故"物体"一概念亦实是由对于"杂多"之内容施以比较与分化而抽成者。此即所谓传统逻辑中之概念也。"所有物体皆可分割"亦复如是。物体之变化性杂多性经由"可分割"一概念而得"统一"。此种"统一"即曰"分解之统一"，乃属于解证之思考者。"分解之统一"中所借赖以统一杂多之概念皆是为一可能判断之谓词者。故康德云：

> 吾可将一切理解之活动归于判断，依此"理解"即可说为"判断之能"。因如上所述，理解是思想之能。而所谓思想则是因概念而得知识之谓。但是，概念，作一可能判断之谓词看，是涉及一尚未决定之对象之某种表象。依是，物体一概念可以意谓某物，如金属，而金属则只有因该概念而被知。依是，其为概念只是因其能综摄其他表象而为概念，而且即因其能综摄其他表象，所以此概念始能关联到对象上。依是，此概念即是一可能判断之谓词，譬如说："每一金属是一物体"。依是而言，如果将判断中"统一之功能"（即关系之形式）吾人能予以穷尽无漏之陈述，则"理解之功能"（即理解之先验概念）即可完全发见出。（《纯理批判》，"理解之一切纯粹概念之发见之线索"章，第一节"理解之逻辑使用"。）

此段文字即明分解之统一。每一分解判断皆表示一"统一之功能"，而此"统一之功能"实即分解之统一。此分解之统一表示一"关系之形式"。此"关系之形式"即是分解判断所具之形式。吾人由此关系之形式，即可推进一步，将理解之功能（即理解之先验范畴）完全发见出。此即所引康德文末句所陈之义。然当吾人进而发见"理解之功能"时，吾人即已进入创发之综和思考矣。

创发之综和思考亦表示一种"活动之统一"。此种"统一"，吾人名曰"综和之统一"，此则属于创发之思考。与属于解证思考之"分解之统一"绝然殊途。此"综和之统一"中所赖以总摄"直觉之杂多"之"概念"，吾人名曰先验范畴，此非由分化比较而成之抽象概念。诚如上引士密斯文中所云："范畴居于该判断（如'每一金属是一物体'一判断）之下，使该整个判断之特殊统一'成为可能'。士密斯又云："如

'所有物体皆可分割'，'每一金属是一物体'等命题，须知使此类命题能构成为一种单一而独特之判断者并非谓词之性质，但是'本体属性'一范畴，因此范畴该谓词始能关联到主词。即因此范畴，此等命题始获得其'特殊之形式'。而且此范畴所表示之'统一之功能'，乃解证之理解所决不论及者"。(《〈纯理批判〉解》，页178)。然则论此"统一之功能"者为谁？曰超越逻辑也。此"综和统一"所发之范畴即超越逻辑之所究。"分解统一"所成之种类概念及分解判断等乃一般逻辑之所及。依康德，每一"分解之统一"背后必有一"综和之统一"为其根据而成就其为如是这般之形式，即所谓"特殊之形式"。是以每一分解判断必有一综和判断居其下，而使该分解判断之"特殊统一"为可能。依是，每一表现出之成文判断皆有"双重性"：自此判断之已成言，自是分解者，自可以解证思考而比较分化之，而且其真假值亦自可首先以矛盾与否为其衡量之形式标准；然若自此判断之形成之历程言，即自去成就此判断言，要非解证思考所能明，即要非分解者，而是综和者。惟此综和始能使此主词与谓词有如此之关系，而且能为经验事实上如此之关联。即此综和统一方能使该已形成之判断为一接触到经验所与之判断，因而能使其表象一经验事实而不落空。依是，一分解判断不但可以矛盾律为其不假之形式条件，而且有经验对象为其积极的真之条件，此则必须依据"综和之统一"而为言，是以判断之不矛盾并不能为一判断成立之说明之原则，而唯有综和之统一始能为其成立之说明之原则。此双重性，康德于论数学判断之为综和的时，即已指明之。此义自可应用于此处所论之知识判断而不悖。是以士密斯云：使一判断之为一具有单一而独特型式之判断者并不在其谓词之特性，而在一"范畴"。

此两种"活动之统一"中皆有概念出现。惟在分解之统一中，概念为表象内容之种类概念，对知识言，此种概念即为知识之内容而在综和之统一中，概念为发自于理解自身之范畴，此只有形式义，而无内容义，它亦不为一表象内容之概念，因而亦不为一抽成之种类概念，它只是内容所因以被诠表（解析）之条件，是以对知识言，此种概念不为知识之内容，而单为知识之形式条件。是以士密斯云："一种类概念或抽象概念表示一群复杂内容中每一内容之公性。其自身即是一内容。然而一范畴则是一'统一之机能'，内容可以因之而解析。它不是一内容，而是组织内容之形式。范畴只能在整个之判断活动中而得表示，并不在任何解证概念这类成分中而得表示。"(《〈纯理批判解〉》，页178) 此两种概念既不相同，吾人亦不能以抽象概念作为发见范畴之线索。盖表象内容之种类概念既随经验内容之变化与繁富而如是其变化与不定，何能作为发见范畴之线索耶？然而发见范畴之线索要必向解证思考所成之分解判断求。此将如何成为可理解？

欲答此问，复有一义尚须申明。此两种思考虽皆表示一"活动之统一"，然而此两种思考要非并行而独立不相依属者。依前面之解析，每一分解判断背后有一综和判断所具之综和形式即范畴为其根据。此当为康德之正义。依此义而言，则解证思考与创发思考并非并行，而是隶属。然此义，康德于作范畴之形上推述一章中之三节中，并未申明清楚。且常有令人误会之语。如康德有云：

> 依据分析，吾人将不同之表象归于一个概念之下，此即是一般逻辑所论者。另一方面，超越逻辑则告诉吾人如何将"表象之纯粹综和"（非谓"表象"乃表象之纯粹综和），统摄于概念。自一切对象之先验知识而言之，首先所给与者乃是纯直觉之"杂多"；其中所含之第二因素则是因想像而成之关于此杂多之"综和"。但是即此尚不能给吾人以知识。概念给此纯粹综和以"统一"，而且此等概念亦只存于此必然的综和统一之表象中。此等概念即是关于一个对象之知识所需要之第三成分。而此第三成分（即概念）即处于理解自身中。

此段并无误会。然而续此段之下段又云：

> 给"一判断中种种表象"以统一之同一功能（或运用）同时亦给"一直觉中种种表象之综和"以统一；而即此"统一"，自其最一般之表示而言之，吾人即名之曰理解之纯粹概念。此同一理解，经由同一运用，依照分解之统一，它（即此同一之理解）在概念中可以产生一判断之逻辑形式，而同时若依据一般直觉中之杂多之综和统一，它又可以在概念中引出一超越之物事入其表象中。（《纯理批判》，"理解之一切纯粹概念之发见之线索"一章，第三节"理解之纯粹概念即范畴"。）

此段即有误会，而误会即在"同一理解"，"同一运用或机能"中"同一"二字。士密斯对此颇有疏解。兹引其语如下：

> 康德此种解析极端令人误会。如其后文所示，此处所说者决非其真意。吾人将见康德并不能证明，而且最后亦实未曾证明：此是

"同一理解"，此是"同一运用"，即未曾证明：作用于解证思考及创发思考中者是"同一理解"，"同一运用"。……康德之辨论实并未基于"因自觉地比较内容而形成之概念"与"发自于理解自身之概念"间之任何类比上而进行。此两者固皆表示"统一之功能"，然依康德自己之主张，此两者间实无些微相似处。(《〈纯理批判〉解》，页177~178)

士密斯于本段继言种类概念与范畴之不同及其关系，此在上文已经征引。复续此义，又言解证思考与创发思考两者并非并行而独立。其言曰："依是，康德所引出之两者间之类比虽废弃，而其辨论却又在一新的而又极不同之方式中进行。此辨论不再基于并行而独立之解证思考与创发思考间之任何设想之相似性上而进行。其辨论是在想证明解证思考必预设创发思考而且必为创发思考所制约。假定吾人对于理解在其表现为解证之程序方面作一番研究以后，吾人可希望发见出些综和的形式，依此综和形式，理解可以进行其前逻辑之活动。当吾人已决定分解判断之种种形式时，含在综和思考中之范畴即显示其自己于吾人之自觉意识中。"(与上文同段，页178)士密斯复引康德"序论"中文以明此义。此义自为康德所执持。是以士密斯又云：

> 依是，解证概念与先验概念间之类比瞬时引出之，又瞬时置弃不问矣。虽然种类概念亦基于统一之功能，又虽然只能在整个的判断活动中作为成分或分子而存在（此义稍后即论之），然而此等概念与范畴间决无些微之相似性。发见范畴之线索并不在解证思考之内在特性中获得，亦不在其特殊成果即其所成之概念中而获得，但只在经过一切抽象后，离开创造思考所创造之成果外，仍有所保留，即在此中而获得发见范畴之线索。每一种分解判断经过检查后，将见其必含有某种特殊运用形式之存在，依此特殊运用形式，概念的成分或分子即与该分解判断中其他成分相关联相统一。此种统一之功能或运用形式，在每一判断之情形中，即是理解之先验范畴。此即康德所谓："如果能将判断中统一之功能（即关系之形式）予以穷尽无漏之陈述，则理解之运用形式（即理解之先验概念）即能完全发见出"，一主题之义也。

> 如其如此，则所谓："因同一活动，理解解证地形成抽象概念而创造地组织感觉之杂多"一主断，必须舍弃。"比较及抽象之历程"与"综和的解析之历程"，此两者间决无真实之同一，甚至亦

无任何之类比。"比较与抽象之历程"只是反省的;而"综和的解析之历程"则是真正创造的。解证活动是自觉的历程,且在吾人之控制下;而综和历程则是非自觉的,只有其已经完成之成果始出现于意识范围内。但是,此是预测一结论,康德自己最后所欲实现之结论。此即说:"此两种活动归于同一源泉"一义是无有证明者。如康德最后所欲执持者,乃谓综和活动是由于"想像之能"。(以上两段,《〈纯理批判〉解》,页179)

士密斯以为"同一理解","同一活动",此中"同一"二字甚有误会。吾则以为此并无若何误会。"同一"二字不必看得太死煞。因为无论解证或创发,自表面言之,本可同名曰理解。虽同名曰理解,然实又分为截然不同之两姿态。即此两姿态之区分,遂不至有若何之误会。若牵涉到其源泉,或论到其自觉不自觉,则为另一事。即顾到此问题亦并不因言"同一"二字,即不能谓此两姿态之属于不同源泉也。言"同一"并不函此两姿态之同一性或相似性,因明谓两不同之姿态也。吾以为此是士密斯之过敏。至说到两者间之"类比",则亦未尝不可说。盖类比者,指此两行相对而言也。表面观之,实是平行之两行:一方为范畴,一方为种类概念;一方为创发思考,一方为解证思考;一方为分解之统一,一方为综和之统一。此如何不可相关类比而言之?至此两者为若何之关系,则为进一步之问题。何以一言类比,即谓其有相似性或同一性?即谓其是并列而独立?读书可如是固执乎?惟康德于"范畴之形上推述"一问题,陈辞实不严整,亦不明朗。士密斯如此疏道而厘清之,自能增加其显豁性。故其疏解,可无容议。吾在此如此说:

一、种类概念与范畴不同:吾人并不自种类概念而作为发见范畴之线索。

二、解证思考隶属于创发思考:然亦不能即谓自解证思考而发见范畴。解证思考是一活动历程,此活动历程所遵守之法则即是一般逻辑中之形式法则,而此形式并非范畴,亦不能由之以发见康德所向往之范畴。是以发见范畴之线索不在此。

三、解证思考形成分解判断,而每一分解判断具有一种"分解之统一"。分解之统一,如自表现于判断中而言之,即为分解判断所具之"关系之形式",亦即每一分解判断之"特殊形式",譬如定然判断即具有主谓之形式。康德以为即此分解判断之"特殊形式"始可以作为发见范畴之线索。

试看吾人如何能由此而发见范畴。此中委曲万端，非可轻易滑过。以上所述可只为此正面问题之讨论之预备。

第二节　发见范畴之线索及原则

每一既成分解判断之形式，即是发见范畴之线索。每一既成判断之双重性即是发见范畴之原则。再引士密斯文以明此义：

范畴可以构成一概念之统一性，并且足以制约解证思考之历程。此等范畴在复杂内容中得实现，复杂内容即是解证思考之起点。"解证的比较与抽象"之历程无论引至何境地，必仍有一范畴持续于其中，持续于其中而决定分解判断所持有之形式。例如：定然判断只因"主体属性"一先验概念而形成其自己，假然判断则只因"原因结果"一纯粹概念而形成其自己。其他皆然。依是，有多少分解判断之形式，即有多少范畴。此即当恰当地讨论超越推述之较深而且较后的结果时，形上推述之原则何以须先解析之故也。自解证判断之模式推出理解之形式，在此，康德以为分解判断所含之问题同于综和型之判断。但是，根本上言之，范畴之所以能自解证判断中而推出只因范畴是解证判断所经由之而成为可能之条件。

但是，康德虽然在此节以及"分析部"之中心意义似已至此结论之尽头，然而却从未显明引出之。吾人将见（稍后即论），吾人必须进一步承认即：范畴表之完整性并无绝对之保证，而欲决定范畴间之内部关系亦无令人满意之方法。即以此故，最后，一般逻辑遂与超越逻辑脱节而孤离。"批判研究"之形成俨若只讨论彼显然为综和之判断者。依此，形上推述之原则，为康德本人所陈述者，并未依上段所述之意义而陈述。是以吾人仍须去决定康德在形上推述中所采用之原则实际上究竟为何一困难之问题。

康德对于形上推述之原则有两层要求。第一，它必须能使吾人发见范畴；第二，发见后，也必须能使吾人见出如此所发见之范畴可以形成一有系统之整全，因而有其完整性，而此完整性之保证决不只经验之考量所能担负。此原则有时述为广义，有时述为狭义，即在一较特殊之形式中被陈述。因为在此点康德仍无十分决定之语气。此原则之较广之形式是如此：一切理解之活动是判断，因此，理解之可能的最后的先验形式即同于判断之可能的最后的形式。其较特殊而正确之形式则如下：对于分解判断之每一形式，必有一理解之纯粹概念与之相应。该较广之形式显然不恰当。因为它只是判断问题（非概念问题）之重述。如果需要原则以保证先验概念表之完整，亦同样需要一原则以保证判断表之完整。此较广之形式，即使如"序论"中之所述，比较显明，因"序论"中定判断为理解之活动，而此活动可以包括理解的一切其他活动，即使是如此，亦不能使吾人去保证任何判断形式表之完整，或去决定此等判断之系统的相关性。依是，吾人须归到第二观点，即较狭之形式。但此较狭之形式又引吾人遭遇进一步之问题，即：有何原则可以保证分解判断表之完整？对此问题，康德绝无答复。读者之种种疑问，因康德之坚决相信传统逻辑所作成之分类之恰当性与最后性，而归于无效。（《〈纯理批判〉解》，页182~184）

以上三段，大体甚是。是以士密斯归结云："理解之逻辑使用"一节中之一切混乱及隐晦皆可追溯到康德对于形式逻辑之态度。康德固亦知传统逻辑中之种种缺点，"然彼总以为此只是小节，而总承认其成就为完整为最后。"康德之超越逻辑固于一般逻辑外指出一新方面，此则作传统逻辑所不能作。然无论如何，"最后，康德总视一般逻辑为一独立之训练，而其流行之形式亦为最适当之形式。他复不知分解判断之要求超越的证实（或安立）并不亚于综和判断"。"依据康德自己之认可，超越逻辑并不能保证整个《纯理批判》所十分予以重视之'完整性'，即范畴表之完整性。一般逻辑则已许其有一独立之立场，足以护持其权威性；而所预设以保证范畴表之完整之'原则'，在其形成中并不含有'解证思考依于综和思考'之昭示。康德必以为形式逻辑自能为'判断之最后形式之分类'提供一标准，而其所以能提供此标准正因其工作乃为相当之简单，而且独立于一切认识论之观点，如思想历程之本性，范围及条件等问题。因为形式逻辑是一完整而圆满之先验科学，已经二千年之考验，而实际上至今亦未变更，故其成果可被认为是最后的，而且能在一切进一步之研究中毫无疑问地被采用。分解思考既已科学地论之于一般逻辑中，则《纯理批判》只须论综和判断之可能及条件即足矣。依此，分解判断表可以提供一完整而绝对有保证之'理解范畴'表。"（《〈纯理批判〉解》，页184~185）

士密斯最后综结云："……超越推述之结果迫使吾人对于形上推述之全部辨论要求一完全之重述。当此步工作作讫，将见不再有任何根据使吾人设想范畴之数目可以在一先验根据上而决定。依据康德自己对于一切先验原则之综和性因而亦只是事实性之基本主张，吾人将见范畴之必然性只有因涉及现实经验之偶然事实而可被证明。可能的概念形式是与偶然的感觉材料中之现实而基本之差异相关对；而即因此相关对，所以范畴始不能在纯粹先验根据上而得系统化。此点，康德自己亦承认，不过由此而来之重要后果，渠未有全幅觉识而已。康德在《纯理批判》第二版所增加之一段文中有以下之语句：'理解只因范畴，而且只因如此之范畴而又如此多之范畴，以产生统觉之先验统一性，此一特殊性是再不能有进一步之解析，亦恰如为何只有此等判断之形式而无其他，或为何空间时间是可能直觉之唯一形式，此亦不能再有进一步之解析。'（第二版理解之纯粹概念之超越推述，第二节，廿一段最后一句。士密斯译本 161 页。）"（士密斯《〈纯理批判〉解》，页 185～186）

吾人可以先厘清士密斯之疏解。士密斯之申明康德对于传统形式逻辑之态度是根据《纯理批判》第二版序言第二段中所说而写成。其申明无曲解，读者可参看。传统逻辑，无论以何成分而构成，总是一般之形式逻辑，因而亦总可为一独立之训练，它有其独立之领域，吾人之治逻辑亦总可处于此独立之领域内而如此逻辑之自身而如如地研究之。此是逻辑家之态度。然须知传统逻辑中所含之概念论及判断论大都与认识论及文法学混融于一起，因而其论之也，亦总牵连及认识论之观点及文法学之观点，而依此两观点而讨论又总归于经验之考量，因而亦只是归纳之态度。即以判断之归类而言之，虽其结集极人工技巧之能事，而总无必然如此之先验理由或逻辑理由。吾人亦无一纯逻辑之原则，即所谓纯粹先验根据，以安顿此技巧之结集。吾人如不能从纯理上建立其根据，此技巧之结集即不能有必然性。然而康德于作范畴之形上推述时，却欲取此以为发见范畴之线索。此中有两大问题：

（一）此判断形式之分类表，其完整性与必然性有保证否？因而由之而发见之范畴表之完整性与必然性有保证否？

（二）根据判断之形式以发见范畴，其"原则"究如何陈述？究有可能否？

此两大问题皆为士密斯所注意。据上文所述，第一问题，士密斯以为无论判断表或范畴表，其完整性与必然性俱无保证。而因为自判断以发见范畴，故范畴表之完整性无保证实因判断表之完整性无保证。然此尚不过否认其完整性或必然性而已。无完整性是说不必如此之多或如此

之少：也许可以再多，也许可以再少。无必然性是说不必为如此之判断
与范畴：也许可以代替之以新发现，也许可以有淘汰，或全淘汰。无论
如何，此只表示此"表"不必如此，判断或范畴亦不必是"此"。然吾
人尚可如此说：无论是否完整或必然，如其有判断，吾人即可根据此判
断之形式而发见一与之相应而为其根据之"范畴"。依是，判断表及范
畴表之完整性虽无保证，而判断总要有，因而范畴亦总要有，范畴之数
目虽无必，而范畴之先验性与综和性总保留。依是，"由判断以发见范
畴"之线索或原则总有效。盖保证其完整性之原则与发见范畴之原则不
必为一事。于前者虽无原则以保证之，并不妨碍后者之原则之成立。士
密斯所疏解者似只归结于无原则以保证其完整性，即只否认其完整性。
而于此两种原则之须分别论似并未注意及。其往复申明者，似只在辨
明：一、康德并未予传统逻辑中之分解判断以超越之安顿；二、康德只
根据二千年历史之考验以认取判断分类之完整性；三、传统逻辑与超越
逻辑彼此孤离而成为外在之关系（然若彼此孤离，则如何能由传统逻辑
以发见范畴实是难事）；四、依是，康德并未依照"范畴为分解判断之
所以可能以及所以具有此形式之条件"一原则而推出范畴，然而形上推
述之原则无论为广义或狭义，似均含有"由此原则以推范畴"之意义，
然而士密斯之批评此原则之两种陈述，其着眼点却又马上滑入"无保
证"一问题。自此第四点而言之，可知士密斯于吾所指出之两种原则并
未分别论。渠似以为若依第四点中之原则而推范畴，俨若范畴表即可得
保证。然若真依该原则推范畴，范畴表亦未必真能得保证。是即可见发
见范畴之原则与保证范畴表之完整性之原则不必为一事：此原则足以发
见范畴矣，然不必亦能保证其必然性。康德归于一原则，而对此同一原
则复有双重之要求，吾以为并未能实现。此要求自是合理者，然在康德
之系统内，则不能实现此要求。其所以不能实现，即在分解判断表之不
能得保证。是以士密斯总归于"无保证"一疑难非误也。然范畴表之不
能得保证即冲破康德对于形上推述之原则所作之双重要求。若此双重要
求已冲破，吾人即谓形上推述之原则倒塌乎？如其然，则范畴即无得而
发见。是以为避免此不幸之结果，故指出：范畴表虽无保证，而发见范
畴之原则仍有效。依是吾人可以先列两原则：

（一）发见范畴之原则；

（二）保证范畴表之完整性之原则。

由分解判断至范畴不过是线索。而由此线索以实现发见范畴之目的

则须根据一原则。此原则即为形上推述之原则。然此原则在康德系统内决难满足康德双重之要求。如不能满足此要求，则暂时即可以列为两原则。如是，此两原则在康德系统内乃为不能融化于一起者，而实际上亦未能使之俱成立。此一问题决定吾人之事业。现在吾人对康德则如此说：吾人若予以同情之理解，而会通其精义，则结果只能承认其"发见范畴之原则"，而不能承认其范畴表之完整性之有保证。发见范畴之线索可如下述：

"由分解判断之特殊形式可以引吾人至范畴之发见"。

而发见范畴之原则，则如下述：

"每一分解判断所以具有此特殊形式实因有一与之相应之范畴在其后而为其所以可能之先验的形式条件"。

简言之，则如此说："每一判断之双重性即是发见范畴之原则"。

依据此原则，只能发见范畴之存在，但不能决定范畴之数目。吾人亦无一先验根据以保证范畴表之完整。此即士密斯最后之归结。所谓"范畴之必然性只有因涉及现实经验中之偶然事实而可被证明"之义也。吾于此可同意。但疏解康德至于此，则将有极重要之结果出现。范畴之理论必将全部改变。未知士密斯亦曾意识及之否耶？此义下文明之。

然即使承认其"发见范畴之原则"，吾人之疑问尚不能止于此。以上所论不出士密斯之范围。吾之问题不止此。吾人且不问：如何由分解判断发见范畴，当先问：由逻辑中之判断是否能发见康德所指谓之范畴。如不能，则由之可以引出者为何事？先作如是简要之疑问。下文详细推明之。

第三节 逻辑中判断分类表有必然之保证否

以范畴为专题而研究之，且予以列表分类，自以往哲学史上言之，大体可集中于二人。一为亚里士多德，一为康德。亚氏前无有用"范畴"一词者，即其师柏拉图亦未曾用。范畴，无论在亚氏或康德，俱与命题或判断有讨论上连结。亚氏首用此词，而其列表分类即与其"谓词论"相关联。（当然，亚氏与康德以外，脱离逻辑学而纯自形上学或本体论以论范畴者并不乏人，处处泛用，更成惯例。但此俱与本论题不相干。自逻辑学以论范畴，较有法度，吾人可名此曰传统之观点。至由此而引出之范畴之义用，则是另一问题。）与命题或判断有讨论上之连结，遂引导康德由判断表以发见范畴表。在亚氏则与其"谓词论"相关联。吾人可说亚氏是由"谓词之模式"以发见范畴之分类。依亚氏，每一命题有一主词与一谓词。主词指示一最真实而独立不依之存在，即本体。谓词则是隶属于该本体的一切事，包有纲、目、质、量等等。由此等谓词样式之研究，吾人可有一"谓词模式"之分类。在此分类中，每一类若用一总持之概念表示之，即为一范畴。依是，结果撰为十范畴。此十范畴即为一组"通孔之格式"。任一特定谓词皆可指给此"通孔格"中之某一格，而且只是一个格。依是，范畴之分类即表示"谓词模式"之分类。每一范畴指示一"谓词之模式"。如果以范畴为准（已经分列出后），吾人可说：依照范畴，吾人可决定谓词模式之为何。在此，范畴表示最抽象之种类概念。设取一主词，如"孔子"，若将关于孔子所能作成之一切主断程式出，即可达到此种"谓词之模式"。孔子是"人"，是"动物"，此等谓词属于"本体"一范畴。孔子是"黄色人"，此是属于"质"范畴。孔子身长"八尺"，此是属于"量"范畴。孔子畏于"匡"此是"地方"一范畴。孔子是"春秋时人"，此是属于"时"。其他皆可依此明。此等谓词表示不同种类之物事，而且表示不同种类之物事在不同之模式中关联于主词。依此，吾人可说：范畴复能表示一切依照其存在之模式而存在之东西之分类。范畴是最后之类，不可还原之类。此等纲类，汝若将"此是什么"一问题推到家，即可获得之。如：孔子是什么？曰人。人是什么？曰动物。动物是什么？曰"本体"。在此，吾人达到一最后之物体类。又如：此是什么？曰红。红是什么？曰颜色。颜色是什么？曰"性质"。吾人又达到一最后类。其余类推。

依是，一、范畴表示谓词模式分类，同时亦表示一切存在之分类。每一范畴表示一类存在，同时亦表示一种"谓词模式"。依是，有多少存在类或谓词模式类，即有多少范畴，依是可作成范畴之分类。二、若以任一命题中之"谓词模式"为首出，而使其可理解，吾人可说：每一谓词模式其所以为此特殊之模式皆因有一范畴使之然。三、然此十范畴只是种类概念：是存在之种类，而非存在之构成元素；是表示真实存在之种类，而其自身非"真实存在"。又表示谓词模式之种类，而其自身非谓词。依是，它既非本体论上之构造成分，形式或质料，亦非认识论上理解中之构造的形式条件，如康德之所谓。四、依是，它与谓词对言，或与存在对言，吾人难说谁是决定，谁是被决定，谁是主，谁是从。它只是吾人向外究讨所归纳成之种类概念。依此，康德批评亚氏之范畴表只为由归纳而成者，并无一定之逻辑原则。五、它表示"谓词模式"之分类，但并不能表示"命题形式"之分类。命题形式之分类是另一步工作。因为，显然，谓词只是构成命题之一部分，而不是命题之全体。是以一整个命题之形式必不同于谓词之模式。依是，命题形式之分类须有待于依另一原则而进行。既不能表示命题形式之分类，所以亚氏虽依谓词之模式而达到十范畴，然与康德依分解命题（或判断）之形式而发见理解之范畴全异趣。康德所依据以发见范畴之线索乃命题形式之分类，非谓词模式之分类。康德所作者意在发见一构造之成分，而亚氏则只达到表示事物或谓词之分类之种类概念，此等种类概念对于存在之构造成分并无所担负。依是，亚氏之论范畴虽与谓词，泛言之，与命题或判断相连结而论之，而于命题之分类及构造知识及存在之成分两无所获。六、然而所达到之范畴实是表示"存在"之概念，虽其本身并非构造存在之原素，如四因，或四大，或原子。所谓表示"存在"之概念，实是表示事物分类之概念，自此而言，它已出乎纯粹逻辑范围之外。然而，它又实是表示存在之概念，表示谓词之模式。康德自命题形式发见构造知识及知识对象之形式条件，然则吾人岂不可依据康德立言之精神，再自谓词之模式以发见此形式条件耶？亚氏实未发见出。然若吾人今日用心不同，用亚氏所未用之心，因而立言大义亦不同，岂不可再由谓词模式一途径以发见函义及作用全异之范畴耶？此是一新方向，将来能作至何地，吾人尚不知。然在此至少可提出此途径，依是，与康德并而为二：一、是由命题形式以发见范畴；一是由谓词模式以发见范畴（其义用须与亚氏全异）。

以下论康德建立范畴所取之途径。

康德顺逻辑中命题或判断之形式以发见范畴。根据此线索，再依据一原则，即可获得理解之范畴。依此，要保证范畴表之完整或必然必须首先保证逻辑中之判断表之完整或必然。此义前文已提出。今再列两大问题如下：

（一）逻辑中之判断表之完整性或必然性是否决定有，即其保证是否为可能，如可能，将因何而可能？如不可能，将因何而不可能？吾意，此将牵涉到命题形式之构造论。

（二）由逻辑中之命题或判断，无论其有否完整性，即有之，亦无论是否有保证，总之，由此种命题或判断之形式是否能引吾人发见康德所意谓之理解之范畴。如不能由之以发见康德所意谓之范畴，则将是否能由之以发见出某种物事；如能之，则此某种物事究为何事。

兹先论第一大问题，逻辑中之命题或判断表，在传统逻辑中决无绝对之保证，而且顺其论法，亦绝不能发见出一绝对之保证。不但传统逻辑是如此，即在现代逻辑中，所作之命题形式之分类亦无逻辑理由以保证其必然，而且顺时下一般逻辑家之论法，亦永不能发见出一必然如此之保证。然传统逻辑之论命题形式是原于言语或文法学，而且虽有二千年之历史，其论之也仍未脱此巢臼。现代逻辑则有进一步之觉醒：其论命题形式在理论上可以脱离言语或文法学之羁绊，而且自觉地提出"逻辑句法"一名词，此名词即函有吾人可以逻辑地讨论而且构造一命题形式之启示，此即示已跳出言语或文法学之巢臼。须知即此一步觉醒，对于吾人有大便利，至少对于吾，可以诱发出一种命题形式之构造论，依此构造论，吾可以引出一理由或原则以保证逻辑中之命题形式之必然性。此步工作或能实现士密斯所谓"分解判断之需要一超越之安立并不亚于综和判断"一语之要求。（士密斯说此语时，所谓分解判断自指逻辑中分解判断之形式乃至此形式之分类表言。每一判断之双重性固已指出分解判断之超越安立。然此义与此处士密斯所说之语异，须善会。否则，与此处所说不相应矣。）吾想，吾已作到此步矣。然一作到此，则命题形式之理论乃至由之所可发见之物事必全变。此暂置之。现在且说，现代逻辑有此步觉醒，对于吾有此大便利，然而传统逻辑之命题或判断论却并无此便利。惟吾人可以引顺之至于此便利，而使命题形式之构造论归于一。然在既成之传统逻辑中之论法，则无由以至乎此。是以康德所结集之判断分类表并无必然如此之保证，亦无先验理由以明之。

兹复有应申明者，即传统逻辑中命题或判断，此两名本指同一事。或曰命题，或曰判断，皆无不可。大抵有哲学趣味者皆喜曰判断，而纯粹逻辑家则只曰命题。然无论如何，在纯粹逻辑范围内，则总是此事实。尤其当论及"命题形式"之分类时，无论曰判断曰命题，总是此一套物事之追究。命题与判断，若在逻辑学范围外，譬如自认识论而言之，也许有分别。而且"判断"一词也许更有其特殊之函义，譬如，每一判断总函一"能断之主体"，即理解之活动，而能断必函所断，依是必有一所断之对象，此即此判断之内容。此如许函义，也许非"命题"一词所能函。然在逻辑范围内，则此诸函义可全不顾及，因其所究者只是此命题或判断之形式故，譬如为全称者，抑为单称者，为定然者，抑为假然者，此皆命题之形式，不管名之曰命题或判断，其所研究者总是此形式。是以名称之差异不生若何影响也。又因只研究此形式以及其分类,而不追求命题所表象之对象或有外面涉及之认识上的意义或形而上的意义,如亚里士多德认每一命题之主谓词皆有本体论上之根据,或如鲍桑奎及布拉得赖所分析之判断之形上学的意义等,则无论取何名亦皆不生关系。又研究此命题之形式以及其分类,与言分解判断与综和判断之不同者异。此逻辑中之命题形式,若平铺之而为一实际之命题或判断,则自逻辑学之立场或所谓解证思考之观点而言之,则此等命题皆可说为是分解的。然当一说分解与综和,吾人所论者乃是一知识之命题,论此命题之知识上的意义,而非论此命题之形式。最后,吾人所谓论命题之形式以及其分类,是单指逻辑中之命题或判断言,既不是泛论判断分为分解的与综和的两种,亦非就各种学问而言各种学问之命题之特殊性质,因而命题之分类亦即形成学问之分类。此非此处之问题,不应混扰。依是,康德由判断表以发见范畴,其所谓判断表正单是逻辑学中之判断分类表。此义务须认清。

以上申明数义,皆极重要。如果康德所依据之判断表只是逻辑学中之判断形式之分类表,则吾人可说,此种判断形式之分类,依照以往之论法,是绝无必然性,亦无一逻辑之原则,所谓先验根据,决定其必为如此之形式,而且决定其必为如此"多"之形式,而且决定其必为质量关系程态四纲领所成之四种类。亚氏《逻辑学》中固已论及命题。然其论命题似是单就推理,无论直接的或间接的,而论之,并未空头专论命题之分类。其《命题篇》之论命题是以说明命题间之相反、矛盾,乃至AEIO四种命题间之对待关系为主要目的。(参看吾《逻辑典范》第一卷第六章)而此种论法显然是就命题间之关系或对待推理而为言。彼由此再进而论三段式之间接推理仍以 AEIO 四种命题为根据。AEIO 为四种定然命题式,此就推理而言之。后人逐渐增加析取推理与假然推理,因而引出析取命题之形式与假然命题之形式,此仍就推理而言命题。再逐渐增加双支推理。然此不过为假然推理之变形。即照其构造之成分言,除假然命题之形式,至多复含有析取命题之形式。依是,就亚氏个人言,其论命题是就推理而言。即就全部传统逻辑,自其推理系统而言之,亦不过定然之 AEIO 四种命题形式以及析取命题之形式与假然命题之形式三种而已,而此仍皆就推理而为言。亚氏本人未空头作命题形式之分类。后人演其绪,除增加推理形式外,复辟一门专论命题形式之分类。乃渐离"就推理而论命题"之密义。其论"命题形式"本身之构造，并未自逻辑上指出其依何逻辑律则或概念而构成。此步透不出，对于命题形式之构造，难有总持之理论。其论命题形式之分类亦未能作到依何逻辑根据而如此分。此步作不到，其分类亦难有必然之理由。其论命题形式之形成，言语之句子形式是其根据；其论分类，文法学是其底本。皆不能离于言语句式之窠臼。此无本之论。盖因言语文法皆历史社会之产物，有约定性，无逻辑性。此其一。即除言语文法之根据外，再寻其他理由以明命题之形式及其分类，则亦不过就一有意义之命题所表象之事实之姿态或关系而言之而分之，因而明其为如是之形式，明其为如是之分类。其起争执而以为不如是者，其论之根据仍如故。然事实之姿态或关系，其多何限，其变何限。依此而明命题之形式自无必然。此其二。即就康德所结集之判断表而言之，亦是如此。

譬如，自量的判断言，不过因吾人有时可以说一表示一件事或一个体之句子，如"一妇人哭而哀"、"孔子凭轼而听之"等，或有时说一表示某一件事或若干件事之句子，或有时说一表示所有的事或一切个体之句子。此就此命题所表示之量言，其量是数目之量。而对于此表示"数目量"之概念，如"一个"、"某个"、"一切"，若不能自"内"而找出一逻辑根据或寻出所以能发出此概念之先验理由，则只有从吾人对外面事实之姿态而说此一句话上以表示其为如此之量之判断，此是从描述事实而表示句子之形式。然如其如此，则理由在外，乃为随偶然之寻伺而成功此句子之形式。如其如此，则何以必只是此形式耶？即从此量之概念自身方面言，先不说此命题之量之形式因何理由而解析而成立，则亦不必只此三概念。吾人岂不尚有"任何"、"每一"等概念？然则量之判断何以必是三？又何以其三必是此？此皆无理由者。即使汝从事实上，将凡类乎此之量概念（此表示量概念尚有其他表示法，此言类乎此之量概念只是数目之量概念），皆予以无漏之尽举，而如果不能自内将此一切概念之先验根据或逻辑理由透出之，而徒自吾人表示"外面事实之姿态或关系"之句子上而明句子之形式，则虽事实上将类乎此之量概念尽举之而无漏，汝亦不能有逻辑理由保其必无漏或保其必如此。此即表示说：逻辑学中命题形式之分类，如不能自内找其逻辑根据，而徒自表象事实之姿态方面表明句子之形式，则其分类乃永不能一定者，除其为偶然寻伺由归纳而成之结集外，无其他理由可以说必如此。量之判断是如此，质之判断亦如此。肯定形式者，不过表示吾人对外面事实可以说一以"是"为连系之句子，如"雪之色是白的"；否定形式者，则对外面事实可以说一以"不是"为连系之句子，如"运动不是静止"。如不能自内将"肯定""否定"之逻辑根据建立起，而自"表示事实"上以明命题之形式，则亦不必只是此两者。吾岂不可以说"许是"、"将是"、"或不是"、"将不是"……等等形式耶？汝有何标准将此等概念排除去而视被不能构成命题之形式？至于"无定"一形式，譬如："此是'非红'、灵魂是'非变灭的'"等，则尤为涉及外面事实而成者，因而亦有种种之考虑。如果肯定否定尚可以自内找出其逻辑根据时，则此"无定"一概念却未见可能。而且如真能自内找出肯定否定之根据以明命题之形式，而且只就有此种先验根据者以说命题之形式，则吾人将见"此是非红"一命题，自"宾词之意义"而说其为无定，然而自此"整个之命题"之形式言，实是肯定形式之命题。吾人言命题之形式，非言"宾词之意义"。何得以此而决定命题形式耶？认取命题形式之标准究何在？此可乱乎？复此，关系之判断亦如此论。定然命题式，自言语方面说，不过因文法学中有直述句子式，而自说话方面讲，则又因吾人可以说一句表象"眼前现实事象"之命题，或不必就现在事象言，而一般地说一句"肯断如此"之命题或有"直呈意义"之命题，如"眼见水能灭火"，或"物体皆可分"，因此遂说此等命题之形式为定然形式。假然命题式，则又不过就眼前未曾实现之未来事象而说一句有"虚拟意义"或"假定如此"之命题；或就眼前已现之事而不确知其原因，因而虚拟一理由以为此事实之解析，因而亦成功一"假然如此"之命题；或根据以往之经验，对于一人提出一警告，或对于一事提出一预测，因而亦可成功一"假然如此"之命题：此如，"如果仍有太阳，则太阳明天将自东出"，"如果有力，则有运动"，"如你吃砒霜，则将会死"，"如雨继续如此下降，则物价将上涨"。此皆因涉及外面事象之姿态或关系，或因涉及吾人表示事象之态度，而表明此命题为如此之形式。析取命题式，如"世界或因盲目之机遇而存在，或因内部之必然而存在，或因一外在之原因而存在"，"孔子或是春秋时人，或是战国时人"，"一在无穷之群中或有一律则，或无一律则"，"今天或下雨或不下雨"等，此一方可以表示吾人对于一事象无确定之知识，或另一方表示对于一对象分为互相排斥而又互相共在之若干部，因而形成一析取之综体，借此可以决定一完全之知识，或对于一对象将其可能之解析全列出之，以成功一可能解析之全部领域，然而不决定其究是何种，因而成功一析取之命题。凡此，无论是何意义，总是外涉事象而表明此命题为析取之形式。如此三种命题形式皆自表象"外面事象之姿态或关系"或自吾人"表示事象"之态度而表明之，而不能自内找出决定此形式之概念之先验根据，则即无理由说必是而且只是此三种。命题之关系形式甚多。如今日数学逻辑家所分析者，如大于、小于、等于、间于、传递、对称、不传递、不对称等等，皆是关系式。吾有何理由而说此等不是关系命题耶？总之，逻辑学中之命题，如果构成其为此命题形式之先验根据不能自内而获得，则凡一切分类皆是偶然的，随意的，而无必然之理由。即再加上今日逻辑家所指出者，吾亦如此说。最后，关于程态之命题式，如或无、实然、必然，其以往之论法，亦是自涉及外事之姿态或关系，或因吾人表示"外事"之态度，而表明之。此尤与说话者之态度有关。此是否能为逻辑中之命题，尚有问题。其特殊性，康德已知之。康德以为"彼于判断之内容无增益。盖除量、质、关系外，无有能构成判断之内容者。其所表示者只是系词之价值。"此且不论。吾意：此三概念或用以表示一知识命题之价值，或用以表示一形式命题，如逻辑或数学中者，之价值。彼是否能有先验根据由之以形成逻辑中之命题形式，亦不无可疑。此有关于逻辑自身之认识，此可不论。然无论如何，如自言语句式以及自表示外事上而表明命题形式，其分类总无必然性。吾人并非否认其为一命题形式，但只表示：依此论法，其分类是否必然？构成此"形式"之概念是否有先验根据？依以上所论，传统逻辑中之判断分类表皆不能说有必然，而于此第二问题，彼辈亦根本未注意及。

由以上之讨论，吾人可列以下几个重要陈述：

（一）讨论逻辑中命题形式之分类有二途径：一、自文法学中之言语句式以及自表示外事之姿态或关系方面表明命题形式之分类；二、自内面找出构成此"形式"之概念之先验根据或逻辑理由以决定命题之形式乃至其分类。〔案：此为讨论命题形式之途径之大分类。传统逻辑中之论判断俱采第一途径，依此其分类表之完整性无保证。第二途径中所谓"自内"中之"内"究竟是何"内"？内在何处？吾人此时尚不明白，虽是总可明白。暂时只对第一途径中之"外"而姑言"内"。上文屡言"自内"，意亦如此。〕

（二）认取命题之"形式"，固须自整个命题而观之，然所谓"形式"（命题的）要必确有所指。一命题有变项，有常项，如"A 是 B"，A 与 B 是变项，"是"是常项；有关系字，有名项字，如"如 A 则 B"，"如则"是关系字，A 与 B 是名项字；有实变项，有虚变项，如"凡 A

是 B"，"有 A 是 B"，A 与 B 是实变项，"凡"与"有"是虚变项，古言所谓全称偏称是也。认取命题之"形式"须自常项，关系字，虚变项等处认取，不可自变项、名项字，实变项处认取。外此，又不可自命题所表示之内容或其所涉之外事而讨论或认识命题之形式。一整个命题，如有内容或表外事，则自有其意义，但整个命题之"形式"亦有表意。吾人如就一命题之意义而认取此命题为何形式，则不当就命题之内容意义定，而当就命题之"形式"所示之表意定。此即示：一命题除其内容意义外，尚有其形式意义在，吾人决定命题形式之先验根据，即决定形成此"形式"之概念之先验根据。〔案：康德论判断形式之标准极不确定，而且大抵就内容意义言。此固由其自表外事以明判断形式所必函者。然吾人却必须严有简别，此盖为不可疑者。〕

（三）欲定逻辑中之命题形式以及其分类，而且欲使其有必然有保证，须满足以下四条件：A，首先须取（一）条中第二途径而论之；B，论逻辑中之命题形式须对纯逻辑中之推理言，不可空头而泛论；C，须简别逻辑中之命题与其他殊学中之命题之不同；D，逻辑中之命题为无向命题，其形式之构成所依据之概念须纯自"内"出（此"内"亦尚不明，姑先如此说），因而其"形式"之决定非漫无标准。

（四）逻辑中之命题形式之先验根据即是"形成此形式"之概念之先验根据。惟合乎（三）条中四条件之逻辑中之命题形式始能言其先验根据或云予以超越之安立。不合乎该四条件之命题形式无法言其先验根据（譬如以往之论法）。任一有"内容意义"之知识命题不能言先验根据，亦无超越之安立。〔案：康德言每一分析判断背后皆有一综和判断为其形成之根据，此义与本条所说者异，亦为不同之问题。不可混。〕

（五）逻辑中之命题形式须纯逻辑地构造之，不依文法学而言之，亦不自外面事实而表明之。唯此始可言分类之必然性，始可言其逻辑之根据。

第四节　由逻辑中判断之形式是否能发见出范畴

吾人再论第二大问题。即由逻辑中判断之形式是否能引出康德所意谓之范畴。吾以为不能。表明逻辑中判断之形式，如上文第（四）条所述，皆确有所指。吾人就此确指而认取判断之形式，则知此"形式"之成皆有一概念使之然，此即言一判断之形式皆指示一"概念"。由判断之形式，固有所认取，亦固可引出一概念，然由之而引出之概念要不即是康德所意谓之纯粹概念（即范畴）。由此所引出之概念，就事论事，实只是一逻辑概念，而不必是一存在概念。康德所意谓之范畴，除程态一类外（因康德亦知此须分别论），皆是存在学上之概念，即皆对于存在有担负，故吾人可名之曰"存在概念"。此等存在概念，虽可以是逻辑的，然只是逻辑的，却不必是"存在的"，因此，只是逻辑概念，不必是存在概念。吾人以为由逻辑中判断之形式只能引出逻辑概念，而不能引出存在概念。此是一大关键。由此关键，决定康德范畴之落空，决定其所说之"范畴之出生"之无着落。试就其所列之十二判断，一一考核之即可知。

属量形式之判断有三：曰单称，曰偏称，曰全称。此三种判断，注意其量，故其形式为量。而决定其为量之概念则在表示数目量数之"一"、"有些"及"所有"（或"一切"）等逻辑字。此"一"有二义：或为一不定之"一"，因而为任"一"，或为一有定之"一"，因而专指一可以"名字"指示之个体，如"孔子是人"。如为前者，则量数之"一"一概念显明于命题中；如为后者，则不显明于命题中。如不显明于命题中，则数目"一"为一定之一个而消融于以专名指示之主词。此时之"一"不为虚变词而为实变词。因此，吾人由此判断可以引出一数目，或吾人先已有数目而以数目"一"指谓之，然而却并不能由此以引出一"逻辑概念"。如显明于命题中而为一不定之"一"即任"一"，则"任一"之"一"不消融于主词，因而为一虚变词，而非一实变词。而此虚变词之所示即是一逻辑概念。此逻辑概念为由理解自身所独发而非外在者。因此，由单称判断中之不定之"一"，吾人可以引出一逻辑概念之"任一"。同理，"有些"、"一切"皆为虚变词，因而亦皆为由理解自身所独发之逻辑概念，其自身并无存在上之自体。吾人由量形式之判断只能引出此等逻辑概念，反之，因此等概念遂形成判断之量形式。吾人试检查此等属于量数之逻辑概念其自身却非一定之数量，如八个，或八尺长，或六寸宽等。此等量数概念只是泛称，故今人名曰虚变词，而虚变词自身无自体，因而可化除，故此等虚变词实只是虚概念，故曰逻辑概念也。此等虚的逻辑概念只为理解自身所创发之虚架子。因此虚架子，形成判断之量形式。此等虚架子，因其为理解自身所创发，而非由外来，亦非外在而有自体，故皆可谓为先验的内在的，自其形成该判断之量形式言，又可谓为超越的。然既为虚的逻辑概念，即不能作为存在学上之存在概念。只能为吾人"思考存在"之方式，而非"存在"之形式或条件。吾人即使由此等逻辑概念再引出"单一"、"众多"、"综体"三概念，而此三概念亦必仍然密切指示该逻辑概念而不能逾越："单一"一概念即指示逻辑概念之"任一"，"众多"一概念即指示逻辑概念之"有些"，"综体"一概念即指示逻辑概念之"一切"。因此，仍然只是些虚变词，而不能作为轨范"存在"之范畴。它只能作为轨范思考存在之范畴（或架子），而不能作为轨范"存在"之范畴。一多同异之为形上学中之概念由来久矣，盖自希腊而已然。然彼时之争论此问题乃对伊里亚派之反对"多"而只承认"一"，反对"异"而只承认"同"一困难而发生。如存在只是一而无多，只是同而无异，吾人知识即不可能。因此，必须承认存在有一有多有同有异。因此，同异一多乃属于存在之概念。然属于存在之概念，或属于形上学所讨论之概念或问题，并不能表明其即为构造存在或条理存在之形式或范畴。此种概念或只为吾人论谓存在所使用之工具，而吾人之所以能使用此等概念以说存在，则必其所说之存在不只是伊里亚派所意谓之全一或大一。而存在不只是全一或大一必有其所以不是之故，而此所以不是之故乃真是存在自身之问题，而一多同异勿宁只是一种表示词。个个特殊具体物或存在物是实法，构造此特殊存在物之原素或成分亦是实法，而一多同异以及大有（存在）则只是论谓之概念，乃名言上之虚架子，因而只是虚法，而非实法。关此，后将专章论之。由此观之，即使历来属于形上学之概念或问题，吾人犹谓其不为构造存在之实法（范畴），而况今自判断形式以认取逻辑概念，则此等逻辑概念尤不能担负存在之构造也。且由此等逻辑概念更亦不能转出存在之概念。此为必须确认者。即如康德由之以引出一多综三存在上之量范畴，其如何使用（康德"以范畴综和存在"意之使用）于存在，以及于存在上如何表现其义用，乃十分不显明者。量质两类范畴，康德固云其乃是属于数学者。其使用或客观有效性之表明见于"原则之分析"中"直觉公理"及"知觉预测"两原则。然即在此，其如何使用以及如何表现其义用亦极为不显明不切当。固不若关系范畴之义用之显豁也。关此，本文不深论（此与全部"超越感性论"及全部数学理论有关）。吾在此只说：由判断之形式只能引出逻辑概念而不能引出存在概念，此盖为不可移者。

属质形式之判断亦有三：曰肯定，曰否定，曰无定。判断之肯定形式由"是"表示，其否定形式则由"不是"表示。而"无定"，若严格言之，只为宾词之形式，而非命题之形式。若自命题形式言之，此仍只为肯定之形式，即其命题之质（非宾词之质），仍为肯定形式也。康德之认取判断形式本无显明一定之标准。即就"无定"判断言，则显然又自宾词或自宾词所表示之对象而指明判断之形式。如"灵魂是非变灭者"，此命题若自其命题形式言，显只为肯定之命题；而宾词"非变灭者"一词之所示，其范围不定，故自此而言"无定"，则此"无定"显自宾词之性质言。依是吾人可说其宾词之性质为无定，而其命题之形式则为肯定。若说此判断形式为无定，则何以说明其为肯定？依是，若吾人对于判断形式之认取，有一确定之标准，则于质形式之判断只有肯定否定两种而已。（认取判断形式之标准已明之于上节，须复看。）吾人由表示肯定形式之"是"，逆溯于理解，亦可见出一概念，理解自身所创发之概念。此概念可即名之曰"肯定"，而"肯定"是一作用，故此概念可名曰"肯定之用"。由表示否定形式之"不是"，逆溯于理解，亦可见出一理解自身所创发之概念。此概念可即名之曰"否定"，而否定亦是一作用，故此概念可名曰"否定之用"。此两概念既表示一"机能"，又表示一"形式"。机能即示其为理解自身所自发之作用，形式则示其发此作用之方式（即路数）。机能则单示一"用"，而形式则示其"屈曲"。吾人依据此两概念可以形成判断之质形式。是以自此质判断之形式固可引出一理解自身所创发之概念，然此概念仍为逻辑概念，而非存在概念。吾人决不能由之以引出存在学上之"实在"，"虚无"等有存在担负之范畴。由判断形式逆溯于理解，向内找其归宿或着落，以谋此形式之超越安立，吾人只能获得一逻辑概念。此等逻辑概念既为理解自身所创发，故即表示理解自身之屈曲。理解总是有屈曲者。此屈曲即是理解自身之架子或条件。是以吾人只能由判断形式以发见理解自身之屈曲，而不能发见存在之屈曲，即存在之概念或条件。当一判断之表出，自其质形式言，由肯定方面，固可涉及一存在为如何，由否定方面，亦固可涉及一存在为如何，然吾人乃是由判断之形式向内以发见理解自身之条件，而非向外以说存在。若是向外以说存在，则其所发见之概念究属内抑属外实大成问题，何能遽断其为内？复次，肯定固可表示一"存在"，因之而引出"实有"一范畴，然"否定"固不必即能引出"虚无"一范畴，因其不必即否定一物之存在，因而亦不必即是虚无。如"运动不是静止"，此"不是"既不否定运动之存在，亦不否定静止之存在，但只表示两者之不同而已（此例见柏拉图《辩士篇》）。何以必引出"虚无"一范畴？然无论如何，吾人总是由判断形式向内以发见，不是向外以发见。此是大界限。如果吾人向内（即理解自身）只能发见逻辑概念，除此以外，不能再有增益，则康德所见之概念实只是向外发见出而安置于理解自身者。此实康德所不自觉之路数。然不可掩矣。

属关系形式之判断亦有三：曰定然，曰假然，曰析取。由定然判断之形式，康德引出"本体属性"一范畴；由假然判断之形式，则引出"因果"一范畴；由析取判断之形式，则引出"并在"（或交互）一范畴。这三种判断之形式皆表示一种关系，或云因一种关系概念而成功命题之形式。譬如定然判断，则表示一种主谓间之论谓关系，即以共相论谓殊相之关系，或表示一种主谓间之类属关系，即以主词所表示之"体"隶属于谓词所表示之类概念而为其一分子。假然判断则表示前件与后件间的一种函蕴关系，或云"如果则"之关系。析取判断则表示两端或两命题间的选替关系，或云"或"之关系。此三种关系构成该三种判断之形式。康德由此三种关系引出存在学上之三种范畴以期其担负现象（存在）之构造而为其规律。康德范畴之义用及其客观有效性之表明莫显豁于此者。其全部"范畴之超越推述"盖即意向此关系范畴为中心而为言，而于此关系三范畴中尤以"因果"为中心。其全部范畴论实全力倾注于因果问题而解答之。是以其十二范畴若加以淘汰，或指出其所属之问题之不同，因而应予以分别论（如程态范畴实即不是范畴，质与量两类则属于数学），则结果只有关系范畴，因而实即只有其中之"因果"一范畴，始有康德心目中意所谓之"范畴之义用"之积极意义。其他皆陪衬，或因发见范畴之路数而连带而起者。关此且不论，吾人现在只说：由此判断之关系形式是否能引出有存在担负之存在范畴？吾则以为决然不能。试先就假然形式而言之（以此为比较显明故）。假然形式，吾人谓其为前件与后件间之函蕴关系，或"如果则"之关系。"如果"所引者，吾人名之曰"根据"；"则"所引者，吾人名之曰"归结"。是以"如果则"之关系，即为"根据与归结"间之关系。此两者若分言之，"如果则"为一逻辑形式，而"根据与归结"则为在此"形式"中两概念之连结。两概念，惟因其落于"如果则"之形式中，始得名为根据与归结之连结。"如果则"为理解自身解物时所自发之"假设"之逻辑形式。在此自发之"假设"之逻辑形式中，两概念之连结亦为逻辑之连结。是以"根据"与"归结"亦只为逻辑之概念。随理解自身所发之"假设"中之"设定"而名为"根据"，复因在"假设"一整全形式中，故随此根据而来之归结，亦为必然而来者。根据实为一"理由"或"因故"。因如此之理由，故必有如此之归结。是以此两者之连结实为一逻辑之连结，因而有其逻辑之必然性。"如果则"之形式与根据归结间之连结，若合言之，实即为一"因故"之连结（因故为一个概念，同于"理由"一词）。"因故"者，"以说出故"之"故"也。故纯为逻辑者。此逻辑之概念为理解自身解物时所创发以形成其自身之屈曲。吾人言理解自身总是有屈曲者。此屈曲即是其自身所具之架子或条件。吾人由判断之假然形式，逆溯于理解，只能发见出此"因故"连结之逻辑概念，而此"因故"连结却并非"因与果"之连结之属事之存在概念。因故连结乃属于"义"（即概念）者，而"因果"则属于"事"。属义者为逻辑连结，无时间性，有必然性；属事者为现象之连结，有时间性，无必然性。此两者大有区别。吾人固不能以因故连结即视同因果法则也。盖纯为随理解自身所设定之"假设形式"而形成之逻辑连结，何能知其可以充当理解自身以外之"存在"之法则耶？此盖绝不能外出者。是以吾人由假然形式，向内而归宿于理解，只能发见一为理解自身之屈曲者之"因故连结"，而决不能发见出一为存在之屈曲之因果法则，以吾人根本未触及"存在"故。复次，吾人所发见之因故连结亦不能即视之为"因果"一范畴，盖吾人未透至存在，何以能定其为属于存在之因果法则耶？又何以知"存在"必即以此为其因果法则耶？吾人之发见此因故连结，对外界言，可全为封闭者，因而亦全为本然盲目者。是以吾人不能转出有存在担负之"因果"一范畴。若谓一实际之假然判断常可表示一现实之因果关系，或总有经验事实之因果关系为其例证，因而由此判断之假然形式以发见因果范畴，则此发见是因向外而发见，不因向内而发见。如不因向内，则吾人不能知其所发见者必是内在于理解之自身。如果吾人向内只能见出因故连结是理解自身所自发，外此不能再有增益，则所谓因果法则是理解自身所自给之范畴，必只是外袭而取之而安置于内者，决非真内也。此实为康德所不自觉之发见范畴之路数。依此，吾人现在只知因故连结是理解自身所创发，真为内在，而非外袭而取者。至于因果范畴，则虽尚不知其究在何处，然至少已知其决非理解自身所能发，是以亦决非内在于理解之自身。

再就命题之析取形式而观之。析取形式亦曰选替形式或"或"之形式。项之选替如"A 或 B"，命题之选替如"A 是 B 或 C 是 D"，"A 或是 B 或是 C"。吾人由此命题之"析取"形式亦可引出一概念，此概念即可名之曰"析取"。"析取"亦是一种关系，此关系是逻辑的关系。吾人可以纯逻辑地规定之。如就项之析取言，吾人可说：此两项若是同有，或一有一无，或一无一有，有此三可能者即可规定此两项为析取之关系。此种规定之析取自为相容之析取。凡析取之本义，若无其他作用或限制，皆只是相容之析取。此种逻辑关系，由命题之形式而昭示，若由此而逆溯于理解，向理解自身以找其归宿或着落，吾人自能发现一概念。此概念仍以"析取"名之，它既表示一"机能"，复表示一"形式"。机能言其是理解自身所发之作用；形式言其作用为有如此形式之作用，亦由理解自身所创发。此机能与形式合而为一"析取"一概念。然此概念，正因其为理解自身所创发，故只仍为逻辑概念，因之以成功理解自身之屈曲或其形式条件。除其为逻辑概念外，形成理解自身之屈曲外，吾人再不能增益一毫而谓其有担负存在之义用而为一存在之概念，因而形成存在之屈曲。是以吾人再不能由此进一步而转出一为存在概念之"交互"或"共在"一范畴。是以由命题之析取形式，向内归宿于理解，只能发见一逻辑概念，而不能发见一存在概念。由"析取"一逻辑概念（为理解所创发）亦不能转出"交互"或"共在"一存在之范畴。盖"析取"只为理解作用（功能）之方式，虚而不能为实，思之运用而不能为平铺之存在，故总不能外出者。复次，为理解作用之方式之"析取"亦并不表示"与动"与"反动"间之"交互"，亦并不表示若干成分之"共在"。盖只为交替之选取作用，何所谓共在？何所谓与动与反动？复次，若由一现实之析取命题，向外而指点"交互"或"共在"之存在，而不向内考察理解自身所创发之屈曲，则何以知"交互"或"共在"一范畴必属于内耶？必为理解自身所自给耶？吾人单由逻辑中命题之形式向内以考察理解自身之屈曲，此时吾人可全不触及存在，纯为逻辑的自足者，依此，对外可谓为盲然者，亦可谓为封闭者。依是，吾人显只能引出逻辑概念，以成功理解自身之屈曲，而决不能引出其所盲然无触及之存在概念，以成功存在之屈曲。

试再一言命题之"定然形式"为如何。严格言之，定然命题不表示命题之形式，而表示命题之种类，即命题有属于定然类者，有属于假然类者。而假然类之命题，其形式依据"如果则"一概念而形成；如是，定然类之命题，其形式则根据全偏之量概念及肯定否定之质概念而形成。依是，定然命题之形式即是或为全称形式，或为偏称形式，或为肯定形式，或为否定形式。所谓 AEIO 是也。惟此始能说为命题之形式。

定然命题则只是此四种形式之命题之简称而约束为一类：定然自身并不表示一命题之形式。从构造逻辑命题之形式方面言，吾人亦并无一概念足以构成"定然"之形式。是以定然形式乃虚而无实之语。如谓其有"实"义，则必是向外想，向此命题所表示之意义或内容方面想。向此方面说，则只注意此命题所表示者为一确定之关系，即平铺而放得下之关系。譬如：吾人说其为一主谓命题，即主词谓词间有一定之平铺关系。而主谓命题亦表示一种命题之类名，而构成此类命题之形式，则有种种概念，如质的量的是。而构成主谓命题之概念，则即是主词与谓词，而主词与谓词则是实变项，而非虚变项，此则不能由理解自身而得其归宿。即以是故，说及主谓，吾人必向外想。由向外想，吾人或谓此主谓间之平铺关系是以共相确定论谓殊相之关系，或谓其是类属之关系，或谓其是本体与属性之关系。而此种种关系，皆为确定而平铺者，且是此命题所表示之内容之平铺关系。依此，吾人只有向外面而获得此命题之定然形式之实义。而一说及本体与属性，则即可以引导康德由此定然形式发见出"本体属性"一范畴。然而如其如此发现，则显然向外而见，非向内而见。依是，吾人即不能知此范畴必是属于内，而为理解自身所自给。依是，吾人由定然命题之形式，尚可向内发见逻辑概念，如上各段所述，而由定然形式则向内直无所发见。依是，由定然形式而发见"本体属性"一范畴，其为由外而见乃更显然。即使主谓命题，如因明学之所解，视主词为"体"，视谓词为"义"，因而成功体与义间之关系；而依因明义，此中体义并无固宜，只要居于前陈，即为主为体（此体即个体或殊相义，因明谓其径挺持"体"，故曰"体"），只要居于后陈，即为谓为义。依是，体义纯为逻辑之概念，并无存在上之意义，因而亦非存在之概念。然即使如此作解，此体义虽为逻辑之概念，而仍不能谓其即是理解自身所创发之屈曲。因自大界限上总持言之，此仍为实变项，而非虚变项。是以虽是逻辑概念，而仍为由外而起者。复次，主谓关系，如亚里士多德所解，可以视为纲目之类属关系。而依亚氏，纲目之关系，以及纲目之为"关系项"，皆非实际存在之实在关系，乃为就思考或论谓而有者：关系就思考或论谓而有，关系项亦然。（关此，可参看古译《名理探》论关系一范畴。古译关系为"互"，范畴为"伦"。此书该处言"互"有实互，有思互。纲与目之互即思互也。思互即因思考或论谓而成之"互"。）依是，纲目之关系亦并无固宜，亦可谓为逻辑之概念。然即使如此，纲目概念以及此概念所成之平铺之关系，亦不能谓其由理解自身所自发。是以，吾人无论由定然命题所得者为存在之概念如"本体属性"一范畴，或只为逻辑之概念如体与义，纲与目，吾人似皆不能将其归宿于理解之自身。依是，吾人由此命题之形式，向内直无所获。

以上关于量质关系三类判断之形式以及与之相应之概念，已加辨明。至由程态判断而引出之程态范畴，即可能、现实及必然，康德已知其与首三类不同，严格言之，实非其所谓综和现象意义之范畴，乃实是说明上之范畴。此可不论。

兹可综结以上之论辨，作如下之陈述。

（一）吾人由逻辑中判断之形式，向内而归宿于理解，并不能发见出康德所意谓之范畴，只能发见出一些逻辑概念，为理解自身所创发，以形成理解自身之屈曲，对于存在之形成或屈曲并无所担负。

（二）吾人若认真反身体察理解自身之活动，将见其亦只能创发此等逻辑概念，于此等逻辑概念之意义须如其本性而意谓之，外此再不能丝毫有增益。此即言决不能由此再转出存在概念以担负存在之构造以形成存在之屈曲。稍有所增益，便不能如其性，必横轶而歧出，因而必参与外面之意义。

（三）康德由判断形式以发见其所意谓之范畴，实不是向内而考察理解自身之活动而发见，而是顺判断之意义或内容向外而发见而安置于内者。是以其所发见者皆为存在之概念。然而一说到存在之概念，即非理解自身所能提供。

（四）吾人若真由逻辑中判断之形式，向内归宿于理解，则吾人对于外界可全为封闭者，可全不涉及于存在，即对判断之形式亦全不必触及外面之意义而即可考论之，认取之。但即由此种全为封闭之路数，吾人即可发见理解自身所独发之逻辑概念，而且亦只能发见此等逻辑之概念。若一旦牵涉存在概念，则对外即不能全为封闭者。如不能全为封闭，则其所发见是否内出实是问题。今康德所发见之范畴，正是存在概念，是以知其发见对外不能全为封闭，因而其所发见亦不必真正是内出。而且若知封闭后只能发见出此等逻辑概念，外此无所有，则不封闭而发见之存在概念可定知其必非内出。吾人原是扫清外面之牵连，而单考察理解自身之所提供，康德亦原是此意，故吾人只能有此等逻辑概念，而不能有存在概念，而康德所说者却正是存在概念，是以知其必谬。

（五）判断表既不能保其必然与完整，而又不能由此以发见康德之范畴，则其所谓范畴非外袭而置于内而何？判断表与范畴表或有必然之连结，或无必然之连结。如暂放弃其必然之连结，则判断表虽无必然，虽可更替或修改，而其范畴内出论，仍可不碍其为真。此自为一可能而且同情之态度。然吾人即使单独考量其范畴论，吾人亦无理由知其必是内出。吾人由判断之形式，引不出此等范畴；吾人考察理解自身之活动，亦发见不出此等范畴。

（六）康德主范畴内出之根据可列为二：甲、此等纯粹概念（即其所谓范畴）不能由感觉获得；乙、此等纯粹概念为理解所必须。然此两根据，无一可证成范畴必内出。由甲、不能由感觉获得，不必即是内出。由乙、为理解所必须亦不函其为内出。至康德系统内之其他可能理由或论辨，亦皆不能证明其必内出。此可不必深追。

（七）上面第二节中所引士密斯最后综结语有云："依据康德自己对于一切先验原则之综和性因而亦只是事实性之基本主张，吾人将见范畴之必然性只有因涉及现实经验中之偶然事实而可被证明。可能的概念形式是与偶然的感觉材料中之现实而基本之差异相关对；而即因此相关对，所以范畴始不能在纯粹先验根据上而得系统化。"士密斯此文只表示范畴之数目及系统化不能在一先验根据上而获得而决定。此因判断表之无必然无保证而来者。判断表之无保证只是消极之理由。积极之理由则是此段引文中所说之两层。士密斯此义即表示仍可承认范畴之内出及其内在于理解自身之先验性。此即上第五条中所说判断表与范畴表无必然之连结，判断表虽无必然，而其范畴论仍不碍其为真，之义也。士密斯尚未进而考察康德所举之范畴是否真为内出，是否真能内在。若如吾所考察，则此等范畴决然不是内出，不能内在。"范畴必然性只有因涉及经验事实而可被证明"，此语即函"范畴不能必内出而内在"。"可能的概念的形式是与感觉材料中之现实而基本之差异相关对"，此语不但函"范畴不能在纯粹先验根据上而得系统化"，亦函范畴不必是内出，不必真有内在于理解自身之先验性。如真是内出，而且真有此先验性，则即可在纯粹先验根据上而决定之，何待于涉及经验之事实？何待于与感觉材料中之差异相关对？士密斯之说此义，固根据"一切先验原则之综和性因而亦只是事实性之基本主张"而来者。此基本主张即是"范畴之超越推述"所表示者。此超越推述所成之基本主张固不表示范畴之不内出，然亦不能作为"证明必内出"之根据。盖吾人已知其必为内出之先验概念，所以始须一超越推述也。士密斯之措辞，对康德系统言，固不妥贴，然无论如何，吾可单独考量此等范畴是否内在。超越推述必须否，及如何讲说，则固以后之事也。〔在康德系统，则为必须。如不必内出，则不必须。如不内出，而仍为超越之纯理智概念，亦即可以说是先验概念，则仍必须，然不必是康德之讲法。〕

（八）关于纯粹理智之存在概念大体可分四种讲法。第一、可先说亚里士多德之讲法，此即其范畴分类表，如上第三节所述。第二是康德之讲法，此亦成功康德之范畴分类表。康德批评亚氏之范畴表而谓其并无一公共逻辑原则，并谓其徒由茫然向外寻伺依据归纳而成者。其精巧之归纳固可佩，然并未依一先验根据而自一公共原则而推出。康德自以为其所发见之范畴表有先验之根据，此即"为理解自身所提供"是，并有一公共之原则，此即"皆发自理解之能"是。然此原则及根据固可说，然若无一线索，而茫然单考察理解之自身，则何以知其必是如此之范畴，而且又必是如此多之范畴？此则决不是随意拣取而安置于理解者。依是，逻辑中之判断表乃成一最佳之线索。然判断表之形成亦仍无先验之根据及必然之原则，其为由茫然寻伺依据归纳而成，与亚氏之范畴分类表无二致。康德实是依据此种无必然性之判断表以发见其自以为穷尽无漏而有必然之范畴表。然判断表既无必然，范畴表自亦无必然。而判断表又为一必有之线索，否则，其发见范畴，更茫然无头绪，无根据；而且又为一最恰当之线索，盖判断直接系属于理解，除此再无有比此更直接者。然，虽是如此，而判断表，如以往甚至康德之论法，决无必然性，是以由之而引出之范畴亦决无必然性。判断表纵无必然性，假设由之归宿于理解而可以有所获，则若考察此所获，而又不是康德之存在概念之范畴，即由之只能引出逻辑概念，而不能引出存在概念，则康德之范畴表不但无必然，而且虽说其内在于理解，实是外袭而置之于理解。依是，既无一有必然有保证之线索，而理解自身又不能提供之，则欲谓其"不是随意拣择外袭而安置于理解"不可得也。所差者，康德知其所谓范畴之建立必须一先验之根据，而且知此根据必在其"内在于理解之能"上说，此即其优于亚氏处。然经过细密之考察，康德并不能实现此根据，或将永不能实现此根据（此自指康德之存在概念之范畴言）。第三是顺柏拉图理型说而起之讲法。顺理型说之讲法以及理型之建构而成一逻辑系统，吾人可至柏拉图《辨士篇》所谓最广最要之理型。以上二人俱名其所获者为范畴。柏拉图并未名其最广最要之理型为范畴，亚氏列范畴时，亦不取此最广最要之概念。然无论如何，柏氏所谓最广最要之理型要是一些存在之概念，而且亦是纯粹理智者。如有（存在）、一、多、自同、他异等是。柏拉图之所以引出此等理型，自其本身系统言，是起自于理型之系统的建构；自其对伊利亚派及辨士派言，则以为必须有一多同异等理型，知识始可能。然则此等最广最要之存在概念要是因知识上之必然需求而必然成立。然此等理型虽是最广最要，而最广最要者不必只是此，所以其数目亦无一定，亦无一内在之先验根据及一共通之原则而建立之。此一系统与本文所讨论之主题相距亦远。姑且置之（吾将专文论柏拉图理型之系统建构及一多同异等理型之意义）。第四是黑格尔之讲法。黑氏自形上学之立场，依据辨证之发展，将诸般存在概念（渠亦名之曰范畴），俱行衍出，而且明其有机之发展，成一有机之系统。此可补救柏拉图之缺点；而且黑格尔即根据此义以评康德范畴之散立。然康德自理解上说，为知识论之立场。康德想自"理解之能"上将范畴系统化，黑格尔则自"存在之辨证演化"上将范畴系统化。此为两大骨干。

（九）依此，范畴或自存在上讲，或自理解上讲。柏氏、亚氏及黑格尔皆自存在方面说。康德则自理解方面说。于此，吾可作如下之陈述：A. 凡存在概念，自形上学上依据存在而为言，则较易系统化，此即黑氏为此之所以较成功处。B. 凡存在概念，自知识论上，依据"理解之能"而为言，则决无先验根据可以使之系统化，而且亦决无一根据足以决定其必内在于理解。此即康德为此之所以失败处。C. 存在概念属于存在，属存在者归给存在。逻辑概念属于理解，属理解者归给理解。本文顺康德之骨干，考察属于理解者究何事。下节略抒己义。D. 如自"理解之能"上决不能发见出存在概念，则诸般纯粹理智之存在概念，即所谓范畴，必须予以妥贴如实之厘清及安立。此为一极复杂之问题。本文将不论及。

第五节　证成己义

本节证成己义。重要关键及陈述如下：

一、自理解自身之活动只能发见纯粹逻辑概念，不能发见有存在担负之纯粹存在概念。此为吾人之大前提。

二、理解自身之活动之"自发之能"即是纯逻辑概念之出生地。由此自发之能而见纯逻辑概念，借此认识理解之活动为有屈曲者。理解为思考活动，非直觉活动，总是有屈曲者。此纯逻辑概念即表示理解活动之屈曲。依是，理解活动之屈曲为发见理解自身之纯逻辑概念之原则。

三、然由理解活动之屈曲而至纯逻辑概念，依第二条所述，此种"决定有纯逻辑概念"之知识乃纯为分解者，即由屈曲性之活动可必然而推知者。然此种推知，对于屈曲性并无所增益，除知必有纯逻辑概念外，并无其他进一步之知识。依是，A. 此为一普泛之决定；B. 不知能有何种逻辑概念，即有所知，亦是猜测者，随意者，并无必然之决定；C. 即有所知而幸中，亦是不完整不穷尽无漏者，即列举而近于完整，亦无必然之根据，因而亦无必然之保证。依是，D. 吾人必须有一引至此逻辑概念之线索及一保证其完整性及穷尽性之为必然之原则。

四、逻辑中之命题之形式是发见此等纯逻辑概念之必然线索，离此，再无其他可能之线索。然即此"线索"（命题之形式）亦复须有逻辑之安立及一超越之安立。对于逻辑之安立，吾人须有以下之认识：A. 逻辑中之命题与其他种种有内容之命题须严格分别，此即吾所谓有向命题与无向命题之分是。B. 逻辑中之命题须对推理而为言，不能空头以泛论。C. 逻辑中命题之使用须能以形成纯逻辑即逻辑自己为标准，依是，吾人对于纯逻辑必须有严格之鉴别，表示纯逻辑之有形系统必皆是无所说之套套逻辑系统。D. 构造逻辑中命题之形式，亦即命题形式，或逻辑句法，必须离开言语或文法学而纯逻辑地构造之。E. 此种纯逻辑地构造之，必须依据纯逻辑概念而构造之。F. 纯逻辑概念之认取必须以能形成纯逻辑中之无向命题为标准。凡稍有内容或经验成分于其中之概念皆非纯逻辑概念，皆须剔除。依是，形成纯逻辑中之逻辑句法或无向命题所依据以构成之纯逻辑概念，其最基本者必只是肯定、否定（质的）、凡、有（量的）、如果则、析取等（关系的）之属于第一序之三类，以及属于第二序之程态概念，如真、假、可能、必然、不可能等。此四类基本概念及由之而构成之种种句法，可因其所形成之套套逻辑系统而得保证其为必然，为穷尽而无漏。此大范围既得保证，则由之而成之句法，无论如何变换，不能出此范围，亦可知其穷尽无漏而有逻辑完整性。吾人作至此，即是此"线索"之逻辑安立。

五、然，虽有逻辑安立，尚仍不能保证其超越的必然，即逻辑自己何以必须如此，仍不得一超越之保证。依此，吾人复须一超越之安立。此超越之安立，即是将此逻辑自己以及形成之四类基本概念与种种句法一起向内归宿于理解而明其先验之根据。吾人欲作至此，须有以下之认识：A. 有形逻辑与无形逻辑必须予以分别。此即吾所谓可符系统与不可符系统。B. 有形系统虽可多（不能无限多），而皆是唯表纯理自己，此即是不可符之无形系统之为一。C. 有形系统因"纯理自己"而有意义，而可能。然而此"纯理自己"是无形者，是见之于理解自身之活动，亦即见之于纯理性思考之自身。此则起自内而透于外。当其为该"可符之有形系统"所表示，并反而使该"可符之有形系统"有意义而可能，则即说为此"可符之有形系统"之超越安立。因此超越安立，遂获得此四类基本概念及由之而成之句法之超越安立。D. 因此超越之安立，吾人对此四类基本概念及由之而成之句法之必然性及穷尽性，遂获得一超越之保证及先验之根据。

六、然以上所述，犹指纯逻辑而为言。纯理欲表现其自己，因而成功唯表纯理自己之各种有形系统，必须有赖于该四类基本概念及由之而成之句法。然此纯理自己既见之于理解自身之活动，则在此活动中而表现纯理自己，理解自身亦必独发此四类基本概念，借以形成纯理展现之充分而必要之条件。吾人由逻辑句法为线索想发见理解自身所独发之纯逻辑概念，借以形成理解自身之屈曲。吾人此时不想说逻辑自己，而是想说如此发见之纯逻辑概念在具体之理解活动中居何地位，有何功用，将可字之以何种名称。吾人此时，不再名之以构造逻辑句法之逻辑概念，而将名之曰"理解之格度"。此格度为理解自身所独发，以为理解活动之条件，借以形成理解自身之屈曲，即曲而能达之屈曲。此即理解自身之虚架子。

七、此为虚架子之格度有三：一曰因故，二曰曲全，三曰二用。此只属于四类基本概念之前三类，即属于第一序者。至属于第二序之程态概念，则不须取为理解之格度。随康德，第一序为构造的，第二序为轨约的。就理解活动之成知识言，只取构造的为已足，故只有三也。第二序之程态概念，若在"理解活动之成知识"上使用，则只衡量知识领域之本性与界限，故为轨约的，不可取为理解自身之格度也。

八、依是，形成逻辑自己之基本概念及由之而成之句法即为吾人发见理解格度之必要而充分之线索。如纯理自己已保证此基本概念及由之而成之句法为必然（此即纯逻辑之超越安立），则亦必保证如此而且如此多之理解格度为必然。此为理解格度之超越安立及先验根据。依是，A. 吾人有一有保证之发见格度之线索，此如本条首句所述。B. 保证此所发见之理解格度有必然性之原则即为在理解之具体活动中纯理之外转。

C. 理解活动之屈曲为发现理解格度之原则。（此原则与 B 项之原则异）。

关于如此发见之格度，其重要函义如下：

（一）此种格度属理解，因而形成理解自身之屈曲，不属存在，因而亦不能形成存在（即使是现象）之屈曲。

（二）此种格度对理解自身之活动言为构造，对存在言为轨约。此即言：只能轨约存在，而不能构造存在；只能诱导存在之条理，而不能作为存在之条理。

因此二函义，故吾不名之为理解自身所提供之范畴，而名之为理解自身所自具之格度。因有此格度，理解始能进行，始能成就其为理解，而理解始能为理性的。理性的理解，自消极方面说，一不是直觉的领纳，二不是神秘的冥证。自积极方面说，它总是有屈曲。成就此屈曲者，一是脉络，二是界画。脉络可以单指逻辑之理则言；界画可以单指格度言。依是，理性的理解即是依理（兼摄理则与格度）而解。然而其所依之"理"只能成就理解之屈曲，而不能成就存在之屈曲。而吾人之发见其所依之理，又可纯不涉及存在而反显之，即所谓对外全为封闭者。纵使无此现实的宇宙，吾人亦可依纯逻辑之形成而向内发见理解之格度：此理性的理解其自身本总是如此者。然如此所发见者，既与存在无关涉，则只能明理解依此而进行而成就。然理解总是现实而具体之活动。在其具体之活动中，其自身虽总依此而进行而成就，然而其所解之存在亦总必有可以能使其依此而进行而成就者，此义即函：存在总有可解者。假使存在全无解，即全无意义或条理，则其具体之活动即不能进行下去，即不能依其格度而进行而成就其为具体之活动。在此，此格度仍归于形成纯逻辑之基本概念，依是，其所能形成者仍只是纯逻辑或纯理自己，而不是具体之活动。依是，吾人发见此格度虽可以全为封闭者，而使此格度归于具体之理解以成就其具体之活动，则不能全为封闭者，即不能全不关涉于存在。然而吾人所发见者又只是理解之格度而与存在无关涉，然则吾人对于存在将何求？关此问题之解答，可有两种态度：一、只有诉诸经验。假使经验事实全无条理，虽有理性的理解亦无可用；假使经验事实稍有可解，则理性的理解即可照常进行而成就其具体之活动。此解答函：对于经验事实有较多之承认，理性的理解稍为谦虚。二、提出若干纯粹理智的存在概念以为理解所以可能之条件。吾意，康德哲学之形成，其最初一念灵光之闪烁即属此种态度。此一念既成，然后再由逻辑中判断之形式以为发见此等存在概念之线索，再进而主张此等存在概念即内在于理解之自身。然既是纯粹理智之概念将何以能应用于现实之经验？于是，又有超越推述之理论以及原则之分析诸理论。理解诚有需于若干形式条件，此亦即是其所预先根据之脉络及界画。然康德想此脉络及界画却是从"存在概念"方面想。而又将存在概念纳于理解之自身。最后又主张：知识可能之条件即知识对象可能之条件。存在诚亦需有相当界画与脉络，理解方可能。然既云存在概念，则若无经验为指导，吾将茫然取何存在概念充当存在之脉络及界画？判断之形式给康德以最佳之线索。此一解答函：对于经验事实所承认者少，在理性的理解所担负者又过多。然若判断之形式并不能保证范畴（存在概念）之数目，而由判断之形式向内又不能发见出此等存在概念，则此解答即归倒塌。

　　或可有一第三解答，即：纵使理解自身之活动不能发出存在概念，即康德所谓范畴，只能发出逻辑概念，即吾所谓格度，然格度既不能接触存在，而存在又不能不有相当脉络与界画，然则吾岂不可类比于理解之格度，再提出一一与之相应之纯粹理智之存在概念，以充当存在之脉络与界画，以使现实而具体之理解为可能？依此解答，存在概念亦可谓其为理解所必须之条件，或亦可谓为理解所提供所设置，但却不能谓其为理解自身之活动所发出。是以虽为理解所必须之条件，然其为条件却非内在于理解自身之活动，非为涌于内而为条件，乃为陈于外而为条件。依是，虽为理解所提供所设置，亦非为涌于内之提供或设置，而是陈于外之提供或设置。此义与康德义有类似处。若不予以慎审之区别，而顺此线说下去，则可以处处有似于康德，甚至所用之言词亦直可全同于康德。若欲修改康德。或弥缝康德，大可顺此路而尝试。然吾以为此恐非康氏义。关此且不必问。无论如何，若是此第三解答，实不若第一解答之直接而简易。因为此等存在概念虽与格度一一相应，格度有定数有必然，此等存在概念亦必有定数有必然，然而既不是内在于理解自身之活动，由此活动所涌现，而徒为理解所必须，因而相应格度而纯理智地设置之，则实不若直接面对经验而说话。此等存在概念仍纯理智地自外面而设置，吾之理性的理解既与存在为异质之相对，而不能干涉于存在，因而亦不能使存在必屈伏于自己而顺从自己所拟之概念，则即因此异质之对待性，此等存在概念遂只有假然性，而并无定然性。虽与格度相应亦无助，盖格度只系属于理解，为定然，然存在既与理解为异质之对待，则越乎理解自身而拟者即只有假然，不为定然。若云：诚然为假然，然可以求例证于经验。然如其如此，则即不若面对经验而陈辞之为直接而简易，假设性亦小也。求例证于经验，即是求决于经验。如经验不能例证之，则奈何？岂非虽虚拟之而亦无用耶？经验如能例证之，则直诉诸经验而已矣，何必绕大圈？是以此第三态度，一经细审，总当归于第一态度。

须知康德之态度是以理性的理解为构造的综和历程，故其存在概念不越乎理解而拟之。依是，理解即携此等存在概念为形式条件以构造地综和现象，而现象亦必服从此等形式条件而接受其构造。此义，在理解上即将现象统属于"我"，故其存在概念可为定然也。然依第一义，理性的理解不为构造的综和历程，而与存在（纵使是现象）为异质之对待，依是只为一诠表之综和历程。如与存在为异质之对待，则第三义即不能孑然以自立，总当归于吾所持之第一义。而若再经细查，则康德之构造的综和历程在理解上乃为不能成立者，依是理解与存在为异质之对待乃为不可免者。若为不可免，则即有顺此不可免之对待而来之说统，此即本书所欲作者。依是，依第一种解答，则顺上列二重要函义之序，可再增以下之要义：

（三）理性的理解与存在为异质之对待。

（四）理性的理解对于存在为诠表之综和历程。

（五）对于经验事实有较多而且最低之承认。〔较多是对他人言，譬如休谟与康德。最低是说只有此点承认即足够。此项函义全在对于感觉现象之说明。见第一卷，此不及论。〕

若云依以上五函义，自然之齐一性及因果之必然性不能得必然或理性之保证，则吾即云：在理解一层上，吾人坦然接受此事实。命运注定其如此，则亦无可奈何者。然吾在此可说：虽无齐一性及必然性，然亦要不如休谟之所说。感觉现象总有相当之关系性，总稍有可解者。吾人如能作至此，即足够，即所谓最低之承认。吾人若再进而要求必然或理性之保证，则决非理解所能担负。吾人欲作至此步，必须超出理解之范围，必须将此担负归给形上学。吾人在理解一层上，减少理性的理解之担负，见出现象以及现界之一切皆无归宿，无着落，此即所以加重形上学之担负，加重形上实体之意义。吾人如能作至此，则形上学全幅实现，现象之归宿及安顿亦全幅成立。此即道德形上学之责任，亦即意志因果或目的性判断之责任。依是，

（六）吾人只承认一"先验综和判断"是康德义，此即"目的性判

断"是。亦即意志因果之综和为一构造的综和历程，而此亦是先验综和者。一切主宰义，支配义，统驭义，皆汇于此。除此以外，无绝对之主宰或统驭。

在理解上，理解之格度不能接触存在，然理解总是一诠表历程。顺诠表历程中因故格度之使用处，吾人可设立"范畴"，借以触及存在。在理解之诠表中，每一判断之成是经由一历程而成之"独体"。每一判断皆是一独一之个体，依此，凡言判断只是一种，并无多种，当判断成立时，吾人所予以论谓之"谓词"即实现。当在诠表历程之始，随因故格度处而起论谓，此论谓时所设立之未实现之谓词即代表一假然之原则，此原则吾人名之曰范畴。判断中之谓词并非凭空加上去。自理解之诠表历程言，此历程必有"始"。"始"即因故格度之使用处，因而亦即范畴之成立处，此即判断中谓词之根据。吾人于前文第三节，曾言及顺谓词之模式而言与亚氏义全异之范畴，即此义也。关此本文不能深论。且置之。

（此文原刊于《理想与文化》第八期，1946年后作为附录载于牟宗三著《认识心之批判》（上册），349～408 页。

本文选自《牟宗三先生全集 18·认识心之批判（上）》，311～365 页，同时参照牟宗三著《认识心之批判》（上册），349～408 页之文校对。）

论纯理
（1944）

本文为拙稿《理解、理性与理念》[①] 一书《理解部·纯理章》。继本刊三、四期拙文后，可以证本文。

第一节　思想三律

统觉部言统觉所现，就其所现而描述之，故赅辞之法为描述法。然统觉只为直觉之审识。直觉之审识不足以成知识。知识必起于思想之解析或诠表。思想之解析或诠表即理解。故由统觉而至知识，必考理解。言统觉，吾所注意者为统觉所现，吾意在描述"所"。（此"所"乃随统觉而现之所，必系属于统觉。）言理解，吾所注意者为理解之"能"，吾意在反显"能"。能非所，不可以描述。吾须用反显法以露之。反显法即先验法。考核理解，即用反显法内透理解自身所具之条件。条件有二：一曰理，二曰能。理吾意其为纯理，逻辑之理也。纯逻辑之所表也。能吾意其为格度与范畴，理解解事之先在条件也。本章言理，下章言能。言理曰显理，言能曰起能。显理起能皆须用反显法。

显理，显者显示，即反显也。于何处显示耶？通言理为理解自身之条件，亦为理解之内能。是以即于理解显示也。吾故曰：理者，显于理解而归于理解。显于理解，明其并非无来历；归于理解，明其并非无安顿。起处即其止处，出处即其入处。外乎此而求理，未有不落空者也。此为吾言理之大义。详辨见吾逻辑书。今撮其要而发挥之。

理解为一事实，此盖无可疑者。吾言理意指为纯理，而纯理又意指

[①] 　这是为《认识心之批判》一书所拟定的初名，最后成书没有使用这一名称。

为逻辑之理，即纯逻辑所表达之理也。今欲明理为显于理解，只须明纯逻辑之所达与所依必宿于理解而不能外陈即足矣。是以显理者即全部逻辑之何所在之规定。纯逻辑之所达，即一纯粹推演系统之所达；纯逻辑之所依，即此纯粹推演系统之纯理根据也。纯粹推演系统所依之根据，亦可自一系统之原念与界说而言之。此为一符号系统之人工根据。后文将论之。今所欲言为纯理根据。纯理根据者何耶？曰思想三律。纯粹推演系统即以此三律为纯理根据流衍而成之纯理统系也。今即明此为宿于理解，而不能外陈，亦即须于理解之运行而透露之，以明此纯理之所在。明纯理之所在即规定纯逻辑之所在。

　　三律者，一曰同一，二曰矛盾，三曰排中。此皆思言之所具，理解运行之所显，而不可涉其外在者也。

　　先言同一律，同一律之直接第一义为思解运行之所显，显之名为律以辖吾之思。是以同一者自吾思解而言也。人或曰：事象迁流，无所谓同。又曰：事象迁流，虽至变至殊，而异中必有同以贯之。前者自事象以否定同，后者自事象以肯定同。此皆思出其位，外涉存在，同一律不在此也。夫同一既称为律，决非指陈一殊事。夫律既称之以思想，决非隶属于存在。此理之至明者，何多惑而罔觉？盖此理之为物，不可形指，宿于内而不具于外。然其默运于思解之中，常藉资具而表露。盖吾人实际之思考，当有所取而有所谓。表露于有取有所谓之实际思考中，即谓藉资具而表露。以其藉资具而表露，故不能不形于外。人见其形于外也，遂就外而外想。由外想而涉事，由涉事而外在，由外在而外观，以为此理真在外矣。常情如此，反者有几？展转于事象之中，筹度之于推比之内。否定者就事象以遮拨，而不知其不属事也。肯定者就事象以建立，而不知其不外在也。善反则当下便是，外取则终古迷惘。是以此理乃理性之则，由思解以透露。宿于思解之中，所以成此思解。由思解之运行以透露，非真在外也。夫同一者何？即思解运行，是非之自肯也。自反面言之，即吾之立是伐非，须一以贯之，而不容有冲突。冲突者即矛盾。设思解运行而有矛盾，则必全盘归消，一无所有。亦即思解不能进行，而等于无思解。是故是非之自肯，贯穿于运思之全体，同条共贯，不可须臾离。故名为律。律者，则也；同者，自肯也。言"则"所以遮殊事，言"肯"所以遮外在。此理性之则也，内也，而非外也。此须透露之，反显以察识之。何以谓言"则"所以遮殊事，言"肯"所以遮外在？历来举同一律之式曰"甲是甲"，或"甲等于甲"。"甲是甲"

为一句式耳。直言之，一辞耳。辞中有一主词"甲"，有一客词"甲"，复有一断词"是"。"甲"为一符。既为一符，自可随意代之以殊事。如"孔子是孔子"，"桌子是桌子"。设不明同一律之原义，徒由"甲是甲"、"孔子是孔子"而追逐之，则未有不思出其位而迷惘者。甲与孔子只一殊事。自其为殊事言，自不能于其至变至殊中而见同。然则甲是甲，孔子是孔子，尚有意义耶？且不论对此殊事如何论，于"甲是甲"一辞而涉想外事，总为出位之思。由此而追逐而沾执，永不能得同一律之原义。吾人对外事之观论，自可不一其途。然或谓其有同，或谓其无同，总为一背反之矛盾。谓其无同，以其出位而涉事，亦不足以谓其能破同一律。谓其有同，以其出位而外取，亦不足以谓其能救同一律。同一律之原义与位置决不在此也。持辩证观以融之，曰异中有同，同中有异，则既为形上之原理，亦就存在而为言，亦无与于同一律：既不能就此以言同，亦不能就此以破同。是以言同所以遮殊事，言肯所以遮外在。抑不只此而已也。复不应自一句式而追寻。同一律非一辞也。自其为一辞而观之，则同一律涉事外出而凝固矣。吾人破其涉事，破其外出，且须破其凝固。言则言律，不特遮其为殊事，亦遮其为句式。句式为一方便之表示。以指指月，意在使其见月。如追指而忘月，则为指所沾，为指所缚。沾于指，缚于指，永不见月。吾须解汝沾，去汝缚，令汝见月。如执句式而追逐外事以明同一律，则其沾缚逐块不足以见同一律与不见月同。吾须解沾去缚，令汝反显。同一律不在外事之此，外事之彼。任执一事而追之，皆为迷惘。

同一律最易歧出。歧出云者，不自思解而透露之，却自外事而追逐之。或自外事之殊变而否定之，或自外事之异中同而肯定之，此皆外乎思解而以外来之形上原则以析之，故曰歧出。然矛盾律则解者或不至乎此。人皆知其为一必然之逻辑律，而不容否定者。盖彼深知吾人之思解运行不容有矛盾。然则矛盾律亦舍自思解之运行而透露，无他途矣。矛盾律即矛盾之禁止。自反面言之，思解运行，立是佉非，必归乎自肯之自同。自肯之自同，所以黜矛盾，而矛盾律亦所以证自肯。两者言出一辙，思出一位。如矛盾律为必然，同一律亦必为必然。如矛盾律自思解运行言，同一律又何得独歧出于外事？人皆知统系中之命题不得有矛盾，然鲜知其不得有矛盾乃因贯穿于思解运行之统系中之一贯。空头言命题，故无所谓矛盾与否也。如自事象言，且亦本不能有矛盾。譬如休谟所雅言，日自东出与日不自东出，皆为可想者，并无其一为必真，盖此两者并无矛盾也。此其意即指事象之可能言。然于吾思解统系中,如吾以论证而主日自东出或日不自东出,则于此同一统系中,即须自肯日自东出或日不自东出之执持,而不得有矛盾。是即明矛盾律之本义与位置必须自思解统系之必须一贯而透露,而所谓命题不得有矛盾亦非空头之命题,乃实言乎一思解系统中之命题。凡所谓不得违背逻辑律之命题,实皆一思解系统中之命题。如离乎统系,则即无所谓矛盾不矛盾,亦即无所谓违背逻辑律与否也。以其本不在逻辑域中也。譬如吾单言一殊事命题,指陈眼前一生起之实事,前无古人,后无来者,思解不起,统系不立,即无所谓矛盾不矛盾。此种命题即所谓空头命题也。吾人言A与O为矛盾。须知此矛盾关系之成立,亦即在一统系中:如吾主A为真,则O为假。此其为矛盾亦在乎肯断之统系中。如空头两命题,不在关系中,即无所谓矛盾与否也。是以矛盾律即在肯断之统系中而透露也。一思解统系,以其有所谓,主者持其"故"而成其说,"故"为特殊者,然贯穿其中之逻辑律则为普遍者。此普遍逻辑律(如矛盾律),即理性之则也,内也,而非外也。吾须自思解统系之必须一贯而透露之,而不就自外在之事象以论谓之或遮拨之。矛盾律除唯物辩证法论者,鲜有怀疑之者。此即较同一律幸运多多矣。然如吾今日复进而切实指出本义与位置,则反对者亦必恍然自失。矛盾律与同一律同。吾人须自其为"则"而观之,须自内透而识之。亦须破其外出,破其涉事,破其凝固。执持反对矛盾律之说者,其理论亦须不矛盾。破之亦须用之,而终于未曾破。矛盾律正在此。所谓善反则当下便是也。

排中律之幸运又不及矛盾律。不独唯物辩证法论者反对之,即近来直觉派之数学论亦反对之。荷兰人布露维[①]首倡此说,且为其数学论立逻辑,名曰无排中律之逻辑。德人海丁(此派巨子),演其绪而益臻完密,盛论"可能",而斥非真则妄之二价,是又与路加西维支之三价逻辑渐接近矣。此议既出,愈演愈繁。讨论者多,莫得其原。罗素且详论之于《意义与真理》一书,而言不中肯,遂成难题。吾已详评之于本刊第三、四期,兹不烦言,数语而已。夫排中律之能否成立,单在就其原义与本有分位而考核之,明其是否为虚为妄。若移其分位而措意于某殊事或某殊题,或自某殊事或某殊题而论之,则排中律固可一时无效也,亦可一时不能适用也。此虽曰破,岂得谓之为破乎? 或曰:于某殊事某殊题,

———————————

① 今译"布劳威尔"。

可一时而无效，是即不能具逻辑之普遍与必然。曰是不然。夫逻辑律之逻辑普遍性，有所对而言也。处其分位而对某事为普遍，非空头无对而普遍也。譬如人莫不饮食也，此对人而言也，岂谓瓦石亦饮食乎？通常自某殊事某殊题而论排中者，可分两端：一、自一名项而言之；二、自一命题而言之。自名项而言者，为一名项 X 可分甲、乙两部（亦曰名项），而于此甲、乙两部可以言排中。而此排中之成立，又须依据条件而始然。条件有三：一曰甲与乙须排斥；二曰甲与乙须穷尽；三曰甲与乙二部合之须等于原来之 X。满足三条件，始得为排中。否则，不得谓排中。此为部分二分之排中。如此言排中，则排中律之成立须依种种限制而撰成，基于一特殊构造而后起。如此特殊构造不成立，排中律不成立；如此种种限制有疑问，排中律有疑问。此自一殊境而言之，非排中律之本义。此只为排中律之应用处，非即为排中律之所在处。排中律之应用与排中律之自身，必须分别观。自命题而言者，此中之命题当为知识之命题，言于一知识之命题是否可以言或真或假也。此谓真假二分之排中。罗素所盛言者，即自此而言也。自此而言之，排中律自有种种之疑问。此亦自殊境而言之，非排中律之本义。排中律之成立不在此也。部分二分之排中，是谓排中应用于名项（或曰类名）。真假二分之排中，是谓排中应用于命题（知识命题）。两者皆混排中律之自身与排中律之应用而为一。然无论混不混，排中律必基于二分法。部分二分之排中所基之二分法自类名而言之：排中基于种种之限制，二分亦基于种种之限制。真假二分之排中所基之二分法自命题而言之：排中有种种之疑问，二分亦有种种之疑问。吾人以为排中律不当自类名言，亦不当自知识命题言。二分法亦如之。二分法吾定其为肯定、否定二用之二分。此为二分法之原义。排中律之原义，即基此二分法之原义而成立。是以排中律承同一、矛盾二律而来也。其意义与位置皆一贯而成立，三者不能有参差。同一律为思解运行中一贯之自肯，矛盾律为维持其自肯而不得背，排中律为于肯与不肯中析取其一而成就其自肯。初一为"同一之持续"之指出，后二为此"同一之持续"之护持。理性之思解运行，不得不然也。三者唯是内透，而不能外陈；恒是超越，而不能陷溺。即就排中律而言之，唯在显是"是"非"非"之自肯，非言乎事象之相容与否也。吾人运思而成统系，必有一取；而承同一矛盾而言之，其取之可能只有两端：或为肯定，或为否定。排中者即此肯定、否定二端之取其一。是"是"非"非"之自肯，即肯乎其肯定，或肯乎其否定。是以排中者，唯在显一

"肯"耳。其为律则也，全就理性之思解而内透。其为律则之普遍与必然，亦就其内透而护持一自肯而言也。于理性思解中，三律皆为普遍而必然，亦必为先验而如此。凡先验而如此者，必用反显法而透之。是以不能自殊境而论之也。若自一对象言，则其所具之谓词大可相容而不排拒，亦可使其不相容而排拒。而排拒不排拒，全视吾之观点与界说而规定。以其由观点与界说而规定，故亦无必然。此非排中律之本义。故自对象而驳斥排中律，亦正明排中律之并不自对象建立也。

第二节　纯理系：纯理之纯理根据：二用与三律

思想三律为纯理之纯理根据。纯理者，即一纯粹推演系统所表达者也。纯者，理性自身之自见，而毫无经验成分涉于其中也。纯理为一纯粹推演系统所表达，而其自身之意义，则可曰理性之自见而成理则者。今以思想三律为纯理之纯理根据，此为直指纯理言，是纯理系也。然纯理必由一纯粹推演系统而表达，此言乎表示纯理之纯逻辑，是谓推演系统系。纯理为无形之系统，今名曰不可符者，即不可以符号记取也。推演系统为有形系统，今名曰可符者，即可以构造之而成为符式也。依不可符原则，认识纯理之自身；依可符原则，认识纯逻辑之推演。两者相表里。吾人由表以至里，由里以定表，然后理之为理，与夫纯之为纯，皆豁然矣。

兹先言纯理系。思想三律为纯理之"纯理根据"。所谓纯理根据即理性之根据或逻辑之根据，此吾诠表之辞也。实则即以其自己为根据，非谓纯理尚有一根据。吾人言思想三律为纯理之纯理根据，然思想三律之纯理根据又为二分法。二分法，吾已定其为理性自见之二用。二用者何？肯定、否定是也。二分非指对象之分类言，乃指内透之思解运用言。思解运用亦即理性思解中理性之起用。盖此时言思解必为理性之思解，而理性又必宿于思解中而自见，非能离思解而独存。故肯定、否定之二用固可云思解之运用，实亦可云理性之起用。理性之起用，亦曰理性之自用。思想三律以此二用为根据，然则二用与三律亦纯理之纯理根据也。吾已定纯理为理性之自见而成理则者。理性必自见而后可知其为理性，不见则一空念耳。而见又必为自见，非有物使之见。如有【编按①：疑脱一"物"字】使之见，则纯理为不自足而有待，其自身即不

---

①　这里的"编按"是指编纂《牟宗三先生全集》的（原编此册的）编者之按语。本文下同。

能为纯理，亦不得为先验。盖如其为理有物使之然，理在彼不在此。今反显此理即是理之自己，其本身即是理，非有待而后然，故其见必为自见，而非有物使之见。如其见为自见，则其自见之二用即为肯定与否定。由此二用，理性自己遂自见而成理则。理性只是一理，只是一则。其自身即为圆足者。二用虽为纯理之根据，实即纯理之自见而自用。三律虽为纯理之根据，亦实为"纯理自见"之自示（自示其状）。二者以根据言，乃吾诠表之辞也。二用与三律，义有不同。二用为理性自见之自用，自用即理性呈现其自己而为自己所起之运用。三律为"理性自见"之自己昭示。自己昭示者，昭示其自见之状如此如此也。如此如此者，如三律之所述也。是故虽言三律为纯理之纯理根据，实则为纯理自身之所示；二用虽为纯理之纯理根据，实即为纯理自身之自用。凡此所云，皆所谓循环论证也。然反显纯理，非循环不可。惟循环始能表纯理之为纯。循环者，循环无端其若环，令人直取纯理自己，直识纯理之无始无终，自足无待。理性自己无有始，无有终，只是一理。起处即其止处，止处即其起处。止若起皆理之直呈也。理固不可分始终，亦不可别首尾。一三段式，自前提至结论，有始有终，有首有尾。然始终首尾言乎命题之排列也，而此排列所显之一理，则固只一理耳，无始终首尾可言也。理非一物，吾能将其分割而成片段乎？是以知理无始无终也。无始无终，自见若此，故自足无待。设不能以外来之原则论谓之，吾人之诠表只有为循环。循环者，直言纯理自身不可论证，自己而若此，只有反显而直识之，以其自身之自见诠表其自身耳。

依理性自见之自用言二分。

依理性自见之自示言三律。

理必自见，理必自足而无待。然理不动，何以自见？自见云者，得无令人意其自动而展现耶？曰：此大不然。理之自见非其自身善动而自见。动者非理，乃思解耳。思解运行即一活动之历程。理性凭借思解之动而展现其自己，是谓理性之自见。是以自见云者，非自动也，乃藉一动者而自见耳。自见之自用，亦非自动而起用，乃藉一动者而成其用（自见之自示不生此间）。此思解之动必为理性之思解之动，故能反而成就理性之自见与理性自见之自用。吾人即由此理性之思解而透露此纯理，故云显于理解也。即此所显之理，自足而无待。盖吾人即于理解而反显之，知其必为先在也。凡先在者自足而无待。

理不可以动言。吾人此时言纯理亦如此。如视纯理之自见为自动，则即引吾人视之为不动之动，或能动之理。然不动之动或能动之理，为一形上之实体。此已超出吾人之范围。即在形上之范围，理亦不可以动言。当吾人言不动之动，或能动之理，吾意此中必含有二事，合而为一具体之单一体，且自其为整全之单一体而言之。吾将引三范畴以明此问题：一曰纯理，二曰践理（实践理性），三曰生命。不动之动，或能动之理，吾意乃践理与生命之融一。此非本章所能及，兹且置之。今自理解言纯理，则纯理之自足而无待，仍为必然者，且亦永可如此说（即于理解与形上皆成立）。

第三节　推演系统系一：质量系统

推演系统系即言唯是表达纯理自身之一纯粹推演系统也。吾言纯理自身为不可符者，推演系统则为可符者。纯理自身为一实事，吾人单自思解运行而反观此实事以默识其性相，则为纯理之实事观。今言推演系统，则为纯理之符式观。一纯粹之形式推演系统如何造成耶？吾人已定纯粹为不杂有经验之内容，且不能意向经验内容而陈辞。即此纯粹形式推演系统，固不能有经验成分函其中，且丝毫不能参杂以经验成分而撰成。形式之为言，吾人已知，自符式系统言。凡此系统中之命题皆为无所说无内容之空洞句式，亦即所谓其值不定之命题函值也。吾名此为无向命题。逻辑中之命题为无向命题。如其中之命题有所说而非其值不定之命题函值，则即为有所说之命题之推演。有所说之命题之推演是谓言之成理、持之有故之学说系统（或知识系统），是即已失纯粹之本性，且亦无以异于其他有内容之殊学。有所说之命题，吾名曰有向命题。知识中之命题皆为有向命题。是以纯粹者立其应当之条件，形式者实现此应当之条件。推演系统者即纯粹而形式之系统，非是其他持之有故之系统。读者于此必感大惑。无内容，无所说，又非持之有故之系统。试问此纯粹而形式之推演系统将依何而成耶？盖因有所说，方能成系统；今既无所说，系统何由成？汝将自何处而成系统耶？曰：此诚难题。此逻辑学之所以难讲也。然而古今逻辑，纵有殊异，却无不向此无所说处而成系统。人或自其中之命题而意其有所说，此其意之之误也。逻辑本义并无其所意之有所说。然则此无所说之推演系统究依何而成耶？如实有此系统（今已实有之），此系统又将何所示耶？读者试由适所云云，步步进去，必得一大悟而后止。无所说，无内容，□【编按：此字原件无法辨识。】然而又成系统。此其为系统，必不同于有所说、有内容、持之有故之系统。其为系统之所示，亦必不同于持之有故之系统之所示。然则其为系统必为"只是一理"之系统，其所示者亦必为"只是一理"之开展。其为系统必为只依是理之开展而成立，别无所依。然则此推演系统之成就，固无足怪也。推演系统即表示纯理之开展。纯粹而形式之推演系统即为唯表纯理之开展，而别无所表。

此唯表纯理开展之推演系统如何构成耶？蓦然遇之，诚大难事。人必以为此实无头脑，无着处。然逻辑学之出现，几在两千年以前矣。其历史亦几近两千年矣。人莫不饮食也，鲜知其味也。逻辑学之为事，亦如饮食之为事。自其为事而言之，早有如此之事实。然鲜知其味也。有如此之事实，即有如此事实之品题（论谓）。然见仁见智，各有不同。对于如此事实之品题，未必真能"如"此事实而应之。逻辑学之为事，本已明明为唯表纯理开展之推演系统也。然品题者未能真如其分而论谓之，是以不免有歧出，是以知知味之难也。亚里士多德为初期逻辑学之集成者。今言逻辑，断自亚氏。吾必谓此首先发现逻辑学之伟人，其总持力、抽象力与夫反显力，皆必极高也。否则，彼不能注意此事实，彼之心思亦必全为经验事实或存在现象所诱导。彼之心思凝固于组组殊相中而追求之，足以成殊学（所谓科学），而如不能透脱而自拔，则必不能成逻辑。逻辑之成，必由剖解而反显。反谓反显，等于反省。吾意反省之时，即是消化之时。人之心思常为外物所诱导而追求之，此与猛虎扑食同，亦与人之饥饿思食同。此求知欲也，亦所谓为学日益也。当夫为学日益之时，必不见有逻辑学（纵彼已用之）。追求不厌，未至饱和。一旦饱和来临，渐臻于消化之域，遂可以剖解而反省。此时不是追求，而是反显。追求是为学，为学故日益。反显是为道，为道故日损。① 逻辑者，为道日损之事也。逻辑学之出现实为"为道"精神之表现。亚氏学富五车，遍研事象。而其《逻辑学》之写成，必在为学日益之后也。然彼虽能作之，未必真能如其分而自觉之。盖所谓反省消化之精神，正可向多方运用也。是亦即对于逻辑有许多歧出之品题。凡此岐出②，吾皆评述于逻辑书。

---

① 语出《老子·第四十八章》。原文为："为学日益，为道日损，损之又损，以至于无为，无为而无不为。取天下常以无事，及其有事，不足以取天下。"
② 此处原文作"岐出"，当改为"歧出"。

吾今就亚氏逻辑如其为逻辑之分而论谓之，以观其系统之构成。所谓观其系统之构成，即指出其纯粹而形式之推演系统所依以成立之基本概念也。亚氏逻辑所函成分至多。今单就 AEIO 之推理言，则固可视为一纯粹而形式之推演系统也。吾人即问此系统依何基本概念而撰成。此符式系统之事也。吾意亚氏逻辑，其推演系统之撰成，唯依两组基本概念：一曰质组，二曰量组。质组者，肯定、否定之二用也。量组者，全体、部分之二称也。前言理性自见，唯依二用而开展。亚氏逻辑，反显不足，尚不能唯依二用而撰统系，故须取全与分之量概念以助之。盖囿于通常之言语句式故也。然其总持力、抽象力与反显力亦可观矣。吾人追求事象，常欲将其所得表之以直述辞，所谓命题也。任何命题，即就其为言语句式观之，隐若显莫不有肯定、否定之二用。有此二用，以表吾人对于外事之肯断。命题有多种，随事屈曲而陈辞。自逻辑而分言之，命题与判断非一事也。命题多而判断一（见下《比知篇》），然其表于言语之外形皆辞也。唯自理解历程言，其历程之结束而总于一，曰判断。而此历程中，指陈事象以为最后结束（即判断）之事实根据者，则常以命题表象之，因而即于此言命题。大抵判断为命题之聚，命题为判断之散。于理解历程中，分言之虽有别，而宽言之，其表于言语之外形皆为辞则同也。于理解历程，将吾研究所得，表为理论而成知识，其表象之资具，皆言语句式也。亚氏即取此最方便之言语句式以为其逻辑之工具。此种工具，一用于逻辑中，则曰逻辑句法，所谓主谓句法也。当此句法，于理解历程中，表象事实以为知识，则为知识中之命题，亦曰有向命题。当其脱离理解历程而为逻辑句法，则为逻辑中之命题，亦曰无向命题。亚氏逻辑中之命题即以主谓句法为其无向命题。惟此主谓句法之构成，徒有肯定、否定二用，尚不足以藉之成推理。即自实际言之，研究所得表为理论，其中之有向命题亦不惟有肯定、否定之二用。徒此二用，而无所涉范围之规定，其理论之统系无由成。正面言之，理解历程常欲将其研究所得期图普遍化，此即其所涉之范围也。表之以命题，即此命题所涉及之全分之量也。普遍化有归纳为根据，而全与分则为基本之逻辑概念。于有向命题中，普遍化虽可以引导吾人使用全与分两概念，而全与分却不因普遍化而成立。至于无向命题中，吾人之使用全与分，更不必念及普遍化。是即明全与分为一组基本逻辑概念，肯定与否定为一组基本逻辑概念。主谓句法即依此两组基本逻辑概念而构成，以为逻辑中之无向命题。以此两组概念限制吾人之命题，遂展转而成推理。于推理历程中，一实际理论之表白，固亦可不离此两组基本概念，否则不足以推成其理论。然此两组基本概念，于实际理论中，要必有所依附而显其用，亦即要必有所凝固而随之转。其所依附所凝固者，即吾研究所追求之对象也，亦即实际理论中命题之所指陈也。命题中主词之所指陈谓词之所论谓也。此所指陈与所论谓，即为吾所研究之一组殊象。实际理论中之命题罔不有所谓，有所说，此所以成殊学。然一逻辑系统，则并无所谓，无所说。其中之命题亦无殊指，无殊谓。其主词与谓词纯为一符号，毫无作用于其中。吾人可全不注意而忽之。吾人所注意者，只为两组基本概念所限制之句法。是即明此两组基本概念并无所依附，亦无所凝固。此时吾将其所凝固所依附之内容（殊事），尽行剔去，剥落无余。所遗者唯两组基本概念所限制之句法。此种句法所成之统系自为无所说之统系。以其无所说，故其无统系只为一纯粹而形式之推演统系。此即逻辑自身也。其所表示者，亦即理性自己也。

一切逻辑（指可符者言），皆为藉句式之推演以显理。句式非理，而惟藉之成推演以显理。任采一句式，皆可成推演以显理。如亚氏逻辑中，除 AEIO 统系外，尚有假然推理、析取推理、双支推理。假然推理取"如果则"之句式，析取推理取"析取"（或）之句式，双支推理则为假然句式与析取句式之絜和。每一句式而可以成推理，必依成之之基本概念而始然。AEIO 统系依质量，假然推理依函蕴，析取推理依析取，双支推理则依函蕴与析取之两者。此基本概念名曰成句之规律。依此成句之规律而成句，则此句法之意义即因此规律而获得。有向命题因其有所说而有意义，是谓具有外面之意义。无向命题无所说，故无外面之意义，其意义即在成之之规律。此为吾之构造句式之理论。构造句式即构造逻辑中之命题，引申而曰构造一符号之统系。吾为此说，有二要义，皆所以遮拨罗素之理论。一、不自知识命题中引发逻辑命题。二、所谓代替、结合、普遍化、三原则之运用以构造一逻辑（亦指符号系统言），非是基本之关键，因而外延原则与原子原则之讨论（如罗素所作）亦为不必要；纵然须用之，亦非问题之所在。随吾人之构造论，此皆为有统有宗，亦为已函之事实，只须申明之而已耳。此皆随基本概念而来之工作历程中之手续，无何问题可言也。（罗素之讨论，参看本刊三、四期拙文）。

吾之构造论，通一切逻辑句式而有效。惟自符号统系言，某句式以某概念故，其推演统系有扩大与缩小，有繁富与简单。如亚氏逻辑中，

AEIO 统系即比余三者为扩大而繁富。然或扩大而繁富，或缩小而简单，皆为符号系统事，而其同为显理则一也。理自身无大小之别，无繁简可言。惟符号系统愈扩大愈繁富，理亦随之愈见其开展，吾人亦愈于此而得识纯理。此逻辑之所以必为推演系统之密义也。吾于此而断曰：基本概念与句式是成符号统系之要素。惟此须大费匠心。亚氏逻辑全部推理统系，其句式虽依基本之逻辑概念而成就，而其表现之行事实囿于通常言语句式而未变。其推理即携此通常言语句式而前进，故其符号系统不扩大不开展，未能极整齐而严格，此其所以简陋而为原始也。吾人之句式不必囿于言语之原形，尚可进而脱离言语形式之羁绊，而为纯粹之逻辑句式。成句之基本概念不必表现于言语形式中，且可依一逻辑形式而表现。又基本概念亦不必囿于言语句式而启发，尚可进而就纯理自身以建立。近代逻辑即渐实现此事实。下节述之。吾今所欲言者，亚氏逻辑之句式与基本概念即囿于通常言语形式而为言，亦须予以应得之善会。

第一、其句式虽为通常言语形式之主谓式，然于此质量主谓式所成之推理，却不必引进本体属性之讨论，亦即不必引至本体论之根据（即存在根据）。亚氏本体属性固亦由主谓而论之，而其主谓定界固亦有本体论之根据，然此实为其论界说中之所有事，而界说论固不同于 AEIO之推理论。两者并无必然相连之关系，故亦不应混而不究其分际。言各有当也。或曰：以取主谓句式，故有周延原则。以有周延原则，遂不得不有殊共之别。主词所指为殊相，谓词所述为共相。殊相、共相与本体、属性通，是谓不得不至存在之根据。曰：此中有逻辑概念与存在概念之别，不可混同。纵亚氏混之，吾人不应混之。纵亚氏未曾自觉而分之，吾人亦应自觉而分之。以周延原则而有殊共，而此时之殊共亦可只为逻辑概念，而非必即为存在概念。因殊共而至本体、属性，而此时之本体最应定为因明中所谓前陈之"体"，属性则应定为因明中所谓后陈之"义"。如其为体为义，则其为本体、属性亦只为逻辑概念，而非存在概念。此皆不必有存在之根据，亦即皆不必视为论谓"存在"之存在概念也。无论亚氏本人如何想，如欲使其逻辑为纯逻辑，即应有此不一之分别。近人每喜以亚氏之主谓句式论证殊共，证明其相之先在，并进而谓逻辑句式（即一普遍命题）所示之形式即为存在之形式，即为存在之共相，由之而进于柏拉图式之理型，进于所谓潜存世界，所谓形上可能性之领域（即玄学之可能世界），此皆既不明逻辑为何物，复谬陈形上之实体，此必须予以遮拨者也。

第二、其句式虽为主谓句式，而又有全分之两称，然切不可因此两称而推度其主词之存在与不存在。如其句式视为纯粹而形式之推演中之无向命题，而此无向命题又依构成之之基本概念而有意义，则即无由以及乎此。夫既为无向命题间之推演统系，则观其推理式原委间之必然连结以显理即足矣，何事而需乎追问主词之在与不在耶？何事而需乎考察存在之命题为如何，不存在之命题为如何，复因之而生影响于推理耶？如此追问，则无向命题变为有向命题，且复因存在原则又增加一外面之意义。如有外面之意义，则推演即不纯，且自亦触途成滞，疑窦多端也。夫存在否非绝不可追问也，唯不当于此追问耳。吾人非泛论命题也，而亦无空头之命题。命题之取用与意义，皆各有所系属。属于逻辑者为无向命题，属于知识者为有向命题。本为无向者，而参之以有向之论谓，即为非分之搅扰，无向变为有向矣。如是，属于逻辑者又不属于逻辑矣。依质量概念而成之主谓句法，其中有三对概念：一曰全分之量，二曰是非之质，三曰主词之"体"，谓词之"义"。问题起于一三，不起于二。例如凡人有死，有人不死。凡与有示全分之量，传统所谓全称、偏称也。"人"一主词有二用：一指概念，代表一共相（非全称）；二系属于"凡"或"有"，则指示散殊之个体（即个个人）。于此句式中，第二义为殊胜。谓词"死"代表义，或性质，或形式，或理型，与主词为异质；或云只有其第一义，而无其第二义。依此分析，试看"凡人有死"之意义。以符号示之，为"凡 S 是 P"。试看此无向命题之意义。依传统，本名此为定然普遍命题，不视为假然普遍命题也。依定然命题而解之，则"凡 S 是 P"等于"所有 S 个体皆有 P 之性质，或皆隶属于 P 之形式或模型"。（以形式模型足以决定类，而其自身非类。）或等于"在所有 S 个体上，S 有 P 之性质"。此为视之为定然命题之定然解析。依此解析，全称之"凡"亦指及散殊之个体（即个个分子），偏称之"有"亦指及散殊之个体。同涉个体，不得云偏称涉存在，全称不涉存在也。皆涉存在也。单言"人"为概念、为共相，而言"凡人"则及乎个个分子矣。"凡人"即等于无穷个人之絜和。全称与共相不同也。解者忘其有二用矣。何得进云全称命题即为一无有分子之空类？视全称命题为不涉存在者，复有一解，即解为一绝对普遍之原则也。依此而言，定然者须解为假然。依此"凡人有死"等值于"在所有 X 上，如 X 是人，则 X 有死"。此如果则之函蕴式，即表示此命题为一普遍之原则而无存在或分子之涉及。然一经审视，亦复不然。"如 X 是人，则 X 有死"，此为一普遍原则，而无所涉及。然其前复有"在所有 X 上"一限制，此限制之所示，复涉及分子矣。"如 X 是人，则 X 有死"，亦可视为一形式、一模型或原则。"在所有 X 上，如 X 是人则 X 有死"，即等值于"所有 X 个体皆满足'如 X 是人则 X 有死'之形式"，此即关于前面定然之解析。是以单注意"如 X 是人则 X 有死"，固为一原则，此则同于一共相，而不知复有一全称所涉及之个个 X 也。"有人有死"则等值于"有些 X 满足'如 X 是人则 X 有死'之形式"。所有 X 满足此形式等值于个个 X 满足此形式之絜和。（X 数无穷，其絜和亦无穷。）是以全称、偏称皆同于上面定然之解析，皆涉及散殊个体也。在则同在，不在则同不在，不得有分歧。既涉个体矣，然则此无向命题岂不因外事（个个分子）而有意义耶？岂不又变为有向耶？曰是不然。曰：然则此存在是何意义耶？曰：徒有逻辑设置之意义，而无实际存在之意义，是以 SP 皆为符号也。吾人并不注意之，可全忽而不问也。此句式亦不因 SP 即获得一外面之意义：SP 在推演中毫无作用也。SP 纯为逻辑之设置，于全称、偏称中所涉及之 S 个体（个个分子）亦随此 S 之设置而设置。世间纵无此个体亦不妨：有与无皆不生影响，是即于此句式之意义无干矣。吾名此逻辑之设置为游戏存在论。是以此句式依成之之质量概念而有意义，其推理亦即为质量概念所成之句式之推理，故曰质量系统。

第三、就质量统系言，每一三段式皆为藉质量所限制之句式以显理。每一如此之推理式皆为显理之推理式，非可以论证视，亦非可以知识论。设问大原已得证否，此即为出位而乖本。由此起问，遂视推理式为丐辞。此以知识论证视推理，亦由逐物而生疑。盖此时所置之大原非表象外物之知识，不应就此而起论证之疑问。吾人之知识固亦可表示为推理，然其推理为有所依附有所凝固之论谓推理，故可得而考究其成立之根据，与夫致问其是否已得证。然一纯粹而形式之推演，则在唯显理则，不表论谓，是以不应有此疑。此唯显理则之推演，既根本亦终极。此为理则之直呈，亦即理性之自见。无杂染，无内容。由思解显，还成思解。纯粹而形式之推理式直表达之，而别无所表，唯达此理，而别无所达。丐辞者知识论证事，而无与于纯粹之推理。是以敬告善思维，凡纯粹而形式之三段推理式，皆所以显此普遍之理、终极之则，而不可谓其为丐辞也。此本乎无向命题即可知也。

第四、推理所以显理，而推理亦即此理之流衍（自见之开展而表于推理式者），纯由理之内出而成此推理之必然。是以不可涉对象（无论实或虚之对象）而撰推理。由对象而综撰，即由对象而推明。设面壁危坐，静观三点。由此三点而得一综体，由综体之连结而检取一结论。设由此以明推理，虽可得必然之连结，而涉于对象以明之，则即为歧出而逾越。此以推理为末位而置于外，非明推理之道也。夫汝之观三点以得结论，即汝之推理之流注也。当汝观三点成一推理式，推理即已隐于背后而成立矣。此即推理矣，何须由三点之综撰以明之？是故此理定由内显，不由外陈。故谓其为根本而终极，非曰歧出而推明。根本者，一切思解活动皆有此理宿其中而贯穿之。终极者，凡歧出外向藉一外事以明推理，即已落末位，而此理自身此时实已显露而先在。汝之向外以明之者，实即此理之外投而外在化。以其为根本而终极，故为先验，故须内显。不独质量句式之三段推理而如此，一切纯粹形式之推理皆如此，皆为理性自见之表现。依此，逻辑句式（即无向命题）依构之之概念而有意义，如此句式所成之推理依理性自己而有意义（理性自己即是一种意义）。有向命题依经验而有意义，知识中之推断依其所论谓而有意义。

第五、凡纯逻辑中之推理皆为纯粹而形式之推演，如此推演乃所以显纯理。不应视为知识论证中之推断。此为上述第三点所已明者。依此，如自纯逻辑中之推理言之，则凡组成推理式之命题皆不愿视为表象知识之命题。其中之命题，如离开推理式而孤言之，则其个个自身便无所谓真不真。即以亚氏句式所成之推理式论之，其中之命题只为质、量两概念所限制之句式，其于外物毫无所说，是以自其自身言之，只一空空之句式，无所谓真不真。然如此空空句式，组而成推理，则为必然而不可疑。此必然而不可疑者何意耶？吾人切不可视其为一知识之确真，亦不可视此必然不可疑由于其中每一命题之为真而始然。于一推理式中，其中之命题，泛而言之，固须真，但其所谓真只是吾之肯置或置断（如罗素《数学原理》中每一命题前之主符是），非表象知识之命题之为真也。然则此必然而不可疑者，必非知识之必然而不可疑。其必然者，理自身如是也。其不可疑者，自身如此之理也。每一以空空句式所组成之推理式皆为显此理，而空空句式所组成之推理式之为必然而不可疑，亦非由于其他外来之意义而始然，乃直为理之自见而始然。如是，吾人可说：此推理式全体之成立（非个个命题之成立），因其为纯理之自见，自见而如此，故其成立（亦即必然而不可疑），乃无理由者。以此理自身即为理由也。吾人觉此理，非以理由而觉此理。自其非以理由而觉之言，吾人实已直觉而觉之。吾人所以能以直觉而觉之，乃因当夫此理之自见，吾人自身实已处于此理中，盖此理之自见，即见于吾自身之理性思解之活动也。吾人固有不自反而不自觉者，所谓日用而不知也。然一旦自反而自觉，则此自觉即为直觉而觉之，非能以外来之理由而证之。当吾人谓纯逻辑中一切推理皆为无理由成立者，吾人只应谓其为理性之自见。以为理性之自见，故一切推理之成立皆为无理由者。此其为无理由，并非言其以直觉为理由，乃实因此理自身即理由。吾人言直觉而觉之，实只言须承认之而已矣，殊无其他理由可言也。如不明一切推理式为理性之自见，因理性之自见而成立，而徒谓其无理由，以直觉而成立，则是其成立之理由在直觉，非理性之自见。如此而言，即为反理性。设或所谓以直觉而成立，又不限于纯逻辑中之推理言，而自知识论证之推理言，或视纯逻辑中之推理亦为知识论证之推理，由此而普泛之，以为一切推理之性质及推理中之命题，皆以直觉而成立，则尤混扰而谬误。吾为此言，实有所指。英人约德者，私淑于罗素与柏格森者也。撰有《物质、生物与价值》一书。时有新隽之见，而器小不能大就，管窥不能宏通。其书第三章《论思考为潜存事物之了知》一节，中有一切推理皆为直觉之说。彼所谓推理正知识论证中之推理也。彼以三段推理为例。其论证之线索如下：凡人有死，孔子是人，故孔子有死。此中结论有二可能：或含于大原之内，或不含于大原之内。换辞言之，此中结论，或非新，或虽新而不必真。如其含于大原之内，则非新。如此可能而□①【编按：此字原件无法辨识。】，则大原中"凡人"之"凡"必为吾所周知之"凡"，即吾人须将一切人皆一一试验而计算之，因而孔子亦必在计算之内。如是，"孔子有死"之结论实已含于大原中，故不得为新。然克实言之，吾人并未举且亦不能举全部之人而尽数之。如是所谓"凡"者实为吾人所已知者之普遍化，据其已知概其所不知。然如此推概有据否耶？不能无疑也。推概而成之"凡"，能证实耶？亦不能无疑也。然虽不能无疑，而吾人实已肯定其为真。约德即依此而言此大原之为真即为直觉而不可以理辨。就第二可能言，结论不含于大原中，故为新。既为新，则可问：此将何以知其可由大小二原推演而得耶？此亦无理由以解之。吾人但知可以如是推得而已耳。是故结论之为真实为直觉而不可以理辨。约德此说，实不可为训。此中之问题亦复

---

① 缺字疑为"真"。

杂。就其所论之推论而言之，实为知识之推断，亦为归纳之问题。论者亦多方，今不详陈。然吾可总持而分之：知识命题间之推断与逻辑命题间之推断实不同，不可混一而论之。一推理式，如视为纯逻辑中之推理，则为一事，其意义如吾上文所说。如视为知识论证中之推断，则为另一事，其意义又不同。如自知识论证之推断言，则其中之命题皆为表象知识之命题，此自可以言其真不真，以其有向故也。然其真不真，□【编按：此字原件无法辨识，疑作"既"。】非无理由者，亦非只以直觉为理由。大原之实证否，与夫从已知推未知之有据否，此本为归纳问题之症结。如自此视大原，则大原之如此确立，固有甚长甚长之来历与夫甚长甚长之委曲。此岂得谓无理由可说而纯视之为直觉耶？凡表象知识之命题，无一而可纯以直觉视。何者？以其有外来之意义故也，非一空空句式故也。若谓此大原本未得满证，徒由普遍化而得肯断为定然，此定然之肯断即为直觉者。此亦不然。若此定然之肯断为全无委曲与来历，自可为直觉。然今自知识论证而为言，则彼有甚长之来历与委曲，此即不能视为无理由。（未得满证之普遍命题，而得为定然之肯断，此中亦有可言直觉处。然为别一事，与约德所言者大不同。吾将论之于《比知部·由理智至超理智》章。）若谓论证之知识须有一不可论证者为根据，此无不可。若谓知识论证之推理中之个个命题皆无理由者，以直觉而成立，则不可。此则不但反理性，且亦反经验。此本为归纳知识之问题（约德所言即指此），与纯逻辑中之推理本无关。惟约德视一切推理为直觉而不可以理辨，有貌似而多混，故特指而辨之如上。

第六、依此，纯逻辑中之推理有以下诸点须洞彻：

一、其中之命题依构之之概念而有意义，无外面之意义。此谓无向命题。

二、无向命题，于一推理中，其为真假只为吾之肯断，无外面之意义，即不因经验或事实而为真假。

三、无向命题之推理依理性自己而有意义。

四、一无向命题之真假为逻辑中之真假，此种真假由二用之外在化而成立。此意详论之于下节。

而知识中之推断则有以下诸问题：

一、有归纳之逻辑根据问题。

二、有归纳之事实法则问题。

三、有普遍命题中之"凡"之问题。

四、有满证与分证问题。

五、有理智与超理智问题。

此皆非本章所能论。

第四节　推演系统系二：真值系统

以上所言纯粹形式之推演系统为质量系统，且就亚氏逻辑而为言。此系统以取通常言语句式为资具，故其基本概念不能不凝固于言语句式中。而且其基本概念只有肯定、否定之质尚不足，且须于主词施以全分之量以限制。以此两组基本概念而成之句式，虽可全剔其内容，使其为空空之句式，以成纯粹而形式之推演，然其句式既未说言语句式之形式，故对句式言，其构造既不能臻于极其工巧之逻辑形式，而对推演言，亦未能臻于严格整齐之境地。此其所以为原始而简陋也。且其为推演仍为言语形式之质量句法之推演，尚不能直应理性自己之开展而推演，故其为纯为形式乃为外为未之纯，为外为未之形式，非能直应纯理之纯而纯也。近代逻辑即欲于此而进一步。今欲吾之符号系统（亦曰有形系统）直应理性自己之开展而成立，使其"纯"直应纯理之纯而纯，既毫不参以经验之成分，复亦不须求助于外末者，或表之以外末者，则吾必须脱弃通常言语句式之资具，吾须直应纯理撰为逻辑句式以为资具。吾亦必须不必囿于言语句式而启发基本概念，且须直应纯理而撰基本概念。又基本概念亦不必表现于言语形式中，且可依一逻辑形式而表现。此即于反显识纯理后进一步之逻辑之所作。吾人将亦即因此进一步之逻辑而益识纯理也。此进一步之逻辑即直应纯理而成立之逻辑。此直应纯理而成立之逻辑之逻辑句式如何造成耶？此直应纯理之基本概念如何造成耶？将见此直应纯理之逻辑句式即随此直应纯理之基本概念而构成。此基本概念何耶？就既成逻辑言，构造逻辑句式之基本概念大抵如下：一切（全）、有些（分）、否定、肯定、真值、假值。大抵全与分为一组，余四为一组。由后一组而成之逻辑句式，最根本者曰析取，曰函蕴，曰絜和，曰不相容。直应纯理而成立之逻辑句法即由后一组之基本概念而构成。此即吾所谓进一步之逻辑也。后一组以否定、肯定为主，真假由之而引申。本节所论只限于此。至近代逻辑亦取全分之基本概念而成句，然亦比亚氏之取用较严格而整齐，亦具逻辑之形式，所谓"命题函值"是也。命题函值之句法与亚氏逻辑之句法相融或不相融，视解法而定。依著者观之，并无不可通处。惟此中颇费讨论，本文不能详也。故舍此而论肯定、否定之一组，依全分概念而成之句法曰命题函值，依肯定、否定概念而成之句法曰真理函值（俱云真假值函值）。今即问此真理函值如何构成耶？

吾人于明纯理自身时，曾谓肯定、否定二用即为纯理自见之自用，亦即理性呈现其自己而为自己所起之运用。此理性自见之二用即为直应纯理之基本概念所由来。言纯理自身，故言肯定、否定为二用，此所以示理性为具体而活泼之意也。今言符号系统，以此二用为基本概念，吾人须稍变其意而外在之、松弛之。此即真假二值也。此时吾人不言二用，而言二值，亦不如亚氏逻辑之凝固于命题之言二质，盖二质亦犹二用也。如亚氏句式中二质为强度，全分二量为广度，则言二用亦强度也，故具体而活泼。惟以亚氏逻辑囿于言语句式之形式，徒有二用不能成推演，而必赖广度之二量，是则广度之用尤显于强度，而广度为外来者，非直应纯理自身而撰成，故其推演系统，虽足以唯显纯理，亦非直应纯理而撰成。今欲直应纯理而成基本概念，并因之而成直应纯理之推演系统，则自无所需于全分之广度。然徒言二用，则为纯理自身之开展，此为具体而活泼。纯示理性自身之真实性，不可铺陈播弄而成统系。盖以其纯由思解活动而显露，即当其依附于亚氏命题而为二质，尚且不足以成推演，况乃直捉弄其自身，更无着处乎？是以今欲直应纯理自身之二用而成基本概念，必须将此二用外在化、松弛化。外在化、松弛化，即为真假二值，亦曰二价，此即强度自身之广度化，不必复求外来之全分广度矣。如亚氏逻辑可偏言广度而曰全分统系（此已有言其根本概念为曲全公理矣），则今所言之统系即为二值统系，亦曰真理值或真假值统系。亚氏逻辑之基本概念为外，二值统系之基本概念为内。其为外者，非谓其由经验而来也。直对二值之直应纯理自身之二用之为内者而言外耳，外故已偏矣。内则真正无待，故其系统纯而净。

二值以其为二用之外在化，故必须附着一符号而后可以筹度而拨弄之。其所附着之符号，即命题。惟此时之命题为未分解者，虽亦为无向，然不得为句法，以其未分解，故无所谓句法也。此时之命题直只一符号，以为二值之托足处，无何意义可言也。一逻辑句式依构之之基本概念而有意义。此时之命题非是一句法，故无所谓意义也。然虽无意义，而吾人总可说一命题有真假。一无意义之符号，真假值即是其内容，亦可谓此就是其意义。外此无内容，无意义。然无意义之符号，既非一表象知识之命题，而此时所论者又为纯形式之推演，则其真假自非一知识命题之真假，亦非因经验之证实而言之真假。其真假之值，此时只可为二用之外在化。二用外在化依附一符号，即谓此符之真假值。依此假说二值为命题（即符号）之二值，并依此而言命题之真假。

命题既为一符号，非句法，无意义，则二值系统必只由真假值而构成，真假为基本概念，由之可以构成最基本之句法。

一、可以构为一"真P"之句法。"真P"即"P之值为真"，或言"P为真"。于此句法中，如代之以真P，则此句法为真。如代之以假P，则此句法为假。故"真P"一句法亦为一函值，此函值即真假函值也。一符号P无意义，非句法，而"真P"，则于P加以作用，即为一句法，有意义。

二、可以构为一"假P"之句法。假P亦曰"非P"，或"P之值为假"。于此句法中，如代之以真P，则此句法为假；如代之以假P，则此句法为真。故此句法亦为一真理函值。

三、可以构为一"不可能"之句法，不可能即P无有可能之值：真亦非，假亦非。于此句法中，如定P为真或为假，则此句法为假。如定P之真假俱假，则此句法为真。故此句法亦为一函值。

四、又可以构为一"必然"之句法（即套套逻辑）。必然者，一命题之真亦真，假亦真。于此句法中，如定P之真假俱假，则此句法为假；如定P之真假俱真，则此句法为真。以上为一命题之句法或函值。

五、又可构为"P或Q"之句法。于此句法中，如定P为真而Q假，或定P假而Q真，或定P与Q俱真，则此句法为真。如定P与Q俱假，则此句法为假。

六、又可构一"P与Q"之句法。于此句法中，如定P与Q两者俱真，则此句法为真。如定P真而Q假，或P假而Q真，或PQ俱假，则此句法为假。

七、又可构一"P函蕴Q"之句法。于此句法中，如定P真而Q真，P假而Q假，或P假而Q真，则此句法为真。如定P真而Q假，则此句法为假。

八、又可构一PQ不相容之句法。于此句法中，如于P与Q定为"或P假或Q假"，则此句法为真。如定义PQ俱真，则此句法为假。

一命题可构四函值，如上所述。两命题可构十六函值。今只说四，余不烦言（详见吾逻辑书①）。

---

① 这里说的"逻辑书"是指《逻辑典范》一书。

如此种种句法，皆依真假二基本概念而构成，亦依真假而有意义。每一如此之句法，实为一真假之关系。真假之关系一变换，即定一句法或函值。此种变换甚有统系，并非凌乱无绪。此种统系名为二值系统之横面系统。

横面系统外，尚可构一直线系统。此曰推演系统。于推演系统中，以"非P"与"P或Q"为首出之句法。以此两者先定"P函蕴Q"之句法，再定"P与Q"之句法，复由"函蕴"与"与"再定一"等值"之句法。此为基本之定义。此共为五句法。依此五句法再构若干原则，并依据推断之手续，即可构成一推演系统。此推演系统以"函蕴"而勾连，故曰函蕴系统。而此函蕴句法（亦可曰关系），又以真假关系而规定，故此系统又曰真值函蕴系统。从函蕴之界说而名也。（函蕴意义与界说颇难言，此不俱论。）于此统系，自函蕴观之，则为推演统系，以函蕴为可以推演之关系故。其为统系，皆满布以函蕴式。自函蕴之能界之真假值观之，则此统系只为真假值之流衍。又自其为真假值之流衍观之，则此统系又全为套套逻辑之必然。是以真假值之流衍与套套逻辑之必然实为此推演统系之暗流。自推演统系言，则纯为一推理统系，表象纯理自身之开展。自推理统系之暗流言，则知此推理统系为最纯之统系，毫无所依附而然之统系。将见此统系虽不能不假借命题以构成，然其构成实不因其中命题之呈为何形式而构为如其所呈之形式之系统，因此中命题并未分解故。故虽为命题之系统，实为真假值之直线关系系统。其表象纯理自身也，实为直应纯理之自身而表象，亦可云即纯理自身之表现也。故吾以为真值函蕴系统乃为直应纯理而成之纯逻辑。自纯理系言，纯理自身为逻辑；自推演统系言，此推演统系为逻辑。此即纯逻辑，亦曰逻辑自己。盖以其直应纯理而无歧出故也。

纯理系与推演系两者表里而相应，故此推演统系处处为循环。循环者，循环无端其若环，乃一无终结之圆圈也。此言循环，并非指此推演统系本身自首至尾为循环。自此推演统系本身言，乃一纵线之推演，无所谓循环也。此言循环，乃指此推演统系之造成言，或指吾之作此统系言。譬如，函蕴本为造成一推理式之手续。P真而且P函Q真则Q真。此本为因"P函Q"之补充而成之推理式。然此推理式非由外而空头以造也。当吾论推理式之形成，而须一可以推演之手续，此推理式俨若自外成，因"P函Q"自外补入故。然当此推理式一形成，其本身即表象根本而终极之推理，亦即理性自身之开展，则此使吾人可以推演之手续即非外来者，实不过以理性如此开展者转而为可以如此推演之手续。此其所以非由外来而空头以造也。此推演统系满布如此之推理式，而满布如此推理式之推演统系即表象理性自己之开展，而此理性自己之开展又复转而为此满布如此推理式之推演统系所以可能之手续。此即所以为循环。又如此推演统系中本已演出同一律、矛盾律、排中律，而此三律又实因纯理开展所昭示之三律之贯注（亦即应用）而始然，尤以矛盾律为特显。矛盾律于此推演统系中而推出。所谓推出即谓由此统系而得证明。而所谓由此统系而得证明，实即为纯理所昭示之矛盾律之应用，是即不啻以其自身证明其自身。盖所谓因其"如此这般"不能矛盾，所以有不能矛盾之矛盾律。又如"P 而且 P 函 Q 则 Q"，此本为推演统系中已得证明之命题。然当吾说："如其有 P，而且有 P 函 Q，则此时即可以推 Q"，此即为一推断原则。所谓推断原则，即一推演手续原则也。此为一无形之原则。按此无形原则可以作如此有形之推演。彼已得证明之命题为一有形命题式，而此无形者则为一不在纸上之原则，有成就一切有形式之大用。须知此不在纸上之原则即纯理自己也。以其无形，故亦不可符。此即无形之逻辑。同时彼已得证之命题式又何尝不即显示纯理自身耶？透过有形以至无形，复以无形还而成就有形。是以当吾论或作此推演统系，无往不循环。此其故即在：一、此推演统系直应纯理而为纯逻辑；二、吾之论之或作之，既处于纯理之中又处于纯理之外。处于纯理之外，是吾欲作一推演统系也。处于纯理之中，是吾作逻辑亦不得不用逻辑（即无形之纯理）也。此其为循环即纯理系与推演系表里相应相依之循环。自知识论证言，循环为大忌。自纯逻辑言，则以循环为所尚，是以最纯最净之逻辑即为绕圈之逻辑。以其单线自转故也。此为不移之理。读者必悟此，而后可以语逻辑。

此绕圈之统系，自其为符号系统而观之，实是一推演统系。无此推演统系，吾人不足以见逻辑。是以吾人不能不谓逻辑为推演统系也。既为一统系，不能不有构此统系之原念，如否定，如析取，即此统系开始之原念也。自否定与析取而至函蕴，即为此推演统系建立可以推演之手续或根据也。自纯理而言之，纯理开展无始无终，盖举足落足即此纯理自身也。如前第二节所述。然一有形统系不能无始。惟此有形统系，自其为推演而言之，其为推演不同一有所谓之推演，如几何或力学之推演。是以自其有推之"始"而言之，其为始亦不同于有所谓之推演所从出之"始"。质言之，此所谓"始"非"有所谓"之推演所从出之公理（或定理或假设）之"始"也，亦即此"始"非公理之谓也。"始"非公理，言其非是思想。吾人言依基本概念而造句法。此概念并非一有所指、有所谓之思想。如一切、有些，如肯定、否定，吾人不能谓其为思想也。虽谓其为概念，然非代表一思想之概念。譬如康德名范畴曰概念，然范畴并非一思想。而公理则常为代表一思想之概念，如几何或力学开首之假定皆然。是以纯逻辑系统之"始"非公理，亦非一思想。此一纯粹而形式之推演，彻头彻尾皆为定然，皆无所谓。基本概念非思想，故无所谓。依之而成之句法，亦非思想，亦无所谓。故此"始"非公理。公理有假然之意，而此既无所谓，故亦无假然；即依此意，言其为定然。虽有其"始"，始亦定然；彻头彻尾，皆为定然。以其所象唯是一理故也。如以公理为推演之基础，则公理不真或有变换，由之而推出者亦随之而妄或有变动。（有时公理之作用，公理虽可妄，而由之而推出者不必妄。）然纯逻辑之推演则不如此。盖以其并无所谓也，只为一理之表现耳。任一有形系统所表者皆唯是一理。有形系统变，所表者仍唯是一理，故无所调妄与不妄。当成句之基本概念变，其所成之句法变，由此句法而成之系统亦变，则此系统中之命题或不能配入一新系统中，然亦不能谓其为妄也。因为一有形系统皆无所说，唯表一理，故任何有形系统彻头彻尾皆为定然。否定与析取为原始观念，函蕴为基本定义，并未谓其为公理也。此其始为显与所谓公理者不同矣。近有人致疑逻辑是否为一推演系统，又斥罗素不当视逻辑为以公理为基础之推演系统，如几何与力学然。由此遂断曰：逻辑并非一推演系统。关此，吾可如此答：言推演系统不必即如几何与力学，非如几何与力学之以公理为基础之推演，不必即为非推演系统。是以吾于本段之首即肯定曰：有形逻辑是一推演系统，但其"始"非公理耳。是以不如几何与力学。至罗素是否视其所作之推演即为如几何与力学，尚不能遽作肯定之断言，以罗素于此并无显明之思想。《数学原理》问世距今已三十余年矣。首创之始，虽或不免取几何以喻推演，然取表面少分为喻，不必即谓其视同几何也。至少如吾所解，此一推演系统与几何力学实不同。其原始观念、基本定义，亦与公理不同科。作之者不必即能适当论谓之。罗素之论逻辑，如本刊三、四期拙文所述，即非著者所赞同。然该处亦无视逻辑之推演同几何之推演之思想。谓逻辑非以公理为基础之推演系统者是也，然谓其直非一推演统系则非也。盖逻辑有有形、无形之别，不能不分别以论之。如无此分别，而复谓其非推演统系，则必糊涂而茫然。下文将详论之。

或曰：汝谓纯逻辑之系统，彻头彻尾为定然，然原始观念、基本定义为有形逻辑之始者，纵与公理不同科，亦不能谓其为定然。盖亦可以变换也，而亦实有变之者，焉见其为定然耶？曰：吾言定然乃对假然言，非实然与必然之对也。即定然不可以等视于必然，所而变换者即句法之变换。然变换不碍其为定然，以定然并非必然也。吾固认造成有形逻辑之句法可以变换也。譬如由亚氏句法变为真值句法，即其例也。最纯之逻辑，无论其所设立之句法为如何，然当其一经立，必只为无所谓之句法。并无所指谓，亦不含有思想。藉之以成推理，而其所成之推理亦只是此推理，并非何者之推理；而只是此推理所示者亦只是此纯理，外此无所有。所成者彻头彻尾只是此推理，所示者彻头彻尾只是此纯理。即以此故，说逻辑句法及成之之概念为定然，并非谓此句法不可变换也。然质量句法，吾亦谓其为定然；真值句法，吾亦谓其为定然。并不因由质量句法进至真值句法，遂谓质量句法不定然，或谓亚氏逻辑非逻辑。如有异乎真值句法者，吾亦如此说。句法虽可多端，不主故常，然吾可持纯逻辑为准绳而衡其是否为纯净。如其所立之句法含有思想概念于其中，吾不得谓之为纯句法。其所成之推演系，吾亦不谓之为纯逻辑。如其所立之句法含有经验之成分，或有因经验而起之成分，吾亦不得谓之为纯句法、纯逻辑。如其所立之句法，虽函有思想概念之成分与因经验而起者，然并无作用于其中，其用之也为借用，因而只为一符号，则亦无伤其为纯逻辑。如论关系与类，即非逻辑，而借用关系或类为筹符，则无伤。然究已不纯也。古逻辑为质量句法，今逻辑为真值句法。质量句法，虽有需全分之量，不能直应纯理而建立，然全分之量非思想，故虽为偏为外亦无伤也。真值句法，以吾前所述者为至纯。现代逻辑皆不离真值句法，而其中变换亦甚多。设以至纯者为标准而衡之，则变换不过两支（就目下所有者言）：一为简繁问题，有归约罗素之二原始观念为一者，有归约其五原始命题为一者。有此归约，故句法亦须变。然只为简繁问题，仍不离真值句法。虽变换无伤也。此可不论。一为更张问题，譬如路易士之严格函蕴是也。此对真值函蕴而有所变更。然吾以为此所更张，实为杯弓蛇影之举。又因此更张，遂归于不纯。真值函蕴如吾所解（见吾逻辑书[①]），实至纯而至净。路易士不了

① 指《逻辑典范》一书。

真值函蕴之原委，更之以严格函蕴，自吾观之，徒为加重语气而已。此于逻辑全不必要，须剔去之。严格函蕴系统，有可能、不可能、必然等原始观念。此亦为外来者，已足使其系统为不纯。（吾于前文已言吾人亦可构不可能之句法或套套逻辑之必然之句法，然此两词皆为对于真值句法之指述，而非一有作用而独立之概念，与路易士之存想异。）然问题之要者，其系统究是否能异于真值函蕴耶？路易士定严格函蕴为"P真而Q假"为不可能。然诚能了彻真值统系之底蕴，将见此定义实无以异于真值函蕴也。真值函蕴定为"或P假或Q真"，而此定义，据真值之演算规律，即等于"P真而Q假"为假。然则所差者只为一言"假"，一言"不可能"。此尚得谓有根本之异耶？既不能根本有异，徒为语气之加重，自不能独成统系也。即是一统系，亦为不纯耳。路易士外，又有三值系统乃至多值系统，此虽可以扩大有形逻辑之范围，自有其价值，然自纯逻辑严格而论之，皆有不纯之成分在。且亦不能不以二值之真值系统为底据。是以吾定二值之真值统系为标准逻辑也。须知句法虽可变换，然成句之基本概念，如自至纯者而言之，实不能有若何之多也。吾前所列者为一切、有些、肯定、否定、真值、假值等。若知构成逻辑句法之基本概念非思想概念，则自不能随便增加也。若以思想概念参其内，其多何限？然吾可以知其为纯与不纯也。

是以由上所论，句法之变换固无伤。然

一、不能视句法为公理；

二、不能视句法之变换为公理之变换。是以

三、无论采取何句法，皆只为彻头彻尾成推理，彻头彻尾示纯理，是以彻头彻尾为定然。

四、句法有不同，而若其所成之系统皆为纯粹而形式之推演以显纯理，则固即为此纯理之所自见，故亦皆为纯逻辑。是以

五、须鉴别句法之纯不纯，须鉴别是否承思想概念或经验成分而造成。句法之纯不纯，决定系统之纯不纯。

六、二值之真值系统为直应纯理而成之最纯最净之系统，此即为纯逻辑，为标准逻辑。

七、句法之变换，如满足四、五两条，皆可为此纯逻辑之所摄。

八、逻辑之有形系统皆为纯理之自见，故亦皆为纯理自见所表现。有形系统之"多"皆本于无形逻辑之"一"。有形逻辑皆以此"一"而有归宿、有来历，亦以此"一"而得简别为纯不纯。而有形逻辑之

"多"，纷然而杂陈者，固亦不损其丝毫。而逻辑家变换条目，日见新奇，则固此学之光大，吾又何能不善为之所？虽然，有形逻辑虽可多，而要不能无限多。其故盖在须满足四、五、六三条也。

九、吾虽不如康德所谓逻辑（指亚氏逻辑言）已成定型而臻圆满，支节之技巧修改或有之，而基本更张（指变更亚氏逻辑之规模言）则不可能，然如吾所解逻辑之本义，则将千古而不易。无论有形逻辑如何变换，而皆应为只成推理，只示纯理，则将为逻辑之绝对义，且将为认识逻辑之不二法门，亦为判别逻辑与非逻辑及其纯与不纯之唯一准绳。（几何与力学非逻辑。不纯者吾将名之曰特殊逻辑，如为数学而立之种种逻辑即为特殊逻辑。）如不识此义，则就自下言，逻辑

一、必流入路易士所谓相对论、多元论、唯用论，随之吾人以无判别逻辑与非逻辑及其纯与不纯之标准，则又必使吾人无由判别逻辑与知识论乃至与元学之差异；由此而降，其差谬将不可究诘。

二、或流入视逻辑并非推演统系，只为推演法则之一部，为如何将推演形式以统系化之指示法。此则进于路易士，而亦似之而非也。

前者无头脑，后者无眉目。前者为相对，不足以防滥；后者虽绝对，亦不足以防滥。前者之谬，易为刊正，可不多言。兹论后者。

视逻辑并非一推演统系，只为推演法则之一部，或只为如何将推演形式以统系化之指示法，此盖为维特根斯坦之所见。近复见洪谦先生译韦思曼一文，名曰《逻辑是一种演绎的理论吗？》[①]（此中"理论"二字不妥），刊于《学术》季刊第一期，推明维氏意。原文不得见，译文大意略可窥。据此说，似能识逻辑之超越性与绝对性，自其极普遍处而为言，不自各种推演统系而涉想。此可谓进一层矣。然自吾观之，则亦无头脑、无眉目、无归宿之僻见。尚不能止于此。该文大意略谓：逻辑根本不是一种根据逻辑定理而形成之命题体系，仅是属于逻辑的推论法则之一部。韦思曼以为逻素视逻辑为根据逻辑定理而成之命题体系，如同几何与力学。逻辑定理，于逻辑统系中，为一具有本体性之前提。然韦氏所谓"逻辑定理"一词，罗素实未用之。而彼所谓"定理"，又隐指"函蕴"言。吾前已言之，"函蕴"实不得视之为"公理"（即定理）。罗素只视之为一基本界说，而界之之"否定"与"析取"又只为原始观

---

① 刊于重庆中国学术研究会（办之）《学术季刊》（文哲号）1卷1期，1942年（民国三十一年）一月一日版。附案：在今编洪谦著《论逻辑经验主义》（北京，商务印书馆，1999）中不见收录此文，其中附录的《洪谦论著目录》之"译著"中，亦不见此文之名。

念，亦未曾视之为"定理"。三者虽为有形逻辑之"始"，然皆不得谓定理。至少如吾所解，吾已解之非定理，不得以其为有形逻辑之前提，即谓其为定理，而以几何与力学类比之。"定理"一词，不可滥用。至罗素视否是逻辑为依定理而成之命题体系，如同几何与力学，尚不可得而必。有形逻辑是一推演统系，吾已肯定之。吾又谓虽是一推演统系，而不必即同几何与力学，而其前提亦不必即视同为公理。惟是否为一推演之统系，尚非重要者，要者在其前提是否为公理。吾可否认其为依公理而成之统系，然吾不能即因此而否认其为统系。然则关键即在其是否为公理。吾已明其不为公理矣。如前所述，此可为吾之说，与罗素无涉焉。今且考察"仅是属于逻辑的推论法则之一部"一语之意义。逻辑不是依据公理而成之命题统系，此语无论韦氏所隐函之思想为如何，至少吾于此句文字之表意上，亦可赞同之，以吾亦未曾如此视逻辑。然则其所谓"仅是属于逻辑的推论法则之一部"是何意义耶？此中"逻辑的"一词为状词。逻辑的推论法则，言有逻辑性之推论法则。推论法则是何意义，暂置之，稍后再论。逻辑"仅是属于逻辑的推论法则之一部"，此语可有二义：

一、主词逻辑指各种有形逻辑言（如罗素系统或其他）。如是，此语所示实言：各种有形逻辑仅是属于推论法则之一部，一部之为言即一示例也。言各种有形逻辑只是此逻辑的推演法则之示例。然此所言乃说明各种有形逻辑，非界说"逻辑"也，恐非韦氏之原义。如是，

二、逻辑是逻辑的推论法则之一部，此即以"逻辑的推论法则之一部"界逻辑。所界者为逻辑自己，非各种有形系统也。然所谓仅是推论法则之一部，则必谓并非全体逻辑的推论法则是逻辑，而仅是其中一部推论法则是逻辑。然则逻辑之上尚有一界曰"逻辑的推论法则"也。于此整界中，有一部推论法则是逻辑，亦必有一部非逻辑。然则"是逻辑"之一部与"非逻辑"之一部，如何区别耶？乃至此全体"逻辑的推论法则"界是何意义耶？如何规定耶？谓逻辑为其中之一部，言之似甚易，而其言此之根据则甚难。适所提之两问，如不能答，或尚在未答，谓逻辑为其中之一部乃无意义者。如谓逻辑非依公理而成之统系，只为成统系之推论法则（不言一部），或如论者所云，只为如何将推论形式以统系化之指示法，则较妥。然如此所云，必函有"有形逻辑"与"无形逻辑"之分。无形逻辑只是此成统系之"推论法则"（不言一部）或"指示法"。有形逻辑则是依推论法则而成统系，或是依指示法而使推论

形式统系化之统系。韦思曼固已云：罗素真值函蕴统系并非逻辑，乃只属于逻辑之一例。如果有有形、无形之分，真值蕴函统系无论如何纯，总是已经统系化之统系；而如果无形逻辑亦只是此成统系之推论法则（此为用韦氏语而从吾修改之说法），则谓真值统系非逻辑，只为逻辑之一例，亦无不可。

韦思曼之思想极动人，非浅尝者所可比。吾人极愿疏导之而考究其指归。兹列三义以判其得失：

一、真值统系虽为有形统系，然非依定理而成之命题系统，亦不与几何与力学同（罗素思想不管）。

二、韦氏"推论法则之一部"，此中"一部"之思想谬，当去之。

三、"推论法则"之思想甚可取，然如不只为神秘，而且有归宿，可摄入吾之纯理观而明之。

以下且略述韦氏"推论法则"之意义。

逻辑之基本物事曰推论（同于推演或推理）。所以推论法则即从一命题而可以推其他命题所依据之法则。此中命题或为简单，或为复杂。简单者为一命题如 P。复杂者为若干命题之结合，如一推理式。自一简单命题言，譬如从 P 推 Q。吾人如何能从 P 推 Q 耶？其间必有足以使吾人过渡到 Q 之法则。此法则即为推论法则。但须知推论法则是无形者。依推论法则而成之推论式，则为一式之平铺而有形。假如"P 函 Q"为有效形式，吾人即可因之从 P 推 Q。但"P 函 Q"并非一推论法则。从 P 与"P 函 Q"而推 Q，平铺之而为一符号式，即一推论式，亦非所谓推论法则。但推论法则实可由此推论式而领悟，而亦与此推论式有相应，然而非即此推论式。是以"推论法则"为无形，而推论式为有形。如吾所解不误，则彼所谓"推论法则"，即一有形系统中首示出现而不可以符号列之"推断原则"也，亦即罗素所谓"非形式之原始命题"也。此推论法则，韦思曼又名之为指示法 S。是以如欲从 P 推 Q，则下列模式即为一指示法 S 之基本模式：

$$P$$
$$P \quad D \quad Q$$
$$Q$$

由此指示法观之，一有形推论式似须两前提：一为原命题 P，一为补充品"P 函 Q"。前一前提与推论无如何关系（虽不可少）。后一前提于推论中方是重要。依韦思曼，此后一前提即为罗素所谓"逻辑定理"（但罗素实未用此名）。又云：从 P 能否推 Q，亦须以逻辑定理之真假为标准；并谓于形成有形推论中，罗素于指示法 S 之外，还须假定一定理为前提；且以为此是罗素之谬点。而韦氏则以为定理实非推论法则之前提，仅是推论法则之补充品。吾欲从 P 推 Q，只须根据"P┊Q"模式，于虚线处，补以定理"P 函 Q"，即可形成一指示法 S：

$$
\begin{array}{ccc}
& P & \\
P & D & Q \\
& Q &
\end{array}
$$

此指示法 S 即为推论法则，由之而可以成一推论式：即："P 而且 P 函 Q 则 Q"之符号式，亦即从 P 推 Q 也。任何其他复杂之推论式，皆可如此作。是以吾人只须根据一模式即"P┊Q"，补以相当之定理，即可形成某推论式之指示法 S 或推论法则，由此法则即可形成所欲造之推论式。最以韦氏云：定理在逻辑推论中之作用，只为将推论法则中所缺少之部分补充之而使之成律则，或云：将某推论形式补充以相当之定理使之形成一指示法。所以定理非如罗素所谓为一切推论法则之前提，仅是指示吾人如何给推论形式以有效之形式之方法。至于定理之为真为假，其与逻辑推论更无关系。

韦氏之声述有其精到处，但指斥罗素未必恰。彼所谓定理即指函蕴言。函蕴只为一有形推论式中之前提。所谓前提者即是所须经过之手续或步骤。如果彼所谓推论法则即所谓无形之推断原则，则罗素并未谓函蕴为一切推论法则之前提。而且推论法则亦无所谓"一切"。推论法则只是一法则，此是最后者，何须函蕴为其前提？然则韦氏之指斥近乎无的放矢矣。其所以至此之关键即在其视"函蕴"为定理，如同几何与力学之定理。吾以为此种解析实谬误。至彼所谓定理只是推论法则之补充品，则亦须分别观；若视推论法则为无形，为一无形而完整之法则，则其为法则自身即为完整而无所缺，亦不须吾人之补充，更亦不能分拆之而谓其有缺少，将须吾人之补充。若视推论法则为有形，而欲以符号模式指示之，即以指示法表示之，则所谓以定理为补充品尚可也。如是，吾可如此分别而解析韦氏所主之意义：

一、无形之推论法则，此则不可以符者。

二、以指示法 S 表示推论法则，此则可以模式示，然仍非一推论式。自指示法而言之，"P 函 Q"为一补充品，但不可视之为定理。

三、由无形之推论法则，或由有形之指示法，吾人可以作成所欲得之推论式，此为一平铺而有形之符号式。自此符号式而言之，"P 函 Q"为此符号推论式中之前提，前提者望其所推得之结论言。此为有行推论式中之手续或步骤，并非一定理。

由此三条而观之，"P 函 Q"在第二条为补充品，在第三条为前提。在第一条之推论法则，既不可以言补充品，又不可以言前提。罗素所作者为一有形推演系统。于此系统中，每一推论式自须有前提。然前提非必即公理。自一推论式言为前提；自全体系统言，函蕴为首出，亦得曰前提。然不能谓其为一切推论法则之前提。此实为韦氏之谬解。罗素并无有形、无形之分，而其所作者又只为一有形之系统。韦氏遂于此而断定其函蕴为定理，并加重此定理之意义，以几何与力学类比之，俨若函蕴真为"有所谓"之定理，而又特加重其真假之意义，如是函蕴真成有所谓之定理矣。自吾观之，韦氏之思想，未必为罗素所不许，而其所斥罗素之谬点，亦未必为罗素所首肯（自然罗素亦不必同于吾之逻辑观）。如明函蕴非定理，又明有形系统不能无前提，则韦氏之指斥成徒然，而其所主张亦可成立也。

韦氏以上列三条之首二条定逻辑，可谓庶几矣。而定为推论法则之一部则极谬。前已辨明。今去"一部"二字，单观首二条之所言，则所谓逻辑必只是一"推论法则"而已。对有形之推理式言，曰推论法则。设泯此对言，自吾说而观之，则"推论法则"只是吾所谓根本而终极之"推理"也。此推理即推理自己，非是何者之推理，只是此推理。而只是此推理所示者亦唯只是此"纯理"。然韦氏尚未能至乎此，亦庶几近之矣，再进一步必归吾说而后已。否则，如韦氏所言，必感落空而无归宿。引而至于言语句法（依加拿普意，推论法则亦大可转而为其所谓句法之转成规律也），固引之者之尘下，亦倡之者（指维特根斯坦言）之不善巧也。（维也纳派之思想愈引愈远，本文不欲论之。）

最后所应论者则为此推论法则与由之而成之有形系统或推论式之关系。夫默想推论法则之自身为逻辑（如吾说即推理自己），固至矣尽矣。非真见到者，不能言此。此就是逻辑，不应着迹。一着迹，便不是他。此非有极透脱、极超越、极反显之心思亦不能至乎此。是以自此上上而言之，则着迹之有形系统（如真值函蕴系统）自可谓之非逻辑，或只为逻辑之一例。然此意如韦氏之所会，斥真值系统为由定理而成之系统，如同几何与力学，遂视之非逻辑，只为逻辑之一例，则非了义。吾以为有形之真值系统实只为由推论法则而成之推论式，亦即只为推论法则之平铺。会观上列三条，即可识此密义。推论法则只是此推理，平铺而为推理式亦只是此推理。推理法则与其所成之推理式，一而二，二而一，形影相依，不可或离。两者所示者皆只为此推理自己，亦即纯理自己而已矣。真值系统无所说，其所示者亦不过只是此推理。如了吾前所言其为至纯而至净，直应纯理而形成，则虽有形，而于吾所说之只是推论法则之平铺，或只是此推理，亦可洞然也。如此，默想推理自己，固为逻辑，而其平铺之有形系统亦不得谓之非逻辑。由有形而识无形，由无形而定有形。有形者，荃蹄也。既得无形，吾亦何必爱此有形？然亦何必定弃此有形？

附注一：本文只作到辨彰纯理自身。至理与数之关系，及其在理解中之作用与地位，与范畴之关系，以及其形上之地位，皆非本文所能明。只好另文发表。以本文之量已够多矣。

附注二：自逻辑而指点到纯理，并反而以纯理定逻辑，此必须自理解言。如不能归到理解，吾人即不能提出"纯理"一词，亦不复见有"理"字。即可以指点到"理"字，亦为自存在学而言逻辑，由存在而显理，此为形上学之论法，亦为古人之态度。吾以为此是逾越与混扰。如逻辑即是纯理之所在，纯理亦指示逻辑之所在，则必须自理解而得其实，不能自存在而得其实。至彼不能指点到"理"字者，则必视逻辑为普遍之言语。此为近代之趋势。即如维特根斯坦与韦思曼等视逻辑为推论法则或指示法，是已近之，而如不能归到理解即不能复见"理"字；如不能提出"理"字，则推论法则或指示法即是空悬在外面而不得归宿者。纯粹逻辑家只言推论法则一语，就事论事，亦无其他责任可负。然彼辈皆不止此也。顺是而降，而如归到言语句法，此中或为维也纳派之思想，或为罗素之思想，皆足以毁灭逻辑，不可救矣。此中所系在一机之微。归到理解而见出纯理，则当下便见安顿，而亦无损于逻辑之绝对性、纯粹性、客观性，且可以开启哲学方面之大□【编按：此字原件无法辨识，疑作"务"】。彼辈偏见至深，以为一讲到"理"字，便不免玄学之味道；一提到理解，便不免主观之味道，所以尽量往外摆、下向推。然彼辈结果终不免限于种种极坏之形上学之困难，而如吾所讲之纯理却并未至此。彼辈又以为一言理解便归到康德式之知识论，以为此是自知识论讲逻辑。然而彼等之讲法却结果无一而不与知识论混在一起而前进，而吾之讲法尚未至此也。吾辈生长中土，切忌随人脚跟转，禅家所重在指归自己一路。随人之风而披靡，则是小人之德草也。随人之偏见而为偏见，则又不堪问矣。

三十二年五月廿二日草于成都之寂寥室

（原载《理想与文化》第 7 期　1944 年 11 月）

（本文选自《牟宗三先生全集 25・牟宗三先生早期文集（上）》，393～438 页。）

中国人的具体感与抽象感
（1936）

一

中国人的脾性对于抽象的东西是不感兴趣的，这自然有其历史的根据。洪荒远古不必说，就从孔子起已是如此，传至于今，还是如此。有了两千余年的传统，其形成一种脾性，且无往不显明的表示着，自然是无疑的；且亦唯因有了这样悠久的历史，所以说到改造是一时改不过来的。这种脾性也可以有好的倾向，也可以有坏的倾向。中国这方面所发展的，老实说，是在坏的一方面。若把它的责任重大化起来，中国现在之有今日实在是由于这种脾性作祟。这意思并不是说，中国现在要强盛起来，非大家一齐改这种脾性不可，乃是说从根本着想，这种脾性若不改一改，或是加上一点其他成分，这个国家是没有什么希望的，是不容易站得住的。但这是民性之陶成问题。民性之陶成或改变总非一朝一夕之故，所以现在要打日本以为非改民性不可，这总不免失之于迂。因为若民性一时改不过来，难道就只好坐以待毙吗？我决不作这种足以使人悲观之论，事实也不允许这样想。因为一件结果常不只一个原因，也许某某是一个重要的原因，但却不能说某某是某某的唯一的且充足的原因。中国人头脑简单，理智薄弱，每好将事实归化简单，说到自己所想到的因必斩钉截铁以为是唯一的因、充足的因，旁的都不是，旁人所说的都不对。这个态度就是我所说的不容中态度。我已说明这种态度只是懒的表示，只是理智不康健的表示，读者可以参看本刊前期①。其实，

---

① 指《宇宙旬刊》第 5 卷第 3 期/4 期上的文章。

这种态度就是没有"抽象感"的脾性的一种自然流露，所以现在我虽不以改脾性为打日本的唯一条件，但从国家民族根本上着想，我愿指出这种脾性的影响、缺陷及其前途。

没有抽象感，那末在所有的方面，当然是有"具体感"了。具体感在中国人心身上甚普遍而穷尽：普遍于上下朝野各阶级，穷尽于思想言论及一切行动，这是他的势力。具体感的第一个意思就是只认识那有形可拘，有体可触，总之官觉所及的东西：凡是不能悦耳目，快口腹，不能手舞足蹈去践获，那必冒冒然去之而不顾。随此来的第二个意识就是使人近视眼，因为官觉所及总是有限：五步之内可以看见，五步之外便茫然了，结果生活范围必是很小，小到其肉体所占的空点为止，不过此时，此人便有点不久于人世了。随着来的第三个意思便是只用感觉而不用理智，结果遍天下皆是感觉主义，无一肯用理智去思索，遍天下皆是"感于物而动"的情感主义，无一能不徇于物而用理智去制裁物的。最后第四就是每有行动必借口实际如此，无可奈何，或汝只知理论，不通世故，或理论虽对，全无用处：结果理论、事实分成两橛，读书与作事分成两橛，各成一世界，互不侵犯，作事者日趋于坏，越坏越好，平时所读的书，所受的教育，所说的话，无论怎样好，及其一旦变为作事的伟人，便可完全用不着，便可完全抛在爪洼国，判若两人的一幅鬼脸，每日表演在所谓事业界的舞台上，直至老死为止。吾诚不知这种民族何需于教育？何需于文化？吾亦诚不知文化与教育何益于这种民族？文化与教育岂不等于赘瘤？民族的野蛮岂不是仍旧野蛮？因为文化与教育与这种民族相结合，犹如水、油之结合一样：只是混合在一起，但却没有化在一起。文化所载的东西，教育所教的东西，总有点系统性、理论性、抽象性；总不是手舞足蹈，耳目声色所能接触到的。所以对于这种东西，只有抽象感的脾性的民族始能接受它，始能与它化在一起，犹如氢氧之化为水一样。经如是化合，人是文化的人，是教育的人，而文化与教育也是人的文化与人的教育，决不是空中楼阁的文化，决不是书本上的教育，而人也决不仍是野蛮的人。这种化合，据布朗宁说，乃是生活的艺术化，即生活与艺术打成一片。但是，只有具体感的中国人恐永不能打成一片。不能打成一片，据布朗宁说，这是"自我分裂"。中国人大概只有走"自我分裂"这一条路了。因为他不能接受文化，所以只有文化是文化，野蛮是野蛮。具体感之坏的方面，中国人可谓发挥无余矣！

二

推源这种具体感，我可以稍微作点历史的回顾。孔子曰："未知生，焉知死？"① 死是一个大问题，苏格拉底喜欢讨论它，宗教家喜欢讨论它。孔子也知这是一个颇绞脑的问题，或者也许永远是没有结果的一个问题，所以最好以不能知了之。如是，这个问题便落在"六合之外"去了。不但死如此，即生亦如此。你若对"生"疑问起来，这问题也不算小，其抽象性也够大的；因此也将与"死"一样，同为不能有结果的问题。如是也只好以"未知"了之，生的问题也落在"六合之外"去了。说到"未知"似函有"尚未知而可以知"的意思，但孔子究竟也没有费一番功夫进行去知它。生死这种抽象问题俱不必知，便只好去注目日常生活之可见可闻的了。这是具体感的表示。推之，夫子之文章可得而闻了，夫子言性与天道不可得而闻，这也是平居撇开抽象问题不谈，只谈经世文章，所以门人也只好只闻经世文章，不闻玄妙大道了。夫子对性与天道并不是没有领悟，只因后生小子不见得能明白，且于世亦无大用，所以玄妙大道便不能当教科书来教授门人。教门人而以无用之大道教之，门人之饭碗将何所靠？所以只能授文章，不能授天道。我常想孔子当时若即以生死天道教门人，则孔子必是苏格拉底，孟子必是柏拉图，随着中国的文化必就是现在所崇拜的欧洲文化。可惜天生圣人，并不一色，孔子只好作孔子了。这且不提。说到文章，据历来经学家的意思，并不是指诗词歌赋的文艺而言，这些都是小技，壮夫不为。孔子乃集大成之圣人，驾壮夫而上之，岂肯琐琐为之？所以这个文章乃指孔子一切道德事业而言，即孔子所表现的全幅本领是也。道德事业，焕发彪章，文采可睹，故曰文章。犹如胡汉民先生逝世，世人便道德文章恭颂个不止。这个文章就是孔子所教的一类的文章，在孔子时，便就是六艺。六艺即《六经》。故所谓"经"者，即经常通用之专门技术也。孔子以这种通用之专门技术教授门人，使他们在天子诸侯公卿前坐个一官半职，当作吃饭的专业。譬如《论语》"侍坐"一章所论列的就是这个表示。这个专业之获得即从最具体的最经常的六艺中训练出。儒家的事业地位以及思想的路线都从六艺中来规定。有人说，这种六艺就是粗浅

_____

① 语出《论语·先进第十一》。

的科学。从结果上说，其样子甚似科学，故这话有几分真理。但科学始终是在不断的探讨中，理智的运用无时或休。可是六艺便只有传授，而没有探讨，这已失了科学的原义与精神了。而何况这种科学又只是几种手艺与通常的道德训练？即手艺也只属于制礼作乐一类文节太平的东西。所以其样子四八板，条条不紊，有似科学，但其精神与方向都不在科学的路子上，故中国始终未产生出科学。因为这样具体的形而下的六艺只是死板的手艺，不是探讨的理论，只可传授，不可追究；又因为这种六艺只限于道德礼乐方面，所以对之发生的形而上的理论也只是在那种六艺的圈套内，即只限于六艺的格式而不能逾越一步，并且又只是品题而非理论，享受观照而非认识与追究。这种形而上的品题就是后来的所谓理学，即中国之哲学。这种哲学，虽也性情理气天道太极，讲来甚为玄妙，然却非理论的，亦非抽象的。因为他们并非理智的产品，乃只是品题的、感受的产品，他们常说天理离不了人生日用，良知只是粗茶淡饭，这便是纯具体的、直觉的、感受的表示。所以中国人虽有形而上的妙论，这种妙论却并不就是抽象感的表示。因抽象总离不了理智理论故。我曾说中国的文化是品题的文化，是感受享受的文化，品犹如品茶赏花一样，感受享受即感享这种品出来的清福，所以我又说中国的文化是享清福的文化。这种清福甚玄妙而风雅，故表面观之，潇洒之至。受这种文化陶冶的民族理当是最文化的民族了，但孰知不然。因为这种清福背后的形而下的根据实在是简陋不堪故。简陋就是不足。徒享清福，不足以延残喘，必有藉于形而下的具体物。具体物既不足，简陋不堪，所以一关涉到具体物，便露出那风雅的尾巴来，便丑态百出，便你争我夺，便残刻险恶。中国人一方最文明，一方最野蛮，于此可得一个真正的解析。文明风雅的时候，便是品题享清福的时候；野蛮的时候，便是争口腹的时候。品题只是一种对外之感受，并没有一种理智的运用，通天人驭外物，一贯的开掘制裁外物的理性人格，并没有理性的站得住（rational independent）。所谓理性的站得住，就是以理性变物、造物、驭物、用物，而发展一贯的人格，而丰富我们的生活。这种文化是享洪福的文化，受这种文化陶冶的人才能与文化打成一片，变成一个真正文化的人。这种文化人表面观之，虽没有中国人的风雅，但却也没有中国人的野蛮，但却也能时常进步，不像中国人之始终如一。这种理想的文化并不是说就是西洋人的文化，不过西洋人的脾性实在比中国人较近于这种文化；也并不是说西洋人已完全变成了这种文化人，不过他比中国人较似而已；更也不是说西洋人较似于这种文化人，便没有野蛮的行动。可是我终以为他们虽野蛮，却不像中国人这种原始的野蛮，杀戮的残忍；他们也有战争、世界大战似的战争，但他们战争的意义却比较中国高尚一点，丰富一点，进步一点。他们的战争为护教（十字军东征），为国家为自己争生存争繁荣（世界大战），为争人权争自由（美洲独立、英国大宪章、法国大革命）。这些，纵结果无论怎样残，也比中国战争有意义。一般人骂西洋人争权夺利，但人家所争还是权利，既有权利如何不争？可是中国人所争者却不在此。大家若明白一治一乱的中国史，就可知中国也在争，但争的却下贱得多了！自己如此，还有何脸骂西洋人？大家又说中国人好和平，其实并非好和平，乃是形而下的具体物不足，没有力气来反抗，只好吃哑吧亏！

三

以上是论从孔子的具体感而生出的影响与流弊，现在再从比较近似于抽象感者一方面看中国人。与孔子同时的其他学派，比较有抽象感的要算杨朱学派与墨翟学派了。孟子说天下不归杨则归墨①，可见杨、墨在当时的势力之大，必定都是显学无疑。可是墨子以后尚有流传，尚有所指。而杨朱则简直只留下一个空名了，偌大的显学竟无一可指，只于伪《列子》书中有《杨朱》一篇，岂不可惜？二千年来的学者亦无一为杨朱充实其地位，岂不可叹？友人孙道升先生足补此缺陷。他在《先秦杨朱学派》（《正风半月刊》各期）一文中曾为杨朱派的主张、杨朱派的作品、杨朱派的人物，一一加以指正与论列，且透辟有据。据他的考证，《墨子》中《墨经》诸篇就是杨朱学派的作品，但世人把它认为是墨家经典；他又证明公孙龙子等人是杨朱学派的人物，但世人却把他认为是名家。他说杨朱、墨翟两派针锋相对：一主张兼爱，一主张为我，这是人所周知的。此外坚白石之辩，杨学主张离宗，墨学按其常识的具体感主张盈宗。主离者以为白马非马，坚白石三：白马与马不同，可以离；坚白与石可以离。这是很逻辑的理论，很合乎知识论中的问题，其抽象感的兴趣比孔子以"不知"了之的态度大得多了。主盈者以为白马

---

① 语出《孟子·滕文公下》。原文为："杨朱、墨翟之言盈天下；天下之言，不归杨则归墨。"

就是马，白马与马相盈一；坚白不离石，故与石相盈一。这便是常识的具体感了。墨学对于杨学是百思不得其解的。殊不知他们是缺乏逻辑的头脑与抽象的理论。但是墨学对于抽象感的兴趣并不是没有的，不过在不同的方向发展而已。对于"白马非马"的主张缺乏抽象感，但对于《天志》、《尚同》等篇的主张却又十分抽象感。这种抽象感就是对于普遍、公共、绝对、客观等的希求。其理论的辩证固不如苏格拉底远甚，其内容固亦各不相同，但总可引至同一方向、同一性质。墨学这方面的抽象感可以叫做是宗教方面的抽象感，杨学的抽象感可以叫做逻辑方面的抽象感。如果顺着这两种抽象感发展，中国的文化也必为近似于欧洲的文化。但是天地生人，脾性各有不同，于是，杨学的无所为而为的逻辑辩论便无人加以青睐，墨学的虽有所为而却在"六合之外"的东西的信仰与希求也无人肯加以顾及。这两派便因不适而淘汰，从此便算断绝。

杨、墨而外，复于抽象感的便是阴阳家，阴阳家是观变于阴阳的，杨学可以发展至逻辑，墨学可以发展至宗教；但自然科学与数学的朕兆却只能求之于阴阳家。因为第一、阴阳家常是就自然现象而说话，第二、阴阳家常是信仰术数之定命。阴阳五行八卦九六之变，这些都是阴阳家手中的东西。从这些东西可以发展至数学与自然科学。说到"可以"，当然也函着"未能发展至"的可能，在阴阳家这套发展中，其中有些是几近于科学的，有些不能算是科学，简直是乌烟瘴气。其所以有乌烟瘴气的成分，乃是因为其出发的动机与态度不是科学的。阴阳家一般人认为是驺衍所建立，其实放宽来说，这套东西是有其历史根据的，也是社会发展中必有的现象。凡六艺所表现的经常日用的现象而外的其他一切怪异偶变不经的现象，都是阴阳家所要对付的。六艺为人伦日用，有文可征，有体可睹，故显明可教，故曰经。偶变不经，虽事出有因，然不可得而拘，故多神秘不可语，治此等现象之学在中国则曰纬。故纬亦阴阳家学之流也。纬本起于汉，然类乎纬者则古已有之，而且越古越多。因为越是原始社会，怪异越多；越是野蛮时代，人类之危险惊骇亦越多。当时政府执政者便心对付此等现象，于是网罗人才加以研究，各管一种，分门别类，遂成专家。各专家结果皆有对付此等怪异现象之技术，并对此等现象亦加以似是而非、神秘莫测之解析。虽曰似是而非，但也言之成理，并察往之来，有根有据，若合符节。虽曰神秘莫测，但也言因言果，预定推断，且常表示必然。推其极，凡天文、历法、律度、算学、四时、十二候、二十四节、三统五德，无不网罗殆尽。于此便足以表示阴阳家抽象力之大，以及对于抽象之兴趣。从这个大系统中，发展出来的有些是可以成为科学的，如律历、算学是，此外便都是祈福禳灾之流，不足入于科学之门。如"巫觋可以凭神，祝宗咸能事鬼。〔……〕宣阕散畜，实通情之妙用；祈福禳灾，乃开物之大典。放勋之命羲和，钦天象以正四时；重华之在玑衡，度星历以齐七政。上下之气既通，妖孽之灾自灭。桑谷生庭，成汤作善而妖伏，雊雉登鼎，武丁修德而位宁。孔甲渎神，乘龙飞去；武乙射天，震雷击死。敬怠之机内形，吉凶之兆外见，《语》所谓祸福无不自求者也。周道大洽，礼文尤备。保章眂祲，掌星气妖祥之变；司徒土训，掌方舆图志之形。宗伯宗人，掌鬼神享祀之礼；大祝女祝，掌候禳祷祠之辞。男巫女巫，掌祓除旁招之事；占人筮人，掌墨坼吉凶之辨。疾医调生死寒热之气，司乐致神示人物之和。疫疠之鬼，方相殴之；夭怪之鸟，眢蔟倾之，皆有史官以记其事。〔……〕故人天鬼物，正变感应，其迹与术，尽在于斯矣"。"然其机甚微，非哲人不能见；其道甚危，必世职乃有据。〔……〕故夫通天变者，冯相眂祲之遗法也。通地变者，职方土训之遗方也。通鬼神之变者，宗祝之遗法也。通妖邪之变者，眢蔟之遗法也。通梦寐之变者，大卜之遗法也。通窍藏之变者，医师之遗法也。通音律之变者，乐师之遗法也。其征见于事，其志藏于史，圣人取其常者以为经，存其变者以为纬，故纬者诸官之世业，而史氏之遗籍也。"（姜忠奎《纬史论微》卷二、卷三）。这些专家皆为政府设立机关所养成，即所谓王官是也。故诸子出于王官之说，按社会发展史而言，并不是没有根据的。胡适之反对出于王官，实是不明白社会之发展。亚里士多德为亚历山大所养成，《吕氏春秋》、《淮南子》皆由其门下客所作成。故政府养专家为古今中外之所同，实亦事实使然也。这些专家专对付怪异现象，阴阳家即从这些专家蜕变而成。在政府为王官，王官失守，散而之四方，便是诸子。他们本其所学，到处应用，解析一切不经现象，专为世人祈福禳灾。这已有点走江湖、卖膏药的趋向。阴阳家一变而为江湖术士，则本可以发展至科学者，遂转而之他离科学愈远矣。所以中国阴阳家抽象力甚大，其观点对付自然，这是先天的科学态度，并亦肯用理智且成系统，这是科学的根本条件。凡此诸端阴阳家俱备，其始也虽因知识浅陋，不免神秘怪诞，然随后社会逐渐开明，怪异渐少，若仍本其固有之态度探讨自然，则其前身之神秘怪诞必可变而为物理世界之因果解析或科学解析也。孰知中国民性不向此方向走，而却变为江湖术士、炼丹道士，于是科学之路遂斩。"抽象感"变为"具体感"。只想祈福讨便宜，只想长生作神仙，这都是自私自利只知求具体感的表示。

于是，杨、墨不合中国人之脾性，旋起旋灭；阴阳家随着中国人之脾性很自然的变为江湖术士、炼丹道士，儒家只限于六艺而守经，行有余力，亦时发玄理，然亦只对六艺而发，不敢逾越一步。中国人的民性完全为儒家及阴阳家这两个传统所支配所薰陶。这两个传统比较起来，当然以儒家为近情而近理。但是儒家的六艺并不足以制变，故表面经国文章是儒者之学，但那不见人处还是隐隐地拉近阴阳家作制变之助手。儒者只限于人伦日用，对于驭物制物完全不懂，故只好聘请卖膏药式的江湖术士当专家来利用。有人以为中国思想表面是儒家，骨子里是道家，言外间好像道家是不得了似的，其实道家根本无所谓思想。只因儒者驭物无术，江湖术士遂乘机而入，狼狈为奸，亦可怜也。于此我愿再进而论儒家的补救。

四

一个民族都不能不经过原始（野蛮幼稚）的阶段，一切都是生长的过程，有其历史之发展，人类智慧亦如此。阴阳家式的抽象即西洋亦不免。希腊时代的所谓科学家也何曾不荒渺怪诞？即苏格拉底的对话，辩驳入微，然其"心思"之程度亦实未脱神话意味。当时的所谓哲人，又何异于江湖术士？所以幼稚是免不了的，怪诞亦是免不了的，只要肯用脑，就会有开明的希望。西洋中世纪是不肯用脑的时代，然理性系统的固执仍然存在，故文艺复兴一到，便可心花怒放。这一怒放就可以将古代的希腊加以洗刷而渐趋于光明之路。在复兴以前，彼与我等耳，复兴以后至今，不过三、四百年。三、四百年的程度之差，在历史的发展上真算不得什么。这个道理只有梁任公能明白，所以他还能有理性的独立，不肯一味作奴隶、作西崽。至于胡适之、丁文江等人，便有点大惊小怪了。中国所差者只在王官失守而后，诸子盛行以来，没有出个哥伯尼①、葛利流②、盖伯勒③，没有出个路德，没有出

---

① 今译"哥白尼"。
② 今译"伽利略"。
③ 今译"开普勒"。

个笛卡儿、尼勃孳①，即偶或一出（如汉之张衡）也因非脾性之所好，亦继起无人，所以结果都变成江湖术士式的专家了。不过西洋方面，即使有哥伯尼等人，也不过启萌而已，并未臻于大路，只是向大路趋而已。其所想者亦未必尽是合理有据，廿世纪②就是对着他们的一个大洗刷。英国人自威廉·奥坎③、培根、休谟，以至今日之罗素，无不向之作洗刷工夫。科学方面，譬如物理学、心理学，也是一种大洗刷，而洗刷的趋向又是以具体为准。把以前无根无据的假设信仰都加以揭穿批驳，使一切观念都有逻辑的根据，事实的证明。故逻辑与经验是洗刷怪诞的利器，而善用之者莫若罗素。英国人乃传统的主经验，重实际，有似于中国人之具体感。但究竟不同于中国者在于肯用脑，仍属理智的理性的故也。故近代的趋势是从抽象到具体，将怪诞的抽象原理尽皆剔去。但剔去者乃作为对象的抽象物，并未有消灭理智的抽象力，故抽象感仍然存在，且继续加强。因抽象始能有公共普遍之原则也，而趋向于具体，则是说，凡抽象要必以具体事实为根据。从趋向于具体方面说，中国的儒家是对的；从不能有科学方面说，中国的儒家是不够的。于此我们可得一出路。

儒家重实际，主具体，言经常，不能说是不对，因为我们总不能以怪诞无根为真理。儒家之所以有流弊者，乃在于死守具体感，在于只存六艺，不肯用脑探讨现象再造六艺或其他艺。只能守，不能创，只能消极的对，不能积极的对。能积极的对者，如阴阳家，又转变了方向，变为江湖术士。故具体的形而下的六艺既不完善，不丰富，不强固，驭物无术，障碍难除，遂又不得不请求那不以正道驭物的术士。如是下去，科学决无由生产，只可在原始状态中度生活而已。补救之道还在乎理性的抽象感之提倡。以理智的思索与制造驭物，代替江湖术士的驭物。同时，江湖术士还当复其本来面目解析一切向科学方面走；儒家也当用点力再究六艺，重造诸艺，不必终日赏花品茶，聊充风雅。如是，只有向着一条路走（造文化求开明的路），而中国所特有的什么"家"之分可以再不存在。不以"家"来分，而以方法见地来分，以思想系统来分。因为所见不能尽同，不能不有异，但此"异"却非中国家与家之异。中国这种"家"实是最讨厌、最坏事、最顽固的东西。令人不知其与西洋

---

① 疑为"莱布尼兹"。

② 此处原文作"廿世纪"，当改为"二十世纪"。

③ 今译"威廉·奥卡姆"。

的学派或主义不同，遂常以学派称之。其实中国这种"家"大不同于派与主义，在先秦时或可相似，但秦汉而后，几经演变，乃大似几种不同的宗教，如耶之与回，回之与佛，故最好仍以"家"称之，而"家"又时常称为"教"，此实有至理存在；而这种宗教式的"家"却必在打倒之列，决不当常以学派或主义等字眼来摩登化之加以掩护。消除了"家"，中国的文化始有前途，中国始有救。未闻西洋人因主义派别之不同而异其生活习惯，但中国之"家"却各有其生活习惯之一套。吾等对此实厌恨之至，不能不加以攻击！

　　梁漱溟描写中国之路是持中，调和，怡然自得，随遇而安，以为至高无上，与西洋根本不同，只好各行其是。此说实为"家"张目，未闻有辟之者也。据他此意，好像中国之儒不应走科学之路，也不能走科学之路，只去怡然自得就够了。我们以为儒家并非不能走向科学之研究，而亦无理由去说儒家就是先天的不能走向科学之路，儒家与科学并非相反，只是不作而已。不为也，非不能也。但是梁漱溟以为是不能，好像一走科学之路，就把那"怡然自得"消灭殆尽似的。我们以为自得是一种生活姿态，不能占了生活的全面，若占了全面，便亦无所谓自得。所以我以为自得与理智好似昼与夜，睡眠与劳作，男与女。我们有白天的生活，也有晚间的生活。我们不能说中国人的生活全是晚间的生活、睡眠的状态，也不能说中国人根本不能过白天的生活、劳作的生活。睡眠与夜固然是很怡然自得，心境舒展，为一种美妙的生活，然不能纯是这种生活。所以梁漱溟的理论必须加以排辟。其实中国人有几人是自得？也何曾不勾心斗角耗费精力？把这种勾心斗角的耗费用之于理智的追求有何不可？焉见得勾心斗角可以与自得相连，理智的追求独足以破坏自得？其实自得只是一种自己的安慰，处逆境的修养。人生逆境免不了，这种修养自然是可贵的，但不能认为是与科学路向绝对相反的一条路向。

　　如是，儒者定可走向科学的探讨，我们现在必须训练一种抽象感加于儒者的具体感之上。林语堂只知英国人近人情重实际，颇似中国之儒学；其实有大不同者在，即英国人用理智是也，肯批判是也，有抽象感是也。中国儒者只讲天理人情，这是很对的，而且讲的玄妙圆通，亦美不可言。但我又要说这只是一种品题，事实上并没有用理智去思去作，所以中国人的行事能近人情合天理者很少，没有理智的抽象感，讲的无论怎样妙，结果也只是坏！因为具体感足以坏事故也。因为只有具体感，所以只见了利，没有见到义；只认识人，不认识事；只认识亲戚朋友，不认识国家；只认识你我之个人，不认识普遍之全体。盖义、事、国家、全体，皆看不见摸不着之抽象体故也。因为如此，所以中国才无希望。第三者的侵略迫害无论怎样大，不能消解甲乙之对争。孟子说："无敌国外患者国恒亡。"① 现在中国的敌国最多，外患最大，然仍不免于亡，近视眼之具体感作祟故也。所以我们最根本的工作，最当该陶冶百姓的，便是抽象感之养成。最合理的抽象感就是理智运用经验，经验辅助理智。我们免不了抽象，但时常要批判抽象，我们离不了经验，但不能只限于经验。有抽象始有公共、普遍，有经验始能证实公共、普遍，而运行其中者，乃为理性的批判。怀悌海说：寻求简单而不信任简单，乃是自然哲学之生命的指导格言。此格言乃实是一切进步之原则。吾深愿以此促国人深省也。

（原载《宇宙旬刊》5 卷 2 期/3 期　1936 年 5 月 5/15 日，署名"牟离中"）

（本文选自《牟宗三先生全集 25·牟宗三先生早期文集》（上），279～293 页，同时根据原文校对。）

---

① 语出《孟子·告子下》。原文为："入则无法家拂士，出则无敌国外患者，国恒亡。"

几何型的文化与数学型的文化
（1940）

关于这两个名词，我不能从字面上去解析，也不能从这两个名词的分析研究上去抽绎本文所指谓的思想。这两个名词纯系象征语的用法。但读者若于中西文化有根本上的认识，必可知这两个名词是最恰当不过的。

我将说中国的文化是几何型的文化，西方的文化是数学型的文化。普通都知几何学是研究空间之学，但数学却不是研究时间的，然而每一个哲学家却都知道数学是与时间有相当关系的。如是，我们从几何型与数学型这两个名词，可以转而说中国文化是空间型的，西方文化是时间型的。这种名词的用法，可以指谓生活之全体，亦即由之可以总观生活之全相，而不流于偏执或边见。如普通所谓精神的与物质的，科学的与道德的，动的与静的，此种种对比皆不无所见，然皆流于边见而不能总持。故每起误会，易生无谓之争论。如说中国是精神的，西方是物质的。但他人即可这样反驳：第一、精神与物质分不开；第二、西方才是真正精神的。当然，这种反对是没有什么道理的。因为中国是精神的，此中"精神"一词，其意义绝不同于与物质分不开的精神，也更不同于西方才是真正精神的中的精神。关此，我们可不必深究。但是有一点，即纵然我们真正契会了"精神的"一词之函义，而精神与物质的分法也是不能把握着中西文化生活之底蕴的。至于科学与道德之分，更不恰当，可不深辨。动的与静的亦不甚宜。如不能指出西方是怎样的动法，中国是怎样的静法，徒说动静之分，是很无头脑的。黑格尔说中国文化是没有自觉自我的文化。这也是只见其表，不见其里。我们若抓住文化生活之底蕴，这些说法统是不对的。若能从全体上抓住其根本点，则这些说法亦未始不可予以适当之地位。文化是一个总体，它代表生活之全面。若从全面中执其一以推其他，无不掩埋真相而浸至于乖错。全体的东西，要从全体去看它。我不能从字面上去解析几何型与数学型这两个名词，就是因为这两个名词是象征生活之全面的。我们须默察中西文化生活之整全的动态，然后可以了解这两个名词的函义。

西方的音乐是当作一支文化去研究，所以它是有文化性的；中国的音乐，则缺乏这种陶养。然无论有文化性或无文化性，皆足以代表民族文化生活态度，则无疑。我听西乐不很多，也未到过著名的大教堂参过礼，拜过神；然而，听过几阕名曲的演奏，也可以仿佛一二。它们所表现的那种力量，简直非中乐所能企及。不但不能企及，而且在中国根本不能有这种情调。它们当抑郁的时候，可以抑到深渊，其幽深隐微之感在时间上是无底止的，好像我们静观济南的黑虎潭一样。可是当它奔放的时候，它可以冲到霄汉，其滂薄漫涌之象，是一直的上升而无底止，好像我们想像中的荆轲刺秦王，长虹贯白日一样。你们曾听见火车当开动时，汽笛的声音吗？那确是令人感到力量的伟大。当我听西乐中抑郁而奔放之时，我不由的说出这是火车头的文化。这种力量纯是上升的情绪。它能令人生一种严肃之感，不但是严肃，而且是一种战栗。听说大教堂作礼拜的那种情绪，是与此同一情调的。你在此当可以悟到这是一种数学型的情调。壁立千仞，任何摇〔动〕他不得。这是如何的有强度！如何的有力量！我们都演算过数学，那是纯出于理性的推衍，旁若无人，一直向上发展而无有底止。这也是一种强度，一种力量。反过来看中乐。它不是上升，而是下沉。老子曰："孰能浊以静之徐清。"① 中乐的使命，就是教你的情绪慢慢向下静，而至于湛然澄清。如果中乐是陶冶性情，那么西乐便是刺激性情。这是两个相反的方向。中乐要发展一个和谐的深潭，而西乐要发展一匹磅礴的瀑布。中国的古乐已经差不多死亡了。在有大皇帝的时候，一切婚丧朝拜祭礼大典，皆演奏音乐。我们现在已听不见了。而祭孔大典，常有所闻。这也许能代表一二。但是它所表现的不是力量，而是肃穆，八音克偕，和鸣锵锵。它是一种十分均匀的配置，它很舒曼的向外散布，它是既强度而又广度，它的强度在广度里蕴蓄着、弥漫着，个个分子都是照顾着其他分子，个个分子都是清醒而有力。如果这是摄强度于广度，则西乐便是摄广度于强度。前

---

① 语出《老子·第十五章》。原文为："孰能浊以静之徐清？孰能安以动之徐生？保此道者不欲盈。夫唯不盈，故能蔽而新成。"

者是摄时于空，摄动于静；后者是摄空于时，摄静于动。在此，你可以看到流行的说法是多么的不对。我们也演算过几何，也知道一点解析几何。你知道几何的主题是图形，是座标。图形讲组织，讲布置；座标讲对待，讲方向。此义尤其深远。孔子曰："兴于诗，立于礼，成于乐。"① 这就是摄时于空，摄动于静，摄强度于广度。这是一种庄严肃穆的几何型文化。在此我不知道：什么叫精神？什么叫物质？什么叫科学？什么叫道德？什么叫动？什么叫静？至于还有什么直觉（与）理智之分，这也是徒然的。孟子说："所恶于智者，以其穿凿也。如行其若无事焉②，则亦无恶于智矣。[禹之行水也，行其所无事也。如智者亦行其所无事，则智亦大矣。]"③ 然则这个分别还有什么意义么？

由此，你可以悟到为什么中国人是礼教型的文化，西方人是宗教型的文化。宗教的情绪就是一种战栗的情绪。不战栗，他不能紧张，他也不能兴奋。他战栗、紧张、兴奋，是一直向着上帝而攀缘的。太史公司马迁就说过：人于疾病困阨之中，未尝不呼天也，未尝不呼父母也。④ 我们在防空洞里，闻着弹如雨下，声震天地。刹那之间，破瓦颓垣，血肉横陈。你看我们那时候的精神是怎样的战栗、兴奋而紧张。所以我们满街上的口号是"愈炸愈强"。我们在此愿意大家吸收一点数学型的生活。但是在收拾残局，重新建设的时候，我们仍须保存我们的几何型的文化。那时，我们不看天，我们要看人。不必依靠神的支配，而要依靠理的支配。见义勇为，义无反顾，摄强度于广度。这也是愈炸愈强。在此，你又可以见到几何型或礼教型的文化又是如何的庄严而伟大，高迈而有气魄。此时，我们不战栗了，不紧张、不兴奋了。谋事在人，成事在天。下学而上达。英国人对付希特拉⑤就是这个光景。老实说，英、德两国虽同属西方，而英人较偏于几何型，德人则是纯粹的数学型。大家都知道音乐与数学是德人最擅长的。然而他将敌不过一个摄强度于广度的英国。一个老谋深算、经验丰富的人是很可以受一个年轻人的挫折，但是若说这个年轻人能逃出那个老成人的掌握，这却是很难的。当年的小周郎与诸葛亮就是一个很好的对比。周瑜是数学型的，诸葛亮即

---

① 语出《论语·泰伯》。
② 此处原文作"如行其若无事焉"，当改为"智者若禹之行水也"。
③ 语出《孟子·离娄下》"天下之性章"。
④ 语出《史记·屈原列传》。原文为："人穷则反本，故穷苦倦极，未尝不呼天也；疾痛惨怛，未尝不呼父母也。"
⑤ 今译"希特勒"。

是几何型的。大概我们也可以说，孟子是数学型的，孔子即是几何型的。我们这样说下去，就远了。我们再回来说英国。英国人偏于几何型，而我们这个纯粹几何型的国家，为什么这样不行呢？其故即在他有一个逻辑的成分，而我们正缺少这个成分。你须知道几何型的生活，一念之差，可以成两个极端。最好的一端是集大成的圣人，最坏的一端是德之贼的乡愿。一般人则游于两端之间，而无所可否，以承受成习之薰陶。若没有一种逻辑的训练，则向往圣人的很少，倾向乡愿的却不计其数。此孟子所以极急于见性立极也。然见性立极，陈义高而收效少。逻辑的训练，则切实际而收效大。英国人并没有明心见性，然而他们却没有中国这么多的乡愿。其故盖可深思。一个重经验、善经营、长逻辑的民族，它自然可以屹立于天地之间的。而我们于此方面，则显然太差了。我们若再参加逻辑的成分以立论，则可知西方是数学而逻辑的，中国则只是几何的。无论数学或几何，若没有逻辑为其底据，则数学型的即为盲动，几何型的即为乡愿。

日耳曼人对英国言，自是纯数学型的；若对中国而言，则又是比较数学而逻辑的。但我们现在仍不妨从德国方面讨论数学型。辩证法单单在德国生根，这是一个很有趣的问题。我可以说辩证法的思想地道的是数学型的表现。但是若成为唯物的，则却半文不值，而一无所有。可是若在黑格尔的说统、或布拉得赖的说统，你当可看出辩证法的丰富意义，你又可看出它是如何的影响于日耳曼人的生活或文化。他不断地肯定自己，否定自己，一直地往上升，不断地超越，不断地毁灭。他要希求那个绝对的圆满。但是绝对的圆满是不能达到的，也是永不能实现的。如是，你可知希特拉将怎样的在辩证法之下成功，又将怎样的在辩证法之下毁灭。他成功了一切，他毁灭了一切。他所以一起成功的，将于一起毁灭。你看这幕大悲剧，将是怎样的生动丰富而有义蕴。但何以必是悲剧？此亦有故，盖一种数学型的情绪，辩证法的生活态度，是永远在战栗、兴奋而紧张之下的奔波。他将时时刻刻向上超越而得不到一刹那的安定。因为他们的希望在前面，而后面却没有一个根据。友人唐君毅先生曾向我言，若将绝对放在前面，是永远不能企及的。这在道体上是说不通的。他赞成布拉得赖的归消的辩证。照这种讲法，我们一切的发展都是有根据的。这个根据就是绝对的圆满。一切的发展都是阐明此绝对，这就是所谓步步自觉。一切的发展同时也就是归消于这个绝对，这就是所谓归根复本，故扩充即是复初。这当然有点中国儒家的味道，但这种归消的辩证必须先明心见性，建体立极而后可。这点，在日耳曼精神里，甚为欠缺。他们的思想没有见到这一层，而他们的生活也作不到这一步。因为若见到了这一步，则他们的生活必是步步开展，同时即步步稳定。他有了个主宰。但是，他们不能。他是一种战栗的宗教情绪，永远向上看而无一定停止。读者将见注定他们的悲剧的原因，即在他们缺少了一种几何型的稳定。若是他有了这个成分，日耳曼不是从其历史到今日的日耳曼，他的贡献与成就将更大，他的政治措施决不在英国下。但是他不能。我们不能不替他抱无涯之憾。

但是，反过来看中国，正与此相翻（反）。中国人是喜欢喜剧的，这就是他们喜欢稳定的表示。他们有安心立命之处，他们正符合了那个归消的辩证。他们的根据在后面，不在前面。他们认识自己，且亦认识他人。他们自己一切的发展是稳定的，同时他们发展时又必参照他人。所谓絜矩之道，即表示须在规矩里面发展。这个规矩不在天上，而在人间；不在外，而在人类相与之内。这是一种极其优美肃穆的几何型的生活。黑格尔说中国文化是儿童期的文化，没有自觉，没有自我，而喜欢浑沌、全体，隶属而非对待。这种说法若限于表面或某种特殊时代的现象，也许是对的。但于中国根本精神，则毫不着痒。他殊不知这是一种有座标、有方向的几何型的絜矩之道。我们并非无自我，但是自我必须是在组织中。我们更也不是无自觉，自觉须在忠恕中。这不是服从隶属，而是真正的相对之间的和谐。我们要充实并保证我们几何型的文化须吸收两点精神：一是不只言扩充，须发挥归消辩证之数学型精神；二是于几何型、数学型的合一，须有一逻辑陶养为其保证。此是中国文化的前途。吾且志于今日以验于他日。

（原载《再生》第 54 期　1940 年 11 月 10 日）

（本文选自《牟宗三先生全集 25·牟宗三先生早期文集》（上），561～567 页，同时根据原文校对。）

一年来之哲学界并论本刊
（1936）

本刊上期发表了熊十力先生一篇杰作，即《科学真理与玄学真理》一文是。该文体大思精，凡学哲学者，皆当细读。我因着熊十力先生的哲学体系，遂想到年来的哲学界，因此，又想到本刊。对此两点，我愿在此稍加论列。

一、关于本刊

编辑一种刊物，要必有主。主之寄托，在负责人之是否能负。不能负，或能负而不负，皆足失其主。主脑一失，便令人不得要领。此最坏事。本刊年来所报告给读者的乃是诸逻辑问题之论列。所讨论的及随时提到的，不外以下几点：

1. 关于逻辑之性质；
2. 关于逻辑之系统；
3. 关于传统逻辑之讲法、修正及其中诸问题之解决；
4. 关于现代逻辑之特色及其中主要问题之讨论；
5. 关于传统逻辑与现代逻辑之统一或絜和。

此等问题之讨论充满了年来的本刊，这个便形成了本刊的主脑。读者不但可以知道本刊所讨论的问题，并可以知道本刊对此等问题的见解，也即是说知道了本刊的立场。读者或可说，《哲学周刊》成了《逻辑周刊》，未免太狭！这个责难，我以为却是不当。逻辑是哲学中一部分，自然便是我们所讨论的一个对象。对象虽然很多，但却不能不一步一步的走。于是我们可说只是于某一时期，逻辑问题占了主位。其实所讨论的东西还不是重要问题，重要的乃是讨论者的见解。本刊所以首先提出逻辑问题来讨论，实有二故：

（一）时下逻辑本身的混乱；

（二）逻辑对于学哲学者的重要。

逻辑本身的问题，反对形式逻辑的，如唯用主义者乃唯物辩证法主义者，固然是个难关，即是在肯定形式逻辑方面，其难关也属重重。这两方面的重重难关，都需要我们来努力。而且这个努力是必须的，不然，其他一切便无法往下讲。关于第一方面的难关，我们已经打出去了，表现这步工作的便是张东荪先生编的《唯物辩证法论战》一书。既然作过了，所以本刊自然不必再来重复。本刊年来所作的其实是第二方面的难关之清理。由对于这两步难关的冲破，遂刊定了我们对于逻辑的认识与估价。我们的积极主张是逻辑的标准性、公共性、绝对性；我们所力辟的是相对主义、附庸主义、无用主义，我们也反对将逻辑前进于科学，后返于玄学；我们并也反对记号逻辑、数理逻辑、亚里士多德逻辑等等足以乱人听闻的名称。亚里士多德逻辑，老实说，即是正统逻辑，即是有标准性、公共性、系统性的逻辑，也即是二分法的逻辑，即二价逻辑是。分别逻辑，当从是否是二价逻辑起。什么记号、数理、形式，皆不着痒处。此皆不过一时之方便立名，并不关涉内容。近人遂多以此为类名，殊属皮相。亚氏何尝不用记号？数理逻辑其实何尝论到数理？只有唯用论者及辩证法主义者才反对形式逻辑，然彼辈实是数典忘祖，每日用之而不知其用者！所以我们对此定须加以批驳，以显清光。清光一露，才能有标准以定明暗。世人日论明暗，但却反对定明暗之标准，此非数典忘祖，日用而不知其用者而何？

学哲学者必须有两个根基：一为对外之经验知识，二即定明暗之标准。前者是自然科学之探讨，后者是逻辑之训练；前者供献你好多学说、理论、见解；后者供献你批评、选择、立论之标准。学者必须有这两个根基，始能有所建立。因为逻辑本身的混乱及逻辑对于学者的重要，所以本刊开宗明义对之必须加以检讨，这是本刊年来的主脑及旨趣。

本刊既是以讨论问题，解决问题为主，所以便也常保持着一种活的、生动的、迫切的姿态。因此，对于一般教训式的、教科书式的、概论式的、八股式的、可有可无、人云亦云、千篇一律的稿件，不愿多所刊登。此或对于投稿者多所沮丧，然而其实是一种鼓励。我们愿意以问题来激励读者的心思，不愿意以八股来相劝勉或教训，这当然是于读者有好处的。

本刊除对于各问题见解或立场而外，还有一个对于一切的根本立场或态度。这个态度即是系统主义。这种系统主义的容纳性是很大的。我们很知道各有所见，各有所蔽的道理。我们也很知道三棱镜的事实。你看见了那一面，我看见了这一面，你我所见，固然皆不得其全，然而你我所见，却亦不能不算是事实的一面。系统主义就是欲将各面全观，而各予以适当的位置。这不是普通所谓调和，而乃是我们所谓系统。一个系统必须把三棱镜的各面皆予以谐和之组织，一如事实者然。但是所见的一面如不是事实上的一面，或即是而有所歪曲，则皆在纠正或摈除之列，不能列于系统之内，不然便是调和，而不是系统。试举例以明之。罗素说，对于世界本有三种看法：一为神秘主义，以柏格森为代表；二为科学主义，以罗素自己为代表；三为矛盾主义，以黑格尔为代表。在本刊的系统主义的立场看来，神秘主义与科学主义可以化入一系统之内。但是黑格尔式的矛盾主义却在摈除之列。因此，本刊的立场，在现阶段，还不能接纳黑格尔式的辩证逻辑。这意思即等于说黑格尔所见的一面不是事实上的一面，或即是而也是歪曲的一面。因此我们不能不加以摈除或纠正。科学主义与神秘主义化在一起的可能，远不必论，本刊上期熊十力先生的宏论便是一个实例。

本刊由以逻辑为主脑将逐渐发展至以知识论、元学的讨论为主脑。

二、关于年来哲学界

关于这一点，我并不是想作这一年的哲学史，也并不想每派必列，每家必录，只是想于我所熟习的，并确有见地能成系统的几个人，提出来加以介绍，看看中国哲学界到了什么程度。并且所论的，在时间上说，也并不必限于一年。各人的著作也许在一年以前就已流行着，但此不必太执，只要这几位现在还仍继续进行发挥其主张，就把他们集中在这一年来看也不妨。在此所欲提出的是三位：一是熊十力先生，二是张东荪先生，三是金岳霖先生。这三位大体上说来是代表了三种学问：熊先生代表了元学，张先生代表了知识论，金先生代表了逻辑。

（一）熊十力先生

对着儒学的传统及佛教的传统而言，熊先生确能跳出这两个传统而超越之。因此无疑的，亦只于此超越点上始能显出其为真正的哲学家。

纯粹佛教的传统，不能算是哲学家，纯粹儒学的传统也不能算是哲学家。把这两个絜和起来也不见得是真正的哲学家，要必于此两者而外有所增益。关此，可举熊先生所特成者与以往的儒、佛比观即可明白。熊先生说："善谈本体者，一方面须扫相以证体，若执取现象界为实在者，即不能见体，故非扫相不可。然另一方面，却必须施设现象界。否则吾人所日常生活之宇宙，即经验界不得成立，因之，吾人知识无安足处所，即科学为不可能。佛家说五蕴皆空，似偏于扫相一方面。《新论》（按：即熊先生所著之《新唯识论》）说本体之流行，即依翕辟与生灭故，现象界得成立。亦复依翕辟与生灭故，说现象界无实自体。易言之，便于现象界而不取其相，即于此而见为真体之呈显。是为扫相证体。由成立现象界之一方面而言。科学上之真理已有依据；由遮拨现象界之一方面而言，玄学上之真理即有依据。"（参看本刊前期）。这一段话便是熊先生的全辐学问，只此便超越了以往的儒、佛，只此便是真正的哲学家。因为元学的极致是安体立用，哲学家的极致在通晓天人。着重点在乎理解与说明。哲学家立论必须要贯通，所以得证体；但同时眼前所见，已纷然杂陈，无论你怎样不喜欢，也须加以说明，所以得立用。佛家只在证体扫相而不能明相立用，这已缺了半篇文章，不能算是哲学家；或能明相立用而不明不立，专以寂静言体，对于相用厌恶之至，一字不提，这已是宗教家的态度，不是哲学界的态度，所以也不能算是哲学家。故纯粹佛教传统决不会成为哲学家，因他总有点不通。但是在此点上，熊先生却能超越之。

我们再看对于儒家的超越。熊先生说："孔、佛同一证体，然亦有不似处。佛氏专以寂静言体，至于四时行百物生的意义，彼似不作此理会。缘他出世主义，所以不免差失。本体是寂静的，孔子若不亲证到此，便不会有天何言哉之叹。唯其湛寂，无为无作，故以无言形容之。然大用流行，德健化神，四时行而百物生，以此见大理之不容逆。夫子其至矣夫。"（同上）。这一段话便似老吏断狱，判定了儒、佛，亦道明了自己的立场。然则孔子是哲学家了吗？亦究竟不是。因为他没有理论故，他没有说出故。理解则有之，而说明则未也。所以他只能作一个集大成的圣人而不能作一个真正的哲学家。等而下之，如宋明诸子，亦只是在证体上用力（虽然，其所谓体不必同于佛），对于明相立用，亦甚式微。张横渠幽明聚散之说，似是对于现象界的一种解析，然亦是小巫对大巫，不能相比。所以儒家的传统与佛同，同是只作了半篇文章，所差者一成了宗教家，一成了道学家，而都不能算是哲学家，吾于此焉得不特许熊子？"体则法尔浑全，用则繁然分殊。科学上所得之真理，未始非大用之灿然者也。即未始非本体之藏也。如此，则玄学上究明体用，而科学上之真理，已得所汇归或依附。余自视《新论》为一大事者以此而已。"（同上）。此点确是大事，因为这是划时代开新纪元的作品故也。忆此书初出时，汤锡予先生询余曰："汝觉得怎样？"我说："颇似柏格森，惟其似者在于能解析现象一端，然而在柏氏之解析却是消极的，不是柏氏之正面文章，算不得什么，而在此书却是不得了！"汤先生说："我亦有同感。"当时因汤先生是业师，不便多所发挥。在此不妨加说几句。因为西方的元学在柏格森以前，实在未曾明体，即或谈体，也实只如熊先生所谓戏论。至柏格森出用直觉方法，参透了宇宙奥秘，始作证体工作。这在西方思想史上确是一个新纪元。故柏格森的哲学遂满城风雨，轰动了全世界。而其所宣扬的，以及世人所注目的，也只是直觉、创化、生命、时间等概念；而他对于空间、物质、数学点等科学概念之解析已无人加以过问，只作等闲视之，好像视同怪论一般。其实他这种解析也算不得了。唯因反传统故，又有更不得了者在。遂不得不有所偏重。故我说它是消极工作，不是正面文章。然这种解析能在《新唯识论》里出现，却不能不另眼看待，却不能不说是一件大事。这正因为中国思想与西方正相反，一向只在体上用力，今忽有此关于现象之解析，如何不说是不得了？其为不得了，与柏格森之证体的不得了一样。皆宜满城风雨，轰动全世界。然而结果即在国内亦恐知之者少。此著者所以常发感慨，难索解人也。吾于西方特重视柏格森。特好怀悌海，于中国特费数万言宣扬一从不被人提及之胡煦，皆基于同一观点而认识。吾能用此观点而认识柏氏、怀氏、胡氏，吾如何不能用此观点而认识熊氏《新论》乎？正以此四子之系统皆能安体立用，证体明相，臻元学之极致也。

还有点余意，再稍加以申说。正因熊先生浸润佛学日久，故《新论》中所表现的精神总偏向于佛家气味。虽立论以《大易》为经，以儒家为归，然扫相证体，字里行间，总是佛家的而非儒家的。故对柏氏、怀氏而言，吾亦说其较似于柏氏而不似怀氏。正因佛家比儒家更浪漫，而柏氏亦比怀氏更浪漫故也。故《新论》所表现的浪漫色彩实比胡煦、怀悌海大。而反观胡煦与怀氏实老实得多了，具体得多了，活泼得多了。不过这种浪漫色彩，于近年来诸言论中，似已消灭殆尽，即是说，儒家气味战胜了佛家气味。如《答谢石麟书》及本刊前期一文，皆表示着一种老实、具体、活泼、圆通的儒者哲学。这个意思不知熊先生以为如何？至《新论》中浪漫色彩也只是数年前读后感想的遗留，现在此书不在案头，吾亦实不敢必，亦不能多谈。甚愿熊先生有以教我也。

谈到精神气味或色彩，实与所用字眼有关。表现新意不能不用新字眼。怀悌海喜造新名词，然为表示其心目中的新意实不得不造，而正因其造新字眼，所以才能焕然一新，截然不同。譬如 extension 一字，在旧哲学中为"广袤"之意，然在怀氏哲学中却决无此意，所以译为"扩延"。试看"扩延"与"广袤"所表现的意味有如何悬殊！再如 spatial relation 及 temporal relation 若译为空间关系及时间关系，实不如译为"空扩关系"及"时动关系"能传神而逼真。再如 actual occasion（缘起或实缘），实比 event（事情）一字传神而生动。《唯识论》里的"流转"不如《易经》的"流行"来得老实，具体而慈祥可爱。《新论》用生命、活力等字眼，此柏格森所常用者。然以生命活力所表现的，与怀氏以缘起之扩延关系所表现的，意味又迥乎不同：前者玄妙、抽象、单纯；后者老实、具体、复杂。《易经》讲生成，讲化育，讲流行，讲错综，而无生命活力等烈性的字眼。此便是浪漫与非浪漫的不同。《新论》用"翕辟幻现而成动点"解说现象界为科学之根据，"动点"亦柏格森之用语。其表意亦甚单纯、赤板而抽象，以之与怀氏的扩延关系、相配关系、配入关系所解析的，胡煦的先天后天的生成说、来往体卦说、时位说所解析的，相比较，其意味又实不同。此皆足表示《新论》中的浪漫色彩，而此色彩又实因浸润佛学日久之所致。

然无论如何，《新论》的系统是划时代的，因有此系之宣扬，中国**文化始能改换面目，始可言创造有前途故**也。而且这种哲学系统将最易在中国发生而滋长，并将只有中国如能①发挥得透彻，了解得通达。国亡无日，但哲学家能**不动声色**，郑重的、严肃的讲说哲学系统，这便算是救国、救民族，因已救住文化故也。**民族国家不独立，文化不易生长，但今若在不独立之下而仍能坚苦生长，这岂非命脉精力犹存乎？岂非犹有立一贯不阿不逐嗅之士乎？**吾甚望熊先生不必常发感慨也。这是吾最悲痛的呼声！

（二）张东荪先生

张先生的作品很多，现在所欲特指的是他的《多元论的认识论》。

---

① 这里的"如能"误，并有脱漏，原文为："人始能"。

此书由世界书局出版，定价国币五角。

讲认识论，概分之，历来不过两条路线。一是英国的知觉因果说（causal theory of perception），一是康德的知识可能说（possible theory of knowledge）。因果说亦可说就是从外界到内界及从内界到外界的一种刺激反应说，上自陆克，下至罗素，无或越此。可能说亦可说就是思想组织说，因为在知识领域内，指出思想之机构或组织作用的，第一个人就是康德。思想之机构使知识为可能，故曰可能说。这两条路向，因果说证成外界，可能说证成内界。虽都有所成，但却不是知识论之圆成。能表示圆成的路向，恐怕只有东荪先生这条多元论的路向了。这条路向本由美国路易士所召发，但东荪先生的理论在根本点上却比路易士充足得多了。多元论几个根本点如下：

1. 知识中多元的发现：知识是一种结构，在此结构中有好几种不同的成分，不能互为还原。因不能互为还原，故曰多元。历来不是将心归物，即是将物归心，或是心物并存。这几种看法都不是把知识看成是一种结构，只是在那里讨论实在问题，或说元学问题，所以它们都不能证成知识论，都是南辕北辙的错误路向。多元论的看法根本换一个路向，即是说，这个路向不只是一元、二元、多元之差，乃实是一种根本不同的态度。

2. 认识论的观点：讲认识论不能不以认识论为起点，为终极。以认识论为终极即是就"认识结构"而说话：由此而解说，而指证，而前进，而推断。这个态度叫做方法上的认识主义。历来讲认识论的，不是从心理学上起，即是从生物学上起，或是从物理、从逻辑、从伦理学上起。这些起点我以为都是舍近求远，不免绕一个圈子，结果看认识论也只是某某学之余事，所以对于认识论也决不会有正当之理解。多元主义者的态度可以免此诸弊。

3. 对于心的看法：因为知识是一种结构，故结构中不可还原的成分皆个个加以承认，即皆能证成其地位。因此对于心的看法便不同于以往唯心一元、唯物一元、心物二元等主义者的看法，他们皆把心看成是一个本体，即以存在来讨论，或说即从元学的观点来讨论。多元主义者不如此看，不把心当作本体，也不牵涉到"自我"等观念，只看成它是一个主观作用。因为知识就是主客间的一种结构，当然是免不了主观作用的。虽然承认主观作用，但却不必进一步把心当作本体，去作元学的讨论。

4. 主观作用在知识结构中，有两方面的宣示：一为范畴，一为设准。对于这两种东西的特性，东荪先生都有清楚透彻的解析。惟其所列举的皆不对。我曾于《因果说及可能说》一文中详细指正过。该文登在《哲学评论》六卷一、二期合刊，读者可以参看。至东荪先生还列举"概念"也是其中之一元，在我也以为是不必要，因为概念是结果故也。详细情形也当参看拙著。

5. 论"所与"一段是最有精采的。他把"所与"分成两种：一是纯粹的，一是不纯粹的。纯粹的是间接的，是存在的，是条理或秩序，即相关共变是。不纯粹的是直接的，是不存在的，即感相是。我曾叫这种不纯粹的所与曰"现显所与"（apparent a given）由这种纯粹与不纯粹之分，很易至承认世界条理的结论。但东荪先生于此最有精采处却一变而弄得没有精采了。

6. 此没有精采处便是论条理一端。因为纯粹所与是存在的，是相关共变，是条理或方式或秩序，所以便不能不承认世界有条理。但是，东荪先生在论条理的时候，又极其犹豫暗淡，把那点精采几乎完全抹煞了。他对于外界条理极其怀疑，他以为是很少的。他列举三种：一曰创变，二曰继续，三曰原子。这些说法都是不妥。一、既承认相关共变之存在，便不能有所怀疑；二、条理不可以多少论；三、列举只可当作举例或例证，不能说就是条理。至于他还说有第四种，即可塑性。这点他也极力声明，不能算是条理，只是一种负面。其实，这些都不是对着条理作正面文意。第四种，上述的三种，以及怀疑、很少等说法都不是论谓条理所应有的文章。这些话都只能作为知识的程度与限度等问题的讨论。所以我以为从所与的主张，很易走到实在论的结论。但张先生却偏走向唯用论式的唯心主义。这点不能不说仍是一种"不自然"。即是说，沾染西方偏僻思想日久，潜意识中不知不觉仍有以不自然为自然的痕迹存在。

但无论如何，统而观之，大纲节目，总算是一个很自然很正当的系统。东荪先生开宗明义，就提出自然的问题，我以为这是东方人思想的特性。自然就是近情近理，与真际翕然而合，毫无勉强痕迹。这种标准在西方人思想中是不常见的。熊十力先生的哲学，那样的玄妙，但我们觉得他很自然，很近情理。但是在西方思想中却常有乖僻不经之感。东荪先生习西学日久，不像那些往而不返之流，一味随着钻牛角，还能返躬自问，提出自然与否的问题。我以为实在是可宝贵的一种态度。纵然在细节上，东荪先生还未能作到极尽自然。但既有了这种自觉，总可步步趋于完满。处处注重自然，即是处处加以自觉，加以体认，加以融会贯通，无一毫隔阂于其间。这个便是自然之极致。自然之极致就是必然。我常想中国的思想是尚同，西人则尚异。上自孔、孟，下至程、朱、陆、王，虽然玄妙难言，但字里行间却都表示着一种同一的境界，同一的意思。"同一"便表示必然。这个便是由注重自然，处处自觉，加以体认，融会贯通而来。我们这一代人，这种脾性好像是消失净尽了，这是一种损失，不是好现象。东荪先生提出这个态度，真是当该加以宝贵？须知这种态度就是使我们自创系统，自成文化的一个密钥。至于东荪先生的系统中的缺点，我在《因果说与可能说》一文中都随时加以指证了。

有人以为多元说仍可还原为二元论、一元论；多元论是不能成立的。这个见解便是未十分了解多元论对于知识论的看法，以及对于知识论的起点的看法；还是以那种旧的、元学的看法来看知识论。从元学的观点上看，自然可以还原为一为二，但从方法上的认识主义来看，知识的多元说当然可以成立。这是一种根本改变，不只是一元、多元之差而已。历来哲学界有两层混：逻辑与知识论混；知识论与元学，与其他科学混。东荪先生的方法上的认识主义足以打破第二层混，而第一层混的打破却不得不归功于金岳霖先生的努力。

（三）金岳霖先生

金岳霖先生的思想太零碎了，太固执了，太侧狭了。所以没有什么系统可言。但是他对于逻辑的努力，我们是钦佩的，是受惠不浅的。因为他没有系统，所以在此不能多说，只稍说他对于逻辑的态度而已。他说："从历史方面着想，逻辑最初就与知识论混在一块。后来治此学者大半率由旧章，心理学与知识论的成分未曾去掉。自数理逻辑或符号逻辑兴，知识论与逻辑学始慢慢地变成两种不同的学问。〔……〕可是有一点我们应该注意。我们说的是**逻辑学**与**知识论**要分家。这句话或者免不了有人反对。如果反对者的理由是说事实上**逻辑**与**知识**不能分开，我们很可以同情。即以一个具体的人而论，他有物理、化学、生理、心理……等等各方面的现象，而各方面的现象，事实上没有分开来。但我们不能因为在具体的世界里，各种现象有它们的关联，我们就不应该把他们区别以为各种不同的学问的对象。物理现象与化学现象可以混在一块，而物理学与化学仍应分家。逻辑与知识在事实上虽然联在一块，而

逻辑学与**知识论**不能不分开"。（去秋出版的金著《逻辑》第一部第 1 页）

这个态度就是承认有一个公共的逻辑。我们以为这是必须的。不然，一切言论便没有标准。在辩证法气焰万丈的中国，金先生仍能保持这个独立一贯的态度，不能不说是一支中流的砥柱。至实际的运用，金先生或者还仍未严格遵守这个态度。对于逻辑中诸专题的解说或也仍未臻于完善，但关于这些问题，我皆已随时批评过，在此不必详列。

总之，熊十力先生、张东荪先生、金岳霖先生是现代中国哲学界的三枝栋梁。若没有这三个人，也只好把人羞死而已。有了这三个人，则中国哲学界不只可观，而且还可以与西洋人抗衡，还可以独立发展，自造文化。

（原载《民国日报·哲学周刊》1936 年 6 月 24 日/7 月 1 日，署名"编者"）

（本文选自《牟宗三先生全集 25·牟宗三先生早期文集》（上），533～546 页，同时根据原文校对。）

哲学的下降与上升
（1940）

　　"古之学者为己，今之学者为人"①。现在，我们可以这样说，科学是为人之学，哲学是为己之学。己以外即为物，我以外之人也是物。科学在忘己而取物。就其所对之物而发现其法则，是谓知物。就其所发现之法则而利用厚生，是谓驭物。知识即权力。了解之，然后可以制裁之。哲学在忘物而显己。显己之性能，以摄物归心，摄所从能。使身归从心，使物归从我。所谓尽己之性，尽人之性，尽物之性，以至于参天地赞化育，即是显己之性能以成己成物之谓。所以科学以知始以知终，其功能只在了物。而哲学则必须尽性至命见体立极，发人性之良能，立行为之准则，所以鼓舞群伦，启迪众生。哲学之功能一显，而后可以知；以知始、以知终之科学，只可为哲学之工具。所谓利用厚生，必将工具摄于体，始能成立；否则，不但不能利用，且可以害用；不但不能厚生，且可以伤生。及至科学归从哲学，工具附属性体，则我们可以说不是哲学不背科学，乃是科学不背哲学；不是哲学要合乎科学，乃是科学要顺从哲学。这个意思，并不是说科学家当其在研究室从事研究的时候，还要顾到哲学；也不是说，一个哲学家可以去指挥一个科学家。哲学家与科学家正可各自作各自的事业。而我们的意思，也正在表示科学家有其工作，哲学家也有其工作。他们各有其天地与境界。他们的工作正向着他们的天地与境界而分头进行。而我们说科学要顺从哲学，却是站在人类文化的立场上讲。站在这个立场上，我们说科学所研究的成果定须顺从哲学所启发的性能。我们若能明白了科学与哲学之间的这个分际，然后自然知道哲学定有一番自己的事业的。这番艰巨的事业决不是

------

　　① 　语出《论语·宪问》。原文为："子曰：'古之学者为己，今之学者为人。'"

跟着科学走，在科学后面放马后炮，所能作出的；也不是他们所能梦想得到的。

自十九世纪以来，各种科学皆有长足的进步。尤其是物理学，深微难言，益臻胜境。其次数学、逻辑、生物学、心理学，亦皆蒸蒸日上，鲜葩怒放。他们俱着一新耳目的光彩冲进了哲学界。如是，近几十年来，凡谈哲学的书籍，无不涉及种种科学，以种种科学理论为根据以蒸发其个人之学说。这种种学说遂成了其个人的哲学。而科学家挟其形下之积养，发为玄谈，更其言之成理，持之有故。专门治哲学者反而望之却步，自惭形秽。这是自然的道理。因为同自科学出发，则撷拾科学家之成果以发挥道理者，自不若科学家本人发挥道理之有根据与义蕴。所以罗素既擅数学与逻辑之长，而犹以为未足，遂望爱因斯坦而生羡。此种心理早已普遍于现在的哲学界。汝试张目一望，现在的哲学家有几个不是自科学入手？罗素自逻辑、数学兼摄物理以成其多元主义无论矣。怀海自数学、物理以成其机体主义之宇宙论，此亦矫矫者，人所共知。詹姆斯自心理学出发。杜里舒、柏格森以及穆根等讲生机与进化者，则自生物学出发。完形派心理学家焉知又不蒸发其出自完形心理学的哲学系统？科学家出身者，若爱因斯坦、爱丁顿、甄斯，此亦有何不可目为有科学根据之哲学家。美国中后起新进，其风又渐倾向于以生物机体原则贯通宇宙现象。而治逻辑者，亦未能免俗，江河日下，而眼红于科学。所谓科学命题之厘清也，所谓言语句法之解析也，在在皆是注目于琐碎而向下趋。支离破裂，单字剩义。陷于泥泞而不觉，尚以为此是基本工夫，切实学问。可见随科学走，依附于科学而发挥道理，正是现代哲学界之特征。吾非谓从事哲学者不应了解此等学科。然从事哲学是一会事，哲学本身又是一会事。从事哲学是指进修过程言。在进修阶段中，有此种种形下的修养自是好事；但以为整个哲学即在依附科学，则不是好事。因为依附科学，从科学的根据上抽绎出道理，这无异于锦上添花，仍是锦耳，于锦之本质并无所增益。同样，于科学根据上抽绎道理，亦仍是科学耳，于科学本身并无所增益。科学何须此辈说漂亮话的人来点缀风光？专以锦上添花，说漂亮话为哲学，则哲学既不异于科学，世间何烦多此一学？无怪乎浅识者流大嚷其哲学破产、哲学死亡之论。盖举世浅薄哲学学子群以依附科学为至是，亦应有此浅薄之讥讽也。而哲学学子每于游历于科学成说之后，无余道理可以发挥，遂感叹于哲学前途之暗淡，亦比比皆是。须知哲学根于人性，无此趣而无此才者，正可不问。此非可学而能。若徒在耳目口说上经历一番，则玩人丧德，玩物丧志，其不至于对其前途生暗淡之感者几希。而何况近世哲学群以依附科学为能事，从未肯越雷池一步。其对于学子亦无超拔之鼓舞。薰习既久，则以为哲学既若是，何用哲学为？何不直修科学耶？如是，不但个人之前途为暗淡，哲学本身亦须死亡。所以近几十年来，哲学界表面上虽呈蓬渤之象，而以吾观之，其骨子里实患贫血症。抑且不止贫血而已，其趋势直是下降与堕落。现代之所以为现代者，不无因也。

我们要挽救这个堕落的趋势，就必须指出哲学的独有的天地。这个天地或境界，是不能随着科学求得的，也不是依附科学而锦上添花所能开展的。他是须要一番翻山越岭的工夫才能企及的。我们的知识，若依附于科学而无翻越的工夫，则即无哲学。其知识也只是科学的知识。若特出于科学而翻山越岭，以求我们人性中的宝藏，哲学才出现。所以哲学之有无，端视乎能否有这一番经历，若有便有哲学，若无便无哲学，现代的哲学界正是缺乏这种经历，所以不成其为哲学。

现在以科学为根据而蒸发哲学系统，最光辉而灿烂而圆通者，当然要推怀海①博士。在他的系统内，亦充实亦庄严。初次见之，极是一体平铺，到处皆如，不偏于我见，亦不偏于法执。物我双忘，主客并遗。以缘起关系为底，而建立现实宇宙。数学的秩序，几何的布局尽纳于事之迁流中。语变而不荡，语常而不固，真可谓周匝圆通之极矣！然而在他的系统内，你见过翻山越岭的经历吗？没有。有知识论吗？没有。见体立极了吗？更没有。他只描画了有数学性的宇宙，而数学本身如何可能，他有解答吗？亦没有。逻辑是会什么事，在人类理解中居何地位，他有说明吗？亦没有。这些问题都没有解答，然则一个哲学系统将何所建立？目光单集中一个自然界，而尾随科学之后，以发挥道理，这充其极亦不过是个自然哲学，再充其极亦不过是一个宇宙论。整个的哲学决不在此。因为这单只是就经验所呈露之自然，而解剖其生成条理与组织结构耳。这只是一个现象界，与科学之对象境界无以异。所谓一体平铺，到处皆如者，也只是这个现象界之平铺。科学所解析之现象界亦何尝不一体平铺，到处皆如？牛顿时之物理学即叫做自然哲学，然则这个庄严充实的哲学系统究与物理学有何根本上的差异？爱因斯坦对于物理

---

① 今译"怀特海"。

世界的看法，实不能不谓如理如量。试思怀海博士的宇宙论岂不是近代物理世界观之锦上添花！吾人徒炫其名相之灿烂，出语之隽妙，而忘其所根据者即为爱因斯坦之物理学也。吾人固不能即以物理学之世界观为哲学也。吾人若为其神语妙词所迷惑，以为此即是一真法界，此即是真体呈露，此即是宇宙实相，以为哲学即可极于此而止于此，以为即可于此而悟至理，超入圣境，则实不啻认贼作子，其愚不可及也。夫哲学最终，固在极成现界，而现界即为真体之呈露，亦是至高无上境界。但极成现界必有所以成之根据，如是，即必须先立其所以成之根据而后可。现界即为真体之呈露，但真体一词何由出？如是，即必须先立真体而后可。否则，现界即现界矣，无所谓真不真也。限于科学，无根据可以作此有价值意谓之称述。如称述其为真体之呈现，则饮食男女无往而不真，出处语默，无往而非道，此必须有体有准而后可。但试问此体此准，在怀海的自然哲学中立出否？如其未立，则其所陈，一现界而已。不可于此而认一真法界也。如于此而炫染色素，以假为真，则即是认贼作子。此不可不察。故怀海的宇宙论，虽依科学而阐发，而在哲学上，则为无根之戏论。以其未见体而立极也，未翻山越岭而经历一番也。真正哲学不在此。寄语善思维，决不可停于此而自封。

停于此的哲学只是一种解析，与科学无以异。真正的哲学则必须由此而上悟。上悟至道，见体立极。还可以有两条进路，使我们上悟。一是认识论进路，一是道德的进路。我们将见这两条路子并不是平列的，乃是一条路的两个阶段。道德的进路只是这一条路子的最高峰。如是，我们可以先从认识论入手。我们最后的境界，虽是主客不离，一体平铺，物我双忘，然而我们不讲认识则已，既讲认识，则不能不高抬主体，即不能不特显主体的特殊性能。而且若不显主体的特殊性能，亦不能达到最后境界的一体平铺，到处皆如。如怀海博士，不讲认识论，开始即从经验之所显露以描绘一体平铺的自然界，其所谓一体平铺是与科学无以异的。它是没有经过一番上悟所达的境界的丰富义蕴的，也没有到达那个境界时所具的价值意谓。这点已如前述。所以我们不能不特重认识论。惟有从认识论里，才能显主体的特殊性能。由此上悟，才能达到成己成物，各正性命的一真法界。其原委是这样的。凡有认识，决不只是直接的单纯的感觉，感觉只是一个起点。一个完整的认识，必有待于理解。在理解之进行上，我们就能透露出思官的殊能。这个殊能是显之于思想的机构作用，即其优越的功能。如无此种殊胜的作用或功能，理解即无由而成。机构作用不只是一种作用，而且是一种机构。从机构中显理则性或纲纪性。这种理则或纲纪即是我们所谓逻辑之理。这是由理解中透露出的。所以我们解析逻辑必须把握住两句要诀，即：显于理解，而归于理解。显于理解，即由理解以透露，明其并非无来历；归于理解，即由理解以显其机构作用，明其并非无安顿。我们说它显于理解，此即表明它不是经验的，而是固有的。它并不是外铄的，而是内具的。孟子说良知良能，我固有之也，非由外铄我也。这意思和我们现在所说的正同出而异名。我们所说的这个固有之理则（机构作用所显的）岂不可说是性智之显现？孟子说是非之心智也。理解中的思官进行何一不是智之流行？有机构之殊能的理则，又何一不是"是非之心"之内在的流露？所谓内在的流露即是性智之显为有机构性的理则。其外在流露即是辨是非判善恶的无或爽失。这一层我们且不论。我们于其内在的流露，我们即可上悟道体。这一步工作即是哲学命脉之所在。我们如果攀缘不到这个最高峰，则成己成物、各正性命的话头都无意义。而即用显体，即体成用，也是不可能的。所以由思显理，此理正是机构理解的理，也正是性智内在流露的理。它不是外在的，而是内具的。它不可以外陈，而可以内显（即透露）。这个理即是我们上通性体的法门。通到了性体，然后可以进到道德的进路。

告子说仁内义外，孟子则说仁义俱是内在，我所固有，非由外铄。我们现在照孟子的思路向前进。我们可以说仁义礼智是性体之四目，或曰四德。并且也就是行为上的四条道德律。孟子就在这道德律的成立上悟性体。如果我们把仁义礼智看成是道德律，则其所谓"内在"是什么意思呢？这个问题可以由康德的辨解而得到领悟。如果仁义不是内在，且不是固有，则道德律从哪里建立呢？如果说它是外在，则在外部世界里，我们没有法得到一个道德律。我们发见了自然律，而却没有发现道德律。如果它不是内部所固有，我们能从经验上得到或推撰一个道德律吗？这恐怕无人会承认的。因为既称为道德之律，则必具有必然性、普遍性。但是经验所推撰的能有必然性与普遍性吗？这亦是无人能承认的。然则，道德律一定既不在外，亦非由经验所能推撰。它在哪里呢？它既不挂在空里，它一定有个着落。它第一步必须是内在，且为所固有。在这一点上，孟子完全是对的。依照康德的意思，它不但不是经验的、外在的，且亦不能与个人的格言同科，道德律不是一个格言或座右铭。譬如我要立志，我立志不打牌、不吃烟，我立志要忠恕、要养气，这等等都可以是个人的格言。这些格言当然是不违背道德的，而且是极合乎道德的，但它们却不就是道德律。因为它们是与兴趣有关的。凡与经验或兴趣关涉的，都无普遍性、必然性。所以道德律决不能是经验的或兴趣的。道德律既是内在的、固有的，但是再进一步，依据什么物事才可以建立这种具有普遍性、必然性的道德律呢？依照康德的意思，它必须是意志上的，即必须依据意志才能建立道德律。依照孟子的意思说，它们必须是良知良能（即性体）的显发，即依据性体而建立。性体，限于人类说，是人心之所同然。心之所同然者何也？谓理也义也。这就无异于说，据性体而建立的道德律是普遍的、必然的。孟子以仁义礼智系于性体，令我们由此条目直悟性体，由性体而显发条目（即建立道德律），这比康德徒讲意志律具体得多了，实在得多了。因为康德并没有透露出一种条目令我们寻径而悟，他只是讲意志的无上命令，这当然比较是抽象而难把握。但是孟子却比康德来得切实。孟子也许可以令人发生误解，康德也许可以免掉这种误解，但是若两者合起来看，能识其端旨，则亦决不至有误解，所以孟子的道德的进路更容易使我们悟到最高峰的性体。

但是，这有一点须注意，即这种性体的悟到，是因道德律的需要而起的。所以这种形上学也叫做道德的形上学，即形上学的成立和可能完全是依据于道德上的。性体的观念既是依道德的需要而起，若只限于此一条线的进入，则此观念亦不过只是一种需要或推度，其真实的实在性仍不易获得。所以我们必须回转到前面认识论的进路。我们必须回到显于理解而归于理解、且为理解所以可能之纪纲的理则性或主宰性。这个理性的理则性、主宰性及纪纲性是性体的直接呈露。在此，性体的观念有了真实的实在性。我们可说性体的观念即在此有了妥当的建立。性体既有了真实的实在性，有了妥当的建立，则道德律即有了安全的处所。此时，性体的观念，望道德律言，便不只是一种需要，也决不是一种推度，乃是一个安全而妥当的保障。我们达到了这个最高峰，我们便到了意志律即是存在律的境界。在此这两个世界便不是对反的，也不须费力气来调和。因为它们本来即是一体而转的，这是我们与康德不同的地方，这点须要我们以极端的觉醒来把握来察识。康德所以成立了意志律与存在律的对反，又想费力气来调和而终于未调和好者，是因为他没有把握住纪纲性的逻辑之理，是因为他将思想范畴作了构造存在的格式，作了组织经验界的条件，范畴一落于尘埃，所以它再无法超越了存在的限制，亦无法与意志律相沟通，更无法谈到如一，这种不调和的两橛论是康德终身的大缺憾，这点我们在此可不详谈。我们在此可归结说，道德的进路只是认识论的进路之最高级，我们把它们打成一片。我们由这条路前进，翻山越岭，我们达到了人性的宝库。这须要我们大费周折去钻仰的。我们由此建立了哲学，脱离了科学的束缚。这种工作将随着人类的生生而永远兴奋着，新鲜着。所谓"不废江河万古流"者，正可为此地咏。

（原载《再生》第 52 期　1940 年 10 月 11 日）

（本文选自《牟宗三先生全集 25·牟宗三先生早期文集》（上），551～559 页，同时根据原文校对。）

关于"生命"的学问

——论五十年来的中国思想

（1951）

　　民国开国已五十年①。在此五十年内，中国的思想界大体是混乱浮浅而丧失其本。我们的工作是民主建国，然而我们学术界的思想中心则不能对应此工作而致其诚。两者脱节，甚至背道而驰。则国运之有今日，亦并非偶然。此种悲惨命运的总原因，是在"生命学问"的丧失。

　　一个不能建国的民族，是不能尽其民族之性的民族。犹如一个人不能站住其自己，是由于未能尽其性。个人的尽性与民族的尽性，皆是"生命"上的事。如果"生命"糊涂了，"生命"的途径迷失了，则未有不陷于颠倒错乱者。生命途径的豁朗是在生命的清醒中。这需要我们随时注意与警觉来重视生命的学问。如果我们的意识不向这里贯注，则生命领域便愈荒凉暗淡。久之，便成漆黑一团了。

　　我们自辛亥开国以来，社会上大体皆知道要求科学与民主政治。但是科学与民主政治，自其出现上说，是并不能自足无待的。如果生命不能清醒凝聚，则科学不能出现，民主政治亦不能出现。我们近五十年来的学术方向是向西方看齐，但是我们只知道注意西方的科学。科学中是并无生命的途径的。西方人关于生命的灵感与关于生命的指示，是在他们的文学艺术与宗教。尤其是宗教，乃是他们的灵感的总源泉。但是中国的知识分子以其浅薄的理智主义，对于道德宗教是并无严肃的意识的，因之对于他们的宗教是并不发生兴趣的。要不，就是二毛子的意识，这不在我们讨论范围之内。文学艺术是创造之事，不是学问之事。我们天天在学习西方的文学艺术，但是我们若没有他们那种生命情调，我们是学不来的。我们的学术方向是以科学为普遍的尺度。我们不注意

---

　　① 原文如此，可能时间有误。

他们的生命学问。读哲学的是以理智游戏为满足。西方的哲学本是由知识为中心而发的，不是"生命中心"的。我们这几十年来的哲学界是以学西方哲学为主的。所以只注意了他们的"知识中心"的逻辑思辨，接触了一些逻辑问题、科学问题，以及外在的思辨的形而上学的问题，而并没有注意生命的问题。读西方哲学是很难接触生命的学问的。西方哲学的精采是不在生命领域内，而是在逻辑领域内、知识领域内、概念的思辨方式中。所以他们没有好的人生哲学。读西方哲学而接近生命的，不外两条路：一是文学的，一是生物学的。然这都不是正宗的。文学的进路是感性的、浪漫的，生物学的进路是科学的、自然主义的，都不能进入生命学问之堂奥。表面看起来，多姿多采，实则皆未入生命问题之中心。诚如王充所云：

> 丰文茂记，繁如荣华。诙谐剧谈，甘如饴蜜。未必得实。(《论衡·本性》篇语)

揆之西方正宗哲学，此皆不免浪漫外道之讥。

西方人有宗教的信仰，而不能就其宗教的信仰开出生命的学问。他们有"知识中心"的哲学，而并无"生命中心"的生命学问。他们有神学，而他们的神学的构成，一部分是亚里士多德的哲学，一部分是《新》、《旧约》①的宗教意识所凝结成的宗教神话。此可说是尽了生命学问的外在面与形式面，与真正的生命学问尚有间。就是这一点，亦是中国知识分子的学术方向所不接近的。对于西方如此，对于中国的生命学问，则更忽视而轻视了。实则真正的生命学问是在中国。但是这个学问传统早已断绝了，而且更为近时知识分子的科学尺度所窒死。他们对于这个学问传统，在情感上，倒不是偏爱，而是偏憎了。他们对于西方的一切，倒是有偏爱。可是以其科学的理智主义，对于西方的宗教，就是想爱，亦爱不上。这就表示中国近时知识分子的心态是怎样的浅陋了，对于生命学问是怎样的无知了。对于生命学问的忽视，造成生命领域的荒凉与暗淡，甚至达到漆黑一团之境了。所以知识分子的智慧、德性与器识，真是无从说起了。王船山说："害莫大于浮浅"，诚于今日验之矣。《易·系》曰："极深研几。"又曰："唯深也，故能通天下之志。唯几也，故能成天下之务。"极深研几是生命学问透彻以后的事。我们不能"通天下之志"，所以也不能"成天下之务"。民主建国之不成，国

---

① 此处原文作"《新》、《旧约》"，当改为"《新旧约（全书）》"。

运之悲惨，当该于此中求消息。

我说中国的生命学问传统早已断绝。断绝于何时？曰断绝于明亡。满清入主中国，是民族生命一大曲折，同时亦是文化生命一大曲折。今之陋习，是满清三百年恶劣曲折之遗毒。晚明诸大儒，顾、黄、王之心志，是因满清之歪曲而畅通不下来。他们都是继承中国的生命学问传统而重新反省秦汉以降的政体与制度的，他们都是要求自内圣向外开以重建其外王之道的。他们都痛斥"孤秦陋宋"，以明中国何以遭夷狄之祸。对家天下之私之政体以及随之而来的所谓家法与制度，不能不有一彻底之反省与改变。他们的心志，大体上说，是与西方的十七、八世纪的方向并无二致。他们所处的时代亦正当西方十七、八世纪之时。然而在西方，却正是一帆风顺，向近代化而趋，而他们的心志，却遭遇满清之歪曲，而继续不下来，因而并未形成与西方相平行之发展。平常说中国落后了三百年，其实不是落后，乃是歪曲了三百年。这歪曲的三百年，说短固不算短，然而把历史拉长了观，健康其心志，不怨不尤，也并不要紧。要紧的是从速觉悟，扭转此歪曲的陷落。可惜入民国以来，这歪曲的遗毒，仍然在蔓延，而不知悔，且借口于科学以加深其蔓延。人们只知研究外在的对象为学问，并不认生命处亦有学问。人只知以科学言词、科学程序所得的外延真理（extensional truth）为真理，而不知生命处的内容真理（intensional truth）为真理。所以生命处无学问、无真理，只是盲爽发狂之冲动而已。心思愈只注意外在的对象，零零碎碎的外在材料，自家生命就愈四分五裂，盲爽发狂，而陷于漆黑一团之境。在这样的生命状态下，我们凭什么要求科学？我们凭什么要求民主建国？然而追求科学真理，要求民主建国，却是民族尽性之大业。而"尽性"是生命上的事，是靠一种生命学问来恢宏其内容的。我们的思想界并未在这里建立其纲维，以端正学术之方向，清醒并凝聚我们的民族生命的。

中国从古即说"大学之道，在明明德"①。试问今日之大学教育，有哪一门是"明明德"。今之学校教育是以知识为中心的，却并无"明明德"之学问。"明明德"的学问，才是真正"生命"的学问。

生命的学问，可以从两方面讲：一是个人主观方面的，一是客观的集团方面的。前者是个人修养之事，个人精神生活升进之事，如一切宗

---

① 语出《大学》。原文为："大学之道，在明明德，在亲民，在止于至善。"

教之所讲。后者是一切人文世界的事，如国家、政治、法律、经济等方面的事，此也是生命上的事，生命之客观表现方面的事。如照儒家"明明德"的学问讲，这两方面是沟通而为一的。个人主观方面的修养，即个人之成德。而个人之成德是离不开家国天下的。依儒家的教义，没有孤离的成德。因为仁义的德性是不能单独封在个人身上的。仁体是一定要向外感通的。"义以方外"，义一定要客观化于分殊之事上而曲成之的。故罗近溪讲《大学》云：大人者连属家国天下而为一身者也。① 何以是如此？就因为仁义的德性一定要客观化于人文世界的。且进一步，不但要客观化于人文世界，且要扩及于整个的天地万物。故王阳明云："大人者以天地万物为一体者也。"② 程明道云："仁者与天地万物为一体。"③ 这是根据《中庸》"成己成物"而来。"成己仁也，成物智也。合内外之道也。"也是根据孟子"万物皆备于我矣。反身而诚，乐莫大焉"④ 而来。儒家的教义就是要这样充实饱满，才能算是成德。不是个人的得救，一得救一切得救，一切得救始一得救。个人的尽性，民族的尽性，与参天地赞化育，是连属在一起的。这是儒圣的仁教所必然函到的。

有这样的生命学问，始能立起并贞定吾人之生命，而且真能开出生命的途径，个人的与民族的，甚至全人类的。自辛亥开国以来，很少有人注意这种学问。道德价值意识的低沉，历史文化意识的低沉，民主建国意识的低沉，无过于此时。是表示中华民族之未能尽其性也。只有业师熊十力先生一生的学问是继承儒圣的仁教而前进的，并继承晚明诸大儒的心志而前进的。就我个人说，自抗战以来，亲炙师门，目击而道存，所感发者多矣。故自民国三十八年以来，目睹大陆之沦陷，深感吾人之生命已到断潢绝港之时。乃发愤从事文化生命之疏通，以开民族生命之途径，扭转满清以来之歪曲，畅通晚明诸儒之心志，以开生命之学

---

① 此处引罗近溪的话似乎是概括的间接引用而不是直接引用。《近溪子集·卷礼（一）》载："罗子曰：'大人者，以天下为一人者也。以天下为一人者，古之明明德于天下者也。……故学大人以明明德以亲民者，其道必在止于至善。……由是而齐家、治国、平天下，自万虑之明而得其当矣。'"又曰："盖学大人者，只患不晓得通天下为一身，而其本之重大如此，若晓得如此重大之本在我，则家、国、天下攒凑将来……"（见《罗汝芳集》（上），凤凰出版社，2007年版，2～3页。）

② 语出王阳明《大学问》。

③ 语出朱熹、吕祖谦编《近思录》卷一《道体》载程灏（明道）先生语："仁者，以天地万物为一体，莫非己也。认得为己，何所不至？"。

④ 语出《孟子·尽心上》。

问。此《历史哲学》、《道德的理想主义》、《政道与治道》三书之所由作也。

五十年来，中国思想界大体可分三阶段。康有为、章太炎、吴稚晖诸先生为第一阶段。五四运动为第二阶段。十七年北伐以后为第三阶段。这三阶段的思想之混乱与浮浅，以及其离本走邪，历历在目。故吾自学校读书起至抗战胜利止，这十余年间，先从西方哲学方面厘清吾人所吸取于西方思想者之混杂，而坚定其"理想主义"之立场。此阶段之所思以《逻辑典范》（后改写为《理则学》）与《认识心之批判》两书为代表。此后至今，则归宗于儒家，重开生命之学问。上承孔孟，下接晚明，举直错诸枉，满清以来之歪曲，可得而畅通。中华民族终当尽其性，克服魔难，以屹立于天壤间。

（原载五十年一月《中国一周》）

（本文选自《生命的学问》，38～44页。）

哲学智慧的开发
（1952）

一、有取之知与无取之知

人的生物生活，一方面是吃食物，一方面是消化食物。吃是有取，消化是无取。人的意识生活亦是一方是有取，一方是无取。有取于物是明他，无取于物是"明己"。明己即自觉也。从学问方面说，明他是科学活动，给我们以"知识"；明己是哲学活动，不给我们以知识，而给我们以智慧。人生"自觉的过程"即是哲学智慧的开发过程。是以老子说："为学日益，为道日损。"① 为学即是有取，故日益也。为道即是无取，故日损也。"损之又损，以至于无。"即表示从明他而纯归于明己也。

孔子曰："知之为知之，不知为不知，是知也。"② 这个知就是自积压之明，故此是一种智慧语。《庄子·齐物论》篇载：

> 齿缺问乎王倪曰：子知物之所同是乎？曰：吾恶乎知之。子知子之所不知耶？曰：吾恶乎知之。然则物无知耶？曰：吾恶乎知之。虽然，尝试言之，庸讵知吾所谓知之非不知耶？庸讵知吾所谓不知之非知耶？

你知道这个那个吗？我全不知。你知道你不知吗？我全不知。我只是一个"无知"。这个无知就是把一切"有取之知"停止而归于一个绝

---

① 语出《老子·第四十八章》。
② 语出《论语·为政》。

对之无知。这个"无知"就是从不断的超越亦即是绝对的超越所显之无知。而无知就是一种自觉之真知，亦是最高之智慧。此不是科学之知也。故云："庸讵知吾所谓知之非不知耶？庸讵知吾所谓不知之非知耶？"你那些有取之知，对自知自明言，全不济事。我这种不知，对自知自明言，倒是一种真知。故要返回来而至无取之知，则必须把一切"有取"打掉，洒脱净尽，而后归于照体独立，四无傍依，此之谓哲学智慧之开端。

一天，邵尧夫问程伊川曰：你知道雷从何处起？伊川曰：我知道，你却不知道。尧夫愕然，问何故？伊川曰：你若知道，就不必藉数学来推算。求助于数学，可见你不知也。尧夫曰：你知从何处起？伊川曰：从起处起。尧夫一听佩服之至。从"有取之知"的立场上说，知道"一定的起处"才算是知。现在却说"从起处起"，这等于没有答复，如何算得知？岂不是笑话？至多亦是玩聪明。但是邵尧夫毕竟不同。他听见这话，却佩服程伊川的"智慧"。这不是玩聪明。这是从"有取之知"转回来而归于"无取之知"的一种境界。

大凡从"有取之知"的追求，而至于知有无穷无尽，即知有一个无限，不是你的有取之知所能一口吞，因而转回来而归于谦虚，或归于"自己主体"之自知，这都是一种智慧的表示。当牛顿晚年说：我只是一个海边上的小孩在拾贝壳，我所知的只是沧海之一粟。这就表示牛顿已进到谦虚的智慧。当康德晚年说：上而苍苍者天，内而内心的道德律，我越想它，越有敬畏严肃之感。这就表示康德已进到归于"自己主体"之自知的智慧。

由科学家的追求而归于谦虚，我这里且不说。表示无取之知的哲学活动也是一种学问，此就是哲学。我在这里要说一点：藉哲学活动所表示的"哲学智慧之开发"之意义。

二、哲学的气质

你要作哲学活动，先要预备几种心境：

第一、现实的照顾必须忘记，名利的牵挂必须不在意。以前的人说，古之学者为己，今之学者为人。照顾与牵挂都是为人，不是为己。在日常生活中，如果你照顾的太多，你必疲于奔命。这时，你的心完全散落在外面的事物上，你不能集中在一处，作入微的沉思。我们平常说某人在出神，视而不见，听而不闻。完全是个呆子。其实不是个呆子。他现实上的照顾完全忘却了。现实的照顾是社交。社交不是哲学活动。照顾自己与照顾他人，都足以分神。照顾自己的琐事是侍奉自己的躯壳，不是侍奉自己的心灵。而侍奉自己的躯壳亦是为的他人。照顾他人太多，则或者只是好心肠的浪费，或者只是虚伪。虚伪固不必说。好心肠的浪费亦是于事业于真理的表现无补的。这只是婆婆妈妈的拖沓。孟子说"惠而不知为政"①。这也是表示一个一个的照顾之不行。我们现在尚说不到政治道理上的是非，只说婆婆妈妈的拖沓不是哲学活动的心境。这时你必须不要有婆气，而须有点利落的"汉子气"。当有四五人在场与你聚谈，你这里敷衍几句，那里敷衍几句，有性情的人决不能耐，他根本不和你谈，他走了。这时你固不能得到任何真理，你也不能认识任何有肝胆的朋友。而那个不能耐的人，却是个可以作哲学活动的人，他将来也可能是一个作大事的人，或于任何方面总有所成的人。你可以骂他没有礼貌，但在此时，他可以不管这点礼貌。礼貌与婆心，在经过哲学智慧的开发过程后，将来终要成全的。但在哲学活动的开始过程中，礼貌与婆气，一起须丢掉。这不是故意的傲慢，这是假不来的。我说作哲学活动要预备这种心境，假如你终不能有这种心境，则即不能有哲学活动。所以这种哲学的心境我们也可以叫做哲学的气质，哲学的气质是一个人气质上先天的气质。气质上先天的汉子气可以作哲学活动，而婆气则不能。经过哲学活动的过程，婆气变为婆心。成全礼貌与婆心，这将是你的哲学智慧之大成。这是通过"无取之知"的理性的自觉而来的。这是不顺你的气质上先天的气质而来，而是顺你的心灵上先天的理性而来。你若没有经过汉子气的"称心而发"的哲学活动，你的好心肠只是婆气的拖沓，你的礼貌只是世俗的照顾。你不过是在风俗习惯中过活的一个一般的人。当然，不能天下人都能有哲学活动，这自不待言。

我这里只就"照顾"一点说，至于名利的牵挂更不必说。

第二，要有不为成规成矩乃至一切成套的东西所粘缚的"逸气"。直接是原始生命照面，直接是单纯心灵呈露。《庄子·田子方》篇：

> 温伯雪子适齐，舍于鲁。鲁人有请见之者。温伯雪子曰：不可。吾闻中国之君子，明乎礼义，而陋于知人心。吾不欲见也。至

---

① 语出《孟子·离娄下》。

于齐，反舍于鲁。是人也，又请见。温伯雪子曰：往也蕲见我，今
也又蕲见我，是必有以振我也。出而见客，入而叹。明日见客，又
入而叹。其仆曰：每见之客也，必入而叹，何耶？曰：吾固告子
矣。中国之民，明乎礼义，而陋乎知人心。昔之见我者，进退一成
规、一成矩，从容一若龙、一若虎。其谏我也似子，其道我也似
父。是以叹也。

　　这是藉有道之士的温伯雪子来反讥落于外在的成套中的邹鲁之士、
缙绅先生，这些缙绅先生，其所明之礼义都是成为风俗习惯的"文制"，
亦就是所谓外在的成套。他们并不真能通过自觉而明乎礼义。他们的明
只是习惯地明。他们依照其习惯之所学，言谈举动，都有成式。故曰：
"进退一成规，一成矩，从容一若龙，一若虎。"① 郭象注曰："檃辟其
步，逶蛇其迹。"此如学舞者然。学好步法，以成美妙之姿。此只是外
在的好看，而不是心灵之美。其心灵完全为成规成矩所拘系，此是殉于
规矩而不能自解，故其心灵亦不能透脱而得自在。有物结之，灵光已
滞，故智慧亦不显也。此即是"明乎礼义，而陋于知人心"②。一切礼
义要成全，但须是耶稣的精神才行，不是法利赛人的僵滞所能办。在法
利赛人手里，一切礼义都死了。所以通过哲学智慧的开发，礼义是要完
成的。但那时是透过形式主义的形式，而不是殉于形式主义的形式。一
个能有哲学活动的人，他开始自然达不到这种境界。但他开始必须有不
在乎一切成套，不注意一切规矩，不殉于一切形式的气质。一个人在现
实生活中过活，不能不有现实的套。衣食住行都有套，自然不必奇装怪
服，惊世骇俗，但亦不必斤斤较量，密切注意，而胶着于一定之格。他
甚至可以完全不注意这些。有衣穿就行了，有饭吃就行了。你说他总是
穿这一套，必是他拘在这一套。其实不然。他随时可以换，无可无不
可。他开始这样，这不是他的成熟。这只是他的不注意。而他之如此不
注意，只是他的原始生命之充沛，只是他的自然气质之洒脱，因而也就
只是他的单纯心灵之直接披露，而不陷溺。常有这样心境的人，可以作
哲学活动，此也就是一种哲学的气质。此也许是一种浪漫性，但不是否
定一切的泛滥性。我愿叫它是"逸气"。

　　第三、对于现象常有不稳之感与陌生之感。罗近溪《盱坛直
诠》载：

---

　　①② 语出《庄子·田子方》。

不肖幼学时，与族兄间一亲长疾。此亲长亦有些志况，颇饶富，凡事如意。逮问疾时，疾已亟。见予弟兄，数叹气。予归途，谓族兄曰：某俱如意，胡为数叹气？兄试谓我兄弟读书而及第，仕宦而作相，临终时还有气叹否？族兄曰：诚恐不免。予曰：如此，我辈须寻个不叹气的事做。予于斯时，便立定志了。

立志就是立志学道，寻个不叹气的事做。现实上，凡事如意，临终尚不免数叹气。此即表示：一切荣华富贵都是不稳的，都是算不得数的。当你叹气的刹那间，你的心灵就从现实荣辱的圈套中跃跃欲现，从现实的云雾中涌出光明的红轮。此时你就超越于你所不安的现实而透露一片开朗的气象。人的外部生活都是你靠我，我靠你的。相依为命，亦可怜矣。此即庄子所谓：

> 一受其成形，不化以待尽。与物相刃相靡，其行如驰，而莫之能止。不亦悲乎？终身役役，而不见其成功。苶然疲役，而不知其所归，可不哀耶？人谓之不死，奚益？其形化，其心与之然，可不谓大哀乎？人之生也，固若是芒乎？其我独芒，而人亦有不芒者乎？（《齐物论》）

人在相刃相靡的因果链子中打旋转，就是一种可悲的芒昧。试想：人立必托足于地，坐必托身于椅，卧必依赖于床。若无一支持之者，则由于地心吸力，必一直向下堕落而至于无底之深渊。推之，地球靠太阳，太阳靠太阳系。此之谓相刃相靡，其行如驰，而莫之能止。一旦，太阳系崩溃，因果链子解纽，则嗒然无所归，零落星散，而趋于毁灭。然则现实，人间的或自然的，宁有稳定可恃者乎？假若你能感觉到山摇地动，则你对于这个冻结的现实一大堆即可有通透融化轻松之感。向之以为稳定着实是冻结也。你要从冻结中通透，就要靠你的不稳之感。这在叔本华，名曰形而上的要求。一旦从冻结中通透，则一切皆轻松活跃，有本有原，不稳者亦稳矣。此在古人，名曰觉悟，亦曰为天地立心，为生民立命也。故罗近溪复云：

> 盖伏羲当年亦尽将造化着力窥觑，所谓仰以观天，俯以察地，逮求诸物，近取诸身。其初也同吾侪之见，谓天自为天，地自为地，人自为人，物自为物。争奈他志力专精，以致天不爱道，忽然灵光爆破，粉碎虚空。天也无天，地也无地，人也无人，物也无物。浑作个圆团团光烁烁的东西，描不成，写不就，不觉信手秃点

一点，元也无名，也无字，后来只得唤他做乾，唤他做太极也。此便是性命的根源。（《盱坛直诠》）

这一段便是由不稳之感而至陌生之感。由不稳而通透，由陌生而窥破。天是天，地是地，人物是人物，这是不陌生。你忽然觉到天不是天，地不是地，人物不是人物，这就是陌生之感起。一有陌生之感，便引你深入一步，而直至造化之原也。人到此境界，真是"骨肉皮毛，浑身透亮，河山草树，人地回春"①。这是哲学智慧的最高开发。但你必须开始有不稳之感与陌生之感的心境。这种心境，我愿叫它是"原始的宇宙悲怀"。

以上，第一点汉子气是勇，第二点逸气是智，第三点原始的宇宙悲怀是仁之根也。哲学的气质，当然可以说很多。但这三点是纲领。这三点都表示从"向外之有取"而转回来归之于无取。一有取，即落于现实的机括（圈套）中。从有取归于无取，即是从陷溺于现实机括中而跃起，把内心的灵光从云雾荆棘中直接涌出来。此是无所取，亦是内心灵光之呈露。故罗近溪又云：

> 于是能信之真，好之笃，而求之极其敏焉，则此身之中生生化化一段精神，必有倏然以自动，奋然以自兴，廓然浑然以与天地万物为一体，而莫知谁之所为者。是则神明之自来，天机之自应，若铳炮之药，偶触星火，而轰然雷震乎乾坤矣。至此，则七尺之躯，顷刻而同乎天地一息之气，倏乎而塞乎古今。其余形骸之念，物欲之私，宁不犹太阳一出而魑魅潜消也哉？

此就是哲学生命之开始，亦就是哲学智慧之焕发也。

三、无取之知的哲学系统

哲学生命开始，哲学智慧焕发，则顺此路，更须作细密的哲学活动之工夫。这部工夫可从两面说：一面是柏拉图的路，一面是康德的路。

哲学活动总是无取的，反省的。但是无取反省，有是从客体方面表现，有是从主体方面表现。前者是柏拉图的路，后者是康德的路。柏拉图首先指出在变化无常的感觉世界之外，有肯定理型世界的必要。把握

---

① 语出黄宗羲《明儒学案·泰州学案》中的"语录"。

理型，须靠纯净的心灵，而心灵之为纯净，因而可以把握洁净空旷圆满自足的理型，是由感觉的混杂中陷溺于躯壳中，解脱出来，始成其为纯净。心之纯净化即心之解放。这一步解放即表示人的生命之客观化。此所谓客观化是以纯净的心灵之理智活动把握普遍性永恒性的理型而成者。即由心之纯智活动而成者。故此步客观化是由"无取之知"中首先表现：人要成为一真正的人须是一"理智的存在"。这是希腊人的贡献。纯智活动之把握理型即成功一"形式体性学"（Formal ontology）。这不是科学。因为它虽然讲感触现象之变与永恒理型之不变，它却不是就一定的经验现象实验出一定的知识系统，如物理或化学。它只是在思辨中，于变化现象外必须肯定一"不变者"。否则，变亦不成其为变，任何对象亦不成其为一对象，而任何名词与命题亦无意义。这种思辨是在变之可能，一物形成之可能，名词与命题有意义之可能之间进行，进行不变者之肯定。故纯是一种反省的，辨解的。结果亦是"无取之知"。这种"无取之知"只在使我们自己明白，坚定理型之信念，洞彻灵魂之归宿。这就是内外明白：内面的明白是灵魂的纯洁化，有了寄托与归宿，外面的明白是在变化混杂的感觉现象外有一个秩序整然圆满自足的本原，这就是万物总有其"体性"。因此，内面的明白是纯净了灵魂，外面的明白是贞定了自然。这就是无取之知的哲学活动所成功的形式体性学所表现的智慧。这一种活动就是叫我们能欣赏"形式"之美。所以柏拉图必叫人读几何学。数学几何都在此种精神下完成。如果你再对于数学几何乃至体性学中的理型系统加以反省，则逻辑出焉。所以你要作细密的哲学活动之工夫，你必须首先作无取之知的逻辑训练，认识各种的逻辑系统。（辩证法不在内。）这就是柏拉图一路所开之一支。

但是，柏拉图一支之反省尚是平列的，其对于心灵之纯净化只形成为"纯智的认识活动"，即，只把"主体"确定为"认识的心"，尚不能真正把主体建立起来。康德的反省活动，在科学知识成立之后，由认识主体方面反省科学知识所以可能之根据，才真正把主体建立起来，才更恰合于哲学的"无取"之义，而纯归于主体之彰显。因此，他所彰显的认识主体不只是一个纯智的了解，而且是一个主动的理性之心。由其自身之自发性发出一些使经验知识为可能的超越条件，因此，主动的理性之心是有内容的。这完全是由反省认识主体所彰显出的在"向前有取"的活动背后的一个超越的系统，由超越条件所形成的一个超越系统。藉这个系统，始真把认识主体建立起来；而哲学之方向、范围，始真见其不同于科学；而其为"无取"与科学之"有取"始真厘然划得清。

但是，他这样建立起来的认识主体尚只是理论理性的（或曰观解理性），主体尚须再推进一步而被建立，即建立其为实践理性的，即由认识主体再转进一层而至实践主体。实践主体即是"道德的心"，抒发律令指导行为的意志自由之心。主体，至此始全体透出，整个被建立起来。此真所谓"海底涌红轮"，而以其自身之"系统网"笼罩整个经验界或现象界。至此，中国人所谓"人极"始真建立起，而在西方文化生命的立场上说，上帝与灵魂不灭亦因道德的心之建立而有了意义，有了着落。这一步开启，所关不小。认识主体之建立，尚只是智的、理论的；实践主体之建立，则意与情俱有其根，而且其地位与层次及作用与内容俱卓然被确立，而不只是浮游无根，全不成其为一客观之原理者。（如只知科学知识者，或只是理智主义者，以其一刀平之平面，即不能把情与意视为一客观之原理，而只是浮游无根者，而亦不予以理会。他们找不出它的意义来，亦不敢正视它。因此，他们尚未到立体的境界。）

由认识主体进而实践主体，智、意、情三度立体形之彻底形成，就是人生宇宙之骨干。智、意、情之客观性原理性之彻底透出各正其位，是无取的反省的而唯是以显露主体为职责的哲学活动之登峰造极。孔子说："兴于《诗》，立于礼，成于乐。"[1] 这也是意与情之彻底透出之立体形。惟其"兴于《诗》"一语只表示生命灵感之悱启，相当于"原始的宇宙之悲怀"（仁之根）。而智一层，即认识主体，则在儒家并未彻底转出。吾人现在的哲学活动须补上这一度，以补前人之不足。惟有一点可说者，即认识主体必是下级的，而实践主体，意与情，则是上级的。立体之所以为立体，惟赖此"上级的"之透出；而若只是智，只是认识主体，则未有不落于平面者。只知科学知识者，或只是理智主义者，则于"实践主体"完全不能接触，视意与情为浮游无根之游魂，让其随风飘流而漫荡，故亦不敢正视人生宇宙也。此其所以为干枯的浅薄的理智主义，所以流入理智的唯物论之故也。而若知"认识主体"之限度，进至"实践主体"之建立，把意与情之客观性原理性彻底树立起，则向之浮游无根，飘流而漫荡者，实正居于人生宇宙之背后而为擎天柱，亦曰"实现原则"也。其为漫荡者实只自限之智之作茧自缚而封闭以成者。

惟有智意情三度立体形之完成，始能开出精神生活之认识，始能开

---

[1] 语出《论语·泰伯》。

出历史文化国家政治之为"精神表现"之认识。这一步是黑格尔所开启，吾名之曰"辩证的综合系统"。惟黑氏学不能尽无弊。吾在这里大体言之是如此："辩证的综合系统"必以柏拉图的逻辑分解系统，与康德的超越分解系统，以及儒家的心性之学仁义之教为底子，而后始可以言之恰当而无弊，而且正可以见其利也。一个哲学活动贯通了这一整系，始真可以说："为天地立心，为生民立命，为往圣继绝学，为万世开太平。"（张横渠语）

对于这一整系，如不能贯通到至精至熟的境地，稍有差谬，即见其弊。而现实上已有之矣。如干枯的浅薄的理智主义、理智的唯物论，只认科学工业技术一机械系统为真实，则必引出马克思主义之魔道而毁之。同时，意与情一不得其正，则必引出尼采、希特勒之疯狂。此中脉络，了如指掌。此在善学者之用其诚。

夫一有哲学气质之心灵乃天地灵秀之所钟，为任何时代所必须。此是污浊混乱呆滞僵化时代中清新俊逸之气也。惟赖此清新俊逸之气始有新鲜活泼之生命，始有周流百代之智慧。

所谓"握天枢以争剥复"，其机端在此清新俊逸之气也。众生可悲，有一焉而如此，则亦旦暮遇之也。

（原载四十一年六月《台湾新生报》专栏）
（本文选自《生命的学问》，8～22页。）

简论哲学与科学
（1953）

一

学问大端，不外哲学与科学。科学是顺感官经验以外取，此可曰顺取，顺取以成知识。哲学则是就科学之顺取以逆得，逆得以明天地人物之德性。依此言之，科学与哲学，其范围与方向俱有不同。科学的范围是呈现于吾眼前的事实对象。外在的自然界固是事实对象，就是我的身体现象、心理生理现象，亦是事实对象。这是它的范围。至于它的方向，是就它了解这"事实对象"而言。它以这"事实界"为对象，外向而了解之。这种外向而了解之，就是我所谓"顺取"。而哲学的方向，则必就此顺取而反回来，反回来以明事实界之意义与根源，此种反明就是所谓"逆得"。由此逆得所定的范围就是事实界背后的意义与根源。科学将呈现于眼前的事实予以条分缕析的明朗，而哲学则将其背后的隐藏予以"彻法源底"的明朗。科学的明朗成知识，哲学的明朗成智慧。

现实上有一"既成之有"，即可就此"既成之有"而反明之。有"知识"一既成之事实，则反省此事实而明之，即为知识论。有现实之人生，则反省此事实而明之，即为人生哲学，即为道德宗教之所由成。有呈现于吾眼前的整个自然界，则反省此事实而明之，即为本体论、宇宙论，总而名之曰形上学。反明就是反省的觉悟。呈现出来的是既成事实，反明则开变化之源，畅生生之机，以明既成事实之所由来。推拓得开，则天地变化、草木蕃，此就是反明而开变化之源，此是哲学的功用。推拓不开，则天地闭、贤人隐，一切皆僵化，此就是陷溺于科学而僵滞于事实者之所致。

中国以前打天下，有所谓逆取、顺守。逆取是哲学的，顺守是科学的。是以凡打开僵局，恢复其创造之生机，以开变化之源的，便是哲学的。生机一开，一串一串的事实便接连而成，顺事实之接连而曲成之、而条理之、而稳定之，便是顺守，这是科学的。

就学问本身言，哲学的反明就是"反省的觉悟"。这个意思的学是中国以前所十分意识到而彻底完成的。以往圣贤言学都是就此范围与方向而言的。以下略事征引以明之。

二

班固《白虎通义》，就传统的趋势，下"学"之定义曰："学之为言觉也，以觉悟所不知也。"班固是东汉时人，他根据以往的经典，以觉言学，遂成为学之定义，后此言学，亦莫不就此定义而用心，以言学之意义与内容。这是中国以前对于学的一个传统的看法。

《论语》首言"学而时习之"。朱注曰："学之为言效也。人性皆善，而觉有先后。后觉者，必效先觉之所为，乃可以明善而复其初也。此虽以效言学，然觉亦函其中。效者是效法古人或先觉者如何觉悟以明善而复其初也。此不但把"反省的觉悟"函于学中，而且亦把反省的觉悟所指之对象与内容亦确定出来。先言"人性皆善"，后言"明善以复其初"。此即吾开头所言"逆得以明天地人物之德性"。逆而得之，即是反而明之。能反明天地人物之德性，则可以开变化之源，畅生生之机矣。朱注此处所言，虽限于人性，然亦实通于天地人物而总言之。《中庸》不云乎："能尽己之性，则能尽人之性；能尽人之性，则能尽物之性；能尽物之性，则可以与天地参而赞化育矣。"此实反明之学之全功，亦即其全幅领域也。

《大学》亦言："大学之道，在明明德，在新民，在止于至善。""明明德"即是反明人之性也。明明德与新民是内圣外王合一之学，亦即道德实践之全体。是以古人之学即在完成"道德的实践"也。古人以明明德为学，以明德为学之对象，此可见此所谓学是哲学的，与今人所意指之学完全不同。今人以呈现于眼前之自然事实为学之对象，以条分缕析明此事实为学问。此所谓学是科学的。此不要紧，但只以此为学问，而以"明明德"为非学问，则大过，此今人之陋。古今人对于学问的观点整个相翻，所以遂使人对于古人所谓"学，觉也"之反明的学问完全不解，完全不知其意义，全不视之为学问，此今日之所以人失其主，土崩瓦解，而天下大乱也。然在古人，对于此学之意义，几乎是家常便饭，天下之所共喻。然则古人之言学，岂尽呓语乎？这必有"所关者大"存其中也。

《礼记·学记》篇云："君子如欲化民成俗，其必由学乎？"其学的过程如下："一年视离经辨志，三年视敬业乐群，五年视博习亲师，七年视论学取友，谓之小成。九年知类通达，强立而不反，谓之大成。夫然后足以化民易俗，近者说服而远者怀之，此大学之道也。"这是说学之过程，而《大学》即透进一步而综结之曰："大学之道，在明明德，在新民。"此言其彻法源底之内容。"知类通达，强立而不反"，此之谓大成。这种大成，不能反明人生之本源而通透其明德，不能至。不能通透其明德，亦不能知类通达，强立而不反。明德既明，事理通达，然后可以言化民成俗。化民成俗即新民之事也。此由反明天地人物之性之学而进至政治教化历史文化之域也。盖反明天地人物之性之学整个是一道德实践之学，而道德实践不能不扩及于政治教化历史文化之范围也。所谓"学者，觉也"，即觉此全套而明之，以归诸实践。

故《荀子·劝学篇》曰："学恶乎始？恶乎终？曰：其数则始乎诵经，终乎读礼；其义则始乎为士，终乎为圣人。"荀子此言，与《学记》篇所言相类。盖亦偏于政治教化历史文化而言学，然而"始乎为士，终乎为圣人"，归诸实践则一。为士为圣人，不能不有"反明天地人物之性"一段工夫。此段荀子不甚能言，以其学力不甚能透乎此也。然"学，觉也"，以成道德实践，则不悖，以概括政治教化历史文化之实践，则亦不悖。盖荀子注重外王一面也。

至于孟子，则甚透内圣一面，即明明德一面。故曰："学问之道无他，求其放心而已矣。"[1] 心之放而不反，即是心之逐物，陷溺于物欲之中而颠倒不已，此即孟子所谓"物交物则引之而已"[2]。求其放心，即是使心从物欲交引中超拔，而使良知良能之本心呈露也，亦即是明德之呈露。此种从物欲交引中超拔即是"反省的觉悟"，亦可曰逆而觉之，此即反明也。这"逆而觉之"一关实是"人之所以异于禽兽"者。

三

读者若想懂得一点哲学，便请从此逆觉之路入，广读中西典籍皆无

①② 语出《孟子·告子上》。

不印证此义也。西方哲学虽不是从道德人生入手，然逆而觉之，反而明之之路同。吾前言及知识论、本体论、宇宙论，皆是由逆觉反明而成。遍及西方哲学之全部，盖皆可融摄于中国往哲所定之逆觉反明之学问中而不悖，而且可以充实中国往哲所定之学问之意义与内容。吾人今日若想了解一点哲学，由逆觉反明之路入，则哲学可不只是"理智之游戏"。要想得到技术知识，则学种种科学；要想了解人生文化之源，则即须逆觉反明而读哲学。而且吾人今日所处之时代，正是大动乱之时、社会崩解之时、文化理想冲突之时。人性、人道不得保，个性、价值不得保，自由、民主不得保，历史、文化不得保，国家、民族不得保。此皆须吾人逆而觉之，反而明之，以明其确切不拔之根本原理，以坚定自己之信念，由是而引生吾人之全幅道德实践也。此种原理与信念（肯定）皆不能从科学中得来。譬如人性、人道，此必须由彻底透露人之明德而见其为确定不可移，然后人性人道方得保，而吾人之为保障人性人道而反共，方有其坚强不拔之理由。人性、人道保，则个性、价值保。个性、价值保，则自由、民主方可得而言。由是而历史、文化、民族、国家，皆得以在此前提下而被肯定矣。此若不由哲学的逆觉反明以开变化之源，畅生生之机，则吾人无由得而肯定也。吾在此，简言其大义如上，读者顺此悟入，必可见其有切实不可疑者在焉。

（原载《幼狮月刊》第 1 卷第 9 期（1953 年 9 月））

（本文选自《牟宗三先生全集 27 · 牟宗三先生晚期文集》，9～14 页。）

墨 子
（1953）

一

墨子略后于孔子，生卒每月不可考。约当于春秋末、战国初一阶段。名翟，姓墨氏。鲁人，或曰宋人。孙贻让《墨子间诂》断为鲁人。说宋人者，盖因其尝为宋大夫，遂以为宋人。

墨子与孔子时既相接，地既相邻，处于当时中国文化程度最高之地，而又博学，长于《诗》、《书》、《春秋》（此言《春秋》，非孔子所修《春秋》）。墨子自言曰："吾尝见百国《春秋》。盖当时各国之史书也。"今本《墨子》中所引《诗》篇，与孔子所删述者同；所引《尚书》如《甘誓》、《仲虺之诰》、《说命》、《大誓》、《洪范》、《吕刑》，亦与《书》同。而又好学不倦。《墨子·贵义》篇云："子墨子南游使卫，关〔扃也〕中载书甚多，弦唐子见而怪之，曰：'吾夫子教公尚过曰：揣曲直而已。今夫子载书甚多，何有也?'子墨子曰：'昔者周公旦朝读书百篇，夕见漆十士。故周公旦佐相天子，其修至于今。翟上无君上之事，下无耕农之难，吾安敢废此?'"可见其好学自励。

彼亦常历述先圣往事。称善必举尧、舜、禹、汤、文、武，言恶则必桀、纣。然其精神气质，则不与儒家同。《淮南子·主术》谓"孔丘、墨翟皆修先圣之术，通六艺之论。"实则六艺为儒家之学，非墨氏所治也。彼固长于《诗》、《书》及百国《春秋》，然于礼则法夏绌周，于乐则非之。是则彼虽称引《诗》、《书》，而精神气质固自不同。

其精神特别处，《庄子·天下》篇言之甚善："不侈于后世，不靡于万物，不晖于数度。以绳墨自矫而备世之急。古之道术有在于是者，墨翟、禽滑厘闻其风而悦之。〔……〕作为〈非乐〉，命之曰〈节用〉。生不歌，死无服。墨子泛爱兼利而非斗。其道不怒；又好学而博，不异〔言尚同也〕，不与先王同〔先王谓周先王〕，毁古之礼乐。黄帝有〈咸池〉，尧有〈大章〉，舜有〈大韶〉，禹有〈大夏〉，汤有〈大濩〉，文王有辟雍之乐，武王、周公作〈武〉。古之丧礼，贵贱有仪，上下有等。天子棺椁七重，诸侯五重，大夫三重，士再重。今墨子独生不歌，死不服。桐棺三寸而无椁，以为法式。〔……〕其生也勤，其死也薄，其道大觳〔干枯乏润泽〕；使人忧，使人悲。其行难为也。恐其不可以为圣人之道，反天下之心，天下不堪，墨子虽独能任，奈天下何。离于天下，其去王也远矣。墨子称道曰：'昔禹之湮洪水，决江河，而通四夷九州也，名山三百，支川三千，小者无数。禹亲自操橐耜而九杂天下之川；腓无胈，胫无毛，沐甚雨，栉疾风，置万国。禹大圣也，而形劳天下也如此。'使后世之墨者，多以裘褐为衣，以跂蹻为服。日夜不休，以自苦为极，曰：'不能如此，非禹之道也，不足谓墨。'"准此，则墨子之精神气质，大体可窥矣。

二

盖周文演变至春秋战国，已成虚架子，是其敝也。此之谓浮文。浮文无实，必救之以质。当时儒、墨、道三家皆欲以质救文。儒家是顺而救之，墨、道两家，则逆而救之。何以谓顺而救之？盖儒家能通晓夏、商、周历史文化之发展。周文是历史文化演变之结集，亦是进步之表示。周文之核心即在礼乐。礼以别异，乐以合同，而礼之关系尤大。周文之所以为文，即在"礼"也。而礼之实必本于人情人性，此即亲亲之杀，尊尊之等。由亲亲尊尊之情，而为之制礼以定其等杀，则人道立。故曰："人统之正，托始文王。"此是中华民族文化生命与民族生命两者相谐一而为一根之发展，乃历史文化之大流，不可废也，不可悖也。孔子惟能通晓此大流，故必首先肯定而继承之，故曰："郁郁乎文哉，吾从周。"① 而复以文为己任也。此即为顺而救之。其救之以"质"为何？曰：即顺礼乐而道仁义也。此即点出一颗"真实的道德心"。此步指点，真可以说是儒家推扩得开的地处，在义理上也真可以说是达到"天地变

---

① 语出《论语·八佾》。

化草木蕃"的境地。开辟人之心灵，恢弘人之志气，无有加于此者。儒家之治六艺，与其继承历史文化之传统，惟在通过表现在外面的迹而透进一步疏通其生命，点出其意义，而一是皆归于"真实的心"。至于节文度数，则损益进退，固无不可。儒者不于此斤斤也。故孔子曰："礼云礼云，玉帛云乎哉？乐云乐云，钟鼓云乎哉？"① 又曰："人而不仁，如礼何？人而不仁，如乐何？"② 又曰："礼与其奢也，宁俭。丧与其易也，宁戚。"③ 此即不重浮文而重"真实的心"也（当时固有小人儒以及所谓贱儒，专以治丧侍奉人为事者，然此不足以代表儒家。墨子所非者大抵皆指此类言。此不独墨子，即后来荀子亦痛斥此类人）。

　　儒家是顺而救之，救之以"真实的道德心"。而道、墨两家，则是逆而救之。而其所以逆又不同。逆者或是彻底反这些东西，如墨家之法夏绌周；或根本忽视这些东西，如道家之反朴归真。从此"逆"上说，道、墨两家皆不能继承由民族生命、文化生命而发之历史文化之传统而立言。道家之逆亦是想救之以质。但其救之以质的态度是求个人心境之自适自得，不滞于物而逍遥乘化。故其质是洒脱自在的心境。兹可藉《庄子·田子方》篇的话以明此义。"温伯雪子适齐，舍于鲁。鲁人有请见之者，温伯雪子曰：'不可。吾闻中国之君子，明乎礼义，而陋于知人心，吾不欲见也。'至于齐，反舍于鲁，是人也，又请见。温伯雪子曰：'往也蕲见我，今也又蕲见我，是必有以振我也。'出而见客，入而叹。明日见客，又入而叹。其仆曰：'每见之客也，必入而叹，何邪？'曰：'吾固告子矣：中国之民，明乎礼义而陋于知人心。昔之见我者，进退一成规，一成矩，从容一若龙，一若虎。其谏我也似子，其道我也似父，是以叹也。'"明乎礼义而陋于知人心，是即表示其不能从虚文中解放也。进退一成规，一成矩，从容一若龙，一若虎，此若舞者之步法，"槃辟其步，逶蛇其迹。"（郭象语）陷溺于形式之中而不得大自在，亦即其生命全外在化于形式之中而中心无主。儒者于此点出"真实的道德心"，而道家于此则求解脱而得自在。此亦可谓精神之解放。但此种解放，是由冲破一切礼义形式而成，故其所显之自在心境，亦一往不返，而流入孤明，再不能客观化而为人文之肯定。吾人即由此"不能客观化而为人文之肯定"处，见出其自在之心境，即所谓道心，只是一干

---

　　① 　语出《论语·阳货》。
　　②③ 　语出《论语·八佾》。

冷晶光之圆镜，而四无挂搭处。故流入虚无飘荡而避人避世或荡检逾闲也。儒家所点出的"真实的道德心"，则能再客观化而为人文之肯定，是则既能透过形式而又能肯定形式，而道家之道心则不能也。故道家之道心，可以说只是"虚灵之孤明"。此即其救文之"质"也。

<h1 style="text-align:center">三</h1>

然无论儒家的"真实的道德心"，或道家的"虚灵孤明的道心"，皆是在堕落时代中，而由"主体"之透露，以恢复其精神。凡当时风低沉之时，而欲提撕向上，重开文运，则必反归主体而直透本源，故其始也，必带浪漫精神，而归于绝对主体主义、理想主义（此征之西方文化发展亦然）。此在儒道两家皆能之。惟儒家是顺而救之，点出真实的道德心，而能由主体主义、理想主义客观化出来，而转为客观主义、古典主义，遂完成人文主义之极致。而道家是逆而救之，则其主体只是虚灵之孤明，而非真实的道德主体，故一往不返，不能转为客观主义，因而亦成为"反人文的"。此由于其不能继承历史文化之大流而立言，故开始点即乖离而歧出。然其尚能由透露主体而趋高明，故于后来心灵之开扩有大助力。

墨家之逆而救之，则能不由透露主体而前进。此是其特别处，亦是其最不行处。墨子亦常言"仁者"，然不能由仁者点出一真诚恻怛之"仁心"，是则"仁"只为一形容词，亦为一虚位字。亦盛言义，然其义是外在而附于事，未能收进来而由义以点出一"真实的道德心"。是则义为外在而挂空，而不能于"精神主体"中有其根源，是即其不能开辟心灵世界、价值世界也。因此，由其外在而附于事之义，遂外在地而上推至"天志"以为其根（《墨子》有《天志》篇，下稍论之）。是义仍为超越而外在者，而不能由精神主体以贯注之。彼言"仁者"是顺俗言，彼不能识仁心，遂转而言"兼爱"。彼言"兼爱"，实即是儒家"推己及人"之公心。此纯就"用"上说，未能于精神主体中点出其"体"。因此，彼视兼爱，亦如义然，仍上推至天志以为其根。此亦是超越而外在者，未能由精神主体以贯注之。彼就用上所言之兼爱，克就其所言而观之，亦无甚病处，人为善，有公心，自无不好处（如孟子之所斥责，非必其"所言者"之所函。吾将于下文稍明之）。然不能贯彻精神主体而寻出其本源，惟是推出去而泛说，则终是落空而无力。吾之所以说此，端在明墨子精神气质之特别处，惟是一质朴干枯之气质在笼罩。气质是形而下的，遂黏着于外物。彼一切言论教义，皆黏着于外物而落于实然境界中以表现。彼之心灵亦为此气质所笼罩，故不能超脱上透而涌现"当然"之世界。心灵为其气质所蒙蔽，而始终未能透出者。彼之好恶为其主观之气质所限，故其识量德慧皆在气质中直接表现，而不能达高远悠久开扩变化之境。此则在转移颓风，开启文运上，甚为不足。顺气质走，无有不直接照面者。其正面主张，如上所略述，他就用上落于实然境界中而为外在的泛说，此就是直接照面。其于攻儒家处，反礼乐、反厚葬久丧，唯是落于实用主义，而实用至极，则必反人文，一切皆为简单之物质生活所封闭。有人下文化之定义为"生物学上所不必须的东西"。依此，如照实用言，则只能限于生物学上所必须者。此诚俭矣，朴矣，而殊不知成为价值之窒塞，人道之枯萎。故荀子谓其"蔽于用而不知文"①。此诚确评。反浪费，崇质朴，此固甚好，而不能于原则上以实用主义、功利主义来辩说。然而墨子于此不能透，此即表示其顺其主观气质之好恶而为直接照面者。吾人如此说，非必谓其所攻击者为必对。任何东西，都可有流弊，都可批评。吾于此不就其"所攻击者"来辩驳，单看其"能攻击"一面之立场，由此以观其精神气质之所在与限度。

彼既无论于正面或反面，皆不能由透露精神主体而立言，故其救周之文，乃是取直接对立而反之的途径，而且顺其由质朴干枯之主观气质而来的好恶以反之，故其救文之"质"即是其质朴干枯之气质也，不而是从心灵世界中开辟出来的理性精神之实也。依此其好学而博，亦只是驳而不纯，杂而无统。其所成之教义系统，亦是顺其主观气质而来的一个隔离系统，不能继承历史文化之传统而落实于其中也。依此，不能于民族生命、文化生命中起鼓舞荡漾之作用，因而亦不能担负转移颓风、开启文运之使命（儒家能之）。彼之质朴干枯之气质、实用功效之精神，可以转为社会行动家、社会事功家。然其行动与事功亦不是政治家的，即不是综摄时代、通晓世变之客观的，而只是社会的，隶属于社会下层的，依附于他人的。此其集团之所以流于侠也。

四

吾以上既略述墨子之精神气质之何所是，兹再顺其主张而申明之。

---

① 语出《荀子·解蔽》。

（一）兼爱："子墨子言曰：仁人之事者，必务求兴天下之利，除天下之害。然当今之时，天下之害孰为大？曰：若大国之攻小国也，大家之乱小家也，强之劫弱，众之暴寡，诈之谋愚，贵之敖贱，此天下之害也。又与〔如〕为人君者之不惠也，臣者之不忠也，父者之不慈也，子者之不孝也，此又天下之大害也。〔……〕此胡自生？此自爱人利人生与？既〔则〕必曰：非然也，必曰：从恶人贼人生。〔……〕恶人而贼人者，兼与？别与？即必曰：别也。然即〔则〕之〔此〕交别者，果生天下之大害者与。是故别，非。子墨子曰：非人者必有以易之。〔……〕兼以易别。然即〔则〕兼之可以易别之故，何也？曰：藉为人之国，若为其国，夫谁独举其国，以攻人之国者哉？为彼者犹为己也。为人之都，若为其都，夫谁独举其都，以伐人之都者哉？为彼犹为己也。为人之家，若为其家，夫谁独举其家，以乱人之家者哉？为彼犹为己也。然则国、都不相攻伐，人家不相乱贼，此天下之害与？天下之利与？即必曰：天下之利也。〔……〕此胡自生？〔……〕必曰：从爱人利人生。〔……〕爱人而利人者，别与？兼与？即必曰：兼也。然即之交兼者，果生天下之大利者与？是故子墨子曰：兼是也。"（《兼爱下》）详此所云，则兼爱只是推己及人之公心，此公心即体谅旁人之心也。至其所谓"别"只是不能体谅他人之私心。不能体谅他人，则通不出去，故曰别。能通出去，则曰兼。此是墨子所用之名词。如此而言，并无过患。兼为是，别为非，亦无问题。墨子于本篇下文复引《尚书》以明文王、大禹、商汤等皆能以公心、虚心、敬畏心，而兼爱天下，此皆儒者所雅言，并无可非处。然则其所言之兼爱，并不函"爱无差等"之义。孟子斥其兼爱为无父，即示其无亲亲仁民爱物之差等。实则墨子之言本身并不涵此义，而此两义亦并不相冲突。然墨子并不能把握住亲亲之杀、尊尊之等与夫由此而生之礼文之密义，彼于此甚忽视而不能郑重之，此足示其不能把握文化生命之传统，不能把握人道之立之所由寄者，而徒泛说兼爱，而不能透至真实的道德心之主体，是则于本源及其扩充处，全成虚脱，故孟子如此呵斥之也。而墨子之后学以及望风口耳之辈，在当时亦实有以兼爱与差等为冲突者，故孟子得以顺其风而斥之也。此亦实由于墨子本人义理之不透，以及其力诋儒家言礼而使然。殊不知儒者所言之礼非儒家之私制，乃由夏、商、周文化传统而结成，而言礼不能离却亲亲与尊尊。今墨子非儒，反礼非乐，故易使人联想其并亲亲尊尊而反之也，或至少墨子于此亦甚不郑重。由此而忽视差等之义焉，故孟子得以无父责之也。吾人今日看古人之言论：一、须首先客观地了解其本义；二、于其所攻击者不必多所计较（于墨子非儒，孟子斥墨皆然），而当反观其能攻击一面之立场精神与境界。如是则义理可以相通（如兼爱与差等），而立言之层次与境界亦可以厘清矣。

（二）尚同："子墨子言曰：古者民始生，未有刑政之时，天下之人异义。是以一人则一义，二人则二义，十人则十义。其人兹众，其所谓义者亦兹众，是以人是其义，以非人之义，故交相非也。〔……〕夫明乎天下之所以乱者，生于无政长，是故选天下之贤可者，立以为天子。〔……〕是故里长者，里之仁人也。里长发政里之百姓，言曰：闻善与不善，必以告其乡长。乡长之所是，必皆是之；乡长之所非，必皆非之。夫若不善言，学乡长之善言；去若不善行，学乡长之善行。则乡何说以乱哉？〔……〕乡长唯能壹同乡之义，是以乡治也。乡长者，乡之仁人也。〔……〕国君唯能壹同国之义，是以国治也。国君者，国之仁人也。〔……〕天子唯能壹同天下之义，是以天下治也。天下之百姓，皆上同于天子，而不上同于天，则灾灾犹未去也。今若天飘风苦雨，溱溱而至者，此天之所以罚百姓之不上同于天者也。"（《尚同上》）

案：此所言亦理之当然，其本身无问题。其所言层层上同，亦即层层上下谐和之意。何以能谐和？里长、乡长、国君、天子皆仁人，亦即皆"贤良圣知辩慧之人"，故能有谐和之道，致生谐和之果。此其意亦不函专制极权。因墨子明言："上有过则规谏之，下有善则访荐之。"惟其言质直简单，而不能致曲耳。又其所言亦不函只有同之普遍性而无异之个体性。彼尚不能由致曲而意识到此问题。荀子谓其"有见于齐，无见于畸。〔……〕有齐而无畸，则政令不施。"（《荀子·天论篇》）亦未恰当。盖墨子所谓一人一义，正是畸也。荀子之言亦不是普遍性与个体性问题。惟荀子于〈非十二子篇〉谓其"尚功用，大俭约，而僈差等"，则甚的当。"尚功用，大俭约"，即是"蔽于用而不知文"，此是墨子之陋处。"僈差等"则是指其忽视"亲亲之杀，尊尊之等"而言。此已言之于兼爱条。墨子教义中非必函抹杀个性也。惟儒家文化意识强，故重人性个性。普遍性与个体性两者之谐和与并存易为其所函，亦易为其所把握，故由之亦易引发民主政治也。此在墨、道、法三家，皆无此根源。关此可不详论。

（三）天志：墨子言上同，最后必上同于天，此则可以显示一超越而外在之标准。天子不能上同于天，即表示其不能以公心而兼爱天下也，故由此言"天志"。天亦有志，亦有意。天之志与意为何？曰：亦兼爱交利也。此亦即"义"之所从出。故墨子曰："今天下之君子之欲为仁义者，则不可不察义之所从出。〔……〕然则义何从出？子墨子曰：义不从愚且贱者出，必自贵且智者出。〔……〕然则孰为贵？孰为智？曰：天为贵，天为智而已矣。然则义果自天出矣。〔……〕吾所以知天之贵且智于天子者有矣。曰：天子为善，天能赏之；天子为暴，天则罚之；天子有疾病祸祟，必斋戒沐浴，洁为酒醴粢盛，以祭祀天鬼，则天能除去之。然吾未知天之祈福于天子也。"（《天志中》）又曰："然则何以知天之爱天下之百姓？以其兼而明之。何以知其兼而明之？以其兼而有之。何以知其兼而有之？以其兼而食焉。何以知其兼而食焉？四海之内，粒食之民，莫不犓牛羊，豢犬彘，洁为粢盛酒醴，以祭祀于上帝鬼神。〔……〕且吾言杀一不辜者，必有一不祥。杀不辜者谁也？则人也。予之不祥者谁也？则天也。若以天为不爱天下之百姓，则何故以人与人相杀，而天予之不祥？此我所以知天之爱天下之百姓也。顺天意者，义政也。反天意者，力政也。"（《天志上》）"故置此以为法，立此以为仪。将以量度天下之王公大人卿大夫之仁与不仁，譬之犹分黑白也。"（《天志中》）

案：墨子立天志以为法式规矩，中函有原始的素朴的宗教精神。然彼不能透露精神主体（spiritual subjectivity）以贯注之，则天亦只成为理智的、干枯的、外在的抽象体，而其个人方面则又惟是一质朴干枯之气质，实用功利主义之意向，故不能成立宗教也。而其集团遂只成为社会行动家、事功家。

五

墨子在现实方面，顺其质朴干枯之气质，尚功用，大俭约，以绳墨自矫，定下其刻苦的生活方式。此实足以激励末俗，而使有重浊质朴之气者以从之。故彼能结成一社团，而风行天下。《墨子·公输》篇载其说楚王曰："臣之弟子禽滑厘等三百人"。《淮南子》亦记墨子服役者百八十人，皆可使赴火蹈刃，死不旋踵。又有所谓巨子，盖墨家大师也。故《庄子·天下》篇云："以巨子为圣人，皆愿为之尸，冀得为其后世。"其中以孟胜、田襄子、腹䵍为最著。《吕氏春秋·上德》篇："墨者巨子孟胜，善荆之阳城君。阳城君令守于国，毁璜以为符，约曰：

'符合听之。'荆王薨，群臣攻吴起，兵于丧所，阳城君与焉，荆罪之。阳城君走。荆收其国。孟胜曰：'受人之国，与之有符。今不见符，而力不能禁，不能死，不可。'其弟子徐弱谏孟胜曰：'死而有益阳城君，死之可矣。无益也，而绝墨者于世，不可。'孟胜曰：'不然。吾于阳城君也，非师则友也，非友则臣也。不死，自今以来，求严师，必不于墨者矣。求贤友，必不于墨者矣。求良臣，必不于墨者矣。死之，所以行墨者之义，而继其业者也。我将属巨子于宋之田襄子。田襄子贤者也，何患墨者之绝世也？'徐弱曰：'若夫子之言，弱请先死以除路。'还殁头前于孟胜。因使二人传巨子于田襄子。孟胜死，弟子死之者八十三人。二人以致令于田襄子，欲反死孟胜于荆。田襄子止之曰：'孟子已传巨子于我矣。'不听，遂反死之。"据此所载，则诚可歌可泣者矣。

《吕氏春秋·去秋》篇又载："墨者有巨子腹䵍，居秦，其子杀人。秦惠王曰：'先生之年长矣，非有它子也。寡人已令吏弗诛矣。先生之以此听寡人也。'腹䵍对曰：'墨者之法曰：杀人者死，伤人者刑。此所以禁杀伤人也。夫禁杀伤人者，天下之大义也。王虽为之赐，而令吏弗诛，腹䵍不可不行墨子之法。'不许惠王，而遂杀之。"此亦难能。

即墨子本人亦尝助宋而御楚。"公输盘九设攻城之机变，子墨子九距之。公输盘之攻械尽，子墨子之守圉有余。公输盘诎。"（《公输》）案：此可见墨子且有巧智。在其实际之行动中，墨子集团亦有实测之知，类乎一些原始的科学知识。由是而引生辨名理，此即《墨经》是也，亦曰《墨辩》，此则大体属于墨子之后学。《庄子·天下》篇云："相里勤之弟子伍侯之徒，南方之墨者苦获、已齿、邓陵子之属，俱诵《墨经》，而倍谲不同，相谓别墨。以坚白、同异之辩相訾，以觭偶不仵之辞相应。"案：今本《墨经》，多不可解。五四以来，讲者多矣。兹可不论。

由以上可知，由其实际行动之勇于赴义，演变而为战国时之游侠。由其实测之知，演变而为战国时之墨辩，以与名家相出入。此墨家之归结也。墨子不能透露精神主体以贯注其外在之天志，故不能成宗教。彼为质朴干枯之气质所限，为实用功利之思想所封，宜其转为社会行动家而流于侠也。而在此气质之笼罩下，亦不能透露清明之理智，而为名数之学之研究，故虽乘战国之风而有墨辩，亦究未能为科学植基立规模也。然则墨学之绝，亦有以也。以其精神气质本易脱离学术文化发展之统绪而流于社会下层也。然其于立身处世，干事赴义处，亦有可以激励末俗而足资取法者。《易》曰："贞固足以干事"。(《乾·文言》)此语，墨家可以当之矣（然贞固亦有本心灵世界之开辟而转出理性精神而来，亦有本气质而来。墨子大体偏于本气质而来也）。

（原载张其昀（编）：《国史上的伟大人物》第 1 册（台北：中华文化出版事业委员会），1953 年 11 月）

（本文选自《牟宗三先生全集 27·牟宗三先生晚期文集》，27～40 页。）

黑格尔与王船山
（1954）

　　黑格尔与王船山相提并论，好像有点奇怪。实则他们两人很有相似处。这两位不同国度不同时代的大思想家，依照传统的标准说，都不算是好的哲学家，而却都是好的历史哲学家。

　　黑格尔的影响大极了。也因他的影响力而令人起反感。这不但是因为马克思受他的影响而讲唯物辩证法的缘故，也不但是因为他稍重视国家与全体遂令人联想到希特勒的极权独裁的缘故，而且我还可以指出这都是不相干的。因为马克思虽受他的启示而讲辩证法，然既是唯物辩证法，则已与黑格尔所表现的辩证法根本不是一会事，又马克思已彻底主张了唯物论，此又与黑格尔的学术精神风马牛不相及。不能因为马派的缘故，遂对黑格尔生反感。黑格尔影响了马克思，马克思亦受了他的影响。但两人的思想内容，既绝然相反，这就不能有任何爱憎上的牵连。马克思自是马克思，黑格尔自是黑格尔。好像李斯、韩非自是李斯、韩非，荀卿自是荀卿。他们虽有师徒上的关系，然荀卿自是儒家，而韩、李自是法家。子之于父，且有不相肖者，何况师徒？至于希特勒的英雄主义式的极权独裁，与其说是祖述黑格尔，勿宁说是表现尼采。当希特勒披靡一世之时，已有人喊出"是尼采还是基督"的呼声，让人们作一个彻底的抉择。却没有人说："是黑格尔还是基督"。这可见希特勒的罪过，不能记在黑格尔的账上。不能因为希特勒的缘故而抹杀黑格尔的国家论。作恶的人可以假借任何东西来作恶。极权自是极权，国家自是国家。岂便黑氏的国家论便有助于极权，拉斯基的国家论便如理如量？岂便黑氏的国家论便有助于极权，而厌恶希特勒的缘故，遂并国家而厌恶，绝口不敢讲国家者，便无流弊？（实则此种态度的流弊更大）无论如何，黑氏讲国家，是从精神表现价值实现上讲，是一个道德理性上的概念，文化上的概念，而不是种族优秀，人种优秀的生物学上的概念，尼采讲优秀，讲新贵族，是生物学的概念，而希特勒的种族主义正合尼采的精神，不是黑格尔的精神。复次，黑格尔讲国家，国家是一个有机的统一体，其自身固是一个整全（全体），然此整全，此有机的统一体，不是生物学上的有机体，而是文化上精神上的一个整全，一个有机统一体。此整全，此有机的统一体，是赖各个体的自觉而显其个性，各个体有其真实的存在，而重新组织起来的整全或统一。他这种讲法是在消融个体性与普遍性的对立，而使之各有其真实的意义。此义，英国的黑格尔学派尚能知之。如鲍桑奎（Bosonquent）即说：

> 非批判的个人主义一转即为暴民政治或极权专制。

这显然是说，非批判的个人主义只有现实的自私的特殊性，而无理性上的正义上的普遍性，故个体性亦无真实的意义。黑氏派关于此问题显然是想经由对于个人主义的批判而透露普遍性，一方救住个性，使个体有其真实的意义，成为一真实的存在，一方救住普遍性，使理性、理想、正义、组织、全体等为可能，即亦有其真实的意义，成为一真实的整全或统一，而不只是虚浮无根的，或贫乏无内容的，只是武力硬压下来的整全或统一。此无论如何，不能歪曲，说此种理论是抹杀个性自由，助长极权。但是却有人偏把鲍桑奎那句话曲解为助长极权。此岂是虚心明理平情之论？以上就黑氏国家论，略说两点，以明与希特勒极权独裁完全无关。

然则对黑格尔起反感的主要关键在何处？曰：这四五十年来的学风根本是经验主义，实证主义，唯名论，多元论，这种落下来的精神在支配。在这种精神的支配下，对于提升上去讲原理，讲本源，讲"普遍的精神实体"的学问，根本不能相契。故一看见黑格尔那种天罗地网式的大系统，根本就起反感，连了解也不想去了解。这不能完全归咎于黑格尔，也当反省自己何故必自封于尘下。但我在这里，愿意说说黑氏本人的毛病，以及其自己造成的烟幕。

黑格尔的学问，一言以蔽之，曰"辩证的综合"。辩证表示在精神表现过程中义理的滋生与发展。藉此动态的发展，将一切连贯于一起，而成一无所不及之大系统，故曰综合。然辩证的综合必有分解作底子。分解，或为经验的分解，或为逻辑的分解，或如康德之超越的分解。此则必须层层具备者。分解所以标举事实，彰显原理，厘清分际，界划眉目。故哲学的思考活动常以此为主要工作。但黑格尔在此方面的注意与贡献却甚少。他直接以辩证的综合出之。故读其纯哲学方面的书者，觉其所言好像是一个无眉目无异质的混沌在那里滚，如滚雪球，愈滚愈大，而且只是同质地滚，故读一页可以预知其未来之一切，读竟全书，亦只是一个方式。这只是要把戏。此病在他的《大逻辑学》中尤显。在这里，他亦表现了辩证的滋生发展的思考方式。然辩证必须落于具体，有异质的成分。他却只从那个"绝对的有"（Absolute being），"空无的有"（empty being）自身起辩证，展转往下滚，故为同质地滚，好像要把戏。故读此书者很少不起反感的。在读的过程中，觉其说的津津有味，引人入胜，而且亦甚具那辩证的强度的力量，使人振奋。然而掩卷一思，爽然若失，茫然不知其意义之何所在。他全无入路，分际与眉目：直接从"绝对的有"往下滚。其病不在辩证法本身，而在使用或表现辩证的地处。他的目的固在想把各种学问领域的基本概念（范畴）都给引生出来，而且在有机的发展中都给连贯统一起来。然而他这种表现的方式却实在不可取。他是直接滚的方式。基本概念的讲明以及其连贯与统一，都必须有分解的根据，亦必须取间接的方式。若非对于哲学的全部境界及问题有相当的透澈，直接来这一套，实在是个阿葫芦。故在中国（实不只中国），近数十年来，实在无人能受用这部学问。在大学哲学系里，先生不能讲，学生不能听。所谓不能讲，并非不能照字面说，乃实不能受用它的意义。所谓不能听，一个青年亦实在无法接近这一套。然而黑格尔却究竟是个大哲学家，哲学系里总须有关于他的学问的课程。而讲他的哲学的却偏偏喜欢从他的《大逻辑学》讲起。实则讲黑氏，了解黑氏，根本不能从这里起，从这里入。而且我感觉到他这一部分恐怕要废弃，要死亡。

他缺乏对于分解的注意与贡献，所以依照哲学的传统说，他不是个好的哲学家，虽然他的心胸识量很少有能超过他的，甚至我们说他实超过以往的任何大哲学家。他和柏拉图、亚里士多德、圣多马①、康德、来布尼兹②、罗素等人，为不同类型。这些人都很清楚、清明，都是走的分解的路子，不管是什么分解。所以这些人的学问都可以讲，可以学，可以接近。惟独黑格尔的"辩证的综合"之在纯哲学方面的表现却失败，令人无法接近相从。但是何以说他的心胸识量（解悟智慧）超过

---

① 今译"托马斯·阿奎那"，或表示尊敬译为"圣多玛斯"。
② 今译"莱布尼兹"。

以往的任何大哲学家呢？这就因为他尚有关于"具体"的哲学，他的"辩证的综合"尚有在具体方面的表现。我以为他在这方面的贡献是不朽的，也在这方面见出他的识量解悟智慧实超过以往任何大哲学家，这就是他的关于历史、国家、法律、艺术等方面的哲学，也就是整个人文世界方面的哲学。但是不幸，这方面的哲学不是西方哲学传统的正支与主文。以往的哲学家对于这些方面虽并非无讲说，然却无精采，亦无人能达到黑格尔那种讲法。西方的哲学传统是以逻辑思辨为方式，以形上学知识论的问题为对象，所以精采都在这方面表现，而不在人文世界中那些具体的或实际的哲学方面表现。当罗素讲来布尼兹的哲学时，就说哲学愈远离于实际愈好。实际方面的哲学，如关于道德、伦理、人生等方面的，在来氏本人固已暗淡无精采，在罗素本人则根本不喜欢讲。最抽象的，最逻辑的那些问题，或最易接受抽象的思考，逻辑的思考的那些知识上的，逻辑上的，或形而上的问题，来布尼兹讲的都好，罗素亦擅长（虽然他对形上学亦不喜）。此即所谓"愈远离实际愈好"之意。此固就罗素与来布尼兹讲，然派别虽不同，而西方哲学传统的特性大体是如此的，罗素所言并不误。所以学西方哲学的或读哲学的，大体是纯然理智的兴趣，训练抽象的思考，逻辑的辨解，甚至也喜欢游心于玄谈，驰神于形上的冥思，而独不喜接触人文世界的事。在中国方面，则比较喜欢老庄与佛学，因为这比较能满足哲人的理智兴趣与冥思玄想的兴趣，而对于儒家与宋明理学，则很难接得上。（宋明理学已有理智兴趣，已能冥思玄想，但因为是儒家，所以纯然理智兴趣的哲人便不喜。）所以关于人文世界，就像黑格尔以精神表现的立场，辩证综合的方式，讲的那样波澜壮阔，声光四溢，也不能引起哲人的注意。正因为这是人文世界的，这是具体而实际的。哲人都是超人文非人文或反人文的。所以在大学哲学系里，宁讲授他的《大逻辑学》，而毫不能接触到他的具体的哲学。又应知者，即使接近这方面，也有程度与学力的问题。老实说，这方面的学问是中国所谓内圣外王之学，是大人之学的大学。（从主方面说，是大学，从客方面说，是人文世界的学问，不是自然世界的学问。）接近这方面并不是容易的，亦不是纯然理智兴趣，逻辑思考，所能把握而相契的。再加上这四五十年来经验主义，实证主义，唯名论，多元论，这些表示向下落的学风，那尤拉长了人们对于这方面的距离：根本不相即。西方哲学传统的本性，学哲学的人的本然兴趣，以及程度学力问题，近时学风问题，在在都使现在人们不易了解黑氏关于人文世界的学问，而且又很容易使他们起反感。所以讲到人文世界，都是照社会科学的样子去想（如政治学、经济学、法律学、社会学等等），进一步，讲理论的，也只采取拉斯基的立场，法国实证主义的立场，再不然，就是马克思的唯物史观，列宁的国家论。总之，决不会正视黑格尔的成就。用种种轻薄之词、曲解之词来诟詆他、讥笑他。这是人的僻执自封呢？还是真理就止于此呢？

西方的哲学传统是以逻辑思辨为方式，以形上学知识论的问题为对象，这所用的人的智力是"抽象的解悟"（abstract understanding）。然讲历史文化，甚至整个人文世界，价值世界，则必须有"具体的解悟"（concrete understanding）。而黑氏的"具体解悟力"实特强，可以说古今少有。普通社会科学以及拉斯基等都是停在抽象的解悟上讲人文世界。自然科学则只能用抽象的解悟。不进到具体的解悟，不能说是了解历史，解析历史。普通讲历史只是停在抽象的解悟上去记忆考据排比整理。这说不上了解与解析。黑氏具体解悟力特别强，故能精解历史，乃至整个人文世界，价值世界。故依照西方哲学传统说，他虽不是好的哲学家（因为他不表现抽象的解悟与分解的工夫），而却是好的历史哲学家。（一般读历史的人，以为黑氏用一个死的形式或一个哲学系统来硬套千变万化的史实，故多荒诞。吾以为此言实是虚浮不相应的讥议。）假若他的逻辑学，尚有意义（虽是其表现方式为同质地滚），其意义必以其对于人文世界价值世界的解析为底子，实由此底子而蒸发出。他的深厚丰富而复杂的思想，如在逻辑学中而显为无眉目，则其眉目必落在实际而具体的人文世界价值中始能清楚地被界划出。是以在抽象的解悟中，愈离实际愈好，而在具体的解悟中，则愈归于实际愈好。（我当然不反对抽象的解悟，更不反对分解的工夫。）

这情形同样表现在王船山身上。

王船山这位伟大的思想家，他也是具体解悟力特别强的人，他虽然没有像黑格尔表现为"辩证的综合"那种系统性，但他比黑格尔为纯正。他的传统是孔孟以及宋明儒者的传统，所以他在基本原理与立场上，纯然是儒者德性之学的立场（黑格尔毕竟于内圣方面不足）。可是他与程朱陆王亦为不同类型者。程朱讲理，陆王讲心，门庭施设，义理规模，都极条理整然，可为后学之矩矱。这也就是说，他们都比较清楚明显，也就是说，都含有分解的意味（当然是超越的分解）。惟王船山讲性命天道是一个综合的讲法。他遍注群书，即藉注疏以发挥自己的思想。

时有新颖透辟之论，时有精采可喜之言。但极难见出其系统上之必然性，也许都可为程朱陆王所已建立之原理之所含。所以其自己系统之特殊眉目极不易整理。友人唐君毅先生曾极耐心地将其思想线索逐一讲出，一曰性与天道论，二曰人道论，三曰文化论。① 共三篇，分见于《学原》杂志第一卷第二、三、四期，第二卷第二期，以及第三卷第一期。此作对于王船山之了解，实有很大的贡献。若通晓程朱陆王之所讲，则知船山所言皆不悖于宋明儒之立场。有人把他往下拖，讲成唯气论，实大谬误。他的思想路数，是继承张横渠的规模下来的。张横渠的思想在某义上说，亦是综合的，从乾坤大父母，气化流行，讲天道，讲性命。这里面也有理，也有气，没有像朱子那样有分解的表现。船山即继承此路而发展。他的才气浩瀚，思想丰富，义理弘通。心、性、理、气、才、情，贯通在一起讲，故初学极不易把握。即在此意义上说，他不是好的哲学家。但他却没有像黑格尔《大逻辑学》那样无眉目，同质地滚之毛病。

他不是好的哲学家，但与黑格尔一样，同是好的历史哲学家。其具体解悟力特别强，故其论历史，亦古今无两。他那综合的心量，贯通的智慧，心性理气才情一起表现的思路，落在历史上，正好用得着。因为人之践履而为历史，也是心，也是性，也是理，也是气，也是才，也是情，一起俱在历史发展中厘然呈现，而吾人亦正藉此鉴别出何为是，何为非，何为善，何为恶，何为正，何为邪，何为曲，何为直，何为上升，何为下降。故其丰富的思想，在纯义理上不甚显眉目，而一落在具体的历史上，则分际厘然划清，条理整然不滥，立场卓然不移。由其遍注群书，见其心量之广。由其心量之广，见其悲慧上下与天地同流，直通于古往今来之大生命而为一。由其通于古往今来而为一，故能透过一连串的历史事象，而直见有一精神之实体在背后荡漾着，故见历史直为一精神表现之发展史，因而历史之每一步骤每一曲折，皆可得而解，得而明。而是非、善恶、正邪、曲直、升降、隆污，亦随时随事得而判。力反佛老之生心害政，力辟墨翟、晏婴、管、商、申、韩之不可为治道，痛斥苏轼之"以任情为率性"之为邪说。凡此种种，俱见其思想之

① 这里讲的是唐君毅论王船山哲学思想的三篇论文：1.《王船山之性与天道论通释》（上、中、下），1947年刊于《学原》一卷二、三、四期，后编入唐君毅著《中国哲学原论·原教篇》（香港：新亚研究所，1975年版；台北：台湾学生书局，1984年版。）第二十、二十一和二十二章；2.《王船山之文化论》，1949年刊于《学原》三卷一期，后编入唐君毅著《中国哲学原论·原教篇》第二十四和二十五章；3.《王船山之人道论通释》，1949年刊于《学原》三卷三期，后编入唐君毅著《中国哲学原论·原教篇》第二十三章。

条理，义理之严整，丝毫不差谬，俱因历史而厘清。然他决不是历史主义，现象主义。乃确见到创造历史之本原，据经以通变，会变以归经。他不像朱子之纯然是道德判断，然亦决不流于陈同甫"义利双行，王霸并用"之浮论。故其《读通鉴论》末卷〈叙论〉四有云：

> 其曰通者何也？君道在焉，国是在焉，民情在焉，边防在焉，臣谊在焉，臣节在焉，士之行己以无辱者在焉，学之守正而不陂者在焉。虽扼穷独处，而可以自淑，可以诲人，可以知道而乐。故曰通也。引而申之，是以有论。浚而求之，是以有论。博而证之，是以有论。协而一之，是以有论。心得而可以资人之通，是以有论。道无方，以位物于有方；道无体，以成事之有体。鉴之者明，通之也广，资之也深。人自取之，而治身治世，肆应而不穷。抑岂曰：此所论者立一成之侀而终古不易也哉？

黑格尔论史证明人类历史并非无上帝，故曰历史即是"神统记"。而船山论史，则曰："道无方，以位物于有方；道无体，以成事之有体。"是即史不离道，道即在史，虽无一成之侀，而却不能须臾离道。故曰：据经以通变，会变以归经。如是，依中国之学问说，则船山正证明历史乃"道统纪"。惟有具体之解悟，乃能直透"道德的精神实体"，而见历史为精神表现之发展史。惟进到此境地，乃可以辟唯物史观之邪谬。而只是对于史料之记忆、排比、考据、整理，作抽象之解悟者，不与焉。

我以上所说，对于黑格尔与王船山的学问内容，丝毫未有述及。本文的目的，只在请读者注意以下两点：

一、要想了解黑格尔关于人文世界价值世界的学问，必须先了解抽象的解悟与具体的解悟之绝然不同，先须有此心境的预备与注意，然后方可另换一幅心思以求接近。了解具体的解悟，方可了解黑氏所说的"具体的整全"（concrete whole）"具体的普遍者"（concrete universals）等词之意义，以及他所表现的"辩证的综合"之意义。（了解中国的内圣外王之学以及船山的史学，亦须如此。）

二、由具体的解悟提起历史意识，文化意识，建立真正的历史哲学，正视人文世界价值世界之真理，乃当今开辟生命理想之途径以抵御共魔之唯一法门。

（原载四十三年《政论周刊》）

（本文选自《生命的学问》，190～202 页。）

魏晋名理与先秦名家
（1959）

谈到魏晋哲学思想，我们可以从魏初刘劭的《人物志》讲起，因为它代表一主要脉络，表现了美学原理与艺术精神；其从才质方面来识鉴人品，这一方向，开出了魏晋南北朝的时代精神与学术思想的基本原理。

《人物志》所涉及的，完全是人物的品题与人格的欣赏，可是《隋书·经籍志》却把它列为名家；名家所谈的乃名实间的问题，这和人物的识鉴毫无关系，今史书竟把《人物志》列为名家著作，这是很令人费解的地方。《人物志》以外，还有六本论人品的书，即 1.《士操》一卷《曹丕》；2.《形声论》一卷（撰者不明，已佚）；3.《士纬新书》十卷（姚信撰，已佚）；4.《姚氏新书》二卷（姚信作）；5.《九州人士论》一卷（魏司空庐毓撰）；6.《通古人论》一卷（撰者不明，已佚）。这些书，性质近于《人物志》，也都被列于名家，这是很不可思议的事。

先秦时代的名家，主要的是惠施、公孙龙、邓析诸人及《墨辩》一书。他们所讨论的就叫做刑名之学（形名之学，"刑"，不作"刑罚"解，当作"形"解），所讲的概为"名"与"实"之间的关系的问题：在政治教化上，论名实是否相应，如有君之名者，是否有君的样子，是否能尽君之实；为人臣者，是否尽了臣之实等。在知识上，则更一般化、抽象化地论名实的关系。有一名，必有其确定所指的对象；而有一实，也当有一指谓之的名。如《墨辩》的"知，名实合为"，便颇能表现出名家的重心。这是最原始、最典型的名家的意义。他们在政治教化上所着重的，是名实的关系，而不是从内容上建立一套理论原则来；如果这样做，那便是儒、墨、道、法诸家的工作。在知识上，他们也同样，只落在名实间的关系问题上。这和魏晋的"名理"实有很大的差别。

一般所谓魏晋名理，泛泛地说，包括三方面：（一）才性的识鉴：如《人物志》等有系统地品题人物，以及《四本论》的论才性之同、异、离、合；（二）王、何、向、郭的名理：表理于古典的注释，这是玄学的；（三）名士的清谈：不成系统地从生活上表现其谈言微中。

可是按照史书的分类，王、何、向、郭等，为玄学家而非名家。何晏、王弼善谈《老子》，向秀、郭象善谈《庄子》，如按照先秦名家标准来说，当然不是名家；可是对于人物才性的识鉴，严格地说，也不当属于名家。而今史书把后者划归名家而未把前者划归名家，那么这种名家到底有没有本质的意义？和先秦名家能否本质地相通？

初步看起来，魏晋名家似乎没有本质的意义，而只不过在历史上，顺着现实的缘起，才牵连到名实的问题，而遂被当作名家；因此，这种名家只有历史的意义，而无本质的意义。《人物志》原是识鉴人品的书，它的现实的缘起是在于东汉末的政治社会。当时征辟、察举发生流弊，许多人徒拥虚名而毫无其实，因此引起人注意到名实的相应问题，在此运用了名家的心灵，这是《人物志》在现实缘起上可以和名家拉关系地方。可是《人物志》发展到后来，专由内容上品识人物，显然不再为典型的只论名实对应而不论特殊内容的名家本义所笼罩。

不过，如果我们从先秦到魏晋间"名理"涵义的演变来看，是否能找出不同的结论？是否能找到两时代名家的相通性，而肯定魏晋名理之有本质的意义？

按先秦名家，如前所述，其所谈论的，主要的是名实间的关系的问题。在政治教化上讲求"综核名实"、"循名责实"、"名以定形，形以检名"；在知识上讲"名实合为〔合一〕"。无论就政教或知识方面，所讲求的都是名实间的关系。这是先秦名家底原始的与典型的意义，也可说是"狭义的名理"。"狭义的名理"，其意义可界定如下，即"积极地讨论名底本身与其所指之实的关系"。名的本身含有：

1. 名的定义（概念的形成）
2. 名的分类（有质名、量名、关系名、程态名）
3. 名与名间的关系（推理）

三方面的意义。从这三方面来讲，名的本身即是西方的逻辑；但由于名家不能完全专注于名的本身，所以中国的逻辑，未能发达出来；倒是儒家的《荀子》，其《正名篇》反倒较有逻辑的意味。先秦名家讲名实的关系，一开始就含有实用的意味，不能仅仅讲"名"，而必牵连到"实"。"实"，一方面指政治教化上的事，另一方面，则指较抽象的知识。在政治教化上讲名实相应，本无什么道理可讲；在知识上则有许多道理可讲，而由此成就知识论。所以，如果把狭义的名理所涉及的落实，应当可以引申发展出逻辑及知识论，虽然中国过去却未曾如此发展。

西方的知识论，主要讨论主体与客体间的关系，即知者与被知者间的关系。于此所考察的主体为认识心的活动，而认识心的活动所了解的对象，则限于现象界。非现象界或超现象界，都不是认识心所能把握的。所以知识论所反省的对象，必以科学知识为代表。先秦名家所谓"实"，是名所可指的实，即名能指而有效且可尽的实，所以也是属于现象界的。超现象界的实，如老子《道德经》的至高无上的道，则不是名所可穷尽其义并有效指谓的道。至于"名"，假定在现象界有用、有效、且可尽，则主体之造名，必定是认识心的活动。儒、释、道所谓的道心，是超认识的心，并不能成就知识。

先秦的名家，并不在超认识、超现象界用心，所以和形而上学是没有关系的。他们在知识上所表现的是泛理智主义的心灵。儒家讲道德性，道家讲玄妙的道，都有一定的内容；名家则不然，他们并不涉及特殊的内容，只是表现泛理智主义而已。他们的理智之活动，只是弥沦于名实的范围，而无一定内容、方向，因此，在知识上说，他们颇有俊逸的意味。俊逸，只有表现理智心之活动的人才有，儒、道、墨都缺少俊逸，魏晋及近人罗素则很能表现俊逸。在俊逸清新这一点上，先秦名家与魏晋名家人物是相通的。因此我们可以说，魏晋的名理，有本质上的意义，而不只限于历史上的现实因缘。

在政治教化上，名家所谈的虽很简单，但却颇有郑重严肃的意味。法家的综核名实，尽量从这一点来把握，所以和名家在这一点上是相通的。前人往往以"黄老形名"、"道法形名"连在一起讲；名家可通法家，这是上面刚刚提过的，至于名理可通黄老之道，应如何说呢？上面说过，名家的实，是指现象界的实，名家的名，指指谓现象界而有效的名；然而道家所讲的本体，却不是现象界的，而是那不可道、不可名的形而上的道；同时，在政治上，名家讲名实相应，而道家却超出此范围而讲无为。这在性质上根本不同，如何谈得上名、道相通呢？原来当我们在现象界厘划名之有效范围时，即同时可以想到名之无效的范围；由可道之道，即同时牵连到不可道之道，而把可道与不可道，在名理之内划开；把以认识心而把握的现象界的名实，划在有效之名、可名之名的范围内，而把以超越心所触悟的本体界（超现象界），划归无效的名、不可名的名。谈名理的人，不只想到有效的名及其所指的实，也必同时推到无效的名及其所牵连的本体。这是名家所以可通道家的所在。

先秦名家在政治上可通法家，在名之本身上可通逻辑，在名实关系上可通知识论，这三方面的通，都是内在地通。至于第四步的通黄老、通道，则是超越地通。至此，名理的范围扩大了，以前的名理只限于现象界，而今却另开辟了一个新领域，接触到超验界来。这便是魏晋人所进行的工作。魏晋的名理，并不是逻辑，也不是知识论，所玄谈、清谈的，也都不属于现象界。《人物志》的品鉴人物，是艺术境界；王、何、向、郭的谈玄，名士的清谈，是形而上的境界。所以魏晋的名理，"是环绕名之本身，名之所涉，以及名与其所涉之关系，而论其意义"的，这可以说是广义的名理。广义名理即相当于现在通称的哲学，它有两特征，即反省的与批判的，是对第一序的学问加以反省批判的第二序学问。从先秦的狭义名理，进到魏晋的广义名理，是超越地进展的，两者在本质上实有相通之处。

（本文系牟先生于 3 月 2、4 两日所讲"魏晋哲学思想"中的一段，由萧欣义摘记。）

（原载《东风》第 7 期（1959 年 3 月））

（本文选自《牟宗三先生全集 27·牟宗三先生晚期文集》，131～136 页。）

道家的"无"底智慧与境界形态的形上学
（1975）

　　今天说道家，标题是"道家的'无'底智慧与境界形态的形上学"。所谓"无"底智慧，是由于在中国思想中，道家首先提出"无"字来表示道。故吾人看到"无"，便将之看成名词，如《老子》："无，名天地之始；有，名万物之母"，"天下万物生于有，有生于无"，都是将"无"作名词用。这种用法较为特别，不易了解。平常我们说"道"或"天道"，总对之有一个想法，但很难想到要从"无"表示之。现在我们便看看道家如何以"无"言道。

　　首先，我们不把"无"字作名词看，而将它作动词看。先看看道家所要无的是什么：无是否定义。则看看道家所要否定的是什么：这作动词的无所要无掉的东西，在道家思路里面，可分几层，一层层往上想。首先所无掉的，是我们自然生命的奔驰（或纷驰），故道家说养生（养性），含精抱朴，把生命养在这里面，而不让其向外奔驰。所以"无"并不是干枯的否定，它的意思很活。向上一层，是要无掉"生理欲望"。再往上想，是心理的情绪（七情），我们说某某人在闹情绪，这闹情绪便是道家所要郑重正视的问题。再往上看，是意念的造作，这对我们生命的影响，是最凶猛的。道家说自然，便是要对治这不自然的造作。再往上一层是一切观念系统，所有一套一套的观念系统，在道家看来，都不是好东西，这即所谓（ideology）。在自由主义之前提下，是不喜这个东西的。但我们中国自民国以来，最喜欢这玩意儿。我以前有一篇文章谈过"观念底灾害"。我们现在所处的苦难的时代。便是 ideology 所造成的灾害的时代。ideology 这字一般翻作意识形态，这种翻法并不好。我译作"意底牢结"，这便音意兼顾。我这译词一出来，便马上有人采用。这意底牢结即造成观念系统底灾害，人们想以一套虚伪造作的观念系统来支配人的具体生活。最显著的便是马克思。这是以前王船山所说的 "立理以限事"。船山说，我们只可 "即事以穷理"，不可 "立理以限事"。现在意底牢结成为大灾害，都是由于以观念来限制这、限制那，遂成大害。这点道家最先看到。故从自然生命底奔驰以至观念系统，都是道家所要无掉的，都要化绰的。这不是抽象的否定。无掉之无是活的，要真实地化掉。这种种层面，概括起来说，便是 "有"。"有" 底直接意思，要从 "有为" 来了解，不可如西方哲人之作为思想范畴来看。故老子之有，不可看成西方传统的形上学中的一个纯粹思想概念之 "有"（being）一样涵义。有与非有（non-being）相对。这是西方传统哲学所喜言，他们将其看成是最高的纯粹概念，为存有论的范畴。西方从希腊至黑格尔，便专门说这个，这是传统的西方思考。但当我们看到道家的有无，便不可以拿这一套来想。道家之 "有" 是从 "有为" 处来看的，是从 "造作" 处来看的，这有为造作，都使我们的生命不得宁静。故道家首先主张养生。养生即是养性，工夫是从心上做，而在性上获得结果。一切种种都是心理活动，故心最出问题。那我们可想到这一切种种灾害，对一切人的生命所引起的灾害，是道家所深切感到的，故要用工夫从心上把这些有为造作化掉。从化掉有为之有，显示出一个境界，道家名此境界曰无。在这时候，当作动词看的无，便转成名词意义。故 "无" 不是存有论的范畴，而是通过化掉一切有所显示之境界，不是一对象，不是由分析宇宙之成素而得的。故一般用 non-being 来翻 "无"，粗看不错，其实是不对的。"无" 翻作 nothingness 便可以了。nothing 拆开来是 no thing，它的反面是 something，前者是全称否定，后者是特称肯定。这意思说明白了，便可以往下讲。

从动词无转变成名词无，显示将一切造作化掉的空灵境界。客观言之曰无，主观言之则曰虚（从心上说）。故老子曰："致虚极，守静笃。" 以作虚静之工夫。虚这观念，西方没有，中国人很懂虚，如虚心、虚灵明觉、虚静。虚是空无又非空无，说实亦非实，虚虚实实是不定的。运用之妙，存乎一心，这是中国人的智慧。这不可以基督教的谦卑来说明，谦卑是跪在耶稣脚下，中国人只说谦虚，不说谦卑。

这种由虚无而呈现道，而若由此说形上学，便可名曰境界形态的形上学。境界二字亦不好讲。境与境界，非先秦典籍所有，乃佛家语。境界指外在对象，界是类，这义很平实，很确定，没有什么特殊意义。但佛家对客观对象的类需有所说明，故唯识宗说境为识所变，这么一来，便使平实而无颜色的境界变成有颜色，成为主观。一变成主观，则说修持工夫时，境便随识而变，一切境底意义，都随着我们的心灵而变。如通过修持而转识成智，在这过程中，不独识超转，而境亦超转。这便成为我们平常所说境界之义，意即我们所由修为而见之道完全决定于主观修为的高下。如水涨船高，主观修养高，则所见之道亦高。化掉了有为造作便是道，便是自然。这道字之意义与普通所了解者不同。基督教说太初有道，儒家说天道，印度说梵天，都是正面肯定有东西，但道家便没有正面说，不说道是什么。这情形，我们便称之为境界形态的形上学与实有形态的形上学相对。西方是实有形态，从纯思想范畴开始。在中国思想中，儒家的道德形上学，亦是由主观方面的道德实践透出的，但亦有实有义（如天道、天人合一）。而道家如有形上学，便只会是境界形态的形上学。这不是说道家有这一方面的意思但却不只此，这乃是将道家的智慧形态作一整个的估量，而决定如此者。

道家说道，亦有很多其他的意思，是否都可以说成境界形态呢？人便可马上提出这疑问。我们看老子，他说的道，有三义：一、客观性；二、实体性；三、实现性。这是道的三性。我们一说到道，必会首先想到它的客观性。其次道是一切的根源，便会想到道有实体性（substantiality），是一个终极的实体。最后道能实现万物而使之成为存在，道负有万物存在之责任，这便是它的实现性，即它是一"实现原理"。创生一词，用于儒家甚当。《中庸》云："天地之道，可一言而尽也，其为物不贰，则其生物不测。"天地之道，仁，是创生义（仁是生道）。但用之于道家，便不甚恰当，故不能用有特定意义之"创生"一词说之，而用一较笼统的"实现原理"一词说之（创造之形态亦有不同，但不管是上帝之创造或道德的创造，皆可统曰实现原理）。何以说创生一词于道家为不恰？老子不也明说"道生一，一生二，二生三"、"道生之，德畜之"、"天下万物生于有，有生于无"么？这都表示道之实现性。"天得一以清，地得一以宁"，天地得一才能成其为清或宁，故一即是道。下面数句亦如此。这都表示道底现实性，是道的宇宙论意义。道既有此三性，则道家的形上学似乎也可说是实有形态的形上学，为何定说是境界形态的呢？这需要切实了解，不可浮泛。我们先从道之实现性说起。

道家所说的生，是不生之生，王弼的注便甚恰。王注曰："不禁其性，不塞其源"，这便是生，这即化掉意念造作所显之无，而不可客观化而视为客观实体，故亦不可以道为客观实体。"不禁其性，不塞其源",便是生,不是有一实体在后面创生之,而是一切活动都是物自己在生、在成、在化。物自己生,与道有什么关系呢?这便是道家的智慧。我们都喜欢动手动脚去为,而不了解这智慧。"不禁其性",即不禁止压抑其本性;"不塞其源",即不需把它自生自在自成自化之源堵住,它自己便会生长。为什么说这是道呢?这便是所谓让开一步,这便是道家智慧所在。你不要把持天下,操纵天下。这用来对付共产党是最好的,我们真深切感到这里面的灾害,当年老子早就看清楚了。人总是想往前一步,而不肯让开一步。这让,要极大之工夫。因这要大工夫,所以这里有道,这便是道生了。你让开而由它自生,亦即等于你生它了。这是所谓"不生之生",是为消极之生(儒家则为积极义)。这是一特别的形态,不易体会,故道之实现性要如此了解,这地方便要好好体会。

至于道之实体性,如何可看成境界而非一实有呢?照老子看,一定要让开一步(今日曰 open society),能让便能生,将此拓大而为一普遍原则,而认为宇宙一切之有都要让开一步,而不能把持操纵,无任何的决定与控制,这便是虚,这便是无。我们人间须要如此,拓大之;天地万物,一切亦须如此。一切有之后,都有虚灵而让开一步之境界之道在涵容着。这本是主观修养之境界的拓大化,故不可以看成如西方的实有形态。故我说道有客观义、实体义及实现义,这只是道之"姿态"。照此了解,是一种姿态,并不能当真的。这必须由前面所说的进路来了解,由此而拓大化,来看天地万物。这是观照、玄览。说无是天地之本,是由观照玄览而说出来的话,但这观照玄览有实践上的必然。我是由这个进路往前进来显出"无"必然至此,故由观照玄览所成之形上学,必为境界形态的形上学。故道虽可有这些姿态,而这些姿态,都可以化掉,而不可当真。这在庄子便可以看得出来。老子书因为是分解的经体,故有这种种姿态。庄子则用其荒唐之言,无端崖之词,把看成客观义、实体义之道,都收敛到我们主观之境界上,完全内在化于逍遥无待中。假使我们把道看成客观实体而生万物,即客观地看,庄子便把它收在主观内。我们容易想到的,是道在万物之后而为本,庄子便要把它拉到前面来,使之浮现在吾人眼前。把道看成客观实体而在万物之后而为本,是为庄子所不取的。这从逍遥齐物之义便可看到。《齐物论》上说,一般人常想有个开始,"有始也者",但还"有未始有始也者,有未始有夫未始有始也者"。常人都由眼前的有开始,但有之前还有无,无还不定是最后的,还不定是根本的,还有"未始有无也者,有未始有夫未始有无也者"。重重向后推,这种想法是最拙的,一直向后推溯,永远停不下。庄子便不肯如此。他说:"俄而有无矣,而未知有无之果孰有孰无也。"这便是庄子的笔法。"俄而有无矣",一转眼,有无同显,但谁是有、谁是无,我却不明白。这便是庄子的聪明,他使用这种摇荡的笔调来表示,一切有无的分别,都不可决定。无,不在有无相对处现,而在相对之有无被化掉后显现,此即绝对之无,即将相对之有无化掉后之空荡荡之境界。道在逍遥无待之心境中呈现。道呈现,则一切在自尔独化。化而无化相,故曰独化,曰妙,一切玄谈更由此而出。道不是作为客观实体摆在那里的。这便把老子那些姿态化掉了。故老、庄是同一系统,只是表达方式有不同,《老子》较为朴素一点,境界义要至《庄子》方可彻底了解。故讲《老子》,碰到那些词句,要特别小心。

由此再往下而说道家之两层存有论,即将境界形态之形上学分成两层来了解。对"成心"之说,便叫做现象界之存有论(执的存有论)。有成心即有是非,有是非即有争辩,故成心是吾讲是非、起争辩之根据。对道心而言,便成功本体界的存有论(无执的存有论)。"执"非只佛家说,老子亦有说,如曰"无执无为",便有"执"字。有执便有为、有执著。在道心无执之存有论下,万物是怎样的状态呢?即如前面所说逍遥无待、化无化相。如有相,便是现象界的存有论。这是因为有时间观念的插入。一有时间,便有空间,这便不逍遥无待,而化有化相;故当道心玄览时,万物皆在逍遥无待,自尔独化中,此即物之在其自己(thing in itself)。此语以前翻作物如,亦不错。康德说物之在其自己不能在时空之下把握,这观念是康德哲学中最麻烦的地方,西方人不懂得此意,而中国人一看便懂,如家常便饭。如"万物静观皆自得","自得"之物即物之在其自己,此即物如。这便不在时空以及范畴下,时空以及范畴不能用到这里来。不在时空与范畴内之物,便是物如。但这非佛家之真如,因真如是就空说的。

物以在其自己的状态现于吾人眼前,便完全靠主体以道心观照,以道心玄览。假若对道心能了解,则对物之在其自己便能了解;于康德,物之在其自己是彼岸,属于上帝,人不可知。人不能有无限心,故物之在其自己对人为不可知,完全是一大黑暗。康德不将道心放在人身上,这使两主体错开:一主体是有限的,是了解现象;另一主体是了解物之在其自己,则放在上帝处。然其实我们人身上便有两主体,无限心亦在我们之内,而物之在其自己便在我们的无限心之主体上呈现,如是,我们可清楚了解之。于此，诸位可问，人何以会有无限心呢？这是东西思想最大的分野，西方上帝归上帝，无限归无限，人是有限的。中国则以人为 "虽有限而可无限"。佛家亦如此。佛教所以能进入中国，亦因在这点上与中国相契。人如不能有无限心呈现，则成圣成佛决不可能。成佛无论如何困难，要经恒沙劫数，但总是可能；在西方哲学了解下却不可能，故这是最大的分野。人有无限心呈现，由此而有无执的存有论；自尔独化，化无化相，表示我们无任何概念之执著。若以成心用事，则时空、因果一切概念都进入，这使自尔独化之物拉扯而成为现象。庄子所说之八德（有左有右，有伦有义，有分有辩，有竞有争），亦是说现象，八德相当于康德的范畴，是争论的标准，庄子是随便举的，而西方则是决定地说。中国人对这方面是不行的，我们不可只凭一己之聪明，要借助康德的一大套。而这一大套，在我们看起来，却都是执，这一点，是中西文化融合的契机，亦是我们这一代的重大责任。自然科学亦是执，不执便无科学。在自尔独化中，科学永远开不出来。假如科学有价值，则我们对于执，便不可如前人之观念，全视之为虚妄，执著亦有其意义。康德以执为积极，以无执为消极，中国则反是。这是中西文化天然的凑合而可消融的地方。

现说无底智慧，这是曲线的智慧。凡一切分解地说的，那是直线，方方正正的，而道家这无之智慧，却是曲的，而其所以吸引人，亦在这地方。这曲线要如何了解呢？此即 "诡辞为用"，老子以 "正言若反" 说之。以现在的话来说，是辩证的诡辞。平常说辩证法，是用 "缓辞"，但当说辩证的诡辞，便需用 "急辞"，方可保持诡辞的劲道，而特显曲线的意义与作用，这诡辞即无之智慧。老子说："忘其身而身存，后其身而身先"，这是曲线的智慧。不能用缓辞拉开，拉开便会出毛病，黑格尔便拉开而到处摆，唯物辩证便因黑格尔的拉开而起，这便出毛病。你要想保存你自己，你便要忘掉你自己；你要想站在前面，你便要让开，先处于后面。若用心不良的人将这个看成权术，便亦是权术，若看成智慧，便是极高的智慧，故道家在政治上，常变成权术。这原则用到仁义圣知上，便是 "绝圣弃知，绝仁弃义"。道家并不一定原则上否定仁义圣知，故王弼用 "绝圣而后圣功存，弃仁而后仁德厚" 以解释之。这两句解释虽出自王弼，但不违道家原义。你要骂道家，亦可以绝圣弃仁来骂它，但这并非平情之论。而其实义确是 "绝圣而后圣功存，弃仁而后仁德厚"，不是原则上的否定。从绝弃上来看，是否定，但却成就了圣知仁义。你若问道家是否原则上肯定呢？也没有。凡是有原则上肯定或否定者，是 what 的问题，属于问"是什么"的问题，儒家便是如此。他可告诉你何谓圣知仁义。道家不是如此，是成就了作用的保存，对圣知仁义有作用上的保存。这是只有 how 的问题。道家只有"如何"的问题。它只顺着你说，你提出圣知仁义，好，但如何才能完全地呈现呢？这是不可空讲的。你说圣知，便问你如何能实现出来呢？你说仁义，也便问你如何实现出来呢？故道家不是从 what 的立场来肯定的，而是从如何的立场来作用地保存的。这便是道家的智慧，单单着重这一点。他以此为胜场，便以此而成家。道只通过"无"来了解，我们不能肯定地说它是上帝，或是梵天，或是仁等等。故无是境界。

无的智慧，虽道家以之为胜场，而成家，但这义，老实说是共法，是共通的。尽管耶教说上帝，上帝亦不能不表现无的智慧，不能执有。儒家说天道，佛说如来藏清净心，亦必须是在"无"的状态上说。故说此义是共通的，任何大教都不得违反，而道家却专就此处说。但专说此而无其他，并不能自足，但把这共同处捉住了。上帝亦不能执，故是无限的妙用；天道亦得如此。故曰："天何言哉"，天道亦不能在"有"的限定中表现。故此吾名之曰共法。我点明此意，是想要解决中国思想史中最令人讨厌的忌讳问题。以前人动不动便说这是来自佛、老，自造一圈套而把自己困住。所谓来自佛、老，是什么东西呢？是否只许佛、老说，不许儒家说。共党也吃饭，是否我们便不能吃饭？天地间总会有共通的东西，故要提出说明这是共法。

无的智慧，道家曰玄智，而佛家则是般若智。在般若智的运用上说，空是佛家的特殊义，道家不说因缘空。但在作用表现之形态上，二者相通。那么我们是否可说佛说是来自老、庄呢？这当然不能说。同样，亦不可说儒家的"天何言哉"定来自老、庄。不能说谁自谁来，这便显共法的意味，故道家的无便可作为吸收佛学的桥梁。以前亦有人说蛮夷的印度不可能有如此高深的理论，而都是出自老、庄。这是绝对的民族主义，我们不能瞎说。中国吸收佛学，首先从般若入，对般若，中国人便感觉熟而亲切。儒家之圣人亦不能违此义。如"无有作好，无有作恶"，便是这无。"有厥喜，丧厥善"，这也是曲线的智慧。孔子亦说毋意必固我，《礼记》上亦有"无言之教，无服之丧，无声之乐，无体之礼"，这无乃代表最高境界。这意思从《尚书》至孔子都有。程明道之"天地之常以其心普万物而无心，圣人之常以其情应万事而无情"①二语，便更明显，这都是诡辞。"以其心"是有，"普万物而无心"是无。"以其情"是有，"应万事而无情"是无。这有与无二者是否冲突呢？若以无否定有，便糟糕了，故这看似矛盾，其实不矛盾。这正如禅家所说"即心是佛，无心为道"②，即心是佛，是有，这有是何意义呢？无心为道，是无，这无是何意义呢？"即心是佛"是有，是存有论的肯定，你如问什么是佛？禅家答心便是佛，肯定如来藏清净心，这是what的问题，道家无此。"无心为道"，便是般若，这道是修行的方法。你若要体现即心是佛，必须般若智呈现。般若便是无心，把一切执著都化掉。"无心为道"是作用上之无，是无实践上的执著，非无存有论之肯定，而是无对存有论之肯定之执著。故佛家说空空，空掉对空的执著。这意思，禅家可说，道家可说，何以明道便不可说呢？"天地无心而成化"，天地生物，怎可说有意的生这生那呢？

再看阳明之"无心俱是实，有心俱是幻；有心俱是实，无心俱是幻"，钱德洪好久不了解，王龙溪言下便懂。"无心俱是实"，是说我们只有在无心之状态下，化掉一切造作，一切方是实。"有心俱是幻"是说一有造作，一切皆成虚幻。"有心为善，虽善不赏"。一有心，便一切非实。这是作用上的智慧。"有心俱是实，无心俱是幻"，这似与上面冲突，但其实不冲突。这有是存有论上之肯定，我们总得肯定良知天理，一切东西在良知天理下，统统是实，不只是我们，就是一草一木、山河大地在良知天理之贯彻中都是实。这是存有论上之有，非作用上之有。假定连存有论上之良知天理亦否定，便一切都是虚幻 illusion 了。这样一说明，纠结便打开了。

由此下来，阳明说"无善无恶心之体"，以及王龙溪之四无（无心之心其藏密，无知之知其体寂，无意之意其应圆，无物之物其用神），这都是道家所说作用上之无，为什么一看到此等语句，便视之为佛、老，而群起哄然呢？至明末许敬庵与周海门九辩，仍辩个不休。我们不可以"谁来自谁"来衡量是非，这要解除忌讳，但并非混同。道家即以此共法而成家，而不决定其内容是天理抑上帝。故道家

① 语出［宋］程颢《答横渠张子厚先生书》，原载《河南程氏文集》卷二，引文见《二程集》上，北京，中华书局，1981，460 页。
② 语出［唐］黄檗希运《传心法要》。"即心是佛，无心为道"不是黄檗希运的原话，而是对其《传心法要》思想主旨的概括。

之道，是不可界定的。在此我便可作结论：道家哲学意味重，教的意味轻，故道家的老、庄是哲学家，非圣人，而立教非圣人不可。儒、佛与基督教，教的意味便重。故说中国的哲学传统（狭义的），便要说道家与名家。由道家而上溯至羲和之官，便是中国哲学的传统。今天便讲到这里。

（杨祖汉记录）

（原载《鹅湖月刊》第 1 卷第 4 期（1975 年 10 月））

（本文选自《牟宗三先生全集 27·牟宗三先生晚期文集》，223～234 页。）

佛家体用义之衡定
（1960—1963）

横渠谓："若谓万象为太虚中所见之物，则物与虚不相资，形自形、性自性，形性天人不相待，而有陷于浮屠以山河大地为见病之说"。

横渠所言之虚或太虚（儒家义）是气之超越体，虚所妙运之气是其用，因虚之妙运始能有气化之用，此是创生的"意志因果"之体用，创生的性体、心体、神体、诚体因果之体用，自不能谓"万象为太虚中所见之物"，而物与虚，形与性，自是相资而相待，且不只相资而相待，且是立体之直贯。

佛家之体用义且比老子之体用义为特别，盖其所言之空有殊义也。横渠欲以其所用之"太虚"一词衡量之，自无甚意义。盖就自义言，自不能"谓万象为太虚中所见之物"，是以"若谓"之设拟乃无意义者。而就佛家言，则佛家所言之"空"与横渠所言之"虚"既完全不同，自亦不能以"若谓万象为太虚中所见之物"之设拟难佛家。盖不能"谓万象为太虚中所见之物"，而就佛家言"空"之某方面某意义言，却可谓万象为"空"中所见之物。横渠之所以如此设拟，盖重在佛家体用之不相资不相待，明其体用义根本非圣人三极大中之道而已。实则佛家之"空"，固有时可谓万象为"空"中所见之物，有时亦不能如此说，且甚至有时（其原初根本义）亦根本不能以体用论。即发展至某境，可以说体用，其体用究是否不相资不相待，即使可相资可相待，其相资相待究是何种意义之相资与相待，此则须有待于详察者。

一、佛家言"空"之意义：空与缘生非体用义

*1. 佛家之空，其原初之根本义亦是共同义，只是就"诸行无常，

诸法无我"说。依佛家无明苦业之意识观，诸行诸法无常无我即是空。空者空却诸行诸法之自体或自性也。无常无我进而以"缘生"解。缘生固释迦佛之所说。缘备则生，缘离则灭。生则存在，灭即不存在。故缘生即函无常，常则无所谓存在与不存在。无常即函无我。人无我，法无我，故诸法无我。无我等同无自体无自性，而此即是"空"义也。故缘生即空。言诸行诸法无自体无自性，而唯是以空为性也。故亦云空性或空理，言空即是万法之通性，万法之共理。法无自性，以空为性。亦可类比说，法无自体，以空为体。故亦可类比说空体，言空即是其体也。如此所说之空是抒意字，就无常无我缘生而抒其意，非指实字，言并非正面有一物曰空也。故空初只是遮诠，并非表诠。若谓空即是诸法之实相，也只是说诸法实理如此（"理"字是虚说之理），实意如此，所谓本来面目只是如此，故亦谓空为诸法之"如"相，如其实相之所是（是空）而即如此说，不增不减，故为"如"相，亦名"真如"，言此如相即是真也。故此空字如字，初无玄妙之意。并非于缘生外指一实体曰空，或有一实体于此，而以空、无、妙、如形容之也。即使空、无、妙、如都是抒意之形容字，亦是形容缘生，而非形容缘生外之实体。而形容缘生亦只可说空、无、如，而无所谓妙。故《中论·观四谛》品云："因缘所生法，我说即是空，亦为是假名，亦是中道义"。此即所谓"缘起性空"或"性空唯名"也。

缘生无性，无性缘生。无性即是无自体无自性，而此"即是空"。若反而正面说，缘生之法以空为性，以空为体，仍须通过遮词来了解：以无自性之空为其性，以无自体之空为其体。此性字体字皆是虚的抒意词，故其为性并非儒家之作为实体之"性理"之性，其为体亦非儒家作为性理之诚体、心体、神体、性体之体，总之，非道德创生的实体之体。吾人不能说空是缘生之体，缘生是空之用。体用之陈述在此用不上。虽然说以空为体，以空为性，然此抒意之空性空体实并不能存在地生起缘生之用也。此即表示空与缘生之关系并非体用之关系。是以以前吕秋逸曾谓体用是儒家义，佛家之真如空性并非体用之体。其言是也。

普通就"缘生无性，无性缘生"，说为：因为缘生，所以才无性；因为无性，所以才缘生。这好像有"因此所以"的体用因果关系，实则这只是言诠上的抒意之"因此所以"，并非存在上体用因果之客观的"因此所以"，只是逻辑的"因此所以"，并非存有论的"因此所以"。因为缘生，所以才无性，在此，我们不能说缘生是存在上的体、因，无性是存在上的用、果。因为这根本不类。反之，因为无性，所以才缘生，亦不能视无性之空为存在上的体、因，视缘生为存在上的用、果。无性之空为体，缘生为用，这好像是类了，其实仍不类。"因为缘生，所以才无性"，此因此所以既不可以说体用，则"因为无性，所以才缘生"，当然亦不可说体用。因为这两个"因此所以"是同一层次上的语法。故此只是言诠上抒意之逻辑的因此所以，非存在上体用因果之存有论的（客观的）因此所以。

普通依《中论·观四谛品》"以有空义故，一切法得成，若无空义者，一切则不成"一颂，更可积极一点，说是佛家亦可以成就现象，而说：正因为空，所以才说缘生，才"有"缘生之现象，才能"成就"缘生之万法，才能"建立"万法。实则此中所谓有，成就、建立，仍只是言诠上抒意之有、成就与建立，与上之"因此所以"同，并非存在上立一实体以有、成就或建立此缘生之大用也。所谓有、成就、或建立，仍只是言诠上有、成就、或建立诸行诸法之无常无我如幻如化耳。此岂有存在上体用因果之成就或建立之实义耶？

以上"缘起性空"之一般陈述乃是佛家言空之基本义，亦是共许之义。

*2. 但佛家言空并不只是这"缘起性空"之一般陈述即算完事，其言"缘起性空"乃所以为观空证空而得解脱。得解脱即是证槃涅（寂灭）。能如实观空（修中观）而不执，则表面上虽生灭变化，万象纷纭，好像热闹得很，而底子上却是至寂至静，一无所有，此即"当体即如"之寂灭。一如一切如，一寂一切寂，一灭一切灭。寂是正面说，灭是反面说，灭执著，灭烦恼。寂灭以真如空性而定。但这亦不只是空说。一个生命要得解脱，证涅槃，谈何容易。烦恼是我烦恼，我实感有此烦恼。解脱是我解脱，我实感有从烦恼中解脱出来之要求。我之所以实感有此烦恼，是因为我的自然生命之冲动与执著即是根本有一无明在。所以修观证如决不只是泛说空说，是要真正克就自家生命之烦恼与情执而观而证。此所以有唯识宗之由空宗"缘起性空"之一般陈述进而将诸行诸法统摄于识而言之之故。

依唯识宗，自然生命之烦恼情执以及所牵惹沾染之一切现象皆可解剖为一识之流，缘起诸法皆可统于识之流上说，而性空亦从识之流上证。由此而有三性之说。此即一、遍计所执性，二、依他起性，三、圆成实性。

《成唯识论》卷八云:"三种自性皆不远离心心所法。谓心心所及所变现,众缘生故,如幻事等,非有似有,诳惑愚夫,一切皆名依他起性。愚夫于此横执我法、有无、一异、俱不俱等,如空华等,性相都无,一切皆名遍计所执。依他起上,彼所妄执我法俱空,此空所显识等真性,名圆成实。是故此三不离心等"。

此三性之说实即"缘起性空"一语落于识上之加详说(加一遍计执)。"因缘所生法,我说即是空",即函着对于"因缘所生法"之无执。若于此"所生法"上有计执,计执有我、有法、有有、有无,有一、有异,有有无俱或不俱,有一异俱或不俱,等等,便是执法有自体,有自性,不能"即是空",当体即空。今说"即是空",即函遮计执。于依他起上,遮去计执,所显之识等真性,即名圆成实。"识等真性"即识之流变之真如空性。是以就八识流转而言,心即识心也。此即示无常无我之诸行诸法皆统于识心。识之流之根在阿赖耶(第八识),故此系统亦曰阿赖耶缘起。此是烦恼情执之根。于唯识上修空观而证圆成实,这一极深远而长期之艰苦工夫,便是转识成智。是故阿赖耶缘起之识心即染污心也。此一系统之其他诸义且不论,只就修空观而证圆成实言,其所证显之圆成实(真如空性)与依他起(缘生)之关系仍不是存在上体用因果之关系:真如空性不是使依他起者所以能起之体(能创生的体),而依他起亦不是真如空性所生起之用。就唯识系统言,体用因果只可就阿赖耶识中"种子现行"上说,而种子现行只是识之流变上的事,亦即只是依他起本身上的事。种子现行只是识之流变之潜伏与现行,此实不可以体用说。究极之体用只当就真如空性与依他起之关系说,而此关系却正好不可以体用说。在此亦不能说万象为真如空性中所见之物。唯识宗虽将万法统于识心,然毕竟仍不失缘起性空之义理规范。

　*3. 但是大乘契经中亦有讲如来藏之系统,此是通过佛性之观念,而想说明成佛之超越的根据,因此乃讲一如来藏自性清净心,即讲一超越之真心,为一切染净诸法之所凭依。玄奘所传之唯识宗只讲阿赖耶缘起,而此系统复推进一步讲如来藏缘起,有时复亦方便名曰真如缘起:生灭与不生灭皆统于一超越之真心。此是就佛果而溯佛因,肯定一超越之真心为佛性,即为成佛之超越根据。只要体现此佛性,便立地成佛。

此佛性不只是真如空理,而且是超越之真心,将缘起性空之空理空性融于真心上说,此亦可说是心理之为一。

奘传唯识只讲阿赖耶缘起,而阿赖耶初只是染污识。(虽说阿赖耶是无覆无记，而无记并不是清净，不清净即染污）。转识成智后，智托识现，此时之识即净识——八净识。此可以说智与净识一：智是虚说，识（净识、清净心用）是实说。但此是经过渐次阶位之修行而显，其原初只是无记染污也。是以原初并无一超越真心为佛性。唯识宗所肯定之佛性只是理佛性，即，只肯定自性涅槃，不肯定自性菩提（自性觉、本觉）。菩提是修得事，后起事。此是事佛性。事佛性不是本有的。而且成佛有种性，一阐提无佛性，是即成命定论，违反一切众生皆有佛性皆可成佛之宗旨。而今如来藏之系统不但肯定自性涅槃，而且肯定自性清净心，不但以真如空性之空理（寂灭）为佛性，而且以超越真心，理与心一，为佛性。是则唯识宗所分别之理佛性事佛性，在此系统内则统于一而为一理事为一之佛性，一起皆本有。此本有之佛性不但是心理不二（智如不二），而且是"色心不二"。在此系统下，似可以说体用矣。佛性真心为体，由此而生起一切法为用。盖此时真如空性不只是就缘起无性而说之空性空理，而且提升一步与真心为一，而心固有力用觉用也。如只是空理，所谓"但理"，自不能生起，但与真心为一，则似可以言生起。在此系统中，不但似乎可以说体用，而且在某契机上似亦可说万象为虚空（真如清净之真心）中所见之物。其真实意义究如何，见下。

   *4. 此一系统特为中国佛教之所喜。从佛学上说，印度原只有空宗与有宗（唯识宗）两传统。故此两宗在印度皆有论。而此一讲如来藏自性清净心之系统则多根据契经而说。此一系统在印度并无显赫之宗论。但在中国，却有一根据此系之契经而成之《大乘起信论》。此一宗论在中国佛教中有显赫之地位。虽在考据上，今已公认其为中国人所伪造，但印度人不造，中国人可以造，岂只准印度和尚造论耶？只要义理有据即可。实亦无所谓伪。只因佛教从印度来，故为托马鸣以壮声势耳。

   又在印度，佛学和尚研究唯识讲阿赖耶者初亦并非与如来藏全无交涉。弥勒之《庄严论》及《辨中边论》即讲如来藏。坚慧之《宝性论》及《法界无差别论》亦大讲如来藏。来中国之真谛所传之唯识即不只讲染污阿赖耶，而且推进一步讲阿摩罗识（第九识），讲自性清净心，此已几近于如来藏矣。真谛学在当时名曰《摄论宗》，盖以无着之《摄大乘论》为主。《摄大乘论》首引《阿毗达摩大乘经》（此经未译）颂"无始时来界，一切法等依，由此有诸趣，及涅槃证得"。《摄论》本身虽以此颂之"界"证明阿赖耶识，故世亲即释此"界"为杂染有漏诸法之因，此自较合于《摄论》之本义，但此无始时来之"界"既为诸趣（六道众生）及证得涅槃之所依，则真谛之解为"解性"（即如来藏）在义理上不必定非。（虽然摄论本身并未提到如来藏）。真谛实有贯通阿赖耶识与如来藏心之意图，而就阿赖耶说，则即说为"解性赖耶"，此即两者之统一。即世亲早期之《十地经论》亦以第八阿黎耶识为第一义心，自性清净心。前五识为识，第六识为意，第七识为心（染污心），而第八阿赖耶则是心、意、识以上之真心。阿赖耶本亦有"圣"义，非如后来全意谓为劣义。南北朝时地论宗之南道派（慧光系）即根据世亲《十地经论》之原义而以阿黎耶为真心为佛性。世亲晚年以《解深密经》为主，始成染污阿赖耶之系统。此是后来之淘滤。但在以前，或由第八上进第九，或由第七上进第八，总有染净之异层。如染在第八，则第九为净。如染在第七（末那），则第八为净。以今语言之，染则为经验心，净则为超越心。总有此异层之肯认。如徒划一为染污之阿赖耶，而不言超越之真心，则成佛即无超越之根据。世亲晚年之唯识学虽整齐详密而老练，然原始之灵光，理想主义之情调，已随其老练而丧失。老练务实固佳，然老练务实之中常不自觉即隐函沉堕而提不起之机。即不说沉堕，而亦只落于经验（后天）上磨，此即是提不起。此在佛家，即是晚年世亲通过护法以至玄奘所成之唯识宗，在儒家，即是朱子之形态。然此中确有不澈不尽处，平实未易言也。是故唯识学其初未尝不与如来藏自性清净心相贯通。奘传之唯识乃是后来淘滤而成者，非必自始即如此也。故唯识学之反其初，慎审思量而成为如来藏之系统，不但于契经有据，即于论亦非全无据也。惟在印度其初并不显豁而完整，而完整者却在世亲护法之一路。而中国之《大乘起信论》却是继承真谛之思路以如来藏为中心而成一条理整然义理明透之另一完整系统。故此宗论在中国佛教中起如此大之影响与作用，此并非偶然也。后来奘传之唯识虽喧赫一时，终不能夺其席，亦并非无故也。此非考据家定其为伪即能贬损其价值。故圭峰宗密判大乘佛教为空宗、有宗与性宗，而今日佛教界亦有性空唯名，虚妄唯识，真常唯心之判也。性宗（真常唯心）可说是中国佛教之所创，而亦是大乘佛教发展之自然之趋势。中国佛教即居于此颠峰而立言，故亦可说超过印度原有之佛学传统。内学院欧阳竟无吕秋逸等宗奘传之唯识，力复印度传统之旧，虽不无价值，而力贬损中国之性宗，斥之为俗学，则亦崇洋自贬识见不开之过也。

原中国佛教之所以特喜此性宗，判之为最高之圆教，固有中国民族智慧心灵之一般倾向为背景，而实亦由儒道两家之学术培养使之然也。

人皆谓宋明儒受佛老之影响，是阳儒阴释，儒释混杂。实则宋明儒对于佛老了解实粗略，受其影响盖甚小。彼等自有儒家义理智慧之规范。而魏晋玄学之弘扬道家，其影响于佛教之吸收却极大。两晋南北朝之佛教大德非不读中国书者。如其说宋明儒受佛老之影响，因而儒释混杂，不如说佛教大德受儒道义理智慧风范之影响，故特喜言如来藏自性清净心者而创性宗（真常心宗）以超过印度原有之空宗与有宗。最后，实亦无所谓谁受谁之影响，只是中华民族智慧心灵之一般倾向，随其所宗信而到处表现耳。象山阳明固是孟子灵魂之再现，即竺道生慧能亦是孟子灵魂之再现于佛家。故儒自是儒，道自是道，佛自是佛，虽有其共通之形态，而宗义之殊异不可泯。故动辄谓宋明儒受佛老影响者甚无谓也。（谓受其刺激而觉醒则可）。

二、"起信论"之大义

佛教发展至如来藏之真常心（自性清净心），其真如空性与缘生之关系几似乎可以体用论矣。此形态之相似也。然由于其宗义之殊异（仍是佛），其体用义仍不可以无辨也。以下试根据《起信论》而言之。

*1.《起信论》显示大乘正义，首先以一心开二门：

"显示正义者，依一心有二种门。云何为二？一者、心真如门，二者、心生灭门。是二种门，皆各总摄一切法。此义云何？以是二门不相离故"。

此所谓"一心"，即唯一超越真心也。不是阿赖耶之为经验的识心或心理学的心也。

*2."心真如者，即是一法界大总相法门体，所谓心性不生不灭"。

"心真如"者，此心即真如，非五蕴平视中心法之性空为如也。此是真心之与"如理"一。就如理言，即是此心之自性，故云"心性不生不灭"。（不是说心为一蕴，为缘起法，其空性不生不灭，乃是此心自体即是不生不灭）。就心言，即是真如之心（真常心），心真如即是真如心。此超越之真如心是一切法之所依与所由，故云"即是一法界大总相法门体"。

*2·1 "一切诸法唯依妄念而有差别。若离心念，则无一切境界之相。是故一切法从本已来，离言说相，离名字相，离心缘相，毕竟平等，无有变异，不可破坏，唯是一心，故名真如"。

"唯是一心"即唯是一超越之真心，即真如心，真常心。一切法之差别相、境界相、名字相、言说相、心缘相等等，皆由妄念而起。凡念即妄，念不是真心自己，念是平地起风波，念是后天的，经验的，心理学的。由妄念而生之差别相本质上即是虚妄不实的。故若离念，化念归心，则一切法本质上即是空如平等，只是一真心常在，不生不灭。

依此，此真如心既是如亦是心，不只是如"缘起性空"之一般陈述中之空理。自如言，如实空；自心言，如实不空。故云：

*2·2　"复次，此真如者，依言说分别，有二种义。云何为二？一者、如实空，以能究竟显实故。二者、如实不空，以有自体，具足无漏性功德故"。

此真如即真如心。"如实空"是空妄念而显一心之实。"如实不空"，则是就其"具足无漏性功德"言。此只有就真心言始可能。若真如只是缘起性空之空理，则不能有此义。

*2·3　"所言空者，从本已来，一切染法不相应故，谓离一切法差别之相，以无虚妄心念故。当知真如自性非有相，非无相，非非有相，非非无相，非有无俱相；非一相，非异相，非非一相，非非异相，非一异俱相。乃至总说，依一切众生，以有妄心，念念分别，皆不相应，故说为空。若无妄心，实无可空故"。

此言由妄念所生之一切分别皆与此真如心不相应，即无一能用得上，沾得上。空此妄念。即是空。而真常心之自体则不可空。

*2·4　"所言不空者，已显法体空无妄故，即是真心。常恒不变，净法满足，则名不空。亦无有相可取，以离念境界，唯证相应故"。

真常心不但有其自体，（此真心自己即其自体），且具足无漏性无量功德。此云"净法"即无漏性功德。此所谓"满足"或"具足"是就因地言，即潜具意。若通过修显，则全体朗现，即佛果。在因不减，在佛不增，此亦函"性修不二，因果不二"。此唯识家所谓事佛性。但此事佛性，亦有真常心故，故能言其本具，非纯属后起也。因果不二，则理佛性事佛性是一。

*3. 真如心既如上述，然则染污生灭法如何说明？此则进入生灭门。

"心生灭者，依如来藏，故有生灭心。所谓不生不灭与生灭和合。非一非异，名为阿黎耶识"。

真常心如何而能有染污生灭心？前已提及，只是由于妄念。念则由于不觉，忽然心起而有其念。不觉即无明。此即落于生灭心矣。生灭心念亦凭依真心而起，但其直接根源却是无明。此犹如春风一起，吹绉一池春水。真常心即是平静之春水，无明风动，则起绉绉，此即生灭心念。绉绉不离水，即凭依水而起也。但其直接根源却是风动。生灭心念不离真心，即是凭依真心而起，但其直接起因却是无明。真心只是其凭依因，并非其生起因。心念凭依真心而起，即示不惟净法统于一心，即一切染法亦统于一心。惟染法是间接地统。净法是直接地统，所谓称性功德也。称性即相应心性而起之功德。间接地统只是凭依义，虽不离，而实不相应。《起信论》既于此忽然不觉而有心念处，即起绉绉处，收摄阿赖耶识。此即阿赖耶识之统于真常心（如来藏自性清净心）。普通所谓如来藏缘起或真如缘起，实非如来藏清净心或真如心真能缘起生灭法，若如此，则净的生出染的，其自身必不净，故所谓如来藏缘起乃只是无明识念之由凭依如来藏而统于如来藏，故说如来藏缘起，其实真缘起者仍是阿赖耶识也。《胜鬘经》云："自性清净心而有染污，难可了知"。其实通过无明风动，起绉绉而引进阿赖耶识，即可了知。彼经又云："彼心为烦恼所染，亦难可了知"。实则虽为烦恼所染，而实不相应，沾不上。只是无明识念凭依彼心而起，此既起现，则彼即附随而隐伏，俨若为其所染耳。实则何曾染得上？阿赖耶识（绉绉）实无自体，其根只是无明，其所凭依只是真心。无明灭，真心显，则阿赖耶识亦灭，即绉绉灭而归于平静之真常心。此凸起绉绉处，其本身是生灭，其所凭依者是不生不灭，两者和合，非一非异，不即不离，此即为阿赖耶识。故阿赖耶识之凸起一方兴风作浪，开出生死流转，一方托带着如来藏为其所凭依，此所谓挟天子以令诸侯也。此种贯通法显是真谛之思路。

　　*3·1　"此识有二种义，能摄一切法，生一切法，云何为二？一者觉义，二者不觉义"。

　　阿赖耶识统于如来藏，故自心真如言，真如心可总摄一切法，而此识本身因有觉与不觉二义，故亦可"摄一切法，生一切法"，此即开始所说"是二种门，皆各总摄一切法"也。觉即是"心体离念"，不觉即是"忽然心起而有其念"。两者皆可就阿赖耶识说。

　　因为此识是不生不灭与生灭两者的和合，两者和合在一起，不完全是一事，亦不完全是二事。即在此非一非异的状态下呈现出阿赖耶识。

　　两者和合，非一非异，是静态现成的加合，不是很好的表示。其实义只是凭依如来藏（不生不灭的心真如体）忽然不觉而起心念。"不觉"即是于心真如体不能如实觉知，亦即是根本的无明，无始无明住地。心一昏沉而心念生灭相续，即是阿赖耶识。虽是昏沉而生灭相续，却必须是凭依不生不灭的心真如体而起现。由于无明的插入，心就起了绉绉而远离了其自体而落于"念"中，犹如春风吹动，一池春水就起了波浪而动荡不定。波浪毕竟不离水体。不凭依水体，焉有波浪？波浪毕究是属于水的波浪，而不是属于麦的麦浪。此即是所谓"非异"之凭依。但水体自身实并不含有波浪，亦如小麦自身并无所谓波浪，由于风动，才起波浪。风一止，波浪即灭。可见波浪是无体无根的假象，其起因只是由于风动，然其生起却不能不凭依水体，此即水体与假象的波浪之"非"。依是，阿赖耶识的呈现，它有一个凭依，犹如坏人凭借好人以作坏事，又如贪官污吏假藉权位名器以舞文弄法，又如恶仆奸奴凭借主人以兴风作浪，结果坏事都记在好人身上，写在权位名器上，列在主人身上，实则主人、好人、权位名器自身并无这些坏事，即并不生起这些坏事，但只是坏人凭借它们而起现。没有这些可凭借处，坏人恶奴污吏是不能兴风作浪的。阿赖耶识生灭心之凭依如来藏，亦复如此。它除此凭依外，它复有其自己直接的根源，那就是无明，犹如坏人之作坏事，虽凭借好人而作，然毕竟坏人之所以为坏而作坏事，乃由于其恶劣的根性，这是坏人之所以作坏之直接根源（生因），其所凭借者乃是助长或助成其作坏事之势，非其生因。

依其所凭依之心真如体而言觉，依其由于无明而起生灭心念，而说不觉。那就是说，其超越之体是觉，其自身之行用是不觉。这样说觉与不觉是克就不生不灭与生灭两者而分属说。分属说的觉即是心真如体自身之本觉，此完全就心真如体之在其自己、本觉之在其自己而说。但我们也可以不必这样分属地说，可直就此起绉绉之识自身而说觉与不觉。此则较恰合于"此识有二种义"之语意。

凭借心真如体而起生灭心念，同时也就是心真如体全部融入生灭心念中。生灭心念虽是不觉，而毕竟是心之生灭心念；心体全在生灭心念中，故念本是念，而曰心念。严格说，念不觉，而心觉。是以虽在不觉之念中，而心性不泯。即就此心性不泯而曰觉。此觉是拖带在念中，隐伏在念中，而不彰显，其彰显而凸出者是念，所以心遂全部沉于念中，而吾人亦即以念目之，而不曰心，亦即以识目之，而不曰如来藏之真心。实则心性即在念中，不然何以曰心念？心性即在识中，不然何以曰识（觉识、心识）？心性即在念中，即在识中，这可以说是念中之觉性，识中之觉性。真谛所谓"解性黎耶"当即是此意。犹如风动，全水是波。此时虽是波浪凸出，而吾人亦只注意波浪，然而水体附在，并未泯绝。不过吾人此时不注意平静之水体，而只注意波浪，以波浪为主，不以水体为主，此即降而为附随，为隐伏，然而水体全融于波浪中，水体虽隐伏附随而不凸出，岂不附随而永在耶？波浪虽主，而由于风动。风止浪息，则水体平静，即由隐伏而朗现矣。此即心真如体之全现，本觉之全现，故一识中即可说觉与不觉。一旦无明破，心念止（离念），则心体朗现，即是本觉。无明逐步破，心念逐步止，则心体（觉性）逐步显。及其全显，即不说念中之觉性，而说心体呈现之本觉。虽是逐步修显，实是本有，并非后起。故不增不减，因果不二，而一念回机，俨同本得。此即是"本觉"一义之所以立。岂有原非本有而纯属后起之觉耶？

惟吾人平常只知经验的，心理学的心念之起伏生灭为心，而不承认有一超越之心体，以为此只是一抽象。逻辑地说，是抽象，然从依宗起教、依教起修而理想地说，则不是抽象，而是心体觉性之永在、遍在，此即是本有矣，而且是一真实，是一呈现。逻辑地说，是无色的，以经验事实为基础。此不能决定人生之方向。凡决定人生之方向而理想地发展其人格者，皆须有此类超越真心之肯定，而且是本有，是真实，是呈现。（儒释道皆然，耶教肯定上帝亦然）。逻辑与经验的心理事实不是唯一的标准，尤其不是价值的标准。

在修证理想上，肯定此觉性乃至本觉，当然是就成佛而说明其超越根据之说明上的事。佛是这样成正觉，即在其这样成正觉中，觉性乃至本觉自然是这样呈现，因而亦是这样本有。或依此故而说：既是这样呈现，这样本有，则说明不说明，肯认不肯认，并无紧要，不这样说明肯认，只这样修证下去亦未尝不可，何必定要先肯认此超越之本觉，先承认此识念中之觉性？曰：这种说明，肯认，虽然并不增加什么，然在点明成佛所以可能之超越根据，使人有明确之向往，有清楚之认识，亦正是所关甚大。一切义理教言俱是说明。既都是说明，何不说得明确而恰当（相应）？而且对这超越真心的肯定，亦不是凭空肯定者，乃是即就生灭识念中之觉性而肯认之。若在生灭识念中不正视此觉性，而唯是注意此生灭之识念，以为此生灭之识念只是识念，并无所谓觉性，吾人只是顺此生灭之识念而一步一步转化之，转化之而成觉，此所成之觉完全是后天的、经验的、后得的，则吾人亦可以说：这样顺逐生灭识念而转化下去亦可仍只是在识念中转，而根本无由达成觉性之获得（证得），这是无穷地追下去，亦是盲目地追下去，这样很可使标的模糊，渐次亦可根本丧失其标的。是以唯识宗不承认此觉性乃至本觉，而唯是靠后天熏习与圣教量，乃是茫然而纯在识念一层中作工夫。嘉言懿行，圣教量，若不消融于觉性中以证其为真为实，这一切很可都只是些杂念，凭念转念，实只是以念引念，永无了期，就是一时不执著于依他起，证得了圆成实，亦只是了解了一个空理，与自家生命之清澈仍不相干。若是在空计执而证圆成实上，证得圆成实即是识转而成智，圆成实之证得不只是只得一空理，而且真能渗融于自家生命中而由此清澈了吾人之识念而成为智，则即必须承认吾人之识念中确有觉性，而不只是识念之一层。吾人主体方面有此觉性，在证得圆成实上，圆成实空如之理方能渗融进来而与觉性水乳交融，以证成吾人之生命确是一智之生命，而不是一识之生命。但若不承认有此觉性，则证得之圆成实，如非只证得一空如之理而与自家生命不相干，便是即使相干，亦是融在念上，而不必真能证成智，是则智很可能是虚脱而永不能落实者。是以觉性乃至本觉之肯认乃是必然者，而且亦是必要者。这是修证工夫所以可能（所以有实效）之超越根据，唯识宗不承认此点，此在说明之理论上不能算是明确而恰当。

从佛经方面说，自后期讲佛性讲如来藏之真常经出现后，佛学方面之大论师大体在流转还灭之所依一问题上开始钻研，一时未能通透。无著之《摄大乘论》是唯识学之开始，而只讲阿赖耶识与三性，不讲如来藏，是即阿赖耶方面之识心与佛性，及如来藏方面之真心未能有一超越之贯通。此步作不到，"流转"方面有积极之说明，"还灭"方面即无积极之说明，而为成佛之超越根据的佛性之积极作用亦不能显。无著如此开端，世亲继之，下届护法，以至玄奘，遂成普通所周知之虚妄唯识之渐教唯识宗。此一传统号称印度佛学之正宗。然真谛来中国，思路比较活转，自始即想沟通如来藏与阿赖耶。《起信论》之作者更为明透。此固与地论师（北道派）有关，而与摄论师之真谛尤接近。署为真谛译，非偶然也。然此不知名之作者确极明透，彼直以如来藏为中心，以一心开二门，予如来藏与阿赖耶以超越的贯通，而佛性为成佛之超越根据之积极作用亦全部朗现，实比今日从文献所知之真谛明透多矣。此种义理，自佛性观念出现后，本亦极易见到者。然见到，则易，而如见不到，则一间未达，永在隔阂中，此机亦很难拨转也。子不见儒家之朱子？朱子号称宋明儒之正统派，然于本心亦总一间未达也。与唯识宗之形态极相似。然则中国和尚之造《起信论》不亦宜乎？

以上是就识自身而说觉与不觉。若就不生不灭之心真如与生灭之识念而分属说，则显得呆板，而亦与"此识有二种义"之语意不合。当然，就识自身而说觉，是就心真如为识所凭依而即隐伏附随于识而为识之"觉性"言。觉性即是以觉为性，真谛所谓"以解为性"。由此当然可以推证如来藏，推证分别说之不生不灭心真如体之为本觉。但就"此识有二种义"中之"觉"义言，则是着重此隐伏附随之"觉性"义，而不是直就"心真如"自身之之为本觉言。

*3·2 由识念中有此觉性，由此觉性而肯认离念之本觉，即心体之自己。惟在识念串系中，人常只注意此识念而滚下去，此即是"不觉"。（识念本身亦是不觉，觉则无念矣）。此即示人虽有如来藏清净心之光明面为其体，亦总有一阴影暗中沉堕此光明体，若能在无明识念中顾视此中之觉性，则觉性渐从隐伏附随中呈现凸出，此即名"始觉"。犹如在波浪中常常顾提波浪中隐伏附随之水体，知波浪只是由于风动之假象，则即不见有波浪之实，实则只是一水体，水体即由隐伏而凸现，由附随而为主。始觉在识念中呈现有次第，有局限，如《起信论》所言之觉灭、觉异、觉住、觉生等，然其本质的意义同于本觉，只差有圆满不圆满，究竟不究竟而已。及其究极圆满，完全离念，直至心源，洞悟"生"之无生，那便是本觉全体朗现，即心真如体全体朗现。故云：

"所言觉者，谓心体离念。离念相者，等虚空界，无所不遍，法界一相，即是如来平等法身。依此法身，说名本觉。何以故？本觉义者，对始觉义显。以始觉者即同本觉。始觉义者，依本觉故，而有不觉，依不觉故，说有始觉"。

此段文即言"此识有二种义"中之"觉"义。如此言觉，即是不觉、始觉、本觉关联着说。实则先肯认识中有觉性。始觉对不觉说。因有"不觉"，所以才说有开始之觉。始觉即是觉体之呈用。觉体呈用即是觉体在隐伏附随中呈现其自己。呈现其自己即有觉了洞澈识念生灭流转之无自体无实性而化除远离之之作用。此是总说。若分别说，如说觉灭、觉异、觉住、觉生，详见《起信论》，兹不详述。始觉之觉用、及其直至心源，得见心性，心即常住，即名"究竟觉"。始觉而至究竟觉即同本觉。始觉之觉有所觉，如生、住、异、灭等，皆是所觉，在觉所觉中呈现其自己。及至究竟觉同于本觉，则即无能所之相，而唯是一本觉觉体之朗现，亦即心体之离念，亦云"如来平等法身"。是以言本觉者，不是说众生不假修行，本来即已觉悟，乃是说众生本有此光明之觉体。对始觉而言，此觉体即为本觉。

*3·3　在始觉过程而证得本觉中，"本觉随染分别，生二种相，与彼本觉不相舍离。云何为二？一者智净相，二者不思议业相。

智净相者，谓依法力熏习，如实修行，满足方便故，破和合识相，灭相续心相，显现法身，智淳正故。

"不思议业相者，以依智净，能作一切胜妙境界，所谓无量功德之相，常无断绝，随众生根，自然相应，种种而现，得利益故"。

"智净相"是空，"不思议业相"是不空。觉体自身无相可说。此二种相是依随或关联着染法而分别成者。所谓依随或关联着染法而分别成即是依对治染法而显示。"破和合识相，灭相续心相"即是对治。对治染法，离念无念，显现法身，此时之智即为淳正之智，无分别智。即依此淳正之智而说觉体本觉之"智净相"，即无分别之清净相，亦即淳正相。但，虽清净淳正，而随众生根之机感又能自然现无量功德业相似利益众生。此即觉体本觉之"不思议业相"。此两种相与觉体如如相应，"不相舍离"。不相应而可舍离者是妄念。空却妄念，即是觉体。觉体呈现，自有此二种相。

智净相是空，是体。不思议业相是不空，是本觉智体之业用。吾人在此须停一停，可仔细思量此所谓体用之意义。因为此处正是可以说体用处。

"依法力熏习"，此中法力有二：一、如来藏心之内力；二、佛菩萨为缘、说法教化所起之外力。此两种法力皆能熏习众生，令其"如实修行"。如来藏心之内力熏习即下文之"因熏习镜"。佛菩萨为缘之外力熏习即下文之"缘熏习镜"。

*3·4　故继之复云：

"复次，觉体相者有四种大义，与虚空等，犹如净镜。

"云何为四？

"一者，如实空镜，远离一切心境界相，无法可现，非觉照义故。

"二者，因熏习镜，谓如实不空，一切世间境界悉于中现，不出不入，不失不坏，常住一心，以一切法即真实性故；又一切染法所不能染，智体不动，具足无漏，熏众生故。

"三者，法出离镜，谓不空法出烦恼碍智碍，离和合相，淳净明故。

"四者，缘熏习镜，谓依法出离故，遍照众生之心，令修善根，随念示现故"。

此四种大义俱以虚空与净镜为喻。虚空明觉体无二无别，平等遍在；净镜明觉体朗照而无照功。

"如实空镜"是言觉体之在其自己，远离一切识念，无一法可现，亦"非觉照义故"，即觉体朗现渊渟，不在能所关系之中。既无法可现，即无境界相。无境界相即无"所照"，无所照自亦无"能照"。

"因熏习镜"是心真如体具足无漏性功德能有熏习众生使之觉悟向上（厌生死苦、乐求涅槃）的作用。因熏习镜即从因熏习力说此镜体。从觉体之不空说此如镜之觉体。"不空"有二义：一、心真如体常住实有，不能空却；二、智体不动，具足无漏功德。就其常住实有不能空却言，它虽远离一切识念，而一切识念（世间境界）却亦是凭依它而显现。犹如一切影像悉凭依明镜而显现。明镜并非影像之"生因"，但影像须凭依它而现。明镜自明镜，亦未发为影像。明镜与影像两不相触，亦不相碍。明镜自明镜，影像自影像，此即两不相触，《胜鬘经》所谓"烦恼不触心，心不触烦恼"。此即是不相应，一切识念不与觉体相应。虽不相触，不相应，明镜虽不生起影像，然不碍影像须凭依明镜而显现，此即不相碍。总此不相应而又不相碍之两义，即所谓"一切世间境界悉于中现，不出（不由觉体而生出），不入（亦不能进入觉体中），不失（因凭依觉体而不丧失），不坏（因凭依觉体而不破坏）"。此处虽说"一切世间境界悉于中现"，然并非因此"世间境界"而说"不空"。这些"世间境界"并非觉体之业用。虽说"不出不入，不失不坏"，然亦正因不出不入而无自体，亦因无自体，虽不失不坏而当体即如，唯是一心。故云："常住一心，以一切法即真实性故"。此处目的在说"常住一心"，就此说不空。并非因世间境界而说不空。然觉体并非抽象地虚悬，乃即就一切法当体即如，一色一香无非真实，而为具体的呈现。此即是一即一切，一切即一，常住一心，法法无非觉体之如，故云："以一切法即真实性故"。真实性即觉体之如性。（此就一切法统于真常心言，故说真实性即觉体之如性。如就缘起性空之一般陈述言，则一切法当体即如，如即是空性之如，不能说觉体之如。然无论只是空性之如，或是觉体之如，其为"当体即如"之形态则同）。即在此"当体即如"之圆融形态下，遂有"不失不坏"之说。（虽不出不入，而亦可不失不坏，不必失坏而即可灭度。此亦不毁世间而证菩提之意)。若是分解地说，则此等世间境界因是妄念之所现，故正因其不出不入无体无性而可失可坏可离可断。

就"智体不动，具足无漏功德"言，即是所谓"真如熏习"。唯识宗反对此说，以为真如既不能熏，亦不受熏，真如熏习乃不通者，亦如"真如缘起"之不通。但唯识宗之真如只是"但理"，自不能熏，亦不能起；而讲如来藏者，则是心与理一，智与如一，其言真如即是心真如，真如心，故虽在缠自能具足无漏功德，熏习众生，及其出缠亦自能起不思识业用，作缘熏习。如来藏心在吾人生命中岂无促觉之用？岂是只待外熏而显发者？

"法出离镜"，法即如来藏心，出离即出缠。意即谓：如实不空的如来藏心出烦恼碍(烦恼即碍，能障真如根本智)及智碍(无明能为智证的障碍，能障世间自然业智、后得智、方便智)，离和合识相，显现了觉体的淳净明相，因此，遂得名曰"法出离镜"。此即是上文本觉的"智净相"。

"缘熏习镜"即上文本觉的"不思议业相"。

*4. 以上是就"觉"义而展开。此下言阿赖耶识之"不觉"义，以及生灭心之因缘、生灭相、兼及染净熏习等，名相繁多，略而不论。

在论"真如熏习"后，而综结之曰：

"复次，染法从无始已来，熏习不断，乃至得佛后则有断。净法熏习则无有断，尽于未来。此义云何？以真如法常熏习故，妄心则灭，法身显现，起用熏习，故无有断"。

染法熏习，从根本处说，即是无明熏真如，愈熏，真如愈隐，其力愈弱，众生遂长夜生死，交引日下。(染法互相交引，亦是熏习)。这样熏习下去，遂从无始已来，永无断绝。然无明毕竟无根，真如心总有觉用。及其一旦显发，乃至成佛，则染法熏习即断。是则所谓染法熏习不断者，乃只是从不觉以后之交引日下说，并非本质上不可断。若真本质上不可断，则成佛即无可能。

净法熏习，从根本处说，即是真如熏无明。真如心虽在重重障蔽中，亦总有其内熏无明之觉用，在不自觉中，渐渐熏习无明，令其冲淡，冲淡久之，无明力即渐趋微弱。一旦自觉作意，则真如力更显发，无明力更微弱。再益之以缘熏习之外力，内外交发，则无明识念即可断尽，而法身显矣。真如心在缠之熏习力以及出缠后法身之起用熏习(起不思议业用作众生之缘熏习）皆本质上永不断绝。即一切众生皆已成佛，无业相可说，则亦是法身常在，一切众生皆是法身之众生，不因无众生而无佛。普通所谓"无众生亦无佛"，此只是就法身遍一切处之圆说。佛法身以一切众生得度为内容，故离众生即无佛。众生得度，则众生即是佛而非众生。若于此而言"无众生即无佛"则悖。佛与众生不是缘起法，相观待而有者。佛永是佛，众生成佛亦永是佛。法身平等，永恒常在。佛亦无所谓涅槃不涅槃。寂灭法身永恒常在。普通所谓有涅槃有不涅槃，乃是观待着有限色身而说。佛法身是永恒之生命，如果这是色心不二，则亦是永恒而无限之色心不二之法身永恒之生命，此即无所谓涅槃不涅槃矣。

此所谓法身，即下文所谓"真如自体相"。

*4·1　"复次，真如自体相者，一切凡夫、声闻、缘觉、菩萨、诸佛，无有增减，非前际生，非后际灭，毕竟常恒，从本已来，性自满足一切功德。所谓自体有大智慧光明义故，遍照法界义故，真实识知义故，自性清净心义故，常乐我净义故，清凉不变自在义故，具足如是过于恒沙不离不断不异不思议佛法，乃至满足无有所少义故，名为如来藏，亦名如来法身。

"问曰：上说真如，其体平等，离一切相，云何复说体有如是种种功德？

"答曰：虽有此诸功德义，而无差别之相，等同一味，唯一真如。此义云何？以无分别，离分别相，是故无二。复以何义得说差别？以依业识生灭相示。此云何示？以一切法本来唯心，实无于念，而有妄心不觉起念，见诸境界，故说无明；心性不起，即是大智慧光明义故。若心起见，则有不见之相；心性离见，即是遍照法界义故。若心有动，非真识知，无有自性，非常、非乐、非我、非净，热恼衰变，则不自在，乃至具有过恒沙等妄染之义；对此义故，心性无动，则有过恒沙等诸净功德相义示现。若心有起，更见前法可念者，则有所少。如是净法无量功德，即是一心，更无所念，是故满足，名为法身如来之藏"。

*4·2　"复次，真如用者，所谓诸佛如来，本在因地，发大慈悲，修诸波罗蜜，摄化众生，立大誓愿，尽欲度脱等众生界，亦不限劫数，尽于未来。以取一切众生如己身故，而亦不取众生相。此以何义？谓如实知一切众生及与己身，真如平等无差别故。

"以有如是大方便智，除灭无明，见本法身，自然而有不思议业种种之用，即与真如等，遍一切处。又亦无有用相可得。何以故？谓诸佛如来，唯是法身智相之身。第一义谛，无有世俗境界，离于施作，但随众生见闻得益，故说为用。

"此用有二种。云何为二？

"一者，依分别事识，凡夫二乘心所见者，名为应身。以不知转识现故，见从外来，取色分齐，不能尽知故。

"二者，依于业识，谓诸菩萨从初发意，乃至菩萨究竟地心所见者，名为报身。身有无量色，色有无量相，相有无量好。所住依报，亦有无量种种庄严，随所示现，即无有边，不可穷尽，离分齐相。随其所应，常能住持，不毁不失。如是功德，皆因诸波罗蜜等无漏行熏，及不思议熏之所成就，具足无量乐相，故说为报身。

"又为凡夫所见者是其粗色。随于六道，各见不同；种种异类，非受乐相，故说为应身。

"复次，初发意菩萨等所见者，以深信真如法故，少分而见，知彼色相庄严等事，无来无去，离于分齐，唯依心现，不离真如。然此菩萨犹自分别，以未入法身位故。若得净心，所见微妙，其用转胜，乃至菩萨地尽，见之究竟。若离业识，则无见相。以诸佛法身，无有彼此色相迭相见故。

"问曰：若诸佛法身离于色相者，云何能现色相？

"答曰：即此法身是色体故，能现于色。所谓从本已来，色心不二。以色性即智故，无体无形，说名智身。以智性即色故，说名法身遍一切处。所现之色无有分齐，随心能示十方世界无量菩萨，无量报身，无量庄严，各各差别，皆无分齐，而不相妨。此非心识分别能知，以真如自在用义故"。

*5. 最后，在对治人我见之邪执中有云：

"人我见者，依诸凡夫，说有五种。云何为五？

"一者，闻修多罗说：如来法身毕竟寂寞，犹如虚空（《大集经》），以不知为破着故，即谓虚空是如来性。云何对治？明虚空相是其妄法，无体不实，以对色故有，是可见相，令心生灭。以一切法本来是心，实无外色。若无外色者，则无虚空之相。所谓一切境界，唯心妄起故有。若离于妄动，则一切境界灭：唯一真心，无所不遍。此谓如来广大性智究竟之义，非如虚空相故。〔案：此言虚空相如空的空间然。空的空间待色而有，故是妄法。经说"犹如虚空"，本是一喻，喻觉体广大，无分齐相，此正是由破执而显，而不解者反执此"虚空"之喻为一"虚空相"，遂认"虚空相"为如来性。此正是人我见之邪执。此书言人我见与普通不同，非常特别。此人我见是对于虚空喻之误解。〕

"二者，闻修多罗说：世间诸法毕竟体空，乃至涅槃真如之法亦毕竟空，从本已来自空，离一切相，（《大般若经》），以不知为破着故，即谓真如涅槃之性唯是真空。云何对治？明真如法身自体不空，具足无量，性功德故。〔案：此人我见是以破相之空误用于真如法身之自体。真如法身乃至涅槃非是缘起之相，故不能以破相之空视之。若有人于真如涅槃起执著之相，则可如此破之。破是破人之情执，空是空人之情执，非空真如法身乃至涅槃之自体也。此自体真常，故不空；具足无量称性功德，故不空。若此亦空，则成空见。〕

"三者，闻修多罗说：如来之藏无有增减，体备一切功德之性，（《如来藏经》），以不解故，即谓如来之藏有色心法自相差别。云何对治？以唯依真如义说故，因生灭染义示现说差别故。〔案：如来藏之不空是真空妙有。今闻不空，即谓"有色心法自相差别"此乃落于分别事识之识念，正是染污法，非如来藏之不空也。此人我见是对于"不空"之误解。署名慧思造的《大乘止观法门》复以如来藏心具染性染事而说不空，正是这绝大的误解。〕

"四者，闻修多罗说：一切世间生死染法皆依如来藏而有，一切诸法不离真如，（《胜鬘》，《楞伽》等经），以不解故，谓如来藏自体具有一切世间生死等法。云何对治？以如来藏从本已来，唯有过恒沙等诸净功德，不离不断不异真如义故；以过恒沙等烦恼染法唯是妄有，性自本无，从无始世来，未曾与如来藏相应故。若如来藏体有妄法，而使证会永息妄者，则无是处故。〔案：此可对治普通对于"如来藏缘起"之误解。如来藏自体实不缘起生死等法，乃是无明识念凭依如来藏而缘起者。又天台宗，如依智者《摩诃止观》说，只说一念三千，并不说如来藏具生死染法。《摩诃止观》并不套于如来藏阿赖耶识之超越的贯通之系统中统一切法，后来所谓性具或理具，仍是本智者一念三千（介尔有念，即具三千世间）而说，而且是理具事造相对而说，此理具或性具之理字或性字并不指如来藏真心说。署名慧思造的《大乘止观法门》并不可靠。如真是慧思所作，则那样系统整然，思理绵密（而实不澈）的论典，智者何不据以为规范，而竟无一语称及耶？智者之圆教乃是直接本龙树《中论》收于止观上而成者，与如来藏系统并无多大关系。华严宗

倒是本如来藏系统而成者。〕

"五者，闻修多罗说：依如来藏，故有生死，依如来藏，故得涅槃，（《胜鬘》、《楞伽》），以不解故，谓众生有始；以见始故，复谓如来所得涅槃有其终尽，还作众生。云何对治？以如来藏无前际故，无明之相亦无有始。若说三界外更有众生始起者，即是外道经说。又如来藏无有后际，诸佛所得涅槃与之相应，则无后际故"。〔案：此即上文所说真如法身永恒常在，佛亦无所谓涅槃不涅槃。众生无始，以无明无根故。〕

以上五种邪执误解，名曰人我见。至于"法我见"则是就二乘钝根说，因"见有五阴生灭之法，怖畏生死，妄取涅槃"故。

三、体用义之检查

*1. 以上由始觉即同本觉，而言觉体有智净相及不思议业相，并言觉体相有四种广大义，随而言真如熏习不断，真如自体相不断，以及三身，迤逦说来，皆表示如来藏心真如体有一种体用义。

一、由智净相显现法身，法身即是一切功德法之所聚，法身不只是真如空性，而且具足无量无漏功德（称性功德）。是则法身即是备一种体用，此可曰觉体（心真如体）自身之内在的体用，体用整一而为一法身。

二、"依智净能作一切胜妙境界"之不思议业相，此可曰觉体对他（众生）的体用，外在的体用，亦可曰关联的体用。

三、觉体相四种大义中，"因熏习镜"（真如熏习）是觉体自身对他（无明）之内在的熏习体用。

四、"缘熏习镜"是觉体出缠对他（众生）之外在的，关联的熏习体用。

五、真如熏习（净熏）不断，真如体恒常起影响作用，令不觉者渐次向觉。觉至究竟，法身显现。起用熏习，恒常不断。

六、真如自体相无断，即如来法身常住，永不断绝。

七、真如用无断，即应、报身不断。应、报身俱对他而显，属外在体用摄。法身是体，应、报身是用。

以上七点俱有体用义，实则只是真如熏习体用与三身体用两种。而真如熏习中之"缘熏习"仍属三身之体用。惟因熏习（真如在缠内熏）稍特别，有独立之意义。然依佛家，究竟体用义仍在三身，体用之恰当的意义亦在三身。

以上许多表示体用义者,华严宗俱统之曰"性起"。

＊2. 法藏贤首《华严经探玄记》对于"《宝王如来性起品》第三十二",作总述云:

"《佛性论如来藏品》云:'从自性住来至得果,故名如来'。不改名性,显用称起,即如来之性起。又真理名如名性,显用名起名来,即如来为性起。此等从人及法,用题品目。又别翻一本,名《如来藏秘密经》。又一本名《如来兴显经》。又此下文具有十名,并可知"。

以上为释名。又云:

"三、宗趣者,明性起法门,即以为宗。分别此义,略作十门。(一)分相门。(二)依持门。(三)融摄门。(四)性德门。(五)定义门。(六)染净门。(七)因果门。(八)通局。(九)分齐。(十)建立。

"(一)分相者,性有三种:谓理、行、果。起亦有三。㊀谓理待了因,显现名起。㊁行性由待闻熏资发,生果名起。㊂果性起者,谓此果性更无别体,即彼理行兼具修生,至果位时,合为果性。应机化用,名之为起。是故三位各性各起,故云性起。今此文中,正辨后一,兼辨前二也。

"(二)依持门者,㊀行证理成,则以理为性,行成为起。此约菩萨位,以凡位有性而无起故。㊁证圆成果,则理行为性,果成为起。此约佛自德。㊂理行圆成之果为性,赴感应机之用为起。是则理行澈至果用,故起唯性起也。

"(三)融摄门者,既行依理起,则行虚性实。虚尽实现,起唯性起。乃至果用唯是真性之用。如金作镮等,镮虚金实,唯是金起。思之可知。

"(四)性德门者,以理性即行性,是故起唯理性起。此与前门何别者,前约以理夺行说,今约理本具行说。问:理是无为,行是有为。理显为法身,行满为报身。法报不同,为无为异。云何理性即是行耶?答:以如来藏中具足恒沙功德故。《起信论》中,不空真如有大智慧光明义,遍照法界义等。《涅槃》云:'佛性者名第一义空,第一义空名为智慧'。解云:此则无为性中,具有有为功德法故。《如来藏经》模中像等,及《宝性论》真如为种性等,皆是此义。是故藉修引至果位,名为果性。果性赴感,名为性起。

"(五)定义门者,问云:下文云:"非少因缘成等正觉"。此乃是缘起，何故唯言性起耶？释云；有四义；㈠以果海自体当不可说不可说性。机感具缘，约缘明起。起已违缘，而顺自性。是故废缘，但名性起。㈡性体不可说，若说即名起。今就缘说起，起无余起，还以性为起，故名性起，不名缘起。㈢起虽揽缘，缘必无性。无性之理，显于缘处。是故就显，但名性起。如从无住本立一切法等。㈣若此所起，似彼缘相，则属缘起。今明所起，唯据净用，顺于真性，故属性起。

"（六）染净门者，问：一切诸法皆依性立，何故下文性起之法，唯约净法，不取染耶？答：染净等法，虽同依真，但违顺异故，染属无明，净归性起。问：染非性起，应离于真。答：以违真故，不得离真。以违真故，不属真用。如人颠倒，戴靴为帽。倒即是靴，故不离靴。首戴为帽，非靴所用。当知此中，道理亦尔。以染不离真体，故说众生即如等也。以不顺真用，故非此性起摄。若约留惑而有净用，亦入性起收。问：众生及烦恼，皆是性起不？答：皆是。何以故？是所救故，是所断故，所知故。是故一切无非性起。

"（七）因果门者，问：菩萨善根亦顺性而起，何故下文唯辨佛果？答：以未圆，故不辨耳。若约为性起因义及眷属义，皆性起摄。如下文药树王生芽时，一切树同生等。若从此义，初发菩提心已去，皆性起摄。唯除凡、小，以二处不生芽故。若据为缘，令彼生善，亦性起摄。如日照生盲等。

"（八）通局门者，问：此性起唯据佛果，何故下文菩萨自知身中有性起菩提，一切众生心中亦尔？答：若三乘教，众生心中但有因性，无果用相。此圆教中，卢舍那果法，该众生界。是故众生身中亦有果相。若不尔者，则但是性，而无起义，非此品说。文意不尔，以明性起唯果法故。但以果中，具三世间，是故众生亦此所摄。问：既局佛果，何故下文通一切法？答：若三乘教，真如之性通情非情；开觉佛性，惟局有情。故《涅槃》云：'非佛性者，谓草木等'。若圆教中，佛性及性起，皆通依正，如下文辨。是故成佛具三世间，国土身等皆是佛身。是故局唯佛果，通遍非情。

"（九）分齐门者，既此真性融遍一切，故彼所起亦具一切。分圆无际，是故分齐皆悉圆满，无不皆具无尽法身。是故遍一切时，一切处，一切法等。如因陀罗网，无不具足。

"（十）建立门者，问：法门无涯，何故下文唯辨十种？答：显无尽故。何等为十？㈠总辨多缘以成正觉。㈡正觉身。㈢语业。㈣智。㈤

境。㈥行。㈦菩提。㈧转法轮。㈨入涅槃。㈩见闻恭敬，供养得益。此十略收佛果业用，故不增减。此十义通前九位，皆具准之"。

法藏贤首以十门分别性起义，最后复只就佛果言性起，一切皆摄于圆教性起之果法中，唯言性起，不言缘起。性起即体用义。如为性，来为起，如来即性起。就人说，名曰"如来之性起"。就法说，"即如来为性起"。凡此十门所说，不离《起信论》义理之规模。

兹仍依上列七点《起信论》中所说详检"性起"体用义之意义。

*3. 上列七点表示体用义者，严格说，只应报身处是正面的体用义。"不思议业相"之体用同于应报身。"因熏习镜"即因地在缠之真如熏习无明，令不觉者渐觉，此是引起"还灭"的修行工夫上之体用。"缘熏习镜"即不思议业相对众生为缘助促其觉悟，此亦是还灭工夫之体用。还灭后法身显现而有应报身之用，此方是正面的真正的体用义。法藏贤首所谓"既行依理起，则行虚性实。虚尽实现，起唯性起，乃至果用唯是真性之用"者是也。

在《起信论》中，染净法互相熏习，互有影响作用。染法的根本是无明，无明也有熏习力令真如不显，此谓"无明熏习"。净法的根本是真如，真如也有熏习力令无明灭，此谓"真如熏习"。

在"无明熏习"中有云："云何熏习起染法不断？所谓以依真如法故，有于无明；以有无明染法因故，即熏习真如；以熏习故，则有妄心。以有妄心，即熏习无明；不了真如法故，不觉起念，现妄境界。以有妄境界染法缘故，即熏习妄心，令其念着，造种种业，受于一切身心等苦"。此种由无明起，展转熏习，即使众生完全陷于生死流转中。

在"真如熏习"中，则云："云何熏习起净法不断？所谓以有真如法故，能熏习无明；以熏习因缘力故，则令妄心厌生死苦，乐求涅槃。以此妄心有厌、求因缘故，即熏习真如，自信己性，知心妄动，无前境界，修远离法。以如实知无前境界故，种种方便，起随顺行，不取不念，乃至久远熏习力故，无明则灭。以无明灭故，心无有起；以无起故，境界随灭。以因缘俱灭故，心相皆尽，名得涅槃，成自然业"。此由真如起之展转熏习即使众生解脱还灭而显法身。

"真如熏习义有二种。云何为二？一者自体相熏习，二者用熏习"。

"自体相熏习者，从无始世来，具无漏法；备有不思议业，作境界之性。依此二义，恒常熏习。以有力故，能令众生厌生死苦，乐求涅槃；自信己身有真如法，发心修行"。此即"因熏习镜"。

"用熏习者，即是众生外缘之力。如是外缘有无量义，略说二种。云何为二？一者差别缘，二者平等缘"。此即"缘熏习镜"，亦即"不思议业用"。

是故真如熏习即是令众生起还灭修行的体用。还灭者，还灭流转以显法身也。法身为体，应、报身为用。真如用熏习，就佛言，即应报身之不思议业相为众生之外缘也。真如自体相熏习是在缠的真如默默中有一种影响力令众生"厌生死苦，乐求涅槃"；由不自觉中再进而自觉肯认此真如为性。真如用熏习是出缠的（显现的）真如之或为佛、或为菩萨、或为善知识而对于众生为缘，其极即是佛法身之不思议业用。故正面的真正的体用即在三身处，即法身与应报身的关系处：法身为体，应报身为用。

  * 4. 严格说，法身自身不能算是体用，只可说是性相合一。其所具足之无漏功德性不能算是真如体之用，只是它的相。因为法身不只是真如空性之理，而且是清净心。心理合一，自具足无量无边无漏功德相，故法身即是一大功德聚，而实亦无相可聚，平等一味，无差别相。相者是"依业识生灭相示"，是通过"过恒沙等妄染之义"而示现，而反显，其实是无相之相。业识（转识、末那）生灭相是有相之相，真有差别，而此等无漏功德相则是由灭除业识之生灭相而示现反显，故其本身实为无相之相。其为相之"多"义亦是由业识处之实多翻上来而成为虚说的多，实无所谓多，故云："等同一味，唯一真如"。因为无所谓多，故亦无所谓相；相亦是虚说，故为无相之相。

例如，真如自体有：

（1）大智慧光明义；

（2）遍照法界义；

（3）真实识知义；

（4）自性清净心义；

（5）常乐我净义；

（6）清凉不变自在义；

（7）乃至"过于恒沙不离不断不异不思议佛法"。

这一切其实只是一相而无相。相者

（1）对起念言，"心性不起，即是大智慧光明义"。

（2）对起见言，"心性离见，即是遍照法界义"。

（3）就心有动言，则"非真识知"；"心性无动"，则是"真实识知义"。

（4）心有动，则"无有自性"；心性无动，则是"自性清净心义"。

（5）心有动，则"非常非乐非我非净"；心无动，则是"常乐我净义"。

（6）心有动，则"热恼衰变，则不自在"；心无动，则是"清凉不变自在义"。

（7）识念处"有过恒沙等妄染之义"，则翻上来即"有过恒沙等诸净功德相义示现"。

"过恒沙等妄染之义"是差别实多，而"过恒沙等诸净功德相义示现"却是无差别之虚说的多。无差别即是相而无相，无相之相。虚多即是多而无多，等同一味。此即是如来法身之自体相，故此体相不可说为体用。

真正体用乃在法身之示现为应身与报身。吾人试看此种体用究是何种意义之体用。

*5. 法身之不思议业相（或业用），就凡夫二乘所见者，说为应身，就菩萨所见者，说为报身。而这些报身应身处之不思议业相又皆是依众生之识念而现，例如凡夫二乘所见之应身是依分别事识（第六识——意识）而见，菩萨所见之报身是依业识或转识（第七识——末那）而见。

应身亦曰化身，或综曰应化身，即是随众生之机感而应化者。从众生方面说曰机感，从佛方面说曰应化。机感有缘，故佛之应化亦有缘。（此即竺道生之"应有缘论"）。而在有缘之机感中，众生之所以如此见，佛之所以如此现者，乃是依于众生之分别事识而见而现。所见所现者，如三十二相，八十种好，此是正报，及净土，此是依报。从佛之化现说，这是佛"以依智净，能作一切胜妙境界"。胜妙境界即佛所现起的六根境界，即身语意三业大用。佛所现的色，众生见为殊胜色，佛所现的声香味触，众生闻触之，亦皆殊胜。佛所依住之国土，则见为净土。佛之现也无心，而众生之见之也有意。有意即是依分别事识"见从外来，取色分齐"。以为这些胜妙境界都是外在的，客观的，实是来自佛身，而且实有差别分齐之相：相即是相，好即是好，国土即是空间相之国土。"分齐"意即有限量，有边际，亦即分际限度义。分者部分，分离；齐者整齐，齐一。有分有齐即是有限有际。而且各类众生机感不同，所见亦异。如凡人见佛，是丈六老比丘相，有三十二相，八十种好。诸天见佛，转更胜妙，相好亦多，身量尤大。如见佛于菩提场中，在天则见为众宝庄严，在人则见为草木瓦石。又二乘所见者虽有分齐，尚是殊胜妙乐。至于"凡夫所见者，是其粗色。随于六道，各见不同。种种异类，非受乐相。故说为应身"。此是佛随类而现，即，随六道众生各如其类而示现。此已不只是依分别事识而见佛之色相，且根本是六道众生停滞于其自己所沉沦之业果之所感见，而佛为度化之，亦如其类而示现。天见其为天，人见其为人，畜生见其为狮王、象王、龙王等，饿鬼见其为饿鬼形，地狱亦见其为地狱身。而佛之如此随类示现，自亦"非受乐相"。即就人而言，亦有时见佛乞化空钵而归，有时亦见佛有脊痛之苦。此皆佛之示现，非佛本身即是如此。"示现"如维摩诘示疾，非真有疾。此是真正所谓化身。惟不论凡夫二乘所见之胜妙境界，或只凡夫所见之随类而现之受苦之"粗色"，皆是"见从外来，取色分齐"。凡夫所见之粗色苦相是凡夫及众生停滞于其所沉沦之业果之所感见，且根本不知是佛之示现。即凡夫二乘所见之相好以及净土亦依分别事识而"见从外来，取色分齐"，即认为佛实有如是差别分齐之色相。盖第六意识以随顺经验分别事象为其本性。凡夫二乘不知阿赖耶识，更不知如来藏藏识，是以《解深密经》云："阿陀那识（阿赖耶别名）甚深细，一切种子如瀑流。我于凡愚不开演，恐彼分别执为我"。凡夫二乘不知其所见之相好以及净土乃至一切缘起法相皆是其自身阿赖耶识，或如来藏藏识（顺《楞伽经》说），通过第七末那识（业识、转识）之所起现，故执为实有如此差别分齐之色相存在，其实如此差别分齐之色相境相乃至界相皆是凡夫二乘依其自身之分别事识而妄执为如此，这些胜妙境界实只是业识之所起现，实并无自体自相可言也。

报身亦曰佛之自受用身，此是菩萨依于业识（转识）所见者。此则由分别事识进入业识，已胜于凡夫二乘。盖大乘菩萨知一切法唯是一心，皆是阿赖那识或如来藏藏识通过第七末那之所起现，一切法唯是一识，一识亦摄一切，故已离分别事识之差别分齐而见其无穷无尽。但还是有相可见，仍在识念之中，故云"依业识"而见为佛之报身也。故云："二者，依于业识，谓诸菩萨从初发意乃至菩萨究竟地心所见者，名为报身。身有无量色，色有无量相，相有无量好。所住依果亦有无量种种庄严，随所示现，即无有边，不可穷尽，离分齐相。随其所应，常能住持，不毁不失。如是功德皆因诸波罗蜜等无漏行熏及不思议熏之所造成，具足无量乐相，故说为报身"。

然此无量乐相亦是菩萨依业识而见，仍不能澈至佛如来法身之如如无相，故仍在识念之中。"若离业识"，则无相可见，自己之生命与佛法身如如相应，唯是平等一味。故云："初发意菩萨等所见者，以深信真如法故，少分而见，知彼色相庄严等事，无来无去，离于分齐，唯依心现，不离真如。（此地前初发心菩萨已见至此，已与凡夫二乘不同）。然此菩萨犹有分别，以未入法身位故。若得净心，所见微妙，其用转胜。乃至菩萨地尽，见之究竟。（此是地上菩萨直至十地始能尽见佛之报身，澈尽报身之全蕴。然犹是报身也，犹有相也）。若离业识，则无见相。以诸佛法身无有彼此色相迭相见故"。此最后是融报身于法身。法身无相，唯是一清净心。故知所见报身无论如何完整全尽，犹在识念之中。若从第十地金刚后心，断无明尽，离妄染业识，则即无相可见，唯是法身呈现。既不见有相，与佛法身相应，则佛只是一法身，我离业识，我也只是一法身。法身与法身平等一如，佛法身如，我法身亦如，一如无二如，亦无此佛见彼佛，亦无此如异彼如。

依上所说，佛之应化身及报身之用亦只是幻相，不唯应化身是幻相示现，即佛之正报依报（自受用身）亦是幻相，凡依识而见者皆是幻相。（此竺道生所以有法身无色，佛无净土，善不受报诸义也）。因是幻相，故可离可灭。离业识，则当下即寂，无相可见。分解地称理而谈，用既幻，则用亦可息。消用入体，则无用可说。是则体用不离亦可离。盖佛教以"流转还灭"为主纲。流转依识现，化识还心，则还灭。还灭无相，自亦无识。此是"缘起性空，流转还灭，染净对翻，生灭不生灭对翻"纲领下体用不离而可离之体用义。

* 6. 然此体用不离而可离是一条鞭地一直上升说，也就是分解地称理而谈。此若依华严宗之判教说，犹是终教见地；若依天台宗之判教说，此犹是"缘理断九"之别教见地。此尚不是回转圆融地说。但此三身之体用可离而不可离，尚可三身如一，无所谓现不现，无所谓见不见之圆融地说，即恒常如是之圆融地说。此是转分解为圆融，转直线为曲线之智慧，此是圆教之所以立。

"问曰：若诸佛法身离于色相者，云何能现色相？答曰：即此法身是色体故，能现于色，所谓从本已来色心不二。以色性即智故，无体无形，说名智身。以智性即色故，说名法身遍一切处。所现之身无有分齐，随心能示十方世界无量菩萨，无量报身，无量庄严，各各差别，皆无分齐，而不相妨。此非心识分别能知，以真如自在用义故"。

《起信论》此段文即开一圆融地说之义理之门，亦即开一建立圆教之门。吾人可再进而审量此"色心不二"之"真如自在用义"之体用义。

本来，佛成正觉，证涅槃，得法身，如果法身不只是真如空性之"但理"，而且是清净心，如果涅槃不只是灰身灭智，而是佛无所谓涅槃不涅槃，涅槃不涅槃只是其示现之相，其本身只是一觉体法身之常住遍在，则成无上正等正觉之法身生命自然有一番气象可说。"气象"是儒家名词，如所谓圣贤气象者是。孟子言生色睟面盎背。德性润身（《大学》云：德润身），自有一番气象可观。此种气象自非心识分别所能测知。故孟子云："充实之谓美，充实而有光辉之谓大，大而化之之谓圣，圣而不可知之之谓神"。圣神化境，天地气象，神明之容，天地之美，自非心识分别所能测知。佛之"无量报身，无量庄严"，亦自非心识分别所能测知，此即是"真如自在用义"。笼统说之，成圣成佛，形态一也。然此中亦有本质之差别，仍须就其教义之纲领规范而衡量之。兹仍依"缘起性空，流转还灭，染净对翻，生灭不生灭对翻"之义理规范衡量此圆融地说中"色心不二"之"真如自在用义"之意义。

《起信论》以"从本已来色心不二"一存有论的陈述为"法身离相而又能现相"之圆融地说奠立一客观的基础，此即是说，法身之色相虽是二乘菩萨依识所见，却又不只是纯主观地依识所见，而亦是客观地从佛方面说是佛法身之自然现，真如之自在用。有此客观基础，佛法身始能是客观的真实圆满之法身，而不只是一条鞭地抽象地说的"只是法身"之孤调。但此义确极微妙复杂，吾人须予以层次之检别。吾人可问：此"色心不二"一存有论的陈述在什么情形下始可为"客观的真实圆满法身"之客观的基础？

*6·1 首先，识念之生灭流转并非是心真如体之用。识念起绉绉虽凭依不生不灭之心真如体而起现，然心真如体只是其凭依因，并非其生因；而且仍是虚妄不实，有待断灭，故不能如儒家所说之实事，而仍只是幻事。幻事之直接生因，严格说，当该是无明，而不是如来藏。无明无根，幻事亦无根。无明本无，幻事亦本无。此即幻事不能为如来藏之用。普通说如来藏缘起，此很易有误会。详细说，当该是无明识念凭依如来藏而缘起，并非如来藏自身真能缘起生灭法也。如来藏既非生灭法之体，而生灭法亦非如来藏之用，则两者实亦可说不相资不相得。如真可相资而相待，则妄者从真者出，其真者必不真。此层是分解地说，是顺应众生无始已来而实然地说。《胜鬘经》之不染而染，染而不染，

亦是此实然地说。由此遂逼出法藏贤首言真如之二义：一不变，二随缘，而有"不变随缘，随缘不变"之说。此"不变随缘，随缘不变"亦是顺应众生无始已来而实然地如此说。如在此亦可以说"色心不二"，则此"色心不二"是实然地说的一个经验命题，纵亦可说是一存有论的陈述，亦是现象的，实然的存有论之陈述。在此意义下，色心不二，而实亦二。因不变随缘非体用故；又以随缘净法不断，而染法须断故。此即虽云不二，而实二也。此实然地说的"色心不二"不能为客观的真实圆满法身之客观基础。然则在什么情形下，"色心不二"始真实成立，成为一必然命题，而可为客观的真实圆满法身之客观基础？

*6·2 依常途想，一综和命题（色心不二是一综和命题），要想为一必然的，须有一超越的根据。但在此，吾人不能以如来藏心为其超越的根据，亦不能因无明识念之生灭流转皆凭依如来藏而即谓此实然层上之色心不二即以如来藏为其超越的根据，因而得为必然的。因为彼虽凭依如来藏而起现，而如来藏却对之并不负责故，即两不相应故，生灭流转须待还灭故。依此，在佛家，此"色心不二"一综和命题，要想成为必然的，须有另一种讲法。此非直线思考所能解答。幻事虽凭依如来藏，而却不能以如来藏为其能起现之体，且须还灭，因而亦不能为如来藏之用。但是如来藏真心呈现而为法身又必须有自在用，能现于色相，否则法身只是真如空性之"但理"，而不成其为法身。（但理只能是自性身，与法身作依止，而不能即是法身。）如是，法身之自在用所现之色相，从何处得来？岂于生灭流转之色相外，别有一套不生不灭之色相乎？如别有一套，则成隔绝；如不别有，则成但理。此即是两难。此两难之情形或可如此说：如果生灭流转之色相必须还灭，则法身即成但理而不成其为法身；如果法身不是但理而是法身，而又不能别有一套色相，则必须还灭之生灭流转之色相即不能还灭。此是两难之矛盾。吾人必须冲破此矛盾，然后"色心不二"始能得其必然，而客观的真实圆满之法身始有其客观的基础而得其极成。但吾人如何能冲破此矛盾？此在佛家，似乎是依一种辩证的诡辞，曲线的智慧，来解答，而不是超越的分解所能解答者。

*6·3 原"色心不二"一观念之提出而复有其必然性，其原初之来历只是菩萨道之不舍众生。菩萨成佛必以一切众生得度为条件，为内容。是以佛之涅槃法身决不似小乘涅槃之贫乏与可怜，乃实是充实饱满，涉及一切，以一切得度为内容。故《起信论》云："真如用者，所

谓诸佛如来，本在因地，发大慈悲，修诸波罗蜜，摄化众生，立大誓愿，尽欲度脱等众生界，亦不限劫数，尽于未来。以取一切众生如己身故，而亦不取众生相。此以何义？谓如实知一切众生及与己身真如平等无差别故"。此以真如平等无二无别之绝对普遍性（平等性）统摄尽未来际一切众生于一己身，己身即众生身，众生身即是己身，而亦不取众生相，此即无我相，无人相，无众生相，亦无寿者相，而一切众生却亦在不着相中尽函摄于真如平等之一味。如是，方是圆满无遗。（此与儒者说：体物不遗，大人连属家国天下而为一身，仁者浑然与物同体，宇宙内事即是己分内事，等等，为同一圆满之义，形态同，本质异。）真如平等是如来藏心，众生是一切色相。成佛不能隔绝地孤离地成佛，即在众生色相中成佛。如是，其法身不是抽象的"但理"，而是真实而具体的圆满法身。即在此法身之必在众生色相中呈现，始是实践地而亦是超越地肯定了众生色相之必然。所谓肯定不是肯定实然层上无明识念之流转幻妄，（此流转幻妄定须还灭，此是实践地必然的），而是在法身呈现必须就众生色相、流转幻妄而呈现，因而始必然地把这流转幻妄带住定住而不能空脱（蹈空），此第，步是消极意义的肯定，即拖住带住而定住它。进一步，由拖住带住就之而冥寂灭度之，使之融化于真如心而不为碍，则彼生灭流转即得一真常的意义，而不复是幻妄，不复是无明，此即是转识成智，化念归心，而亦无所谓识念。所谓冥寂灭度只是不着相，不计执，寂灭那虚妄之分别，不是抹掉那缘起事（依他起）。如是，虽缘起而亦不缘起，虽生灭而亦不生灭，虽流转而亦不流转，此即是当体即真常，并不须抹掉它别寻一隔绝之真常。此是缘起事起了本质的变化，舍无常得一常之意义，舍幻妄得一真实之意义。此第二步是积极意义的肯定，亦可以说是一实践地超越的肯定，因而得一实践地超越的必然性。此亦即是所谓不毁不坏，此是由于超越的必然而不毁不坏，此是超越的不坏，此亦即是普通所谓"去病不去法"之意义。此超越的肯定，超越的必然，超越的不坏，实只是"去病不去法"之一语。到此，始是真正的"色心不二"，"色心不二"始真成为一个必然的命题，因而始可以为客观的真实圆满法身之客观基础，它成了一个超越的存有论的陈述，由对于缘起色相之超越的肯定，必然不坏，而呈现其自己为一超越的存有论的陈述。在此是无所谓"不变随缘，随缘不变"的，它已超越了这一层，而成为不变与缘起相应如如而为一客观的真实圆满之法身，而法身亦与依报应化不分的，而亦无所谓佛之现与众生之依识而见的，此即是"真如之自在用"，既离色相而又能现色相。

*6·4　无明识念虽凭依如来藏而起，然却原是无根的，说完就完；而"不变随缘，随缘不变"亦原是顺那无根的无明识念而下来的，是以亦原是经验的陈述，实然的陈述，并无必然性。此皆是顺应众生无始已来而实然地如此说。但当通过"就之而灭度之而复因而能超越地肯定之"这一曲线的智慧，辩证的奇诡时，它本身起了质的变化，遂因与如来藏心相应如如而获得一真常的意义，必然的意义，且得一无穷无尽的意义。因为法身恒常遍在，作为其自在用之众生色相自亦恒常遍在，无穷无尽。这些在超越的肯定、必然、不坏中而取得真常义，必然义，无穷无尽义，而作为法身自在用的色相，严格说，亦不是如来藏心真如体自身之所创生起现，而只是顺应那众生无始已来原有的缘起色相融化之而使之与己相应，遂成为其自己之自在用。这些缘起色相，顺无明识念下来，原是与如来藏心不相应的，但虽不相应，却也虚系无碍，所谓"不变随缘，随缘不变"者是。但现在通过超越的肯定，则即成为与如来藏心如如相应，遂成为其自己之自在用，但其底子还是虚系无碍，不过原来是不相应的虚系无碍，现在却是相应的虚系无碍。不相应，虽虚系无碍，亦不能成为如来藏心之用。相应，虽虚系无碍，却可以为其自在之用。然亦正因是虚系无碍的自在用，故亦是用而非用，结果只是法身之常住。是以虽云"性起"，而实不起。自在用者只是缘起色相通过超越的肯定把它转为与真如心自己相应耳。在此，实有点假托的意味，假托原有者使其虚系无碍与己相应，遂成为自己之自在用。此仍是佛教灭度教义下特别形态之体用。是故虽色心不二，能现色相，而实则是相而非相，无相之相；用而非用，无用之用；所谓无量功德，而实亦无一功德之相。此与就众生缘起色相而执为实有差别之相者不同，此乃是就众生缘起色相而不执实，而当体寂灭之，而复因而亦不坏之，（即所谓超越的肯定），所示映、映射出之虚的意义：是意义之相，不是材质的相；是意义的用，不是材质的用，是意义的功德相，不是材质的功德相；每一相，每一用，每一功德，皆是"意义"，而实不是相；"相"是由缘起处之材质之相所示映而虚说，因而亦无所谓"每一"之多，而只是等同一味，"多"亦是由示映而虚说。此即前文所谓"有过恒沙等妄染之义"，则翻上来即"有过恒沙等功德相义示现"。此实只是法身之丰富的意义，丰富的内容，而这些意义、内容浑融而为一意义一内容。这些意义与内容之多义与相义，既由缘起处之材质之相所示映映射而虚

说,则当众生不皆成佛时,即可随众生之机感而反映回去,此即成凡夫二乘菩萨所依识而见的应报身,此时即有三身之分别说。而在佛自身实无如此之分别。其示映进来与反映回去皆是通过还灭修行后所不期然而然者,此即是其"自在用"。

是以"色心不二"下真如之自在用,其实义当不过如此。虽灭无明识念,而法身不是"但理";法身虽能现色相,而亦不是别有一套材质之相。此一曲线的智慧、辩证的诡谲遂冲破那分解地说的直线思考之两难,而达一圆融之境。圆融即具体而真实,分解则抽象而偏滞,故由分解必达圆融,此即圆教之所以立。

四、圆教下究竟体用义之确定

*1. 在中国,发展圆教者有两系统,先有天台,后有华严。本文中心是从《起信论》说起,故此节亦先从华严说起以与天台对比。

华严宗以《起信论》之超越分解为其义理根据,由之以明"大缘起陀罗尼法"。此大缘起法界,若自究竟果证、十佛自境界方面说,则如来藏心与缘起业用如如为一,一即一切,一切即一,不思议,不可说,无相状,无分齐,圆融自在,唯是一真法界,亦唯是一毗卢遮那圆满法身。但若"随缘约因",则有相可示,以显无尽。

就可说方面说,此缘起法界,其超越根据是如来藏心。如来藏心是不变者,而不变者却随缘能作染净法之因。净法是称性功德,与本觉相应相顺,而染法则不相应而相违,虽相违,亦以如来藏心为凭依而缘起,其关键是无明识念之起绉绉,此皆须先预定而不能背者。

依是,染净法缘起皆统于如来藏,此可曰超越的统。就净法说,是既统且具,就染法说,是统而不具。署名为慧思造的《大乘止观法门》以真心本具染净二性,并以染性染事亦为不空如来藏之说明,此皆非是,既违经《胜鬘》,亦违论《起信》,此乃由于对"统"字之误解。(此书属于如来藏系统,大体以《起信论》为根据,非天台宗之作品,显属伪托)。

天台宗智者大师的本义及荆溪与智礼之所解,皆就"一念三千"言性具、理具、或体具。此一念乃识念,非真心。智者《摩诃止观》不以《起信论》为义理根据。他是以中论之"空假中"收于止观上而展开其圆教。故以"心不思议境"为观体。此"心不思议境"非真心,乃即

"介尔心"，刹那心。如说念，亦是烦恼识念。介尔一念，即具三千世间，故不思议。由此不思议之观体展开"即空即假即中"之圆教。此"具"是更为内在地具，心理学地具，是更为内容的，强度的，此是真正的固具。而染净之关键，则在止观中之迷悟。迷则全体是众生，悟则全体是"实相"。而真心、真智、真解脱、真法身，亦于此显，并不先立一如来藏心为超越体。严格说，天台宗属《中论》系统，不属《起信论》系统。

*1·1　此两系统之"具"既不同，故理具、性具、体具中之理字、性字、体字，义亦有别。在贤首，是指如来藏真心说；在智者，是指具而未显说。故一实一虚。虚说的理字、性字、体字，是从"介尔有心，即具三千"之"即具"中直接逻辑上分析出来的，是属于语意字，不属于指实字。"理具"者是说介尔有心，这一刹那心原则上即具（理上即具）三千世间，"性具"者是说这一刹那心本质上即具三千世间，"体具"者即是那理字性字之别名，亦是抒意的虚说，非指实字，非实体字。在华严宗，若就如来藏心对染净法言，只能说真心具净法，不能说具染法，在此是不圆，是别教；但通过修行，而至因圆果满时，则性起即性具。但此性起性具唯就十佛（十身佛）自身说。因之圆是就果之满而反溯说。故皆属性起，不属缘起。（参看上节《贤首性起品探玄》文）。此唯是三身（在华严即说十身）之清净法：所起者是此，所具者亦是此，起即具，起具一也。在此如亦说"缘起"，即是究竟果证上圆融自在无穷无尽之"法界缘起"；此是"海印三昧"之缘起：妄尽心澄，万象齐现；亦是起而无起，故曰性起，不曰缘起也。但天台宗之性具、理具之圆却自始即就"介尔心"说，并不是就究竟果证上说。今舍究竟果证之圆不说，如就天台宗之性具对如来藏系统之分解地说的如来藏心统摄一切法这一层而言，天台宗之性具是圆教，而华严宗之如来藏心统一切之统即不能算圆教。盖此统是随顺众生无始已来而分解地实然地说，中间须经过阿赖耶识之一曲，由此一曲建立一凭依关系而统于如来藏，此若说具、是"曲具"非天台宗之"直具"。曲具者偏指清净真如，须破九界（即六道众生加二乘菩萨）始能显，故天台宗方面有"缘理断九"之讥。破九断九方显，在此即不能说"性具"（直具）。

*1·2　"性具"既不同，故"不变随缘，随缘不变"解义亦不同。此两语不见智者《摩诃止观》，乃是贤首先发。《一乘教义分齐章》说真如有二义：一不变，二随缘。故有"不变随缘，随缘不变"之说。

但须知此两语是实然层上的分解说，在究竟果证之圆融自在上即不能说此两语。"不变随缘"中之随缘是缘起，不是性起，故在此亦不能说性具。纵使依缘而起的净法如种种修行方便，是依真如心而起，但亦是依因托缘而起，在过程上仍属缘起，尚不能直接说性起。（参看上节贤首探玄文融摄门与定义门）。至如随缘所起之生灭流转之染法更非性起，乃是识起，虽凭依性，而非性起，更不能说性具。后来圭峰宗密等华严之后学，以贤首宗旨解荆溪"十不二门"，故有知礼之辨驳。其辨驳甚的当，足彰天台性具圆教之谛义。依天台，一念三千性具之理不变，而"事造"即随缘。造即由"具"而显。造是扣紧"具"而言者，非泛言之通义。此天台后学在华严宗兴起之后，借用"不变随缘"之语，而解义不同。

*2. 以上总说大义，以下引文证之。

荆溪湛然《金刚錍》云：言心造心变，咸出大宗。小乘有言，而无其理。然诸乘中，其名虽同，义亦少别。

"有共造依报，各造正报。有共造正报，各造依报。众生迷故，或谓自然、梵天等造；造已，或谓情与无情。（情是有情众生，无情是草木瓦石）。故造名犹通，（言通佛教大小乘及外道），应云心变。（言心识变现）。心变复通，应云体具（此即天台之理具、性具）。以无始来，心体本遍。（此心体不指如来藏真心言）。故佛体遍，由生性遍。（言佛体遍摄一切实由众生之烦恼心性遍满一切）。

"遍有二种，一、宽广遍。二、即狭遍。（造即宽广遍，具则即狭遍）。所以造通于四，（言通于藏通别圆四教），变义唯二。（言只是限于别圆二教）。即具唯圆，及别后位。（言"即具"只限于圆教及别教之后位）。故藏通造六（言藏教通教只言造六道众生法界），别圆造十（言别圆二教则言造十法界：六道加二乘菩萨及佛，名曰十法界）。此六及十，括大小乘教法罄尽。由观解异，故十与六，各分二别。（言造六中有藏通之别，造十中有别圆之别。此两种分别由观解不同而成。）

"藏见六实（言藏教见到六道众生为实有，即未去法执也），通见无生（言大乘通教见到"无生"，即生无自性），别见前后生灭（言别教则见到前后生灭唯是识现），圆见事理一念具足（言自家圆教则见到一念三千，即在一念事理具足）。论生，两教似等（言论到生即无生，别圆两教似无分别）。明具，别教不诠（言说到理具，则单属圆教，别教不及）。种具等义，非此可述（言种子识之具与此理具不同）。

"故别佛性，灭九方见（言别教佛性偏指清净真如心而言，非灭除九界不能显现）。圆人即达九界、三道（言圆教家由一念具足三千世间，故由佛界当下即达六道、二乘、菩萨之九界而不隔，当下即达苦道、业道、惑道之三道而不偏），即见圆伊，三德体遍（言由一念三千当下即见到般若、解脱、涅槃三德遍通一切，而且即见到三德即一而三，即三而一之圆伊）。

"一家所立不思议境，于一念中，理具三千。故曰一念中具有因果、凡圣、大小、依正、自他。故所变处，无非三千。而此三千，性是中理。（即空即假即中之中理。）不当有无，有无自尔。何以故？俱实相故。（当下即是"即空即假即中"之实相。）实相法尔具足诸法。诸法法尔性本无生。故虽三千，有而不有。共而不杂，离亦不分。虽一一遍，亦无所在"。

由体具而缘现（事造）皆"无非三千"，故色心不二，因果不二，性修不二，染净不二，内外不二，是真不二。（荆溪《十不二门》，举此五最重要者例他。）

知礼云："他宗明一理随缘作差别法。差别是无明之相，淳一是真如之相。随缘时，则有差别；不随缘时，则无差别。故知一性与无明合，方有差别。正是合义，非体不二。以除无明，无差别故。（案：此他宗指华严宗说。）今家明三千之体随缘起三千之用。不随缘时，三千宛尔。故差别法与体不二。以除无明，有差别故。（三千之体，此"体"是虚意字，理具未显即是体，显即是用。此体非分解而立的心真如体之体。）验他宗明即，即义不成。（案："即"即"体用即"之即。）以彼佛果，唯一真如。须破九界差别，归佛界一性故。（案：此即华严宗所谓别教一乘，即唯是十·佛自境界。华严宗谓天台宗之一乘圆教是同教一乘，自所立者是别教一乘。而天台宗则谓之缘理断九。）今家以即离分于圆别，不易研详。应知不谈理具，单说真如随缘，仍是离义。故第一记（即荆溪湛然《法华文句记》卷第一下之第一）云：以别教中，无性德九故，自他俱断九也。若三千世间是性德者，九界无所破，即佛法故，即义方成，圆理始显。故《金錍》云："变义唯二，即具唯圆。故知具、变双明，方名即是。若随阙一，皆非圆极"。（《十不二门指要钞》，解因果不二门语。）

是故华严宗之"不变随缘"是如来藏心之不变随缘，非此"理具随缘"。理具随缘体用相即（由因果不二，性修不二显）。如来藏心虽（随缘，仍未即者，为非理具随缘故也）。（知礼语。）知礼又云："他宗极圆，只云性起，不云性具，深可思量"。（皆见解因果不二门。）盖一预定一超越之分解，一不预定故也。

　　*2·1　华严宗之"不变随缘"只是真如心不变，而"随缘成染净时，恒作染净，而不失自体。是即不异无常之常，名不思议常"。"由真中不变，依他无性，所执理无，由此三义，故三性一际，同无异也。此即不坏末而常本也。经云：众生即涅槃，不复更灭也。又约真如随缘，依他似有，所执情有，由此三义，亦无异也。此即不动本而常末也。经云：法身流转五道，名曰众生也。……是故真该妄末，妄澈真源，性相通融，无障无碍。"不变随缘二义不相违。"且如圆成，虽复随缘成于染净，而恒不失自性清净；只由不失自性清净，故能随缘成染净也。犹如明镜，现于染净。虽现染净，而恒不失镜之明净；只由不失镜明净故，方能现染净之相。以现染净，知镜明净；以镜明净，知现染净。是故二义唯是一性。虽现净法，不增镜明；虽现染法，不污镜净。非直不污，亦乃由此反显镜之明净。当知真如，道理亦尔。非直不动性净成于染净，亦乃由成染净方显性净。非直不坏染净明于性净，亦乃由性净故方成染净。是故二义，全体相收。一性无二，岂相违耶"？总之，乃曰："真该妄末，无不称真。妄澈真源，体无不寂。真妄交澈，二分双融，无碍全摄，思之可见"。（法藏贤首：《华严一乘教义分齐章》，《义理分齐》第十，《三性同》异门。）

　　"不异无常之常"，此"不异"只是不离义，仍非理具之"即"。"性相通融，无障无碍"，通融无碍亦非理具之即。此种就如来藏而言之"不变随缘"，复亦只是《胜鬘经》不染而染，染而不染之"难可了知"之义。实则亦并非真是难可了知，只是声闻小乘难可了知，大乘菩萨仍能听受。通过阿赖耶识之一曲折，即可了知。此处并无诡谲。《起信》、《楞伽》、《胜鬘》等真常经论毕竟是华严宗之义理纲纬。但须知此处所谓"不变随缘，随缘不变"，如上所已指明，是顺众生无始已来而实然地如此说。不变与随缘非体用义。复依《探玄》文融摄门及定义门，此处亦不能说"性起"：只说随缘成于染净，不能说性起染净；纵然净法可为性之所起，而染法决不能是性之所起，染法是通过阿赖耶识之一曲而起现，严格说是无明识念凭依性而起，是识起，非性起。知礼说华严"只云性起，不云性具"，如此性起是从"不变随缘"处说，则即此"性起"亦不尽谛。（但若从宽依统摄说，众生及烦恼皆性起摄。参看上节

《探玄》文染净门。）依贤首，严格而恰当的性起惟自"佛自境界"说，自三身或十身佛自体说，自海印三昧之实德缘起说，自因圆果满说，惟是净法，并无染法，此是"大缘起陀罗尼法"，是"隐映互现"之因陀罗法，亦是"一时炳然"之微细法：此处是真正性起义，亦是真正体用义。在此说"因该果海，果澈因源"，亦是性起义，体用义。在此，性起即性具，惟与天台宗一念三千之"性具"为异指耳。此与"不变随缘"处之"真该妄末，妄澈因源"不是同一层次之语句，亦不是同一意指之语句。不变随缘处是缘起，是变化，而"此等并是实义，非变化成。此是如理智中如量境也。其余变化等者不入此例。何以故？此并是法性家实德，法尔如是也。非谓分别情识境界。此可去情思之"。（《一乘教义分齐章》，《义理分齐》第十、十玄缘起无碍法言"因陀罗网境界门"处。）此固是依《起信论》而成之别教一乘之圆教中之性起性具义，体用义。故言华严宗之性起义，体用义，当自因圆果满处说，不能自不变随缘处说。知礼之辨是就自家一念三千之理具而与华严之"不变随缘"对刊也。天台宗无华严家之两层（实然层与理想层，或不变随缘层与因该果海层）说，故是同教一乘。

华严家从实然层上说：（1）"不变随缘，随缘不变"。（2）"不坏末而常本，不动本而常末"。（3）"真该妄末，妄澈真源，性相通融，无障无碍。"（4）"虽复随缘成于染净，而恒不失自性清净。只由不失自性清净，故能随缘成染净也。（5）"非直不动性净成于染净，亦乃由成染净方显性净。非直不坏染净明于性净，亦乃由性净故，方成染净。"（6）三性各二义，皆"全体相收，一性无二"。（7）"三性一际，举一全收"。这些美妙圆融的辞语皆有催眠性与麻醉性。实皆只是就三性关联地抒其意之抒意辞语，非是客观的积极平铺之体用辞语。若见其圆融无碍，而想其为客观之平铺，积极之肯定，则成大混杂，是真悖矣。此与果海自体不同。此中之本末非体用也，真妄非体用也，真如之不变随缘非体用也，依他之似有无性非体用也，遍计之情有理无非体用也。此等皆只是顺无明识念之一绐一曲而实然地说其虚系无碍。

*2·2 知礼云："且如《记》文释阿若文中云：'别教亦得云从无住本立一切法'。无明覆理，能覆所覆，俱名无住。但即不即异，而分教殊。既许所覆无住，真如安不随缘？随缘仍未即者，为非理具随缘故也。

"又云：'真如在迷，能生九界'。若不随缘，何能生九？

"又《辅行》释别教根尘一念为迷解本，引《楞伽》云：'如来为善不善因'。自释云：'即理性如来也'。《楞伽》此句乃他宗随缘之所据也。《辅行》为释此义，引《大论》云：'如大池水，象入则浊，珠入则清'。当知水为清浊本，珠象为清浊之缘。据此诸文，别理岂不随缘耶？

"故知若不谈体具者，随缘与不随缘，皆属别教。何者？如云：黎耶生一切法，或云：法性生一切法。岂非别教有二义耶？

"问：《净名疏》（智者《维摩经玄疏》）释无明无住云：'说自住是别教义，依他住是圆教义'。且随缘义，真妄和合，方造诸法，正是依他，哪判属别？

"答：《疏》中言简意高。须凭《记》释，方彰的旨。故释自住，法性烦恼更互相望，俱立自他。结云：'故二自他并非圆义。以其惑性，定能为障。破障方乃定能显理'。释依他云：'更互相依，更互相即，以体同故，依而复即'。结云：'故别圆教，俱云自他。由体同异，而判二教'。今释曰：性体具九，起修九用。用还依体，名同体依。此依方即。若不尔者，非今依义。故《妙乐》云：'别教无性德九，故自他俱须断九'。是知但理随缘作九，全无明功。既非无作，定能为障。故破此九，方能显理。若全性起修，乃事即理。岂定为障，而定可破？若执但理随缘作九为圆义者，何故《妙乐》中'真如在迷，能生九界'，判为别耶？故真妄合，即义未成，犹各自住。……此宗，若非荆溪精简，圆义永沉也"。（《十不二门指要钞》，解因果不二门。）

知礼此段文是从法性烦恼两无住着（无住本）分判华严之"不变随缘"与天台之"理具随缘"之不同。前者虽随缘而不即，故云"犹各自住"。后者随缘根于理具，故"更互相依，更互相即，以同体故，依而复即"。此言"同体"非同一心真如体，乃理具未显之体与事造已显之用为同一"一念三千"之事体之体。此"体"字无实义。

又知礼就"不变随缘"判华严为别教，非圆教，此所云"别教"是依天台藏通别圆中之"别教"言，是不共小乘之别教，相当于华严宗所判之终教。故此"别教"非华严宗所自立之"别教一乘"之别教。别教一乘乃指圆教言。然"不变随缘"之别教正显其一乘圆教为别教一乘，而非同教一乘也。若依华严宗说，"不变随缘，随缘不变"固非圆教也。彼固不自此说圆教也。

*2·3 以上知礼辨两家随缘义之不同，极为谛当。是故荆溪云："《涅槃经》中多云佛性者，佛是果人，言一切众生皆有果人之性，故偏言之。（偏有情众生而言）。世人迷故，而不从果。云众生有，故失体遍。（实则无情亦有，不独众生。）又，云遍者，以由烦恼心性遍，云佛性遍。故知不识佛性遍者，良由不知烦恼性遍故。唯心之言，岂唯真心？子尚不知烦恼心遍，安能了知生死色遍？色何以遍？色即心故。何者？依报共造，正报别造，岂信共遍，不信别遍耶？能造所造，既是唯心，心体不可局方所故，所以十方佛土皆有众生理性心种"。（《金刚錍》。）

"唯心之言，岂唯真心？"则知天台性具不偏指清净真如心也。乃是"介尔有心，即具三千"。介尔心、刹那心、即烦恼心。烦恼心性遍通一切，故佛性亦遍通一切。此言佛性不是分解地单指清净真如心而言，乃是通过烦恼心遍而辩证地（曲线地）由烦恼言佛性，此即"烦恼即菩提"一语之确义。迷则全体是烦恼，悟则全体是佛性。心既是烦恼心，则"心灵不可局方所"中之"心体"不是心真如体或真如心体，乃即此烦恼心之"当体自己"之体。此烦恼心即是"生死色"，即荆溪"色心不二门"所谓"心之色心"也。此不二是真不二。"十方佛土皆有众生理性心种"，即言皆有烦恼之佛性在。此言"理性心种"，意即烦恼心种即理性，此"理性"亦不是分解地单言真如之理也。

智者《摩诃止观》云："夫一心具十法界，一法界又具十法界：百法界。一界具三十种世间（十种众生世间，十种国土世间，十种五阴世间），百法界即具三千种世间。此三千在一念心。若无心而已，介尔有心，即具三千。亦不言一心在前，一切法在后。亦不言一切法在前，一心在后。例如八相迁物，物在相前，物不被迁；相在物前，亦不被迁。前亦不可，后亦不可。只物，论相迁；只相迁，论物，今心亦如是。若从一心生一切法者，此则是纵。若心一时含一切法者，此则是横。纵亦不可，横亦不可。只心是一切法，一切法是心故。非纵非横，非一非异。玄妙深绝，非识所识，非言所言。所以称为不可思议境，意在于斯"。（《摩诃止观》第七章正观，观十境中第一观阴界入境。）

此即荆溪与知礼言"理具"、辨华严之所本也。所谓观不可思议境者首先观此不思议之刹那心也。

*2·4 智者大师首由一念心开三千种世间。复开"一、阴界入，二、烦恼，三、病患，四、业相，五、魔事，六、禅定，七、诸见，八、增上慢，九、二乘，十、菩萨"之十境为观体（为止观之所依据）。复以"一、观不可思议境，二、起慈悲心，三、巧安止观，四、破法

遍，五、识通塞，六、修道品、七、对治助开，八、知次位，九、能安忍，十、无法爱"之十法门观十境。此《摩诃止观》之纲纬也。

贤首后起立华严一乘不共之圆教，以"一、教义，二、理事，三、解行，四、因果，五、入法，六、分齐境位，七、师弟法智，八、主伴依正，九、随其根欲示现，十、逆顺体用自在"为十义。复以下列十玄门释十义：

一、同时具足相应门。

二、一多相容不同门。

三、诸法相即自在门。

四、因陀罗网境界门。

五、微细相容安立门。

六、秘密隐显俱成门。

七、诸藏纯杂具德门。

八、十世隔法异成门。

九、唯心回转善成门。

十、托事显法生解门。

此十玄门及十义"皆悉同时会融，成一法界缘起具德门普眼境界"，亦即"别教一乘缘起义"。

天台宗一念三千，以十门观十境，止观工夫尤为切要。而"别教一乘缘起义"徒是对十身佛自境界之玄思，其真切警策不及天台多矣。

*3. 由以上之比论，吾人可名华严宗之"不变随缘"以及因圆果满之"性起"为如来藏真常心之系统，名天台宗之"理具随缘"为《中论》系统。

华严宗原由地论师慧光系传来，原与"地论摄论宗"有关，原是继承初期真谛唯识学而展开。真谛后玄奘宗世亲晚年及护法之唯识学，是为后期唯识学。贤首先曾参与玄奘之译场，后因理不相契，遂出而弘华严，以《起信论》为宗论。至近代欧阳竟无吕秋逸等宗玄奘之唯识学，力辟《起信论》为妄。是今之争论犹古之异同也。故华严宗与《起信论》之关系特密，而亦与唯识宗始终在角斗。盖其入路是一，只一为阿赖耶系统，一为如来藏系统而已耳。（吕秋逸谓《起信论》根据魏译《楞伽》之误译而成误解。《楞伽》原意，如来藏与藏识（阿赖耶）只是一体二名，只是一藏识名为如来藏。此论据并不可靠。）

但天台宗则与如来藏、阿赖耶一系统并无多大关系。它是直接根据

《中论》之空假中（因缘所生法，我说即是空，亦为是假名，亦是中道义）而收于止观上讲。章安灌顶记《摩诃止观》缘起云："智者《观心论》云：归命龙树师"。可见智者对于龙树之推崇。又云："天台传南岳三种止观：一、渐次，二、不定，三、圆顿。皆是大乘，俱缘实相，同名止观"。智者所承于其师（南岳慧思）者是止观传统。《摩诃止观》中凡提到慧思者，皆云其法门是"随自意安乐行"。从未提及署名慧思之《大乘止观法门》中所说之系统。可见智者对于其前辈地论摄论师之争论并不感兴趣，亦见《大乘止观法门》一书之为伪托，并非天台家义也。

*3 · 1　《摩诃止观》第七章《正观》，观不思议境中有云："问：心起必托缘，为心具三千法？为缘具？为共具？为离具？若心具者，心起不用缘。若缘具者，缘具不关心。若共具者，未共各无，共时安有？若离具者，既离心离缘，那忽心具？四句尚不可得，云何具三千法耶？答：地人云：一切解惑、真妄，依持法性。法性持真妄，真妄依法性也。《摄大乘》云：法性不为惑所染，不为真所净，故法性非依持。言依持者阿黎耶是也。无没无明盛持一切种子。若从地师，则心具一切法。若从摄师，则缘具一切法。此两师各具一边。若法性生一切法者，法性非心非缘。非心故而心生一切法者，非缘故亦应缘生一切法。何得独言法性是真妄依持耶？（案：此评地论师如来藏系统。此评并不谛。但足见智者并无兴趣顺他们的分解说。）若言法性非依持，黎耶是依持，离法性外，别有黎耶依持，则不关法性。若法性不离黎耶，黎耶依持即是法性依持，何得独言黎耶是依持？又违经。经言：非内非外，亦非中间，亦不常自有。又违龙树。龙树云：诸法不自生，亦不自他生，不共不无因。……云何偏据法性、黎耶生一切法？当知四句求心不可得，求三千法亦不可得。既横从四句生三千法不可得，应从一念心灭生三千法耶？心灭尚不能生一法，云何能生三千法耶？若从心亦灭亦不灭生三千法者，亦灭亦不灭其性相违，犹如水火，二俱不立，云何能生三千法耶？若谓心非灭非不灭生三千法者，非灭非不灭，非能非所，云何能生三千法耶？亦纵亦横求三千法不可得，非纵非横求三千法亦不可得。言语道断，心行处灭，故名不可思议境。……当知第一义中，一法不可得，况三千法？世谛中，一心尚具无量法，况三千耶？如佛告德女：无明内有不？不也。外有不？不也。内外有不？不也。非内非外有不？不也。佛言：如是有。龙树云：不自不他，不共，不无因。《大经》云：

生生不可说，生不生不可说，不生生不可说，不生不生不可说。有因缘故，亦可得说。谓四悉檀因缘也。虽四句冥寂，慈悲怜悯，于无名相中，假名相说"。

据此，则知《摩诃止观》实据《中论》四句求生不可得，遍破一切偏执，而只假名相说一念三千也。其思路是就一念三千作圆顿止观，显"即空即假即中"之实相。自非依据一超越分解讲圆教也。此种"理具随缘"圆教，心思极活，极为空灵，极为警策，亦是极为"作用的"，与华严宗真常心之"实体性的"不同也。

华严宗之如来藏系统是由唯识宗向超越方面进一步而转出，天台宗之理具系统是由空宗向里收进一步而转出。在印度、空有平行。在中国，天台华严平行。至禅宗，则是天台华严之简化，亦是更为作用化。六祖慧能两语尽之矣。"即心是佛，无心为道"是也。

*3·2 原智者言一念三千，后来荆溪、知礼所谓理具、性具、体具、或圆具，是本以下思路而成：

一、《摩诃止观》第四章《摄法》云："六、摄一切教者，《毗婆沙》云：'心能为一切法作名字'。若无心，则无一切名字。当知世出世名字悉从心起"。

二、《摩诃止观》第七章《正观》，第一观阴界入境开首云："观阴入界境者，谓五阴、十二入、十八界也，阴者，阴盖善法，此就因得名。又阴是积聚，生死重沓，此就果得名。入者涉入，亦名输门。界各界别，亦名性分。……若依《华严》云：'心如工画师，造种种五阴'。界内界外'一切世间中，莫不从心造'。世间色心，尚叵穷尽，况复出世，宁可凡心知？……然界内外一切阴入皆由心起。佛告比丘：'一法摄一切法，所谓心是'。论云：'一切世间中，但有名与色。若欲如实观，但当观名色'。心是惑本，其义如是。若欲观察，须伐其根。如炙病得穴"。

三、又第四章《摄法》云："复次，心摄诸教略有两意：一者、一切众生心中具足一切法门。如来明审，照其心法，按彼心说。无量教法，从心而出。二者、如来往昔曾作渐顿观心，偏圆具足。依此心观，为众生说。教化弟子，令学如来。破尘出卷，仰写空经，故有一切经卷。悉为三止三观所摄也"。

四、又第一章《大意》，论六即中云："理即者，一念心即如来藏理。如故即空，藏故即假，理故即中。三智一心中，具不可思议。如上说，三谛一谛，非三非一。一色一香，一切法，一切心，亦复如是。是名理即是菩提心，亦是理即止观。即寂名止，即照名观"。

根据以上四点，智者所谓"一念三千"，此中"一念"是指刹那心、阴入心、亦即"无明一念心"言。《摩诃止观》第七章《正观》、第四破法遍中第三横竖一心明止观云："若无生门千万重叠，只是无明一念、因缘所生法即空即假即中不思议三谛、一心三观、一切种智、佛眼等法耳。无生门既尔，诸余横门亦复如是。虽种种说，只一心三观，无横无竖"。"介尔有心，即具三千世间"。此心乃无明一念心，非偏指清净真如心也。通过圆顿止观工夫，此无明一念心即是清净真如心；但不是分解地显示，而是即在一念三千中作用地显示。此圆顿止观、不思议三谛、三智即是般若、解脱、与法身。般若之用在此显，而清净真如心之体亦在此证。即体（真如心）即用（般若），即用即体，总在"无明一念心，此心具三谛；体达一观，此观具三观"（破法遍中第三横竖一心明止观中语）中显示。此为作用地显示，非分解地预定一如来藏真如心也。

达成此三谛三观之方法，大体是根据：

一、《中论》"诸法不自生，亦不自他生，不共不无因，是故总无生"；

二、《涅槃经》"生生不可说，生不生不可说，不生生不可说，不生不生不可说"。

两方式而观达一切——亦即遍破一切，遍立一切。

第七章《正观》、破法遍中开头无生门破法遍云：《佛藏》云："劫火起时，菩萨一唾火即灭，一吹世界即成。非是先灭后成，只一唾中即灭即成。彼经明外用内，合无生门，即破遍，即立遍，破立不须二念。若内无是德，则外无大用。寄外显内，其相如是。须识观心者，众生一期将讫，即是劫尽。三毒三灾火为语端。以止止之，如唾灭；以观观之，如吹成"。据此可知智者《摩诃止观》是将一切分解说的经论教义由圆顿止观作用地，诡谲地而消融之，复是作用地、诡谲地、遮诠地以明圆教，非如华严宗之顺如来藏系分解地明圆教也。分解地明圆教，是别教一乘；作用地明圆教，是同教一乘。别教一乘，缘理断九，圆唯在佛。同教一乘，一念三千，当下即达九界，不待断九始圆也。是故天台是《中论》般若学系统，华严是《起信论》真常心系统。

*3·3 智者《法华玄义》卷第二上正解法字中云：

"南岳师举三种，谓众生法、佛法、心法。"

"心法妙者，如《安乐行》中：'修摄其心，观一切法不动不退'。（此略引《法华安乐行品》。又一念随喜等。（荆溪湛然《释签》云：'又一念心随喜等者，即观行位初，只于贪瞋一念心起，体即权实，诸皆例然。随顺三谛，故云随喜。是故随喜名心法妙'。）普贤观云：'我心自空，罪福无主'。（《释签》云：'普贤观意者，心体即理，故云自空。谁执罪福？故云无主。应遍十界以明罪福在一念心，方成妙观'。）观心无心，法不住法。又心纯是法。（《释签》云：'观心无心等者，能缘之心既无，所缘之法安在？能所不二，故云纯是'。）破心微尘，出大千经卷。是名心法妙也"。

又云："若广众生法，一往通论诸因果及一切法。若广佛法，此则据果。若广心法，此则据因"。

又云："三、广释心法者，前所明法，岂得异心？但众生法太广，佛法太高，于初学为难。然'心佛及众生，是三无差别'者，但自观己心，则为易"。

"《涅槃》云：'一切众生，具足三定'。上定者，谓佛性也。能观心性，名为上定。《释签》云：应了此性具足佛法及众生法。虽复具足，心性冥妙，不一不多。以心性观，则似可见。若以众生及佛而为观者，则似如不逮。若以心性观彼界如，界如皆空，常具诸法。非空非具，而空而具。双遮双照，非遮非照，亦只是一念心性而已。如是之定岂不尚耶？"上能兼下，即摄得众生法也。

"华严云：'游心法界如虚空，则知诸佛之境界'。法界即中也，虚空即空也，心佛即假也。三种具，即佛境界也。是为观心仍具佛法。

"又，游心法界者，观根尘相对一念心起，于十界中必属一界。若属一界，即具百界千法（百界千如）。于一念中，悉皆备足。此心幻师，于一日夜，常造种种众生，种种五阴，种种国土，所谓地狱假、实、国土，乃至佛界假、实、国土。（《释签》云：'假即众生，实即五阴及以国土，即三世间也。千法皆三，故有三千'。）行人当自选择何道可从。

"又，如虚空者，观心自生心，不须藉缘。藉缘有心，心无生力。心无生力，缘亦无生。心缘各无，合云何有？合尚叵得，离则不生。尚无一生，况有百界千法耶？以心空故，从心所生一切皆空。此空亦空。若空非空，点空设假，假亦非假。无假无空，毕竟清净。（案：此即作用地、诡谲地、遮显清净真如心也。）

"又复佛境界者，上等佛法，下等众生法。

"又，心法者，心佛及众生，是三无差别。是名心法也"。

此言一心，同于《摩诃止观》，皆不指清净真如心也。

*3·4　然并非不承认空不空如来藏，唯认其为别教四门耳。

《摩诃止观》第七章正观，第四破法遍中从假入空破法遍最后四门料简云：

"次别教四门者，即是观别理，断别惑，不与前同；次第修，次第证，不与后同。《大经》云：'闻大涅槃有无上道，大众正行，发心出家，持戒修定，观四谛慧，得二十五三昧'。事相次第，不殊三藏，但以大涅槃心导于诸法，以此异前；渐修五行，以此异后。故称为别。

"言四门者，观幻化见思，虚妄色尽，别有妙色，名为佛性。《大经》云：'空空者，即是外道。解脱者，即是不空，即是真善妙色。如来秘藏，不得不有'。又：'我者，即如来藏，如来藏者即是佛性'。《如来藏经》云：'币帛裹金，土模内像'。凡有十譬等，即是有门也。（案：此即不空如来藏）

"空门者，《大经》云：'迦毗城空，如来藏空，大涅槃空'。又云：'令诸众生悉得无色大般涅槃'。涅槃非有，因世俗故，名涅槃有。涅槃非色非声，云何而言可得见闻？即是空门。（案：此即空如来藏。）

"亦空亦有门者，智者见空及与不空。若言空者，则无常乐我净。若言不空，谁复受是常乐我净？如水酒酪瓶，不可说空及以不空。是名亦空亦有门。

"非有非无门者，绝四离百，言语道断，不可说示。《涅槃》云：'非常非断，名为中道'。即是其门也。

"如此四门得意，通入实相。若不得意，伏惑方便，次第意耳。《涅槃》名为菩萨圣行。《大品》名为不共般若。此皆是别教四门意，非今所用也。

"圆教四门：妙理顿说，异前二种（藏通）。圆融无碍，异于历别。云何四门？

"观见思假，即是法界，具足佛法。又诸法即是法性因缘，乃至第一义亦是因缘。《大经》云：'因灭无明，即得炽燃三菩提灯'。是名有门。

"空门者，观幻化见思及一切法，不在因，不在缘。我及涅槃，是二皆空。惟有空病。空病亦空。此即三谛皆空也。

"云何亦空亦有门？幻化见思，虽无真实，分别假名，则不可尽。如一微尘中，有大千经卷。干第一义而不动，善能分别诸法相。亦如大地一，能生种种芽。无名相中，假名相说。乃至佛亦但有名字，是为亦有亦无门。

"云何非有非无门？观幻化见思即是法性。法性不可思议。非世，故非有。非出世，故非无。一色一香，无非中道。一中一切中。毗卢遮那遍一切处，岂有见思而非实法？是名非有非无门"。

据此四门判教，则知智者并非不承认有空不空如来藏之说，惟一方既视为别教（天台藏通别圆之别，非华严别教一乘之别），一方匠心独运亦不顺此路明圆教。顺此路就《华严经》明圆教者是华严宗是杜顺、智俨、贤首之一系。《起信论》及其所根据之真常经所说之空不空如来藏，华严宗判为大乘终教。顺此终教思路之分解就《华严经》明圆教，其所明之一乘圆教，贤首自判为别教一乘圆教，而判天台之圆教为同教一乘圆教。同者，言其开权显实，"一乘垂于三乘，三乘参于一乘"，以一同三，一三和合也。（贤首《华严一乘教义分齐章》建《立一乘》第一。）别者，言其唯就毗卢遮那佛圆满法身说，隔别机权，唯是自得自证之一实，所谓"称法本教"，非"逐机末教"者是也。

天台、华严俱认《华严经》为佛成道后第一时说。所谓称法本教，所谓别教一乘，"即佛初成道，第二七日，在菩提树下，犹如日出，先照高山，于海印定中，同时演说十十法门。主伴具足，圆通自在。该于九世十世，尽因陀罗、微细境界。即于此时，一切因果理事等，一切前后法门，乃至末代流通舍利、见闻等事，并同时显现。何以故？卷舒自在故。舒则该于九世，卷则在于一时。此卷即舒，舒又即卷。何以故？同一缘起故，无二相故。……是故依此普法，一切佛法并于第二七日，一时前后说，前后一时说。如世间印法，读文则句义前后，印之则同时显现。同时前后，理不相违"。（《华严一乘教义分齐章》，第六《教起前后》。）而天台则就"譬如日出，先照高山"（《华严经·出现品》），判为第一时初说，亦曰华严时；就"譬如从牛出乳"（《涅槃经》），判为"乳味"。

根据此义，则有一义可说，即：此种圆教亦可说是"形式的圆教"，"形式的一乘"。其言"别"虽可显此"称法本教"之独特、殊胜、与最高，然亦有抽象之隔别义。虽在法上说，一切佛法俱在其内，无隔无别，然此只是佛"称性极谈，如所如说"，佛初成正觉，称所证法性之理而说。故此无隔无别是自证之无隔无别。自其不顾群机而言，实亦是隔别。隔别即抽象。隔别单显佛自身之圆满，抽象单显圆满真理之本义。此亦如单显真理之标准，只此标准之自己便是抽象。不隔别，不抽象，不能显出此标准。虽就佛自所证说，是具体，而非抽象，即，其自己真是证到，而非只是抽象地见到，然就普接群机而为客观地证现言，则仍是隔别，仍是抽象。即依此义，而说为形式的圆教，形式的一乘。此种圆教，客观地说，是圆教之在其自身，主观地说，是佛圆满法身之在其自身。在其自身，即是圆教之模型，圆教之标准，即是形式的圆教。但模型、标准、在其自身，必须经过"对其自身"而成为"在而对其自身"（在其自身与对其自身之真实统一），方是客观地真实而具体之圆教。此则便不能隔别群机而不顾，便不能只"称性极谈"而显高，亦须就机而显普。圣人必须俯就，泛应曲当而无碍，其道方具体，其圆教方具体而真实，此方是具体而真实的"圆而神"。就此而言，华严宗之就第一时与乳味之《华严经》而说圆教实不及天台宗之就第五时（法华、涅槃时）与醍醐味而说圆教为真实而具体，为真正之圆教。

就义理之发展说，（凡判教俱就义理秩序说，非就历史次序说），天台之判教实比较如理如实，精熟而通透。华严之判教以及其所说之圆教，是超越分解思路下的判教与圆教，天台之判教以及其所说之圆教，是辩证圆融思路下的判教与圆教，是通过那些分解而辩证诡谲地、作用地、遮诠地消融之之圆教。天台五时判教如下：

一、华严时：日照高山，乳味，称理而谈，以显形式的圆教。

二、鹿苑时：日照幽谷，酪味，说四《阿含》小乘教。

三、方等时：食时，生酥味，说《维摩》、《思益》、《楞伽》、《金光明》、《胜鬘》等经。

四、般若时：禺中时，熟酥味，说《般若经》。

五、法华、涅槃时：日轮当午，醍醐味，从《般若》出《法华》、《涅槃》。

经过前四时，至最后第五时而说圆教，便是真实而具体之圆教，其不顺《起信论》走超越分解之路，而顺《中论》走辩证消融之路以"一念三千"作用地、诡谲地、遮显地明圆教，亦其宜也。

*4. 然无论是天台宗之一念三千，乃至荆溪湛然之由之展现而为"十不二门"（十不二门乃荆溪就智者。《法华玄义》正解妙字中别释迹中十妙之综结处所作之《释签》，即荆溪《释签》于此以"十不二门"

收摄十妙。知礼觉此"十不二门"精要，复提出特为之作。《指要钞》)，或是华严宗之如来藏心"不变随缘，随缘不变"，乃至"因圆果满"之性起所成之大缘起法界，如"三性同异，缘起因门六义，十玄缘起无碍，六相圆融"四门之所说，要皆总是"缘起性空，流转还灭，染净对翻，生灭不生灭对翻"教义下之圆融地说。

就天台宗说，一念三千之不思议境不是因着有一个"体"而要去积极地肯定的，乃是只顺着烦恼心遍而实然地如此说，其当然而必然之理想地说者仍是在就此不思议境而当下寂灭之。寂灭之，即是在圆顿止观中如实知"即空即假即中"而证实相。实相不空悬，即在三千中。实相是具体，三千始得其必然性。是故知礼云："况复观心自具二种：即唯识观及实相观。……实相观者，即于识心体其空寂，三千宛然，即空假中。唯识观者，照于起心变造十界，即空假中"。(《指要钞》解色心不二门。案于此亦可见即唯识，天台对之亦无诤)。惟有在"即空假中"之实相中，三千世间始得其遍满不坏之必然性。三千不可亦不必离，不可亦不必坏，但可即之而可寂。如此，则仍是"流转还灭"下之体用。实亦无所谓体用，体用皆虚说。吾人不能说实相是体，三千是用。三千即空即假即中，吾人亦不能于此说空或中是体，而假是用。此仍是般若、解脱、涅槃三德体备下之出世静态之实相观。就即空即假即中之实相，若拆开观，吾人不能说空假是体用，则空与假之关系仍只是虚系无碍之关系。在虚系无碍中证即空即假即中，此即是实相。实相是抒意字，非实体字。一色一香无非中道，非必灭色灭香也。唯是当体即如(即空即假即中)，则虽色而非色，虽香而非香，而色香宛然，此即所谓灭，此是圆融地灭，非分解地灭，隔离地灭。圆融地灭，灭而不灭，去病不去法，则幻假无碍，永无穷尽。此即是烦恼心遍，故佛体遍。遍即圆满无尽。可是并非因一种积极的创生的实体而可令其不幻假，而使之为积极的无穷尽。佛家对于幻假事总是在这不澈之虚系状态中而挂搭着为圆融地无尽，总是不能客观地积极落实也。

*4·1 就华严宗说，"不变随缘，随缘不变"是实然地说。在此实然地说下，吾人不能说如来藏心是体，而随缘流转是其用。即在十信终心已去，一念即得作佛，"一念即得具足一切教义、理事、因果等，及与一切众生皆悉同时作佛"，而成为"因该果海，果澈因源"，因圆果满之性起，十身佛之自境界，如理智中如量境之法性家实德缘起，而缘起就缘起说，亦仍是虚系无碍之圆融。纵使唯一真心转，性起具德，一

时炳然，或隐映互现，而吾人仍不能说此真心为一创生的实体能创生此缘起事之大用。此体用仍是"缘起性空，流转还灭，染净对翻，生灭不生灭对翻"下之静态的虚系无碍之体用。而且在此十佛自境界中，海印三昧之大缘起中，实亦可说起而无起，虽"一时炳然"，而亦可说即是寂然，虽"隐映互现"，而实亦无所谓"现"，更无所谓"互"。此真心回转之大缘起法实仍是顺应实然说的"不变随缘，随缘不变"之所有而翻上来圆融无碍地寂灭之，而示现为实德而顺成之，虽名曰大缘起法界，说的那么丰满热闹，实则亦可以说是一无所有，亦可以说是无一德可现。然而又实可一时炳然，亦实可隐映互现。在此种虚系无碍的圆融状态下，实无体用可说。体用皆是过渡中的词语。亦是虚说的词语。此如来真心实非创生缘起法之实体也。缘起总是缘起，总是对于不可思议之假名说。第一义谛中，一法不可得，焉有所谓大缘起法界耶？缘起法总是似有无性，即在十身佛自境界亦复如是。不因佛果而即可变为有自性之实事也。

　　*4・2　贤首解"总别同异成坏"六相中之"坏相"云："第六坏相者，椽等诸缘，各住自法，本不作故。问：现见椽等诸缘，作舍成就，何故乃说本不作耶？答：只由不作，故舍法得成。若作舍去，不住自法者，舍义即不成。何以故？作去，失本法，舍不成故。今既舍成，明知不作也。问：作去有何失？答：有断常二失。若言椽作舍去，即失椽法。失椽法故，舍即无缘，不得有故，是断也。若失椽法而有舍者，无缘有舍，是常也"。各住自法，不作而作；缘而非缘，非缘而缘；不断不常，就是这样一种不可思议，虚系无碍之奇诡缘起。能如实知，不依事识，便是如来真心。此如来真心之与奇诡缘起实非体用关系也。纵说是法性家之实德缘起亦非体用关系也。其原初先肯定一超越之真心，是顺应众生无始已来而分解地实然地如此说。其所以如此说，是为的凭依超越真心好便说明流转还灭。以超越真心为准而起修行工夫是还灭的过程。超越真心离念离相，平等一味，所谓空如来藏。而依之而起之还灭过程，无论是渐是顿，却总有许多事相、意义、内容之分齐。这些分齐都是在还灭过程中显。而当还灭至心源时，则这些分齐一起卷藏于超越之真心而销溶无余，而归于无相，而同时复亦即因卷藏虽无相而亦示映映射出无量功德，示映映射成无边果海。此亦即"因位穷满者，于第三生，即得彼究竟自在圆融果矣。由此因体，依果成故，但因位满者，即没于果海中也。为是证境界故，不可说也"。(《一乘教义分齐章》，诸法相即自在门)。故真心之东海是经过还灭工夫之因位穷满而示映映射

成者。依真心起还灭行是体用，而此体用是返流，是过渡。及其全没于果海，则真心呈现，寂灭无相，而体用义亦不存。纵使此海印三昧之果海，于不可说中方便假说为大缘起法，说的那么丰满热闹，还只是因位内容之映射，而实无真实之缘起，而真心与此虚映之大缘起法（所谓实德缘起）之关系亦非体用之实关系。盖此大缘起法本是虚映虚说故。实处是在还灭之行修，而没于果海则全成为"意义"，成为寂灭之"实德"，实无事可指，无相可说，焉有体用之实体与实事？就是着实了，说为大缘起法，其与真心之关系亦仍是虚系无碍之关系，而非创生的体用关系，因果关系也。

*5. 两圆教虽殊涂而实同归，仍不失佛家寂灭教义也。

就天台之"空假中"言，此中根本无体用义：空不是体，假不是用。在此，虽无所谓"万象为太虚中所见之物"，然"物与虚不相资，形自形、性自性、形性天人不相等"，仍是可以说。虽是圆融地无碍，而假究不能因一能生之实体而为真，而只能说"即空即假即中"。虽亦可说是圆融无碍之相资相待，而存有论地不相资不相待仍可说。故其相资相待亦如"因为缘起，故说空；因为空，故说缘起"，而空并非是客观地存有论地能生起缘起事之体，而缘起事亦非是空性之用。"因此所以"之资待关系只是诠表上之抒意关系，并非客观实有之因果关系，体用关系。"即空即假即中"之圆融的资待亦只是诠表上之抒意的资待，证"实相"的资待，并非是客观实有上因果、体用之资待。是以其圆融无碍之相资相待只是客观的、存有论的不相资不相待之抒意诠表上之虚系无碍地说。（理具未显为体，事造已显为用，此是就或迷或悟之性修关系上说体用，说因果。即行修还灭上的体用、因果，非客观的存有论的体用因果。横渠说不相资不相待，是就客观的、存有论的实体用、实因果说，故只能就空假说）。

*5·1 就华严之海印三昧实德缘起说，妄尽心澄，万象齐现，则即可说"万象为太虚中所见之物"，亦可说"虚与物不相资，形自形，性自性，形性天人不相待"。十身佛自境界，大缘起陀罗尼法，此中实无所谓体用义，只是毗卢遮那佛法身之遍、满、圆、常而已。而其丰富之意义、内容，皆由还灭工夫之因位上映射而成。即方便假说，展示为大缘起法，其与如来真心之关系亦非体用、因果关系，此非如来真心之所创生，乃是因位穷满之所映射，说有就有，说无即无者。在此，如果勉强可以说体用，亦仍只是虚系无碍之体用，而非实体创生、实理所贯之体用。

此仍可说物与虚不相资不相待。圆融无碍的相资相待实仍是客观的、存有论的不相资不相待之虚系无碍地说，不因唯一真心回转，便可成为实体用、实因果之实相资实相待也。至于"不变随缘，随缘不变"处物与虚之不相资不相待则尤显。（在还灭工夫上因圆果满之体用、因果，是行修上之体用、因果，非客观的，存有论的实体用实因果，非横渠所意指者）。

*5·2 是以佛家之空假关系，理事关系，真如心与缘起法之关系，其本身皆非体用关系。如果可以以体用模式论，则皆是"缘起性空，流转还灭，染净对翻，生灭不生灭对翻"教义纲领下虚系无碍之体用，"物与虚不相资，形性天人不相待"之体用。此是贯通空宗之中观，唯识宗之三性，天台宗之空假中，华严宗之如来藏真如心，皆是如此而不能违背者。是以就体用之模式说，横渠谓其"一物与虚不相资，形性天人不相待"，虽是笼统，而未始不中肯。而程明道即进一步复就此体用之总论而鞭辟入里地谓其"只有敬以直内，而无义以方外，要之其直内者亦不是"。盖其直内只是染净对翻，生灭不生灭对翻，其所直之内只是心真如体也。而后来陆象山复进而以义利公私判儒佛，而谓"惟义惟公故经世，惟利惟私故出世。儒者虽至于无声无臭，无方无体，皆主于经世。释氏虽尽未来际普度之，皆主于出世"。此盖是"缘起性空，流转还灭，染净对翻，生灭不生灭对翻"教义下之必然。虽极圆融、甚至说无世可出，无生死可度，无涅槃可得，说出如许圆融、吊诡的妙论，亦仍是圆融地灭，圆融地出世，不可诡饰而辩掩也。

*5·3 横渠、明道、象山之评判，表面看之，虽极笼统粗略、然实按之，皆极中肯扼要。彼等之如此说，亦只是要显露一道德创造性的实体用之实相资实相待，亦是很显明地要呈现出一内在道德性之性理、实理、或天理，亦根本是一道德意识之凸出，道德意识之照体挺立。此是很显明的一个本质的差异，佛教的苦业意识总不向此用心也。一般人并无真正的道德意识，不知道德意识为何物，又见儒佛体现真理之形态相似（俱重主体性，皆可成圣，皆可成佛等），许多形容相似，又人间本亦有许多共通者，遂搅混而恍惚。横渠等，见出此本质的差异，亦未始非善事，而亦并不因此即泯灭或减杀佛教之价值。

五、道德意识之豁醒，内在道德性之
性理、实理、天理之挺立

*1. 要想于此"虚系无碍"的非体用的体用进一步转出实体所生、

实理所贯之实理实事之性体因果（意志因果）之实体用，于圆融无碍之相资相待而实不相资不相待转出客观的、存有论的实体创生，贯通为一之实相资实相待，则必须正视这真实心之"自律、自给普遍法则，以指导吾人之行为，使吾人之行为成为普遍法则所贯之实事"这一内在道德性之挺立方可能。此即是儒家之着眼点。如此着眼，则真实心不以"缘起性空、流转还灭、无分别智等等"来规定，而是以道德的自律、内在道德性之心性来规定。就此着眼，则"缘起性空，流转还灭，染净对翻，生灭不生灭对翻"只成外围浮泛之话，而鞭辟入里，真切于真实人生，直握骊珠，以完成其理想之使命者，则在此不在彼。

　　*1·1　握此骊珠，则一般意义的缘起，无论是经验的或是超越的，总是可以说，而"缘起性空"这特殊化的缘起便不可以说。现实事实总是因缘生起的，而"诸法不自生，亦不自他生，不共不因，是故总无生"，而又生相宛然，这生相不可解的缘起论是特殊化的缘起，"似有无性"的缘起是特殊化的缘起，"橡等诸缘各住自法，本不作故"（贤首所说的坏相）的缘起是特殊化的缘起。这种特殊化的缘起，吾名之曰"吊诡的缘起"（Paradoxical theory of Occasion）。其所以要如此吊诡，是为的要说空、无性、幻妄、假名。遍计执固是"情有理无"，即依他起亦是"似有无性"。僧肇不真空论云："非无幻化人，幻化人非真人耳"。缘生就是幻化，而缘义不可解，生义不可解，而又缘、生宛然。这吊诡的缘起亦是理论化的缘起（Theorized Occasion）。因为若只局现于缘生的诸缘上，冷冷然而观之，吾人总可根据一种诡辩的理论而谓其不可解。此与休谟拘因于当下孤零零之感觉而谓因果关系不可能同。休谟只直线地说因果不可能，而这吊诡的缘起，虽缘与生俱不可解，而却又是缘、生宛然，因果宛然。此种诡辩化的吊诡缘起，亦可曰"封闭的缘起"（Occasion in a closed sense）。此是定向上的缘起，亦是加了颜色的缘起。虽曰如实知，而实不必如实知。若是顺缘起之为缘起而不必着在定向上，则即是"敞开的缘起"（Occasion in an open sense），此即不必是吊诡的缘起。如顺经验而观之，缘起本有幻化的缘起，如海市蜃楼，如幻如化，世间本有如此之幻假事；亦本有虚妄的缘起，如私意，私欲的偏执，颠倒迷乱的偏执，世间本有如此之虚妄事。然而实者总是实，焉可一律以"吊诡的缘起"而幻妄之？即使是海市蜃楼之幻化，私意私欲颠倒迷乱之虚妄，其幻化是由种种物理条件而成，其虚妄是由私意、私欲、颠倒迷乱而成，亦不是由吊诡的缘起而成。吊诡的缘起可以

幻妄一切，此即破坏世间而违经验，造成一种颠顸的封闭的缘起论。如依超越的实体而观之，则道德的性理，实理、天理之所贯，人之所应当为而理上必须去为者，则就其事言，虽亦是缘起的，而却是实事而不可以幻妄论。如是，"缘起性空"之吊诡的缘起论，诡辩理论化的缘起论，颠顸封闭的缘起论，即转化而为顺理的缘起论，如实的缘起论，敞开的缘起论。在此种缘起论中，凡道德实理之所贯者皆是生化之实事，亦是道德创造之实事，凡由私意、私欲、颠倒迷乱而来者皆是幻妄。〔刘蕺山解周濂溪《通书·圣学第二十》"无欲则静虚动直"句云："欲原是人本无的物。无欲是圣，无欲便是学。其有焉奈之何？曰：学焉而已矣。其学焉，何如？曰：本无而忽有，去其有而已矣。孰为有处？有水即为冰。孰为无处？无冰即为水。欲与天理，虚直处只是一个。从疑（凝）处看是欲，从化处看是理"。（《宋元学案·濂溪学案》上）。〕

*1·2　握此骊珠，则流转还灭在某一意义上亦未始不可说。私意、私念、私欲、偏执乖谬而无理之流转当该灭，然而道德实理所贯而贞定之实事，则虽作过作完，过而不留，然却是永当作而又作，而无所谓幻妄可断者。此即示生灭、流转、缘起与幻妄不可等同看。有是实事之生灭、流转、缘起，有是幻妄之生灭、流转、缘起。幻妄可断可灭，而实事不可断不可灭。

*1·3　握此骊珠，则染净对翻，生灭不生灭对翻，以明心真如，明自性清净心，明平等一味之法性体，明遍常一之本觉，尤其未始不可说。然不只是染净对翻，生灭不生灭对翻，明一个清净不生灭之真如体停在那里而只与幻假（生灭）为虚系无碍之圆融（所谓不变随缘，随缘不变），而却是骊珠朗现，自主自律，自给普遍法则，以成就实事之不妄。此是顺佛家之心真如说。因儒家所讲之道德的本心，如心体、性体、诚体、神体、寂感真几，无极而太极等，亦是至寂至静的，亦是空无妄念，一切识念不相应的，亦是自性清净的，亦是无思无为，无声无臭的，亦是遍常一、平等一味的：凡形容如来藏自性清净心的那些形容词都可用得上。但只有一点不同，即，不只是如此之形容。乃是所以要有具有如此形容之本心端在明其唯如此始能毫无条件地、超越感性利害地自给道德的普遍法则以指导吾人之行为，以成就道德行为之实事，此即象山所说"儒者虽至于无声无臭无方无体，皆主于经世"。此是儒佛之本质的差异，亦即道德意识与苦业意识之不同。既是对于道德本心所可有之形容可完全同于如来藏自性清净心之形容，则顺如来藏心而直握

骊珠以明此内在道德性之性体心体，亦并无不可。盖对此骊珠言，那些形容俱是外围的话。如来藏心并非与内在道德性必不相容。只决于有无此道德意识而已。有此骊珠即是儒，无此骊珠即是佛。如果此如来藏心单由缘起性空所指之定向来决定，不准有此内在道德性之意义，则如来藏心即为特殊教义所拘限之清净心，虽清净无相，然却因特殊教义之限定而有相，此即成为真心之拘限。吾人以为真心就是真心，可不受任何拘限而解除此拘限。由缘起性空可翻至清净心，但一旦翻上来而至清净心呈现，则可不受那特殊教义之拘限。清净心何以必不可自主自律，自给普遍法则，以决定吾人之行为，以成就道德行为之实事耶？何以必拘限于起返流还灭之行修而停于"即空即假即中"之虚系无碍之境界，或停于"大缘起陀罗尼法"之虚系无碍之境界，而不准起道德创造而成道德行为之实事耶？吾以为此种拘限乃无理由者，对超越之真心言，乃是一种桎梏，一种虐待，故必须解除此桎梏，而予以解放。解放后，则既清净而又创造，此即为大敞开，大自在，大圆融，赫日当空而大用不息。

*1·4 有此骊珠，便可将如来藏自性清净心带起来，挺立起来，竖之以义理的骨干，使之成为一立体的直贯，以反而成就道德行为之实事，此即所以为"经世"。无此骊珠，则如来藏自性清净心只是停在那里而与幻假为虚系无碍的圆融，来回地圆转，吊诡以呈妙，而实骨子仍是"缘起性空，流转还灭，染净对翻，生灭不生灭对翻"之出世，此即象山所谓"释氏虽尽未来际普度之，皆主于出世"。吾亦进而可说，虽"即空即假即中"，尽圆融之极致，虽无世可出，无生死可度，无涅槃可得，尽不著相之极致，亦是圆融地灭度，圆融地出世，而毕竟亦是著了相，留下个软点，毕竟未能尽人生之极致。此即阳明所谓"佛氏不著相，其实著相。吾儒著相，其实不著相。佛怕父子累，却逃了父子；怕君臣累，却逃了君臣；怕夫妇累，却逃了夫妇：都是著相，便须逃避。吾儒有个父子，还他以仁；有个君臣，还他以义；有个夫妇，还他以别：何曾著父子君臣夫妇的相"？虽可云不必逃，而即空即假即中，然而父子君臣夫妇却毕竟不可以空假论。今点出此骊珠，挺立此软点，使其所说带归于大中至正之常道，此即儒释之大通。无此骊珠，则亦终归于偏滞而已矣。故象山谓"儒为大中，释为大偏"。所争只在有无此骊珠而已矣。儒佛之絜和与会通，只在此骊珠之点醒而可能。如不知此关键，只看那些形容之相似，以及皆重主体性、皆可成圣、皆可成佛之形

态之相似，便以为是会通，那是无意义者。此亦不能以"不毁世间而证菩提"来辩饰。如曰我不要点醒此骊珠，我只要如此说，则是气质决定，亦任之而已矣。彼亦自有其价值，世间本不必说一样话也。

*2. 握此骊珠，则不但成就道德行为之实事，且藉以消除一切发自私欲、私意、气质之偏之不道德反道德之虚妄事，此在儒者即名曰变化气质，克己复礼，此亦是某意义之还灭。

顺佛家说，一切阿赖耶识、无明识念所起之绉绉之心理学的幻妄纠结皆在此内在道德性之性体（本心天理）之呈现中步步消除或转化，而使之澈底净尽。这些心理学的幻妄纠结即王阳明所谓"动于气"或"动于意"，亦即程明道所喜说之"万物皆只是一个天理，己何与焉"，"与则便是私意"之私意之"与"。阳明所说之"动于气"与"气之动"不同。气之动有善有恶，而动于气则善者亦恶。意之动有善有恶，而动于意则善恶皆坏。是以私意之与，动于气，动于意，皆是不顺理之私，皆是心理之纠结。杨简之"不起意"即是不起"意必固我"之意，是以此"意"亦是私。一起意，纵使有好有坏，亦不是本心天理之至善至公至常与至一。此种意亦即刘蕺山所谓"两在而异情"之"念"，不是本心所存（所存之以为真主）之"一机二用"之真意。化念还心，真意斯现，于此始有真道德之可言。总之，不论是气之动，意之动，杨氏之意，刘氏之念，以及动于气，动于意，乃至私意之与，皆不是天理之本心，在此皆不能建立起真正之道德行为，皆可统摄于心理学之纠结中，亦皆可统摄于佛家阿赖耶识，无明识念所起之虚妄染污之生灭流转中，凡此皆须凭借内在道德性之本心以及本心所自给之普遍法则（天理）以消除之或转化之。这是在道德意识下凭借内在道德性之定、常、遍以消除而净化之，不是在苦业意识下生灭不生灭对翻，凭借真如空性，无分别智，以寂灭之。这不是后返的灭度或当体即如的灭度之净化，而是前向的道德创造之净化。

*2·1　消除之，使之至于净尽，则无动于气、动于意以及参与之私；转化之，则是使其无私，而气之动纯为顺理之气，意之动、念之起、纯为顺理之意与念。如是，则虽气也，而有本心天理以贯之，虽意与念也，而有本心天理以常而贞定之。有本心天理以贯之，则气之动即为天理之流行。有本心天理以常而贞定之，则意而无意、念而无念，皆是本心天理之呈现。而道德的本心天理不能空挂，停在抽象的状态中，亦必须在气动中而为分殊的表现，亦必须在意而无意、念而无念中作具

体的呈现。作分殊的表现，具体的呈现，始有真实的道德行为可言。否则，本心天理只是抽象的"体"，而没有成为道德行为之"用"。

*3. 气之动是有分殊的，有分际之不同的，此即是差别相（殊异相）。顺本心天理而起之意而无意念而无念亦是有分殊的，有分际的，如阳明所谓意在于事亲，意在于读书等。顺本心天理而起之意而无意念而无念实即是本心天理之在具体的分际上之具体的流注。是以如说是意，必须是意而无意，如说是念，必须是念而无念。是以此时即根本亦可以不说意，不说念，而只是本心天理之在具体分际上之具体流注。如流注于父母即为孝，流注于子女即为慈，流注于兄弟即为友爱，流注于夫妇即为相敬如宾之情爱，流注于国家政治即为忠义法律，流注于一切人文社会之活动即为以义和利以礼制事之事功：此皆是在具体分际上之具体的流注，具体的呈现。气之动有分殊，有分际之差别相，本心天理即就此具体的分际而为具体的流注与呈现，因而亦有差别的表现。

*3·1 这些差别相，儒者名之曰分，分位，分际。这些不是虚妄，不是幻假，不是依识而现的。这些"分际相"是不可离的。亲亲、仁民、爱物、慈、孝、弟、忠、义等等差别相分际相是不可"离"的。这是分之不同，分际分位之不同。有不同之分位，故本心天理亦有差别之表现，在不同之分位上，有不同之表现。有不同之表现而成为不同之道德行为，始有真实之道德行为可言。这是普遍之在具体中表现，具体中之普遍，亦曰具体的普遍，非抽象的普遍，虽普遍而有具体之内容，不是抽离的光板。而同时具体之差别、分际、分位亦因普遍之本心天理贯注于其中而有普遍之意义，永恒之意义，必然之意义：虽殊也而普遍，虽变也而永恒，虽实然也，而亦是必然：此讲普遍的特殊，有永恒意义的变化，必然的然（定然而不可移，当然而不容已），也就是真实、具体、而必然的殊异与变，不只是抽离了本心天理之普遍性之无体的殊，无体的变。无体的殊与无体的变是无理由的，偶然的，非具体而真实的，此或可即是无明识念之所缘起，此而说虚妄幻假则可。然而有本心天理以贯注之之分位之殊与变则不是无明之所缘起，不可以虚妄幻假论。此即是儒者所谓"实事"。事既实，则分位之殊即不可以假论，亦是实。这些实有之分位差别是须要肯定的，是因本心天理之贯注而有自体的，本心天理之贯注使之有自性，使之为实。否则，便没有真实的道德行为之可言，本心天理亦无成就真实道德行为之具体的表现。凡道德行为都是具体的，独特的，存在的，当下的，责无旁贷，虽父子兄弟亦不能相为的，（此即今日海德格存在伦理之所说），而其本则是本心天理之普遍性（遍、常、一）。是以道德的本心天理之成就真实的道德行为即必然地肯定了分殊之真实性，亦必然地肯定了分殊上真实道德行为之为实事。这不是"缘起性空、流转还灭，染净对翻，生灭不生灭对翻"教义下所显之如来藏心所能成就。这即是朱子所谓"理一分殊"之真实意义，亦即明道所喜称引之以辨儒佛的《坤·文言》"敬以直内，义以方外"两语之真实意义。

* 4. 在"缘起性空，流转还灭，染净对翻、生灭不生灭对翻"之不相资不相待中挺立起一个立体的骨干，一个内在道德性之性理的敬义骨干，（"敬义立而德不孤；直方大，不习无不利，则不疑其所行矣"①），则即显出实事实理相资相待之有机的体用，道德性的创生实体（性体、心体、神体、诚体、寂感真几）之创生的体用。此即函说须要吾人对于缘起事要有个简别。纵使说缘起，说依他起，亦要有简别：有是虚妄幻假的缘起流转，有是实事的缘起流转。发自私意、私欲、私念以及气质偏杂之乖谬无理的缘起是虚妄，是幻假，而发自本心天理之实事则不是虚妄，不是幻假。凡是一道德行为，就其为一行为（Action）言，是事。就此事之"实际的完成"（Material accomplishment）言，须要有缘（各种条件）来助成，此自亦可说是缘起。例如事亲之孝行，如纯依本心天理精诚无杂地来作此事，（在孝行上说"无杂"是多余的），则是此事（行为）之"形式的完成"（天理的完成，Formal accomplishment，performed by categorical imperative）；但事亲这一具体的孝行须要在奉养之宜温凊之节以及孝子之声音笑貌动作趋翔中完成，此即是其实际的完成（材质的完成），此即可曰缘生缘成。若无这些缘助，事亲之孝行便不能表现。其形式的完成依天理，天理不可以缘起事说。孝行之事是缘起事，而本心天理不是缘起事。在其实际的完成中，种种缘助亦是缘起事。既是一缘起事，当然作过即完，有生有灭。此即明道所说"虽尧舜事业亦如太空中一点浮云过目"②。明道之说此语是在显天理德性之尊严。但天理德性不能不在事中作具体而有分际的表现，此即事业之不容已。是以虽有生有灭，作过即完，过而不留，然依本心天理之不容已，即须作而又作，永恒地作，一日二十四小时，一生

---

① 语出《周易·乾传》。
② 语出《二程全书·遗书第三·二先生语三》，又见于《心体与性体》第二册，70 页。原文为："太山为高矣，然太山顶上已不属太山。虽尧舜之事亦只是如太虚中一点浮云过目。"

百年之中，以及继起的无穷生命，总应是在不断地作，此即"造次必于斯，颠沛必于斯"①，"大孝终身慕父母"②，"文王之德之纯，纯亦不已"③，诸语之所示。总起来说，即是道德创造之不容已，亦是恒久而不已。扩大地说，天地之道亦只是创造之不容已，恒久而不已。此即"维天之命于穆不已"④ 一诗语之所示。是以道德行为，虽有生有灭，缘起流转，而却不是虚妄幻假，根于无明，无明识念之所缘起，此乃是天理之实事，天命之不已之所命者。此乃是在本心天理之贯注中（在范围曲成中）的缘起事，亦是本心天理之道德的创造之不容已之必然地要有这些事。

*4·1 在佛家，依其心理情意纠结（在此说烦恼碍与智碍）之笼罩观点，普视一切缘生。缘生、无性、生灭、流转、虚妄、幻化、无明、识念、差别、染污，俱是相等的同意语，此是缘起之一律看，即，无明一层观，此亦可谓颠顶世间也。此非儒者所能许可。此一面既颠顶而混漫，则翻过来之还灭即是清净无相、无分别智、不生不灭、空如平等；而一切"自在用"（不思议业用）只是众生依其自己之识念之所见，而法身自身实无相可说，无业可用；最后而至圆教，色心不二，亦只是当体即如，而为"即空即假即中"虚系无碍之圆融，而缘生无性，假仍是假，是即当体即灭度也。此是苦业意识染净对翻所必至之结论，而亦只能如此说，无法再可有增减。此所以从判教方面说，无论天台之藏通别圆，抑或华严之小始终顿圆，终于表示佛教为完整之一套，而天衣无缝也。然而此完整之一套却就是不能成就道德行为之实事。此无"义以方外"之过也。（此不能以"众善奉行，诸恶莫作"来辩饰。）当然，人之心理情意之纠结网，上天下地，可以沾染一切，从此悟入人生之懊恼与苦难以及种种离奇古怪之乖谬与荒诞，而直接还灭之以达一清凉自在之境，自亦是生命之一途径。然心理情意之纠结网虽可沾染一切，而不必能穷尽一切。逻辑数学之明智开辟逻辑世界，道德意识之尊严开辟道德世界。此皆足以拆穿心理情意之纠结网而启迪理性者也。前者虽只是形式的，不涉及存在之世界，自亦不接触于生命，然其开辟逻辑理性足以构成科学之知识，使科学知识有客观触立之意义，而有非心理情意纠

---

① 语出《论语·里仁》。
② 语出《孟子·万章章句上》。
③ 语出《中庸》引《诗经·周颂·维天之命》之语。
④ 语出《诗经·周颂·维天之命》。

结网所能尽者，则无疑。此层复亦可以使吾人突破心理主义之情意纠结网而暂时得一形式的定常领域（亦函一所谓"本质之领域"）之贞定，西方古希腊柏拉图即由此路而得一澄清灵魂接近真实之生命途径。此虽不必真切而究竟，要亦不失为突破情意纠结网而呈现客观定常之一道。至于道德意识之开辟道德世界，则既涉及存在之真实，且亦真切于生命，在逻辑理性以上而呈现出道德理性（所谓实践理性），既能与逻辑理性以究竟之归宿，复反而能开出逻辑理性以与之为有机的统一，此是道德与知识之开合关系，而由道德理性之充尽所必然蕴函者。至于就其涉及存在之真实，真切于生命言，则是其自身之本分事，既负面地消除净化一切心理情意之纠结网，复正面地成就道德行为之实事，"取日虞渊，洗光咸池"（象山语），而不落于心理主义之"缘起性空，染净对翻"之寂灭，此则真"世出世间"之真实统一，大成圆满之教。只要人一旦道德意识豁醒，直下立足于此而不歧出，则立见其为必然而不可移者。〔苦业意识及罪恶意识皆统摄于道德意识中而得其真实义〕。

（原载《心体与性体》第一册附录，571～657 页，同时参照《牟宗三先生全集》（5），599～688 页校对。）

佛家的存有论
（1975）

　　今天讲的题目是"佛家的存有论"。为什么要说这方面呢？因我们感觉到，讲中国哲学史，南北朝、隋、唐这一阶段的佛教最不好把握；假定我们不了解这六百年的佛教思想的发展，无形中便使中国哲学史缺了一大段，等于架空漏过，而不能完整。故要讲中国哲学史，便要把握从先秦到宋明几个重要的阶段。故站在这立场，我们近几年便不得不注意这方面。但各位要知道，我们这种讲法，并不是以佛学专家或佛弟子的身份来讲佛教或宣扬佛法，而是站在中国哲学史的立场上，把它看为一个必须要通过的重要阶段。所以我这种讲法，对佛弟子而言，总不免有隔，而吾亦非专家，故非专家说法，各位听到如有与平日所闻有不同及有扞格处者，请原谅。下面便讲佛家的存有论。

　　我并不想总述五、六百年间吸收佛教的全部过程，而是将五、六百年吸收佛教的经过总括起来，就这几次讲演所重的注意点，看看这一大教的教义，是怎样的一种形态。如前面说儒家、道家，亦是总括地作一个估量与消化，看看这形态在这个时代要注意的是什么问题。为什么用存有论这名词来说佛家呢？因就佛家言，形上学一词，似用不上；说儒家的道德的形上学，说道家的无底智慧与境界形态的形上学，并无不顺。但于佛教而以形上学名之，便不甚通。一般人了解佛教，并不以形上学来了解之。但虽不好用形上学一词，是否可用存有论一词而说"佛教式的存有论"呢？加上一"式"字，是要显得这存有论有点特别，这表示说在一般人眼中，佛教看世界如幻如化；因佛教说空，是对一切法，一切现象视为如幻如化，正与一般所说存有论的"存有"之义相违反。存有论（ontology）一词，主要是讲 being，可是佛教讲如幻如化，正好没有 being，如何说存有论呢？如可以讲，便要说是佛教式的存有论。而这是什么意义的存有论呢？这便是今天所要讲的。中华民族花费了五、六百年的长时间来吸收佛教，其中经过了一幕一幕，而达到圆满的发展。我们即就此估量之，看佛教是什么形态，在今日可与甚么问题相接头。

西方的存有论，主要是讲 being。不只是哲学，我们可拓大而一般地说，西方的文化精神、智慧方向，主要是训练我们可以把握"是"。"是"这字是由（verb to be）而来。从希腊以来，不单单哲学上说 being 由 verb to be 说进去，就是整个西方文化精神，亦在"是"方向上辗转、引申、发展、开拓。我们要了解西方哲学文化，主要便是训练把握这"是"。中国思想对于这个并不清楚，在中国文字上，"是"字并不显明，如仁者人也，礼者履也，在中文文法上，verb to be 并不清楚。所以并不从"是"入手。佛教更刚好与西方相反，定要把"是"给挖掉，故研究佛教，便是训练我们如何空掉这"是"。这亦是一大智慧。训练把握"是"固不容易，而要空掉它，同样不容易。但中国人的领悟力，对后者较易把握，而训练把握"是"便感不容易。其实训练空掉"是"亦是不易。这是两个相对的大系统。这两大系统在今日对我们都有好处，对开拓我们的智慧，都有大帮助。西方文化说"是"，关于这训练"是"的思考，而能运用自如，这要有高度的训练，我们并不容易学得来。一个要训练"是"，一个要训练"没有是"。而儒家，这个从我们自己的生命之根发出来的思想的重点在训练吾人之"应当"（ought），由应当来决定"是"。要了解这"应当"，亦同样不易；近代人便不懂这"应当"。"应当"亦实不易了解，因儒家整个是道德意识，道德意识人人都有一点，但由道德意识返回去了解道德本身，便不容易。所以我们长期的训练读儒家经典，便是要训练"应当"这一套义理。在儒家"是"是由"应当是"来决定"是"是什么。道家则有点麻烦，不能用一个字标出来。《庄子》书中记载别人问庄子处在什么立场呢？庄子回答道："处乎材与不材之间"；此固滑头而实亦巧妙。于是我们可以说道家是"是与不是之间，当与无当之间"，这是方便说。道家的智慧方向，既非西方的"是"，又非佛家之"无是"，故是在"是"与"不是"之间。儒家说"应当"，而道家，则非当非无当，它只有 how 的问题，无what 的问题，故不正面说一应当，但亦不是否定应当。故道家对道德的态度，是作用上的保存，非原则上否定，故曰当与无当之间。

这几个大形态，在今日都要切实用功以把握之。以上是将基本观念略为表示一下，再进一步解释佛教之存有论。

关于这问题，简单地说，首先既一切法如幻如化，是空，则这如幻如化的一切法、一切现象，如何能稳定得住？假如有一最后的圆成来稳定得住，便有一佛教式的存有论；若无，则佛教式的存有论便不容易讲。今举一明显之例，当年释迦说十二因缘，从无明、行、识乃至生、老、病、死，以一切生命现象，皆由无明而来。若以人之生老病死皆因无明而来，那成佛便要去掉无明。既然要去掉无明，我们可马上问，现实人生之种种，在去了无明后，还有没有呢？这佛并无交代。当然我们并非在这地方批评佛。我们可说这只是释迦顺着我们的现实人生而说下来。我们不能马上肯定说，把无明去掉，人生便没有了，一切差别法都没有了，我们不可如此说。《维摩诘经》有说："除病不除法"，便说不去法。这便有交代。佛教尽管说空，但一切差别法并不去掉，只是去病。《法华经》也有一句话表示此意，即"是法住法位，世间相常住"。佛教说无常，说空，但这里说常住，是如何说的呢？这便是除病不除法。一切如幻如化无自性空的差别法常住，即，总是如此，无一可少。由这观念，至天台宗出来，便公开说："除无明有差别"，意即所去掉的是主观的执著（病），而客观的法，没有一个可以去掉。那么去了无明后的如幻如化的差别法如何能够得到一个究极的稳定（证成）？假定能够，便有佛教式的存有论；若无，便不可讲。

首先，中国吸收佛教，由鸠摩罗什始正式介绍般若学。根据《般若经》来说空，此即一般人所说的大乘《空宗》（宗龙树菩萨）。我近年考虑，一般以空宗称龙树般若学，这对此学而言，是不利的。假定某人以空宗自居，而反对有宗，这人便等于自我否定，这是不利的。以有反空，亦是对空宗根本不了解。故空宗一词，并不是好名词。所以我说，龙树的般若学，严格说来，不可视之为一宗派（school）。如视之为一宗派，便把它限制了。严格说来，它不是一宗，因它不是一系统，此非说龙树说话无条理，乃因为所谓系统，是须对一切法有一个根源的说明，才算是一系统。可是正好般若学空宗并无此工作。《般若经》也好，《大智度论》也好，《中观论》也好，都是把一切法看为是现成的，而就此一切法表现般若之空慧，说般若智之妙用。有一法便不免有一法的执著，般若智便跟上去把它化掉，这是般若学的精神。这是所谓"融通淘汰，荡执遣着"。将一切法归结于大乘，这是融通。将一切执著洗涤净尽，这是淘汰。有一法便易顺此法引生一执，如说空，而对空起一执著，便不空，故说"空空"，便是将空之执著空掉，而真正之空方显。故是顺着你说，此与道家有相通处。因只顺着说，而不说法之根源问题，是以空宗便不是一系统。一说根源，便成系统，成家法；一成系统，便成宗派；一成宗派，便成净法。只要一成系统，无论如何圆满，总会有可净辩处。因一成系统便有限定，有限定便可净。故有儒、墨之是非，儒、墨各有一套，故起争辩。般若是不净法，这不是夸奢，在佛教立场说，实是如此。说空宗不是一系统，不是贬视，而是高看。因般若智本身是妙用，而我们对这妙用所说的那些话，统统是分析的，都是套套逻辑（tautology）。复次，般若空慧是共法，一切大小乘皆不能违背。空宗与有宗之分乃至与其他宗派之分，不能以此来决定。这便显示视空宗为一宗派是不恰当的。

从唯识宗开始，便对一切法有根源的说明，这说明分两阶段：

一、阿赖耶缘起：将一切法统到阿赖耶上说明。阿赖耶的本性是无覆无记，这是说它的本性是中性的，非决定的染污，亦非决定的清净，如人之昏昏沉沉，不可说善，亦非旷野地是恶。这种中性状态，便名曰"无覆无记"。它由末那识影响而有染污。但其本身既是无记，其本性实即是迷染，因毕竟非清净故。所以阿赖耶缘起，便是生死流转染污法，由此而说成一系统，便是虚妄唯识。这是正宗的唯识宗，由玄奘所传，是无著、世亲、护法一系的唯识思想。这系统所说明之一切法，皆是染污虚妄法。但一切法这"一切"之词，只可限于染污法上，而对清净无漏法，便未有好的说明，此玄奘之唯识学之所以未满人意也。

二、如来藏缘起：无著之《摄大乘论》，开首即有一偈，曰："无始时来界，一切法等依，由此有诸趣，及涅槃证得。"此偈便表示对一切法作一根源说明。但此偈可引起净辩。问题起在"界"字。界者，因义，类义。此句意是从无始时来，便有此"界"了。此界照无著本意，即是阿赖耶。然南北朝时《摄论》的真谛，认为这"界"既是阿赖耶，则这阿赖耶必须是"以解为性"，而不是以无记迷染为性。他又把这界直说成了"如来藏自性清净心"，或第九识（庵摩罗识）。说阿赖耶以解为性，这表示阿赖耶本身即它的现实性虽是染污，但本质上有一解性，是清净通达的，这便不是无明，这乃是赖耶之超越的本性，这地方便潜伏有一如来佛，一切众生皆有此潜在的佛性，是本来清净的真性。这不只是理，而亦是心，故曰"真常心"。此真常心，若用哲学词来讲，即"超越的心"。而阿赖耶是经验的、后天的，亦是心理学意义的，由它只能说明染污法，既是染污，故说一切法便有限制，即限于染污法。所以真谛说如来藏自性清净心，使清净法有根源。这是他看《摄论》此偈而如此说。而此偈是无著引用的，非自造的，他引自《阿毗达摩大乘经》。我们看此偈，"一切法等依"此语中的"一切"，非只限于染污。下文之"由此有诸趣"，诸趣即六道众生，由此而有六道众生之生死流转。然下文说由此有"涅槃证得"，则可知此偈所说之"界"字亦为"涅槃证得"之因，则真谛解此偈之界字为如来藏自性清净心并不误。但此非《摄论》本义，故摄论宗与《摄论》不同。故只拿阿赖耶说明一切法并未圆满，必须进而说一超越之清净心。这说法结集于《大乘起信论》，而以自性清净心作一切法之根源，而一心开二门。一般都同意说这部论是中国人自造的，但不知作者是谁。据我看，根本便是真谛造的（大概找了许多中国和尚帮忙）。支那内学院拼命反对《起信论》，因与玄奘一系不同之故。说此书扰乱佛法，断人慧根。此论虽非印度本有，但对以后的中国佛教的影响极大。梁任公在此便比较聪明通达，说这论为中国人所造，正显出中国人之智慧。我们现在看来，不管是谁造的，它的思想并不假，并有经作根据（《胜鬘夫人经》等）。《起信论》一心开二门，一方面开生灭门，说生死流转，一方面开真如门，说涅槃境界。一切染污法在生灭门，一切清净法在真如门，这便说得完整。故这系统较之阿赖耶缘起为完整。中国的佛教，不停在龙树，亦不停在无著，是顺着他们往前进的，是以原有之佛学传统再往前进的，非如日本专家所说，谓中国佛学与印度佛学不一样，是特别的佛法。其实只是本来之佛法，而再往前进。但为什么要往前进呢？因本来之说法并未到家，还未说完，将还未说完者说完成，怎可说不是原来的一个系统呢？

《起信论》影响非常之大。后来据《起信论》推进一步而开宗者为华严宗。此宗凭《华严经》及《起信论》成宗，通过无著、世亲而至《起信论》，再推进一步开宗。华严宗之第三祖法藏贤首当初亦参加玄奘之译场，贤首对玄奘为晚辈，但他本身有一套思想，是从摄论宗、地论宗，至《大乘起信论》来的，故不满玄奘所说，以为未充其极而不契，便退出译场，而开华严宗，弘扬《起信论》，以融摄唯识宗。这比《起信论》之说自性清净心更进一步，而成华严宗之圆教。

但是，在当时之中国，又有另一系统，并不从唯识发展下来，而亦成为圆教，此即天台宗。华严宗虽亦说圆教，但还不是天台所说的圆教。然则何谓圆教，此便要明白天台之判教理论。

　　传入中国之佛法有许多，并非是全部一样的，但佛说不能有错，故对其中之不同之处，便需有一恰当之安排，这便是判教。而首先作完整的判教的是天台宗。天台宗较华严宗为早，起于陈、隋之间（隋炀帝便是智者大师的弟子），并不属于唯识一路，而是顺龙树般若学一路而前进的。从鸠摩罗什起，至陈、隋之间，时间已不短。由此而融摄一切教而成其判教理论。后来之华严宗大抵据之重新调整而成他们的判教论。天台判教分藏、通、别、圆四教，至圆教之阶段，方可见佛教的存有论，而使一切法有究极圆足之稳定。

　　一、藏教（小乘教）：这是佛灭后首先出现者。将佛说予以结集，而凡结集皆有三藏，三藏者，经、论、戒（律）。此大小乘均有，然以此名小乘者，乃顺历史上首先出现之方便。小乘之为小乘，在什么地方呢？1.约观法（观万法之方法）：析法入空；2.约解脱：个人解脱；3.约佛格（佛性）：灰断佛。

　　约观法说，小乘只知人无我，未能彻底知法无我（法空）。于法上，只能知相对的法空，未能彻知至绝对的法空。所谓相对的“法空”者，即是所谓“析法空”。善巧之人，能即色言空，当体即空。然小乘人，则要用分析法，将自性分析掉，此即析法入空。照小乘看，森罗万象，皆可分析掉，皆无实在性。但构成万象的每一成素还是实在。析法入空所空的是森罗万象，但承认五阴、六入、十八界仍是实在。故此析法入空，尚属方便权说，用拙度之法以便于初学，但这方便亦很重要。天台宗名之曰拙度。凡佛说不可有错，故说此法是拙法，因方便而施者。此拙度之析法空，即使能进至一切法空，亦是由法之败坏无常而说其为空。有法可生，有法可灭。故此一切法若以四谛概括之，便是生灭四谛。此亦是拙也。其次小乘之所以为小，因是自我解脱，作自了汉，而不理众生，小乘（小车）只载自己一人，而大乘则一切众生都载在里面。灰断佛，即灰身灭智，身化成灰，而智亦灭，此固非最高境界。意即小乘之佛性是修得的无常佛性，非理性本具的真常佛性。修得佛果，化缘已尽，灰身入灭，此便是灰断佛性。依以上三点观之，故知小乘是初步之方便教。

　　二、通教（共小之大）：通于小乘，而引之回向大乘。此教特点：1.约观法：体法入空，2.约解脱：兼济众生，3.约佛格：亦是灰断佛。

　　体法入空：即巧度，指《般若经》及龙树所说之空慧，即是体法入空，即色而空，当体见其无自性，不须分析。空乃色性自空，非色败空，故曰体法空。此体字甚美。此若以四谛表示，便是"无生四谛"。

因是大乘菩萨道，要兼济众生，不只自家解脱，故是大乘精神。但是说到佛格，仍是灰身灭智。因未见到法身常住故也。故虽兼济众生，然"功齐界内"，即仍限于有限之中，未达无限。"界内"者即三界（欲界、色界、无色界）内也。三界可括一切法，然属有限，还有界外之界。此则通教菩萨所未能至者，这是什么意思呢？照儒家说，或圣人、大人、仁者，必须与天地万物为一体，方成其为圣人、大人。至此便是无限，此无限，于佛教言，便是界外。照佛教之最高义，成佛须即九法界而成佛（即与天地万物为一体）。九法界即九法类（六道众生、声闻、缘觉、菩萨），加上佛便成十法界。成佛非割断众生，必须即九法界而成佛，一切法皆具于佛法中。如此方可说有一众生不成佛，我誓不成佛。即九法界而成佛，即达界外三界至于无限。据此，藏、通二教并不能达至此无限而法身常住之境，仍不彻底而为灰断佛，只留舍利子为人间福田，故此藏、通二教仍是方便，尚须再进。析法空是一种方便，因一时不易解，故权引之。若真能了解缘起性空，则由析法而熟，必能进至体法空。故由藏至通，在观法处，这一种进展可说只是分析的。但通教是大乘，故就解脱说，则需"悲愿"一观念之加入，此则便不是由"解脱"一观念所可分析而至者。至于就灰断佛而进至常住佛，则又须无限佛性一观念之加入，此则必须能彻法之渊底始可至，非只由"兼济"所可分析而至者。

三、别教：别是专就菩萨说，不共小乘。别教说无量四谛，此四谛，已达无限量。从通至别，便不可只就观法说。从观法言，无论何教，总是体法空，故说般若是共法。至别教，便须有新观念。故 1. 约观法，仍是体法空。2. 约解脱言，固为大乘，但属"缘理断九"。3. 自佛格言，为法身常住，以能见"如来藏恒沙佛法佛性"故，但恒沙佛法属随缘起现，为性起系统。故总之是取径迂回，仍非圆教，以偏指真心"但中"之理，属分解说故也。别教菩萨之为大乘是就通至无限而言。别教菩萨能见如来藏恒沙佛法佛性，就此佛性言解脱，自然通向无限（无量四谛）。如来藏佛性非寡头的，它本身便具恒沙佛法，即恒河沙数、无量无边之意。这佛性本身便有无量法，故可通向无限。然此教于成佛时，为"缘理断九"。此系统由《起信论》来，体现自性清净心便是佛，此即缘理。断九即断绝九法界，断之方能成佛。断绝九法界，便不显即九法界而成佛之义。而佛法身上之一切法，随缘起现。清净心本不即其一切法，而由清净心随缘起现之，而清净心本身不变。清净心随染净缘起现染净法，一切法皆由随缘而起。但经修为还灭，便须超越之而成佛，而成缘理断九。故天台宗说性起系统并非圆教，而取径迂回。照现代的说法，是分解地说。华严宗肯定一超越的真心，便是分解地说。凡属分解说者，皆非圆教。

四、圆教：1. 约观法：体法空（一心三观）。2. 约解脱：即九法界而为解脱，不是缘理断九。我一解脱，九法界一切众生同时解脱。3. 约佛格：三德秘密藏（解脱、般若、法身），不纵不横而为圆伊，此不可思议，故曰三德秘密藏。解脱指断德言，乃属于"定"者。般若是智德，乃属于"慧"者。法身则是定慧满所显之"中道第一义空"。当然亦为无量四谛，然须加说为无量无作四谛。别教无量四谛，只因随缘而起，便非无作。又若随缘不至者，便顺神通表现，神通便有作意。故在别教，一切法仍未有究极之稳定，为有作（有造作）之无量四谛，非自然本具。无作，乃说如来藏佛性本身固具十法界（不但中）。佛具其他九界，而地狱虽为地狱，然其他九界亦固具其中。每一法界皆具其他九法界。此曰性具系统。如随缘起现，则如无缘，便可以不现，故未得稳定。至圆教，必须说一切法为如来藏本身固具，非造作随缘而有。此在天台宗，名曰"一念三千"。"一念"又曰"一念无明法性心"。此一念心，乃刹那心、烦恼心、阴识心，即无明。然同时法性亦在，故云"一念无明法性心"，又名"从无住本立一切法"。法性无住，"法性即无明"，则无明用事，乃识念三千，念念执著。无明无住，"无明即法性"，则法性作主，乃智具三千，法法常乐，即空假中。三千法无一可损，此名"法门不改"。每一法皆为一门，佛要通过此一切门以解救众生，皆为佛渡众生之门，哪可少乎？故曰去病不去法，除无明有差别，一切非偶然。于此便有究极之稳定，佛教式的存有论便完全显出。然其所稳定之一切法，仍是如幻如化者。虽如幻如化，又无一可少。此非分解地说，乃是诡谲地说。凡分解说者皆不圆。如肯定一上帝一太极，并非即是圆教。朱子之言太极，亦是分解地说者。圆教之圆，非内容上有差别，完全是表示的方式有异。对前面藏、通、别三教所说的全都承认，但表达方式，是由分解地说转为诡谲地说，只是表达方式上之问题，如厨子调和五味，材料一样，然有巧有不巧，风味自是不同。诡谲是以辩证的诡辞来表示。生死即涅槃，烦恼即菩提（分解地说，生死是生死，涅槃是涅槃，不能即也）。天台之要点在此。圆教之圆，是般若作用的圆与一念三千之存有论之圆合而为一。"一念无明法性心"即具三千，此便对一切法作一根源之说明，而得究极之稳定，圆教于是完成。平常读《般若》之人，见华严、天台之说圆，而以《般若》为不够圆，总不服气，即不明此故也。但说到存有论的圆，若只是分解即说，则必有可诤，凡有诤便非圆也。圆只有一，无二无三。般若作用之圆加上存有论性具之圆，方是真圆（此中奥妙，古人总不能表达清楚）。这样一来，华严宗虽就《起信论》推进一层，说得那么圆，但在天台宗看来，仍属别教，而据我看来，亦实是别教。乃别教一乘圆教，贤首自亦说其圆教是别教，然此非天台之别，此别乃就佛法身说（非就菩萨说）。专就佛法身说，固然很圆，然全是套套逻辑。佛法身上的圆融无碍，普入普即，相成相夺，十十无尽，此华严宗所说的十玄缘起、六相圆融，其实皆是缘起性空一义之应用于法身上之辗转引申，亦即是佛法身法界之分析的表示。此种分析的引申所表示的圆非圆教之为圆之所在也。

故华严宗可说自家最高，然天台可谓彼虽高而不圆，只是站在金字塔顶上说话，所谓唯谈我佛，不开权、不发迹，未畅佛之本怀，是也。而圆只有一，不可各圆其圆。

如圆教确定，则佛教的存有论亦确定。一念三千，念念执着，则三千法属识，即是现象，此便是现象界的存有论，亦即执的存有论。若通达无碍，法性朗现，则三千法属智，即是法之实相，法之在其自己，此便是本体界的存有论，亦即无执的存有论。

（六十三年十二月八日讲于台湾师范大学，杨祖汉记录。）

（原载《鹅湖月刊》第 1 卷第 6 期（1975 年 12 月））

（本文选自《牟宗三先生全集 27 · 牟宗三先生晚期文集》，235～246 页。）

讲南北朝隋唐佛学之缘起
（1977）

第一节　中国文化发展中的几个阶段

　　我讲这门课既不是以佛学专家亦不是以佛门弟子的立场来讲，而是站在中国哲学史的立场来讲。在中国哲学史上有南北朝隋唐这一个阶段，而此一阶段就哲学方面而言，其思想中心均集中于佛教方面，所以这一段历史是不能被忽略的。若忽略了这一阶段，那么哲学史便无法贯下来，无法交代了。然而，通常这一阶段的哲学史是很难通得过的，因为要讲这一段历史必须重新吸收一个文化系统（此乃就广义言之），狭义地说就是要重新吸收一个大教，而这个大教的经典浩繁，专门辞语又多，种种专门辞语上的隔阂即造成了吸收上的困难。

　　那么我们当该如何通过这一阶段的哲学史呢？首先让我们来反省一下中国文化发展过程中的几个阶段：

　　1. 先秦阶段——中国文化原始的型范

　　顺着中国文化自其本根而发而言，先秦阶段是中国文化原始的型范，不必多说。

　　2. 两汉阶段——两汉经学

　　两汉的经学是继承先秦儒家的经典并配合了阴阳家来构造汉朝的大帝国，所以汉学是通经致用之学。关此，亦不必多说。

　　3. 魏晋阶段——魏晋玄学

　　两汉经学构造了汉朝大帝国，发展至东汉末年便不能再往前进了，于是便需要"峰回路转"，而这个峰回路转在彼时首先出现的即为"魏晋玄学"。这一阶段，从历史发展上说，其所代表的精神为"潦水尽而寒潭清"。

两汉经学根据先秦儒家经典并配合阴阳家来构造汉朝大帝国，已尽了其时代的使命。但其中烟火气是很重的，很驳杂，所以发展至东汉末年便不能再往前发展了，因此需要峰回路转；也就是说，要泄一下，魏晋玄学就是一副泄药。

（1）清义→清谈→魏晋玄学

这副泄药——玄学，在学术上的出现乃先经由东汉末年的清议（如："党锢之祸"时所表现者），由清议再演成清谈——清议是政治上的，清谈乃指玄学而言，然清谈却是由清议转出来的——从清谈再演出魏晋玄学（道家式的玄学）。

（2）"歧出"、"开"

魏晋玄学的出现在中国文化的发展过程中，可以说是一个峰回路转，也可以说是一种"歧出"——转弯。这个歧出在中国文化发展上来讲是一个"开"。"开"是什么意思呢？中国历史文化的发展乃是大开大合的发展。为什么说"大开"呢？此乃由于"开"的时间有时非常长，当然仅是时间长尚不足以称为"大"，此外还要能够"歧出"、"转大弯"（转得很远），始可谓之为"大开"。"大开"的内容必须通过历史始可予以规定。

（3）歧出的"开"——初步的"开"

魏晋的清谈、玄学乃一初步的"开"，"开"的内容（清谈的内容）是道家的玄理。道家是中国文化中本来有的，但就文化主流而言，道家不是主流，所以这算是一个歧出。这歧出的"开"是初步的"开"。

4. 南北朝隋唐阶段——佛教

（1）大开——吸收、消化佛教

由初步的"开"，根据中国本有的道家往外转，这一转就转远了；初步的"开"转得还不算远，因为道家是中国本有的，直到转出去吸收佛教——接受来自印度的一个大教，这就转远了。所以这一阶段所谓的"大开"就是指佛教而言，也就是说中国要长期地吸收、消化佛教。

（2）"吸收"、"消化"乃是就历史反省而言者

"吸收"、"消化"乃是就中国历史文化的发展对此阶段予以事后反省而说的。若站在当时人的立场，就当时中国的政治、社会来讲，我们是不愿意如此歧出的；从这里我们也可以说这六、七百年的时间是为佛教所征服的时期。没有一个民族是愿意被别人征服的，所以站在当时中

华民族自己的立场上讲，我们是不愿意的。可是即使不愿意也没有办法，历史的演进逼使如此，又有什么办法呢？所以我们说"吸收"、"消化"乃是就后人做历史反省时而说的。那么我们究竟吸收了没有？消化掉了没有？我们是吸收进来了，消化掉了。这么一个外来的东西，我们能够吞下去，能够吸收进来、消化掉也不是容易的。

5. 宋明阶段——宋明儒学

（1）初步的"合"

这一阶段，从中国历史文化的发展上说是叫做"合"。前面的歧出是"开"，到宋儒讲学的时候又回到中国的主流（儒家）上来讲，这就是"合"。然这"合"仍只是初步的"合"。何以谓其为"初步的合"？"初步的合"就是说"合"得不十分完整，或者更不客气的说"合得不十分健康"。"初步的合"自宋明儒学讲学的重心看来，是特别重视内圣方面的工夫，收敛的意味太强。宋明儒学这六百年的时间完全讲的是儒家内圣之学，所以说它是初步的"合"。

（2）此中又有附属的"开"

由于宋明儒学只是初步的"合"，偏重于内圣方面，不是十分完整、健康的"合"，所以就在这个"合"之中又引申出一个"开"来。这个"开"是次级的，因为它是"合"中之"开"——这个阶段主要精神当该是"合"，所谓"大开大合"。然而在"大合"之中由于只偏重在内圣方面，合得不十分完整、圆满，所以其中又引申出一个"开"来，这个"开"就是隶属的、附属的"开"。这附属的"开"也可以分为几个阶段来表示。

6. 明末顾亭林、黄梨洲、王船山三人所代表者

（1）开外王

顾、黄、王三者所代表的"开"乃是继承正面的内圣之学而开外王，这是明末清初，十六、七世纪时的精神。若当时明朝不亡国而让这个精神正面健康地向前发展，便能发展出西方近代（十七、十八、十九世纪）式的文明来。

（2）"民族生命受挫折，文化生命受歪曲"

顾、黄、王开外王的精神乃是根据儒家内圣之学而开展出来的，然而由于满清的入主中国，使得他们的精神、愿望、意向伸展不出来，又被堵回去了。所以黄梨洲有一本书名为《明夷待访录》，其心境是悽苦很悲凉的。中国文化依健康的道路发展应是由内圣而外王地向前发展。

不幸此时明朝亡了。明亡之后，入主中国的是满洲人。在当时满人是夷狄，他们的入主中国是中国人极不愿意的。所以反清复明的精神一再地表现出来，台湾在当时就是反清复明的根据地。虽然如此，但仍是没有办法。满清入主中国这三百年来对中国的影响是极大的。其影响可以下面两句话来说明："民族生命受挫折，文化生命受歪曲"——民族生命受挫折便影响文化生命，导致文化生命的不正常。"生命"原是血统的观念、生物学的观念，但一说到"国家"就是一个文化的观念。讲民族不能讲空头、寡头的民族。没有了国家、文化，便不能讲民族。所以洪秀全当年失败，是因其所标榜的民族主义是寡头的民族；既是标榜反清、讲民族，便不该反孔。洪秀全烧孔庙，焚《四书》、《五经》，这样毁了自己的文化，自己的文化都没有了，空讲民族又有什么用呢？所以便失败了。所以民族生命和文化生命要合在一起方是健康的，不合在一起便不健康。满清的入主中国为中华民族造成了很大的挫折，因此文化生命、精神生活和学术方向便不能依常轨向前进，于是顾、黄、王思欲据儒家之理想而开外王便无法实践出来，被堵回去了，造成了很大的影响。由此更进一步由于正面地开外王开不出来，便转而为第二步——乾嘉年间的考据。

7. 乾嘉年间的考据

（1）是"清学"不是"汉学"

虽然是转而为第二步——乾嘉年间的考据，但在基本精神上溯源地说来仍是开外王的精神，可是经过了民族生命的受挫折，这精神便转性了，这一转性就不对了。结果不是那精神底持续，而是那精神底变形。乾嘉年间的考据是"清学"——清朝的学问、清朝的学风。清朝的学问、学风就是在这一个大前提即歪曲状态之下出现的。清人自名此（考据学）为"汉学"，这是不对的。"汉学"不等于"清学"，这二者是不同的。"汉学"是两汉阶段的经学，是学以致用能够构造汉朝的大帝国的学问。汉朝的精神大体上是学术支配政治，政治支配经济。"清学"和"汉学"不同，乾嘉年间的考据不是"汉学"，他们自名为"汉学"是用以抬高自己的身分，这叫做标榜。

（2）清学既不朴亦不实

宋明儒学只重视"内圣"，在"外王"方面不行。而谈到"外王"便牵涉到"事功"的问题，所以顾、黄、王之思欲开"外王"就是想要开"事功"。这是顺着正常、健康的道路而讲的。可是在转而为乾嘉年

间的考据之时，便把开外王、开事功也转性了。转为什么东西呢？他们
说内圣之学是没有用的，是空谈心性、不老老实实的读书；清学是"朴
学"、是"实用之学"，因此便把开"外王"、开"事功"转性而为"清
学"了。"朴学"、"实用之学"都是好名词，但是经过了转性，将外王、
事功转而为考据，在考据中的"朴"与"实"结果是既不"朴"亦不
"实"。朴、实乃是指实用而言。若说宋明儒的内圣之学是空谈心性、没
有用，那么乾嘉年间的考据又有什么用呢？事功依然开不出来，不但事
功开不出来，就连事功所基依的那政治上外王之大愿、儒家昂首天外的
理想、生命智慧之大方向，也都忘掉了，沉没下去了。《说文》、《尔雅》
是《说文》、《尔雅》，事功不能从《说文》、《尔雅》中开出来。《说文》、
《尔雅》能算是事功吗？这叫做读死书。读死书、死读书，在此处他们
是不如宋明儒的。宋明儒者都有干才；王阳明、陆象山……都有干才，
能做事情，只是没有机会让他们做罢了。所以"清学"号称是"朴学"、
"实用之学"，结果是既不朴亦不实也无用。那么这门学问的恰当的本性
当该是什么呢？它既不能名之为"汉学"，也不能谓之为"朴"或
"实"，它恰当的性格当该是"清客之学"。

（3）清客之学

什么叫"清客"呢？"清客"是奉陪王公大人，其必备的条件是一
方面要会作骈体文，另一方面知道的典故要多。所以称他们为"清客"
乃是表示他们"帮闲"、是"帮闲分子"、"帮闲"的学问。这"帮闲"
是很不雅的，就是自取其辱的意思。中国的知识分子其"帮闲"的性格
是很强的，即便到现在仍是帮闲的性格，不管是留洋得到多大的博士，
仍是帮闲的性格，像那些因尼克森①访问北平而纷纷起而投机的□□②
分子就是帮闲分子。帮闲分子是令人不齿的，而清朝的知识分子就是处
在这种帮闲学风之下——当时北京城里的王爷家中都养了许多清客，这
些人家里没有钱、没有饭吃、没有事情做，便都到王爷家中来，王爷家
里经常摆了好几十桌的饭菜供人来吃，在那儿图书丰富可以供人读书，
要走的时候还有路费，这不是清客吗？

说到这里，我们应当注意：身而为中国的知识分子是很难的，要想
保住知识分子的身分而不受辱、不受摧残、不被杀戮，必须自己慎重的

---

① 今译"尼克松"。

② 此处删去二字。

考虑考虑，当走哪一条路始能够保住自己？这"帮闲"的问题在西方近代化以后的自由民主国家中是不会发生的，而在中国就会发生这种问题。所以我前年在香港的时候，那时适值尼克森到大陆上去访问，尼克森一访问大陆，平常的一些大博士、大教授也都投机，见风转舵纷纷地投过去了，于是新亚（案：此指香港新亚书院）就找我讲一次演〔说〕，我说在这个时候讲话是得罪人的，在那个时候谁敢讲话呢？好吧！既然叫我讲，我就讲。那时候我就讲这个问题，题曰"中国知识分子的命运"。从秦始皇开始说起，中国的知识分子不是受辱就是被杀。你以为去投机、做帮闲就安全；一样是保不住的，一样受耻辱，就像冯友兰不就是受辱的典型吗？这是大家都很容易看出来的。在中国知识分子中，真正能够站得住而成其为知识分子的，至少不肯去做清客的，只有宋明的儒者；宋明的儒者不是一般的知识分子。一般人总认为凡是知识分子便都是圣人之徒，这就是说凡是知识分子都是儒家，事实上儒家和一般的知识分子是不同的。只有儒家才能够站得住这个身分（知识分子的身分），他们不甘心做清客。随便举个例来说：程伊川的架子大得很，他不是进士，只是一介处士——处士就是没有功名，只是一个读书人，而身为帝王师，然而他一日为帝王师，他便以师道来限制帝王，这就不是做清客了。人或批评宋明儒者为无用，谓其为"无事袖手谈心性，临难一死报君王"。然而他们尚能"一死报君王"，今日的投共分子能吗？今天投这个、明天投那个，能够"一死报君王"吗？所以儒家是儒家，一般的知识分子是一般的知识分子，二者是不同的。因此从开外王转而为乾嘉年间的考据之学的时候，这门学问显然是清客之学。太平年间附庸风雅，一方面啥甲骨文，极端地 intellectual，干燥无味；但在另一方面却又极端地 emotional，作骈体文和甲骨文二者又恰恰是相反的两种学问。当时就是这样，若能同时满足这两个条件便可以做清客。我养一个清客是让你来陪我弈棋的，不是让你来讲大道理的，你向我讲大道理干什么呢？大道理都在我这里。我已经知道了，我当权嘛！你来陪我下下棋就够了，不必讲什么大道理。这就是清客。

8. 清末民初阶段

（1）没有观念就没有生命

清朝的学风之所以如此，并不是中国人愿意如此，而是由于满清入主中国使民族生命受挫折，文化生命受歪曲，而致落到这种地步。所以自满清入主中国以来，乾嘉年间的考据之学以后，中国的知识分子便不会思考，没有观念。我常说一句话："没有观念就没有生命"。清末民初期间的知识分子鬼聪明倒相当多；花样多、聪明、伶俐、诡诈多端，但却没有 idea，所以一遇到国家大事、有问题来的时候，便无法反应；顺着清朝的学风下来，到了清末民初时的知识分子，由于没有观念，所以就没有生命。没有观念就表示不会思想，遇到了刺激便采直接反应，来一个刺激就来一个反应，这样演变下去……①是由于中国人自己的邪僻，是中国知识分子自己邪僻——走火入魔，流于邪僻。一旦邪僻了，生命便无法提得住。……②

（2）大歧出、大堕落

以上就是从我们的内圣之学——这初步的合，由于合得不十分健康、完整，所以才引出附属的开，由开外王而转性为乾嘉的考据之学，而后更演变成马克思主义、共产党征服大陆，这不就成了一个"大歧出"吗？这诚然为一"大歧出"，但这也是由中华民族的生命发展出来的。大家都是中国人、黄帝子孙，这又不是另一个民族，无论如何都是自家人，我们或可称他为败家子，但败家子也是黄帝的子孙啊！所以说这是一个大歧出、大堕落。这个大堕落自中国文化整体上看起来，若依"开"、"合"而为言，它也是一个"大开"，这个"大开"是堕落的"开"。当我们能够把这个大歧出、大堕落、大无明克服下去，再返回来表现的"合"，才算是较高级的"合"——此处我们不说是最高的"合"，若依一个阶段来看，要说还是最高的"合"也可以，但如果知道世界上永远没有最高的"合"，则只说"较高"也可以。此处我们就我们已达到的阶段来说，初步的"合"不够圆满，到了较高级的"合"，它已届圆满的时候，在历史、时间的大流之中，这个阶段就是最高的合了，所以两种说法都可以，笼统的说就是较高级的"合"。

9. 当前的使命

这个较高级的"合"就是我们所谓的儒家发展的第三期，大体说来它是一个"大合"；从乾嘉开始的转性以至于到共产魔道的出现，这是"大开"，把它（按：此指共产魔道而言）克服下去了就是"大合"。这就是儒家学术发展过程中的当前使命，也就是我们这个时代所承担的使命——这是第三期的使命。以前从先秦儒家到两汉是第一期，宋明儒学是第二期。这第三期落在哪里呢？就落在你身上，落在我身上，这就是

---

① 此处略有删节。

② 此处略有删节。

我们这个时代的使命。在此，诸位青年务必要发心立志，必须要了解这一点。了解了这一点之后，才会有信念，才能够立大志；也只有了解了这一点，才能够使我们的信念更坚定，不要"摇摇摆摆"的。说到这里，我常常也有感慨，这也是台湾这二十余年来的教育失败的地方，像毕业的同学希望到美国去，到美国去读学位也不回来，不回来也就罢了，一看到尼克森去访北平，便都摇动、投共，在美国的都左倾，你以为他左倾他就是共产党，但他也不是共产党，他就是在做啦啦队。为什么会这样呢？人都有现实性，生活的本能使得他趋利避害、投机。敌人还没有来便脚先软了。此乃由于没有信念。若能了解这一点，便很清楚地可以看出来这个魔道是一定会被克服下去的，而且距克服魔道之日已为期不远了。这就是儒家学术第三期的发展。

以上所说的这些道理在二十年以前（民国三十八年到四十八年这十年之间）我们讲得最多，就是在《民主评论》的时代。然最近这二十年来我在这方面讲得不多。虽是讲得不多，亦是以这个纲领为背景而重新地收敛回来，对各个阶段的学术做一内在的了解。当我们对各个阶段的学术做内在的了解的时候，其精神是要收敛回来的，这是要下功夫的。当我们说以上所说的那些道理的时候，由于那是属于历史文化的问题，所以精神是发扬的，但总不能永远发扬，因此必须要把精神收敛回来。于是近二十年来我便致力于"内在了解"方面的工作，首先我把魏晋阶段弄明白，其次再把宋明阶段弄明白，而最近这几年来我就讲南北朝、隋唐这个阶段，把这个阶段做一交代之后哲学史才可以讲下去。在这一部分我也花费了不少功夫，去年才刚写成，共有两册，在学生书局大致明年（民国六十六年）可以出版。

第二节　自哲学史底立场讲南北朝隋唐佛家哲学一阶段

所以我现在讲南北朝隋唐这一个阶段不是以佛学专家的立场来讲。什么叫佛学专家呢？譬如说像日本研究佛学的方式便是佛学专家的研究方式，他们研究佛教重视版本，重视历史性的考据、文献，讲印度的原始佛教、部派佛教。既然是历史文献性的、版本性的研究，便须懂文字，懂得好多文字；首先必须懂梵文，还要懂巴利文、藏文，中国文字当然也要懂。不过他们现在对中国文字并不是那么重视，他们主要的是要懂梵文、巴利文、藏文。因为他们怀疑中国当年吸收佛教时的翻译有问题，所以他们现在学梵文为的就是要对一对当年的翻译有何偏差、不妥或错误之处。除了这些文字必读之外，其他如德文、英文都要读。一个人的精力有限，日本人读书大概特具语文的天才。不管你的天才多么大，依我看来，要读通一种文字是难而又难的。我读英文读到现在也没有通。你说我的中文通一点吧！我是中国人，我天天看，从小就开始读，说我通到什么程度也很难讲。所以某某人说我通多少文字，那都是骗人的，都是自我做宣传的。做学问不是这样做法。文字多懂些固然好。但也不是像日本人的办法。等到你把文字都懂好了，你快要死了。那么你什么时候才能接近佛教呢？所以这些专家我是不大相信的。我也并不是不承认他们的价值，他们当然有他们的价值。若能把文字搞好，能够把当年鸠摩罗什、玄奘的翻译中不妥或错误的地方指出，或者是经过他们的翻译使佛教另有一新的面目出现，也很好啊！不管这新的佛教是否有价值，也许一点价值都没有，这些我们暂且不管。总之，要有新的发现，我想这是很难的。翻译不能说绝对的没有错误，也不能说和原文完全一样。就拿玄奘的梵文程度来说，就算让你们去日本读几年梵文，你们便能超过玄奘吗？玄奘在印度十七年，那种梵文程度让你去日本读个两、三年便能抵得过他？抵得过鸠摩罗什？恐怕不大容易！再看一点，我也不是以佛弟子、出家人的立场来讲佛教。所以我说我是站在中国哲学史的立场来了解这个阶段，我们有责任、有义务来通过这一段，并做一交代。

若说：你既不是专家，又不是佛弟子，你如何能讲佛教呢？即使假定你能讲，你讲的又是否能有存在的真实性呢？你既不是和尚，你如何能够真正了解佛所说的道理呢？我的答覆很简单。我了解一个东西我不一定就要相信这个东西，而相信这个东西也不一定真正地就了解它。那么如何能有存在的真实性呢？站在中华民族这一个大生命的动脉上来看，我乃是"存在"地讲；南北朝吸收佛教乃是以中华民族的人来吸收，中华民族的人在彼时亦是以其生命来吸收。而今我是站在这中华民族生命的大动脉上，这个大动脉就和我的生命相通，我自己的生命就能和这大动脉相呼应，这种呼应就是"存在的呼应"。在这个存在的呼应之中，我能够感到我们这个生命为什么要这样——要有这个"开"。我就在这存在的呼应之中有一种存在的感受，这其中就具有真实性。我感受到我们民族的生命需要"开"，我也感受到它如何能"合"，这"开"与"合"都是在讲哲学史的立场上，站在个人生命与民族生命的存在之呼应中来感受，这样的感受必定有存在的真实性。至少我可以感受到我为什么要歧出，辟如说：我今天想要看电影是我有看电影的欲望，或者更堕落些，你说你感受到这个欲望，需要有这个东西，你明明知道这样做是不对的，但是"我需要"，这种"需要"是真切的"需要"，就像抽大烟一样。你能这样感受不就是真实性吗？我能感受这是一个"开"，这个"开"即表示我的生命的全部不只是停留在这一面，不只是停留在我现在想要看电影、想要抽大烟这一面，我也知道这是不对的，我还想更高一层地看到另一面。以上只是我举个例来说明，当然吸收佛教不是抽大烟。我的生命可以感受到很多方面。当我很迫切需要的时候，我可以觉得基督教也不错，但是在整个中国的生命配合到大动脉之中时，虽然我眼前需要基督教，觉得还不错，但这仍是一个"开"。我既然知道这是一个"开"，我讲这个"开"便具有真实性。我不只是停留在这个"开"上，我还能够将之拉回来想要"合"，那么我这个生命便能够更高一级。无论"开"或"合"都具有真实性，这就是我讲哲学史的立场。这不是"外部"的讲，"外部"的讲不行，专家也不行；专家虽读了许多经典，仍不能讲这一段哲学史；他可能对某一部经论读得很熟，或者对某一部经论考据、研究得很仔细，但他不必能贯通了解从鸠摩罗什一直贯串到天台、华严、禅宗之出现这一个发展，这一个发展必须贯通、要了解。那么，我虽非专家亦非佛弟子，然而我犹可站在中国哲学史的立场上与民族生命的大动脉相呼应。因而有存在的感受，并在这个感受中即具有存在之真实性。我有了这种真实性便能仍然不必做佛弟子，并不是说只有佛弟子才能真正地了解佛教，并不是这样的。

第三节　南北朝隋唐佛教这一阶段有各层次的讲法

我们平常讲哲学史讲到这个阶段，也有各种不同层次的讲法。其初大致上也可以讲一个初步，譬如说：讲到这个阶段，先讲讲六家七宗。六家七宗比较简单一点，但是若要把六家七宗详细地阐述也需要费很大的劲，那是在讲考据性的。关于这一方面我介绍一部书给诸位看——汤用彤先生的《汉魏两晋南北朝佛教史》，这部书是一定要看的，这是了解中国吸收佛教的初期必看的书，考证得很详细，到了正式讲佛教的教义的时候它就不能讲了。这部书考证六家七宗考证得最好，讲竺道生讲得最好，而在我们这个课程中竺道生是不在内的，非但如此，即僧肇乃是鸠摩罗什门下之大弟子，"解空第一"；竺道生也是鸠摩罗什之门下，但他到长安（鸠摩罗什所在之地）不久，旋即返回南方。竺道生和鸠摩罗什的精神不太相合；鸠摩罗什所介绍的是空宗，是属于般若学，竺道生感到只讲"空"似仍不太够，所以他是对于涅槃佛性很有实感，对涅槃学很能契悟，有先见之明。他首先提出"一切众生皆有佛性，一切众生皆可成佛，阐提亦具佛性"，这种说法在当时无经可据，是时传入中国之六卷《泥洹经》《涅槃经》中并无此说，而竺道生却持此说法，于是激起当时佛教界之舆论大哗。后来《大涅槃经》四十卷翻译出来之后，传到南方，其中确有此言——"一切众生皆有佛性，一切众生皆可成佛，阐提亦有佛性"。故时人谓竺道生为"孤明先发"。竺道生讲佛法强调佛性之观念，而鸠摩罗什所传之空宗般若学却无此观念。当时鸠摩罗什尚未看到《大涅槃经》，然鸠摩罗什为人通达，认为竺道生之言于理上通，只是未见之于经典罢了。讲佛教史的头一个阶段，这些都是重要人物，讲完了六家七宗之后就讲竺道生，而汤用彤先生考证竺道生那一章考证得最好，甚为详细。讲到僧肇就比较简单，因为僧肇有文献流传下来，如《肇论》，用骈体文来谈佛家之玄理，文辞甚美，大家可以看一看。僧肇号称"解空第一"，当亦属于空宗，所以在我们的课程里也不讲，这都是佛教史中头一个阶段的常识，由同学们自己去看汤先生的书就可以了。一般的哲学史讲这一阶段，把上面这些都讲了，也就够了，若要再进一步可以讲讲佛教一般的教义：

1. 四谛——苦、集、灭、道。

2. 十二缘——无明、行、识、名色、六入、触、受、爱、取、有、生、老死。

3. 三法印——诸行无常、诸法无我、涅槃寂静。

以上都是一些最基本的教义，若觉这些还不够，要再进一步地说的时候，可以再讲讲空宗——缘起性空（此由十二缘生而来，是佛家的基本观念），龙树菩萨把缘生观念普遍化、彻底化，说一切法均由因缘生起，因为是由因缘生起，所以无自性，因为无自性所以说是"性空"。而谈到空宗，大家必会想到有宗，有宗即法相唯识，讲法相；空宗讲法性，法的性即是空，光讲空只是言及法性，未言及法相，所以有宗出面把一切法相统摄于唯识之中，进一步讲唯识，此即唯识宗。要讲唯识也可以讲一点，唯识中有八识，是哪八识呢？前五识、意识（第六识）、末那识（第七识）、阿赖耶识（第八识）。前五识就是当前发之于感性的耳、目、鼻、舌、身。所谓"前"乃是"当前"的意思，由当前往后追溯，追溯到第六识即意识（consciousness），第七识就是顺着意识再往后追，是下意识、潜意识即所谓的末那识，由第七识再往后追，就追到阿赖耶识（第八识）。所以讲一般的哲学史，若从六家七宗开始，讲到一点竺道生、僧肇、再讲些①一些基本的教义——四谛、十二缘、三法印，再进一步做一般性地介绍介绍空宗的大义——缘起性空，把有宗的大义也介绍介绍，讲讲八识，也就够了，也可以交代了。至于其后经过的发展，从空宗、有宗再往前进，有所谓天台宗、华严宗、禅宗，只需提一提就可以了，详细内容没有人能懂，一般人都只知道一些名目，多未做深入的研究。空宗和有宗是印度原来有的。中国吸收佛教不只是吸收印度原来有的，在吸收的同时亦继续地向前发展，往前发展所以才有天台宗、华严宗与禅宗的出现。佛教的吸收不能只停留在空宗、有宗之上，所以天台宗出来就不把空宗、有宗视为最后的、究竟的说法。这只是开始的一个阶段。只有经由这样的了解，才能够了解后来的天台宗、华严宗、禅宗乃是中国在吸收佛教的过程中所完成的一个发展。发展就是哲学史。若无法弄清楚一个发展的全部过程，就等于哲学史没有讲明白。光讲一些通义是不够的，通义不能算是哲学史。所以这个发展，我们必须把其中的关节——其中相互关连，却又不相同的关节讲明白，这就形成了这一个发展的说明。讲哲学史要讲到这个程度相当困难，所以我这七、八年来用心都用在这个地方。

虽说是花了七、八年的时间完成了这一段哲学史，但说到我对于佛教的熏习，那是早在大陆上我和熊先生在一起的时候，那时候也只是"道听涂说"，不能完全了解，后来也没有写这方面的文章，也没有看这方面的书，在讲哲学史课程的时候，也只能讲到概述六家七宗、佛教的一般教义，空宗的缘起性空，再讲讲唯识这个程度。若要再往下讲，我便不能讲了。若说：我不能讲，可以看些社会上现成的书，不也可以懂了吗？还是不能懂。社会上讲华严、天台的大抵不可靠，他们不能使我了解，对于那些关节、眉目在什么地方，没有人能告诉我，所以我不能懂。日本在这方面下的功夫也很深，但他们也只能初步的讲，日本人参透义理的能力不够，但他们在文献、目录学方面的知识多，所以不会张冠李戴、指鹿为马。即以天台宗为例，中国人甚至不清楚哪一部文献可以代表天台宗，所以中国人在这一方面很差，还比不过日本人。冯友兰

① 此处的"些"是衍字，当删去。

在讲天台宗时完全讲错，他的文献就用错了，冯友兰用《大乘止观法门》来讲天台。①《大乘止观法门》乃假托慧思所作，并不是慧思作的，其中的义理是《大乘起信论》的立场，天台宗不属于《起信论》。华严宗根据《起信论》，是属于唯识学的系统，天台宗不属于唯识学。天台宗之开山祖师智者大师有《摩诃止观》一书，"摩诃"即"大"义，所以又可译为"大止观"，释义为圆顿止观，此对其小止观而言。《大止观》与《大乘止观法门》近似，一般人不了解其内部系统之差异，只看见慧思是智者大师之师，又见《大乘止观法门》乃慧思所作，于是便据此书来讲天台宗，这就完全错了，致使天台的精神完全不能表现出来。慧思是南岳慧思，尽管他是智者大师之师，就算这部书是慧思所作，亦当称之为南岳教而非天台教。智者大师时在天台，所以称为天台教。此二者的教义是很不相同的，前者乃据《起信论》而立言，天台宗之智者大师不是属于唯识学之系统，亦从未提及《起信论》。这么一来，冯友兰《哲学史》中讲天台的这一章②便作废了。天台宗的文献多得很，都在《大藏经》里面，大家不看，也不能看。即使在日本方面也不会用《大乘止观法门》来讲天台宗。我们就不行，一直到最近坊间流行的关于天台宗的书仍旧是《大乘止观法门》这部书，这就不对了，可见中国知识分子太差劲了。所以我说社会上没有书给我看，这并不是瞎说、狂妄。他们根本在文献上还没有弄清楚，又怎么能让我懂、帮助我了解呢？在这一段中，天台宗是最难的了。大家喜欢讲华严与禅，但亦同样很少有人能明白其所以。我们现在主要的是把他们互相关连却又不相同——为什么称为华严宗？为什么称为天台宗？天台宗为什么和华严宗不同？为什么和空宗、有宗不同？其不同处又在哪里？这些问题弄明白，予以清楚而明确的解释。现在在美国流行讲禅宗，禅宗是不能够独立地讲的，独立的来谈禅是妄谈禅、文人禅、名士禅。禅宗虽号称教外别传，但它是"教内的教外别传"。何以说是"教内的教外别传"呢？在禅宗之前那个阶段的吸收教义，吸收至天台、华严已达最高峰，不能再向前发展了，顺着自然发展的结果，必然出现禅宗使之简单化、付诸实行，这是自然的趋势。但是前面的那些"教"，在禅宗来说，都是预设了的（presupposed）已经知道这些"教"了，所以说它是"教内的教外别传"。

---

① 此处指冯友兰《中国哲学史》下册第九章"隋唐之佛学"（一）天台宗之《大乘止观法门》（冯友兰：《中国哲学史》（下），北京，中华书局，1961，751 页。）

② 指冯友兰：《中国哲学史》下册第九章"隋唐之佛学"。

"教外别传"不能是笼统的"教外别传",若是笼统的说,那岂不变成了妄谈禅、名士禅、泛滥的乱谈禅了?所以禅宗是不能独立地讲的。

以上说的这些乃是中国继承印度空、有二宗,在吸收的过程中向前发展所开出来的,而在这"开"的过程中有六、七百年间的经过。在这"经过"之中,什么是小乘?什么是大乘?先分别大乘所以为大,小乘所以为小的关键何在呢?有这许多系统——大乘、小乘、大乘之中又有各系统,然而大乘、小乘都是佛所说法,佛说法何以有时为大?有时又为小?表面上看来似有冲突,但这都是佛所说的,佛所说的怎么能错呢?佛说的必有根据,不可能有错。中国吸收佛教,不仅止于吸收空、有二宗,而是做全面的吸收,吸收进来之后便当有一个安排,把各种系统做一安排,这就是"判教"。"判教"是一门大学问,若不能完整地把握住各系统之性格(各系统之 essence),便不能谈"判教"。"判教"必须要把各个系统做一通盘性的了解才能够分判这个经何以和那个经不同?这个系统何以和那个系统不同?所以"判教"乃是消化层上的学问。中国在吸收佛教之后继续向前发展而在消化层上开出了天台、华严、禅宗。

我们现在就是根据印度原有的宗教,是为基层,传到中国来以后由这基层再进一步进入消化层,形成了这一个发展,在这个发展中再把其中各系统其相互关连而又不相同的关节解释出来;也就是说把"判教"说明白,这才算是这个阶段的哲学史。"判教"之"判"乃分判之意,不是"批判"之判,因为是佛所说的,我们怎能批判呢?所以"判"乃"分判"之意,使之有一个恰到好处的安排,因此判教必须有广博的学识而且还要客观。使无广博的学识如何能对整个的系统做全盘的了解呢?若不客观,大家各判各的又怎么可以呢?所以,其中是需要极高的智慧,也是不容易的。我们这个课程的几次讲演就把这个发展过程中的几个关键概述一下。

(本文为牟先生六十五学年在台大哲学系讲授"南北朝隋唐佛学"的第一堂课记录,由徐平记录,并经牟先生校订。)

(原载《哲学与文化》第 4 卷第 10 期(1977 年 10 月 10 日))

(本文选自《牟宗三先生全集 27 · 牟宗三先生晚期文集》,267~286 页。)

天台宗在中国佛教中的地位
（1978）

　　今天我要讲的这个题目："天台宗在中国佛教中的地位"，是蓝吉富居士替我订的。首先要大家明白，在这样短的时间中，不容易表达天台宗的整个教义，我只可就这个题目的意思，以总括性的方式来讲。但必须假定各位对隋唐佛教的发展及天台宗本身的教义，已有了整个的了解，如此，这个题目才能讲。

　　中国佛教从南北朝到隋唐五、六百年的长期发展，要完全详细去了解是很困难的。若真正深入去研究，那是无穷无尽的。当然，说无穷无尽固可，但要做概括性的叙述，勉强也是可以的。这个概括性的了解，只能是方便说，不能尽说，也不能全说。

　　诸位假若对南北朝到隋唐这一时期的佛教发展已有概括的了解，进一步要了解天台的全部系统也还是很困难的，因为文献多，义理深，所以比了解其他宗派都困难。我只能就我个人的一点了解，做概括笼统的叙述。

　　首先，吾人对佛所说的教法做整个的鸟瞰。佛成道以后说法四十九年，据天台宗智者大师的判教，就是五时说法：

　　一、华严时，说《华严经》，所谓的圆满修多罗。

　　二、阿含时（又称鹿苑时），说小乘，所谓原始佛教。

　　三、方等时，说诸方等大乘经。

　　四、般若时，说诸《般若经》。

　　五、法律①、涅槃时，说《妙法莲华经》和《大涅槃经》。

　　此五时说法，概括了佛的全部教义。这五时说法的内容，经过中国长期

---

　　①　此处原文作"法律"，当改为"法华"。

的吸收、消化，就有一种发展。我们要了解天台圆教，应先从两方面来了解，此就是佛说法的两个方式：一个是分别说，一个是非分别说。这个观念应该先把握住，才能了解天台宗。所以我们今天要概括地了解天台宗在中国佛教中的地位，不是要大家了解五时说法的内容，那些内容是无穷无尽的，我们现在无法讲。那些内容，大家或许都笼统地知道一点。**我们现在的目的不在告诉大家那些内容，而是要大家了解，佛说法有时是分别说，有时是非分别说。**

何谓**分别说**？用现代的名词讲，就是用分解的方式说。何谓**非分别说**？就是用非分解的方式说。譬如，从五时说法来看，有属大乘，有属小乘。做这样的分别，就是分别说。佛开始说法，都要用分解的方式讲。不用分解的方式讲，不能立教，不能告诉我们一个方向。佛初转法轮、说四谛，后来又说十二因缘、三法印，都是分别说法。另一方面，大、小乘亦有所不同。小乘中又有声闻、缘觉的不同，大乘中又有阿赖耶缘起的系统、如来藏缘起的系统、中观学的系统，这些都是分别说，即分解地说。

大乘这一方面，阿赖耶缘起这个系统，是走的心理分析的路线，也叫做后天的分解，所谓经验的分解（empirical analysis）。如来藏缘起这个系统，走的是超越的分解（transcendental analysis）的路线。这两个系统，是恰当地符合"分解"之意义的。至于中观学这个系统，就不那么简单了。天台宗认为这个系统是"通教"，是大乘的通教（有限定意义的通教）。天台宗说它是通教，可说是通教之"当教"，它是有限定意义的，也就是有特殊的教理限定。

但是从另一方面，中观学也可以是一种没有限定意义的观法，即所谓"中观"，是观照"缘起性空"的通式。所谓"因缘所生法，我说即是空，亦为是假名，亦是中道义"，这是《中论》的基本精神。《中论》二十七品，每一品都在破这个执，破那个执，其实意思很简单，可是很重要。它只有一个意思，也就是一个没有限定性的观法。这个没有限定性的观法，是个共法，甚至是大、小乘的共法。大乘不管哪一系统，都要用这个观法。即使小乘是析法空，但通教中的小乘仍可是体法空而不碍其为小乘。作为共法的"观法"，就是没有限定意义的观法。但《中论》除这没有限定意义的观法外，还有特殊的教义。就此而言，就是天台宗所谓的"通教"，前通藏教，后通别、圆。前通藏教是积极的意义，后通别、圆，则是消极的意义。所以"通教"是有限定意义的。但就观法上说，它是个共法，没有限定的意义。

中观这个观法是从《大般若经》来的。《大般若经》卷数非常多，意思却非常简单（诸位对《般若经》的性格必须要予以正视，因为《般若经》在全部佛陀的教义里，有着特殊的地位。吾人若对《般若经》特殊的性格和特殊的地位不能了解，便不能了解整个佛教在中国的发展，也就是不能了解天台、华严的判教）。如《中论》有二十七品，从观法上讲也很简单，就是"因缘所生法，我说即是空，亦为是假名，亦是中道义"，"不生亦不灭，不常亦不断，不一亦不异，不来亦不去"。这只是一个体法空的观法。而《大般若经》也是一样，《大般若经》卷帙浩瀚，可以一句话概括，即"不坏假名，而说诸法实相"。全经不外反覆地表示这个意思。这就是所谓"实相般若"。"实相一相，所谓无相，即是如相。""一相"不是一、二、三的"一"，而是无相——"没有相"的意思。从这点可以看出《般若经》特殊的性格与精神，即它是非分别地说的。其他大、小乘经则是分别地说的。大乘有两个大系统，即阿赖耶系统与如来藏系统，这都是分别地说的。通教——龙树学中有限定意义的通教，也还是分别说，至于《中论》的"观法"——共法，则是没有限定意义的非分别说。《般若》的"不坏假名，而说诸法实相"、"实相一相，所谓无相"，也是非分别说。所以龙树菩萨在《大智度论》中，解释佛说《般若经》曾云："佛以异法门说般若波罗蜜"。佛说般若时，用的是"异法门"，就是用不同的法门、特殊的法门说，也就是非分别说；而般若以外的其他经典，佛用"一法门、二法门、三法门……，乃至无量法门"说，都是分别地说。龙树菩萨在这一点，有一句深具理趣的话，即凡是用"一、二、三……乃至无量法门"说的法，都是"净法"，用现代的话讲，凡是用分解的方式说的，都是可净法。凡是可净法，都是方便说，都是权法。

用分解的方式、用分别说的方式建立起来的系统，无论怎么圆满，说得怎么周到，甚至像康德、黑格尔那样庞大的哲学系统，同样是"净法"，原则上都是可净的，虽然表面上或现实上找不出它的毛病在哪里。原则上，它依的是分别说，分别说建立的都是净法，净法表示它是方便，是权。

用分解的方式、分别的方式说法，没有逻辑的必然性（logical necessity）。如般若是以"异法门"说的，这个"异"是特别，殊异于其他法门的意思，也就是无净法门，有别于"余经"，用"一、二、三……乃至无量法门说"。"余经"都是可诤法（如唯识宗立八个识，每一个一定要配多少个心所，以内学院欧阳竟无先生看来，是一个都不能更改；然现在看起来，实际不必如此）。

般若是不诤法，不诤法不是独断，它是非分别说；以非分别说所说的法，说无所说，所以般若无一法可说，所以"般若非般若，是之谓般若"。

凡是用分解的方式说的，就有所建立，有系统相，它清楚地告诉吾人一些概念、法数；而凡以非分解的方式说的，就无所建立，因而也不是一个系统，无系统相，因此，般若无一法可立；佛说般若，是要用般若的精神来融通淘汰"余经"所分别说的那些法门，使之皆归于实相，所以般若是属于消化层次上的经，消化不是饮食。"余经"有法可说，《般若经》从更高一个层次上用非分别的方式说，说无所说，一法不立，故是消化层次上的一部经。因此它是"不诤"，这个"不诤"有它的必然性。假定我说："太阳从东方出"，如此你可以和我诤辩。但假若我说："太阳不是从东方出，不是从西方出，乃至不从南方，北方出，而是从出处出"，那么就无可争辩了，因为这句话没有特定内容，等于无所说，所以是无诤的，也是套套逻辑地必然的。

前面已了解大、小乘的分别说和般若的非分别说，这还不能了解天台宗。现在进一步看以阿赖耶系统到如来藏系统，再到华严法界缘起这个系统。华严圆教其义理的支持点是《大乘起信论》，是属于如来藏自性清净心系统的，亦即是由超越的分解路子而建立的系统。天台宗判如来藏系统为"别教"，而华严宗判其为"终教"。终教不是圆教。华严宗根据《起信论》之如来藏缘起，进一步通过顿教而讲圆教。这个圆教的圆，是就佛法身圆满无尽、圆融无碍上建立的。华严法界缘起的"法界"是毗卢遮那佛法身具无量庄严所显示的法界，是圆满无尽、圆融无碍。这个圆满圆融的法身，其圆是"当然的圆"，不能决定什么。华严宗义理的理论根据是《起信论》，《起信论》是经教，因此天台宗说它是"曲径迂回"，"所因处拙"。华严的"圆"是从佛法身上说的。若从"所因处拙"这方面看，它不是圆教。因此它是别教的圆，是经由超越的分解路子所建立的系统。

了解天台的圆教，不能与其他的系统放在同一个层次上，用同一个观点去看。天台宗的系统从龙树的般若学来，但天台宗有更进一步的特殊处。那么，天台宗和般若学的空宗不同点在哪里？般若虽是不诤法，然而严格讲，空宗不能算是一个宗派，般若只是共法、观法，不能看成是一个系统；凡想成立一个系统，要有分别说才能建立。那么，天台宗是否是一个系统呢？曰：是。然则它所建立的系统是不是分别说？若是分别说，就是可诤法，不能算圆教；若不是分别说，则又不能成立一个系统。这里我们看出空宗与天台宗差别的关键就在天台宗是用非分别说来建立它的系统，因此它是无系统相的系统；这是个诡辞。无系统相的系统即是不可诤法，而阿赖耶系统、如来藏系统则是有系统相的系统。

《般若》是非分解地说，是不诤法，是无所说，故不是一个系统；《中观》只是一个观法，故亦不是一个系统。天台宗亦是非分解地说的，但却是一个系统。这个关键在于二者对于法之存在问题的态度不同。《般若经》对于一切法无根源的说明，空宗亦无此问题，而天台宗对一切法却有一个根源的说明，此就是"一念三千"——"一念即具三千世间法"，此"具"是"圆具"，是非分解说的，故亦是不诤的，而且是存有论地不诤的。天台"一心三观"，是观法上的不诤；一念三千是存有论的不诤。天台以般若观法上的不诤为"纬"，一念三千存有的不诤为"经"。一心三观，加上一念三千，一经一纬，一纵一横，交络相成，才算是圆教。

阿赖耶系统和如来藏系统，虽也是对"法之存在"作根源的说明，但它是分解地说的，是有系统相的系统。而天台圆教对一切法所做之根源的说明，乃是非分解地说的，是无系统相的系统。因此它对一切法之根源的说明，是无说明的说明；这是西方哲学和宗教所没有的境界。西方哲学忙着建立系统，而天台圆教的系统是个更高层次的系统，它没有系统相，这一点可以给西方哲学和宗教一个刺激。

从这里，我又想到一个问题。我们讲中国哲学，或讲佛家哲学，这所讲的哲学可以用另一个名词来表达，就是我在《才性与玄理》里面提到的，魏晋人所谈的"名理"。名理有两种，有"教下的名理"，还有"哲学的名理"。譬如佛教的教义、宗教，都是根据释迦牟尼佛所讲的法而开出的；还有，出家人相信佛的教义，根据佛的教义来修行，这都是立于教下名理的立境的。我呢？我就不一定是站在教下名理的立场来讲佛教。凡是名理，就有它的客观性和普遍性。不管你相信不相信它，都可以讲它，用教下名理的立场去讨论固可以，用哲学名理的立场去讨论也可以。

我现在用哲学名理的立场讲佛教，也可以相信佛教，也不一定相信佛教。我用哲学名理的立场来讲，无论讲那一个教都可以，讲儒教、佛教、耶教都可以。从教下名理的立场来讲是"守"，守住自己；从哲学名理的立场来讲是"开"，开放自己；和其他的宗教学说要相通，才能互相观摩，互相改进，这就要用哲学的名理。哲学名理可以开，但光是哲学名理还不成，哲学名理重在思考，思考还要落实，要落实就必须修行，要修行就必须根据一定的教路，那就要再从哲学的名理回转到教下名理来。但在教下名理住久了，就会封闭，封闭久了就会顽固、排他，这时候，就需要哲学的名理来"开"。所以在这个地方，哲学有它的独立性，它不同于科学，也不同于宗教，它既是超越科学，复亦超越宗教。

我现在只是提供一个意思，就是从哲学名理的立场，来规定天台圆教在中国佛教中的地位。我现在说这些话，都不属于佛教内容的话，没有告诉各位教义内容。教义内容诸位知道很多。我这是另一层次的话。

天台所依的经典是《法华经》。《法华经》的性格不同其他经典，《法华经》不在告诉你内容，它是开权显实的问题，因此它不是分解的说。

我们看《般若经》，看《法华经》，它们都是不净法，但不相同。《法华经》要是从内容上看，贫乏得很，天台智者大师开宗为什么宗《法华》呢？此乃是因为智者大师了解《般若经》的特殊性格——《法华经》直畅佛陀本怀。假使诸位能了解《般若经》的性格，又能了解《法华经》的性格，也就能进一步了解天台宗了。

（六十七年五月讲于佛光山台北别院，由蔡月秀记录。）

（原载《佛光学报》第 3 期（1978 年 8 月））

（本文选自《牟宗三先生全集 27·牟宗三先生晚期文集》，287～294 页。）

祀孔与读经
（1952）

　　九月二十八日为孔子诞辰纪念。前年《民主评论》纪念孔子，我写了一篇"儒家学术的发展及其使命"，去年纪念，则有唐君毅先生的"孔子与人格世界"。这些文字是从儒家学术的内容和孔子之为圣贤人格的圆满性来说话。今年我想从另一方面来说。另一方面就是文制一方面。为甚么从这一方面说呢？因为祀孔是政府规定的，读经也是政府所提倡的，这都表示对于孔子的尊崇。政府的举动必然含有文制的意义，因为它的举动是从整个民族国家方面想，是对全社会人民说。这不是政府里面的人之思想自由信仰自由问题，也不是他个人主观上喜欢不喜欢的问题。同时，也不是对社会上某一部份人说，即不是为的有助于赞成儒家学术的人而发，也不是为的压抑反对儒家学术的人而发。祀典是一个文制。读经只是在提倡中，尚没有成为一个文制。

　　一个民族尊崇他的圣人是应该的。政府代表民族国家，从文制上来尊崇也是应该的：既是它的权利，也是它的义务。现在我说明两点：一、儒家学术是否含有文制的意义，是否可成为文制？二、一个民族，一个社会，总之在人民的现实生活上，文制是否必需？

　　儒学，或者说，四书五经所代表的学术意义，是否含有文制的意义？是否可成为文制？关于这个问题的决定，关键是在：是否一切学术都可以看成是个人的思想理论？或者说，我们是否可以拿个人思想理论的观点来看一切学术？以前的人对于经子总有一个分别。我们现在对于这个分别可直接说出来是如此，即："子"（诸子百家）是个人的思想理论，不含有文制的意义，不能成为一个文制。而"经"则含有文制的意义，则可以成为一个文制。董仲舒汉武帝尊崇儒术，罢黜百家（罢黜是不立学官之意，不用以取士之意），首先认识这个意义，所以也就首先从政府立场看出其含有文制的意义，可以很顺当的成为一个文制。后来历代帝王无不尊崇维护这一套。这不能完全是统治者的自私，统治者的利用。因为尊崇维护五伦之教，不会单是自私，单是利用。就是动机是自私，结果也是公。就是利用，也是上上下下，大家都要利用，不光是单有利于某一个人。因为这是上上下下的一套生活方式，所必共由之道。这就是儒家含有文制的意义，可以成为一个文制。维护者很可以不读经，也很可以不懂经的内容、经的高远理境与深远意义。但这无关系，只要他能从文制上尊崇圣人，维护五伦就够了。只有懂的人解的人来讲。我说这意思，就是表示以前的人很能了解儒学的文制的意义，也很能了解文制的重要。只是到清末民初以来的智识份子，个个都是空前绝后，不识大体，不知谋国以忠之义，所以才不了解儒学的文制意义，也不知道文制的重要。自清末废科举兴学校以来，随着来的就是废除读经。实则科举是考试取士，学校是培育人才。一个是取，一个是养，有学校之养，不必定废考试之取。现在不是还有考试院吗？为甚么有了学校就必得废除考试取士之常轨？考试的内容与方式可以变，而国家取士之常轨可以不变。复次，为甚么有了学校就得废除读经？当时废除读经尊孔的理由是：孔孟之学在汉以前只是诸子之一，我们现在没有定尊他的必要，应当还它原来之旧，让学人自由去研究。这一方面倡导学术自由，思想自由，其理由好像很正大，可是另一方面，就是"拿个人的思想理论"的观点来看一切学术，这一个观点是害事的，就是不识大体的。当然，如果学校是研究学术的机关，自然须让学人自由研究，人的精力有限，研究其一，不必研究其他。但是学校与研究，不是唯一的标准。如果站在民族国家的立场，认识到立国之本，出之以"谋国以忠"的态度，则学人研究虽可自由，而普遍读经不必废除。纵使退一步，大学废除，中小学亦当有个办法（这不是关乎懂不懂的问题。凡是关乎这类性质的事，都不必一定要懂。念佛的人不一定能懂佛理。尔爱其羊，我爱其礼。同样，尔爱其懂，我爱其习）。再退一步，纵使整个学校废除读经，政府以及有识之士，立于国家之立场，也当该认识儒学文制的意义而有一个尊孔护持的办法，这才是谋国以忠，顾及千秋万世的用心。可是当时领导社会的思想家、教育家，却只是拿"个人的思想理论"的观点来看一切学术，以诸子百家的态度来看儒家及孔子，遂轻轻把含有文制意义的儒学，维持华族生命已经数千年的忠信观念，一笔勾销了。这个无识不忠的罪孽，遗害不浅。实则，汉以前只为诸子百家之一，并不妨碍其本质上的优越性与可尊崇的地位。这不能成为废除的理由。耶稣的出身，只是个木匠的儿子，可是并不妨碍其为圣人，为创教的教主。我们只能把他看成是个木匠的儿子行吗？王船山说："害莫大于浮浅"。真是慨乎言之。

儒学不能看成是个人的思想理论，孔孟不能看成是诸子百家之一。原夫孔子立教的文制根据就是周文。而周文的核心则在亲亲之杀，尊尊之等。由亲亲尊尊演变为五伦。亲亲尊尊与五伦都是文制的。这是经过夏商而至周公制礼才确定。五经中的史料以及道理都在表现这一套。孔子继承（述而不作）这一套，删《诗》、《书》，定《礼》、《乐》，赞《周易》，作《春秋》，其中心观念，就是凭依亲亲尊尊之文制。文制不是个人的一套思想理论。后来经过孟子道性善，顺仁义而直指本心，直向上透，遂开儒学高远理境之门。经过宋明理学的发展，益臻广大精微之境。这是属于儒家学术思想的内容之一面。这一面不必人人皆懂，亦不必人人皆赞成。（实则不赞成只是由于不及。不懂不理可以，若硬要反对，则只是意气或根本不及。）但是亲亲尊尊五伦方面，则人人皆懂，政府维持儒教，尊崇孔子，亦只有从文制方面才得体。不必定要作之君、作之师；既要做皇帝，又要作教主。以前的皇帝虽然专制，但是他们却懂得这一层。他们不出来争着作教主。他也要受教，读圣人书。以朱元璋之威，还能下拜孔子，还能知"孔子万世师表，岂可以政治分位论"的道理。禁止演圣人戏，也是他规定的。诸位不信，试看今日。自林语堂编"子见南子"剧本，山东曹州第六中学即演"子见南子"以来，一叶知秋，即可知今日之劫难，并非偶然。此真历史家所应大书而特书者。政府维持这方面的文制，不算专制，不算极权。破坏这方面的文制，侮辱立教化的圣人的自由，不能随便有。政治上的自由民主，不是首出庶物的东西。

从这里，我即说第二点：一个民族，一个社会，总之在人民的现实生活上，文制是否必需？在此，我断然答之曰必需。凡是文制都是表示现实生活上的一个常轨：有普遍性，有一般性。民主政治是政治生活的一个常轨，所以民主政治也是今日的一个文制。西方除科学外，惟赖有民主政治与宗教这两个文制，才能维持他们生活的常轨。宗教是政治生活外的日常生活中的一个文制。这不能由民主政治来代替，也不能由科学来代替的（科学不是一个文制）。我们也不能拿西方的宗教来代替。耶稣教不能移植到中国的民族性里而成为日常生活中的一个文制（理由我这里不必说），我们还得根据我们的文化传统及圣人来建立文制，作为我们日常生活的方式。文制有普遍性与一般性，这是从社会上一般人民日常生活来作想。不是单独对某一部份人作想。也不要单从自己的立场作想。现在的中国人，农工商都知道尊崇祖先，尊崇圣人，惟有知识份子，脑子里充满了一些不成熟观念，个个都是空前绝后，菲薄祖先，菲薄圣人。而且其思量问题，见诸议论，又都是从自己的立场来作想。这就是今日知识份子的无器识处。他总以为：我们是研究学问的人，我有研究的自由。那么你为甚么一定要推一个孔子出来呢？为甚么一定要尊崇儒教呢？在我自己的研究自由上，我反对。这种人只知道他自己的主观立场，所以他也把一切学术，都看成是个人的思想理论，没有甚么学术还有文制的意义。若有人从文制方面想，他就以社会上高等知识份子的身份，出来反对。他殊不知天下人，不都是研究学问的人。就是研究学问的人，也得有与一般人共同的日常生活。人在社会上谁无专业？岂独你研究学问的专业？但是农工商都知道尊崇圣人，没有以自己的专业为唯一的尺度，这不是知识份子的见识、虚心与客观都不及农工商吗？这是第一层。复次，你如果是一个自由思想家，是一个浪漫不羁的诗人文人，你可以冲破一切礼法，你可以不受任何文制的束缚。凡不是我思想性情上所许可的或所喜欢的，我一概不能忍受。你可以向孔子挑战，你可以向耶稣、释迦牟尼佛挑战。我宁愿颠连困苦甚至牺牲性命，我也不愿委曲自己。这点，我承认你天才的性格。但是，你须知天下人不都是你这样的天才。你天才你的，我还是文制我的。你不吃家常便饭，你不能叫天下人都不吃家常便饭。你不能以你自己为尺度。这是第二层。复次，一个有自觉生活的人，在他的觉悟过程中完全以自觉中的自明自得为证。他心中也无天，也无地，也无圣人。他自己心中的自明自了就是天就是圣人。佛家所谓即心是佛，即是此义。禅宗里面有所谓呵佛骂祖，也完全是以自己之本心作证。但是你须知他的呵佛骂祖，无天无圣，完全是指他自己的修证言。其本人虽有点昂首天外的狂气，但他究竟还是以圣以佛为宗。他并不能以他自己昂首天外的气概，否认儒家文制、佛家文制的建立。在他自明自了的过程中，也可以不注意这些粗末的文制。但他究竟还是在这些文制中显精采，这种显精采究竟也不是德的成熟境界。注重文化制度的人，还是认为这种狂气有流弊。所以文制总有它客观意义与客观价值，以及其文化上的意义与文化上的价值。这是第三层。我以上所说的三层，都是研究学问的知识份子所可持以否认文制的根据的。但是近时知识份子所能知道的，也只是前两层（即是学术自由与不吃家常便饭的天才），或者只是第一层。至于第三层，尚不甚在他们的意识中，而此第三层实不是反对文制，只是有横决的流弊而已。若只是停在第一层次上而否认日常生活中教化上的文制之建立，那是顶不负责任，顶无器识，顶个人主义主观主义的态度。试想三四十年来的中国知识份子，岂不是只拿这个态度来否定一切道揆法守吗？

没有一个客观的文制为道揆法守，社会上日常的是非善恶的判断，未有不混乱的。而一般人的生活，尤其是知识份子，亦必是十分痛苦的。因为无客观的文制，无中心的信念，无公共遵守的道揆法守，一切都凭自己的主观意识来决定，都凭自己自觉的观念来决定，那未有不混乱不痛苦的。因为人不能都在或总在自觉中过生活，总得有一个不自觉或超自觉的东西作凭依。这就是庄子所说的人相忘于道术，鱼相忘于江湖。① 相忘就是超自觉，不自觉。不自觉其所凭依之江湖之可贵，而得养其天年，润其生命。若是离开这个不自觉的凭依，而处在陆地上，相濡以沫，意识中时时在自觉奋斗，则其痛苦可知，其生命亦快完了。客观文制之于生活亦然。知识份子总站在自己的意识自觉中说话，动不动讲重新估价，自己来重新认识衡量古圣先贤，这是中了浅薄的理知主义之毒，是顶无见识的表示。关于这一层，我在《当代青年》五卷一期中有"当代青年"一文，说的较详较明，读者可取而参阅，以补本文之不足。

以上两点，即儒学含有文制的意义，不可看作个人的思想理论，不可等视诸子百家，以及生活上文制之必须，俱已说明，则今日之祀孔读经，都不是无意义的。祀孔且不说，关于读经，若站在政府的立场上，亦当设法从文制上着眼，如何措施来实现它。提倡读经当然不是个人读书问题。若是个人读书，则开卷有益，而况经乎？那么提倡读经或反对读经，都不只是个人读书的问题。反对者我已明其不知儒学含有文制之意义。则提倡者就得从文制上着眼。这不是学校里读不读的问题，也不是懂不懂的问题。这是一个客观的、整个的、笼罩全社会的文制问题。就学校言，如何设法能实现普遍地读。各阶层的读，有各阶层的懂。这

---

① 语出《庄子·内篇·大宗师》。原文为："泉涸，鱼相与处于陆，相呴以湿，相濡以沫，不如相忘于江湖。"

都要靠一个文制来烘托来维持来薰习。如果社会与政府有诚心，有信念，来注意这一个文制的问题，则总可以逐步实现此文制。就是一时不能成为定制，则振刷风俗，整肃官常，在在都可以表示其尊崇圣人与维护教化。

（四十一年《中央日报》孔子诞辰纪念特刊）
（本文选自《生命的学问》，109～116页。）

人文主义与宗教
（1955）

　　贯之先生惠鉴：大示拜悉。人文友会定期与诸子讲习，亦无甚高深学理。主要目的，只在疏导时代学风时风病痛之所在，以及造成苦难症结之所在。如此疏导，点出主要脉络，使人由此悟入，接近积极健全之义理，重开价值之门，重建人文世界。此或可有助于人心醒转。讲词多简陋，辞不能备，意不能尽。蒙贵刊长留篇幅，为之刊载，甚感甚谢。

　　承寄谢扶雅先生《中国民族信仰问题》，并属参看《人生》第一百期谢先生《人生与人文》一文。兹取而合并观之，两文主要论点大略相同。因谢先生之文，引起先生之惑；一，人文主义能否成为宗教？二，中国文化能否发展成为高级宗教？兹事体大，自非议论所能测度，亦非思想系统所能决定。关于道德宗教之体验，并世唯唐君毅先生为精湛，在西方吾唯推尊丹麦哲人契尔克伽德为独到。弟粗陋，不足以语此。然蒙先生不弃，亦有大略可得而言者。人文主义不能充作宗教。主义只可言之于政治、经济以及道德、艺术。信仰之对象只是神圣和完全，更无主义可说。谢扶雅先生之言是也。然人文主义是人文主义，孔子人文教是人文教。两者不可混同，世固有以为"凡有信仰即是宗教"，如信仰某某主义，某某主义即是其人之宗教。此说自不可通，亦甚不足道。宗教信仰之对象，只是神圣和完全，此言自不误。主义只是对于某方面或某问题思想上或说明上之进路、态度或立场。如西方哲学上之唯心论足以说明并肯定道德宗教。凡想积极说明并肯定道德宗教者，总于哲学上采取唯心论之立场。然唯心论并非宗教，世并无以唯心论作宗教或代替宗教者。亦犹之唯心论并非道德，世并无以唯心论作道德或代替道德者。如有之，此人必不解哲学之唯心论，亦必不解道德与宗教。人文主义与人文教之关系亦复如此。人文主义只是说明孔子人文教之思想上的立场，进路或态度。非以人文主义为宗教也。

凡可以成教而为人人所接受而不能悖者，必非某某主义与理论（学说，theory），亦必足以为日常生活之轨道，由之以印证并肯定一真美善之"神性之实"，即印证并肯定一使人向上而不陷溺之"价值之源"。非某某主义与理论，此言其普遍性与定然性。即就人文教而言之，儒家所肯定而护持之人性、人道、人伦，并非一主义与理论。此是一定然之事实。即就其为定然之事实而言其普遍性与定然性。言其足以为日常生活之轨道云云，此明其与为政治生活之轨道之民主政治不同。此两者互不相碍，互不相代。民主政治，吾人亦可认其有普遍性与定然性，并非一主义与理论，然此并不可视为宗教，世无以民主政治为宗教者。故只认政治生活轨道之民主政治而不认日常生活轨道之道德宗教（广泛言之可先只说"教"，误也。同时，言其足以为日常生活之轨道云云，亦明其与科学不同。科学，吾人亦可认其有普遍被承认之定然性，并非一主义与理论（此比民主政治尤显，于民主政治处或可有争辩，但实亦不可争辩，思之便知），然科学并不可为宗教。科学只代表知识，并不代表作为日常生活轨道之道德宗教。此两者亦互不相代，互不相碍（当然相补，此不待言）。故只认科学而抹杀作为日常生活轨道之道德宗教者妄也。

儒家所肯定之人伦（伦常），虽是定然的，不是一主义或理论，然徒此现实生活中之人伦并不足以成宗教。必其不舍离人伦而即经由人伦，以印证并肯定一真美善之"神性之实"或"价值之源"，即一普遍的道德实体，而后可以成为宗教。此普遍的道德实体，吾人不说为"出世间法"，而只说为超越实体。然亦超越亦内在，并不隔离，亦内在亦外在，亦并不隔离。若谓中国文化生命，儒家所承继而发展者，只是俗世（世间）之伦常道德，而并无其超越一面，并无一超越的道德精神实体之肯定，神性之实，价值之源之肯定，则即不成其为文化生命，中华民族即不成一有文化生命之民族。此上溯尧舜周孔，下开宋明儒者，若平心睁眼观之，有谁敢如此说，肯如此做，而忍如此说？佛弟子根据其出世间法而如此低抑儒家，基督徒根据其超越而外在之上帝亦如此低抑儒家。忠于其所信，维护其所信，此乃善事，然不必闭眼贬损自己所属之民族之文化生命。如此贬损，岂可谓平情之论？岂可谓正视族国艰难民生疾苦者所应有？（去年于斌主教在台，基于反共之立场，劝人多宣扬中国文化，多讲儒教。然某次聚谈，仍谓从世间方面说，儒家很好，至于超性方面则不够，最后仍当归宗于耶。吾当时即明其认识不足。于斌先生尚能平心，虚心以听。吾以为此甚可贵。）

儒家所透彻而肯定之超越而普遍之道德精神实体，决不能转成基督教所祈祷崇拜之人格之神，即基督教方式下之神（上帝、天主），因此儒教之为教亦决不能成为基督教之方式。此基本密义若能透彻，立见佛教之有不能令人满足处，基督教之有不能令人满足处。（虽然彼皆可各自成一高级之宗教，有其贡献于人类。）亦可见中国文化生命有其独立之价值，其所表现之形态有其独立之意义。即依此而言儒家为人文教，中国的文化生命为人文教的文化生命。人文教非言只崇拜或限于世间生活中之伦常与礼文也。如此割截局限，何足成教？亦何足成一文化生命！若谓基督教只是祈祷作礼拜以及婚丧之礼，可乎！凡道德宗教足以为一民族立国之本，必有其两面：一足以为日常生活轨道（所谓道揆法守），二足以提撕精神，启发灵感，此即足以为创造文化之文化生命。是故基督教虽不只祈祷、礼拜，以及婚丧之礼，然亦必凭藉其特殊方式之祈祷、礼拜，以及婚丧之礼，以成风俗，以为国本。儒家之伦常礼文亦然。此即其日常生活之轨道一面，而其所透彻而肯定之超越而普遍之道德精神实体，则正代表提撕精神，启发灵感之文化生命一面。而中国文化生命所凝聚成之伦常礼文与其超越而普遍之道德精神实体，尤具圆满之谐和性与亲和性，不似西方之隔离，《庄子·天下》篇所谓"明于本数，系于末度"，以及"其于本也，宏大而辟，深闳而肆，其于宗也，可谓调适而上遂矣"诸语，可为中国文化生命之写真。

儒家教义即依据此两面之圆满谐和形态而得成为人文教。凡不具备此圆满谐和形态者，吾皆认之为离教：或耶或佛。假若真透彻此两面所成之圆满谐和形态，则于人文教中之祭天祭祖祭圣贤，何得云：只是自尽其心，自文其饰，乃至云：无宾作揖，无鱼下网？此三祭中之尽心致诚，乃孟子"尽心知性知天"[1] 中之尽，决非齐宣王所谓寡人之于民也，尽心焉而已之"尽"。齐宣王之"尽"实并未致其诚也，是以并未尽也。虚应故事而已。三祭中之天、祖、圣贤，皆因超越而普遍之道德精神实体而得实，而得其客观存在性。在圆满谐和形态下之祭祀崇敬，主客、内外、本末混融而为一，形成一超对立之客观与绝对。

人文教之所以为教，落下来为日常生活之轨道，提上去肯定一超越

---

① 语出《孟子·尽心上》。原文为："尽其心者，知其性也。知其性，则知天矣。"

而普遍之道德精神实体。此实体通过祭天祭祖祭圣贤而成为一有宗教意义之"神性之实","价值之源"。基督教中之上帝，因耶稣一项而成为一崇拜之对象，故与人文世界为隔；而人文教中之实体，则因天、祖、圣贤三项所成之整个系统而成为一有宗教意义之崇敬对象，故与人文世界不隔：此其所以为人文教也，如何不可成一高级圆满之宗教？唯此所谓宗教不是西方传统中所意谓之宗教（religion）而已。岂必一言宗教即为西方传统中之形态耶？中国传统中固已有其对于宗教之意谓。中国以前有儒释道三教，而且在此传统中，宗与教是两词：依宗起教，以教定宗。故常只说三教，不说三个宗教，而此三教实无一是西方传统中所意谓之"宗教"。吾人即依中国传统中所说三教，而欲使儒教成为人文教。

不喜宗教者，因儒家并未成为西方意义之宗教而欣然，且欲并为教之意义而忽之，故述古，则谓其只是诸子百家之一，据今，则欲只作哲学或学说看。实则此并不通。其未成为西方意义之宗教是也，然其为教而足以为日常生活之轨道，并足以提高精神，启发灵感，而为文化生命之动力，则决不可泯。蔡元培先生欲以美术代宗教，误也。无论西方意义之"宗教"或中国意义之"宗教"，皆不可以美术代。谢扶雅先生谓蔡氏之意正合孔子之意，亦误。儒家之教自含有最高之艺术境界。然艺术境界与蔡氏所说之美术不同。凡宗教皆含有最高之艺术境界，然宗教究不可以美术代。宗教中之艺术境界只表示全体放下之谐和与禅悦。质实言之，只表示由"意志之否定"而来之忘我之谐和与禅悦。故孔子曰"成于乐"[①]，成于乐即宗教中之艺术境界。试看《乐记》中对于乐之境界之阐明，皆当视为儒教中之艺术境界，而非可视为美术也，美术何足以代宗教？美术自是美术，教自是教。蔡氏之言，根本反宗教，亦根本反儒家之为教。彼固不明"宗、教"或"宗教"的意义与职责。吾人处今日，单据日常生活之轨道与提撕精神启发灵感两义，而谓于科学与民主以外，有肯定并成立人文教之必要。若推广言之，为任何国家着想，皆当于科学与民主以外，有肯定"宗、教"或"宗教"之必要。否则一民族决无立国之本，亦决无文化生命之可言。

基督教决不能传至中国而为中国文化生命之动力。谢扶雅先生谓基督教入中国机会太坏，缘份太差。此决不只是机会问题，缘份问题。洪

---

① 语出《论语·泰伯》。原文为："兴于诗，立于礼，成于乐。"

秀全、帝国主义、商人、大炮等等障碍，只是表面。基本关键是在文化生命之形态不同。基督教若接不上中国之文化生命，决进不来。自利马窦以来，直至今日，已有五六百年。试想基督教传教者几曾能接上中国之文化生命？若孤离言之，一个人受洗，祈祷，作礼拜，唱圣诗，凡此诸种，皆是外部之事件，皆可为之。然此决不相干。接不上中国之文化生命，决不能进来作为中国文化生命之动力。而若接上中国之文化生命，则基督教决必改其形态。

基督教之为宗教决非已臻尽美尽善之境地。自其历史而言之，中世纪之形态固有病，近代之形态尤有病。自其本质而言之，其形态亦非发展至尽美尽善者。此中根本关键，唯在其神学之未能如理而建立。中世纪之神学乃照希腊哲学为根据而建立者。而希腊哲学却根本与耶稣之精神相隔相违而不相即。是即不膏耶稣之精神与生命根本无学问以明之。中世纪之神学根本不能担负此责任。于此，吾希望基督教中高明之士，能虚心以观佛教中之"转识成智"以及宋明儒之"心性之学"（以哲学玄谈视宋明理学全错）。基督教根本缺乏此一学问。其未能至尽美尽善之境，关键全在此。中世纪之神学不能说明耶稣之精神与生命，然心性之学却能之。纵使以人格之神为信仰之对象，然若有心性之学以通之，则其信必更能明彻健全而不摇动。如此方可说自拔于陷溺，腾跃而向上，有真的自尊与自信。否则自家生命空虚混沌，全靠情感之倾注于神而腾跃，则无源之水，脚不贴地，其跌落亦必随之。此若自儒佛言之，全为情识之激荡，头出头没之起灭。在激荡中，固可有粗躁之力，然谓能超拔于陷溺，则迥乎其远矣。此征之西方人之生活情调以及其历史文化之急转性与戏剧性，则知吾之所言决非苛责。此亦当平情自反也。（常闻人言，巴黎污浊罪恶之场旁边即是教堂。在罪恶场犯罪，到教堂去痛哭。痛哭一场，人天爽然。回来再犯罪。此只是情识之波荡，何足以语于超拔。超拔谈何容易哉？）

吾人肯定人文教，并非欲于此世中增加一宗教，与既成宗教争短长。乃只面对国家之艰难，生民之疾苦，欲为国家立根本。中国现在一无所有。自鸦片战争以来，即开始被敲打。直至今日之□□①，以其唯物论，遂成彻底之毁灭。四千年累积之业绩与建构、一切皆铲平。吾人坦然承认并接受此一无所有。惟一无所有，始能拨云雾而见青天，而吾

---

① 此处删去二字。

华族之文化生命倒反因而更纯净而透体呈露矣。此亦如宗教所言，惟放弃一切，始能皈依上帝，惟全体放下，始能真体呈露。业绩倒塌，而文化生命栩栩欲活。吾人现在一无业绩可恃，一无业绩可看。惟正视此文化生命而已耳。吾人亦正视西方所首先出现之科学与民主，吾人亦正视其作为文化生命之基督教。然吾人所与世人不同而可告无愧于自黄帝以来之列祖列宗者，吾人决不依恃西人所已出现之科学以轻视自己之文化生命而抹杀之，亦决不依恃西人所已出现之民主而与自己之文化生命为敌，亦决不依恃彼邦之宗教而低抑儒家之教义。吾人所不如时贤者，即在吾人并无现成之恃赖。是以不如时贤之洋洋自得，而常苍茫悽苦也。吾人所不自量力者，欲自疏导中西文化生命中而引发科学与民主，成立人文教以为立国之根本。取径不同于时贤，故遭多方之疑难。然试思之，世间宁有现成之便宜可资讨取乎？大其心量，放开眼界，当知区区之意不甚差谬也。专此拜覆，敬乞指正。

（四十四年四月《人生》杂志）
（本文选自《生命的学问》，81～90 页。）

儒教、耶教与中西文化
（1957）

　　贯之吾兄大鉴：赐教并转示谢扶雅先生函，均敬悉。关于谢先生函，弟意如下：

　　一、谢先生谓："牟先生过去似在阐明儒家思想中亦有科学，亦有民主，谅系出自阿好比附之衷。"弟从未有此阐明，亦从不敢存阿好比附之心。诚如兄示所云：弟一向"只言中国有道统，无学统，有治道，无政道，似未言及儒家思想中有如西方之科学与民主"。不但未言及儒家思想中有，即就整个中国文化言之，亦从未言中国文化在过去有如西方之科学与民主。此若稍读拙作《历史哲学》及其他关于此方面之论文者，尤其与兄《略论道统、学统、政统》之一文，皆可不至有此随意之猜想。

　　二、弟前在《人生》一六〇期曾与兄一长函《略论道统、学统、政统》，中言及"吾人不反对基督教，亦知信仰自由之可贵，但吾人不希望一个真正的中国人，真正替中国作主的炎黄子孙相信基督教。"弟知这几句话是有刺激性的，有伤中国基督徒之尊严。但弟以"不反对基督教"与"信仰自由之可贵"两端来限制，弟之真诚之意似已明白显出。这几句话成为反对者之口实。但依弟观之，反对者似皆不能就弟之真诚之意而反驳。弟觉似皆无充沛之衷气，与正大之理由。以前有人拿孙中山先生与蒋总统之信仰基督教来杜弟之口，弟亦只好无言。现在谢先生复以弟是山东人以为解，弟觉这也只是笑话。其实干脆说"信仰自由"就够了，不必多有曲折。依现在的政治思想，一个人有权利自由退出其国籍，而何况是信仰？弟以为，凡关于此类问题，是要诉诸个人之责任感的，是自由权利以外的话。故有"作主"、"希望"等字样。（宗教有普遍性，亦有特殊性，不能仅拿普世以为解。弟在《略论道统、学统、政统》一文中已详言之。人不思耳。)

三、谢先生说:"至于基督教之一神论及神人之亲切关系,以及大宇宙精神之呼召,我对神圣使命之献身,均比儒教为真挚而热烈"云云,此自是基督教以神为中心,以格位方式表现道之一特殊形态。儒教中心与重心落在"如何体现天道"上,其真挚与热烈并不亚于基督教。关此两形态,弟自信在第二二九期《作为宗教的儒教》一文中,已表示得很清楚。基督教自有其精采,弟一向极其欣赏而尊重。但愿双方各能虚心正视对方当体之本义及其特殊形态之何所是,以期"相即相融而不失其自性。(《略论道统、学统、政统》文中屡说之语。)但一般人对于儒教,以其宗教之偏心,或因对于中国文化之憎恶,却常是浮皮搔痒,不中肯要,或故意贬视,轻描淡写,浅尝辄止,而不肯深入。弟自信《作为宗教的儒教》一文中,并无夸大比附处。弟常言,基督教重客观性,东方宗教重主观性,而于重主观性中,儒教中心落在"如何体现天道"上,尤能达主观与客观性之统一。关于此点,该文中并未详讲。但虚心平心的读者自能鉴及。

四、"冲天劲不足"一语,是意引。经兄查出是"冲力不足"。这是弟对不起谢先生的地方。但"动力"与"冲天劲"意不相违。依弟该文的解释,儒教的中心落在"如何体现天道"上,横说层层扩大,与天地万物为一体,竖说以无限历程的尽心尽性上达天德。冲力或冲天劲正是十分充足的。故该文有"无限的庄严、严肃与紧张藏在里面"等语。何得以世俗一般人之"慢吞吞"与"马马虎虎"来牵连及儒教之本质?当年尼采骂基督教为奴隶的道德,却反引孟子的话以表示"天行昂扬"之德。尼采之骂固无是处,然其反引,却值得思量。此见张丕介先生所译德人某解析尼采思想一文,载于《学原》某期,已不记。又"宗教是以无限的热情欣趣道福",正是契尔克伽德(Kierkegaard)的话。而契氏则是公认为真能体会宗教本质的基督教信仰者。因契氏明说:"不敢自居为基督徒,只想如何成为基督徒。"而"如何成为"的过程是无限的。因契氏重主观性(虽然尚不是儒教中正面的真实的主观性),故有此深刻之精义,有此无穷的上升之辩证历程。若言冲劲或紧张,正当系此而言之。此是"冲劲"之胜义。若一般基督徒只知祈祷与信仰,则其冲劲正是上下跌宕之激情。此是"冲劲"之劣义。基督教因以神为中心,重客观性,开不出正面的真实的主观性,(虽有契氏之重主观性,但他的主观性只是负面的、感受的、流逝的主观性,而不是正面的、实体的,因而亦尚不能至真实的主观性。）故在基督教下冲力之足，常不免落于激情。故弟以同情心，即言基督教，亦不愿以寡头无原则以冒之的"冲力"作为西方宗教之本质。基督教正是以灵魂得救与消除罪恶为其本质。此是传道者所天天讲说的。但因不重主观性，开不出正面的真实的主观性，并不真能照察出什么是罪恶（罪恶之具体意义），而期从根上消除之。（读者勿随便轻视慎独、诚意、明明德、致良知、涵养察识，这些如何体现天道上的工夫语。）所以基督教之表现上帝的意旨，常移向客观方面，在政治社会上，表现而为义道（正义公平），在阶级对抗方式下表现公平。此如谢先生所说"平等、自由、博爱三原则，实为基督教直接促成西方近代文明"。关此，弟无异辞。此亦即弟该文中所说宗教在文化方面的作用。然在客观方面虽有成就，而在灵魂得救消除罪恶之主观方面，则常无真切的表现，因主观性原则不足故也。而此方面却为宗教当体之本质。至于谢先生所说"基督教与现代科学合轨"，以亚历山大之"时空与神"及摩根之"突创进化论"为例，而认为可作基督教之新神学读，弟则以为宗教与科学离开一点倒好。不独亚历山大与摩根，即爱丁顿与怀悌海，这些科学的哲学家，都可有一套自然哲学的宇宙论。这不过是多方引合上帝，要与神学之本质无关。

中国文化自不能无病。故自三十八年来，弟等多于中西文化之疏导效其棉薄之力。所为文字已不少。大体环绕两中心而立言：一为科学与民主，二为宗教。看看中国文化何以产生不出科学与民主来，儒教的本质意义何在。看看西方文化的基本心灵何在，基督教的特质何在，其精采在哪里，其缺陷在哪里。虽不敢自谓必对，然力求客观而平情，不敢委曲任何一方面，却几为公平的读者所共许。人不应护短，然亦不应委曲古人。所望于时贤者在能顺中西之大流而深入。

（四十六年六月《人生》杂志）

（本文选自《生命的学问》，90～95 页。）

江西铅山鹅湖书院缘起暨章则（校订稿）
（1947）

一　缘起

中华民族之命运，正逢一严重之关头，面临一生死之试验，苟不获自立之道，将逐洪涛而陆沉。时至今日，文化不能更生，国家不能建立，政制不能创置，社会经济不能充实，风俗不能淳美，根基已动，病象丛生。其将以此终古乎？抑将奋发有为乎？盖必有所以自处者。

中国以往二千余年之历史，以儒家思想为其文化之骨干。儒家思想不同于耶，不同于佛。其所以不同者，即在其高深之思想与形上之原则，不徒为一思想，不徒为一原则，且所表现为政治社会之组织。六艺之教，亦即组织社会之法典也；是以儒者之学，自孔、孟始，即以历史文化为其立言之根据。故其所思所言，亦必反而皆有历史文化之义用。本末一贯内圣外王，胥由此而见其切实义。以儒者之学，可表现为政治社会之组织；故某时某代学人思想，衷心企向，虽不以儒学为归宿，而政治社会之组织，固一仍旧贯，未有能横起而变之者。此谓礼俗（广义的）之传统。清季，西方文化猛冲急撼，斯统始渐渐灭。民国以来，礼俗趋新，然而未有成型也。儒者之学，除显于政治社会之组织外，于思想则孔、孟、荀为第一阶段，《中庸》、《易系》、《乐记》、《大学》为第二阶段，董仲舒为第三阶段；此儒学之由晚周进至秦汉大一统后表现为学术文化之力量而凝结汉代之政治社会者也。两汉四百年为后世历史之定型时期。一经成型，则礼俗传统于焉形成。魏晋南北朝为混乱时期。学人思想无复儒家宗趣，此儒学之在思想方面之最黑暗者也。隋唐武功政略匹秦汉，而儒家思想无光彩。王通渐露端倪，韩愈粗能辟佛，李习之稍进精微。此皆以自觉之向往，而期归宗于儒术。其所以有此自觉之归宗，正缘学术思想不能永安于魏晋以来之散漫与颓废，而期重新提炼人类之精神，而进趋于积极建构及正面之大业。然唐不能就此而光大，徒为文人浪漫之才华。正缘组织社会之法典，有成文可续，有定型可继，不似汉代之初创。礼俗传统不变，则思想方面之功用不显，学人自觉求由学术思想以造时代之需要，亦不迫切。而唐人生命原极健旺，故致力诗文，崇尚华藻，而文物制度，亦极灿烂而可观也。形上之思想无可取，而形下之文物则足以极人间之盛事。此则天资之美，生命之旺，所谓气盛言宜，有足以近道者。然气不终盛，往而不返。降至残唐五代，则规模尽丧，无复人趣。坎陷至极，觉悟乃切。宋初诸大儒，始确为儒学之思想方面之复生。世变至此，徒有礼俗之传统，难期济事。而宋祖之武功政略，又远不及唐。开国之局，原极微弱。而仍足以维持三百年者，则学术文化之力也。故宋之国势虽弱，而文化则极高，与唐恰相反。而儒学亦于此表现为极光辉、极深远。是为自孔、孟、荀至董仲舒后之第二期之发扬。明代继宋学而发展，又开一尽精微之局。王学之出现于历史，正人类精神之不平凡，儒家之学之焕奇彩也。满清入关，民族生命乃受曲折。降至清亡，以迄今日，未能复其健康之本相。吾人今日遭遇此生死之试验，端视儒学之第三期 发扬为如何。且今日问题，又较以往任何时期为困难。礼俗传统崩坏无余，儒家思想湮没不彰，是以人丧其心，国迷其途。而吾人今日所必欲达之阶段，又为一切须创造之阶段。国家须建立，政治须创造，社会经济须充实，风俗须再建，在在无有既成可继者。此所以其为严重关头也。

然冲出此严重之关头，开出创造之坦途，又非赖反求诸己不为功。而反求诸己，正有其可反之根据。此则必须有儒学之第三期之发扬。而此期之发扬，又必须能尽实现一切创造之责任。吾人必须知眼前所需要之创造，乃以往二千年历史所未出现者。以其未出现，故必为创造。然而所谓"创造"，亦必为历史自身发展所必然逼迫其出现之创造。是以今日之创造，必有自家之根据，而不能纯为外铄者。所谓"自家之根据"，普泛言之，即儒家之传统，亦即 儒家必有其第三期之发扬也。而第三期之发扬，必须再予以特殊之决定。此特殊之决定，大端可指目者，有二义。一、以往之儒学，乃纯以道德形式而表现，今则复须其转进至以国家形式而表现。二、以往之道德形式与天下观念相应和，今则复需一形式以与国家观念相应和。唯有此特殊之认识与决定，乃能尽创制建国之责任。政制既创，国家既建，然后政治之现代化可期。政治之现代化可期，而后社会经济方可充实而生动，而风俗文物亦可与其根本之文化相应和而为本末一贯之表现。此则必有健进正面及构造之文化背景而后可。此非向壁虚谈。汉代其例也，宋明其例也，德国亦其例也。而吾人今日之局，则非走此路不能冲破此难关。

欲实现儒学第三期之发扬，则纯学术之从头建立不可少。新时代之创建，欲自文化上寻基础者，则不得不从根本处想，不得不从源头处说。从根本处想，从源头处说，即是从深处悟，从大处觉。依是，儒学之究竟义，不能不予以提炼，复不能不予以充实。充实之，正所以使其转进至第三期，而以新姿态表现于历史，以与今日在在须创造之局面相应和。充实之之道，端赖西方文化之特质之足以补吾人之短者之吸纳与融摄。于此吾人特重二义。一、在学术上名数之学之足以贯澈终始，而为极高极低之媒介，正吾人之所缺，亦正西方之所长。儒学在以往有极高之境地，而无足以贯澈之者，正因名数之学之不立。故能上升而不能下贯，能侔于天而不能侔于人。其侔于天者，亦必驯至远离漂荡而不能植根于大地。其所以只能上升者，正因其系属道德一往不复也。而足以充实之之名数之学，则足以成知识。知识不建，则生命有窒死之虞，因而必蹈虚而漂荡。知识不广，则无博厚之根基，构造之间架，因而亦不能支撑其高远。故名数之学，及其连带所成之科学，必须融于吾人文化之高明中而充实此高明。且必能融之而无间也。是则须待哲学系统之建立与铸造。二、在现实历史社会上，国家政治之建立，亦正与名数之学之地位与作用相类比。此亦中国之所缺，西方之所长。国家政治不能建立，高明之道即不能客观实现于历史。高明之道之只表现为道德形式，亦如普世之宗教，只有个人精神，与绝对精神。人人可以与天地精神相往来，而不能有客观之精神作集团组织之表现。是以其个人精神必止于主观，其天地精神必流于虚浮而阴淡。人类精神仍不能有积极而充实之光辉。故国家政治之建立，即所以充实而支撑绝对精神者，亦即所以丰富而完备个人精神者。凡无国家政治之人民（如犹太人），其精神不流于堕落与邪辟，即表现为星月之清凉与暗淡。其背后决无真正之热力与根植于天地之灵魂。朱光澈地与月白星碧之别，正在其有无客观精神之表现，有无国家政治之肯定。故国家政治之建立，亦须融于吾人文化之极高明中而充实此高明。且亦必能融之而无间者。是亦有待于伟大之历史哲学与文化哲学之铸造也。

西方名数之学虽昌大（赅摄自然科学），而见道不真。民族国家虽早日成立，而文化背景不实。所以能有维持而有今日之文物者，形下之坚强成就也。形上者虽迷离惝恍，不真不实，而远于人事，则于一般社会辟体，亦不必顿感迫切之影响。然见道不真，文化背景不实，则不足以持永久而终见其粲。中世而还，其宗教神学之格局一经拆穿，终不能复。近代精神，乃步步下降，日趋堕落。由个人主义而自由主义，自由、平等、博爱之思潮兴。近代英、美资产阶级之政治民主，即由此而孕育。然资产阶级之个人主义、自由主义，如不获一超越理性根据为其生命之安顿，则个人必只为躯壳之个人，自由必只为情欲之自由。……①故就西方言，民族国家诚可诅咒②。名数之学，人或知其不负利用之责，然而真负利用之责者，又不能建，则亦无安顿名数之学者。名数之学，不能安顿，则利弊相消，亦同归于尽而已。人不能建其本，则科学之利正不能见其必多于其弊也。而飞扬跋扈，所以震炫世人耳目者，亦正人类自娱于精魂之播弄，为阳焰，为迷鹿，麻醉一己而已。故对吾人之文化言，则名数之学与民族国家正显其充实架构之作用；而自西方文化言，则实日趋于自毁。然则西方文化之特质，融于中国文化之极高明中，而显其美。则儒学之第三期之发扬，岂徒创造自己而已哉？亦所以救治西方之自毁也。故吾人之融摄，其作用与价值必将为世界性，而为人类提示一新贡献。

今日之知识阶段，必有此认识与觉悟，方能贡其心力于国家。否则，其自身命运之惨，不卜可知。东汉之党锢，唐末之浊流，明末东林、复社之与国偕亡，皆前车也。流寇如张、李，得屠之如犬羊；夷狄如满清，得辱之如奴虏。顺今日知识阶级之昏堕，必待其所歌颂之流寇夷狄屠戮③摧残，而后觉今日之昏狂。然自作孽不可活，犹可说；殃及种族，则万世罪人也。南北朝之局，岂堪设想，况为外力迫成者乎！不深悟猛醒，则不哀号宛转死于魔鬼理论之下，必效鲜卑语服事公卿者也。为汉奸，为国贼，恬不以为耻，则亦无如之何已。吾人今向全国士人发警号。吾辈思之而痛，言之而悲。然垂死而后悟者，正掉头不一顾，且斥我辈为固而不化矣。

鹅湖书院，为宋代朱、陆诸哲会讲之所。流风余韵，彷佛可寻。吾

---

① 此处略有删节。

② 此处原文作"祖咒"，当改为"诅咒"。

③ 此处原文作"屠戳"，当改为"屠戮"。

人今日择此地，以讲学精神发为文化事业，亦正有其历史之意义，象征之作用。肝胆之士，相聚于斯，亦期尽鸡鸣不已，中行独复之微责耳。十室之内，必有忠信。向上之心，人皆有之。同类相求，同气相应。抒发国脉，蔚为风气。此则吾辈措办鹅湖书院之宗趣也。知微知著，成章必达。愿与国人共斯伟业。

二　章则

一、组织

本书院分以下四部：

甲、研究部　设研究员三（3）人，副研究员七（7）人，共十（10）人；助理研究员若干人（不限人数），推行研究事宜。由研究员中推一（1）人任主任。

乙、总务部　由研究员中推一（1）人任主任，由副研究员中推二（2）人助管财务及杂务等事宜。

丙、出版部　由研究员中推一（1）人任主任，由副研究员中推二（2）人助理出版印刷之事。

丁、图书部　掌管图书馆事宜，暂由副研究员一（1）人负其责。

附注：副研究员人数得随经济状况而增加。

二、事业

甲、研究部讲学与研究并进，讲学吸取宋明儒讲学精神。每日全体部员于清晨聚会，一次推一（1）人任主讲。研究为各人专学之工作，必期于所研究之专题洞澈渊微，终始条理。

乙、出版部以印行院刊为经常事业。丛书得随时筹印。

三、院务委员会

甲、常务委员会　以研究员三（3）人组成之，推一（1）人为院长，负责对外事宜。

乙、全体委员会　由全部研究员、副研究员组成之，得随时由院长召集之。

四、来学

甲、本书院不采招生制，得自由来学，膳食自理，纸墨膏火院中津助，人数无限制。

乙、来学者须了解本书院之精神与旨趣。任期永暂，听其自便。

丙、来学者须参加清晨聚会听讲。

丁、来学者如住二年以上而有成绩，得升为助理研究员。

戊、书院得按经济状况予来学者以求学上之便利。

（本文是牟宗三先生写于 1948 年的未刊稿，选自《牟宗三先生全集 26·牟宗三先生未刊遗稿》，13～20 页，同时根据李明辉先生提供的原文打字稿校对。）

略论道统、学统、政统
（1957）

贯之吾兄：两示均奉悉。《人生》第一五八期，亦于今日收到。仁厚同学及兄文与彼商量学统政统函，亦同阅到。仁厚所述，大体本弟意撰成。虽不甚差，亦诚如彼言"简略而不周洽"，亦有不妥当处。三统之说，乃弟就中国文化生命之发展并关联着今日时代之症结而开出。详述原委，俱见拙作《历史哲学》，以及《政道与治道》、《理性之架构表现与运用表现》诸文（今按，此二文已编入《政道与治道》一书）。此是就客观的历史文化之发展与时代症结之问题作一义理上的疏导与解答，非就过往史实陈迹"随机"说，亦非就当今特殊事件作"作用"说。故多显得曲折而抽象。然吾人今日实届澈底反省之时，此步工作亦不可少。说中国只有道统而无学统，此"学统"一名之提出，实为解答科学一问题而提出。说中国本有学统，这当然是真的。但为的彰显科学之为学的意义以及其基本精神，遂把"学"之一词限在科学一面，即"知识之学"；而中国本有之学的意义以及其基本精神则限于"道"一面，亦即"德性之学"。如在科学一面说学统，则在"德性之学"一面自可说道统。此只是名词意义之限定，只要声明一句就够了。本不至起误会。这样分限一下，说"中国只有道统而无学统"，当然可以。其事实就是没有发展出科学。但科学亦是一种学，它有其本性与基本精神，而且源远流长。它亦不能充当或代替德性之学。以学统名之，所以使人正视其本性与基本精神，亦所以限定其分位与层序，且所以彰"德性之学"之特殊也。故此若名曰学统，则中国"德性之学"之传统即名曰"道统"（西方道统在基督教）。此只是名词的分限。如离开此问题而泛言"学"，则虽是"道"是"教"，亦可言"学"。如弟此处即言"德性之学"。佛教亦可言佛学，儒教亦可言儒学。而宋明理学，乃至"心性之学"，亦皆可言学。如就适所限定之"学统"一名言，则中国亦本有学统之端绪，即羲和之官是。羲和传统是中国的学统，古天文律历数赅而存焉。然只停在原始形态（感觉的、实用的），未能发展至"学之形成"的境地。此即未发展至科学形态也。从认识主体方面说，即"智"未发展至足以成"知识之学"之"知性形态"也。而希腊精神则先脱离那原始形态，而向"学之形成"一路走，虽云科学是近代的事，然希腊精神要已具备"学之形成"之重要的一面，则是人所共认者。科学是希腊为学精神所演变出的，故名希腊精神传统曰"学统"。科学非一旦偶然出现者，乃源远流长，演续而来，故就其为学，而曰"学统"。统者贯穿承续义，故曰垂统，亦曰统绪。羲和之官是中国学统之开端，然其"学之为学"之精神，略显端倪而枯萎，则学统亦斩。学统，在西方，虽说是希腊精神的传统，虽说是源远流长，然从文化生命之发展方面说，究非西方所可独占。一切学术文化，从文化生命发展方面说，都是心灵之表现，心灵之创造。学统之成是心灵之智用之转为知性形态以成系统的知识（此即学之为学）所发展成。自知性形态以成系统知识言，这是无国界，无颜色的。故科学就其成为科学言，是无国界无颜色的。这是每一民族文化生命在发展中所应视为固有的本分事。（注意这是说发展出科学是固有的本分事，不是说我们已固有科学了。）如是，科学虽先出现于西方，其心灵之智用虽先表现为知性形态，然吾人居今日，将不再说科学是西方文化，或西方文化所特有，而当说这是每一民族文化生命在发展中所共有，这亦如佛教所谓"共法"，非"不共法"也。既是每一民族文化生命在发展中所固有的本分事，则由自己文化生命之发展以开出学统（开出科学），并非是西化，乃是自己文化生命之发展与充实。西化不西化不在这里说。这意思，弟近来始注意到。毅然确然这样认定，可省得许多无谓的缠绕与争论。因为现在无人反对科学，这已由"共法"而成为"共许"了。既是共许，为什么不知其是"共法"，而单谓其属西方，一说科学即意指其是西方文化呢？既谓其属西方，而又是共许，为什么又有不赞成西化或全般西化的呢？这里只说的是科学，当然不是全盘西化。下面还要说民主。弟视民主亦与科学同，俱视为每一民族文化生命发展其自己之本分事，不在这里说西化。如是，纵使一民族发展出科学与民主，亦不是西化，或全盘西化。从这里说全盘西化是无意义的。因为这都是"共法"。从这里说西化或全盘西化必引起许多无谓的心理上的缠夹。人们对于科学与民主无异辞，那么问题只在对于中国文化以往所发展至的之态度上。若单从科学与民主看西方文化，或科学与民主单归属于西方，为西方所特有，那么我们要科学与民主就是全盘西化了。然而这是不对的。（说不对，不是不要科学与民主，乃是这看法不对。）又，若以为中国文化已往所发展至的没有科学与民主，便认为无道理，无意义，根本无所谓中国文化，这便是全盘否定，这更不对。那么，问题只在对于中国文化已往所发展至的之了解上。了解一民族的文化，不能从其过去没有后来所需要的，便作全盘否定。后来之需要无穷，没有一个民族的文化能在一时全具备了。所以了解一民族的文化，只应从其文化生命发展之方向与形态上来了解，来疏导，以引出未来继续的发展或更丰富更多样的发展。

以上是关于学统。至"政统"一名，则弟所私立。仁厚言不知其所自始，此是其读书之不审。古人言"正统"，是就得天下正不正说，无言"政统"者。弟提"政统"一词，意指"政治形态"或政体发展之统绪言，不单指"民主政体"本身言，是通过客观实践中政体之发展而言今日民主建国乃理之所当然而不容已，且是历史的所以然而不可易。在客观实践之发展中言今日民主建国，而客观实践是前有所自，后有所继，而垂统不断的，故曰政统。了解如何从贵族制转至君主专制制，如何从君主专制制再必然地要转至民主制。转至民主制是转至近代化的国家政治法律之建立，这是一民族自尽其性的本分事，不是西化的事。民主政体有其基本精神，并有其自成一系的基本概念。在民族自尽其性以建国中，必须真切认识这一系的基本概念，体之于自家生命中以为客观实践之忠实理想，并且必须真切认识这体制中所函的近代化的国家政治法律是甚么意思，以及以前君主专制政体所函的国家政治法律是甚么意思。关此，弟所言者已不在少。这一体制之建立，是站住自己，抵御并解消共党之一坚实骨干，亦是道德心灵在客观实践中之必然要求。弟提"政统"一名，即在使人正视客观实践中之客观精神，正视客观实践中政体发展转变之统绪，正视今日民主建国之不可易。如是，则今日种种别扭乖错可以顺适调畅。（弟只言中国以前没有民主政体，不言没有政统。此与"知识之学"之学统不同。）言民主、自由，应扣紧民主政体建国说，既不应空头泛讲，亦不应成为忌讳而不敢讲。既反共，何以不敢正视自由民主？既号称自由中国，套在自由世界，又何以闹成自由民主为忌讳？这些不自然的现象都非国家之福。吾人既对自己文化负责，对自己国家负责，便不能不大其心量，大开大合，彻底疏导，以豁醒自己，立住自己。

说中国过去有其学术与政治，谁能否认？弟疏导文化，开出三面，岂能背此事实？中国文化不但有其学术与政治，而且是一最有原初性与根源性的文化，而且其根最纯而无异质之驳杂，自尧舜三代起直至秦汉，实为一根之发展，而且为一"构造的综合"之发展。由其最根源的心灵表现之方向（由此认取文化生命），在现实历史趋势中，衍生学术，构造政治，实为谐和统一之一套，在"构造的综合"中而为一体。周公制礼实是一大创造（此所谓构造的综合），亦是一大关键。汉帝国之建立，虽由秦之一曲而来，亦表示是一构造的综合。惟自东汉崩解以后，佛教输入，以至隋唐五代，遂有异质之掺入。然佛教并无助于建国创制，是以佛教之输入，徒表示民族生命与文化生命之不合一，乃一长期之破裂与曲折。宋儒兴起，表示文化生命之归位，而宋之民族生命弱。中经元之一曲，而明兴。有明三百年是民族生命与文化生命合一的，然于建国创制仍是以前形态之持续。（中间政制官制之斟酌损益并非无有，然此非弟之论题所注意者。）而王学所代表之文化生命亦并不于建国创制上显其用。满清三百年是华族发展入近世来之大不幸。民族生命与文化生命一起受摧残受曲折，曲折颠倒而有今日之局。中国文化生命为构造的综合，至东汉而止。此后为持续状态，政治形态与社会形态大体已定。学术为佛教与宋明儒学。西人谓为停滞，然吾人自己则不应如此说。弟则谓为长江出三峡，乃一长期之曲曲折折，乃一大器晚成之历史。命中注定要有这些磨折与魔难。此为弟在"人文讲习录"中所常说，谅邀吾兄所鉴及。然无论在构造的综合中，或在曲折的持续中，于学术方面，总是未孳生出"知识之学"来，于政治方面，总是停在君主专制之形态。未孵生出"知识之学"来，则在经过曲折酝酿步步逼至之今日迫使着要孳生出。此"迫使"，表面观之，好像是外在的，然若深一层看，内在于自己文化生命而观之，则是内在的：文化生命开展之必然要求，心灵开展之必然要求。此内在地迫使着要孳生出"知识之学"来，是自己文化生命发展中固有之本分事，不是西化。此"学统"一名之所以立。至于停在君主专制形态中，并不表示就是漆黑一团，亦不表示在那形态下的政治皆无合理的安排与合理的措施，亦不表示无好皇帝，无好宰相。这是根本处属于政体的政治形态问题。吾人总不能说君主专制形态与家天下为合理，吾人亦总不能不承认，在君主专制形态下，儒者理想是受委曲的，是不得已而求其次的，是就家天下之曲而求伸的。(关此,徐复观先生多有切感。又熊先生《原儒》,虽有迁就,亦多驳杂,然大处亦慨乎言之。为争孔子,虽历贬群儒而不惜,吾知其心甚苦甚痛,吾书至此,不禁泪下。望兄善读,并善于抉择。)吾人于此不必有所顾念与回护。(当然内在于历史串中述史实,则是另一事,而从贵族制进至专制制亦是进一步,则亦是另一事。)本此认识以逼出民主政体建国之大业,乃是华族自尽其性之本分,不是西化。此即"政统"一词之所以立。民主政体与科学是共法,不是西方所独有,虽然从他们那里先表现出来。弟这样疏导是大开大合。大开是撑开那以往的"构造的综合"与"曲折的持续"而提炼凝聚那根源的文化生命,此即"道统"之所在。凡由此"根源的文化生命"(即根源的心灵表现之方向)所演生的事象,无论是在构造中的或是在曲折中的,都已成陈迹,让它过去。然而那根源的文化生命则并不过去,亘万古而长存。你说既没有科学与民主,便是一无所有,那虚玄的空洞的"根源的文化生命"有何用呢?又算是甚么呢?若是"一无所有",便让它"一无所有"吧!可是那虚玄的空洞的"根源的文化生命"却正是创造一切的根源,此即是孔孟的智慧与生命,宋明儒者的智慧与生命。弟以为把这点能提炼凝聚得住就行了。此之谓"大开";在大开中立大信。由此根源的文化生命来孳生出"知识之学",来创造出"民主政体",此之谓"大合";在大合中兴大用。科学与民主不是一个现成的东西可以拿来的,乃是要在自己的生命中生出来的。这是要展开自己之心灵的,要多开出心灵之角度与方向的。孔孟与宋明儒者所开之心灵是就德性人格而言的,是就成圣成贤而言的。此是本源形态。然心灵不只是此一形态与角度,没有理由只把心灵限制到这里来。建国创制是心灵的表现(即黑格尔所谓客观精神),"知识之学"之形成亦是心灵的表现(即所谓知性形态)。这两种心灵的表现,没有理由说它与那本源形态相冲突而不相容。即孔孟程朱陆王复生于今日,亦不会说它们相冲突而不相容。(关此,弟在《理性之架构表现与运用表现》,《自由与理想》,《政道与治道》,乃至《王阳明致良知教》中,都有说明或涉及。所谓"智暂脱离仁",与兄所谓"仁不可须臾离",实不至生问题。弟那些说法是套在一个义理疏导的全系统中说的,不可从表面直接反应。仁厚寻章摘句,是以弟文为根据,而未加解析与注明,亦是他的信赖心。然天下不皆曾读拙文者。知者知其据弟文陈述,不知者则生疑矣。)

凡论文化,有是欣赏之态度,如胡兰成先生之《山河岁月》。有是客观同情的了解而就各方面亟发其蕴，如唐君毅先生之《中国文化之精神价值》。（即如此，而此书于后几章言中国文化之改造，亦提出十字架形的撑开，否则由圆而缩至点，归于无矣。弟之思路，三统之说，亦在展示而完成此义。）有是随机随时即事说，有是作用说，有是感情维护说，有是感情排斥说。而弟则是就文化生命发展之大动脉，关联着时代之症结，未来之途径，予以理义骨干之疏导。这是客观的，负责的，积极的，没有私情，没有作用，既不躲闪，亦无忌讳。吾人不反对提倡科学，只反对以科学之"知识之学"为唯一之学，为唯一之真理之标准，此即所谓"科学一层论"。（用在中国文化上，从业绩上说没有科学与民主便一无所有，这也可以，但不应把"德性之学"也否定，把"根源的文化生命"也抹杀。）吾人更不反对自由民主，只反对空头泛讲的自由民主，反对那"反对通著文化生命以讲自由民主"。诚如唐先生所说，吾人只反"反"。科学一层论者，泛科学主义者，是无德性的人；不准通文化生命讲自由民主的人，是吃现成的人。此辈狂妄无知，根本不足道。其蓄意菲薄只是狂吠，只示其卑贱。何足顾及？

吾兄若问科学与民主既是共法，是每一文化生命发展中之本分事，然则西方文化之独特处而成其为西方者，当从何处说？不就科学与民主而言中西文化，然则中西文化之相融相即而又不失其自性者，当就何处说？曰：西方文化之独特处而成其为西方者，扼要言之，当就基督教说。西化不西化，亦当从这里说。中西文化之相融相即而又不失其自性者，亦当就中西各自的"道统"说。吾人不反对基督教，亦知信仰自由之可贵，但吾人不希望一个真正的中国人，真正替中国作主的炎黄子孙相信基督教。传教者每以"宗教为普世的"为言，然须知宗教虽是最普遍的，亦是最特殊的。上帝当然是最普世的，并不是这个民族那个民族的上帝（犹太人独占上帝是其自私）。然表现上帝而为宗教生活则是最特殊的（上帝本身并不是宗教）。孔子讲"仁"当然不只对中国人讲，仁道是最普遍的。然表现仁道而为孔子的"仁教"则有其文化生命上的特殊性。（至于各个人表现仁道则更是最特殊的，个个不同。）因为无论宗教或仁教，皆是自内在的灵魂深处而发。各个人之宗教生活或仁教生活是最内在的，而一个民族之相信宗教或相信仁教亦是源于其最内在的灵魂。这里既有普遍性，亦有特殊性，其普遍性是具体的普遍性，其特殊性是浸润之以普遍性的特殊性。故吾人不能抽象地只认普遍性一面，（如是，便是抽象的普遍性，而不是真正宗教之具体的普遍性。）而谓中国为何不可耶教化。一个人当然有其信仰自由。但是一个有文化生命的民族，不顾其文化生命，而只从信仰自由上信耶教，其信亦只是情识地信。一个民族，如无其最原初的最根源的文化生命则已，如其有之，便应当直下就此而立其自己之大信。（西方罗马帝国崩溃后，北方诺曼民族涌出来，以接受耶教表现其原初的内在灵魂。）这里因为有普遍性，故可以相即相融而不相碍，亦因为有特殊性，故应各自立信，不舍自性，以保持各民族文化生命之创造与发展。吾人固不愿耶教化，同样亦不希望西方耶教民族必放弃其所信而信仰孔教。但可以相融相即以各充实改进其自己。弟以为居今日而言中西文化之同异以及相融相即而不失自性，当推至此层说。不应落于科学与民主处说。此是文化之普遍性与特殊性问题。弟将专文详论之。兹略提及，虽不能尽，想兄已洞见之矣。

吾兄谦怀恳笃，惓惓不忘师友之相督责，凡心所不安，有所疑难，每以流于情识为惧。此种心情，至为可贵。任何人不敢自谓能免于情识。然能反证此戒惧之心而生明，则即可渐免于情识而不溺。依释迦说法，缘无明有行，缘行有识，缘识有名色等等，是则识即是随生命之无明盲动而起之印执了别。简括言之，实即心陷于无明盲动之纷驰中而随其纷驰、起伏、流转以印执，即为识。随其纷驰起伏流转以印执而有喜怒爱憎忧患恐惧，即曰情识。依此推之，凡有意见，陷于胶着，不能顺理以畅通，即为情识。即如此文化问题，随顺世俗名言、爱憎，而多顾忌，不能正视问题，鞭辟入里，以开文化生命之途径，而只浑沦含糊以停滞，遂使其所肯认之中国文化亦只成浑沦含糊一堆，只成为回护之对象，而无可动转之以畅通其生命，此亦是陷于情识之胶着。弟觉三四十年来，凡维护中国文化者，皆步步落后着，并不明其所以，只是一胶着之情。一落实际，便全无途径，只说些空泛话。只在对遮而显其维护之情。维护之情越胶着，则反动者即起而一笔抹杀之。反之，诟诋中国文化者愈趋于一笔抹杀，假定此为主动，则维护之情即为反动，亦愈胶着。胶着之情总落后着。作文言文者，即以其所爱之文言文而维护中国文化；善书画者，即以其所欣赏之文房四宝而维护中国文化；玩古董者，即以其所玩之古董而维护中国文化；贪官污吏，武夫悍将，居权位而恐人作乱，亦讲道德仁义而维护中国文化。此皆情识之维护，此维护中国文化者之所以惹人生厌，驯致遂以言中国文化为忌讳也。而狂悖之徒即愈逞其凶悍，而肆无忌惮矣。故今日而言中国文化，一不可落于三家村气，二不可落于文人气，三不可落于清客幕僚气。直下对孔孟之文化生命负责，对创制建国负责，不回护，无禁忌，有认其有，无认其无，坦然明白，争取主动，反反以制狂悖。孟子曰："药不瞑眩，其疾不瘳。"① 此超拔于"情识"之道也。吾兄如此自察，则无疑于三统之立矣。言之不尽，惟望契于言外。

（四十六年六月五日《人生》杂志）

（本文选自《生命的学问》，68～80 页。）

---

① 语出《尚书·说命》。原文为："若药弗瞑眩，厥疾不瘳。"孟子解释此语是转引，牟宗三从孟子转引。

儒家的道德的形上学
（1975）

最近从香港中文大学退休，有机会返台与各位朋友见面。本来不愿多演讲，因年来每每感觉说话费力，上气不接下气，是以听说讲演，每引为苦。但各位同学情味亲切，向学之心极诚，故不得不答应下来。最近十五年，我一直都在香港教课，深感在港教课，与在台教法大不相同。在台讲学，理想性较强，对青年同学，有鼓舞的作用，但在香港，则不行了。因此，感到讲学，说道德理想，不能离开自己的土地。故在香港的日子，只得把精神收敛回来，作学究式的工作。这看似消极，但纯学术的探究，亦可在学术上立根基。在香港十五年，先后完成《才性与玄理》（讲魏晋玄学部份）、《心体与性体》（讲宋明儒学），而讲隋唐佛学的《佛性与般若》则尚未完成。若将这三个阶段都经过，便可以把中国哲学说得确定一点。

现在是综括起来，对中国文化核心的三大教（儒、道、佛）作一综括性的叙述，这亦代表我平生奋斗消化所得，因现在年纪已经不小了。我们都感到，现在中国还尚未有一部较相应的中国哲学史。现时各学校皆有"中国哲学史"课程，但大多讲到先秦为止，一方面因为时间不够，一方面实在是不能讲。而如果现在要我讲，则可以勉强直讲下去，说到清末民初。但到我可以讲的时候，却已是退休之年了，这不能不令人伤感。我现在想对三大教作综括的叙述，这或者层面会较高一点，因是经过层层的消化而综观其系统之性格的，诸位可能会感到陌生，但这没关系。

现在先说儒家的道德的形上学，下次说道家的"无"底智慧与境界形态的形上学，再下次是佛家的存有论。这些标题，诸位亦会感到生疏，是用现代的话来消化地说的。这种消化的说法，是要总括地决定这三大教所呈现的形态是什么形态，而不是详述其中曲曲折折之内容的。

就儒家而言，这是要决定这种形上学是什么形态的形上学。如用"道德的形上学"来说明，是表示在这个时代说这种学问，我们要总括这一大教底教义系统是什么形态，并要点明它有些什么问题或关键性的论点。

现在先请各位默诵二首诗，一是《诗经·大雅·烝民》："天生蒸民，有物有则，民之秉彝，好是懿德"。孟子便引此诗来证明性善，又引孔子的话："为此诗者，其知道乎！"以证作这首诗的人有很高的洞见（insight）。另一首是《诗·周颂·维天之命》："维天之命，于穆不已，于乎不显，文王之德之纯。"这诗人的灵感更高。我们便以此二诗作纲领。这二首诗是中华民族的智慧之最深根源，原泉混混，源远流长，其来久矣。二诗亦易解，不须训诂。

孟子引《烝民》篇说性善，《中庸》引《维天之命》来说天道曰"此天之所以为天也"。儒家自大宗师孔子出现以后，后来的儒者都沿着孔子的教训而发展。我们可以从此二诗中，看到儒学的根源。孔子出来，提出二概念：一是仁，二是天；我可以一句话来总括孔子的生命智慧，即"践仁以知天"。他主观地说仁，客观地说天。孔子提出"仁"这观念，关系重大，把人的主体性提出，由践仁而上达天德。若"仁"不提出，《诗》、《书》中的天，很可能转成基督教形态，故中国文化不转成基督教形态，亦因孔子之故。到孟子出来，更开拓一点，把"仁"字再加明确决定，而说性善，从四端之心说性善，故孟子的生命智慧，又可用一句话来表示，即"尽心知性知天"。能尽心便可知性，能尽心知性便可知天。至《中庸》，便以至诚尽性把主观的心与客观的性，或主观的性与客观的天统而为一，以至诚尽性，将主客统而为一。故《中庸》可用"至诚尽性"来表示。到《易传》，亦可用一句话表示，曰"穷神知化"。所以儒家由孔子至《易传》这一发展是由一根而发，逐步进展的。至《易传》说穷神知化，已达究极完成。这一义理成为一传统，曰孔子传统。《大学》只列举一实践的纲领，是横插进来的。当然我们不能说它不是儒家精神之所函摄，可是在儒家的生命智慧之基本方向上它不能决定什么，故我们不以它为主导，而以那一根而发的传统——调适而上遂的传统为主导。《大学》至多不过是其中的一个附属品。

通过这传统，我们便可看看宋明儒。宋明以前，是一长期的歧出，至宋明，方转回来。宋明六百年的长期间中，所凭借的原典甚少，只是《大学》、《中庸》、《论语》、《孟子》、《易传》这五部著作为主。这五部书的要点都被他们抓住了。我们现在要超过他们所把握的，已不太容易了。说这几部书说了六百年，当然开出很多深邃的义理；大家因不懂，便在外面瞎说。社会上常说宋明儒是阳儒阴释，这真是浅薄，其实都是从自家的生命智慧，自本自根生长出来的，哪有所谓阳儒阴释呢？宋明儒可分作三系，我们若方便地找一个人来代表，而与今日的标题有关，那便是王阳明，以阳明的致良知为中心来讨论。我们说形上学，人容易想到朱子的太极，以为这更形而上；平常人看良知是心学，不见得这比太极更为形而上；但朱子尽管说太极，却并不能完整通透地代表儒家的形上学的全体。因这不是寡头凭空地说的形上学。若凭空地说，则说朱子的一套亦可。但这是"道德的形上学"，道德作为形上学的形容词，这形容词很重要，表示不是随便的形上学。"道德'的'形上学"，非"道德'底'形上学"，后者的道德是主词，不是形容词，故 moral metaphysics，非 metaphysics of moral。

现以王阳明致良知来代表说明，由良知教来了解儒家的"道德的形上学"。先简单说良知的意义。由对良知的消化了解，良知当该有三义：（一）主观义，（二）客观义，（三）绝对义。主观义可以阳明的《咏良知诗》之首句"无声无臭独知时"来了解；这独知的知便是良知之主观义。这知是由《大学》、《中庸》说慎独一观念而来的。《中庸》说慎独是"戒慎乎其所不诸，恐惧乎其所不闻"一段。《大学》说慎独，是从诚意说。这是儒家做道德实践的最内在的工夫，这种最内在的工夫，其他各大教很少能接触到。这独知之知是知什么呢？它是知是知非，是知它自己所决定的是非。故良知是内部的法庭，这是良知的主观义。若无此主观义，则良知如何呈现我们便不可知，良知知是知非便可惊醒其自己。若不通过这惊醒，良知是空的。良知便在当下知是知非中呈现。康德说良心是内部的法庭，与阳明所说一样，但康德只说到这里，等于良知的主观义。我们亦提议，可用 conscience 来翻译良知，但这只合于良知的主观义而已，还不是良知的全部。良知还有客观义与绝对义，非康德的 conscience 所具备。主观义是独知知是知非这一活动，客观义便不只是知是知非的活动。从活动说是主观义，客观义要通过"心即理"来了解。良知之活动同时是心，同时亦是道德的理。若非如此，道德的理便成外在。阳明说良知本身即天理，同时是活动，同时即是理。良知所知之理，即是它自己所决定的，不是外在的。一说到理，良知便是客观的、普遍的及必然的，这才可成为客观义。但这点康德不赞成，故康德所说之良心只是知，不是理，只是我们感受道德法则这感受性之主观基础。那给予我们道德法则的是自由意志，不是良心。这使心与理为二，与朱子同，良心只是感受法则。故我常说康德是朱子、王阳明之间的形态；比朱子进一步，但未达孟子、陆、王的程度。

理不是良知所知的外在对象，理是良知本身所决定的。良知本身即活动即存有，于知是知非说活动，于理上说客观意义，而说良知是一being（存有）。这二种意义照阳明说是说明道德的可能，以此二者开出道德世界。阳明的四句教，都是说道德及解答道德底可能及如何去实践。儒家所直接面对的问题是道德如何可能（道德底先天基础）及如何实践之问题。实践底目的是与天地合德而成圣人，这便是儒家的核心问题。但良知并非只此二义而已。此二者只开道德界，而良知还有一个绝对义（存有论的意义、形而上的意义）。前二义开道德界，这一义开"存有界"。这绝对义可由阳明的"此是乾坤万有基"（《咏良知诗》第二句）来说明；这良知不单是在我们的生命内呈现，它虽在我们知是知非中呈现，但不为我们的个体所限，它同时是乾坤万有（宇宙万物）底基础。这是良知的绝对意义。这不只说明道德之可能，同时说明一切存在都以良知为基础。道德是说应当，故一决定，便有行为出现，良知一决定，便要实践，由不存在而至存在；由此扩大，宇宙万物亦如此。故良知不只是道德底基础，亦为现实存在之基础。但应有未必实有，而存在是现实存在；在道德形上学看，良知不只是应该之决定，亦是存在之决定。主观、客观二义，只限于人类的道德范围，但良知在阳明说来，便要说到山河大地，而说良知是存在之基础；他说心外无物，这并非是他个人的见解，是为宋明儒所共许的。一切都在良知之心中呈现，离开良知，一切都不存在（由存在到不存在），有良知存在的地方，一切方存在（由不存在到存在）。由此便说良知之存有论的意义。存有论一词是说明存在，较为笼统，我们加以决定化，曰良知底存有论意义。到这里，从孔子直到阳明，都显然含有一形上学的意义（程、朱说理亦然）。这须由"天"字来体验；这"天"，是儒家超越的意识。任何一大教，不管是什么形态，都不能无超越意识；如丧失此意义，便无法开展；近人说中国学问，往往借口平实，以为圣人之言，只如家常便饭，哪有如此玄妙呢？但圣人之平实，谈何容易，并非你我之平实也。道不离家常便饭，但亦不只是家常便饭；但中国士人，好现实，以平实来否定对超越的向往，这是不对的。他们听到超越的天便讨厌害怕了。顾亭林便说：性与天道，连子贡都不可得而闻，平常人哪可随便说呢？于是便以此批评宋明儒。近人则以科学来作护身符，而不敢说天，故近人常要把天拉掉。这"天"怎可以拉掉呢？"上达天德"、"知我者其天乎"等语比比皆是，岂皆可废除乎？这真是"无法无天"了，聪明人每被世俗所惑，其实科学并不与天相违也。拉掉天便如同去掉头，心俗语所说缩头；故外人说儒家只可通用于人伦日用，故是有限，而超越义不够；外人如此说也就算了，但我们自己便不该如此说，这对中国文化是不利的。这必须通透，圣人非只是吃茶者也。

阳明明显说："此是乾坤万有基"，有人问他这话何解，怎么说到天地万物上去呢？近人顽固偏执至无以复加，说这是因袭传统的老话，非阳明本身的思想。但《传习录》中，这样的话多得很，怎可说是因袭的呢？良知有绝对义，这固含有一形上学；但亦因它有主客二义，故其形上意义是在道德实践上含有的，这种道德的形上学，我们叫它做"实践的圆教下的形上学"。一定要通过道德实践来了解，道德实践的目标在成圣、成大人。《易传》说："大人者，与天地合其德，与日月合其明，与四时合其序，与鬼神合其吉凶。"明道说："仁者浑然与物同体"。孟子说："大而化之之谓圣，圣而不可知之之谓神。"不管哪种说法，必实践到这里，即必然与天地万物为一体。用儒家语说：即是圆教。从实践过程而达到最高境界，便含有一道德的形上学，由实践而使仁与良知达到心外无物之境地，到这时由实践所呈现之本体（仁、良知）便成为一绝对普遍之原则。这不是凭空说的，是以圆教下的实践呈现而说的，不是离开实践而凭空想像出来的。若非如此，则形上学便无真实性，而可随便说，可说水、火、风是宇宙的本体，而不能说是仁与良知。一切都是猜测，如何能有必然性呢？这种猜测的形上学，在西方哲学言，是康德以前的形上学，都是猜测、独断，而无必然性；这些形上学，我们称之为观解的形上学（theoretical metaphysics），普通说是理论的形上学，但 theoretical 一词，拉丁原义是站在一旁来客观了解对象之义。康德便问这种观解的根据是什么，这便全部垮台了，故西洋哲学史自出现康德后，说形上学，便要说实践，由实践立场说形上学，实践与知解相对，这便与儒家相同。故有人说康德是德国的东方圣人，故站在基督教的立场，是不喜欢康德的。人类的智慧，于此可见有共通处。康德有其基督教传统，故名为"道德的神学"，而我们却说"道德的形上学"。圆教实践下的道德形上学。这是有其必然的，非猜测独断的，亦无惧于科学，与科学并不相干。天地间之事情有本有末，知解与实践可以分开而两立，而实践是本，有其优越性。

由这意义落到致良知教上看，这圆教下之道德的形上学，开出：（一）现象界的存有论，（二）本体界的存有论。这两层存有论，如何可从阳明致良知教看出呢？以前并未有明白说出，但并非没有。儒家说德性之知与闻见之知，道家说道心与成心，佛家说般若智与识心，这些都是线索所在。前人并非轻视闻见，但重点都放在德性之知上（以张横渠、大程子、陆、王说得最清楚）。以前的儒者全力放在德性上，但都不否认闻见之知，然并未就此说出一套学问来，又生不出科学，因对闻见之知之正视不够，不能开出科学，亦不能讲出一套如西方哲学的学问；西方哲学重点落在知识论，因他们有知识底标准——科学。在这方面，康德可对我们有大裨益。科学要真正研究才能产生，而不可光宣传与崇拜。民国以来都是宣传科学而不研究科学。我们在这方面实如同真空地带。说本体界的存有论，各位都会有一些隐约的影子，因为我们在这方面的材料很多，孔、孟、《易》、《庸》都有。但除本体界的存有论外，还有现象界的存有论，这便不易说。康德写那么一大部书《纯粹理性批判》，便是建立这一套。这方面对诸位来说，是很陌生的，但对我们的影响是很大的，诸位要好好的念，瞎宣传是没有好处的。我们在这方面的材料很缺乏，就是重视见闻之知的朱子，亦未能提供一套现象界的存有论。因朱子主要是把握太极，太极不能使我们有一现象界之存有论，仍是在道德界，而不在见闻。道家亦复如此，在这里很清楚，就"成心"言，便是现象界（"成心"一词见《齐物论》）。"成心"是人之习心，并不是好的（"未成乎心而有是非，是今日适越而昔至也。"），成心乃是非之标准，故你有你的是非，我有我的是非，而争吵不休。《齐物论》要止息此一切之是非，故要去"成心"。因此，据成心便可开现象界的存有论。《齐物论》中所谓八德，是人说话的标准（非道德之德），这些标准是根据成心而来。这心才是道家所向往的，据此，可建立本体界的存有论。道心之境界，各位要仔细想想。佛教于此最为清楚和现成，他们对识心的分析最为详尽，识心是虚妄分别、染污烦恼之源，所以要转识成智（般若智）。智与识之对反，佛家最为清楚，但只是材料较多一些，而他们的重点并不在这里。他们说识心，是为着要说明烦恼、解脱烦恼，不是要建立现象界的存有论，如能开出来，便会有大贡献。在这个时代，任何教派都不能封闭，各大教皆代表着一最高的智慧方向，这各大教不能复兴，便不能克服二十世纪的魔难，这是我历来讲学的重心所在。各大教都退隐而不生光彩，才会让马克思出锋头。凭你们平常的头脑，哪能抵挡得住呢？恐怕一下子便投过去了。故念念康德很有好处。以前《成唯识论》翻译出来，因为它的繁琐，人都不喜欢念，但这方面非开出不可。今日已不是和尚的时代，而是居士的时代，门户非开放不可。故儒、道、佛三教各有现成的材料在，可开出两层存有论，但不能只用想，要好好地学。

良知说中，说"物"有两种方式。一是意之所在为物，此为大家所熟知，是就致良知而说的，四句教中"为善去恶是格物"之物即意之所在为物之物。意念之所在便是物，意在事亲、读书，则读书、事亲是物。这物，我名之曰"行为物"，是事，是行为；因此，不以亲、书为物；故格物，并不是格物之本身，而是要正行为，如事亲是行为，而此行为之正就是孝，此所以与朱子不同。这样说物，是从致良知、道德实践上说。另一种说物的方式，是"良知明觉之感应为物"。在道德实践至最高峰时，与天地万物合一，而良知成为一绝对普遍之原则；在达到最高境界时，良知仍时时起作用，此时之作用、此时之意，便非感性之意，到此境界，意融化于良知明觉中，成为无意之意。在此，诡辞便出来了；人一看，便会说是来自佛、老，其实阳明自己也想得出来。王学说到这境界，便出现诡辞，因佛、老之诡谲语最多，故王学被人误会。无意之意，象山的大弟子杨慈湖（简）便说过，他说"不起意"，要将一切妄念都按下。本心之为本心在于其不起意，把意收到本心上来，顺本心而发。此时之意，便无意相；无意相之意是不起意之意，非无意。有意相之意是有生有灭的，而无意之意，则不可以生灭论，因是从本心而来，不在因果生灭之关系中；本心是真常心，是不生不灭的，是意无意相的；由此可见慈湖体会之深。佛、老可说，我们亦可说，不可自限于浅薄而不敢说。意相是发心动念，有生有灭，而为感性，通过致良知之实践工夫，融意于良知之中，而为良知之明觉运用，使意成为良知之运用，便无意相，故王龙溪说无意之意。它的感应是圆的，圆乃不滞不碍，而又有圆融、圆满之义。这是诡辞，故龙溪一说四无之说，天下便哄然以为禅，目为圣人的叛徒；其实圣人说话简易，不能因圣人不曾说便说这是来自佛老。良知之作用是感应，而感应是儒家的老话，《易经》

全都说感应。"良知明觉得之感应为物"之物乃事物兼赅之物，事在此，物也在此；在良知之绝对意义呈现时，亦要过生活，亦有行为，从行为说事，行为即"成己"；同时亦开存在界，则物涵一切客观存在物，此即"成物"。

"成己，仁也；成物，知也，性之德也，合外内之道也。"良知明觉感应中，物便存在，而不是如平常的作一客观外在地了解。良知明觉感应与物一体呈现，物便呈现于良知中，故良知是一创造原则。成心只可了解对象，不能创造对象，故说主客认知为横的，良知的明觉感应则不可如此了解。良知的活动是纵的，纵才可以说是创造义。天地之道，可一言而尽也，其为物不贰，则其生物不测。"维天之命，于穆不已。"故在良知明觉之感应中，良知与物一体呈现，无能所关系，亦无对象义，感应之即创生之。我们的认识心只可了解对象，不可创造对象，object是一与我面对面的事物。除 object 外，还有 eject 一词，即良知感应之物，eject 可翻为"自在物"（佛家说如来佛乘如而来，乘如而去，来去自在）。阳明良知明觉感应为物之物是自在物，而非 object。由这分开，我们首先要考虑这物是 phenomena 抑 noumena，是现象抑物自身（物之在其自己）呢？此必是物之在其自己之物，不能是作现象看的物。中国思想喜说体用，此体用有时亦可说本体现象，但未必皆然。如此感应之物，应圆之意，亦是作用，但这种作用并非现象，故用之意甚广，本体、现象之二分非到处可用。认识心插进来，才有现象。良知非识心也，于此便可说即体即用、体用不二。当然现象亦有用义，此可说为权用。假使我们知此良知感应之物为物自身之物，这便是本体界之存在论。识心一加进来，才有现象界的存有论。故康德说现象是对人而说的。"上帝只创造物自身，不创造现象"，这说法很精彩。他在《实践理性批判》才说这话，我一看，便豁然开朗。故物自身之意甚高，这是从良知明觉上说。康德于此说物自身是对上帝而言。但在中国则不然。成心、道心、德性知、闻见知，都可在自己心上开出来。良知明觉之主体在心上，康德于此便不透。

这方面我们材料极多，如家常便饭，西方人说要在上帝面前才是物之在其自己，只上帝有智的直觉，人则无有。中国人则无论儒、道、佛都肯定人有此"智的直觉"。如把这个拉掉，中国哲学便全部垮台，都成为梦想狂想。我们对现象与物自身都有清楚观念，在康德，物自身属彼岸。佛家说一色一香，无非中道，一花一世界，一叶一如来，即空即假即中（这些话在中国甚平常，一般人都会说，以致渐渐忘其义了），这显然是物自身之物；这在中国极清楚，故必须肯定智的直觉，成圣成佛人方有可能，故这点非争不可，不可闲看。这便是两层存有论，儒家可以阳明为代表，不能以朱子为代表；道、佛说法便不一样了。总括一句，我感觉到我们现在这个时候，要了解中国学问，了解中国之智慧方向，须与西方对比一下，这样双方的长处短处都显出来了，故中西文化当然有其不相协调的地方，而要在相磨相荡以期于协调。

现说最后一点，我们可分哲学为哲学智慧、哲学思考二者，于哲学智慧说"中"，于哲学思考说"至"。中国人之哲学智慧高，而哲学思考较差，西方人则反是（柏拉图、康德之哲学智慧则甚高）。我使用孟子的话来说明。孟子曰："其至尔力也，其中非尔力也。"至是力，但至不一定能中。中要有巧、要有智。中国人之哲学智慧高，靠圣贤智慧发出，便中，能中当然能到。一般人无圣贤之智慧，则不能中，这便要思考。但中国人于此便差，故在现实上，得不到中的好处，反见到不至的弊病（至的不足）。西方人劲道十足，在他们所达到的范围以内，可说是清清楚楚，但从最高处看，是不到家的。中必含至，但至未必含中。因西方能至不能中，故有虚幻。康德的批判，便是批判这些虚幻。中国根据圣人智慧下来，故是中，而无虚幻。以圣人之中来说道，故无虚幻，一切皆真实；故一切皆实，方是圣人所造之实，非一般平实之实也。于佛、道亦然。这便是最高的批判，在这个时代，亦须有判教。

严格说来，西方有 idealism，而无真正之唯心论，idea 非心也（无论是柏拉图或柏克莱 idea）。中国人一听到唯心就怕了；其实中国方有真正的唯心论。但此心非西方 idea，佛家曰真常心，道家说道心，儒家说良知，是于此心而说唯心，这唯心论（一切皆心，心外无物）涵蕴绝对的实在论。明觉感应之物是物之在其自己，此是真实物，物自身方是真正之真实物、真正之实在，而现象则可有可无。从良知明觉说心，于物自身说真实物，说实在，这种智慧即一切皆实皆平而无虚幻。

（杨祖汉记录）

（原载《鹅湖月刊》第 1 卷第 3 期（1975 年 9 月））

（本文选自《牟宗三先生全集 27·牟宗三先生晚期文集》，209～221 页。）

宋明儒学的三系
（1976）

今天与各位讨论宋明儒学。平常讲这一时期的学问，大体都知道有程朱、陆王两系。程、朱一系，一般称之为理学；陆、王一系，一般称之为心学。这一种分法，十分简略。这六百年长时间弘扬儒学，内容一定很丰富。平常只知程、朱、陆、王，这是很表面的了解；而程、朱之所以为程、朱，陆、王之所以为陆、王，二者何以不同，大家便不甚懂。朱、陆异同的问题，历来都不能解决。有谓此是天地间不可无之问题，亦同时是天地间不可解决之问题（章学诚说）。此语表面看起来很漂亮，但细按之，便知为无真知之浮语。章实斋自居于陆、王一系，其实并不相干，他又把戴东原视为程、朱一系，同样是不相干。故二系之真实内容如何，自明代以后，鲜为人所知。这亦因为宋明六百年之内容曲曲折折，很少人能进入去理解。故讲哲学史的，先秦部分说得较详细，两汉以下至隋唐间，这千余年，大家根本不能接触，因太难了解。宋明部份则中国本来之学问，较为人所熟悉，但也只用几句话带过。如说朱子，便只说格物穷理便算了。说象山，则曰心即理，心即理亦即难了解，非用几个字提一提便可解决。近年来我便深感这样几句话说过，实难使人心安，故下决心疏导这一期的学术。于是先摆出材料，如《宋元》、《明儒》两学案，我先就此二书中的文献，找出各家的线索，钩出眉目，此极费工夫。我整理这期学问，归纳得九人，即周（濂溪）、张（横渠）、二程（明道、伊川）北宋四人，胡（五峰）、朱（元晦）、陆（象山）等南宋三人，还有明朝的王（阳明）、刘（蕺山）。这九人如一大建筑物的九根柱子，共构成一大系统，在这大系统内转来转去，便成就此六百年之学术。这九人是纲领，其他都属过渡，不离此九人范围之内（如朱、陆的后学、阳明的后学）。而这九人是一个接上一个，互相勾连呼应的。北宋亦有一重要人物，此即邵尧夫，在当时与二程为好友，但学术内容并不相同。若讲哲学史自然要说及此人，但说理学正宗，便不须说他，因他并不在同一的课题上。

今看此九人，是在问题之相衔接而相应上看的，而所以有分三系之结论，因只分朱、陆二系，并不能见此六百年之详细讲学内容，这并不是先抱一成见而如此说的，而是通过其内容而自然得出的。开始时吾亦不知要如此分也。故一切东西，若不真正进入其内容，便不能有任何较决定的了解。若说他们同，则可说同是儒家；说不同，则亦有许多不同，可随便说，但只隔靴搔痒。故论异同，不能先存成见，亦不能只从表面来看；这都是不负责任。若真正进入去，便知分作三系，实有义理之必然性。此必然性在外面是看不到的。此三系之分与以前所说大乘佛教的三系相类（龙树之性空唯名，无著、世亲之虚妄唯识，印度原始只有空、有二宗，然后起之弘扬如来藏的真常唯心系，以空、有二宗未穷尽佛学之蕴，此种义理之发展是很自然的），如此方能尽其内容之曲折。

今略说整理各家之经过。民国以来，大家都谈王阳明，阳明境界高，良知亦不易懂，但因文字集中简单，故一般人都喜欢凭空说王阳明，谈致良知、知行合一，其实知行合一并非阳明的理论重点，且阳明亦不可孤立地说。至于朱夫子更麻烦，他的系统太庞杂，非即物穷理一语便可尽。朱子是承继北宋的，而北宋诸家，是宋明六百年学问的根源，但十分难懂，是以人都不愿看，直从阳明入手，这是不行的。北宋诸儒一方面甚复杂，一方面气味特殊，使人感到有隔，不如阳明的光明平易，但亦必须经过一番才行。现在看看《宋元学案》，周濂溪学案没有问题，因只有这些文字资料，问题在人能不能懂。《横渠学案》亦然，《正蒙》的全部都收在里面，没有什么问题。可是到明道、伊川和朱子这三个大人物，理学重镇，号称程、朱者，其学案却编得最不好。故欲从《宋元学案》得到这三家的真相，是极难的，必然会成为大杂乱。当初黄梨洲亦知道二程之间有不同，故分为二学案。但材料只有《二程遗书》，而《遗书》内许多只标明二先生语，而分不开何者属明道，何者属伊川，这样怎能分为两学案呢？怎能确定划分二人的思想呢？故黄梨洲只得零零碎碎，杂七杂八的分抄一些，无原则与条贯，故看《明道学案》，会觉得明道不成道理，他的学问只是一些零碎风光，漂亮话头；但明道是个大家，有其显赫的地位，大家之所以为大家，显赫之所以为显赫，光是这些零碎风光，怎能代表他呢？故只据《明道学案》，不可能见出明道学问底真相。明道不清楚，伊川便不可能清楚，如冯友兰便把明道的话归于伊川。又有对二程常不加分别，把二程作一程看，如朱子便是如此；朱子不能划分明道与伊川之不同，故亦不能将明道充实起来，于是便将二程作一程看，对于笼统不能分的便统之曰程夫子，能明显地说出者便统在伊川处，故对二先生语便说程夫子，实只以伊川为准，于是便全部归于伊川，因朱子之较明确挺立之观念，都由伊川来。而明道，便由零碎风光而转成一个隐形人物，由伊川或程夫子代表之；但不止如此，有时明明是明道的说话，朱子便表示不赞同，但对于伊川，却无有不悦者。明道的零碎话头，为朱子所不喜者，他便说明道说话太高，浑沦难看。这所谓太高，便是表示心中的不满，因明道有显赫的地位，不好意思批驳，故说其太高。浑沦难看，表面上也许意谓深奥，然其实是糊涂、不分明。朱子是分解的头脑，对此不能欣赏。明道之《识仁》篇，为极重要之文字，明属明道而不可疑，但朱子编《近思录》却不载，这实出人意料。他解释说《识仁》篇境界太高，非《近思录》所宜收，但其实《近思录》中其他篇章亦甚多高远超过其所谓"近思"之标准者，为什么单单不取《识仁》篇呢？故知朱子心中实不赞成《识仁》篇对仁的讲法。明道《识仁》篇所体会之仁与朱子之心、性、情三分之讲法不同。《识仁》篇说仁者浑然与物同体，其他语录中又以医书之以麻木为不仁，来指点仁为不麻木，由此而有谢上蔡之以觉训仁。以一体说仁与以觉说仁，这本是相函，但皆为朱子所不喜。朱子将二程了解为一程，碰到明显是明道语者，则曰太高，故吾人可知朱子对明道之态度是"为贤者讳"，遇到不合的，便不提了。吾于此感到未安，故下工夫重理《明道学案》，明道一决定，伊川便清楚了；我整理明道，共得七篇，于伊川亦然；这种整理，是有原则的，不是杂抄，这要靠嗅觉，不是容易分辨的，这也是考据，是义理的考据，非文献之考据而已。

把明道弄清楚，并不影响伊川的地位，而实更显出朱子所了解之伊川之精神。伊川的显明的文献甚多，如就《大学》说格物穷理，说致知，说进学，都是伊川。明道并不说《大学》，说《大学》是由伊川始。周、张说工夫时，亦不说《大学》，不说格物穷理，但并不是说他们不说工夫。把工夫放在《大学》，而以格物穷理为工夫，乃伊川之重点，故伊川之学问本甚明白，故可将之挺立出来，以显出明道。《宋元学案》之朱子学案亦弄不好，原因非如二程之因文字分不开，而是朱子的文献太多，对人实是一种威胁，不易看清楚。朱子思想之成熟和其真正用功之问题是中和问题，但从来说朱子皆未能明白此点，只从《语类》中杂抄一些。中和问题极复杂，朱子在三十七岁时开始真正用功，便是苦参中和问题。弄通此问题后，便写《仁说》。《中和说》与《仁说》，此二问题，共花费他十年工夫；经过这十年的苦参，然后他的学说才决定。诸位要注意这三十七岁。在鹅湖之会时，象山亦是三十七岁，朱子比他大九岁，已经过十年苦功，思想架格已定，往后至七十岁，思想都不变，只是"旧学商量加邃密"而已；故要了解朱子必须从此二问题入手。象山三十七岁时，思想已定，故二人谈不来。当时象山提出一首诗，朱子未能即和，三年后方和；故朱子书甚少提到鹅湖之会，但在象山，则视为得意之举，在其语录中详为记载，故可知当时朱子是吃蹩受闷气的，但又不能压服象山。后来二人再在白鹿洞相会，这本是一个绝好机会，因象山之兄梭山卒，象山亲访朱子，请他为其兄写墓志铭，这是为自己父兄之事亲请朱子，对朱子是极尊重的，故此时朱子待之亦极客气，在这情况之下，二人很可交谈。朱子请象山在白鹿洞书院登坛讲学，象山讲《论语》"君子喻于义，小人喻于利"一章，讲得特别生动，有生命及存在之实感。这一章本是《论语》上普通的话，但出自象山之口，便全是生命，全是智慧。当时天气并不太热，但朱子却不断地挥扇，而其他听讲的人亦有感动得泣下者。可见是极有刺激性的；故朱子于此讲辞后作注语说，这一段是说得好，于此可见古人之风度。但二人仍不能谈得来。如不止于礼貌风度而平心静气，拿出肝胆来谈，深入问题的内部，则二人或可相解。于此实不得不令人感慨，此如孟子曰"智之于贤者也命也"，虽又曰"君子不谓命"，但此仍是命也。贤者之不能互相了解，乃是一大悲剧。

朱子未见象山时，已风闻象山是禅，一直至象山死，都以为他是禅，是从外方来者，非儒者所本有。这当然是不了解象山，这岂非悲剧乎？上面是说三十七岁之重要，后来阳明在龙场悟道，亦是三十七岁，近代人虽较早熟，但真实用功，仍要到三十几岁。吾由于知中和问题之重要，便以之为重心来抄录有关之文字，然后朱子学问方得明显。但抄录亦甚不易，我曾抄录数遍，方得自然之秩序。本来中和问题本于《中庸》，并不难懂，但是被伊川说麻烦了。他跟吕与叔论此，而纠缠不清，最后只得教与叔回去做敬的工夫，这话等于没交代。但他开出很多论点，朱子便承继其中的问题前进，因此便费工夫；故吾以五、六百页来重编朱子学案，以展示朱子的学问。二程、朱子这三人能定住，学问的头绪便见。朱子把二程化为一程，以伊川为代表，再以伊川概括周、张，而自以为正宗。然吾细接之，见朱子实只可承继伊川，以伊川概括二程，已为不类，再以之统周、张，更不相应。朱子甚推尊濂溪，尊之为第二个孔子，但濂溪之基本地方，却不能相应。如此尊崇，而竟不相应，似难使人置信，但实情确是如此。这是因为朱子是用伊川的思路，以"性即理也"一语来讲濂溪之太极。伊川将周、张、明道所体会之道体以及性体（统天地万物曰道体，落于个体上说是性体，二者内容相同）之丰富意义简单化为一个理。说是理本亦不错，但伊川却说成"只是"理，将丰富之意义简单化而或为"只是理"（如佛家所说"但理"）。朱子据伊川简单化之但理来体会太极，这是不相应的，此可断言。且朱子特别看重《太极图说》。其实如要了解《太极图说》，一定要从《通书》入。《图说》只有几句话，虽是周子手笔，但我认为这是游戏之作。当时象山与朱子对《太极图说》的争辩，象山是失败的，象山对这方面无兴趣，这对他无影响；但不能只看《太极图说》，只能通过《通书》的诚体来了解《太极图说》之太极。但朱子视《图说》为经，这看得太重了。其实吾看此《图说》是游戏之作，此图本是从道家来的东西，而吾主观上雅不喜此图，此图实不能使人生美感。濂溪看见此图而发生兴趣，随便加上几句话，故应是游戏之作。《图说》可离开《太极图》而独立地看，而与《通书》是相通的，故须以《通书》为纲领。《通书》说得更清楚，《图说》太简单。以清楚者来界定不清楚者，本是常理。

　　说道体，乃即说明宇宙万物之所以然之理，理是一，此并不错，但朱子承伊川而把它简单化，成为"但理"，以此但理来解释《太极图说》之太极；故朱子体会道体便成为只是理。但我们看《通书》，便知周子是通过诚体、神体、寂感来体会道体的，此由《易传》、《中庸》而来；诚、神、寂感，非只是理也。朱子说诚是真实无妄，为实理，也只从实理来体会诚，未尽《易》、《庸》之意。诚是与神、寂感连在一起的，故诚除是理外，亦是神，亦是寂感的（如"非天下之至神"，"寂然不动，感而遂通"）。但伊川、朱子便以神、寂感并不是理，而属于心，而心属于气，这看起来虽清楚，但神、心、寂感便从道体上脱落下来，减杀道体的意义了。理不能寂、不能感、不能动；动静皆属于气，此在伊川、朱子确实如此，并不能为他们辩护。若为他们辩护弥缝，他们亦未必受也。于是寂感、神、心各义，便从道体上脱落下来。本来神也有属于气的，此须注意，如神气、神采、鬼神之神，皆是气（鬼神是形而下的阴阳之气）。但从诚说神，这神便不可以气论，诚是德性上的话，故神有属于形而上者，亦有属形而下者。如《易传》曰"穷神知化"，"非天下之至神，其孰能与于此"，"不疾而速，不行而至"，可知此神不是气也。朱子一看到有活动，便认为属于气，神因属活动，故以之为气。但他不知有时活动不是气者。今举一明显之例，上帝不只是纯形式，且亦是纯精神、纯灵，即由此而见其有活动义。但此活动义不可以气论。气有动静，但上帝之活动不可以动静论；气有生灭，但上帝之活动不可以生灭论。由此可知，由诚神寂感而见的活动是"动而无动，静而无静"者（周子语）。周子曰："动而无动，静而无静，神也；动而无静，静而无动，物也。"物便属于气，气之动只是动而无静，静则只是静而无动，故"物则不通"。在神的活动，则是动而无动，静而无静者，故"神妙万物"。朱子在这地方是直线思考，不是不逻辑，而是太逻辑了。于此实须考虑一下，不能只作直线思考。神之动，动而无动相，因无动相，故你又可由静来看它，但亦无静相。故此动不与静对，静亦不与动对。这必须由曲线地来了解，必须仔细根据文献来看。于此可见周、张、明道对于道体之体会实不同于伊川与朱子。而这说法是与先秦儒家的说法相合的。先秦儒家分明说道体是一创造性之实体，由此而创生万物，故必有心、神、寂感方能创造，这是显明的。故仔细了解先秦儒典，便可见周、张、明道是对的，而伊川、朱子把寂感、心、神以道体上脱落下来，显然不合。朱子只在此处出错误，在其他方面，都是不错的。朱子既精诚又用功，不会处处出错。故先秦儒家与北宋前三家所体会的道体是即活动即存有的，道体之本义是如此。从理这方面说存有义，从心、神这方面说活动义。道体必须具体此两方面。但朱子却体会成只存有而不活动。在道体方面体会成理气二分，道体只是理；寂感、心、神都属于气。在心性方面，则心与性为二，亦即心与理为二，不能说心即性即理，以心属气故。而孟子是从本心说性，心即性也。朱子解孟子，是心、性、情三分，亦即理、气二分。在形上学说理、气二分，落在道德上则说心、性、情三分，心、情属于气，性属于理。故心不即是性，不即是理。此说显然不合孟子原义。孟子是说吾人之本心即吾人之真性。此本心即是理，即能自定一方向：当恻隐即恻隐，当羞恶即羞恶。由心不即是性，引出心不即是理，这显然与孟子不相应。如此并歪曲朱子原义。

这点一解决，便可知宋明儒何以分三系。三系是这样分的：

周、张、明道——胡五峰……刘蕺山

程伊川——朱子

象山……阳明

周、张、明道北宋三子为一组，所讨论思想的问题与态度是相同的，乃是心即性即理，即存有即活动（说即存有即活动必函心即理）。如此体会道体已，言工夫，则皆重视逆觉体证，绝非由即物穷理来了解道体。由于心、性、理是一，故要反身自觉其自己之性体，马上存在地肯认体证之。这亦可举例说明：如宗教家言信上帝，上帝是靠你信不信，而不是以即物穷理而得的。道体便犹如上帝，亦不能由即物穷理而得，必须反身而诚，归而求之，扩而充之，而且必须重视慎独（《学》、①《庸》皆说慎独，是工夫所在，但慎独非即物穷理）。故必须是逆觉体证。至伊川、朱子，道体在性体成只是理，只存有而不活动。他们说工夫，则大抵以《大学》为主，以《大学》决定《论》、《孟》、《易》、《庸》②，故朱子所注各书，只《大学》为相应；严格说，朱子的头脑并不宜于讲《论》、《孟》、《易》、《庸》。如仁，朱子说是"心之德，爱之理"，则孟子之恻隐之心便是气，仁只是理。伊川有一惊人的说法，说"性中只有仁义，几曾有孝弟来"。因孝弟是情。这很有抽象头脑，孝弟是具体的表现，而性是普遍的理。你可以称赞伊川会作抽象的思考，但孝弟不从性中来，又从哪里来呢？如此说孝弟便成为外在的。则人家要你斗争你父母，亦有道理了。故这不可随便说，虽有精彩，但很有问题。孔子说的仁亦是道，亦是理，亦是心（不安之感），孟子亦言："仁也者人也，合而言之，道也。"孔子便在安不安之感处来指点仁，如宰我问三年之丧。不安之感不是心。是什么呢？孟子便说恻隐之感，这便是心，但这心不是气，不是形而下。故朱子解《孟子》，在此等重要关头便错了。如"尽心知性知天"章，便颠倒来解，而用《大学》之格物穷理来说；其实这里不能有别种说法。尽是充分实现"扩充"之意。朱子解为通过格物穷理来知道理，才是尽心，故尽心是由于知性知理。这实是颠倒了。而此尽，并非孟子扩充之尽，而是认知地尽。此章是《孟子》书中之重要文献，意思很明显，决不会是如朱子之所解。朱子

---

① 这里的《学》是《大学》的简称，本文下同。

② 这里的《论》是《论语》的简称，《孟》是《孟子》的简称，《易》是《易经》或《周易》的简称，《庸》是《中庸》的简称，本文下同。

对孟子从仁义内在来把握性善之义，并不能了解。但孟子学之全体大用皆在此章中全部撑开，故象山说："孔子以仁发明斯道，其言浑无罅缝，孟子十字打开，更无隐遁。"由此章之三层论述（尽心……存心……俟命）便充分撑开了，这便是"十字打开"。象山说得甚好，亦只有象山能说，因生命相应故。而朱子讲《论》、《孟》都不行，于《易》、《庸》亦然。先秦儒由《论》、《孟》开端发展，至《易》、《庸》，是一根而发，是调适而上遂的。《大学》则是从外边插进来，只摆出实践之纲领，而其后面之教义并不明确。如明德、至善，是穷理之理抑良知乎，并不明确。格物致知是知什么呢？皆没有一定。明德照程、朱、陆、王之解释，是由心性本身说《光明的德性》，但《诗》、《书》上之明德，是说光明的德行，或是有德之人，非从内部因地心性说，乃是从果上说，非从根源上说，故《大学》不可作准，虽然不能说《大学》是荀学，但程、朱的形态却近荀子，是不合先秦儒家之正宗的。他们所讲的即物穷理的工夫，我名之曰"顺取"。朱子本身甚为一贯，表面之有参差，是因所依附之经典有不同之故，故落在经典上说，会不清楚，但他本身则甚清楚。

此路决定，陆、王便可决定。

象山、阳明不是承继周、张、程、朱而来的，故象山曰："我读《孟子》而自得之"，此所谓心学。简单说，是以《论》、《孟》、《易》、《庸》规范《大学》，工夫是逆觉体证。所谓心学，是以《论》、《孟》之心，说心即天，不但是心即性即理。心当下直下就是天，而显绝对义，这是一心之申展，以当下之心拓充至达于天道，代替天道，而不先客观地说一道体、性体。以《论》、《孟》为首出，此处表现之心，同时是道德的基础，同时亦是天地万物之基础，而不客观地说一天、说一道体。以良知生天生地，为天地万物之道体，故说良知便够。象山、阳明都是如此。如象山曰："万物森然于方寸之间。满心而发，充塞宇宙，无非此理"；阳明曰："心外无物"。明道亦有一段话说得透辟痛快，曰："只〔此〕心便是天，尽之便知性，知性便知天。当处便认取，不可外求。"这便是以心代替天道。心要达到绝对义，方可代替天，而道德之秩序即宇宙之秩序，宇宙之秩序即道德之秩序，二者同一。良知之表现为孝、弟、慈，当机表现，是随机而发的，而所表现之心是绝对的，此非顿悟不可（故人说王学是禅），不然良知便受所表现之具体之机所限，故要显此普遍性与绝对性，非说顿悟不可，此处不可有禁忌。此是以《论》、

《孟》决定《大学》，而不使之流入荀学。从《论》、《孟》入手是从主观性入手；从心从仁，充体至尽，便是其客观性，而《易》、《庸》是从客观性说的。

胡五峰、刘蕺山一系，以《易传》、《中庸》为主，而回归于《论》、《孟》之心性"形著"客观义之道体与性体，而此系思想之间架，便是形著（《中庸》"诚则形，形则著"）二字。程、朱、陆、王俱不如此说，而无此义理间架。宋明六百年便只说《论》、《孟》、《易》、《庸》与《大学》五部书。周、张、明道是最先对《易》、《庸》发生兴趣，然先秦时候，是由《论》、《孟》发展至《易》、《庸》的，是由一根而发的，虽近代考据家视《易》、《庸》为晚出，然是循晚周传统而来，故不可将之归入汉代之宇宙论中心之说。如顾亭林、黄梨洲、王船山等，我们都认为他们是晚明人，虽清人亦可将他们划入清代，但可否将他们归入乾嘉学派呢？二者之学术路子并不同也。故于《易》、《庸》，亦须如此看，不能以其晚出而归于西汉之"宇宙论中心"一路。《易》、《庸》是《论》、《孟》之向上发展而成的圆教，人必须发展至与天地合德，此是必然而不可争议的。故必至盖天盖地，心外无物。如此说心、性、仁，便不只是道德根据，而亦是宇宙万物之根据，由此必成"道德的形上学"，这是圆教意义所必涵的，因大人之心必与天地合德，而盖天盖地的。有人据我此说而谓儒家发展至《易》、《庸》方圆满，人便问难道《论》、《孟》说仁说心说的那么多还不圆满，要《易》、《庸》方圆满么？此是误解，圆不是以言语之多寡定的，此处须清楚了解。北宋三子是在儒家所发展至极的最高峰上来说话，故对《易》、《庸》发生兴趣，在这方面说，便不得不先客观地说道体与性体，但虽如此，却并不是宇宙论中心（以形上学来说明道德），亦非以宇宙论来建立道德学，这必定要预设《论》、《孟》所说之主体性，非凭空地说的，是根据《论》、《孟》一根发展而至圆极而说的，所谓宇宙论中心，是庸德以前的独断的形上学，不可拿西方观念来机械地附会。

先客观地说道体、性体，便要步步向《论》、《孟》回归，回归的过程如下：在周濂溪，是客观方面极挺立，主观面则虚歉而弱，但工夫仍是逆觉，而说诚、神、几，仍是非常深刻。我们可用主客来表示周濂溪，虚线表示虚歉。到张横渠，则主客两面皆挺立，然主观面为其客观面之太虚、太和、气等语言所淹没，仍有虚歉，故可用主客来表示。到程明道，便成主客为一，主客不分了，故明道是圆教的模型，而无分解地说，浑论难看，此既非如伊川、朱子之理气二分、心性情三分，亦非如陆、王之以主观面吞掉客观面。南宋第一个消化北宋学问的人是胡五峰（宏）。五峰对朱子来说是前辈，他是通过谢上蔡而来，而上蔡是从明道而来的。朱子则反对上蔡以觉言仁之说。其实以觉训仁，乃本明道不麻木之意而来，朱子在此实在使人感到遗憾。朱子对明道客气，是为贤者讳；对上蔡便不客气地批评了。胡五峰由上蔡来，故朱子对其《知言》以八端致疑，这还是商榷之客气话。对五峰之门下，便毫不客气地教训。其实只是同样一个问题，态度却不一样，其实只是批评明道也。朱子对知言之八端致疑，实无一相应。五峰之大弟子张南轩无力，随朱子的脚根转。但五峰之其他门下，却死守五峰之说，但学力不够，加上短命，都被朱子压下去。朱子则劲道大，故弘扬学术，短命是不行的。朱子对胡五峰之义理间架并不懂也。胡氏先客观地说道体、性体，可以"于穆不已"来体会。道体流行于个体，便是性体，二者内容一样，而说话的分际不同。先客观地说道体、性体，我们只了解其形式意义，体会道体、性体为鬼神之奥（故曰奥体），为天地之所以立（这显然针对佛教之如幻如化而说）。奥之所以为奥，从哪里见到具体实义呢？寂感之所以为寂感，神之所以为神，其具体真实之义从哪里见呢？凡客观地说，必先只是说其形式义。奥、神、寂感等之实，统统要回归到《论语》之仁，孟子之心性来了解，要回到主观性来了解，主观地通过逆觉做道德实践而具体表现之。孔子对我们之"教训"（如言孔子之"思想"，则对圣人不敬），是要践仁以知天。肫肫其仁，渊渊其渊，浩浩其天，才能具体了解客观地说的道体与性体。只有通过《论语》之仁、孟子之心性，才可真切知道客观之道体、性体之实；否则只成大话，而无意义。此虽非宇宙论中心，亦非以形上学建立道德，但只有形式意义，其实义必须回到主体之心上，以仁心"著"之。以心著性，以心成性，著即形著彰显义。朱子则无此说，朱子以心与理为二，心是认知心，通过格物穷理来把握理，非心理合一也。而心与理为一，才可以主观说的道德的心性来真实地具体地形著客观地说的道体与性体。

　　胡五峰便是"以心著性"之思路，这是根据明道说"于穆不已"之奥体而来的。他曾问尧、舜、禹、汤、文王、孔子只言传心而不曰传性为何故，自答曰："心也者，知天地，宰万物，以成性者也。"性者，天地万物之所以立。客观说的性必须以主观说的心以彰显之。"知天地"之知是乾知大始之知，为"主"义，知县、知府之知，非普通之认知。

因尽心而成性，故天地万物得而立。"成性"之成是形著之成，非本无今有之成。能尽心，便将性之内容与意义彰显出来而著成之，因道体、性体是本有的。"成性"此观念，横渠首先说之，亦是彰显之意。而刘蕺山亦说形著。蕺山与五峰在北宋后一开头，一结尾。（五峰学被朱子压伏而不彰。《宋元学案》亦以其为心学前驱而不知其重要）但最后出来之刘蕺山替宋明儒作最后之见证（此时明亡了，蕺山本人绝食二十余日而死），他的思路亦是五峰之思路，因为要挽救晚明王学之流弊。王学之流弊可以二语表示之，曰"虚玄而荡，情识而肆"。前一句是说顺王龙溪下来之弊，后一句是从泰州一派发展下来之弊。良知如一露水珠，圆转无滞，甚难把握，一提不住，便马上下堕。泰州一派说到处是良知，焉知不是放肆耶？在佛教，亦不是轻言菩萨道。阳明本身无弊，但非有深切践履，必不能解良知为何物，故易提不住。蕺山为救此弊，而以为阳明从虚灵明觉说良知，固玄矣、神矣，但无把柄，故以为光说虚灵明觉之知为不够，而要"知藏于意"（非意念之意，此意相当于自由意志）。意是定盘针，便渊然有定向。意是深藏的，从意根处说慎独，此意深远。然意仍属于心（《大学》从诚意处说慎独，是从心体说慎独，还在心觉范围内），故要把意知再向内收敛于性体（奥体），此如《中庸》之说慎独，《中庸》之慎独是从性体说。性体即"于穆不已"之奥体。此一层层往内收。故这系统虽亦说心说良知，但定要肯定性天之尊（天代表道体），保持客观性之尊严义。主观义之心良知必须有超越义之性天来定住它，使它站起来，不然，必泛滥而无收杀，故这工夫是很深的，而性体之意义，亦由主观之意与知来彰显之。一方面性体内注而使主观之心知客观化，反过来，另一方面主观义之心知亦可彰显性天，使客观者主观化；此则既客观又主观，既主观亦客观。在形著过程中，性天是尊严的，此过程无穷尽，故能保持性天之尊严。但道体即活动即存有，而主观地说的心知亦是即活动即存有，故此心知必有顿显性天绝对普遍之可能，此即顿悟，由顿悟而说主观的心知与客观的性天可顿时合一。在形著之过程中，可说不合一。合一，便要心、意、知与性天全部即活动即存有，故此成为一独立之义理间架，与伊川、朱子固不同，亦与陆、王有不同也。

但陆、王与胡、刘二系，本是同一圆圈之两来往，两系最后可合成一大系，然亦须各自独立来了解。而此一大系与伊川、朱子一系如何相通，是另一问题，这并不简单，非道问学尊德性一语便可解决也。伊川、朱子在根本上有偏失，此不可混同。朱子在当时若有师友点化之，自然可悟；道问学固亦有其价值，但这是对道体体会有没有偏差的问题，不是道问学有无价值的问题。内圣之学要以逆觉体证为本质的工夫，道问学只是助缘。

（六十三年十二月十五日讲于台湾师范大学，杨祖汉记录。）

（原载《鹅湖月刊》第 1 卷第 7 期（1976 年 1 月））

（本文选自《牟宗三先生全集 27·牟宗三先生晚期文集》，249～265 页。）

我了解康德的经过

（1954）

　　我在学校读书的时候，并不能解康德。那时，我是在读罗素等人的书，尤其雅爱怀悌海。在中国方面，那时我大讲《易经》。从汉《易》以至清朝的胡煦与焦循，我很费了一番整理疏解的工夫。因此遂写成《从周易方面研究中国之元学与道德哲学》[①] 一书。然当时我却并不了解孟子。陆、王一系，我也不能了解。此系不能了解，程、朱一系也并不能真了解。我那时之治《易》学，完全是宇宙论的兴趣。但因对孟子一系不能了解，则其所了解之《易》亦不是儒学之真精神，即于儒家精神中之《易》学之原义，并不能很自觉地把握透彻也。因此，我那时所了解的《易经》尚是一种外在的观解的形上学，对于实践主体一面并无所悟。

　　同时，我泛滥于西方诸哲学理论，觉一套一套都不坏。虽有主观之喜欢，然亦只是情感上之喜欢不喜欢而已，并不能明其所以然，以及其理之必然。当时甚感困惑、苦恼，对于哲学，实并不能独立地置一辞也。乃置之，决不敢作哲学问题的讨论，因并无入手处也。于是，遂致力于逻辑。自在学校读数理逻辑起，直至三十岁，始终未间断，遂有《逻辑典范》之写成。此书于珍珠港事变那一年由商务印书馆印出。这部工作，在我思想的发展中，可以说是最有意义的一阶段，最有扭转的作用。我于逻辑技术方面并不行，所以我并不能作一逻辑专家。然我对于逻辑本性以及逻辑系统之了解，则并不甚差。据我一步一步思辨，乃逼迫着我不能同意时下讲逻辑的人之自处于形式主义与约定主义。近时

---

　　① 此书 1935 年在天津《大公报》社排版印行；1988 年更名为《周易的自然哲学与道德函义》，由台湾学生书局出版，后编入《牟宗三先生全集》Ⅰ。

有逻辑天才，而能创发逻辑的人，其对于逻辑之反省与了解，大都是站在反传统之理性主义的立场的，甚至几乎全是。所以他们只愿停在形式主义与约定主义上。我在这里很不以为然。我以为如果如此，则逻辑与数学之必然性与定然性决不能保。如果我们就逻辑系统之为套套逻辑系统，再就逻辑、数学之为定然的与必然的，而审慎一贯地思辨下去，则必不能停止于约定主义。如是，要保住逻辑、数学之必然性与定然性，则必有其理性上的先验根据，不必如毕塔哥拉斯、柏拉图，以至于近代的笛卡尔等那样的古典的理性主义之从外面讲。它的先验根据，必有存在学方面的牵连；这一层，经过近代的数理逻辑之形成，是可以淘汰的。逻辑与数学是可以与存在方面没有牵连的。如是，我们由它的纯形性与套套逻辑性，而如言其先验根据，则必落在"知性"上。此吾逻辑书中所以有"显于知性而归于知性"之说。逻辑系统，显于知性，明其并非无来历；归于知性，明其并非无安顿。如是，我由套套逻辑之形式性，进而认识其为纯理性。由归于知性，而认识其为纯理，则吾已由形式主义进至理性主义，已由约定主义进至先验主义矣。我此步扭转与跃进，并不过分，乃是一步一步逼至的，而亦并不丧失其套套逻辑性与形式性。

当我由对于逻辑的认识而进至此境界时，我一下子敲开了康德哲学之门，我顿时了解了他所说的"知性"，他所说的"超越的统觉"，即客观而逻辑的我，一时感到无限的快慰。因为从这里我始洞开哲学之门。我若不能进至此步扭转与跃进，我也必趋于今日之维也纳派、逻辑实证论。我之接近康德，初无成见。因为开始我并不懂他，对他并无好感。乃是理之逼迫我如此。因此，只要人们不要成见太深，能好学深思，顺客观之理走，则"理"即可以送到你这里，不由你不承认。

当我由逻辑的追求而敲开康德哲学之门时，我同时也了解了孟子以及陆、王一系的学问。因此经十余年的发展，至近数年来，因为时代的艰危、国家的丧乱，乃多讲道德价值、历史文化诸方面。社会上表面观之，乃惊其转变如此之甚。其实则并未转变，乃是一根之发展。

我那本逻辑书并不是无错误的。在演算技术方面，有许多错误。现在商务印书馆方面已绝版了。将来须重加整理。但是其中的基本义理，并不受影响。自我对于逻辑有了那步扭转的认识后，我即开始预备一部

《知识论》。在十年的时光内,我一直未停止思考。于三十八年来台的那一年,大体已写成。这便是我所名之的《认识心之批判》。积稿累累,藏之筐箧,一时无法公世。此书顾名思义,很显然与康德有关,实即等于重写一部《纯理批判》也。此书的内容,本文当然不能讲。我只说说我的用心。

所谓重写一部《纯理批判》,意即:在路向方面,完全是康德的,然在哲学内容方面,则又可以说完全不同于康德。其所以有此结果,完全系于对于逻辑的认识。康德那时的逻辑以及对于逻辑系统的认识,比起现在,当然是不够的。康德所凭借的传统逻辑中的十二判断,由之以言十二范畴,在我的工作里,可以说完全废弃,即有不废弃,亦完全变了质。我首先对于逻辑有了先验主义与理性主义的认识,进一步,我即由逻辑之显于知性而归于知性,就逻辑系统之所以形成,而发见知性所自具之形式条件,为经验知识所以可能之先验的形式条件。我名为纯理(纯逻辑系统所表达者)在实际理解中之外在化。纯理,若脱离实际理解,而自纯粹理解上以言之,则经由其外在化,一方面说明纯逻辑系统自身之形成,一方面说明数学与几何之形成,一是皆保持先验主义与理性主义之立场。在这里,我对于数学的解析,一方既不同于康德,一方亦不同于近时逻素的逻辑主义、希尔伯的形式主义及布露维的直觉主义。而对于罗素的还原公理、相乘公理、无穷公理,批评尤详,尤其扭转的作用。在罗素,是逻辑与存在双线平行的(那三个公理都可以叫存在公理),而在我则是逻辑一线。故我的讲法,更能作到数学归于逻辑,而一是又皆归于先验主义,故比罗素尤能保住数学之必然性与定然性,不似罗素说之无根。我这种讲法,可以说是康德的路向、骨干,以消融近代在逻辑方面的成就与对于数学本性的认识。我这样作,既可以活转并充实康德哲学的精神,又可以扭转近时之学风,使逻辑、数学不孤悬,以开拓哲学之境界。否则,康德死矣,而哲学亦死矣(如逻辑实证则表示哲学之死)。

由以上所说的基本用心,遂使哲学内容完全不同于康德。然若能不背康德的“超越的统觉”,客观而逻辑的我,则那些内容本可以变更一个说法的。只要客观而逻辑的我之自具形式条件(即以此而成其为客观而逻辑的我)以施设现象界,以使经验知识为可能,这一基本意思不变,则便是康德的路向、康德的骨干。本这个骨干,我把“认识心”的全部领域,知性及超知性,予以穷尽无漏的展示,完全顺理之发展看认识心之本性、范围与限度，而又扣紧"存在即被知"一主断以言认识心全部之范围与限度。哲学的全部系统可以三言尽之："凡存在的是被知的"，此是观念性；凡"被知的是现实的"，此是现实性；"凡现实的是合理的"，此是如理性。然此三主断，在认识心方面，皆不能有最后之极成与究极之证明。此即显示出认识心之限度。故对于认识心全部领域之考察，一方充分展露出认识心自身之系统与成就，一方亦显示出一部道德形上学之必须。这界线以及转折处，十分清楚。康德已尽了大部责任，然犹未十分透也。康德有三批判。吾人承之而发展，则不必再如此，只须一部《认识心之批判》与一部道德形上学，即足矣。

友人康君毅先生在其《中国文化之精神价值》[①] 一书中，有下面一段话：

> 儒家之肯定自然世界之实在，依于心之虚灵明觉之涵盖性，与对自然世界之仁心与敬意。故中国儒家视人与自然之关系，先纯为情上之一直接感通之关系。人之由自然以得养其生，自情上观之，此亦即自然对人之恩。由是，人亦可直接继以一报天地之恩之心。人对自然之态度，在开始点遂既非一征服之态度，亦非以理智加以了解之态度。此亦即智德只能为末德之一故。西方哲学恒以智德在先，而先对自然取一理智上求加以了解之态度。近世之认识论者，更多以吾人与自然之关系，为一"通过吾人之印象观念，而与之相速结"之间接关系。彼等恒误以"在吾人之自觉的反省中之印象观念"，为吾人之心灵之最初所直接接触，而不知此乃智性活动之产物。此智性之活动，乃后于吾人与自然直接感通之情者。在此直接感通之情中，首先所有者，唯是对所感自然之一统体的觉摄。人之有此觉摄，初实为不夹杂任何自觉的欲望（人之自觉的欲望，乃依自觉的观念而后起者）。亦无我物之辨，而浑然不二者。此是一纯情，纯感通。亦即纯性纯仁之实现。第二步，则为依吾人超越的心觉之能力，之继续流露申展，推开此"统体之觉摄与其内容"而客观化之。此时吾人之心觉，复支持所客观化者，而奉承之。此即主宾之展开。吾人之心觉之主体，奉承此所客观化者，即可谓心觉之

遇之以礼。第三步，则为对此整全之觉摄与内容有一选择，而加以剖判。此选择与剖判，则根于吾人自己之生命活动或精神活动之兴趣。此兴趣由吾人生命活动、精神活动，有特定要求而来。此要求，又常为吾人之过去生命活动、精神活动，所向往之形式所规定。由此选择与剖判，吾人于此整全之觉摄之内容，或取或舍。所取者与所舍者，乃分二半，以各当其位。此即认识活动中之义。吾人取吾人感兴趣与注意之所在，而排除所舍者，乃重置定所欲取者。吾人之心觉遂回绕于所取者而把握之，以与其外截断。吾人遂有一自觉之观念，或完成一贞定之心觉。此乃真为认识活动中之智。夫然，故吾人一切自觉中之观念，皆为智性活动之产物；亦为心觉之流露，而向客观伸展后，受一定之规定，再回到自身之产物。然吾人之心既有观念后，若不以此观念判断以后所感通之物，再客观化之于判断所对之客观实在中；吾人之心觉，即可由回绕此观念后，而生一执著，并以为此观念即其自己。凡为智性活动之产物之观念，依于上所谓智性活动之回绕作用，必然为一分别并立者。于是当吾人之执观念为自己也，遂以吾人之心即为此一群观念之拼合体，或以心觉所直接接触者，唯此分别并立之原子式之观念群。人此时遂以心之产物为所直接接触者。此即西方洛克、巴克莱、休谟之所持，而实则此乃以心之智性活动之产物为心，而颠倒本末之论也。（页 138～140）

唐先生此段话非常有意义，乃综观全部心性活动而为言，而又能识其本末者。盖吾人日常生活中，与现实相接触，智性最为凸出，而其明辨物理又最有成果，所谓"知识"是也。即随此凸出之触角，而簇聚一大堆知识成果于其上，故最易为吾人所注目。而西方文化生命又特别表现此触角，故又特别注目此触角。其特别表现者，即其逻辑、数学与科学也。其特别注目者，其哲学即环绕此触角而用心也，故有知识论及外在的、观解的形上学之成立。吾人数十年来薰习西方之哲学问题与思考路数，乃亦以此触角为中心。别的且不说，即就吾所写之《认识心之批判》言，即全幅以此智性之活动范围为主也。经过其活动之全部，而认识其本性、范围与限度，始逼迫出一个道德形上学之范围，即迫使吾人由"认识心"（即智性）而转至"道德的天心"也。即智性之认识心并不能穷尽心德之全体。然吾人此种活动，还是由理论思考之逼迫而使然，由如理地暴露智性之全幅历程而见超乎智性者。如不能透尽智性之全幅历程而见其穷，则必以智性为无限之笼罩者，西方之一般哲人及近时之学风皆如此。即使能透尽智性之全幅历程而见其穷，而由此穷而见超乎智性者。此所谓"超"，如只是理论思考之逼迫，则亦不函其必为智性之本而为笼罩者；此或可只为外乎智性而与智性为不同，而与之为对立也。此处若不能于心性本源有透彻真实之了悟，并不能真极成超乎智性者之为本源而且为笼罩者。康德于此，即见其有未甚透也。盖康德者，即由对智性之理论思考之逼迫而见其穷也。今若看唐先生此一段话，则真足以使人灼然体悟到超乎智性者之为本源而且为笼罩者，盖人与自然世界之关系，其先本纯为情上之一直接感通之关系。中国儒者讲学，即直接把握住此情上之感通关系而言心性，以及其所函蕴之一切。故其为学最能不失生命之真与全。由此观之，则智性之全部范围实只是此全而真之底子中之凸出者。它必以此全而真之底子为背据，而亦必归于此全而真之底子而得落实。由此始真见超乎智性者之为本源而且为笼罩者。

吾人注目于此凸出之触角，而单独考论其自身之系统，此实是由其为凸出而孤离之，亦即抽象地考论之也。故孤离地而考论此智性自身之系统，而发展至超越的统觉、客观而逻辑的我，此"我"实只是一思想主体或逻辑主体，乃纯为形式的，而非存在的。故其所自具之形式条件，藉以施设现象界，使经验知识为可能，亦只是此形式的思想主体之逻辑地纲维知识与知识对象，而非存在地或实现地统驭世界也。此只满足成知识之条件，而不满足成实践之条件也。此所以近时存在主义者之开山祖契尔克伽德（Kierkegaard）[1] 必力反黑格尔之客观的泛理性系统以及笛卡尔之"我思故我在"也。"我思故我在"所证明的，并不是一真实而存在的我（主体），它只是一个同语重复所表示的形式的我。然如吾人一旦知道此只是智性系统中的我；然如吾人一旦知道此只是智性系统中的我，则亦不要紧矣。言智性自身之系统，本是抽象地、孤离地言之，本只是满足成知识之条件。假若一旦知其穷，而且知有为之本源而笼罩之的背据，则收摄于此背据中而顿然见其实，则此智性自身之系统实亦是心性之全体大用中之必有的一套也。所可患者，发而不能收耳，顺其凸出而终身不反耳。康德于此有大功，非小智者所能测。吾今将此凸出之智性自身之系统，全幅予以表露而见其窘，亦即为其被收摄

---

[1] 今译"克尔凯戈尔"。

于全而真之背据中留一余地也。如是将见康德哲学必愈活转而充实。康德有知，此将必为其所喜也。际此衰世，谨以此意，纪念康德，系亦庶几见剥复之几云耳。

（原载《民主潮》第 3 卷第 17 期（1954 年 2 月 16 日））

（本文选自《牟宗三先生全集 27·牟宗三先生晚期文集》，41～49 页。）

研究中国哲学之文献途径
（1985）

　　今天讲的题目是"研究中国哲学之文献途径"。大体说来，西方的哲学家、或者是研究西方哲学的人，是重问题性的研究。问题性的研究，就是重思考、重逻辑，所以大体的说来，念西方哲学的人，走的是逻辑的入路（logical approach）。因此西方历史上一代一代出现的哲学家，都是就着一个问题而提出新的解答，形成一个新的系统。所以西方的哲学很有系统性，西方哲学家很能够造系统。但这样说并不表示西方念哲学的人，就不读书。他们亦读，但是他们所读的哲学作品，原来就有系统性，而他们读的时候，是要看这一系统是要解答一个甚么问题，这解答是否能令人满意，有没有可批评的地方。所以他们可层出不穷地提出新观念、新问题。西方人专门研究某一家的古典著作，这也是有的，这是属于古典学。古典学所研究的，既然是原本就很有系统的哲学著作，那也需要有了解，但他们的研究，比较重视原文的语句之注疏、语句的了解，这是很专门、很仔细的。譬如说，关于希腊哲学，有些人专从希腊文入手，来研究柏拉图、亚里士多德。这种是所谓专家研究性的，这是一般说属于古典学，是带点文献性之研究，很重视某一个字之使用，这是很细微的专家之学。而读哲学系的先生学生们，常常不一定需要如此。我们可大体的了解一个柏拉图的主要观念，就柏氏之系统，看他提出一个什么主要的观念，提出这观念是要预备讲一个什么主要的问题，这大体一般人可以了解，而且不会有大错，不会有南辕北辙般之相反的了解出现，这种出现截然不同的理解之情形，在西方哲学的发展史上，大体上是不常有的。故哲学系大体走的是逻辑的进路，注重个人的思考。因此西方哲学家很会造系统，每一个人都造一个系统出来。

　　但是反过来看中国哲学，常常并不如此。中国的哲学，不像西方那样的很有系统，它原初所走的就不是逻辑的进路。譬如说中国思想最蓬勃时期的先秦诸子，如孔、孟、老、庄，大体都不是很严格的逻辑系统。譬如说读《论语》，《论语》并不是一个系统，而是嘉言懿行录。你可说它是这里一句，那里一句的，零零碎碎。就是其他的，譬如说《孟子》，《孟子》七篇亦只是弟子的记录。最有系统性的，只有《告子篇上》①。从告子曰"性犹杞柳也"一直至上篇完，一气呵成，很有系统性。按常情论，这比较有系统性的部分，应比较容易了解。但事实上却不然。这《告子上》篇，两千多年来，中国人不能够充分的了解之。由孟子至现在，二千多年，几乎每一个读书人都读过的。唐宋以来，《四书》尤受重视，从小孩起便读，一直读到成年、成进士，但读的结果是不懂。其他的没有系统性的文献，那便更难，这里一句，那里一句，如何来了解呢？故以西方人的眼光看中国的思想，是很麻烦的，很难了解。所以有一个洋人就不了解，他说为什么你们中国人这样尊崇《论语》？这《论语》毫无道理，东一句、西一句，又没有定义、没有系统，这样而如此的受尊崇，好像是不可思议的。这样的说法，发自西方人，不算稀奇。西方人的习惯，要讲话便先要下定义，有概念、有系统性才过瘾，而我们的《论语》没有，故西方人发这种怀疑的态度，是很可理解的。但渐渐不一定是西方人如此，我们中国人亦渐渐有此怀疑的态度出现。不只是现代的年轻人，在五四运动时的人，已是如此。五四那时代的人，到现在已是八、九十岁，现在看起来，不都是老师宿儒么？但他们都不能读文献、不能理解。这是一个十分严重的问题，这情形是大家眼前所看得到的。假若不是有这样严重的问题，共产党也不可能起得来，这是很明显的事实。所以研究中国哲学这一方面，读文献成了一个很重要的事情。不能像西方哲学那样，走逻辑的进路，而要走文献的路，由读文献而往里面入。但读文献是很困难的，所以我今天这个题目，就是单就中国的特殊情况说的。

我首先声明一下，我现在所重视的文献途径，重视文献方面的研究或了解，和一般人所想的意思，或许不大相同。因为一说文献途径，范围很广泛，一般人平常所说文献的途径，便等于历史的途径（historical approach），或者是考据性的。历史的或考据的路所重视的着眼点和我们不同。这着眼点的不同在哪里呢？诸位就社会上表现出来的可见一

---

① 此处原文作"《告子篇上》"，当改为"《告子上》篇"。

斑。大概走这条路的，会很重视版本，版本也是文献呀。如果发现一个新的版本，那便了不起，好像发现一个宝贝似的。譬如说，大陆在湖南长沙发现一个《老子》的新版本（即帛书《老子》），大家便觉得了不得，研究《老子》的人，非得要找这版本来看看不可，若没有找来看看，便好像对《老子》不敢讲话似的。在以前，亦曾发生过许多版本问题，如在敦煌发现过一些新的版本，大家亦觉得好了不起，于是有敦煌学的专家。胡适之当年的考据禅宗的神会和尚，主要的便是根据敦煌本的《六祖坛经》来考证。敦煌本《坛经》和通行本《坛经》本①有几个字的不同，于是胡适便下断语说《坛经》是神会和尚伪造的。这其实是毫无道理的。我也不需经过考据，便可知此说不通。由另一版本，或许可以发现有几个句子、几个字和一般所读的本子不同，但若据此一二处的不同，便断定现行的《坛经》全是神会的伪造，这是不合逻辑的。但是重视版本学的人，却很重视这一套，这个也是文献的路。我今天讲的文献的途径，并不是这个意思。在我看起来，从古代一直保存下来的文献，尽可有版本的不同。如《论语》便有《鲁论［语］》、《齐论［语］》及《古论语》之不同，而《老子》王弼注本与河上公注本亦有不同。但这些不同，对于文献的重点、主要句子的了解，又会有多大的影响呢？我看没有多大的影响。如《老子》的新版本，对于《老子》的主要句子、重要文字，并无多大的改变。我对于版本的不同，并不大重视，虽然在有新的版本被发现出来时，我们亦会找来看看，但不会像一般人那样的大惊小怪。我们所重视的文献途径，是照上面所说的，中国古代的文献文字简略，大体为后人的记录，写的时候亦不是很有系统，很有逻辑的，不是先经过下定义，然后推理，一步一步给你摆出来，清清楚楚的。故了解起来十分困难。我们现在奉劝诸位，不要把精神浪费在上天下地找材料找版本的活动上。做别的研究，或许需要上天下地的找材料，但念哲学并不需要如此。我所说的文献的途径的意思，最主要是重"理解"。

民国以来，中国人的对学问的理解能力，丧失得不成样子。你不能说中国人没有聪明，但在这方面，很差、很愚蠢。就算是很普通、很好理解的东西，却可被理解得乱七八糟，人们总要想从哪里出些怪花样。如是对古典，都不能了解。年轻的人对古典不能了解，还可以说得过

---

① 此处的"本"为衍字，当删去。

去，但老年人、老先生亦是不能了解，全都丧失了理解的能力。照这样说起来，中国几千年的文化，究竟是在哪里呢？文化的发展，发展出个什么来呢？好像中国人一直都在那里睡觉似的。事实上并不如此，中国人以前是很有理解力的。尽管古代的注疏家也有说法不同的地方，也有错误的地方，但大体上是能了解的。就只是到了民国以来，了解古典变得很困难。譬如说汉人注经，很简单，只是将字解释一下，并没有说句子的意思，亦不大说文义，然亦无许多谬说。究竟他们了解到什么程度，则很难说，他们没有详细讲出来，但我们也不能说他们没有了解。至少我们不能说他们有什么偏见。如赵岐注《孟子》，很简单，这是所谓古注。清朝的焦里堂（循）便根据赵氏注作《孟子正义》。赵注只是文字上的训解，不一定有什么偏见，代表什么立场，可是到了焦循的《孟子正义》，便根据赵注来反对朱子，大量引用戴东原的说法来反对朱子，就是朱子讲对了的，也硬说不对。他表示自己是汉学，而朱子是宋学，这偏见便来了。赵注本身并无这立场，只是解释字义，根据古训的理解而注出来。所以中国人对学问的理解力的丧失。大概是从清朝开始的。清朝三百年，对于中国文化的斫丧，十分厉害，因为我们民族是受异族的统治，民族生命受挫折，文化生命就受歪曲，那是很自然的现象。虽然满清有三百年这么长，但仍是一个大歪曲。这三百年很长，大家住久了，渐不自觉，而忘掉那是一大歪曲。故清末民初那些高级知识分子，对中国的古典大都不能讲，不能了解。譬如说梁任公先生，你不能说他程度不高，中文不通，但他以为王船山的书不可理解，他不能了解，就是这样的一种情形。

为什么说以前的人比较能理解呢？譬如说儒家之学，它有其本身的传统，代代相传，有其一定的讲法。如汉朝的经学，你要是讲《公羊春秋》，是要守家法的，他们读书很熟，有规矩。虽然汉儒的注解只是文句上的解释，但大体上义理是不错的，只是没有说到十分精微的地方。到宋儒出来，把全幅精神集中在对《四书》之研究上，《四书》是最可以把孔、孟的精神显出来的文献。由于宋儒全幅精神集中于《四书》，所以能够比较深入，比较有深度的理解，汉儒比较不重视《四书》，对《四书》只是作一般性的文献来理解。宋明六百多年的儒学，是有一个中心问题在那里领导着的，因而形成一个发展的系统，大体上是不乱的，他们对《四书》的了解，也许会有些距离，不一定能完全符合《四书》的原义，但大体上是不差的。他们能把儒学的核心观念抓住，辗转讨论引申，讨论了六百多年，长时间的磨来磨去，总会磨出一些东西，所以虽然他们的用心讨论的范围也许很狭，但就对《四书》的理解，对儒家的核心问题的研究来说，是很有贡献的，你不满意可以，但你菲薄他们，便不可以。他们确能把握儒家的核心，把最主要的骨干抓住，这便成为一个传统。

又譬如你要讲道家，亦有一定的讲法，不可乱讲。如《老子》、《庄子》，文献俱在。《庄子》文章漂亮，大家都喜欢读，但说到了解，便很难。《老子》五千言看似简单，其实亦是很不容易了解。而以前对道家的讲法，大体上是不错的，因那是中华民族自己发出来的东西。儒家和道家都是中华民族由〔唐、〕虞、夏、商、周相沿的传统一根而发出来的，自有一种气氛，以前的人能嗅到那气氛，故都能了解。现在的人，渐渐不能嗅到那气氛，便渐渐不能了解。故讲道家，是有道家的讲法。后来便是吸收佛教。讲佛教亦有佛教的一定讲法。佛教较严格，较有系统性、概念性。问题是名词概念太多，很麻烦，那是另一套语言，故很难。但亦有章法，不可乱讲。你要了解佛教，不知要费多少年的工夫才能入，把它把握住，不可以望文生义地乱讲，以为随便看看便可以了解佛教。中国吸收佛教，从魏晋起，经过南北朝、隋唐，至唐，玄奘回国，便把佛教学全部吸收到中国来，这其中经过了四、五百年的长期吸收消化。佛教代表一系统、一方向，这方向可以说是智慧的方向，了解一个智慧的方向，是不容易的。

所以你若要了解中国哲学这两千多年的发展，便要了解三个义理系统。儒家是主流，是中国思想的正统；道家是旁枝，这可以看成是对于儒家的一个补充，或提醒。后来吸收了佛教，佛教是由另一个文化系统而孕育出来的义理系统，对中国文化刺激很大。所以你要研究中国哲学，便要从文献入手，对这三方面的文献传统，便不能不注意。亦因此我们读文献是有一定的范域，一定的限制的，并不是泛滥无归徒争博雅之名。读哲学最重思考，不能再是杂而无统、杂七杂八的知道许多东西。所以就义理系统讲，读文献并没有很多，但这并没有很多的文献，民国以来的学者都不能读，就是连对《孟子》也不能理解。所以我常感慨，这一代的中国读书人，实在对不起古人，对不起先贤。这一代的人思想力太差，连《孟子》亦不能讲，不要说义理不能理解，连文句亦不能通。《孟子》的文句很简单，用不着许多校刊、训诂，但就是这样一个普通的文献，亦不能了解。《论语》亦是很简单，用不着许多校刊，《大学》、《中庸》亦然。《大学》也许稍为麻烦点，有版本的问题，有朱子与阳明的争论，但文句是很简单的。《中庸》则没有版本问题，亦用不着许多训诂，但现代的人，又有几个能真正了解《中庸》呢？所以我们重视读文献，第一步先通文句，但这通文句不只是像清朝乾嘉年间的训诂考据，先根据《说文》、《尔雅》，找出这个字那个字的造字的本义，这样做是没有多大用处的。这样只能了解在《说文》、《尔雅》中的那个字，不能了解《论语》、《孟子》中用这个字的文句，了解字与了解文句是两回事。你说识字后便可了解文句的意义，训诂明则义理明，这话是不通的。训诂是训字，字义虽训了出来，但用这字的句子之意义，你不一定能了解。而且用这个字的思想家，他使用这个字的意义，不一定是《说文》、《尔雅》书中的这个字的意义，而或者是用引申义，或者许多其他的意义，故并不是光了解在《说文》、《尔雅》中的这个字的本义，便可以了解的。

我们所谓的理解，便是了解句子，了解句子是不容易的，但这不容易尚只是不容易中之初步，还是比较容易。而句子与句子关联起来成为一段文章，便更不容易了解。至于前段和后段关联起来，成为一整篇文字，要贯通起来了解，便尤为困难。所以你不要以为一段文章没有难字，很简单，便很好了解。譬如《孟子·告子》篇有一章说"乃若其情，则可以为善矣，乃所谓善也，若夫为不善，非才之罪也。"一段，这便是句与句连成一段文章，便很不好了解，这段是公都子问孟子关于人性的问题，说有人说性是中性的，又有人说性有善有恶，为什么你单单说性善，难道那些说法统统都不对吗？公都子提出这问题，孟子便要有答覆，但孟子的答覆却像是凭空而来的："乃若其情〔……〕"对于这一段的解释，我曾修改了三四遍，才觉得较为妥当。这段是很不好了解的。所以你说训诂明而后义理明这话，乃是没有真正的老老实实的读古典，才会说的话。假使你真正的老老实实的读古典，把古典作古典看，而想真正去了解其中的意义时，你便不会说这话，假若你是《说文》、《尔雅》的专家，你当更不会说这话。说这句话，那是表示你是外行。

我举一个最明显的例子，《荀子》书中有这样一句话："隆礼义而杀《诗》、《书》"（见《荀子·儒效篇》），"隆"是崇尚，"杀"是减杀、贬抑。"隆"、"杀"相对为文，这是很明显的。荀子尊崇礼义而贬抑《诗》、《书》，这意思在《荀子》书中是随处可见的。荀子之思想有其特殊处，和孟子不一样。孟子则是长于《诗》、《书》，重视《诗》、《书》。荀子以为《诗》、《书》杂而无统，《诗》只是抒情，《书》只是些材料，没有什么道理。故荀子较质朴、较笨，他看《诗》、《书》，只就《诗》、《书》自身所表现的样子看，看不出什么道理来。而孟子读《诗》、《书》，则由之而起恻隐之感、超脱之悟，因而直至达道之本、大化之原。可见孟子及荀子两个人的心态不同。孟子才大慧高。荀子则较笨，诚朴笃实，故要隆礼义而杀《诗》、《书》。这是荀子的特殊主张。但乾嘉年间的考据家，作《尔雅义疏》的郝懿行，却不懂隆礼义而杀《诗》、《书》之义，他大概认为《诗》、《书》是圣人留下来的，怎可以减杀，所以"杀"字不通，要改。他说"杀"字应改为"敦"字，即此句应作"隆礼义而敦《诗》、《书》"，这真是不通之甚。郝懿行只能识字，他作的《尔雅义疏》作得很好，把《尔雅》中的每个字的相关文献都抄引在一起，广征博引，很见功力。但他根本读不通《荀子》，他只是识字，而不能识句，根本没弄通文句之意义。对由文句而联成之文章，那便更不能读了。我真不知道乾嘉的考据家，读书读出个什么来，他们根本不能亦不想了解文义。这当然不可一概而论，在清儒中，王念孙是可以读通文句的，他提出来的训诂考据的意见，大体是可靠的。他是读书而又能了解的，他能了解字句。但进一步对于义理，他能了解到什么程度，则是另一回事，他可说：我对这方面并无多大兴趣。

由此我们可知了解的困难。思想家发出这些话，是由他个人生命中发出的一种智慧，所以你要了解这些话，那你的生命中也要有相当的感应才可以。他所发出这智慧的背境、气氛及脉络，你要懂，这就不是纯粹的训诂便可以了解的。譬如我再举一个简单的例子。孟子曰："形色，天性也；惟圣人，然后可以践形。"（《孟子·尽心上》）这简单的两句话，我好久都弄不明白，不能了解其中的意义。前一句说的是形色，下一句说践形，把"色"字省略掉，这是什么意思？为什么说形色是天性，践形是什么意思？一般人笼统的看，也可以看出一点意思，但若要严格的了解文句，不随便发议论，便不容易。此上句中"天性"之"性"字，不是孟子在讨论"性善""性恶"时的"性"字之义。在说性善时，"性"字是实说人性。"形色，天性也"之"性"字若作"性善"之"性"字解，则下句便应说"惟圣人，然后可以践性"，但他却说践形，这便显得上下抵触。我忽然想到，这"性"字其实即是"生"字，"性"字和"生"字在战国时还是可以通用，在《荀子》书中，是常常通用的。而在《孟子》书则不常见，只有在此一章上是如此。孟子重在讨论人性之善，性便是性，没有写成"生"字。但性、生通用，性者生也是古训，在春秋战国仍是如此。故孟子此句之性字，可作生解，虽然这在《孟子》书中是一例外的用法。"形色，天性也"，即是说形色是天生的。"形色"是指人的四肢百体，这"色"字亦不好解，色非颜色之色，而是如佛教所说色法之色，即物质的东西，有形体可见的具体的东西。故西方人译此色字时，意译是物质的东西（material things），就字面的意义直译，则译为形体、形态（forms），此 forms 是具体的意义，非柏拉图所说之理型义。故"形色，天性也"即是说四肢百体是天生的，自然而有的。下一句"惟圣人然后可以践形"，更不好解。"形色天性也"一句，"性"若解作"生"，则下句便好讲。"性"字作"生"字解，这是训诂问题，而这句"惟圣人然后可以践形"，则是理解的问题，不是训诂的问题。人人都有其形体（"形色"即形体，故下句可省略"色"字），人人都有四肢百体、耳目口鼻，但为什么说得那么重，说只有圣人才能践形呢？所以这句是个理解问题，而不是训诂的问题。孟子说这话，便表示出一个智慧来。说只有圣人可以践形，我们都做不到。这是什么意思？何谓践形？人人都有四肢百体，但谁能好好地用其四肢百体呢？故有耳的，当该善用其耳；有目的，当该善用其目，这便是践形。这践形之义，了解起来是不很容易的，而要实行起来，更是不容易。什么叫做有耳当该善用其耳？此如佛教重声闻之意，若有佛出来说法，你便要仔细听。通过佛的讲说声音而得闻佛法，此之谓正闻。这就是践耳官这一形体之正用了。假若你有耳而不知善用其耳，天天去听靡靡之音，那你便把耳糟蹋了。我们生命的过程，在现在的文明之下，几乎全是糟蹋耳目的过程，耳目糟蹋完了，人的生命亦完了。以前人说平视，便是要人善用其目。故孔子说要非礼勿视、听、言、动。老子亦说"五色令人目盲，五音令人耳聋，五味令人口爽，驰骋畋猎，令人心发狂。"这都是糟蹋我们的四肢百体的。要善用其耳、目、口、鼻，而不糟蹋，是很不容易的。故惟圣人然后可以践形。孟子说这话，便表示出孟子的智慧之警策与夫对于人生体验之深，这便要靠了解。要靠了解，便是一个义理问题，而不是训诂的问题。要了解这句话，需要有相应的智慧上的感应与体验人生进德之艰难，否则你便不能了解。生命不能相应，无所感，不能了解，于是便乱发议论，这便是现代的人毛病之所在。

由上述的简单的例子，可知读中国的文献，理解是最困难的，这些文献几乎人人都读，而没有几个人能真正了解。对于文句有恰当的了解，才能形成一个恰当的观念。如是才能进到思想问题。说到思想问题，便要重概念。若要讲古人的思想，便不能随意发挥，这便要先了解文句，了解文句，并不是训诂文句。若纯粹站在训诂立场上讲，孔子在《论语》中所讲的仁，便没有下定义，亦没有训诂。但孔门弟子多问仁，而孔子答语不同，好像前后不一致。可知孔子之回答问仁，不是用下定义、训诂的方式说。即如孔子那些回答弟子问仁的话，如"颜渊问仁。子曰：克己复礼为仁"，"仲弓问仁。子曰：出门如见大宾，使民如承大祭，己所不欲，勿施于人"，又说"恭宽信敏惠"为仁。然则究竟什么是仁？孔子说的这些文句，是否有意义？若照读西方哲学如分析哲学的人的说法，那根本便是没有意义，根本不清楚。所以现在有人发议论，说不要读中国哲学，因中国哲学语意不清。故孔子这些话究竟有没有意义，可不可以理解？这便成了问题，这并不是训诂的问题。故了解文句，是最基本的工夫；了解了这些文句，才能形成一恰当的概念，一到概念，便是思想。概念与概念联结起来，便是义理。古人所谓的讲义理，义便是概念，而概念与概念之间的关连，便是理。形成一概念便要用文字来表达，孔子和孟子在说这些话时，他们心中有些什么想法？想些什么问题？孔、孟的心中总有个想法，有个生命上的体验。你要懂得孔、孟说这些话的意思，固然要仔细通文字，但同时亦要懂得孔、孟说这话时生命的内蕴，及其文化的背景。若果你对他们的生命没有感应，又把他们的文化背景抽离掉，而孤立地看这些话，那你便完全不能懂。现代人了解古典的困难便在于此。现代的人对古典全没有生命上的感应，不知道孔、孟的这些话是什么问题，是那方面的话，不知道他们所说这些话的社会背景、文化背景是什么，而只会用些不相干的浮薄观念去瞎比附，这便是现代人了解古典的一个很大的障碍。

再举一个简单的例，以说明现代人了解古典的困难。程明道有下面的一句孤零零的话："观天地生物气象"。这句话以前的人大体都可以了解。只要稍为对儒家经典有点熏习，都可以懂。然而现在的许多专家，便不能了解。有人把这句话翻为"观察天地间有生命的东西底 disposition"，这显然是莫名其妙的错误。他把"天地生物"译为"天地间的有生命的东西"，这明显的是译错了。有生命的东西有什么气象可观？而"气象"他亦不会译，遂把"天地生物气象"译为"天地间有生命的东西底意向（disposition）"。"气象"译为 disposition 是根本错的。"观天地生物气象"这话，明明是根据《中庸》而来的。《中庸》说："天地之道，可一言而尽也，其为物不贰，则其生物不测。""生物"不是有生之物，"生"字是个动词，天地创生万物，如此方有气象可观。此句意即"观天地创生万物之气象"，如此了解才有意义。程子亦曾就孔子言"老者安之，朋友信之，少者怀之。"而言"观圣人之言，分明是天地气象"。圣人使物物各得其所，亦如"天地位焉、万物育焉"。圣人气象即是天地气象，天地气象即是天地生万物之气象。扬雄云："观于天地，则见圣人。"伊川云："不然，观于圣人，则见天地。"《庄子·德充符》记叔山无趾语孔子曰："夫天无不覆，地无不载，吾以夫子为天地，安知夫子之犹若是也?"以天地比圣人，或以圣人比天地，是中国的老观念。于圣贤说气象，于英雄说气概，这亦是中国原有的品题词语，凡此，现在的人都无所知，故有那种怪译。中国哲学思想本来是很合理的（reasonable），但照现在的人的讲法，都变成古里古怪的、不可通。所以你说这一代的中国人，能对得起中华民族么? 能对得起民族的古圣先贤么? 现代的人的思想力全都没有了，这很可怕。

所以我们讲文献的途径，第一步要通句意、通段落，然后形成一个恰当的概念，由恰当的概念再进一步，看看这一概念是属于哪一方面的问题。这样一步一步的往前进，便可以有恰当的了解，而不会乱。所以会乱，都是因为对文句没有恰当的了解，而所形成的概念都是混乱不合理的概念，于是也就不能了解原文句意是属于哪方面的问题。所以有人在讲《易传》的《坤·文言》时，把"直方大，大习无不利"这话中的"直方大"，解为几何学上的直线、方形、及无限的空间。《坤·文言》这句话虽然太简单，不好了解，但它的意思，历来都没有其他的讲法。以前人都知道"直方大"是德性方面的概念，是表示德（virtue）的，而你却要将之讲成几何学，这怎么可以呢? 他说我就是要把它讲成几何学，我要把它科学化，这样便坏了，这便是这时代的大障碍。这种讲法，是完全不负责任的，只是乱扯。这叫做没有学术的真诚，没有学术的真诚，学问便会丧失了轨道，学问一旦丧失了轨道，则任何人都可以随意乱讲。他们每借口学术思想自由而乱说。其实学术思想自由是要根据于学术尊严而来，学术的尊严根据于学术本身有它的轨道、法度，不能运用权威，不能说我一做了官，便无所不能，便是有学问。谈学问，要请教学问家。如你要研究原子、电子，便要请教物理专家，这是一定的，这叫做现代化。我们现在天天都说政治现代化、经济现代化，却不知道你自己这个教育学术便不现代化，这是很可怕的现象。你光说人家要现代化，而自己却不现代化，自己却不守规矩，不守学问的轨道、法度。以前人都有法度，如前面所说，经学的今文学家须守今文学家的法度，古文学家须守古文学家的法度，不能乱，现在却全都丧失了。

所以要重视理解，能理解才能有恰当的概念。譬如说老子《道德经》，这又是另一种智慧之提出。如说"道可道，非常道；名可名，非常名。"这里没有需要训诂的问题，只有靠你理解，看你能不能理解这两句话，这纯粹是思想问题，而且还不是普通的思想，而是智慧。"无，名天地之始；有，名万物之母。"道家的智慧便是"无"的智慧，究竟何谓无？又何谓有？"故常无欲以观其妙，常有欲以观其徼。"，这些句子你了解不了解呢？现在的人都不能了解。不了解便说不了解算了，但现在的人却要用种种不相干的新名词、新观念来搅和，弄得乱七八糟。故现代人不守规矩、瞎比附的本事很大，本来若有可比较的地方，是可以比较一下的。比附靠想像（imagination）想像有创发性，也很重要，康德也很重视想像。但想像也要有想像的轨道，不能随意乱想。何以现在中国人的比附本事特别大？那是八股文习气的后遗症。八股文不是学问，只是要小聪明，那完全是训练你比附、瞎扯。随意的比附，然后以之乎者也凑起来，便是一篇八股文。这习惯养成后，影响知识分子非常大，使中国人到现在仍不会运用概念，不能有概念的思想（conceptual thinking）。现在我们说学西方文化的好处，便是要学概念的思考，你不会运用概念，便不能现代化。概念不是很高的层次，但必须经过这一步。概念这一步，亦好像是孔子所说的"兴于诗，立于礼，成于乐"中的"立于礼"一阶段。我们的生活、人品，要在礼之中才能站起来，故曰立于礼，我们的思想能够站起来，能挺立起来成为一个思想，便要在概念中才可以。故这二者是相平行的，我们的人品要立于礼，可类比思想要成其为思想，要在概念中。离开概念，思想便不能站立起来，而只在感性的层次。故我们常说，社会上一般的人，只是停在感性的阶段，而没有进到概念的阶段。你不能轻视这个，这影响很大。现代中国的大悲剧，亦是因为头脑没有概念化而造成的。……①若轻视思想而重感性，这便表示你的思想意见大体是停在感性的层次上，或是在想像的阶段中，那你……②便会吃亏。以前在民国三十八年，我们撤退到台湾来时，便曾有人提出这个意见。我们之所以有这样一个大挫折，其关键便

---

① 此处略有删节。
② 此处略有删节。

是在于此。

思想要在概念中立，如同人品要在礼中立，所以我们讲文献的途径，便是重视这个意思。由文句的了解形成恰当的概念，由恰当的概念进到真正的问题。是什么问题，便要照着什么问题来讲。如果是道德的问题，便照道德问题来讲；是宗教问题，便照宗教问题来讲；是知识问题，便照知识问题来讲，是不能乱来的。如现在的人最讨厌道德，而孔、孟是历来都是讲道德的。儒家由道德意识入手，这是没有人能否认的。可是现在的人就是怕讲道德，一说到道德，就好像孙悟空被念了金箍咒似的，浑身不自在。所以现在的人都不喜欢讲道德，怕了这个名词。故要将"直方大"这道德的词语，讲成几何学的概念，根本不知道"直方大"说的是什么问题。又如《中庸》里所说的诚，有人便以物理上所讲的"能"来说。其实诚便是诚，是道德意义的概念，你不能用自然科学的物理概念来了解。物理的概念只能用来说明物理现象，怎可用来说道德的德性？以前谭嗣同便曾以物理学的以太（ether）来说仁，谭是清末的人，我们可以原谅他，他能为维新运动而牺牲，亦很值得人钦佩，但他的思想并无可取。仁是道德意义的概念，怎可以用以太来说？一定要这样说才觉新鲜，认为这样才可以科学化，这便完全讲坏了。对于这些我们亦简直无从批评起，亦无从说起，这只有靠自己省察，知分寸而客气一点，不要到处逞能。以上是随便举些简单的例子来说明。

后来各期的思想，譬如到魏晋时期，你如要了解魏晋时期的思想，你便要把那时期的文献好好了解。譬如说王弼、向秀和郭象提出迹本这个观念来会通孔子和老子。孔、老如何会通，或如何消解儒家和道家的冲突，是魏晋时期的主要问题。为了解决这问题，他们便提出迹本这个观念来。何谓迹本论？何以这个观念可以会通孔、老？这便要好好了解。王弼很了不起，是个真正有思想的人，他能抓住这个时代的核心问题。他能不能真正解决这个问题，那是另一回事。在魏晋人看来[1]起来，或许是认为已能解答此问题。假若儒、道不相冲突，便可会通，而究竟是在那个层次上可相会通？你不能笼统的说三教合一，这样的话是没有用的。假使二家有冲突，则是在哪里有冲突？你不能说凡是圣人说的都是好的，我们都该相信。魏晋的时候，显出了儒、道的冲突，道家的毛病都显出来了。在战国的时候，则二家之冲突尚未显出来。王弼、郭象

---

① 此处的"来"为衍字，当删去。

他们都能抓住这当时的时代问题，而要以迹本一观念来会通。若要了解魏晋的思想，便要了解这个问题。若要了解这个问题，便一定要读文献。但魏晋时期的文献，不像孔、孟的文献那样的明白和集中，而是零零碎碎的散在注解中。即在王弼《老子注》、郭象《庄子注》中，亦有些是在《晋书》和《世说新语》中，找起来不大容易。若资料找不出来，那你便不能读，不能了解这时代的思想。魏晋这时代其实是一个很重要的时代。

再下面便是佛教的阶段。佛教的文献更难读，一部《大藏经》那么多，摘要而读之，读哪些？了解佛教如何了解法？你能否了解中国吸收佛教的经过？对缘起性空，你如何了解？何以唯识宗要讲阿赖耶识？何谓转识成智？这些都要好好了解，后来发展至天台宗、华严宗、禅宗，一步一步的发展，是有其发展上的必然性的。以前的人能尽他们的时代的使命。天台宗、华严宗的大师们真了不起，世界上并没有多少哲学家能敌得过他们。你赞成不赞成佛教是另一回事，你须先作客观的了解。要了解天台、华严的义理，谈何容易！比之了解空宗、唯识宗难多了。到要了解禅宗，那便更为困难。你看禅宗启发了个什么问题？这不是现在谈禅的人所能了解的。现在谈禅的人，正如《红楼梦》中所说的"妄谈禅"，是所谓文士禅，连野狐禅亦说不上（野狐禅的境界其实是很高的）。文士禅又懂得了什么呢？近复有人拿维特根斯坦来与禅宗相比较。我不知道维特斯坦和禅宗有什么关系！如此比较，能比较出什么来呢？这根本是既不懂禅宗，亦不懂维特根斯坦。

由上述，可知在这时代讲中国学问，是很困难的，故我们现在劝大家走平实的路，这等于"归根复命"。要讲中国思想，首先要把这些文献好好的了解一下。第一步是了解文句，再进一步便是个理解的问题。光训诂是没有用的，因为那些文献需要训诂的地方并不很多。所以你说训诂明则义理明，这话当然是有问题的。今天便讲到这里。

（杨祖汉记录）

（原载《鹅湖月刊》第 11 卷第 1 期（1985 年 7 月））

（本文选自《牟宗三先生全集 27·牟宗三先生晚期文集》，329～347 页。）

哲学研究的途径
（1986）

梅校长、冯主任以及各位先生、同学：

今天所打算讲的题目是"研究哲学的途径"，这是很平常的一个问题。哲学这一门学问，本来依照康德（I. Kant, 1724—1804 A. D.）所讲，不是可以学的。我们学哲学，大体学的只是哲学史，就是学历史上某一人的哲学，譬如柏拉图的哲学、亚里士多德的哲学，这是个人意识思考所得的结果，假定叫它是"哲学"，那么则是"主观的哲学"（subjective philosophy）。但是相对于此种主观的哲学还有一种叫做"客观的哲学"（objective philosophy），此大体即是康德所说的"宇宙性意义的哲学"，此种哲学则不是可以由学习而得。因为我们所学的只能学作哲学性的思考活动，亦即学作理性的思考。宇宙性意义的哲学，所以无法透过学习而得，主要是因为天地间没有一门现成的学问摆在那儿叫做"哲学"。数学可以学，历史也可以学，但却没有一门学问叫做"哲学"，也没有人敢以哲学家自居，依康德的意思，哲学家就是能将宇宙性意义的哲学"人化"或"人格化"者，在此，"人格化"或许不是很好的表达，其义大体是相当于程伊川所说的"以人体之"之意。在中国哲学中，以人的实践行动、道德行动来体现宇宙性意义的哲学者即是"圣人"；而古希腊哲学中，能如此体现宇宙性哲学的人，即称为"哲学家"（philosopher）。此种哲学家或圣人，现实上是没有的。所以客观意义的哲学是不能学的，我们所能学的只是学作理性的思考。学历史上某家某家的哲学，那只能说是学历史，不能说是学独立的理性思考，而要能独立思考，这是要靠个人努力的。所以，从这个观点讲，可以说我们学哲学是一种训练，不论学西方哲学或中国哲学，都是接受训练，亦即通过历史上某某人的理性思考的结果，再经自己的消化而转化为自己理性的思考。因此，哲学史的训练是不能没有的。

去年，我在东海的演讲是谈论"哲学的用处"，探讨哲学具有哪些作用。那一次演讲的讲词在哲学系主编的《中国文化月刊》①上也发表过，诸位可以找来看看，也许有点帮助。简单地说，我们接受一套哲学训练，必须要能有所作用，也就是必须要能"放光"。放光的意思，就是对于时代的问题，要关心，要能起照明的作用。因为这个时代所以不安宁，所以有思想的冲突，根本是个哲学性的问题。依照共产党的说法，就是意识形态的问题（problem of ideology）。这个"意识形态"不是普通的、随便说的意识形态，在这里所说的乃是代表两个世界——民主世界与共产世界——的两个价值标准。这两个价值标准根本无法协调，因为生活的方式、原则与方向皆不一样。这个问题当然是哲学性的问题，而随时呈现在我们眼前的，都是这些问题的冲突，就拿我们跟中共大陆的同胞作一比较，两边的人一见面，统统是中国人、黄皮肤，交谈时或者说四川话，或说山东话，或说广东话，听闻乡音彼此都感到很亲切，但讲到最后，一个是反动的资产阶级，一个是无产阶级，那么就没话讲了，这就是问题之症结所在，亦是这个时代的艰难处。

因此，我们读哲学，一方面要有专门的训练，依康德所说之训练——哲学思考的训练，要有西方哲学的训练，也要有东方哲学的训练。而训练的结果，则是要能随时用心，留意这个时代有些什么样的问题，如此我们所学的哲学才是有用。但是要使哲学有用是相当困难的，因为当我们关心时代的问题，发现一些不合理的现象，而且是属于思考性问题的冲突时，若想有一合理的处理是相当不容易的。所以，议论虽然多端，但大体上都是不合理性的，因为没有受到完全的哲学训练，亦即没有学到像康德所说的理性思考。

顺着这个意思，我今天主要想举两个例子，让大家用心思考一下，在这两个例子中，即可表现我们是否能作理性的思考，能否解答社会上流行的一些观念。第一个例子是：马克思曾有一句话："以往的哲学都是解释世界，而我们现在的哲学则当该改变世界。"②马克思所谓的以往的哲学，指的是从希腊哲学一直到他之前两千多年的哲学，大体上是想说明这个世界，如科学的说明或哲学的说明。而哲学说明中又可分知

---

① 请参看《中国文化月刊》第 42 期。——此为原注。
② 语出卡尔·马克思《费尔巴哈哲学提纲》。案：此处的引语与大陆流行的翻译有所不同。

识论、形上学、存有论、宇宙论等，这些无非都是想对世界有一说明。至马克思提倡共产主义革命，则认为应该改变世界，因为革命是个行动问题。在此，我们注意到"解释世界"与"改变世界"是两个互相对扬而对显的说词，所以马克思说的这句话并不完全是错的。就如培根也说："要想征服自然，必须先了解自然。"所谓"了解"就是说明，而了解之后才能征服、控制自然，此亦是改变世界之意。这种改变世界的意思，儒家也是承认的，儒家虽然不说改变世界，但也说"参天地、赞化育"。在此，所谓参天地、赞化育，即含有改变世界之意。当初大度山只是一座荒山，渐渐地转变成如今的东海校园，这不就是参天地、赞化育吗？这不正是改变世界吗？所以改变的意思不一定非指把黄铜变成金。"改变"蕴含着实践的意思，亦即以往我们去解释世界、说明世界，现在我们根据解释所得去付诸行动。若如此解释马克思的那句话，他所说的也不无道理。

但是，现在有些聪明人在谈论中国大陆为什么容易被马克思主义征服的问题时，认为共产党的这套思想所以能在中国大陆生根，就是因为儒家原来就重视实践，会有改变世界之意。这显然是把马克思所说的无产阶级革命之改变世界，与儒家所说的"参天地、赞化育"之实践关联在一起了。这种联想显然很有问题，好像马克思真成了圣人之徒，似乎马克思所说的这句话，在《中庸》里边就可以找到根据，因为《中庸》里的确讲"参天地、赞化育"。但这实在是一种谬妄的联想，这样的联想好像认为马克思思想在中国传统中可以找到根据，实际上是毫无根据可言。我们看看马克思改变世界的结果如何呢？结果是阶级斗争，杀人盈野；土法炼钢，遍地灾黎。但儒家所说的"参天地、赞化育"，却教人"致中和，天地位焉，万物育焉。"，并没有叫我们去杀人做那残忍的事，没有叫我们去土法炼钢，做那白痴的事。又好比苏联有位生物学家李森科，他认为他的生物学是"唯物辩证法的生物学"，而我们一般所学的生物学则是"资产阶级的生物学"。他并且认为在资产阶级的生物学下，小麦无法大量生产，唯有在唯物辩证法的生物学下，才可以使小麦大量生产。然而宣传了好久，小麦仍然照旧，并没有增加很多的产量。这种想法很明显地代表了共产党改变世界的思想。罗素曾说了句很幽默也很有意义的话，他说史达林①这一套思想，用来"威吓人"很有

---

① 今译"斯大林"。

效，但用来"威吓自然"却失败了。所以我们不能一看到实践行动，就将其等同于共产党之改变世界；也就是不能因为共产党主张实践、行动与改变，而儒家也说"参天地、赞化育"的实践、行动与改变，就以为马克思主义可以在中国大陆盛行是有其传统的根据，这完全是荒谬的联想。这种似是而非的议论是很害事的，一般人不用头脑仔细思考，很容易就接受了这种说法。我今天提出这个问题，就是希望大家仔细地思考一下，不要为这种谬妄的联想所摇惑。

还有一个例子是：有些人认为我们现在反对……①极权专制，那么我们就不能承认中国自古以来（自秦始皇以降至满清）都是君主专制，因为如此一来岂不是替……②专制找到传统的根据了吗？这种忌讳，其实也是没有必要的，我们不能因为反对……③极权专制，所以就忌讳说中国自古以来就是君主专制。中国以前是君主专制，和……④极权专制根本不相干，这是不能随便拉在一起讲，也不需要把它视为一种忌讳。要能针对这个例子所引出的问题有详细的说明与解答，也需要好多的知识与训练。

前些时候，《中国时报·人间副刊》登了去年八月间邀请金庸、余英时与沈君山三人所作的对话内容，主要是讨论"中国应怎么走"的问题⑤。文中，余英时教授提到冯友兰前年到夏威夷出席"朱子学会议"后，到哥大接受母校颁赠荣誉博士学位，并作了演讲，冯友兰在演讲时提到：毛泽东的文化大革命已经过去了，我们现在希望一个能涵盖一切的大一统思想出现。冯友兰说此话，当然是站在共产党的立场说，虽然他不一定相信马克思主义。余英时认为冯友兰此话说法，完全是站在极权专制的立场讲的，在自由世界中，此种思想是要不得的。这是对的。因为我们如果拿某一思想来统一天下，就等同于拿某一意识形态来统一天下，如此一来，当然是妨害个人的思想自由、学术自由。自由世界……⑥反对此种思想。极权社会是一个封闭社会（closed society），它很显明地是对反于自由世界的开放社会（open society）；而极权社会所以封闭，就是因为被一套一家之私意所统制。在封闭社会中，不能肯定

---

① 此处删去数字。
② 此处删去数字。
③ 此处删去数字。
④ 此处删去数字。
⑤ 见 73.3.11～12，《中国时报·人间副刊》之〈难局下的沉思〉。——此为原注。
⑥ 此处删去数字。

各种的自由，因此，也就不能肯定多元价值。而在自由世界的开放社会中，所主张的最重要的概念就是肯定多元价值。

但是，余英时似乎是将统一的"一"代表□□①极权主义，只以多元价值的"多"来代表自由世界，而却并未显出自由世界中的"一"，这样，"一"与"多"便必然是冲突的、矛盾的。然而，"一"与"多"是不是一定冲突呢？我们是不是可以问：自由世界，像英、美国家，是不是只有"多"而无"一"呢？美国是开放社会，且肯定多元价值，从华盛顿的立场，有美国的宪法为依凭，但是各州也有它们各自独立的宪法，此是否表示美国这个开放社会只有"多"而无"一"？再看看英国，英国可以说是自由、民主的发源地，那么英国是不是也只有"多"而无"一"？自由世界之争取民主自由，可以说从十三世纪英国的"大宪章"就开始了，英国也没有经过天翻地覆的革命，很稳定而且按部就班地就进到了现代化。比起英、美两国，德国和法国的政治还达不到如此稳定程度，德国政治始终不太稳定，而法国的多党政治也很麻烦。这两国当然都肯定多元价值，但却没能达到像英、美两国政治之稳定程度。由英、美两国政治之稳定看来，我们不能否认英、美也有"一"，因为，假定只有"多"而无"一"，彼此立场不同，天天冲突，根本就无法成就我们现在所看到的英国、美国。所以，我们不能因为英、美国家主张多元的开放社会，就以为他们只有"多"而没有谐和的统一。很显然的，英、美国家也有"一"，那么问题就在于：我们应如何了解英、美式的"一"？又如何区别□□②极权的"一"与自由世界的"一"？

在……③极权世界中，是拿一套死硬的意识形态来控制人们，所有的人只能依照此一意识形态去行动，其他的思想皆被禁止。自由世界中，当然也有很多国家允许共产党为合法，因为在它们那里，共党自居为政党。但在台湾则是被禁止的，……④无论如何，这种禁止不同于……⑤专制，因为在台湾，除了马克思主义以外，其他很多思想都是合法的；……⑥所以，我们应将它⑦所主张的"一"之意义明确地界定，

---

① 此处删去二字。
② 此处删去二字。
③ 此处删去数字。
④ 此处略有删节。
⑤ 此处删去数字。
⑥ 此处略有删节。
⑦ 此处略做技术处理。

然后再回过头来,看看自由世界所有的"一"又是什么意义的"一"?因为,假定自由民主社会不具有"一",那么就无法维持社会的秩序与安定;但很显然地,英、美两国不但社会安定,政治也稳定,从来也不出什么大问题。就好比尼克森虽然是总统,但闹出了水门事件,遭到罢免被请下台,也没有发生流血事件和闹革命,这可以说是民主世界政治上了不起的成就,而且应该算是代表了一种谐和的统一。那么,这种情形的"一"又是什么意义的"一"呢?这种问题就需要我们好好地思考,详细地说明才行。要不然,□□①世界既只有"一"而无"多",自由世界便应只有"多"而无"一",如是"一"与"多"是互相冲突的,依此,……②自由世界便不能承认有"一",不能有"一",社会根本就不能安定。如此一来,我们就应该仔细思考,什么意义下的"一"才是与"多"相冲突的,这个问题需要好好地解释与说明。

余英时教授似乎认为自由世界中只能是多元的,而不能讲"一"。认为我们平常所说的"自由、平等、博爱"具有"可塑性",可以做各种不同的解释。同时,台湾方面所提倡的三民主义,其中民族主义讲伦理,民权主义讲民主,民生主义讲科学,而"伦理、民主、科学"也是具有可塑性。因其具有可塑性,故可以成为一个开放社会。在此,"可塑性"一词用得是否恰当?此种说法究竟有没有说明"自由、平等、博爱"与"伦理、民主、科学"所蕴涵的意义?而"自由、平等、博爱"或"伦理、民主、科学"究竟代表不代表一个"一"?此种"一"与……③所标举的"一",应如何加以说明和区别呢?光说"自由、平等、博爱"具有可塑性是不行的,"可塑性"指的是可以接受不同的解释,但此并不即能表示"自由、平等、博爱"的意义。如此"伦理、民主、科学"可以有不同的解释,如此一来,究竟拿谁的解释作标准?所以"可塑性"这个名词,我想是不妥当的。伦理、民主、科学并没有什么可塑性的解释。民主就是民主,假定有"可塑性",那么×××④可以说:你的解释是第三阶级的民主,而我的解释是属于第四阶级的民主,而且,你的民主不可靠,我第四阶级的民主才是真正的民主。如此

---

① 此处删去二字。
② 此处删去数字。
③ 此处删去数字。
④ 此处略做技术处理。

一来，是不是表示×××①也讲民主？同样的，自由就是自由，无所谓不同的解释，或可塑性的解释。所以，"可塑性"这个词语是很不妥当的。他又莫名其妙地联想程、朱是专，陆、王是红，所以这个时代只应讲程、朱，不应讲陆、王。② 这真成了笑话。若说红，都是红，所以自称汉学家者说理学家空疏无用，而且在一意义下，程、朱之红尤甚于陆、王，故戴东原斥程、朱以理杀人。实则此皆妄也。何得更滥用□□③红、专之邪言，来比附说陆、王是红，程、朱是专而又以为不应讲陆、王？

严格地讲，"一"与"多"并不必然冲突，就如康德所讲的十二范畴，其中"量范畴"（quantity）包含了"单一性"（unity）、"众多性"（plurality）和"综体性"（totality），而"单一性"与"众多性"合起来就是"综体性"。这三个范畴各自独立，但并不互相冲突，此即表示"单一"与"众多"并不必然矛盾、冲突。……④拿一套思想来统一天下，这代表一个"单一性"，而自由世界的"自由、平等、博爱"或"伦理、民主、科学"虽足以保障"众多性"，但同样也具有"谐一性"，那么这两个世界的"一"应该如何区别？在此，需要明确的解释，这个问题才能畅通，要不然借口反共的人永远拿"多元"来打你这个"一"。我们自己要自觉到我们所主张的"一"是什么意义的"一"，如此才能理直气壮地讲"一"，同时也才能理直气壮地反对×××所讲的"一"。否则说话就显得中气不足，尤其是碰到那些习用时下流行名言乱作联想者——所谓的"漂亮人物"（smart fellow），自然就为其所搅和而迷惑不清。实际上，这些人并没什么真知灼见，他们只知对社会上流行的观念来留心，并且拿这些观念到处用，其实，他们自己也并不一定真懂。例如何炳棣当初在美国，很有名气和地位，做到讲授教授，但是一旦投共，竟然说"自由是奢侈品"，这是很没良心的话。这类人很麻烦。所以，我们所要思考的问题是：在什么情形下，"一"可以避免是个极权专制的一？大家必须正视这个问题。

这几十年来，从大陆至台湾，关于这个问题的症结，始终没有化解。好比共产党讲"唯物论"，我们要反对共产党，但又不敢公开讲"唯心论"，所以我们就讲"心物合一论"，表示既不唯物也不唯心。同

---

① 此处略作技术处理。
② 见 73.3.11～12，《中国时报·人间副刊》之〈难局下的沉思〉。——此为原注。
③ 此处删去二字。
④ 此处删去数字。

样的，共产党讲"唯物史观"，我们不能讲"唯心史观"，所以就讲"民生史观"。这一类的理论，并不是不可以讲，其是跟在共产党后面说，结果是无效。因为马克思主义成为一套"意识形态"……①，自然有它的心理上的反动，它代表"纯粹的否定"（pure negation）。"纯粹的否定"依照宗教立场讲，就是撒旦（Satan），撒旦代表魔鬼，是 spiritual evil，是与上帝绝对相反的，所以是纯粹的否定。它②采用一大堆漂亮名词来吸引知识份子与青年人，表示他们所说的理论是进步的、理想的与革命的；而资产阶级则是腐败的、落后的。现在甚至还提出"精神污染"这种词语，"精神污染"是多么高尚的词语，怎么可以拿来乱说？可见，它③所提倡之唯物论或唯物史观，……④它的特色容易凸显出来。但是我们这边总是顺着共产党的理论，再提出一个相对的理论，这等于是放马后炮，根本起不了作用。从抗战时期开始，我就发觉到这个问题。

马克思主义所说的唯物论和哲学史上所说的唯物论并不一样，哲学史上的唯物论是很平常的，如德谟克利图斯⑤（Demokrites，460 - 370B. C. ）的"原子论"即是唯物论。而所谓唯心论，也是一广义的名词，严格讲起来，西方哲学史没有真正的唯心论。一般将 idealism 翻成"唯心论"是不恰当的。idea 依柏拉图说，指的是"理型"，依康德说则是"理念"，指理性上的一些概念，至于照柏克莱（George Berkeley，1685—1753 A. D. ）所说则为 perception，我将其翻为"觉象"。因为 idea 照希腊文原义，即指可感觉的各种相状、可看见的各种形相，所以柏拉图所说的 idea 并不很合乎希腊文之原义。海德格（Martin Heidegger，1889—1976 A. D. ）即认为柏拉图将 idea 之意义颠倒。但是，我们现在读西方哲学史，大都是依柏拉图的说法来理解 idea。实际上，英国哲学家柏克莱也懂希腊文，他用 idea 的意义，即指 perception，就客观讲为 percepts，就主观讲则为 perception，此即指"觉象"；可感觉的现象，也就是指形相或相状（form or shape）。所以，idea 不管是指"理型"、"理念"或"觉象"，虽与心有关，但不即是心。依柏克莱讲，

---

① 此处删去数字。
② 此处略做技术处理。
③ 此处略做技术处理。
④ 此处略有删节。
⑤ 今译"德谟克利特"。

idea 所代表的是指"现实的对象"（actual objects），它是客观的对象，不是主观的心本身。所以西方哲学，严格而言，没有真正的唯心论。中国所讲的心性之学才是真正的唯心论，但同时也是真正的实在论，如陆象山所说的"宇宙即是吾心，吾心即是宇宙"，这讲的就是心，而不是 idea。又如佛教所讲的"如来藏自性清净心"。也是指的真正的智心本身。因此，使用"唯心论"这种名词，不能随便混淆，否则令人头脑混乱。广义地讲，idealism 可翻成理想主义，但是……①一来，认为不是讲唯物，就是讲唯心，所以 idealism 就变成了唯心论，这是简单的二分法，其实是不对的。

马克思所说的共产主义的唯物论，并不是哲学史上与理想主义（idealism）相对的唯物论，他是针对客观事实（objective facts）说唯物。马克思所说的客观事实即是物，而客观的事实是没有人能否认的。依康德所说，在空间中的表象（representation）即是物，在时间中的表象即是心，而马克思所说的物即是此义，所以共产党顺此说法，认为康德也有一点唯物论的意思。严格地讲，马克思在英国住了很久，他那一套思想应该叫做"动态的实在论"（dynamic realism），此不同于罗素等人纯就知识层面而言的"静态的实在论"（static realism），因为他要改变世界，所以要付诸行动，因此他所说的理论是动态的。马克思采用黑格尔（G. W. F. Hegel，1770－1831 A. D.）的词语来装饰他自己的理论，如此一来，"动态的"（dynamic）一词转为"辩证的"（dialectic），所以马克思的思想即称为"辩证的唯物论"。"辩证"一词，根本不能应用于经验事实（empirical facts or physical facts），我们不能说物理、化学的变化是辩证的，这种说法根本不通。所以，马克思说黑格尔的理论是头在下脚在上的大颠倒，是错误的；实际上，马克思自己的理论才是大颠倒。马克思硬是将"辩证"用在经验事实之上，根本只是譬况之词，只是说着好听而已。基本上，这种用法根本不合学术术语的意义与轨道，亦可说是一种滥用，如此一来，一切都成了辩证。譬如马克思说数学中"正"与"负"有辩证的关系，因为负负（double negation）得正，这种说法实在是瞎比附。实际上，没有人说数学中的演算是辩证的，同样的，阴阳电子的关系，也决不可说是辩证的。所以，不可以把"辩证"随便用在经验事实或客观事实之上。

---

① 此处删去数字。

　　一切的哲学理境可分为两种：一种是分别说的理境，亦即是分解的（analytic），一般的哲学家都是用功在此方面；另一种则是辩证的理境（dialectic）。因此，我们研究哲学的朋友们，在此就当该注意西方哲学家在使用"辩证的"一词时，所含的意义为何。从古希腊开始，已有人使用 dialectic，康德也使用 dialectic，不论是古希腊的说法，或是康德的说法，dialectic 都是一种贬词，指的就是制造幻象。康德在《纯粹理性批判》中所说的"纯粹理性底误推"（the paralogisms of pure reason）与"纯粹理性底背反"（the antinomy of pure reason）①，都是指一些假象，为什么是假象呢？因为在其推理过程中有错误，而所谓"二律背反"，其背反并非真正的矛盾，是自己闹出来的矛盾，是可以批判掉的。所以，康德使用 dialectic，是一个贬词，不是个好字眼，而说它是一个贬词，即表示其背后是以逻辑作标准。但什么时候开始，康德所说的 dialectic 转变为"辩证法"？ dialectic 正式叫做"辩证法"，是源自黑格尔哲学，而黑格尔意义的辩证法在什么意义的问题下出现，并使得 dialectic 的意义由消极（negative）转为积极（positive）？这是哲学中一个大问题，需要大家好好考虑，甚至可以拿来当作博士论文之研究论题。

　　这几年来，我也常和同学们谈这个问题。黑格尔意义的"辩证"，只能讲精神生活的发展，讲自己修养功夫的发展。修养不是一句话，需要层层往里发展，在此发展中才有辩证的意义出现。这就好像王若水在大陆上所说的"社会主义的异化"，"异化"即是辩证中的一个概念。所谓"异化"即是自我否定（selfnegation），为什么可以自我否定呢？这在数学或科学中是不可能的，只有在精神生活中才有可能。个人精神生活的实践活动，可以由正面转成为反面，好比佛教中强调"涅槃"为修行的理想境界，但如果我们一味地执著于涅槃的境界，那么就将涅槃转成非涅槃，此可以说是"涅槃的异化论"，亦即表示涅槃自身的否定。所以要懂得"辩证"，是需要好好训练的，必须对古希腊意义与康德意义的辩证，有清楚的认识，然后再看看康德意义的辩证，在什么情况下转为黑格尔意义的辩证。依黑格尔所讲的辩证，代表的是一个哲学的大理境，而非虚妄假象。而且只能在精神生活的发展上讲。但是黑格尔的讲法只是一个开端，最好的讲法是在中国的道家与佛教，在道家与佛教

────────────

　　① 请参看康德《纯粹理性之批判》第二分，第二卷〈纯粹理性底辩证推理〉第一章、第二章。——此为原注。

中，对辩证的意义讲得最畅通，一点毛病也不显。

我们再回到前面所说的"一"与"多"的问题。很明显的，我们在自由世界中，也不能没有"一"，但自由世界中所说的"一"，并不是像……①想拿一套思想来统治天下的"一"。所以，要对治或瓦解……②那一套思想，就不能跟在后面放马后炮，这样只是消极的反应，到头来总是吃亏的。要自己先站稳立场，能讲就讲，不能讲就不要讲。我们既然反对……③那一套意识形态，所以就该好好反省我们所强调的自由、平等、博爱或伦理、民主、科学所代表的"一"，这不能与……④的"一"相提并论。自由、平等、博爱就好像家常便饭，它不是理论（theory），所以不能把它看成一套 ideology 意识形态。平常有人说，马克思的共产主义是一套意识形态，同样的，儒家思想也是一套意识形态。这种说法，可以说是完全不了解儒家思想。儒家思想并不是一套意识形态，如果我们将儒家的教训如五伦等，看成意识形态（ideology）或教条（dogma），那是错误的。君臣、父子、夫妇、兄弟、朋友这人间的五种关系是事实而非理论，它具有普遍性与常道性，所以不能将其当成一套思想、理论看。由此看来，我们对于一些词语不可以随便乱用。五伦既不是理论，所以不可译为 theory，当然也不能翻为 dogma。我讨厌有些人用某某学说如政治学说、教育学说等来说孔子，又有人说孔子是大教育家、大政治家等，也是很无聊的说法。因为一说"家"，就是指"专家"（specialist），必须具备专家的知识。实际上，虽说圣人无所不能，但并不说他就是什么专家。这就好像在宗教上说上帝无所不能，但是某一国真该亡国时，上帝也是照样的没有办法。

我们提倡自由、平等、博爱，自由就是自由，没有什么可塑性的解释，或其他什么不同的解释。平等就是平等，它本身具有一定的意义。自由世界的平等，就是给予每个人平等的机会自由发展，而不是说大家都非吃两个面包不可才叫作平等。同样的，博爱就是博爱，没有资产阶级的博爱或无产阶级的博爱的不同解释。所以自由、平等、博爱是有其确定的意义的，而就在此确定的意义下使社会表现了谐和的统一，这个"一"就保障住"多"，也保障了社会的开放与自由。同时，我们也靠伦

---

① 此处删去数字。
② 此处删去数字。
③ 此处删去数字。
④ 此处删去数字。

理、民主、科学所表现的"一"来保障自由世界的各种活动,令其有一定的分位。这种意义的"一",我们叫它做"活一",而拿一套思想来统治天下的一则为"死一"。"死一"就是王船山所谓"立理以限事"。这样的"死一"是不能保住多元价值的。"死一"不可讲,但"活一"必须讲。如果我们只讲"多"而不能显出"一"来,或只以"多"来反对"一",则自由世界必日趋于散漫与灰色,而中心无主,而亦越发助长□□①极权者之气焰,加深其对于自由世界之蔑视,并轻忽多元价值之可贵。

我们讲伦理、民主、科学等,其背后最高的标准是自由,是套在自由世界讲,而三民主义所强调的也是如此,所以"活一"和"死一"是很不同的。"死一"好比一个人空想一套思想,并以此一套思想来统一天下。但实际上,要统一天下是不能依靠某一人自己空想一套思想的。好比儒家所强调的,想与社会沟通,必须靠个人的人格与智慧,不能靠个人的思想或意识形态,如此才能成就真正解放的开放社会。中国文化传统中,无论是儒家或道家,主要就是培养这种精神,而西方的自由世界,所强调的也是如此。所以,如何清楚地区分"活一"与"死一",值得我们大家仔细地想一想,顺着我刚才的分析,或许我们可以切实地解决这类问题。

最后,我们再谈谈哲学训练之方式。我们总希望受了哲学训练,能解决时代的问题,并且大放光明。我们从念哲学系到取得学位,甚至取得教授资格,都是个人自己研究活动。因为在大学里教书,每个人都是教个人所感兴趣而有所研究的课程,因此,都只能算是个人行动而没有共同研究。这几年我常想到,念哲学如果光是个人的行动,并不太够。因为有些事不是个人之力所能成就,也有些工作不是短期就可以完成。譬如对于一门学问,没有一个人能从头到尾全部把握得住,顶多是把握一部份。就拿了解康德哲学来讲吧,西方人在翻译康德三大《批判》时,很少一个人能完全翻译出来,大抵是一个人译一种。所以,要整个把握康德的哲学系统,必须靠分工合作,并且需要有持续性。又比如我们现在讲哲学史,没有一个人,一部哲学史从头到尾全部讲完,总是讲了一部份或半截,时间就差不多了,结果是讲到宋明理学时,往往是"尊德性、道学问"两句话就结束了。如此讲法,这门学问当然不能算是完整地讲究②。解决的办法,就是要靠大家分工合作,每人负责一部

---

① 此处删去二字。
② 此处原文作"讲究",当改为"讲授"。

分，才能将哲学史的课程充实而完整地讲完。

我最近深切感受到这一点，所以常想到《华严经》译经工作这个例子。华严宗之译经决不是一个人所能完成的，华严宗里许多人前后连续、彼此合作，才完成了《华严经》的翻译工作。而且像这种译经工作，作为共同而且长期合作的地方，这就是寺庙，在这个场所，大家可以聚在一起研究和工作。这几年，我就想到，在学校的科系以外，当该在社会上成立一个永久性的"哲学研究中心"，在此研究中心里，大家朝着一定的方向，彼此分工合作。这种工作，当然不能期望在学校教书者负责，因为在学校里，各人有各人负担的课程，当然不能要求他们彼此合作。但是，研究中心的工作性质则不同。因为在研究中心一定的方向下，个人除了主观方面的工作以外，也可以共同参与一些客观的研究活动；比如整理文献这种工作，就可以彼此分工合作，并且可以连续地作下去。而且，只有在研究中心里，才能真正的培养一些人才。所以昨天晚上与冯主任谈话时，我曾谈到中央研究院所做的工作，到底是什么样的工作，我实在不太明白。而我这个哲学研究中心的构想，也是顺着这个问题提出来的，它与大学的研究工作并不重叠，它本身有一定的方向和工作；而且这些工作，不是在大学任教的个人，独自所能负担的。

最后，我们将今天所讲的做一个总结：首先讲的是，我们念哲学的，对此时代当该有负担，并举几个例子来说明。想要解答我们这个时代所遭遇的一些问题，就必须有相当的基本训练，也就是需要有学术训练，才能对时代的问题有所关心。如此，读哲学的用处才能显出来，才能大放光明。其次，我们现在若要强调哲学的用处，并持续下去，光靠学校教育恐怕不够。所以必须成立一个研究中心，好好培养一些人才，大家在一定的方向，彼此分工合作，才能使哲学真正放光。我今天就讲到此为止。

（民国七十三年讲演于东海大学茂榜厅，尤惠贞记录。）

（原载《中国文化月刊》第 83 期（1986 年 9 月））

（本文选自《牟宗三先生全集 27 · 牟宗三先生晚期文集》，349～366 页。）

客观的了解与中国文化之再造
（1991）

　　前些日子，《联合报》刊载了香港吴明先生所记录的一个访问辞，那篇访问辞的最后，我有两句话，说："当今我们最需要的是要有客观的正解，有正解而后有正行。"所谓"正解"、"正行"，是模仿佛教八正道中的词语而说的，佛教教人修行有八种正确之道，又叫八圣道分，即正见、正思惟、正语、正业、正命、正精进、正念、正定等，"正解"与"正行"之意都包含在里边。简单地说，正解是正当、正确的了解，正行是正当正确的实行。为什么我们处在这时代特别需要正解、正行呢？我有一些感想，在这个"当代新儒学国际会议"上讲一讲，我想是很恰当的。

　　前几年在大陆湖北曾举办一个熊十力先生百年诞辰的纪念会，他们出了一个纪念专辑，大概大陆上一些相关的文章都收了，海外的很少。收辑的范围包括前后三代，前一代是老一辈的，是熊先生那辈，包括比他稍大的一些人以及他的同辈与比他稍晚的，如蔡元培、马一浮、梁漱溟、贺麟、冯友兰等都在内，老一代的人多，文章也多；中一代是像我这一辈的，下一代是当今中青年一辈，人物、文章都不多，也写得不好，只有一篇朱宝昌写得较好，而最差的是任继愈，其他则大体不甚相干，只报告一些事实。整个看完了这一个中国近百年来对中国哲学界颇具代表性的纪念专辑，我立即有一个很难过的感想，就是：中国从明朝亡国以后，学问传统即告断绝，所谓学绝道丧，一直到清末民初，社会上了不起的高级知识份子，大体都有真性情，在某一方面说，亦有真智慧、真志气。但他们为什么都不得成正果？这些真性情、真智慧、真志气算是白白地浪费了！我常想：这症结到底出在什么地方？

　　我思考的结果发现症结在于他们生命中都缺乏某种东西，那种东西就是孔子所说的"学而时习之"的那个"学"。生命中的真性情、真智慧、真志气都要靠"学养"来充实才可以支撑得起来，而那一辈老先生正好都缺乏足够的学养。人在社会中要关心时代，关心天下家国大事。但人是有限的存在，关心的事那么多那么大，所以若光靠天生一点气质所凝结的才情华采，而无学问知识以充实之、长养之，怎能应付得来？尤其在此风雨飘摇的时代，"学养"之足不足遂成为一个非常严肃的问题。"学养"，实在的说，也就是对问题要做"客观的了解"，要有正确的知识，不误解，也不笼统。什么叫笼统？我且举一个例子：有明崇祯末年，天下大乱，内有闯王，外有满洲，举国如焚，正如《桃花扇》中所谓："十七年忧国如病，呼不应天灵祖灵，调不来亲兵救兵。白练无情，送君一命。伤心煞煤山私幸，独殉了社稷苍生。"结果是崇祯皇帝于杀宫后跑到煤山自缢身死。当那时局正紧，皇帝临朝与百官谋策时，理学家刘蕺山上奏说："陛下心安，则天下安矣。"这句话当然有其至理，我们不能说刘蕺山说错话，就如讲逻辑有所谓分析命题，分析命题绝不会错，但因为它不是综和命题，所以对经验知识无所助益。在当时，"陛下心安"当然是"天下安"的必要条件，但并非充分条件。在国难当头，正需拿出办法来时，"知识"、"学养"是不可缺少的要件，这时光讲《大学》正心、修身即可进而治国、平天下是不够的。所以以"陛下心安"来作为安邦之策，可以说是讲了一句废话，难怪崇祯皇帝一听，就叹息道："迂哉刘宗周！"就叫刘蕺山归乡养老去了。刘蕺山所以讲出如此笼统而不切实际的话，正是因为对政治之所以为政治无客观的了解之故。

处理现实事务当然繁琐而需学问，政治、社会问题皆然。这道理极易明白，我现在且暂时不谈这方面的事。只就有关宏扬中国传统智慧的工作来看，看如果缺乏正确客观的学问，对学术文化乃至整个国家民族前途有何决定性的影响。学术文化上的影响，对照政治、社会活动来说，本是"虚层"的影响，但"虚以控实"，其影响尤为广泛而深远，所以我说它是一种"决定性的影响"，我们不可轻看，以为是不急之务。不过学术文化上的事，几微有无之间，若不明白指出来，一般人是不容易察觉的，所以我一个个举实例而说明它：

民国以来，在学术界最出名的是胡适之先生，从其《中国哲学史大纲》看来，他本是一个讲中国哲学的人，但其实他对中国哲学一点都不了解，没有一句相应的话，所以只写了上卷，后来也写不下去了。转去做考证，考证禅宗，也以外行人瞎考证，根本不知道禅宗内部的问题，只去做些外围的事，如考证版本的真假，这与禅宗有何本质的关系？况且凭什么你就能断定《六祖坛经》一定是神会造的呢？照我一看，我不须考证，就知道神会写不出来，因为神会的思想是另一个思路，神会禅是"如来禅"，《六祖坛经》是"祖师禅"，祖师禅是真正的禅宗之禅，是神会了解不到的。胡适先生连这一点都不清楚，还想跟人辩，难怪被铃木大拙当面斥为外行，其实他是真的外行。以像他这种人来领导学术界，出大风头，这当然非国家学术之福。所以他虽以哲学起家，到后来不但不讲哲学，并且反哲学。他极力宣传科学与考据，考据也并非不可以讲，不过考据是历史家的本份，但胡适先生既不读历史，亦不读哲学，亦不读科学，他只去考《红楼梦》。考《红楼梦》能考出科学来吗？——他所有的学问就是这样——浪费、无成。所以冯友兰出来写哲学史就超过他了。

说到冯友兰的《中国哲学史》，是比胡适进了一步，至少表面上很像个样子，一直到现在，西方人认为中国哲学史，还是以冯友兰所作的为最好，余英时也这样说。但他的讨好，其实是表面的，因为他此书有一讨巧的地方，平常人看不出来。他用的是选录方式，西方人写哲学史大体是用诠释的方式。选录方式不是不可以，但冯友兰作这本书很狡猾，说好听是很谨慎，所以很能保持一种"学术谨严"的气氛。因为他很少对所引的文献加以解释，他尽量少说自己的话，尽量不做判断，所以读者实在很难猜透他到底对那些文献懂呢？还是不懂？到了他该说话时，他就说几句不痛不痒的话。若有真正下论断的大关节，则一说便错，由此，我们便可看出他实在不了解。所以很早我就说他这本哲学史是"脓包哲学"，脓包的特性是外皮明亮精光，但不可挑破，挑破便是一团脓，我是一向不欣赏那种书的。这本哲学史大体上卷还像样，主要是他用了他那一点逻辑知识整理了名家，有一点成绩，其他讲儒家、道家都不行。先秦都讲不好，后来魏晋道家、隋唐佛学更难讲，他根本是门外汉，于宋明理学更是门外的门外。他以为他懂得朱夫子，但他何曾知道朱夫子是理学家，不是西方的新实在论，他以西方的新实在论来解释朱子，这当然是不相应的。他后来又讲"新理学"，以程、朱自居，这都是妄人妄作。《中国哲学史》表面上写得那么严肃，出版时是那么郑重其事，他请金岳霖与陈寅恪来作审查报告。其实金岳霖先生是外行，陈寅恪虽是史学家，并不读哲学，但他的见闻实比冯友兰博洽得多，所以多少也能看出一些问题，只是冯友兰不承认罢了。像陈寅恪这个人也了不起，其考证历史确是当行，但这个人也有其缺点，我称之为"公子型的史学家"，他为人为学带有公子气，公子气有什么不好，我们暂时不去详论它。近代中国史学界颇有成就：例如，讲殷周史以王国维为最好，讲秦汉史以钱宾四先生为最好，隋唐史以陈寅恪为最好，宋史尚未见有谁最好，明清史则有孟心史，这都是众所公认的。史学之所以有成，因为他们上了轨道，有当行之客观的了解。近代中国人对中国哲学的讨论就未上轨道，像冯友兰的《哲学史》，对中国哲学的发展中历代各期哲学核心问题根本未接触到，更遑论有什么有价值的讨论。以如此之书，而不论中西都公认它是一本代表作，这表示这一代的中国人实在太差劲了，不但对不起祖宗，也对不起世界，这真是这一代中国人的耻辱。

又从哪个地方可以看出冯友兰对中国思想没了解呢？在纪念熊先生的文集中，有一篇冯友兰的文章，他以九十高龄，平生写那么多书，理应有些心得，谁知他却说：熊十力之《新唯识论》和老唯识论的争辩是一个老问题的复活——就是说有关这些问题在古代就有人讨论过了，现在他们又拿来讨论而已——我一看，这样说倒是出语惊人！我仔细看他说的是什么老问题的复活，原来冯友兰是指南北朝时代神灭不灭的讨论，我觉得这简直是胡说八道了。熊先生的《新唯识论》和玄奘《成唯识论》的不同怎么会和神灭不灭扯在一起呢？请问熊先生是主张神灭呢？还是神不灭？而《成唯识论》又是神灭还是不灭？我看两边都安排不上，这种故作惊人的论调实在太差了！神灭不灭的问题重点在哪里都不能把握，后来佛学的高度发展更不容易契接得上，故其侃侃而谈者，大体不可信。

此外，如梁漱溟先生、马一浮先生与我老师熊先生在所谓"客观的了解"上也都有缺陷。梁先生是了不起的人物。他敢于对抗毛泽东，对抗江青"四人帮"，这就了不起。但他终于被毛泽东所笼罩，所以最后毛泽东死时，梁先生还说："毛泽东晚年虽然荒唐，但不管如何，他毕竟是非凡之人。"我看到梁先生说这种话，一时难过得很。以圣人自期之梁先生，何故竟作此不伦之语？他为何还会心仪于毛泽东？其实梁先生这个人对中国学问知识和文化意识都是很少的，才会有如此的判语。他和熊先生不同，熊先生讲学或许有错误，但他的民族文化意识、纵贯意识很强，而梁先生在这方面很欠缺，梁先生的头脑是横剖面的，如他的"乡村建设"之理论便是在横剖面下了解中国社会而写出来的。他并没有通过中国历史文化的演变去了解中国社会，只照眼前的风俗习惯而想办法。他对中国社会的具代表性的了解是在其《中国文化要义》一书中所说的："伦理本位、职业殊途"，他这样了解并不算错，但若止于这样了解，是只了解到现实的社会状况，若其社会所以形成之文化根据及背后之历史渊源，则并未接触到。只在这里用力，不能对时代问题之解决有相应的了解。在这里显出梁先生的不足，所以他开出的救国路线是"乡村建设"，乡村建设能解决什么问题呢？充其量也只能顺着太平时节之民风，协助长养一点民生，敦厚一下民情，而不能解决中国的政治问题。结果被毛泽东农民革命之大气派唬住了。其实乡村建设并不是不能做，但要了解时代才能配合时代，而这便须要有正确的现代知识，才能做时代的指针，要建设才有建设的依凭。而梁先生对时代的了解到死还是那两句话："西方的路我们不能走，苏联的路我们也不能走。"那么你走哪条路呢？一无所适，碰到……①，抵抗不住，也不必谈什么建设了。说苏联的路不能走尚可，说西方的路不能走，可见梁先生对西方自由民主之价值不能认识，则你凭什么建设中国……②呢？

以上是说梁先生的文化运动之无所成，至于纯学术上的对中国儒、释、道三家的研究，也是很薄弱的。所以熊先生每次劝他不要再搞乡村建设了，要出来讲学，梁先生两眼一瞪，说："我有什么学问可以讲呢？"梁先生对西方哲学的认识是得自于张申府先生讲的罗素，与张东荪先生翻译的柏格森的《创化论》。柏格森在西方哲学上的地位并不高，罗素于逻辑有贡献，于真正的哲学并无多大贡献。当时中国哲学界对他们两位推崇备至，也可见学风之浅陋。梁先生对中国的学问则欣赏王学再传门下的王东崖，对"自然洒脱"一路颇寄其向往，欲由此而了解孔子之"仁"。其实从这一路进去也可略有所得，但毕竟不是了解儒家的正大入手处。梁先生是有性情、有智慧、有志气之人，思考力很强，也有创发力。他写《东西文化及其哲学》一书时年纪并不大，全是自己凭空想出来的。但也因如此，其中所造的新名词都是无根的，所说的文化类型也太简单，如说西方是前进的，印度是后退的，中国是适中的，这样讲都是一些影子罢了。所以思考力强、性情真、志气高，也有相当的

---

① 此处删去数字。
② 此处略有删节。

智慧，可惜无学以实之，结果尽成空华，白白的浪费了一个人才。这种人间大憾，平常人是看不出来亦感受不到的，就连他自己也不自觉。他的这部书实并无多大价值，他本人亦不予以肯定。他最后是相信佛教，而不再做儒者，在中国这样的乱世，生命人格想要卓然有所树立是很难的。

马一浮先生对中国历史文化内部的义理常识最为博雅，但说到客观而深入的了解则谈不上。从哪里看出来呢？熊先生《新唯识论》刚写出时，马先生为他作了一篇序，四六骈文，美得很，其中说到熊先生的著作是"将以昭宣本迹，统贯天人，囊括古今，平章华梵"。这四句话赞得很漂亮，音韵铿锵，回肠荡气，但马先生讲这四句话时胸中有多少实义则很难说。后三句较易懂，其第一句"照宣本迹"，我当时（大学生）是看不懂，我看熊先生也未必真切。我现在知道这句话并不简单，就如我刚才说纪念熊先生的文章写得最好的朱宝昌也引用了这四句话，但他对"本迹"的涵义则胡乱说。"本迹"两字是有渊源的，能用这两字，这表示马先生的多闻博识，但我想他并不一定得其实。"本迹"两字源于魏晋时代，当时讲会通孔、老有所谓的"迹本论"，"迹本"观念贯穿魏晋南北朝两百多年，最后有阮孝绪出来又总结了这个观念，佛家天台宗也借用此辞来判教，可谓源远流长、义涵深厚。但马先生用之于评论《新唯识论》，却显得突兀，《新唯识论》之主题用此辞去赞是不大对题的，只是做文章罢了。其序言另一段又说："拟诸往哲，其犹辅嗣之幽赞《易〔经〕》道，龙树之弘阐《中观》。"这两句话，第一句将熊先生之作《新唯识论》比为王弼之注《易经》，王弼之注《易〔经〕》不但注了经文，最后还作了《周易略例》，极有创见，但是要知道王弼注《易经》是根本不相应的，您怎么可以拿王弼之注《易〔经〕》来比《新唯识论》？如果真如所比，则《新唯识论》岂不是没有价值了？王弼是用道家的玄理来注《易经》，而《易经》是孔门义理，熊先生的立场是纯粹的儒家的大《易〔经〕》创生的精神，其立场与王弼正好相反，这是极为明显的，而马先生竟看不出来。这表示马一浮先生所用心的是如何把文章做好，而并不注重客观上正确的了解。至于"龙树之弘阐《中观》"一句，更与《新唯识论》之主旨不相干。龙树是所谓的"空宗"，《中观论》头一个偈就赞缘起云："不生亦不灭，不常亦不断，不一亦不异，不来亦不去。"所谓八不缘起，这是佛家讲"性空"的基本立场，讲的是实相般若下所观照的缘起法的性相，其性是"空"，其相是幻。

这立场与熊先生写《新唯识论》大相径庭，熊先生《新唯识论》不但批评无着、世亲的老唯识论，也不赞同龙树的《中观》，在此用"亦犹龙树之弘阐《中观》"来恭维，非但其义不实，而且走了板眼。

马一浮先生只能作文章、作高人雅士，不能讲学问，他文化意识并不如熊先生强，他自己也承认悲愿不够。文化意识不足不能讲学，悲愿不够也不能讲学。所以他的架子摆得很大，他说现在一般人都不足以教，若要教，也"只闻来学，未闻往教"，要人去他那里请教才行，他决不接大学的聘书。他从年轻时起便隐居西湖，二十七岁就不见外人，也不出来。到熊先生写出《新唯识论》时，那时他和熊先生都已四十多岁了。熊先生听说西湖有此一高人，想往见之，或告之曰：他不见人，熊先生想找人介绍，介绍亦不行。熊先生不得已，就自己将稿子附一封信寄去，结果好久都没下文，正待要发脾气，马一浮亲自来了，真是"惠然肯顾，何姗姗其来迟"。一见面，熊先生责问他为何久无回音，他回答说："你若只写信，我早就回了，你又寄了著作，我要详细看，看看你的份量，如果份量够，我才来相访，现在我不是来了吗？"两人于是结为好友。由此可以想见马先生的为人，这个人的名士气太重，从学识方面说，他比梁先生、熊先生博学，但客观的了解则没有，譬如他好用新词，但往往不通。我曾看他有一次写信给贺昌群，贺昌群是念历史的，常到马先生门下走动，也认识熊先生。他向马先生请教南北朝隋唐这一段思想史的问题，也就是中国佛学发展的问题，马一浮并不称佛教为佛教，他造了一个新词曰："义学"。我起初看不懂，我知道古人有所谓"义理之学"，宋明有"理学"，而马先生要用"义学"来称佛教，不知其所据为何？佛教中所说的理是"空理"，义则是"法义"，即是现在所谓"概念"。如说诸法苦、空、无我、无常等，"苦"、"空"、"无我"、"无常"便是此"诸法"之法义，它们是一些谓述性的概念，所有这些概念拿"般若实相"来贯通。所以佛教说菩萨之"四无碍智"——辞无碍、义无碍、辩无碍、理无碍——其中即有所谓"义无碍"一项。儒家讲"性理"，道家讲"玄理"，"义"则是大家都有，儒家有儒家的义，道家有道家的义，怎么可以用"义学"专称佛教呢？

以上都讲老先生的毛病，大家不要误会我对前辈不客气，其实我还是很尊重这些人。在这个时代，出这种人物，有真性情、真智慧、真志气，已经是很难得了。我只是要强调"学"的重要，无"学"以实之，终究是浪费了生命、辜负了时代，这大体也是整个时代的毛病。即如我老师熊先生念兹在兹想接着现有的《新唯识论》写出"量论"部份，也写不出来。本来依熊先生的计划，《新唯识论》应有两部：上部"境论"，讲形上学；下部"量论"，讲知识论。但"量论"一直写不出来，其实就是因为学力不够。因为熊先生的所得就只有一点，只那一点，一两句话也就够了。一提到儒家大《易》乾元性海、体用不二，熊先生就有无穷的赞叹，好像天下学问一切都在这里。当然这里有美者存焉，有无尽藏，但无尽藏要十字展开，才能造系统，所以后来写好多书，大体是同语重复。我奉劝诸位如果要读熊先生的书，最好读其书札，其文化意识之真诚自肺腑中流出，实有足以感人动人而觉醒人者，至于《新唯识论》不看也可，因其系统并没造好。不过虽说熊先生所得只有一点，但那一点就了不起、不可及。当年马援见汉光武，叹曰："乃知帝王自有真者"，此语可移于赞熊先生，熊先生之生命是有"真者"在，这"真者"就是儒家的本源核心之学，这点抓住了，就可以立于斯世而无愧，俯视群伦而开学风，这一点是儒家之所以为儒家之关键，我们就从这点尊重我们的老师，但他的缺陷我们也应知道方。知道了，就有所警惕，警惕之，则可以定我们这一代学问奋斗的方向，此之谓自觉。

自觉就是从"客观的了解"中觉醒过来，有正见，心有定向。所谓"客观的了解"，细言之，比如说读先秦儒家，就好好正视它如何形成，里面基本义理是什么？这种属于哲学义理的了解是很难的，了解要"相应"，"相应"不单单靠熟读文句，也不光靠"理解力"就行。文句通，能解释，不一定叫做了解。此中必须要有相应的生命性情，若不相应，最好去讲文学、历史、科学等。学问之路很多，各尽其长，各各在本科中不乱讲即可，不一定每人要来讲义理、讲儒家。能相应者才来讲，岂不更好？如周濂溪为宋明理学开基之祖，其观念其实很简单，只有几句话就可以把《中庸》、《易传》讲得很清楚，而且不失儒家之矩矱，这完全是靠相应的了解，不在博学泛览。所以黄梨洲《宋元学案》引吴草庐对周濂溪的赞语是"默契道妙"，"默契道妙"就是所谓的"相应"，对《中庸》、《易传》之形上学了解很透辟。不但对先秦各家要有相应的了解，研究两汉的经学、魏晋的玄学、随唐的佛学都要有相应的了解。你有没有那种了解，适合不适合讲那种学问，这要自知。"自知"也是一种"客观的了解"，不能讲就不要硬讲、乱讲。譬如讲中国佛学，更是困难，中国吸收佛教以至消化佛教，前后四百余年，消化到天台宗、华严宗、禅宗出现，真是人类智慧发展之高峰。近代日本人看不起中国人，说什么有印度佛教，有中国佛教，中国佛教是假佛教。这都是胡说，中国佛教当然和印度佛教有所不同，但那不同不是并列的两相对立的不同，而是同一个佛教的前后发展的不同，在印度只有空、有两宗，并没有天台、华严的判教。禅宗尤高致，只有靠中国人的智慧才能开发出来。但是禅宗虽声称为"教外别传"，究其实，也是"教内的教外别传"，其基本理路，仍紧守佛之教理而无失。中国佛教中之高僧大德，如智者大师、贤首等，都是大哲学家，像这样高级的大哲学家，放眼西方哲学史，都找不出几个可以相提并论，中国人实在不必妄自菲薄。当时人称智者大师是"东土小释迦"，是当时人对智者大师有相应的了解，而民国初年，内学院欧阳大师还瞧不起智者大师，说他没登菩萨位。其实智者大师自己说自己是"五品弟子位"，此位在六即判位中属"相似即佛位"，"相似位"即是"六根清净位"。在西方哲学史中，我看只有康德近乎六根清净，其他人大抵六根未净。一个人能修到六根清净，谈何容易？大家都称世亲、无著、龙树等印度和尚为菩萨，这是后人对他们客气的称呼，至于他们是否超过六根清净而达到菩萨地位，则很难说。若因智者大师诚实的自判为"相似位"，就认为智者大师的话不可信，说什么"台贤宗兴，而佛教之光晦"，而必以无著、世新为可靠，这种评判标准是没道理的。在修行上，达到六根清净，固不容易；在学理上，能"判释东流一代圣教，罄无不尽"，何尝不是一大智慧？佛教是大教，义理涵蕴无穷，又发展那么久，内部的各种系统当然精微繁复，要一一抉发其原委，品论其高下，当然须要有很强的理解力与很高的慧见，智者大师之判教是有法度有所本的，这才是真正高度的"客观的了解"下的工作，轻易视之，无乃太不客观太不自量乎？

为什么我一再强调要有客观的了解呢？因为这个时代的人最无法度，最不客观，所以最须重新正视。首先是要了解自己的本，中国古人讲学，是有规模、有法度的。这个法度轨道，在明朝亡国后就消散了，清朝接不上，民国以来离得更远，所以病痛到来，没有观念，无法应对。因为学问传统是整体的，既无法了解自己，更无法了解别人。像梁先生、马先生、熊先生等都不能完全相应于前贤，何况其他？至于胡适者流，以其不平不正之心态，又焉能了解西方？学风如此，中华民族凭什么来指导他的生命方向，凭什么来应付时代呢？所以先客观的了解是很重要的，第一步了解自己，第二步了解西方，然后寻出中华文化的出路，我们希望年青朋友要接上这个责任。这个责任简要地说，就是要恢复希腊哲学的古义。古希腊"哲学"的原意是康德所规定的"实践的智慧学"。什么叫做"智慧"？"向往最高善"才叫做"智慧"。一般人都知道哲学是"爱智慧"，而所谓"爱智慧"之"爱"，即是"衷心地向往那人生最高之善而且念兹在兹的要去付诸实践"的那种爱，所以希腊"哲学"之古义，康德名之曰："实践的智慧学"，这个词语用得很恰当。但这样的哲学古义，在西方已经被遗忘了，现在的哲学只剩下高度文明下的语言分析，讲逻辑变成应用电脑，这其实不算是哲学，只是哲学之沦落为技术。若要进入哲学之堂奥，就必须有以上所说的"爱智慧"——"向往最高善"之向往。西方既已遗忘，而这个意思的哲学，正好保存在中国的哲学传统中，即是中国古人所谓的"教"。"教"的意义，佛教表现得最清楚，儒家也有，就是《中庸》"自诚明，谓之性，自明诚，谓之教。"的"教"，也就是"天命之谓性，率性之谓道，修道之谓教。"的"教"。此教的意思不是现行学校教育的"教"，学校教育以知识为标准，而这个"教"的意思则是"哲学"，亦即是"向往最高善"之实践的智慧学。

西方现在是英、美分析哲学当令，欧陆最出名的是海德格的存在哲学、胡塞尔的现象学，这些都是二十世纪的"纤巧哲学"，而未闻君子之大道。什么叫做闻君子之大道？凡是能上通 noumenon（本体）的，才算是闻君子之大道，而这两个人并没有 noumenon 的观念，所以我看胡塞尔之现象学，写来曲曲析析，煞有介事，可是终究贫乏得很，可谓一无内容。因为他把智慧的法度给丧失了，哲学的本份放弃了，只好说空话。他们那些问题，归到科学也就可以，何须哲学家去做啦啦队？所以当今要讲真正的哲学，不能靠西方，而是要好好回归自己来了解中国的哲学。我一生的工作也很简单，只是初步的客观的了解，但也已超过前代，所以我曾写信给我一位在大陆的学生说我一生平庸，只有一点好处，即是我客观了解的本事，在当今很少人能超过我。我没有什么成见，马克思《资本论》我也部分地看过，我也能虚心地去了解，经济学我也并不十分外行，只是不是我的专业而已。所以我的讨厌马克思，是我了解后真的无法欣赏，不是我的偏见。又例如我了解佛教也是下了苦功，熊先生是我的老师，我天天和他在一起，他天天批评唯识宗这里不对、那里不对，于是我就拿玄奘《成唯识论》加上窥基的《述记》及他人的注疏，一句一句的好好读了一遍，是很难读、很辛苦。读完后，就跟熊先生说："老师，你的了解不大对。"熊先生把我教训了一顿。因为熊先生有一些偏见，一个人不能先有偏见摆在胸中，一有偏见，凡事判断皆差，这时需要有明眼人一下点出，而且最好是师长辈。告诉他：不赞成可以，但不可做错误的了解。可惜当时没有人能说服熊先生。熊先生读书时心不平，横撑竖架，不能落实贴体地去了解对方，首先把人家的东西弄得零零碎碎，然后一点一点来驳斥它。他对儒家的文献也不多看，他只了解那乾元性海、体用不二。这是不够的，所以几句话就讲完，而"量论"作不出来。我曾写信给他，说："老师的学问传不下来，您要靠我去传您，否则您是传不下来的。"后来我写成《认识心之批判》及《现象与物自身》，大体可以稍补熊先生之缺憾——"量论"方面之缺憾。

先了解古典，看看古人进到什么程度，还能不能再进一步，如魏晋名士复兴道家，对玄理之开拓很具规模，但到现在我们发现还不够，所以现在要接着重新讲道家。又如佛教在以前法度很严谨，有思路，但现在都荒废了，而且其论说方式也不适合现代人，所以我写《佛性与般若》，重讲天台、华严。不管和尚居士，没人讲天台、华严能讲到合格的，因为那是专家之学，不是一般随便读几句佛经即可了解。我虽不是佛弟子，但我比较有客观的了解而能深入地把它们重述出来，这于宏扬佛法不能说无贡献。唐君毅先生力赞华严，其实华严比不上天台，唐先生的客观了解也不太够。唐先生对中国文化的了解是停在他二、三十岁时的程度，他那时就成熟了，后来虽写很多书，大体是量的增加，对开拓与深入没多大改进。我讲佛教是五十余岁，理解力当然比较高，我是经过许多磨练才能下笔的。我再举一个故事：当时我整理宋明理学，整理朱夫子和胡五峰的文献，在《民主评论》上发表了两篇文章，这两篇文章对唐先生的生命起了很大的震动。有一天我去看他，唐师母告诉我说唐先生在睡觉时还在念胡五峰，这表示他知道我的了解已经超过他了。有的人对我之那样讲朱夫子不服气，学问是客观的，不服气也不行呀！

我们第一步要静下心来好好了解古典，然后按照"实践的智慧学"这个哲学古义的方向，把中国的义理撑起来，重铸中国的哲学，"重铸"要适应时代，要消化西方的哲学智慧，看西方文化对世界的贡献是什么，我们如何来消化它、安排它。我认为做吸收西方文化的工作，康德是最好的媒介，西方哲学家固然多，但我们不能利用罗素，也不能利用海德格，更不能利用柏拉图、亚里士多德。继承而重铸，这要年轻人的气力，我所能做的不多了。我最近把康德的第三《批判》翻译出来了，康德三大《批判》我都已把它翻成中文，我不是康德专家，但我自信我比较能了解康德。要了解康德先要了解他的本义，第一《批判》讲的人比较多，大家知道得多一些；第二《批判》讲的人比较少，大家就知道少些；第三《批判》根本没人讲，也没人了解。我一面翻，一面用心去了解，了解他的本义，才能消化它。以我的看法，康德确实在谈问题，想解决一些问题，但他的解决问题之限度在哪里，却只有依据中国传统哲学之智慧才能把它看出来，中国哲学可以使康德百尺竿头更进一步。若康德专家只看康德，西洋人只读西洋哲学，便未必能懂得康德的本义。英、美人翻译康德，每个《批判》都有三个人翻，就没有一个人翻三个《批判》，他们都是康德某方面的专家，而他们不一定懂康德。我不是专家，因为我有中国哲学之基础，所以能看出康德的本义，而且能使他更进一步。

为什么说康德对我们重新铸造中国哲学是最好的媒介呢？我常说"一心开二门"是哲学共通的模型，西方古代就开二门，康德也开二门。而现在西方哲学只剩一门，可以说是哲学的萎缩。"一心开二门"之工作，在西方，noumenon 方面开得不好，到康德虽稍知正视，但也是消极的。维特根斯坦《名理论》又顺康德的消极再消极下去，只剩一点余波。到罗素手里，连这点余波都消散了，他在给维特根斯坦写《名理论·导论》时，根本不提，所以维特根斯坦认为罗素不了解他。因此我翻《名理论》时，罗素的《导论》不翻。维特根斯坦的意思是凡属于善、美等价值世界是神秘的，不可说，而凡不可说者就不说，这种态度当然消极到了极点。顺此而下欧陆海德格、胡塞尔对 noumenon 根本不接触，"二门"是哲学本义，现在只剩 phenoumenon（现象）一门。中国哲学正好相反，在 noumenon 一面开得最好，现象这一门开得差，这也是中国之所以要求现代化的真正原因。现代化所要求的科学、民主都是属于现象门的事，中国人以往在这方面差，我们就吃这一点的亏，所以现代人天天骂中国传统、骂孔子。孔子哪管那么多？孔子受带累，就是因为他没有把现象这一层开好。其实古人把本体那门开得很完全就很不错了，你也不要只想吃现成饭，要古人什么都给你准备好才行。所以如果对事理有正解，就不会怨天尤人，心就会平。没科学、没民主，科学、民主也没什么了不起，努力去学、去做就行，骂孔子反而于事无补。胡适天天宣传科学，为什么不去念科学，而偏要去考证《红楼梦》？

殷海光崇拜科学，崇拜罗素，为什么不好好研究罗素、讲罗素，而只藉一点逻辑知识天天骂人？现在既然知道民主政治可贵，应好好去立法守法，不要天天在立法院瞎闹，瞎闹出不来民主。革命是革命，不是民主，民主是政党政治，要守轨道。总之，科学、民主都是做出来的，所谓"道行之而成"，不是去崇拜的。上帝是崇拜的对象，科学、民主不是崇拜的对象。中国宣传科学、民主的人把它神圣化，以为不得了，去崇拜，这些都是因无正解，故无正行。无正解、正行，文化出不来，也没有科学，也没有民主。

西方顺着高度科学文明向前进，结果消灭哲学，哲学只处理技术问题，就沦为科学的附庸。技术吾人不反对，专家吾人尊重他，按照儒家"一心开二门"的胸襟，我们一切都加以承认，这一切都是人类理性中应有之内容，凡是人类理性中应有之内容皆应在人类历史中出现，为什么单单中国人不能开出呢？为什么我说"从中国文化开出民主、科学"，就有莫名其妙的人反问我说"你开出来了没有？"难道我是如来佛，耍魔术，我说开出就有了？如果我说开出就马上出现，那还要你做什么？天下事哪有如此解决的？这样问我真是无理取闹，既不科学也不民主。如果能深切了解"一心开二门"之义，则将了解到愈在高度文明之下，愈需要"实践的智慧学"，亦即需要中国所谓的"教"，来贞定吾人之生命，导正高度文明所带来的问题。所以西方人亦当向中国请教，不要只叫中国人去请教你。但是现在的西方人可以不尊重中国人，因为现代的中国人并不读自己的书，所以也没有什么可请教的。例如，前些年有一个外国学生要研究《孟子》，他想：读《孟子》应该到自由中国，而自由中国最高学府是台大，台大有一个人叫毛子水，很有名，他就到他门下去请教，结果是问道于盲，一无所获。转到新亚来，我叫他留在新亚跟唐先生念，博士论文就以内圣外王为主题，他说"外王"观念西方人没有，可见他也得了一些观念，所以我说不管中西方的人都应该好好稳住他自己的本，而后相互观摩。中国没有科学，已经知道向西方学习，西方人除了文明科技外，如何解决后现代化的文化问题？好好向中国儒、释、道三教学习，应该可以得到一些启发，这叫中西文化之会通。凡可会通处应促进其会通，凡不必会通处不必强通，每个民族有他的特殊性，则应保住，不必相同。可会通的是发自人类理性中的普遍性的东西，如世界各大教都有相当的人性基础，都有其普遍永久的贡献，都可参考学习。基督教、天主教有贡献，儒家、道家亦有贡献，所以我们不赞成以基督教、天主教来篡夺中国文化。以一偏之见来否定其他的贡献，这是人间的罪恶，耶稣绝不会鼓励他的教徒这样做。

中国年轻人当此继承与开创之际，眼光要放大，应知人类智慧发展到现在，已成就了五个大系统：一个柏拉图系统、一个基督教系统、一个儒家系统、一个道家系统、一个佛家系统。对这五大系统能有相当的了解，则对过去人类文化之了解，思过半矣。而各系统对人类的贡献都有其分际，所以我们不能去求儒家对科学、民主有何实际的贡献，更不可因为它于科学、民主无贡献，就以为一文不值。譬如儒家不组党，但儒家的人生理想可以培养出优良的政治家，孔子不反对你去竞选，政治家正好可以替孔子行道。儒家也希望科学发达，改善民生，所谓正德、利用、厚生，他都要求。所以事情要大家一起做，各门各类把自己的价值表现出来，不要只要求孔子一个人，儒家不是万能。有志于中国哲学的年轻人在此时代中，有非常重大而严肃的使命要担在身上，就是要重新铸造一"实践的智慧学"，"实践的智慧学"的价值不仅是中国的，而且也是世界的。此工作西方人担负不起，中国人至少还有儒家、道家、佛家的智慧可供汲取，若能静下心来，不随时下的风气转，贡献出你的生命力，一面反求自我民族之本，一面消化西方文化，立真志气，发大智慧，以真性情求正解，行正行，人人尽其棉薄，庶几中国文化可以再创新局。

（本文系第一届"当代新儒学国际研讨会"主题讲演，于 1990 年 12 月 29 日讲于台北中央图书馆，王财贵整理。）

（原载《鹅湖月刊》第 16 卷第 11 期（1991 年 5 月））

（本文选自《牟宗三先生全集 27·牟宗三先生晚期文集》，419～438 页。）

超越的分解与辩证的综和
（1993）

各位先生：

今天我所讲的题目是"超越的分解与辩证的综和"。"超越的分解"是依康德哲学而说的，"辩证的综和"则是照黑格尔的辩证义而说。这本是哲学上的两个大题目，在此演讲场合只能长话短说，尤其是我近来身体不太好，前些日子生病，在医院住了两个月，现在还在家休养，所以今天只能简短地表示几个重点。

在此题目下，首先须知，要讲黑格尔式的辩证综和，必须预设康德的超越分解，有如康德在其三大《批判》中，每一《批判》的内容都分为《分解部》和《辩证部》一样。但是康德所说的"辩证"，是古典义的辩证，从希腊开始直至康德本身，都同用此义。到黑格尔哲学的出现，"辩证"一词，才另有独特的新义，而大不同于古典通用之义。古典义的辩证，以逻辑为标准，所以其所谓辩证的过程，是可以施以逻辑的检查的，结果虽然表面上有背反的情形，却不是真正的矛盾，或者两者皆假，或者两者并存。但在黑格尔所说的辩证法中，却是要通过矛盾而达到一更高的境界。发现此义的"辩证"，是黑格尔的大贡献。但说其为"大贡献"，是站在西方哲学史的发展上说的话，若在中国，则这一方面的理境本就很高，只是中国不用这些名词，也没有在理论上大肆铺排罢了。中国在这方面讲论最多的是道家和佛教，儒家也涵具这一套，而不大喜欢讲。虽然说中国儒、释、道三家都能讲这方面的辩证，但儒、释、道三家所表现的辩证和黑格尔所表现辩证完全不同。我今天的讲题主要要指出这一点。

说到辩证的综和必先预设康德批判的分解，其中批判的分解是西方哲学中属于最艰深的部分，现在人说"分解"大体是从莱布尼兹、罗素下来的所谓逻辑的分解，那是很容易的。辩证的综和所必须通过的不是罗素的分解，而是康德义的分解。把批判分解所分解的内容，通过一辩证的历程，综和在一起，达到一个全部的大融和，此即所谓"辩证的综和"。

依中国传统，一说"辩证"，就预设有"工夫"和"本体"的分别。所谓"本体"，若以康德哲学表示，大体是属于意志自由、灵魂不灭、上帝存在等理念方面的事。康德立这三个理念，若在思辨理性或理论理性上看，它们皆是一空的概念，即只是理性所提供的概念，这种概念和知性所提供的概念（范畴）意义不同。在思辨意义下，理念只能是"轨约原则"（regulative principle），而不能是"构造原则"（constitutive principle），这两个原则的分别是康德用心所寄，了解了这两个用词，方能真正懂得康德哲学的精义。康德在第一《批判》中，认为三理念既不能是构造的，故用"超绝的"（transcendent）说之，而不用"超越的"（transcendental）一词。"超绝的"是对着"内在的"（immanent）而讲。"超绝"、"内在"二词是由亚里士多德之批评柏拉图的idea之是 transcendent 而不是 immanent 而来，只是康德所说的"理念"（理性的概念）不同于柏拉图的"理念"（理型）而已。从思辨理性上说是如此，可是若从实践理性上讲，则三理念不停留于超绝的，而可以变成是内在的，即是可以落实得下，可以平铺得下。在思辨中超绝的、轨约的、消极的概念，在实践中可以有内在的、构造的、真实的意义。

而所谓有"内在的、构造的意义"，也必须有所简别。依康德之意，三理念之成为内在的、构造的，是站在第三《批判》中所谓"反省判断"上而始成为"内在的、构造的"。在此意义下，有关上帝的存在一理念可以讲出一个"道德的神学"，即对上帝之存在给出一道德的证明。西方是基督教传统，康德首先提出"道德的神学"一观点。并且说，只能承认"道德的神学"，而不承认"神学的道德学"，这是西方神学的大转向。但在中国哲学中，并无神学可讲。照儒家义理说，只能讲一"道德的形而上学"。而且亦如康德之只承认"道德的神学"而不承认"神学的道德学"之思路，儒家也只能承认一"道德的形而上学"，而不能承认"形而上学的道德学"。在这种思考路数的比对中，我们见出康德与中国儒家之相通性。这种相通性，是表现在各方面的，所以我认为如要讲中西哲学的会通，康德应是最好的桥梁。

康德对人类理性全部的运用有"思辨理性"与"实践理性"之分，这是哲学上的大贡献。西方哲学的重要成就是在思辨一方面，而中国哲学的传统，一下就落在实践理性上，跟本没有接触到思辨理性的问题。思辨之学不足，往下不能开逻辑、数学与科学，这是中国文化的大缺陷。但中国学问一向在实践理性上说话，往上开本体界，就说得很透辟。而实践理性在整个理性的作用中实具有优先性，所以我认为只有真正懂了中国哲学才能完全了解康德，现在的中国人既不了解西方的传统，也不了解中国的传统，真是一个可怜的时代！

中国哲学谈到实践之事，必工夫、本体两面同时讲求，作工夫以呈现本体，到最后工夫、本体固可以是合一，但在实践历程中，工夫与本体的分别一定要先承认的。"本体"在康德分为三理念说之，在中国则只"本体"一名，无二无三。这"本体"观念的来由，可说源远流长，它可溯自《诗经》颂文王之诗："维天之命，于穆不已，于乎不显，文王之德之纯。"《中庸》引此诗，继之再赞一句曰："纯亦不已"。其中讲出两个"不已"，一个是天命之"于穆不已"，一个是文王之德之"纯亦不已"。"于穆不已"是客观而绝对地讲的不已，其地位就等于西方哲学的上帝，即创造原则也，中国人不说上帝创造万物，而说天命不已。文王之德之纯亦不已是主观实践地讲的不已，是圣人的工夫。工夫之最高境界是"天理流行"，在"天理流行"处，工夫完全将本体呈现出来，本体与工夫合一，这可说是"辩证的综和"。依此义而观，"辩证"一问题本是属于工夫上的问题，而不是本体上的问题。

把"辩证"看成属于"工夫"之事而不属于"本体"之事，这是一个高度的智慧！此所以中国人讲辩证不会转成"唯物辩证"之关键，辩证的综和是在工夫中的事，工夫过程才有如此的跌宕。这跌宕的花样即黑格尔所谓 cunning of reason——理性底诡谲，这种诡谲在古典义的辩证中是没有的，但在黑格尔的辩证法中，却允为一大真理之发现。这种真理，中国古人，了解得最透彻，佛家、道家固是在此显光采，儒家也很透彻，如明末王船山曾论秦始皇之废封建置郡县之举是"天假其私以行大公"①，秦始皇是站在统治的私心行事，而天道却借用了他的私心而实现了天理之公，使贵族采地之封建制度变为国家之郡县。这岂不是

---

① 语出 [明/清] 王夫之《读通鉴论·秦始皇》。原文为："天假其私以行大公，存于诸神之不测。"

政治制度上之进一步的发展？"天假其私以行大公"一语，不正是黑格尔所谓"理性的诡谲"之最恰当的说明吗？可见如果是真理都有普遍性，黑格尔能发现，王船山同样也能发现，而且发现得更早。至于道家与佛教讲得更多，以至于烂熟，所以老子有"正言若反"之语，佛家讲般若，更好用诡辞以表意，如"般若非般若，是之谓般若"①。你要学得般若，便要"以不学学"、"以无得得"。若自以为知道什么是般若，便不是般若；若以学的方式去学般若，便是不善于学般若。此亦如同孔子之不居圣，居圣便不是圣，此即是一大诡辞。

然而这些诡辞的运用，都表现在工夫上，亦即依中国的传统，都了解到：唯有在工夫中才能引起黑格尔所说的"理性底诡谲"、"辩证的综和"。存在本身无所谓诡谲，亦无所谓辩证。黑格尔最大的错误是在这里有所混漫！西方哲学家对此早有不满，如罗素即批评黑格尔把 thinking process 和 existent process 等同化，到最后把上帝也拉到辩证里去。黑格尔的《大逻辑》从空洞的绝对存有，即上帝，开始起辩证，通过辩证过程，渐渐充实化它自己，以至于完成它自己。这样一来，辩证的过程即是存在的过程，这就成了最坏最危险的思想，足以扰乱天下。因为上帝本来是稳定的祈祷的对象，或工夫体证的本体，现在把它拆散下来，混同于工夫中之辩证，则世界无不在斗争之纷扰中，这种思想便成大乱之源，此即孟子所谓"生于其心，发于其事，害于其政。"② 黑格尔之害尚未显著，至于马克思之因着绝对存在之起辩证，落实在现实物质存在上说"唯物辩证法"，"唯物辩证法"一出，则不仅为"大乱之源"，而且是实际的天下大乱，"千万人头落地"！请看中国因此死多少人？……③其□□④源即来自黑格尔。

其实，存在不能拉在辩证中，而"唯物辩证法"一辞尤其不通，既是"唯物"，哪来辩证？物质的变化是属物理、化学的变化，无所谓辩证，"辩证"一辞是不可乱用的。所以近代中国人可怜，既不懂"唯物"，也不懂"唯心"，把西方的 idealism 了解为"唯心论"或"观念论"，都是不对的。不管是柏拉图的 idealism，或者是康德的 transcen-

---

① 语出《般若经》和［印度］龙树《大知度论》。可参阅牟宗三著《佛性与般若》（上），第一章的有关论述。

② 语出《孟子·公孙丑上》。

③ 此处略有删节。

④ 此处删去二字。

dental idealism，或者是柏克莱的 subjective idealism，其中之 idea 皆是一对象（object），而不是"心"，乃反而是心之"对象"。所以中国始有"唯心论"，却没有 idealism，而西方只有 idealism，却没有"唯心论"。若不了解"唯心论"，则也不能了解什么是"唯物论"，于是唯心、唯物随便乱喊，凡事不好好求正见求了解，只会人云亦云，接受宣传，全国如痴如狂，×××①懂得个什么唯心、唯物？都是知识份子左倾以败天下，而知识份子又懂个什么唯心、唯物？只是中魔发狂，才会相信唯物论。"唯物辩证法"一辞本就不通，而在没思想训练的中国，就可以拿不通的东西来杀人，……②千万人头落地，而知识份子一无觉醒！

再进一步说，如黑格尔把存在也拉到辩证历程中，把辩证讲"实"了，不是把辩证当工夫历程看，则不能有"辩证最后也要来个辩证"这句话，即辩证过程之最后来个自我否定而把辩证消除。黑格尔之哲学不能说这样的话，因为他的绝对存有以及其所创造之万物这一整个存在历程等同于辩证历程，则其正、反、合必须永远拖下去，永远在矛盾中。落实在政治意识上，就是永远在斗争残杀中，所以生心害政造成天下大乱，足以毁灭一切而有余。在中国儒、释、道三教，既如理地把辩证看成工夫中事，则它是虚层的精神修养中事，不是着实的粘着于存在的东西。我要它有，则可以无限拉长其历程；我要它没有，则可以当下停止，消除其历程，所谓辩证来个辩证，一切归于平平。而说"消除"，当不是凭空而讲，在理论上自有"可消除"之根据，此即中国哲学所讲的"圆顿之教"。"顿"有顿之所以可能的根据，"圆"有圆之所以可能的根据，不是空谈，不是朱子所说的：只要今日格一物，明日格一物，久而久之，自然一旦豁然贯通③。因为依朱子之学，是阳明所谓"向外

---

① 此处略做技术处理。
② 此处略有删节。
③ 这里的引文不是直引，而是综合转引，朱子的原文分别见于《朱子语类》和《四书章句集注》。朱子答问云："穷理者，因其所已知而及其所未知……今日既格得一物，明日又格得一物，工夫更不住地做。如左脚进得一步，右脚又进一步；右脚进得一步，左脚又进，接续不已，自然贯通。"（见［宋］黎靖德编《朱子语类》（二），北京，中华书局，1994，392～393 页。）朱熹说："闲尝窃取程子之意以补之曰：'所谓致知在格物者，言欲致吾之知，在即物而穷其理也。盖人心之灵莫不有知，而天下之物莫不有理，惟于理有未穷，故其知有不尽也，是以《大学》始教，必使学者即凡天下之物，莫不因其已知之理而益穷之，以求至乎其极。至于用力之久，而一旦豁然贯通焉，则众物之表里精粗无不到，而吾心之全体大用无不明矣。此谓物格，此谓知之至也。'"（见［宋］朱熹撰《四书章句集注》，北京，中华书局，1983，6～7 页。）

求理"①，外物无穷，格之之功亦无穷，则豁然贯通境界之达成无必然性。所以所谓"圆顿之教"，马克思的物质的辩证达不到，黑格尔式的精神的辩证也达不到，朱子式的豁然贯通也无达到的必然保证。儒、释、道三教之实践哲学，在工夫过程中，当然也可以讲黑格尔义的"辩证的综和"，所谓"工夫不可以已"，但也随时可以讲圆顿之教，辩证马上解除，当下证得本体，呈现一"如如自在"、"逍遥无待"、"天理流行"之最高境界。"工夫不已"和"当下具足"两句话同存而不相冲突，这才是精神辩证的本义，人类极高的智慧表现，如此说辩证，则不会转为祸害。

最后我再举两个实例以说明工夫辩证之义。王阳明曾经说了一句话："有心俱是实，无心俱是幻。"② 但同时又说"无心俱是实，有心俱是幻"③？你看这两句话是否冲突？如不冲突，这明明相对反的两句话，如何去了解？如真正了解这两句话，则一方面可了解中国的智慧传统，一方面也可了解康德的道德哲学，并可了解黑格尔辩证之真义及其差谬之所在。又如佛教中讲"贪欲即是道，恚痴亦如此"④，"烦恼即菩提，生死即涅槃"⑤。诸语，这些断定语如何了解？是否同于逻辑中的 A、E、I、O？在逻辑中，贪欲只能是贪欲，怎可同时又是道？诸如此类玄谈，中国哲学典籍中俯拾皆是。而要彻底了解此中精义，必须先于康德超绝内在之分、轨约构造之分，以及超绝的何以可变成内在的、轨约的如何可转为构造的，并此诸转变是在反省判断中说，而非在决定判断中之事，凡此诸分际层次有所掌握，复于黑格尔辩证之真理性及其限制性诸关节有所厘清之后，乃能透悟之。此则年青人所应长期用功所在，在

---

① 语出［明］王阳明《传习录》。
②③ 语出［明］王阳明《传习录》。王阳明与弟子王汝中、钱德洪论学云："有心俱是实，无心俱是幻；无心俱是实，有心俱是幻。"汝中曰："'有心俱是实，无心俱是幻，是本体上说工夫。无心俱是实，有心俱是幻，是工夫上说本体。'先生然其言。"（见《王阳明全集》（上），上海，上海古籍出版社，1992，124 页。）
④ 这是流行于天台宗中的术语，类同于"淫欲即是道"。天台宗基于其所立之性恶法门，以恶为众生与俱来就有之德性。其性德虽恶（如贪欲、淫欲），然具有法性之实理，故习于这些恶事（贪欲、淫欲）者，可就其观法性。《无行经》亦有云："贪欲即是道，瞋恚亦如是。复不得断，断之成增上慢。复不得随，随之将人向恶道。"
⑤ "烦恼即菩提"流行于《维摩诘经》与中国天台宗的典籍之中，表示"烦恼"与"菩提"不二之意。法藏《入楞伽心玄义》云："烦恼为分别性，故其体非有；即见惑性空时，不必断除烦恼惑，而得入真如，故说'烦恼即菩提'。"此语常与"生死即涅槃"并用，二者都用以表示大乘佛教圆融之究极归趣。《法华玄义》卷九上说："观生死即涅槃，治极除也；观烦恼即菩提，治业除烦恼障也。"

此不及多说。谢谢诸位。

（王财贵整理）

（原载《鹅湖月刊》第 19 卷第 4 期（1993
年 10 月））

（本文选自《牟宗三先生全集 27·牟宗三先
生晚期文集》，459～466 页。）

理解、创造与鉴赏
（1934）

今造此论，目的有三：（一）确定文艺批评之定型；（二）阐发文艺之根本原则；（三）划一文艺理论之派别。环观言论界，汗牛充栋，而扼要者则甚少，吾为斯悲，爰造此论。予岂好辩？不得已也！

A. 理解论

（一）内蕴抉发

1. 文艺批评之混淆浮浅夸大皮毛，莫甚于今日。今造此论，分成三部，首述理解决定方法。

2. 理解论即是对于文艺理解时所用的方法。此可从三方面来说：a. 内蕴之抉发；b. 外缘之观察；c. 本身之结构。先说第一方面。

3. 吾人既论文艺，故必以文艺作品为当前之所与（immediate given），除此而外，不预定任何假设，不先存任何成见。我们只许从此"直接所与"中推出其他。我们从观察此"所与"中而解剖其他原素，决不应先从其他原素来规定"所与"。此种观点即是奥坎剔刀法，也即是马克思分解商品时所用的方法。

4. 固然，文艺之产生，不是孤独的，不是从天上掉下来的，而乃是由内因、外缘合和而成的；但我们理解时只能以当前的文艺为纯粹对象来解剖他的内因与外缘，却不可先存了内因与外缘的成见来规定它，论谓它；因为这么一来，其弊有二：（一）隔靴搔痒，把握不住作品的内性；（二）内因、外缘是理解者的，不是作者的。

5. 我们要从作品中解剖作者的内蕴与外缘。这种解剖法是暗示法或象征法或推知法，因为吾之时非作者之时，吾之空非作者之空，而吾之私生活非作者之私生活。吾不能直接知，吾只可由其作品而知之；因此，故吾名曰"暗示"或象征或推知，而普通所谓论"反映"始有意义。可是，近之人只知口里乱嚷"反映"，而却不知老老实实用反映法以映知，却只用了成见假设以规定。这哪里算是理解？这简直是隔靴搔痒！

6. 我们理解文艺，第一先当由文艺以观察作者之"内蕴"（internal essence）；即是说，所以有这样的作品，必是由于作者私生活中有某种情绪在那里纠缠着。这种情绪纠缠就是发生那样作品的原因。这个原因我们即叫它是作者的内蕴。这内蕴即是决定那篇作品的表意之主要原素。没有这东西，作品便不是"我的"，而是人家的。所谓"活文学""死文学"是在这里看得出。不通的胡适何足以语此！所谓死活，决不在作为工具的文字，而乃定是有个"我"，有个"内蕴"。如果白话就是活文学，则近二十年来的作品不皆成了杰作了吗？笑话！

7. 我所谓内蕴，具体指之，即是内部某种情绪的纠缠。我所以这样说，是为的要免去柏格森（Bergson）的生命内浪说，以及佛绿特[①]（Freud）老大夫的性欲升化说，以及斯宾塞（Spencer）游戏发泄说。这三种主张都有缺陷。柏格森的生命内浪太神秘了，太抽象了。因为他所谓生命并不是具体的复杂的生活，乃是一种纯粹的"动"或"冲"或"创"。这类的字眼，如果用来形容生命之活力，倒未始不可；不过用来作为本体论上的根本存在，则在理解文艺上，是太神秘、太抽象。文艺的产生决不由于这个纯粹的"动"。复次，他所谓生命内浪既是纯粹的"动"，则他这个"动"只是一个单纯而不可分的"内力"。他以为一切外境皆由于这个"内力"幻现出来。这样也就无所谓"外"，把"外"除消了。"外"在文艺的理解上也是必须的。所以文艺的产生也决不单由于这个纯粹的"内力"。我所谓"内蕴"还有一个"外缘"在那里预备着，不过为解析方便起见，不能不有一个逻辑上的层次。

8. 同时，佛绿特的性欲升化说也有缺陷。照此学说，则文艺纯变成盲目的、催眠术的、无所谓的。因为据他说，人类一切的欲望，经过外部的束缚、道德的制裁，不知不觉的还保留着潜伏在下意识里；一遇机会，它们也会不知不觉地从下意识中作梦似的升化出来。人类一切的神经病大部分都可以用升化作用把他潜伏着的一般冤气消化出来而使之

---

① 今译"弗洛伊德"。

归于常态。文艺的产生，据说也恰是如此。文艺就是有文字的潜伏欲望之升化之表现之外逃。可是，若果如此，则文艺出生时，意识作用完全不能参加；没有意识，便是盲目的、催眠术的、无所谓的。可是，显然，文艺不纯是如此。复次，文艺若果是欲望之升化，则一切文艺将尽成性史作品了。文艺固然不能以道德论，但也不能纯以性史论。文艺固然不能纯以神性论，但也不能纯以兽性论。而人类最易潜伏的欲望，到现在止，恐怕还是性欲为最多。

9. 同样，游戏发泄说也有其相当的缺陷。此说以为文艺是劳动后的游戏产品，犹之乎小孩子在工场里被逼迫着作一天的苦工，到晚上回家作他乐意作的玩具一样。这种说法，对于文艺的创造自由性很易达出；可是若只看成是游戏的产品，则文艺岂不真成了个人的玩艺、社会的玩艺吗？并且，若只是游戏的产品，则人生的辣味便完全表达不出来，而文章本身的辛辣价值也完全失掉。所以文艺创作之自由性是对的，而看成它是游戏则是错的。游戏只是创作自由性之一例证而已；过此则失其当。

10. 以上是述三种学说之缺陷；可是所谓缺陷并不是绝对错。它们都有其部分的真理在。这种部分的真理必须找一更根本、更具体、更普遍、更合事实的全体真理以包含之。我说内部的情绪纠缠当然活的成分也包在内，如果是死，则决不会有纠缠，但决不可把这个活字说得神秘了。复次，内部情绪的纠缠当然也是一种将要暴发的潜伏欲望；但此种潜伏欲望却不必那样见不得人，而其暴发也不必那样不光明。如社会能进化到不以兽性为可耻，或简直就不承认有兽性，则升化说便大部分可以无用了。同样，内部情绪的纠缠自然也包含着创作的自由性；但此自由却不必是游戏、是闹玩、是随便，而乃只是一种不得不发的自我表现。不得不发即是自己的逼迫，固然这种逼迫是有其外缘的；但纯粹的外缘并不能使你不得不发。所以，这种逼迫纯是内心的逼迫；他的发是由他自己负责，非他人所能干预，非他人所能替代。因为他负责，所以他是自由的，失掉了自由便是被动，被动即可以不负责，道德上的自由问题在此便可以与文艺的创造打通。

11. 这样，我的情绪纠缠说便可以统摄其他三种学说而消化之。这种情绪纠缠说即是观察某种作品之所以如此的那内蕴之指示；而那种内蕴却是由该作品之理解上窥探出来，暗示出来。这种暗示出来的内蕴我叫它是"特殊内蕴"，因为它是具于那特殊作品中，而此特殊作品又是特殊作者的创造。因为我们的发现只能是具体作品中的特殊内蕴，所以我们便不能预定了某种假设或先存了某种成见来规定它，这即是以作品为"直接所与"的缘故。读者必须先明白了这个观点，始可不被那似是而非的谬论所蒙蔽。

12. 我们从这种观点来理解作品，定能发现出该作品中所蕴藏的作者内蕴之近是的确定。这个内蕴即是那篇文章的决定因子。内蕴与作品之表意有一致或相应的关系。两者互为映照。我们由这种互为映照的关系里就可以看出作者的人生态度。所谓文学上的某某派、某某主义、某某倾向，完全从这里决定。如果离开这点而还有个所谓"写实主义"，那是完全不懂文艺之内蕴的。哪一篇杰作还不是借着一件具体事实而表现呢？所以"写实主义"这个命题纯是徒然的，无所谓的。至于他们说"科学的摹状事实"，这简直成了文艺理论的笑话，这只是快乐一时口舌而已，事实上即是说者自己也是办不到的。复次，我们若不从特殊内蕴上抉发出作者的人生态度、人生见解，以及其对于人生的理解、人生秘密的宣布，那理解便算失败，便算徒然。说到这里，读者便可以见出纯用物观法是怎样的失败，是怎样的不能胜此大任。关此，下段再说。

13. 以上是普遍原则的说明。我们再用历史上的具体作品以例证之。最显明的就是屈原。现在就以屈原的《离骚》为"直接所与"，除此而外不假设任何东西。我们固然可以从历史的记载知道他的时代、他的地位、他的政治环境；但这一套都是历史科学告诉我们的。现在我们是理解文艺，不是读历史，我们定不要喧宾夺主。《离骚》是人人称赞的一篇杰作；而所以成为杰作却是道之者少，其原因就是因为他们没有明白作者的内蕴。在那篇杰作中，屈原述叙了他的降生、他的命名、他的洁己自好，进而叙述他的被放逐、他的时代的黑暗、君王的昏庸、以及小人之巧佞；因此又述叙了他的治国要道，述叙了历史上的兴亡之陈迹，归纳出必然的运命以警戒国君；但国君终于不听，佞臣都目之以善淫。他凭吊了古人，历述了历史，再加以现状之混乱，他不禁痛哭流泪了。所谓"沾予襟之浪浪"者，即是述到此处的一种极度的伤心。这是真哭，读者至此而不动心，其人必麻木。在极度伤心之下，他去问卜以求处世之道，他想像了许多理想境界，他想离开这个世界；但他俯视下寰，又离不开他故国。有人劝他随处都可以作官；但他又不忍故国的覆亡。有人说他当该脱离这个昏君；但他终是悬念着不忍毅然舍去。总之，他想出世，又要入世；他想走，又要不走；他想去，又要不去。这种种的矛盾冲突，都是这篇文章本身告诉我们的。这些冲突的心理拉锯似的回旋着。我们所得知的这种拉锯式的心理全是由文章本身观察出来；由这种观察之所得，我们可以近是①地推知作者是一种什么样的情绪。我们可知他现在定是一种七上八下往复回旋的复杂情绪在那里纠缠着，而且他这情绪的纠缠必是一种痛苦万分、五衷欲焚而不能自拔的纠缠；因为他不能自拔，所以他终于死了，他终于葬送在这种纠缠中了。他表演了人生的悲剧，这是我们对于屈原的内蕴之抉发，在此举出了他，不过只是一个例证而已。此外，皆可用同样方法抉发之而找出他们对于人生的见解与态度。

(二) 外缘之观察

1. 现在再论"外缘"。外缘是现在最流行最被人所鼓吹的一种方法，即所谓唯物史观者是。唯物史观亦称"物观"。在此，我用"外缘"而不用"物观"等字样，其故有二：（一）外界刺激，在生产文艺上，只是一个"缘"，而不是主要的因，但也缺少不了它。（二）外缘只是作者外境之内投，而不是一种规定文艺的先在成见或方法或假设。唯物史观论者即是用了这种先在成见或假设，一口咬定文艺是时代的反映，受社会的规定，随社会而变动，再也不放松。你如果开卷读他们的言论，满纸没有别的，只是些反映、反映，最终还是一个反映；这犹之乎胡适的《白话文学史》满纸只是白话一样，似这样的空洞皮毛而不着痒的理论，真是可怜！然而他们还极力的吹这是新方法新犁，这又未免令人可恨了。

2. 我们现在来观察作者的外缘，其观点还是与上段同。我们仍以作品为直接所与，即是说，我们由这直接所与中观察出：作者有什么样的外缘环境呢？这种观察之所得仍为暗示而得。这种暗示而得的，我们叫他是"特殊外缘"，因为我们所对付的是一篇特殊作品，并且除了这特殊作品而外，我们任何成见都不知道。所以，我们不是以普遍的、已成的、先在的外缘来解析或规定作者的外缘，而是就眼前所摆的直接所与，（即特殊作品）以观察作者的特殊外缘。这样得的外缘是作者的真正外缘，我们得了这个外缘之后，我们再用他来确定作者所处的社会环境是什么状态。所谓"反映社会"，所谓"时代之反映"，只有在这种说法之下始得其真意义，始得其真解析。今之人不如此也。所以他们的言

---

① 此处原文作"是"，当改为"似"。

论全不是文学史、文学论，而乃直是时代论、社会论了。这显然是一种空乏的不着边缘，忘记了他作的事了！

3. 外缘不是作品产生的决定因子，它只是一种外来的引子，它是作者周围的氛围场，或亦曰环境场。这种环境场即是作者的生活范围，也就是他与外界发生关系所及的范围，故这种环境场亦可曰"关系场"（relational field）。这个关系场即是作者的小宇宙，它是一个穷尽而无遗漏的整体。作者的私生活即是这个整体的焦点，周围的一切，在此整体之内的，都朝向此中心点而辐辏之。

4. 这个整体，刚才所说的是从空间方面说，现在再从时间方面说。这个整体并不是一个静止的，而乃是关连着向前动的，这好像一只船在海中驶行一样，在这驶行中，无穷的生命相、生活迹都完全被勾引起来。这些生活相、生活迹即形成那个焦点的全部经验。所以这个焦点便是时空整体向前驶行中的那个交切点，生活的内蕴即在这个交切点上纠缠着、发生着，而内蕴的外缘也即是这个时空合一的整体，确切点说，即是那个交切点的关系场。

5. "关系场"在这个整体中，从文艺产生的观点上说是"反主宰"（anti-domain），而"内蕴"即是"主宰"；如果找"内蕴"的基础或解析，则便是上条刚说过的那套理论；即是说，内蕴是发生在那个整体的交切点上。在这种情形之下，吾说"内蕴"是反主宰，而关系场与焦点之整体是主宰，这是"内蕴"之物观的解析。但此与文艺的产生没有决定的关系。文艺的产生必须以内蕴为决定因子，大家或许也可以说从关系整体决定内蕴，从内蕴决定创作，所以从关系整体也可以决定创作。我说这种形式上的推论与具体事实的转变并不相同，逻辑的推论都是先天的、必然的、已知的命题间的推演关系。逻辑命题没有新的，只是引出，它们间的关系纯是形式上的必然关系。而且具体事实的转变则有层层创新之意，每一层都有新成分在内，关系整体只是一个生理物理的结构，内蕴则有情意的成分在内，它完全变成一种新的东西。固然，我们可以用物理化学的过程来解析情意诸心理现象，但情意究竟不同于理化现象，这在文艺创造上，无论怎样的玄，也不能不承认情意的作用。

6. 以上说明了内蕴与外缘的关系，以及其对于文艺产生的关系。我们再进而述说内蕴与外缘在文艺创作中的本性作用及其变化。我们可说内蕴是机动，是"法模"（form），是决定文章之所以然的"法模"，是能动的"心质"（active mind-stuff），因此它也可说是"内容"。外缘在文艺中可说是助动，是辅助，是材料（matter），是决定文章之实然的材料，是被动的物质（passive matter-stuff），因此可说它也是内容，它是心质所运用的内容或资具。因此，外缘的材料，当入了作者的创作过程中时，常常要受诸端的改观而起种种的变化，所谓"受过了淫的自然"即是此意。因为它要起变化，所以作者不得不取其他材料以象征之。这种作象征用的材料即是寄托内蕴的工具。这种象征法最显然的便是老舍刚出版的《猫城记》。厨川白村所谓象征主义或苦闷的象征也即是指此，并非文学史上的象征主义。

7. 不但外缘要改观，即内蕴有时也要转其形而出之。所谓苦中笑，笑中苦，即是内蕴的转形。密尔顿能失乐园亦能得乐园，也是内蕴的转化。陶渊明的自得，阮嗣宗的疯狂，李太白的放浪，以及辛稼轩的豪爽，这全都是一种极度悲哀与感伤下的转变。同一内蕴，因个人性格环境的不同而能发生出种种不同的反应。这种能发不同反应的东西，我们总于一起也叫它是内蕴，辛稼轩有两首词最能表示出这种内蕴的转变，且引如下：

少年不识愁滋味，爱上层楼；爱上层楼，为赋新词强说愁。而今识得愁滋味，欲说还休；欲说还休，却道天凉好个秋。（《丑奴儿》）

近来愁似天来大，谁解相怜？谁解相怜？又把愁来做个天。都将今古无穷事，放在愁边；放在愁边，却自移家向酒泉。（同上）

"却道天凉好个秋"，"却自移家向酒泉"，这两个"却"字即是内蕴转变的表示。

8. 内蕴与外缘虽然有时转形而出；但与其原形总有连带的关系，总有相反相成的关系存在着。因为有这种关系，所以我们总能从作品之表意上推知其固有之内蕴，由固有之内蕴推知其原来之外缘，这即是内蕴、外缘与作品之表意的一致关系、相应关系。外缘之所以能被观察出，也即因为有了这种一致关系。对于外缘之观察其方法与内蕴之抉发一样，兹不赘例。

9. 我的外缘主张上面已说明白，试再一评流行的唯物史观法。关此问题，我曾有一篇长的文章登在《再生》杂志十一期上，题目曰《社会根本原则之确立》，读者可以参看。在此我只作一个简单的关于文艺方面的批评。用唯物史观解析文艺，有两个特点：（一）从社会环境方面观察文艺之产生；（二）从社会形态的进展观点上说明文艺之流变，第一方面我们可以说是文艺之社会观；第二方面可说是文艺之进化观。这两方面在他们的说统之下，都有缺陷，试述如下：

10. 他们所最以为了不起发现，所最以为自得的，即是文艺是时代之反映，社会形态规定文艺，反之文艺不能规定社会形态。所以翻开他们的言论一看，没有别的，只是这一类的话，其空泛真把人也腻死了！试问，你纯说这一类的话难道就把文艺的底蕴完全了解不成？如果有人问你什么是文艺，你说文艺是时代之反映，试问这句话对于问者有多大表意，而结果真是只有所谓天晓得了！复次，我们只宣传这一句话，试问还有人不承认作者的社会环境之重要吗？即是我们最冬烘的老祖宗还说："天生而静，感于物而动。"这种道理有什么希奇？何必这样大吹大擂以炫耀耳目！复次，你们既主重社会形态规定文艺，所以你们不得不大肆铺张社会科学，不得不以科学上的定型或已成的预见来解析文艺。可是，这种说法就有很多毛病：（一）隔靴搔痒，不能鞭辟近里，满天打雷，地上不见雨，令人有不见芦山真面目之感；（二）喧宾夺主，忘其职责之所在，结果不是以文艺为主材而是以社会科学为主材，结果令人不明文艺之究竟底蕴；（三）所解析的社会环境不是作者的特殊环境；而是社会科学所告诉你的已成的普遍环境；不是作者的私宇宙，而是全社会的公宇宙。固然，有公私也能恰合，但这不过只是一个偶然而已，在方法上究有不知先后之弊。固然，在理解文艺时需要多方的知识，但这只是修养的问题。求眼镜的问题，不能算是一个方法。

11. 我们再批评他们的文艺之进化观，此观点有它的好处：（一）使我们知道文艺常是因着社会形态之进展而有其不同，譬如原始共产社会的文艺必是很质朴而简陋，而封建时代的文艺亦必不同于资本主义时代的文艺。（二）使我们用进化的观点能识别出材料的真伪，不至于以伪托之假品当作邃古之实有。前人讲文学，每从三皇五帝说起，像煞有介事似的在那里捣鬼。这实在是太缺乏历史的眼光！因为有这两条好处，于是他们又自得的了不起，以为这是破天荒的大发现，其实慢来：（1）这种进化的观点乃是自达尔文以来家喻户晓的真理，其功劳在达尔文，用不着再来多事。（2）信而好古的冬烘，从黄帝讲起，其实这并没有恶意，他们只是人类知识进化上的一个阶段。这是知识与真理的问题，而不是方法上的问题。也许，他们也自以为是好方法哩！懂得了这个好方法，也不必万事皆明，真理具备。方法不好固然有碍于真理之发见，但试问好方法从哪里生长出来？所以，你们现在自以为好方法，其实也不过人类知识中的一阶段而已。（3）社会的进展，人类的进化，这是一个事实问题。你懂得了进化，只是你懂得了一件真的事实。"进化"算不了什么特殊的方法，你如果以进化为好方法，试问进化从哪里得来？所以现在的物观法，其实是在那里歌颂已成的家喻户晓的几条普遍真理，于文艺的底蕴他们并未解剖出来，还吹什么牛？

（三）本身之结构

1. 上两段说明了作品的本质形态，本段再说一说作品的"现象形态"。所谓现象形态，即指作品本身的结构而言，本身的结构虽为外现，然常为其本质形态所决定。我们从一篇作品观出其内蕴与外缘，完全是从作品的本身结构中看出。所以，我们现在当研究蕴藏本质形态的那现象形态是怎样的一种形态，有什么样的几种原则以统驭之，并当指出统驭现象形态的那几条原则与其本质形态有什么样的关系。我们明白了这两点，才能理解文艺，才能对于文艺有自觉，学者在练习时这一步工作是必须的。

2. 我可以把现象形态分成三种，（一）共性形态，（二）时间形态，（三）空间形态。这三种形态完全由作品本身的复杂结构中昭示出来。这种昭示法也是以作品为"直接所与"，其观点完全与以前相同，所以这三种形态也是由观察作品中孳乳出来。

3. 所谓共性形态，即指作品所表示出来的意义之普遍性而言。普遍性可以从两方面来说：（一）人所易懂。此意不必同于家喻户晓雅俗共赏，而倒同于"人同此心，心同此理"的共同性。因为你所不懂的，照人类全体言，不必全不懂；你现在所不懂的，照一生而言，将来不必不懂。所以，此所谓共性即是人类之同感同觉。（二）不变之共性。人所同觉同感的不必不变，而不变之共性却必同感同觉。第一点的意义可以包含着时代性，即指现在社会的空间性而言；这一点的意义则不含着时代性。在现在为同感，在以往也为同感；在以前为真，在现在亦为真，我们人类之情感的底蕴里实有此种不变之特性在。作者必须把这个特性发见出来，表示出来。所以一篇杰作，它必须要含着一种"共性形态"而具有这两方面的意义：有第一种意义即是有时代性，有第二种意义即是有永恒性。人类的情感中实有这两方面意义的共性互相含蕴着，不承认诗之永恒性的人们，完全不懂得人性，而且直是空口说白话。关于永恒普遍的问题，以后我还要稍微谈及，并可具体指之以作例证。

4. 时间形态是指作品中所表示出来的节奏而言。此亦可从两方面说：（一）活力。在一个节奏中必须有一种紧张的活力在那里作机动，而且这活力必须其来也有无限的过去在其背后，其往也有无限的将来在其前面；即是说，这活力使我们有无限的感觉而不能是有限的感觉，这种活力之表示于作品中势必有一种极强烈的底蕴在其背后。所谓深而不浅者，即指此而言。（二）波动。波动有两个因素为其根基：（1）蕴酿；（2）跳跃。此即是继续与跳跃的问题，也即是渐变与突变的问题。这两个因素合起来即是一个"波动"。作品之能表示出波动，即足以表示出这篇作品有无限的特性在。所谓言有尽而意无穷即是此意。作品必须做到有无穷之意的地步，而无穷即是波动的表示。因为波动本身即是一个无限而不息的东西，波动之无限与活力之无限合起来，即是一个节奏之无限。这种节奏之无限能使我们对于作品发生一种上至无限的九霄，下至无限的深渊一样。作品本身因这种节奏溢出了文字的范围，并且亦能供读者同样地随其范围之增大而增大。所谓死文学，所谓二三流的作品，就是完全失掉了这种节奏的东西。我读了老舍的《赵子曰》的结局以及茅盾的《三部曲》以后，就发生了这种无限的感想。这套理论，完全由读这两种杰作挈乳出来。再举一个例，当我读《红楼梦》读到黛玉死，宝玉尚在朦胧时，及至醒了以后痛绝欲死，继之来了个无可奈何的叹息。这个叹息也使我发生了个无限的感想。复次，当我读《离骚》之乱的时候也发生了无限的感想，《离骚》之乱是这样的："已矣哉！国无人莫我知兮，又何怀乎故都？既莫足与为美政兮，吾将从彭咸之所居！"当然这几句话是满腹冤气吐出之后的最后叹息，与宝玉之叹息同为无限之悲惨。宝玉虽未跳江而死，然因此也出家了，所以也是最后的叹息！

5. 空间形态是指作品中所表示出的空间方面的复杂关系而言。此形态与上面论的形态并分不开；但因为可以从两方面说，所以也就分开了。时间形态是从时动关系方面说；空间形态是从空扩关系方面说。一篇作品就好比一种有范围有界限的复杂关系。这种复杂关系以文字言语而组成之。在这样组成的复杂关系中能表示出两方面的关系形态来，这两方面总于一句话说即是"动的扩张"。这有两方面的表示的"动的扩张"却并不为那有范围、有界限的作品所限制，所以一篇作品我们可以看成它是一种已知的关系，是呈显在眼前的关系，但这种已知的、呈在眼前的复杂关系却时常溢出它的范围之外；即是说，在已知的关系中，那些关系者总能与那已知的范围之外的一切关系者相关联着。这种溢出范围之外即是"动的扩张"之表示。从动的方面说，这种溢出即是时间方面的无限，即是我所谓时间形态；从扩张方面说，这种溢出即是空间方面的无限，即是我所谓空间形态，作品必须有这样的紧张密度始可说是伟大。所谓"大乐与天地同和"，所谓"感天地，泣鬼神"，即是在这种溢出的无限中表示着。这种溢出而无限之由来是从那有限的关系中推证出来，暗示出来或反映出来。即是说，在那篇中，虽然没有明说出这范围之外的东西；但由其范围中的已知之"关系者"却能完全昭示出来。这固然由于人类之推想或类比的作用；但也由于作者措施之得当。这种由已知的到未知的表意即是整个宇宙的表意，所以每一作品都能映照出一幅全宇宙的面孔。科学与哲学是了解宇宙，摹状宇宙；而文艺则是反映宇宙，所以每一作品即是一个万花镜，它映照宇宙之各方面，每一方面都是一个无限，各方面都是互相出入而组成一个大谐和。

6. 以上是三个现象形态的说明，现在再从这三个形态中引出三个原则来以统驭之。

（一）永恒原则。作品必须含着人类中不变的感性。

（二）波动原则。作品必须昭示出一种活的无限的节奏。

（三）张大原则。作品必须昭示出一种无限的扩大。

这三个原则完全由以上的理论中引申出来，用不着再加以说明。

7. 这三个原则是理解作品的现象形态之终极标准，理解了这三个原则所统驭的现象形态，再进而归约到作者的底蕴以发见作品的本质形态。本质形态与现象形态是相应的关系：本质形态是作者的底蕴；现象形态是作者的焕发。本质形态是"密度"是"焦点"，现象形态是"波幅"是"场合"。犹如以石投水，波幅之大小完全定于石之大小；波幅虽有大小，然终极则是一个圆融而完满。作品亦是如此：由它的密度向外焕发，焕发范围之大小完全定于密度之大小。这样，密度与波幅，本质与现象完全打成一片，理解文艺就是来解析这个一片。执其一者，特一孔耳。

B. 创造论

（一）内因外缘

1. 上段是从读者方面立论，本段再从作者方面立论，创造论即是解析作者的创作过程间的步骤，以及其所运用的几个普遍原则，本节先从内因外缘说起。

2. 一个人在社会或世界里，犹如一只船在大海里一样。他要冒险前进，因之他引起了许多波涛。这些波涛就是他的生活相，他的历史迹。这些历史迹是他对于他的周围所发生的些关系迹，在这些关系迹中，生理的身体即是一个演员。他的内心，或者说他的生命力，即是他的前进之内因；他的环境，或者说是外在的世界即是他的前进之外缘。生命力催促着他的肉体在世界的海里向前驶行，在这种驶行过程中，肉体即把内心与外缘结合起来。

3. 这种肉体所结合而前进的生活过程即是物理化学的生活。这种生活是万物之所同具，是实然而偶然的。他没有甚么意义，他直是是其所是，处其所处，而时其所时。这种生活吾叫他是"赤裸的生"（the bare life），其意是说：这种生活如蛆如苍蝇一样的无意义，他只是一个向前冲。在这种生活里什么悲哀、享乐、忧郁、烦闷，完全没有。

4. 孔子说："发愤忘食，乐以忘忧，不知老之将至。"这种境地也可以当作"赤裸的生"之说明。因为在这发愤的一刹那中，一切生活的面相都未觉得，所觉得只是一个单纯的发愤。所以人生如要免去许多烦恼，你就当奋力工作，不要想前，也不要思后，犹如两军相见，心中所有的只是一个冲一样。如果心中杂念一起，便甚么危险、怕死、后跑、想家、父母妻子等一类的东西全个勾引起来。这样还能制胜吗？可是，这样人生还能有意义吗？人之不能不想，所以人生也不能没有意义，意义即在极度劳动下的一想中。

5. 这种"赤裸的生"我们叫它是一个时空凝一的整体；即是说，一方面向前进，一方面向四外扩张。从向前进这方面说，人便有其以往的历史背景或经验；这个经验史即是罗素所谓一个人之"行状"（biography）。从向外扩张这方面说，人便有其现在的新宇宙之获得。这个新宇宙即是怀悌海所谓"机体之环境"。因为有时间上的过去，所以人们有回想以往的情感；因为有空间上的现在，所以人们有静观当前的心境。因为回想过去，所以未来也入了想像中；因为能静观现在，所以现在以外的也入了神游中。有了时间上的回想，有了空间上的观照，则人生的意义便纷至沓来，全部从集于这个赤裸的生上，这时，赤裸的生便加冕了！于是，赤裸的生便成了人们歌咏、赞叹、诅咒、怒骂的对象了！

（二）低回靡靡

1."低回靡靡"是常见的一句话，此处用来作意义的起源之说明。

上节所说的对于"赤裸的生"之回想，即是一种"低回"的作用。"回想"可作"低回"的一种解析，但不如"低回"专门、深刻而有效。"低回"下再加上"靡靡"两字，那更能表示出深长意义之出现。且举例以明之，譬如你到了风景胜地，你如果马上观花，不加玩味，那也罢了。你如果稍加凝视，那末你便可以得着许多意义。这些意义一层一层的绵延而起，越绵延，越不忍去，这即是所谓"流连不忍去"的意思。从凝视到流连不忍去，其间就有一种低回作用施行着。这种低回作用即是你所以"不忍去"的原因，而不忍去即是意义丰富时的表示。

2. 对于外景是如此，对于赤裸的生也是如此。当你极度忙碌之后，稍加以低回，则生之意义便如春笋似的一齐出现。所以，人生意义即在人的低回中。此处所谓意义，当然是指普遍的、无定型的而言。有了这种普遍的意义之出现，然后加以各方面的帮助而形成一种定型的特殊的意义。这种特殊的人生意义即是一个人的人生观或人生见解，普通人常有这种疑问：人生意义究竟在什么地方呢？我想这个疑问即是要求那特殊的人生意义，而并不是那普遍的意义。普遍的意义，在此时，早已出现了，所缺少的即是那意义之定型。人们若没有一个定型的意义，便无安心立命之处。这即是人们所以发疑问的原因。可是，这种疑问旁人是绝对不能解答的。如果问我，我只能解答意义的出生，我只能解答普遍意义的所在；我不能替你规定一个特殊的人生意义，我不能赋汝以定型，定型完全是在你自己的决定。你决定革命也好，决定出世也好，决定甚么悲观、乐观等也好，但我不能选其一而赋予汝。所以，定型的决定全在乎个人的环境、性格、经验、知识之如何。

3. 由低回而出意义，所以意义决不在赤裸的生中。赤裸的生没有意义，意义只在回想中。维特根斯坦所谓"人生意义在人生之外"，所谓"世界是外乎意义的"等名言，就是这个意思。所以你要指定人生意义在什么地方，那是很难指示的。因为意义根本就在你的低回中，他决不在你的低回以外而客观独立存在。它好像永远随着你，摆脱不开他，他好像宇宙的收缩性，随着你测量的尺而一起收缩。所以你不能指示他，你只能昭示他，这就是为甚么人于一旦豁然贯通之后而仍指不出意义的所在的原因。这就是生之神秘。神秘即是一个不可说，但可昭示。就是所谓定型的意义，也不过是由实践中表示出，你也并不能指示出来。

4. 低回是意义出生的总原则。没有低回，生也没意义，世界也无意义。对于世界无意义，即是对世界无见解，因而对于世界也就不能有所解析。由低回而至于解析，那是科学哲学的事情；由低回而至于享受，那是文艺的事情。文艺就在这里出生，科学就在那里出生。所以，文艺所意谓的世界，始终是低回出来的，其表示法始终是暗示的、双关的、烘托的，而不是指示的、确凿的、一定的。他们所说的话始终是神秘境界的，而不是科学境界的；所以那些话全都不是逻辑命题（logical proposition），而乃是些象征的呓语。明白了"低回"这个总原则，才可以进而讨论文艺之出生。

（三）图象烘托

1. 图象烘托可以从两方面说。一是科学知识方面的，此可从心理学或知识论方面讲。这方面的图象，怀悌海曾分为两种：（一）感官图象，（二）几何图象。感官图象是最根本的，同时也是最粗略的。由最粗略的感官图象渐至最精确的几何图象。图象的用处即是对于外界有精确认识的媒介；即是说，当外界来一刺激时，我们对之先有一种大体图象，在那里烘托着，由此大体的图象再进而将外物固定化、准确化。外物的固定化即是几何图象的起源。一是文艺知识方面的，这即是本节所要解析的。

2. 文艺方面的图象，其来源完全不同于科学知识的。科学知识的图象是由物理而至于生理的一种自然的现象。其出现完全是基于物理律的。文艺方面的图象却不如此，他的来源固然也离不了外界的刺激，但他出生唯一的原因是在人们的低回上。这即是对于世界，文艺的理解与科学的理解唯一不同的所在。

3. 文艺图象的烘托可以从两方面说：（一）对于当前的烘托；（二）对于以往的烘托。对于当前的烘托，以当前的实境为根据，而以过去的经验陈迹为副助；对于以往的烘托，是以以往为根据，而以当前为引子。当前的烘托，譬如画家画水，我们此时可说：（因为画水所以看起来似乎是湿）这种"似乎是湿"的感觉即是当前实境的图象的烘托。这种图象的烘托，人们曾名之曰"可触价值"（factual value）；即是说，因感触"实有"，而烘托出一种"幻有图象"。文艺知识全部是烘托在这种幻有图象上的，以往的烘托是根据于人类的记忆。因为某种原因，譬如当前有一群小孩子，那末此时你便可以烘托出你以往的儿童时期的一幅幻有图象。有了这幅幻有图象，你便可以按照这幅图象而施行想像，而表演呓语。再譬如读历史上的一篇作品如"离骚"，那末你便可以藉着

"离骚"这篇作品而构作或刻划一幅屈原的幻有图象。有这幅图象，你也可以进行你对于屈原的认识与描写。所以图象的烘托，在文艺创造或理解中都是最根本的东西。作者以烘托而出之，读者便不能不以烘托而解之，这即是作者与鉴赏者的一致，而所谓人人都是艺术家，其意义也就在此。

4. 我们现在再讨论图象对于实境的关系。我们认识外界时，决不要说感官图象是从感官物相中引申出；我们倒可以说感官物相是由感官图象中脱化出。因为前边说过，在最初我们并不认识外物，而外物倒是因图象的认识而认识，所以图象比外物其可知性更为先在。感觉知识是如此，文艺知识也是如此。文艺的图象根本是由于对于外界的低回而烘托出来的。外界的实境只不过是表演一种唤起作用而已，假使外界的实境被固定时，我们便可以低回出好多的图象来，这些图象对于那个实境都有相当的关系，都可为那个实境的一幅肖照。这种关系，我们叫他是"多对一的关系"（manyone relation），即是好多图象对于一个实境的关系，因为这些图象是被低回而托出来的，所以他们虽然是一幅肖照，其实却并不照像似的来摹状，他们只是一些若断若续的映照。文艺不是逻辑命题于此而益显；而文艺之模糊、双关、含蓄，以至于最后的神秘，其原因也全在此。

（四）向外投射

1. 本节述说文艺之出生。在此我提出一种主张来，即是文艺是"图象之象征"（symbolism of figure），图象是低回之结果。把低回所得的诸种图象使其互相组织而以文字表示出来，即是文艺。图象之烘托是内部的，把他们用符号表达出来即是向外投射，即成为外部，成为客观的。图象之外部的符号化即是图象之象征。图象在内部时，为游离的、不定的、难以把捉的；及至到了外部，即成为确定的、清楚的、具体的、有象可征的。

2. 在此我要提出厨川白村以修正之。在现在，论文艺之创造最出色、最根本而最有内容的，要算这位先生。现在那些自以为新进的文艺批评家其实是敝帚自重，胡乱吹牛。除了加上一个社会基础而外，可说连文艺的大门还未踏进，至于升堂入室更不容说了。可是，这个社会基础不但厨川白村已经承认，即是任何人我想也不能不承认。可是，现在有人说厨川氏已经老了，过去了。

3. 厨川氏虽未过去，但他的"苦闷的象征"却不十分彻底而周到。

他说文艺是苦闷的象征。苦闷是由于两种力的冲突。两种力即是外来的压力与内部的抗力，这两种力的冲突便发生出苦闷。由这种苦闷，便不得不想把他这种苦闷升化出来，发泄出来。这种苦闷的发泄，表之于外成为诗为文为戏剧，便是所谓文艺。所以文艺完全是人生的压抑之苦闷象征。他这套理论自有其不可磨灭的真理在，只是他说文艺是苦闷的象征，未免范围侧狭一点，理论缺少一步。

4. 我们要知道文艺不纯是苦闷的象征，而苦闷之来也自有其源泉，并不是先验存在，也不是自然存在，更也不存在于内外的物理现象上，两种力之中并不含蕴着苦闷。两种力是物理现象，是自然的存在，如果把人只看成我前边所说的赤裸的生，则人之反应外界如蛆之滚来滚去没有大差别。我虽然不知道蛆有苦闷，可是我也不知道他有快乐，所以我们便不能断定它一定有苦或乐。赤裸的生也是如此，所以苦闷决不存在于两种力的冲突上，而两种力也决不是苦闷的源泉。苦闷是由于对于生之低回而来，所谓抵抗，所谓压抑，全是低回的结果。两种力本身无所谓抵抗或压抑。

5. 低回的结果也不只是苦闷，就照苦闷一方面言，厨川氏所谓苦闷也不过只是苦闷中之一种而已。他这种苦闷我叫他是空间关系上的苦闷，此外还有时间关系上的苦闷，这种苦闷也是人类之同感，尤其东方人为最甚，我曾名这种苦闷曰"感伤"。感伤甚么呢？即是时间上的"无常"。大概因为东方人克己的力量特别大，所以对于空间上的压抑倒不觉得怎样难过；唯是时间上的"无常"，却扰乱了他们的芳心。他们对于这个问题费了很大的思索，但终于不能挽救。可是，在这不能挽救之中，他们却又想出许多解脱法：印度人的解脱法是"涅槃"，中国人则以为这是绝对办不到。中国人的解脱法，我曾分为三种：（一）感伤而自得的；（二）感伤而放浪的；（三）感伤而豪爽的。这三种解脱法都是对于无常的反应。我曾名这三种解脱法为中国的三种人生典型，详细情形将专文论之，在此不能多说。

6. 人生自然苦闷居多；但为周延起见，有时文艺却也并不象征苦闷。喜怒哀乐，人之情也，所以文艺也时常象征喜乐。但无论苦闷也好，喜乐也好，而皆为低回之结果则无疑，所以文艺断然是低回所得的图象之象征，而不是苦闷的象征。

7. 我们前边论图象有空间方面的与时间方面的，所以象征也是有这两方面的，并且又因为图象有时关于具体的，有时关于写意的，所以我们的象征也是关于两方面的。大概写景文是关于具体的，道情文是关于写意的，可是情景常不相离，所以写意与具体也常化合，文章的玄妙就在这里。即是说，两种图象常是纠结在一起，似有所指，似无所指，迷离徜恍，万花千点；文章之生动，全在图象之配合上。

8. 至此我们可以总结说，在作品之出生上，有两个原则必须记着：

（一）低回原则（principle of contemplation）

（二）图象原则（principle of configuration）

由此两原则，我们可以得一结论说：文艺是图象之象征。

（五）超越现实

1. 每一图象之象征是从作者的主观之胎里脱颖而出，这种脱颖就是向外投射，就是图象之物观化。每一篇物观化的图象即是一个"四度体"，所谓四度体即是空间三度加上时间一度，四度体成，便是所谓活的文学，每一四度体都是活生生的参加了这个宇宙的大流中。它开始要影响宇宙，并为宇宙所影响，此犹之乎婴童之脱离母胎一样。他开始为人类社会前进的一份子，它开始搅扰了社会的安静，揭开了社会的黑幕，推着社会的轮子前动起来，所以它这一个四度体即是大军进行的交响曲，它的节奏的声音充满了人间。

2. 这种所以能催动社会的交响曲完全由于那四度体中蕴藏着一种理想，这种理想在图象的烘托时早已掺进来了。它早已把那事界净化过了，揭穿过了，所以每一图象总是踏着现实而憧憬着将来，将来即是它所暗示的理想，理想超越了现实，足以使现实不安起来。

3. 没有纯粹的现实，没有纯粹的理想，左那等人所宣布的写实主义的信条，完全是虚构。在我这种主张之下，文艺上的一切主义或派别的争执，都是盲然的。最大的分别，普通以为理想主义与写实主义，可是在我看来，理想主义只不过是实境的图象化，理想主义能够凭空造想吗？这种说法决不是甚么调和，乃是从图象的烘托上所孳乳出来的两种看法，根本是一个东西。

4. 在文艺的出生上是如此，至于在科学知识上那另当别论，因为文艺上的图象根本不同于感觉经验上的图象。文艺根本是带着一种理想的、炫染的色彩，而科学知识则力求"实是"而避免炫染。一般人根本不明了"理想"、"观念"、"唯心"与"写实"或"唯物"等字样的用法、意义、范围或方面，只是拉来胡乱比附，乱骂一阵，这有甚么是处？思想混淆无过现在，此不得不辞而辟之也！还有些人，因为投合时好的缘故，竟公然弃其所学，昧起良心，空口白舌在那里表演瞎话，以流行的口头禅来曲解本意，这是多么可耻的事！这不是表示他的昧心，即是表示他以往的无知。

5. 文艺中的理想之超越现实根本是蕴藏着对于人生的见解，在这个理想中，我们能看出作者对于人生的理解与对于人生的希求。从其理解上，可以使我们明白人生；从其希求上，可以使我们决定人生。所谓人生之反映，不只是人生之社会生活的反映，且是人生意义之反映。作品的影响之大，全在意义方面的反映，而不在实际的社会生活之反映。作品之永恒而与天地同其不朽，也全在人生意义之阐发，而不在实际生活之描写。实际生活或物质生活是作者发挥意义的工具，是常变的，是随着时代之转变而更换的；可是所发挥的意义，那是历千古而不变的。可怜一般只会抄袭的人们，连这点道理都不明白，还说"不变"是文学本身的价值；试问这种无用的本身价值，还有什么价值可言？价值从哪里说起？发这种言论的人都是小孩子们学步，不通已极，还自称是新兴文学理论，是适应时代的需求。适应你自己不通的要求吧！社会不需要你这种理论！今之人不承认自己之不通，却先吹一气大牛说是新。学术界到了这步天地，真当该吃佛家的狗棒！

（六）前锋后殿

1. 本节再讨论文艺中的理想在社会上居什么样的地位。据以往的理论，可知文艺中的理想只是暗示、倾向或指导，而不是规划、实成或格律，因为文艺中的理想只是在图象的烘托上。图象的烘托即是一种游离双关的，而不是一定的确凿的。所以，寄托于图象上的理想当然也是一种摇摆的暗示，而不能是准确的辞说（exact statement）。

2. 文艺中之理想犹如人类中之"观念"。在心理学上，我们讲"观念"之起源是在人们对于疑问的态度上。对于眼前的困难不能马上解决，这时候即需要观念的出现。所以观念之出现完全是在经验生活之打断上，完全在生活之不能照常过下去。观念在这种生活的打断上即出现而居于暗示或导引或倾向的地位。我们的经验生活之能继续不断的扩大，完全在这种观念的运用上。观念此时只是一种见解、倾向或假设；及至这种假设证实了，便是那观念的实现，也便是那见解的知识化。观念的实现有待于证实，但是观念的出现却在疑问不定之时。文艺中的理想在社会上恰是如此。

3. 文艺中的理想也只是一种假设或倾向。他只是负疑问之责，具催动之机，只能暗示或引导，他却不能规划或陈列。他要能实现，他必须其他成分的辅助，此犹之乎观念必须证实一样。从其暗示或导引性上说，文艺中的理想永远是社会的先锋，从其实现或证实方面说，他永远是社会的后殿。他为先锋，他永远领导社会不息的前进；他为后殿，他永远督促着人们起来响应它辅助它使其成为实现。政治法律即是规划理想而使其实现者，政治法律的功用就在此处，它们的出现是人类把它们规定出来以去实现理想，这时能动的，它们是先锋。因为它们是人类的规定，所以就有一种一定的永恒性。它不是如自然物似的可以常变不息。它们之变或不变全系乎人，当其日久而不适应时，即是说当新理想出现时，它们即有变动的可能。这时它们是被动的，它们是后殿，所以社会的改造以及改造之实现非注目于政治法律不可，因为它们是社会之规律，它们是人定之格式，人们不来打破它建设它，谁来作这步工作呢？这是我的社会转变之一贯的主张，详细情形当参看"社会根本原则之确立"一文。（载本志 1 卷 11 期，读者可参阅。）

C. 鉴赏论

（一）刚柔之感

1. 现代论鉴赏最根本而透彻者还是日本人厨川白村，不过他所论列的还是属于鉴赏之原理方面，即属于鉴赏之底蕴与可能方面。至于鉴赏之正文即鉴赏之所得方面，他没有积极的告诉我们。他那步工作，现在我们不必作，不过既然论鉴赏，则必须假设鉴赏有可能；而所以可能倒有几个原则当列出来：

（甲）人人都是艺术家的假设，即人人都有低回作用与图象烘托，此在"创造论"里已经说过。（乙）情欲共感的假设，此亦可说是生命之共感。即必须假设在人类生命之底蕴里有一种互相通絜之情欲，此在"理解论"里已经说过。有了以上两个假设，鉴赏始可能，此处虽然说是假设，其实也就是实情。

2. 我们由这两个假设，对于作品始能发生许多的审识。由这些审识可以得到刚柔之感、状态之感、气味之感以及声色之感等等玄妙理论。这些理论都是实实在在品题出来的，没有这种经验的必以为这是鬼话；可是，即便有经验的，这实在也是鬼话，所谓鬼话者，是指看不见摸不着而言。这套鬼话最盛行于中国，而清之桐城派古文家尤是盛中之盛，所以对于文之品题至清而极矣。本段所论的大半取材于姚永朴的《文学研究法》。我从其中抽出四点加以说明，以与前两部打成一片，所以在此须对于以前的理论全部记着，尤其对于"理解论"中的第三节，当彻底了解。

3. 本节先论"刚柔之感"。所谓刚柔者，即是从一篇具有那三种现象形态的作品中审识出来的一种性德之表意。我们对于一篇作品，因着作者特殊内蕴发出那三种现象形态，我们就对着这种形态能发出种种不同的感觉来。这种不同的感觉恰是反映着作者的个性之或刚或柔。如果作者的个性是刚健的，则作品之表意必具有一种阳刚之美，所以作品之刚柔即是个性之刚柔方面的表示。不但对于文艺如此，即是对于音乐与歌曲也是如此。

4. 刚柔不但可以总分作品及个性，并可以区别宇宙间一切事物。"刚"、"柔"二字从《易经》上来。《易经》之所以论刚柔，是因为论阴阳的缘故。《易经》观察一切现象，不外起伏变化之理；于此起伏变化中得出一种相反的表意来，这种相反表意即以"阴"、"阳"二字标志之。凡属于起或变的以阳志之，凡属于伏或化的以阴志之。依此类推，阴阳就可以和刚柔连结起来。一切现象都可以如此分，当然人性也不能例外，由人性而发出来的文艺更也不能例外。

5. 阴阳刚柔之本性是什么呢？即是说，怎样来形容呢？我们由以往的比附配合，对于阴阳刚柔，总可以归纳出一种通则来以区别之。这种通则，姚惜抱与曾国藩体会的最好，引证于下：

> 鼐闻天地之道，阴阳刚柔而已，文者，天地之精英而阴阳刚柔之发也〔……〕其得于阳与刚之美者，则其文如霆如电，如长风之出谷，如崇山峻崖，如决大川，如奔骐骥；其光也如杲日如火，如金镠铁；其于人也如冯①高视远，如君而朝万众，如鼓万勇士而战之。其得于阴与柔之美者，则其文如升初日，如清风，如云，如霞如烟，如林幽曲涧，如沦如漾，如珠玉之辉，如鸿鹄之鸣而入寥廓；其于人也，漻乎其如叹，邈乎其如有思，暖乎其如喜，愀乎其如悲。观其文，讽其音，则为者之性情形状举以殊焉〔……〕（《复鲁洁非书》）

曾国藩论之更详：

---

① 此处原文作"冯"，当改为"凭"。

阳刚者气势浩瀚；阴柔者韵味深美。浩瀚者喷薄而出之；深美者吞吐而出之。(《日记》)

阳刚之美，莫要于雄直怪丽四字；阴柔之美莫要于茹远洁适四字。(《日记》)

他于"雄直怪丽"、"茹远洁适"八字各为之赞：

(一)"雄"：划然轩昂，尽弃故常；跌岩顿挫，扪之有芒。

(二)"直"：黄河千里，其体仍直；山势如龙，转换无迹。

(三)"怪"：奇趣横生，人骇鬼眩；易元山经，张韩互见。

(四)"丽"：青春大泽，万卉初葩；诗骚之韵，班扬之华。

(五)"茹"：众义辐凑，吞多吐少；幽独咀含，不求共晓。

(六)"远"：九天俯视，下界聚蚊；寱寱周孔，落落寡闻。

(七)"洁"：冗意陈言，颣字尽芟；慎尔褒贬，神人所监。

(八)"适"：心境两间，无营无待；柳记欧跋，得大自在。

6. 由以上可以归纳说：凡"光明俊伟"乃"阳刚之胜境"，凡"忧危谦谨"乃"阴柔之胜境"。此两境界即可以尽刚柔之感，并可以为刚柔之通则。按此通则品题一切作品，则庄周、扬雄、韩愈、苏轼皆有阳刚之美，屈原、刘向、欧阳修、曾巩皆有阴柔之美。不过，此种分别并非截然不同。譬如司马迁有阳刚之美又有阴柔之美，此其所以为伟大处。

(二) 状态之感

1. 由以上的刚柔之感可以引出各种不同的状态之感。譬如观水，刚柔就其浩浩大流的本性而言，于此浩浩大流中可以观出种种不同的状态。观彩霞，观大山，观奇石怪树，都能有状态观念的出现。此就实物而言。文虽无物可指，然其状态亦可由言外寻之。

2. 论文之状态最详者，为清之桐城派始祖刘海峰。他把文之状态分成十种。今次第述之如下：

3. (一)文之"奇"："有奇在字句者，有奇在意者，有奇在笔者，有奇在邱壑者，有奇在气者，有奇在神者。字句之奇，不足为奇；气奇则真奇矣。"(《论文偶记》)

"奇气最难识。大约忽起忽落，其来无端，其去无迹。读古人文于起承转接之间，觉有不可测识之处，便是奇气。奇与平正相对。气虽盛大，一片行去，不可谓奇。奇者于一气行走之中，时时提起。"(同上)

于是，所谓"奇"，必在吾所谓时间形态中蕴藏着。所谓"时时提起"，所谓"无端""无迹"，即是吾所谓无限的活力与波动。当参看"理解论"第三节。

4.（二）文之"高"："穷理则识高，立志则骨高，好古则调高。""文到高处，只是朴淡意多。譬如不事纷华，翛然世外之味，谓之高人。昔人谓子长文字峻，震川谓此言难晓；要当于极真极朴极浅处求之。"（同上）

5.（三）文之"大"："道理博大，气脉宏大，邱壑远大。邱壑中峰峦高大，波澜扩大，乃可谓之远大。"（同上）

6.（四）文之"远"："远必含蓄；或句上有句，或句下有句，或句外有句。说出者少，不说出者多，乃可谓远。昔人论画曰：远山无皴，远水无波，远树无枝，远人无目。此之谓也，远则味永，文至味永，则无以加。"（同上）

7.（五）文之"变"："《易》曰：虎变文炳，豹变文蔚。又曰：物相杂，故曰文。故文者，变之谓也。一集之中，篇篇变；一篇之中，段段变；一段之中，句句变。神变，气变，境变，音节变，句句变，惟昌黎能之。"（同上）

总上所谓奇、高、大、远、变，皆不外吾所谓时间形态与空间形态。这五种状态是指两种形态合一而成的向前扩张之无限而言。这种向前的无限之扩张即是"至大无外"之意。那五种状态全是从"至大无外"中表示出。我在论现象形态时，特主重"无限"二字。一篇作品，若不能作到无限，便不会有那五种状态发生。

8.（六）文之"简"："凡文笔老则简，意真则简，辞切则简，理当则简，味淡则简，气蕴则简，品贵则简，神远而含藏不尽则简；故简为文章尽境。程子云：立言贵含蓄意思，无使无德者眩，知德者厌。此语最属有味。"（同上）

9.（七）文之"疏"："宋画密，元画疏。颜、柳字密，钟、王字疏。孟坚文密，子长文疏。凡文力大则疏，气疏则纵，密则拘，神疏则逸，密则劳，疏则生，密则死。"（同上）

10.（八）文之"瘦"："须从瘦出，而不宜以瘦名。盖文至瘦则笔能屈曲尽意，而言无不达；然以瘦名，则文心狭隘。"（同上）

此所谓瘦即灵敏而有筋骨之意。灵敏故能屈曲尽意，筋骨故能瘦峻。从瘦出即从灵敏筋骨中出，不以瘦名，即不犯枯槁之病。

11.（九）文之"华"："华正与朴相表里，以其华美，故可贵；所恶于华者，恐其近俗耳；所取于朴者，谓其不着脂粉耳。昔人谓不着脂粉而清真刻削者，梅圣俞之诗也。不着脂粉而精彩浓丽，自《左传》、《庄子》、《史记》而外，其妙不传。此知文之言。"（同上）

此所谓华正是朴中之华。无华而朴则以瘦名；有华无朴，不从瘦出。所以华、瘦正当合观；最好的譬喻是梅花千点。

12.（十）文之"参差"："天之生物，无一无偶，而无一齐者；故虽排比之文，亦以随势曲注为佳。"（同上）

所谓"参差"即是奇偶相杂之意。以上简、疏、瘦、华、参差五种状态，皆指那向前的无限扩张之"至小无内"而言。由这种"至小无内"或"向前扩张"中的"起伏变化"，即可得出简、疏、瘦、华、参差五种状态来。"至小无内"含有简、疏、瘦，"起伏变化"含有华美、参差。不过，以上两组状态实是无限的扩张之两方面的看法，根本是连在一起而由一个根本的扩张表示出来。主重转折起伏的内在即为后一组；主重前进扩大的外在即为前一组。如以刚柔比之，则前者为阳刚之美，后者为阴柔之美。

13.状态可以无限的引出，并且对于作品，可以随汝之所愿而想像与描写。譬如韩愈《进学解》上说："《周诰》、《殷盘》，佶屈聱牙；《春秋》谨严，《左氏》浮夸；《易》奇而法，《诗》正而葩。"这是对于《六经》的描画。柳子厚与《杨京兆凭书》云："博如庄周，哀如屈原，奥如孟轲，壮如李斯，峻如马迁，富如相如，明如贾谊，专如扬雄。"这是对于诸子的名状。苏明充《上欧阳内翰书》云："孟子之文，语约而意尽，不为镵刻斩绝之言，而其锋不可犯。韩子之文，如长江、大河，浑浩流转，鱼龟蛟龙，万怪惶恐，而遏抑掩蔽，不使自露；而人望见其渊然之光，苍然之色，亦自畏避而不敢迫视，执事之文，纡余委备，往复百折，而条达疏畅，无所间断，气尽语极，急言切论，无艰难劳苦之态，此三者皆断然为一家之文也。"这是借三人而表示阳刚阴柔之状的。又姚姜坞《援鹑堂笔记》论昌黎与欧公最妙："昌黎雄处，每于一起一接一落，忽来忽止，不可端倪。""欧公文字玩其转调处，如美人转眼。""欧公于将说未说时，吞吐抑扬作态，令人欲绝。"忽来忽止，即是刚健之状；美人转眼，即是柔婉之状。刚健见本领，柔婉见涵养。这是两种状态之极致。所以状态虽有十而皆可归纳于二。

（三）气味声色之感

1.由状态之感即可以发生气味声色之感。这也由鉴赏而品题出来的玄妙鬼话。在此先说气味。

2. 作文固然要有内蕴；但内蕴对气而言，可说只是个"有"（being）而已，而气则是鼓动那内蕴而宜表于外者。但无有内蕴而无气者，所以气即是内蕴中之活力而已。有这种活力为底子即可摧动而施行其创造。这种活力之气在作者中是什么样，发出来也是什么样。

3. 我们先说在作者中的"气"。孟子曰："气，体之充也。"管子曰："气，身之充也。"（《心术篇》）。《淮南子》曰："气，生之充也。"（《原道篇》）。孟子复有"养吾浩然之气"的主张，所以气在作者即是生命充实之谓。宋之三苏最佩服孟子的浩然之气，苏东坡作《潮州韩文公庙碑》说："是气也寓于寻常之中，而塞乎天地之间"；"韩文公起布衣，谈笑而麾之，天下靡然从公，复归于正，盖三百年于此矣。"岂非参天地关盛衰浩然而独存者乎？"这是说韩愈富有那种浩然之气。并且此气不是私的而是公的，而是充塞乎天地之间的东西。这样"气"即有本体的意味在，不但是个人的摧动机，而且是天地的摧动机。这个摧动机即是充满宇宙的大活力，即是"气"。苏子由《上枢密韩太尉书》亦云："辙生好为文，思之至深。以为文者气之所形，然文不可以学而能，气可以养而致。孟子曰：'我善养吾浩然之气。'今观其文章，宽厚宏博，充乎天地之间，称其气之小大。太史公行天下，周览四海名山大川，与燕、赵间豪俊交游，故其文疏宕颇有奇气。此二子者岂尝执笔为如此之文哉？其气充乎其中，而溢乎其貌；动乎其言，而见乎其文，而不自知也。"气之流行而形乎其外即是文。这即是气之本体观，文之现象观，作家非有这种浩然之气不可。

4. 再从发之于外而成文章这方面看，《曾文正公日记》说："古人之不可及全在行气。如列子之冲风，不在义理字句间也。"又云："为文全在气盛。欲气盛全在段落清。每段分束之际，似断非断，似咽非咽，似吐非吐；古人无限妙境，难以领取。每段张起之际，似承非承，似提非提，似突非突，似纾非纾；古人无限妙用，亦难领取。"又曰："奇辞大句，须得瑰玮飞腾之气，驱之以行，凡堆重处皆化为虚空，乃能为大篇，所谓气力有余于文之外也，否则气不能举其体矣。"此三段论气之发于外最妙，每段分束之际，其气为柔婉，每段张起之际，其气为刚健，柔婉一无限，刚健一无限，气之流行全在这种无限的变化起伏张大中表示出，故气之发于外，完全离不了以前所讨论的三种现象形态及十种刚柔状态。

5. 因为有柔婉与刚健之气，所以在文中能品题出不同的气味来：（一）元气。此即充天地之间的那浩然之气，此种气上下与天地同流，李义山谓昌黎文若"元气"，王荆公谓少陵诗与"元气"侔，是表之于文而具有元气者实不多见，惟杜、韩足以当之。（二）敦厚之气。此偏于阴柔之和爱者，若《诗经》，若《楚辞》，若欧公，若曾巩等皆是。（三）严凝之气。此偏于阴柔之辛辣者，若韩非，若商鞅，若太史公，若苏明允等皆是。（四）光明之气。此偏于阳刚之博大者，若庄周，若孟轲，若东坡等皆是，（五）雄伟之气。此偏于阳刚之趄健者，若《国策》，若贾生，若韩愈等皆是。上所分列并非显然，但皆为真气则无疑。

6. 由气之不同可以发生味之不同，若厚味或意味，若深味或风味，若异味或趣味等，皆可按气之不同而有差异，所以味通于气，而气连于状也。

7. 我们再论声色。由状态气味亦可发生声色之感，声是就大小、短长、疾徐、刚柔、高下而言；色是就清奇浓淡而言。声音之感譬如听乐，色泽之感譬如赏花，乐而音节而有节，文由段落而有节奏，花由色泽而有浓淡，文由字句而有浓淡，文之节奏浓淡亦全连于状态气味，而与以前所论列息息相关。

8. 《左传》季札，观乐即是对于诗之音乐化，使诗乐打成一片，欧阳修论音乐之功能最妙，他在《送杨寘序》云："夫琴之为技小矣。及其至也，大者为宫，细者为羽，操弦骤作，忽然变之。急者凄然以促，缓者舒然以和。如崩崖裂石，高山出泉，而风雨夜至也，如怨夫寡妇之叹息，雌雄雍雍之相鸣也。其忧深思远，则舜与文王、孔子之遗音也；悲愁感愤，则伯奇孤子、忠臣屈原之所叹也。喜怒哀乐动人深心；而纯古淡泊，与夫尧、舜三代之言语，孔子之文章，《易》之忧患，《诗》之怨刺无以异。其能听之以耳，应之以手，取其和者，道其湮郁，写其忧思，则感人之际亦有至者焉。"此虽论琴，文亦应然。文之节奏至于极，而与天地同，则所谓"感天地，泣鬼神"乃是自然之事。

9. 色泽是文之光彩，与声相辅而行。此应当于字句上注意。即所谓练字造句者是也。字句之位置与安排，于声色上实属至要，不可以小道目之。喜怒哀乐之情，皆有与之相应的声色之韵字，故声色之韵与字亦皆通于刚柔状态与气味。刘海峰《论文偶记》云："神气者，文之最精处也。音节者，文之稍粗处也。字句者，文之最粗处也。然论文而至于字句，则文之能事尽矣。盖音节者，神气之迹也；字句者，音节之矩也。神气不可见，于音节见之；音节无可准，以字句准之。"又云："音节高则神气必高，音节下则神气必下，故音节为神气之迹。一字之中，多一字，或少一字；一字之中，或用平声，或用仄声；同一平字仄声，或用阴平、阳平、上声、去声、入声，则音节迥异。故字句为音节之矩。"又云："积字成句，积句成章，积章成篇。合而读之，音节见矣；歌而咏之，神气出矣。"此论字句、音节、神气三者之关系最精到。其实，这三者即是三位一体。为使学者自觉，故特指而分之。从刚柔状态以至于神色气味，也是三位一体，并与吾所谓现象形态浑融为一。

（四）最后的神秘

1. 由以上刚柔状态气味之感，再加以低回，玩而融之，必至最后的神秘。《易·说卦传》云："神也者，妙万物而为言者也。"《孟子·尽心》篇云："夫君子所过者化，所存者神。"又云："大而化之之谓圣，圣而不可知之之谓神。"吾所谓神秘，即所谓神化之谓。大而化之，浑融为一，而至于不可知不可说，即谓神秘。譬如以石投水，由石落处，波幅渐向周围扩张，及至扩张到无可再扩张，而与石落处之中心点浑而为一，这即是"大而化之"的境界，也即是不可说的神秘。《易·系辞传》所谓"神无方而易无体"，所谓"阴阳不测之谓神"，即是指这种境界而言。因为到了大而化之的时候，那些"波幅""差别""色相"等可说可指的东西全个浑融而消灭，所以此时既无方又无体，复不可测。

2. 神秘虽然无方无体，但却必须于有方有体中昭示出来。有方有体的世界是科学的世界。神秘的世界即在这个可说的科学世界之外而为它所映照。所以，于起伏变化中，扩张之无限，即是阳刚的神秘境界；转折之无限，即是阴柔之神秘境界。由扩张转折中能感出无限即能感出神秘，扩张转折之可说可指是谓科学之所对，无方无体之无限或神秘是谓艺术或宗教之所对，指出可说与不可说而划清其界限则是哲学之功能。

3. 我们上边说神秘由可说可指中昭示出，这可说可指即是"理"。所以我们现在从"理"这方面论神秘。理即是条理关系结构之谓。条理之极致，无不含神秘。古希腊毕他哥拉斯及柏拉图之神秘，即极端数理之结果也。即现代的甄思（Jeans）及爱顶顿（Eddington）亦莫不由数理而至于神秘，所以神秘必含于条理中而为人所品题。我们再以上边所说的石头投水为例，波纹色相即是条理，即为可说可指；神化即是由这种波纹色相中烘托浑融出来。

4. 从水方面说明由理以至于神，最妙的有《宋史·文苑传》载张文潜（即张来）的言论，他说："夫决水于江河淮海也，顺道而行，滔滔汩汩，日夜不止，冲砥柱，绝吕梁，放于江湖而纳之海。其舒为沦涟，鼓为波涛，激之为风飙，怒之为雷震。蛟龙鱼鳖，喷薄出没，是水之奇变也。水之初岂若是哉？顺道而决之，因其所遇而变生焉。"这即是"卑下倨句必循乎理"之意，若舒，若激，若鼓，若怒，此即条理之奇变。由此奇变，我们即能看出浩浩荡荡之神化，所以神化必是条理的极致。文亦复如此。字句音节之极致即是条理变化之极致，所以也就是神秘。由理而神即是姚惜抱所谓"神理"，这是最后的境界。中国人最善于鉴赏；文、乐、世界，皆用同一态度鉴赏之。所以他们的道理，就有一形而上的一贯原则在那里贯通之，这是鉴赏之极致。

5. 文章到了这最后的境界即能永恒而普遍，勿论作者的个性是特殊的，作者的材料与环境是常变的；但到了神化的境界则是永恒而普遍。吾人必须了解这种境界，始能言变与常，殊与共的问题，不然徒自暴其无学而已。

6. 说到这里，定有革命的人物出来反对说你这道理太玄了、太布尔乔亚了，普罗文学不是如此。我说：慢来！（一）我是论文学的本性，发挥客观的真理，你的普罗文学如果是文学，也出不了我的圈外。（二）你的普罗文学若没有神化作用，那便不会发生影响。（三）你说玄，我说文学根本就是玄的。你如果不至于无知到以文学为科学，则玄是必须承认的。你现在不明所以，将来也必有明白的一天。如果始终不明白，那你就当吃狗棒，不配谈文学！

（《再生半月刊》第 2 卷第 6、7 期合刊
1934 年 4 月 1 日）
（本文选自《牟宗三先生全集 26·牟宗三先生早期文集》（下），1021～1060 页。）

《红楼梦》悲剧之演成
（1935）

一

《红楼梦》之被人注意，不自今日始。最初有所谓红学大家之种种索隐附会之谈，这已经失掉了鉴赏文学的本旨。后来有胡适之先生的《红楼梦考证》，把那种索隐的观点打倒，用了历史的考据法，换上了写实主义的眼镜，证明了《红楼梦》是作者的自述，是老老实实把自己的盛衰兴亡之陈述描写出来。这虽然是一个正确的观点，然而对于《红楼梦》本身的解剖与理解，胡先生还是没有作到。这只是方向的转换，仍不是文学本身的理解与批评。所以胡先生的考证虽比较合理，然究竟是考证工作，与文学批评不可同日而语。他所对付的是红学家的索隐，所以他的问题还是那红学家圈子中的问题，不是文学批评家圈子中的问题；因为我们开始便安心鉴赏《红楼梦》本身的技术，与其中所表现的思想，那些圈子外的问题便不容易发生。圈子外的问题，无论合理与不合理，在我们看来，总是猜谜的工作，总是饱暖生闲事，望风捕影之谈。

近年来注意《红楼梦》的人，方向又转变了，从圈子外转到圈子里。这确是文学批评家的态度。不过据我所见，这些作家们所发表的言论，又都只是歌咏赞叹《红楼梦》的描写技术与结构穿插之巧妙，对于其所表现的人生见地与支持本书的思想之主干，却少有谈及。这种工作并非不对，也是分内事。不过，我以为这只是咬文嚼字的梢末文章。若纯注意这等东西，其流弊所及便是八股式的文学批评法，与金圣叹批《水浒》批《西厢》，同一无聊而迂腐。而且这一种批评，其实就不是批

评，它乃实是一种鉴赏。中国历来没有文学批评，只有文学鉴赏或品
题。品诗品文与品茶一样，专品其气味、声色、风度、神韵。品是神秘
的、幽默的，所谓会心的微笑，但却不可言诠。所以专注意这方面，结
果必是无话可说，只有赞叹叫好。感叹号满纸皆是，却无一确凿的句子
或命题。

这种品题法是中国历来言之特别起劲的。我并不反对这种品题工
作，而且因为近二十年来人们攻击得太利害，这种学问几乎成了绝响，
所以我不忍其沦亡，也曾作文以阐发（即在《再生》2卷6期上发表过
的《理解、创造与鉴赏》）。在这篇文章里，我说明了理解的直接对象便
是作品本身。由此作品本身发见作者的处境，推定作者的心情，指示作
者的人生见地。我也说明了创作的全部过程，最后以集文学品题之大成
的桐城派为根据而解说鉴赏。所以，我并不反对鉴赏或品题。不过，叫
我论鉴赏可，叫我实际鉴赏也可；惟叫我说鉴赏之所得，却实在有点难
为情。我是说不出来的，因为这不是说的东西。所以，我只能说我所可
说的。如其能说必须清楚地说之，如不能说必须默然。可说的说出来不
必清楚，但默然的却实在难说。人家去说我也不反对，但那可说而却未
经人说的，我现在却要说说。

二

在《红楼梦》，那可说而未经人说的就是那悲剧这演成。这个问题
也就是人生见地问题，也就是支持那部名作的思想主干问题。

在中国旧作品中，表现人生见地之复杂与冲突无过《红楼梦》。《水
浒》、《金瓶梅》却都非常之单纯。所以《红楼梦》之过人与感人，绝不
在描写之技术。技术的巧妙是成功作品的应当的本分，这算不得什么。
要不然，还值得看么？这是起码的工作。文通字顺当然算不得杰作的所
在。脑袋十分空虚，纯仗着摆字眼，玩技巧以取胜，结果只是油滑讨
厌，最大的成绩不过是博得本能的一笑而已。

人们喜欢看《红楼梦》的前八十回，我则喜欢看后四十回。人们若
有成见，以为曹雪芹的技术高，我则以为高鹗的见解高，技术也不低。
前八十回固然是一条活龙，铺排的面面俱到，天衣无缝，然后四十回的
点睛，却一点成功，顿时首尾活跃起来。我因为喜欢后四十回的点睛，
所以随着也把前八十回高抬起来。不然，则前八十回却只有一个大龙身

子，呆呆的在那里铺设着。虽然是活，却活得不灵。

前八十回是喜剧，是顶盛；后四十回是悲剧，是衰落。由喜转悲，由盛转衰，又转得天衣无缝，因果相连，俨若理有固然，事有必至，那却是不易。复此，若只注意了喜剧的铺排，而读不到其中的辛酸，那便是未抓住作者的内心，及全书的主干。《红楼梦》第一回说完了缘起以后，随着来了一首诗云：

满纸荒唐言，一把辛酸泪。都云作者痴，谁解其中味？

读者若不能把书中的辛酸味解出来，那才是叫作者骂尽天下后世，以为世上无解人了。他那把辛酸泪，只好向天洒抛了。所以《红楼梦》不是闹着玩的，不是消遣品，这个开宗明义的辛酸泪，及最后的悲剧，岂不是一贯？然若没有高鹗的点睛，那辛酸泪从何说起？所以全书之有意义，全在高鹗之一点。

三

悲剧为什么演成？辛酸泪的解说在哪里？曰：一在人生见地之冲突，一在兴亡盛衰之无常。这两个意思完全在一、二两回里道说明白。我们先说第一个。

天地生人，除大仁大恶，余者皆无大异。若大仁者则应运而生；大恶者则应劫而生。运生世治，劫生世危。尧、舜、禹、汤、文、武、周、召、孔、孟、董、韩、周、程、朱、张，皆应运而生者。蚩尤、共工、桀、纣、始皇、王莽、曹操、桓温、安禄山、秦桧等，皆应劫而生者。大仁者修治天下，大恶者扰乱天下。清明灵秀，天地之正气，仁者之所秉也；残忍乖僻，天地之邪气，恶者之所秉也。今当祚永运隆之日，太平无为之世，清明灵秀之气所秉者，上自朝廷，下至草野，比比皆是。所余之秀气，漫无所归，遂为甘露，为和风，洽然溉及四海。彼残忍乖邪之气，不能荡溢于光天化日之下，遂凝结充塞于深沟大壑之中，偶因风荡，或被雨摧，略有摇动感发之意。一丝半缕，误而逸出者值灵秀之气适过，正不容邪，邪复妒正，两不相下，如风水雷电，地中相遇，既不能消，又不能让，必致搏击掀发。既然发泄，那邪气亦必赋之于人，假使或男或女，偶秉此气而生者，上则不能为仁人为君子，下亦不能为大凶大恶。置之千万人之中，其聪俊灵秀之气则在千万人之上，其乖僻邪谬不近人情之态又在千人之下。若生于公侯富贵之家，则为情痴情种；若生于诗书清贫之族，则为逸士高人。纵然生于薄祚寒门，甚至为奇优，为名娼，亦断不至为走卒，为健仆，甘遭庸夫驱制。如前之许由、陶潜、阮籍、嵇康、刘伶、王谢二族、顾虎头、陈后主、唐明皇、宋徽宗、刘庭芝、温飞卿、米南宫、石曼卿、柳耆卿、秦少游，近日倪云林、唐伯虎、祝枝山，再如李龟年、黄繙绰、敬新磨、卓文君、红拂、薛涛、崔莺、朝云之流，此皆易地则同之人也。（第二回）

这一套人性的神话之解析，我们不必管它。只是这三种人性，却属事实。仁者秉天地之正气，恶者秉天地之邪气，至于那第三种怪诞不经之人，却是正邪夹攻中的结晶品。《红楼梦》中的贾宝玉、林黛玉便是这第三种人的基型。《红楼梦》之所以为悲剧，也就是这第三种人的怪僻性格之不被人了解与同情使然。

普通分三种人为善恶与灰色。悲剧之演成，常以这三种人的互相攻伐而致成，惟《红楼梦》之悲剧，不是如此。《红楼梦》里边，没有大凶大恶的角色，也没有投机骑墙的灰色人。普通论者多以王熙凤比曹操，这可以说是一个奸雄了。惟在我看起来，却有点冤枉。王熙凤也许是一个治世之能臣，乱世之奸雄，是一个不得了的人物，但悲剧演成之主因却不在王熙凤之奸雄。如果她是奸雄，则贾母、王夫人也是奸雄，或更甚焉，但显然这不近情。何况贾家还不能算是一个乱世，所以我们对于王熙凤的观念却倒是一个治世中之能臣，不是一个乱世中之奸雄，纵然对于贾瑞和尤二姐，处置的有点过份，也只是表示她不肯让人罢了。一个是表示她十分厌恨那种痴心妄想的人，一个是表示她的醋劲之特别大。最足以表示出她不够奸雄的资格的，便是一听查抄的消息立刻晕倒在地。后来竟因心痛而得大病，所以贾母说她小器。这哪里是奸雄？再贾母死时，家道衰微，她也是两手扑空，没有办法，比起当年秦氏死协助理宁国府的时候差得多了。经不起大波折，逆境一到，便露本相。这算不得是奸雄。所以，王熙凤只是一个服上水的人，在有依有靠、无忧无虑的时候，她可以炫赫一气。一旦"树倒猢狲散"，她也就完了。至于宝、黛的悲剧，更不干她事，她不过是一个工具而已。关于这一点，以下自然可以明白。悲剧之演成，既然不是善恶之攻伐，然则是由于什么？曰：这是性格之不同，思想之不同，人生见地之不同。在为人上说，都是好人，都是可爱，都有可原谅可同情之处；惟所爱各有不同，而各人性格与思想又各互不了解，各人站在个人的立场上说话，不能反躬，不能设身处地，遂致情有未通，而欲亦未遂。悲剧就在这未通未遂上各人饮泣以终。这是最悲惨的结局。在当事人，固然不能无所恨，然在旁观者看来，他们又何所恨？希腊悲剧正与此同。国王因国法而处之于死地，公主因其为情人而犯罪而自杀，其妹因其为兄长而犯罪而自杀。发于情，尽于义，求仁而得仁，将何所怨？是谓真正之悲剧。善恶对抗的悲剧是直线的，显然的；这种冲突予盾①所造成的悲剧是曲线的，令人失望的。高鹗能写悲剧已奇了，复写成思想冲突的真正悲剧更奇，《红楼梦》感人之深即在这一点。

四

性格冲突的真正阵线只有两端：一是聪俊灵秀乖僻邪谬的不经之人，宝玉、黛玉属之。一是人情通达温柔敦厚的正人君子，宝钗属之。乖僻不经，曲高和寡，不易被人理解。于是，贾母、王夫人，以至上上下下无不看中了薛宝钗，而薛宝钗亦实道中庸而极高明，确有令人可爱之点。这个胜负问题，自然不卜可知。我们且看关于他三人的性格的评论。

（一）关于宝玉的：

> 面如傅粉，唇若施脂；转盼多情，语言若笑。天然一段风韵，全在眉梢；平生万种情思，悉堆眼角。看其外貌，最是极好，却难知其底细。后人有《西江月》二词，批的极确。词曰：
> 无故寻愁觅恨，有时似傻如狂。纵然生得好皮囊，腹内原来草莽。潦倒不通庶务，愚顽怕读文章。行为偏僻性乖张，那管世人诽谤？
> 又曰：
> 富贵不知乐业，贫穷难耐凄凉。可怜辜负好时光，于国于家无望。天下无能第一，古今不肖无双。寄言纨袴与膏粱，莫效此儿形状。（第三回）

这是作书者的总评。再看：

---

① 此处原文作"予盾"，当改为"矛盾"。

忽见警幻说道：〔……〕吾所爱汝者，乃天下古今第一淫人也。宝玉听了，吓的慌忙答道：仙姑差了。我因懒于读书，家父母尚每垂训饬，岂敢再冒淫字。况且年纪尚幼，不知淫为何事。警幻道：非也。淫虽一理，意则有别。如世之好淫者，不过悦容貌，喜歌舞，调笑无厌，云雨无时，恨不能天下之美女供我片时之趣兴：此皆皮肤滥淫之蠢物耳。如尔，则天分中生成一段痴情，吾辈推之为意淫。惟意淫二字可心会而不可口传，可神通而不可语达。汝今独得此二字，在闺阁中虽可为良友，于世道中未免迂阔怪诡，百口嘲谤，万目睚眦。（第五回）

这是以痴情意淫总评他，说明他的事业专向女儿方面打交道，专向女儿身上用工夫，但却与西门庆、潘金莲等不同。所以《红楼梦》专写意淫一境界，而《金瓶梅》则不可与此同日而语。

再如：

那两个婆子见没人了，一行走，一行谈论。这一个笑道：怪道有人说他们家的宝玉是相貌好，里头糊涂，中看不中吃。果然竟有些呆气。他自己烫了手，倒问别人疼不疼：这可不是呆了吗？那个又笑道：我前一回来，还听见他家里许多人说，千真万真，有些呆气。大雨淋的水鸡儿似的。他反告诉别人：下雨了，快避雨去罢。你说可笑不可笑？时常没人在跟前，就自哭自笑的。看见燕子，就和燕子说话；河里看见了鱼，就和鱼儿说话。见了星星月亮，他不是长吁短叹的，就是咕咕哝哝的。且一点刚性儿也没有，连那些毛丫头的气都受到了。爱惜起东西来，连个线头儿，都是好的；糟蹋起来，那怕值千值万都不管了。（第三十五回）

这是举例说明他那种怪诞行为，呆傻脾气。其实既不呆也不傻，常人眼中如何看得出？如何能了解他？贾雨村说："若非多读书识事，加以致知格物之功，悟道参元之力者，不能知也。"这话实是对极，并不重大。知人岂是易事？

再看他自己的思想与希望：

人谁不死？只要死的好。那些须眉浊物只听见，文死谏武死战这二死是大丈夫的名节，便只管胡闹起来。那里知道有昏君方有死谏之臣；只顾他邀名，猛拼一死，将来置君父于何地？必定有刀兵，方有死战；他只顾图汗马之功，猛拼一死，将来弃国于何地？

袭人不等在心里，若朝廷少有瑕疵，他就胡弹乱谏，邀忠烈之名。倘有不合，浊气一涌，即时拼死，这难道也是不得已？要知道那朝廷是受命于天，若非圣人，那天也断断不把这万几重任交代。可知那些死的都是沽名钓誉，并不知君臣的大义。比如我此时若果有造化，趁着你们都在眼前，我就死了；再能够你们哭我的眼泪流成大河，把我的尸首漂起来，送到那鸦雀不到的幽僻去处，随风化了；自此，再不托生为人：这就是我死的得时了！（第三十六回）

这是他的死的哲学。再如：

还提什么念书，我最厌这些道学话。更可笑的是八股文章：拿他诳功名，混饭吃，也罢了，还要说代圣贤立言！好些的不过拿些经书凑搭凑搭还罢了；更有一种可笑的，肚子里原没有什么，东拉西扯，弄的牛鬼蛇神，还自以为博奥。这那里是阐发圣贤的道理？（第八十二回）

湘云笑道：还是这个性儿，改不了。如今大了，你就不愿意去考举人进士的，也该常会会这些为官作宦的，谈讲谈讲那些仕途经济，也好将来应酬事务，日后也有个正经朋友。让你成年家只在我们队里，搅的出些什么来？宝玉听了，大觉逆耳，便道：姑娘请别的屋里坐坐罢！我这里仔细腌臜了你这样知经济的人！（第三十二回）

总之，他最讨厌那些仕途经济，读书上进的话。他以为这都是些"禄蠹"。湘云一劝，竟大遭其奚落。可见他是最不爱听这些话的。

（二）关于黛玉、宝钗的：

他这种思想性格是不易被人了解的，然而他的行为却令人可爱。大观园的女孩子，几乎无人不爱他。与他思想性格不同的薛宝钗也是爱之弥深。黛玉更不容说了，而且能了解他的，与他同性格的，也惟有一林黛玉。所谓同，只是同其怪僻，同其聪明灵秀；至于怪僻的内容，聪明灵秀的所在，自是各有不同。最大的原因就是男女的地位不同。因为男女地位的不同，所以林黛玉的怪僻更不易被人理解，被人同情。在宝玉成了人人皆爱的对象，然而在黛玉却成了宝玉一人的对象，旁人是不大喜欢她的。她的性格，前后一切的评论，都不外是：多愁善感，尖酸刻薄，心细，小脾气。所以贾母便不喜欢她，结果也未把她配给宝玉。然而惟独宝玉却是敬重她，爱慕她，把她看的俨若仙子一般，五体投地的倒在她的脚下。至于宝钗，虽然也令他爱慕，却未到黛玉那种程度。那就是因为性格的不同。宝钗的性格是：品格端方，容貌美丽，却又行为豁达，随分从时，不比黛玉孤高自许，目无下尘，故深得下人之心。而且有涵养，通人情，道中庸而极高明。这种人最易被了解被同情，所以上上下下无不爱她。她活脱是一个女中的圣人。站在治家处世的立场上，如何不令人喜欢？如何不是个难得的主妇？所以贾母一眼看中了她，便把她配给了她所最爱的宝玉。但是宝玉却并不十分爱她。她专门作圣人，而宝玉却专门作异端。为人的路向上，先已格格不相入了。贾母只是溺爱，并没有理解，所以结果只是害了他。不但害了他，而且也害了黛玉与宝钗。这便是大悲剧之造成。从这方面说，贾母是罪魁。

五

性格既如上述，再述他们之间爱的关系。宝玉风流洒脱可爱，黛玉高雅才思可爱，宝钗温柔敦厚可爱。宝玉自己也说："戕宝钗之仙姿，灰黛玉之灵窍。〔……〕戕其仙姿，无恋爱之心矣；灰其灵窍，无才思之情矣。"（第二十一回）可见宝玉之对黛玉另有一番看法。其实，黛玉何尝不是仙姿？只是于仙姿而外，还有一种高雅才情可爱。这便是基于她的性格。宝钗亦何尝不高雅才情？只是，她的高雅才情与黛玉非一基型，为宝玉所不喜，所以宝玉看不出她有何才情，而只以仙姿许之。这也是基于她的性格。于是，我们可以论他们的爱的深浅。

宝玉、宝钗之间的关系，是单一的、一元的、表面的、感觉的；宝玉、黛玉之间的关系是复杂的、多元的、内部的、性灵的。在此先证明前者。

> 此刻忽见宝玉笑道：宝姐姐，我瞧瞧你的那香串子呢。可巧宝钗左腕上笼着一串，见宝玉问他，少不得褪了下来。宝钗原生的肌肤丰泽，一时褪不下来。宝玉在旁边看着雪白的胳膊，不觉动了羡慕之心，暗暗想道：这个膀子若长在林姑娘身上，或者还得摸一摸，偏长在她身上，正是恨我没福！忽然想起金玉一事来，再看看宝钗形容，只见脸若银盆，眼同水杏；唇不点而含丹，眉不画而横翠。比黛玉另具一种妩媚风流，不觉又呆了。宝钗褪下串子来给他，他也忘了接。宝钗见他呆呆的，自己倒不好意思的起来。（第二十八回）

　　宝玉是多情善感的人，见一个爱一个，凡是女孩儿，他无不对之钟情爱惜。他的感情最易于移入对象，他的直觉特别大，所以他的渗透性也特别强。时常发呆，时常哭泣，都是这个感情移入发出来的。现在一见宝钗之妩媚风流，又不觉忘了形，只管爱惜起来。然这种爱之引起，却是感觉的、表面的，因而也就是一条线的。对象一离开，他的爱也便可以渐渐消散。再如宝玉挨了打，宝钗去看他，所发生的情形也是如此。

　　　　宝钗见他睁开眼说话，不像先时，心中也宽慰了些。便点头叹道：早听人一句话，也不致有今日！别说老太太心疼，就是我们看着心里也〔……〕刚说了半句，又忙咽住，不觉眼圈微红，双腮带赤，低头不语了。宝玉听得这话如此亲切，大有深意。忽见她又咽住，不往下说，红了脸，低下头，含着泪只管弄衣带，那一种软怯娇羞轻怜痛惜之情，竟难以言语形容。越觉心中感动，将疼痛早已丢在九霄云外去了。（第三十四回）

　　这种表情又打动了他的心，不觉忘了形。任凭铁石人也不能无动于中，何况善感的宝玉。然这种打动，也只是感觉的、一条线的。对象离了眼，也可以逐渐消散，虽然也可以留下一种感激之情。

　　因为这个缘故，所以其爱宝钗之心远不如爱黛玉。他虽然和黛玉时常吵嘴，和宝钗从未翻过脸，然而也不能减低了他们的永久的爱。其原因就是：于妩媚风流的仙姿而外，又加上了一个思想问题、性格问题。由于这个成分的掺入，遂使感觉的一条线的爱，一变而为既感觉又超感觉的复杂的爱。既是复杂的，那爱慕之外，又添上了敬重高看的意味。于是，在这方面，黛玉便胜利了，宝钗失败了。黛玉既是爱人，又是知己。一有了"知己"这个成分，那爱便是内部的、性灵的，便是不容易消散的、忘怀的。虽然黛玉说他是"见了姐姐，忘了妹妹"，虽然宝玉见一个爱一个，然从未有超过黛玉者，也从未有忘过黛玉。因为他俩之间的爱实是更高一级的。

　　《红楼梦》里述叙宝、黛之间的心理关系，太多了，太微了。兹录其一二段，以观一般：

　　　　原来宝玉自幼生成来的有一种下流痴病；况从幼时和黛玉耳鬓厮磨，心情相对，如今稍知些事，又看了些邪书僻传，凡远亲近友之家所见的那些闺英闱秀皆未有稍及黛玉者，所以早存一段心事，只不好说出来。故每每或喜或怒，变尽法子，暗中试探。那黛玉偏生也是个有些痴病的，也每用假情试探。因你也将真心真意瞒起来，我也将真心真意瞒起来，都只用假意试探。如此两假相逢，终有一真，其间琐琐碎碎，难保不有口角之事。即如此刻，宝玉的心内想的是：别人不知我的心还可恕，难道你就不想我的心里眼里只有你？你不能为我解烦恼，反来拿这个话堵噎我，可见我心里时时刻刻白有你，你心里竟没我了。宝玉是这个意思，只口里说不出来。那黛玉心里想着：你心里自然有我：虽有金玉相对之说，你岂是重这邪说不重人的呢？我就时常提这金玉，你只管了然无闻的，方见的是待我重，无毫发私心了。怎么我只一提金玉之事，你就着急呢？可知你心里时时有这个金玉的念头；我一提，你怕我多心，故意儿着急，安心哄我。那宝玉心中又想着：我不管怎么样都好，只要你随意，我就立刻因你死了也是情愿的；你知也罢，不知也罢，只由我的心：那才是你和我近，不和我远。黛玉心里又想着：你只管你就是了，你好我自然好。你要把自己丢开，只管周旋我，是你不叫我近你，竟叫我远你了。看官，你道两个人原是一个心，如此看来，却都是多生了枝叶，将那求近之心反弄成疏远之意了。（第二十九回）

黛玉听了这话，不觉又喜又惊，又悲又叹。所喜者，果然自己眼力不错，素日认他是个知己果然是个知己。所惊者，他在人前一片私心，称扬于我，其亲热厚密竟不避嫌疑。所叹者，你既为我的知己，自然我亦可为你的知己；你我既为知己，又何必有金玉之论呢？既有金玉之论，也该你我有之，又何必来一宝钗呢？（第三十二回）

宝玉正出了神，见袭人和他说话，并未看出是谁，只管呆着脸说道：好妹妹，我的这个心，从来也不敢说，今日胆大说出来，就是死了也是甘心的！我为你，也弄了一身的病，又不敢告诉人，只好掩着。等你的病好了，只怕我的病才得好呢？睡梦里也忘不了你！（第三十二回）

黛玉乘此机会说道：我便问你一句话，你如何回答？宝玉盘着腿，合着手，闭着眼，撅着嘴道：讲来。黛玉道：宝姐姐和你好，你怎么样？宝姐姐不和你好，你怎么样？宝姐姐前儿和你好，如今不和你好，你怎么样？今儿和你好，后儿不和你好，你怎么样？你和他好，他偏不和你好，你怎么样？你不和他好，他偏要和你好，你怎么样？宝玉呆了半晌，忽然大笑道：任凭弱水三千，我只取一瓢饮。黛玉道：瓢之漂水奈何？宝玉道：非瓢漂水，水自流，瓢自漂耳。黛玉道：水止珠沉奈何？宝玉道：禅心已作沾泥絮，莫向东风舞鹧鸪。黛玉道：禅门第一戒是不打诳语的。宝玉道：有如三宝。黛玉低头不语。〔……〕（第九十一回）

从极度的爱，到剖心事，到现在乃直是要口供了。"任凭弱水三千，我只取一瓢饮"，及至"水止珠沉"，他便是"禅心已作沾泥絮，莫向东风舞鹧鸪"。并且最后还是以"三宝"为誓。黛玉至此可以"放心"了。内部已经不成问题，可是变生外部。宝钗胜利了。两个大傻瓜还是在闷葫芦里莫名其妙哩！

惠人案：目《红楼梦》一书为悲剧，并以"人生见解"说《红楼梦》者，始于王静安先生。王先生说见《静安文集》中之《〈红楼梦〉评论》，读者可取合观。

六

宝玉的"玉"丢了，宝玉疯颠了。于是贾母、王夫人便想到了金玉因缘，想借着宝钗的金锁来冲喜，来招致那失掉了的宝玉。于是便定亲以至结婚。也不顾元妃的孝了，袭人的诉说警告也无用了。袭人也自是私自庆幸，凤姐便施其偷梁换柱之计。贾母、王夫人只知道站在自己的立场上说话，儿女本身的思想性格，以及平素的关系，全不过问，全不理解。他们也不想理解，她们也不能够理解。她们虽知道他俩的感情比较好点，但是她们以为这是他俩从小在一块的缘故。她们所理解的只这一点，她们再不能够进一步的理解。她们都是俗人，她们不能够理解这一对艺术化了的怪物。可是，第一幕悲剧就在此开始上场。

机关泄漏了，颦儿迷了本性，焚了稿子，断了痴情。那病一天重起一天，血不住的吐。贾母大惊，随同王夫人凤姐过来看视，"只见黛玉微微睁眼，看见贾母在她旁边，便喘吁吁的说道：老太太！你白疼了我了！贾母一闻此言，十分难受，便道：好孩子，你养着罢！不怕的！黛玉微微一笑，把眼又闭上了"。（第九十七回）这"微微一笑"中有多少恨？有多少苦？这"白疼了我了"一句中，含了多少讥讽？含了多少怨恨？贾母一听，能不难受，能不愧死，但是她竟老羞成怒，说出很令人伤心的话来！

> 贾母心里只是纳闷，因说：孩子们从小儿在一处顽，好些儿是有的；懂的人事，就该要分别些，才是做女孩儿的本分，我才心里疼她。若是她心里有别的想头，成了什么人了呢？我可是白疼了她了！你们说了，我到有些不放心。（第九十七回）

> 贾母道：我方才看她却还不至糊涂。这个道理，我就不明白了。咱们这种人家，别的事自然没有的，这心病也是断断有不得的！林丫头若不是这个病呢，我凭着花多少钱都使得；就是这个病不但治不好，我也没心肠了！（第九十七回）

读者看这两段话，怎不令人可恨，我真要骂一声"这老乞婆！"

贾母等人自从看过了以后，便过去办宝玉喜事。黛玉方面只请医诊治而已。"上下人等都不过来，连一个问的人都没有，睁开眼只有紫鹃一人。"岂不可恨？宁不可叹？紫鹃恨的更了不得！"到了贾母上房，静悄悄的，只有两三个老妈妈和几个做粗活的丫头在那里看屋子。紫鹃因问道：老太太呢？那些人都说：不知道。紫鹃听这话诧异，遂到宝玉房里去看，竟也无人！遂问屋里的丫头，也说不知。紫鹃已知八九；但这些人怎么竟这样狠毒冷淡。"（第九十七回）黛玉平时谁不敬重？不想到此，无一人过问。人情人情，夫复何言？我之恨即恨在此，我之叹亦叹在此。黛玉气绝之时，正是宝玉成礼之时。一面音乐悠扬，一面哭泣凄凉！这个对比，实在难堪！

黛玉死了，宝玉尚在梦中。结婚他也是莫名其妙，偷梁换柱是个纸老虎，揭穿了，宝玉越发糊涂，病的日见利害，连饮食也不能进了。黛玉有心病，试问宝玉这是不是心病？贾母又有何说？明知其各有心病，又使用李代桃僵。这简直是开玩笑，以人命作儿戏，既不顺天又不应人。如何不演悲剧？如何又不演第二幕悲剧？

悲剧是演了，可恨自是可恨。但是话又说回来，恨只是感情上的，细想想又无所恨。紫鹃连宝玉都恨，这当然是不合理的，可是感情上又不能无恨。我自是恨贾母，但细想，贾母也不必恨了。贾母听见黛玉死了，眼泪交流，说道："是我弄坏了她了！但只是这个丫头也忒傻气！"贾母也自认其咎，不过他以为女孩儿总当如宝钗那样才好，奇特乖僻，便不是作女孩儿的本分。这是道德观念如此，普天之下莫不皆然，贾母当年也得遵守。这如何能怨恨贾母？贾母又对王夫人说："你替我告诉她的阴灵：并不是我忍心不来送你，只为有个亲疏。你是我的外孙女儿，是亲的了；若与宝玉比起来，可是宝玉比你更亲些！倘宝玉有些不好，我怎么见他父亲呢？说着，又哭起来。"（第九十八回）亲疏是人情，凡事总要近情，贾母毕竟是开明的老太太！但是情也实在不容易通，通情要有理解，贾母只作了"尽其在我"，"忠恕一贯"之道，还差得远哩！

贾母对黛玉只作到了"尽其在我"，对宝玉也何尝不如此。一般的宝玉也并没有把他看在眼里！任凭你怎么疼，操多少心，那宝玉何曾受一点感动？何曾稍有上进之心？还不是结果为一林妹妹，冷着心肠，抛弃一切，出了家作和尚！可见贾母之爱宝、黛，与宝、黛之爱贾母同。同是单纯的一条线的爱，同是家庭内的母子之爱。母子之爱如何同于情人之爱！

贾母如此，王夫人又何尝不如此！推之宝钗，亦何独不然！宝钗与黛玉也是很好的朋友，这幕悲剧也怪不得宝钗。朋友之爱，也是比不上夫妇之爱呵！

但是，宝钗难以情人之爱对宝玉，宝玉却以朋友之爱对宝钗。朋友之爱也是单纯的一条线的。所以任凭你怎样用情，结果还是为林妹妹一走！

这幕悲剧竟一无所恨，只恨思想见地之冲突与不理解。各人都是闭着眼一直前进，为自己打算，痴心妄想，及至无可如何，必有一牺牲，这是天造地设的惨局！

七

第一幕悲剧是人性的冲突，第二幕自然以此为根据，复加上了"无常"之感。由"无常"的参加，这第二幕的悲剧便含着一个人生的根本问题。试看《红楼梦》的主角怎样解脱这个问题。

第一百二十回的《红楼梦》只是一篇兴亡陈迹的描写。一个人亲身经历一番兴亡劫数，那无常的悲感自然会发生的。《红楼梦》第一回便揭示出怎样解脱无常。以疯跛道人的《好了歌》开始，自然便以出家为终结。《好了歌》是：

> 世人都晓神仙好，只有功名忘不了。古今将相在何方？荒塚一堆草没了！

> 世人都晓神仙好，只有金银忘不了。终朝只恨聚无多，及到多

时眼闭了!

世人都晓神仙好,只有姣妻忘不了。君生日日说恩情,君死又随人去了!

世人都晓神仙好,只有儿孙忘不了。痴心父母古来多,孝顺子孙谁见了!

识"通灵来历"说"太虚实情"的甄士隐,又将《好了歌》加以注解道:

陋室空堂,当年笏满床;衰草枯杨,曾为歌舞场。蛛丝儿结满雕梁,绿纱今又在蓬窗上。说甚么,脂正脓,粉正香!如何两鬓又成霜?昨日黄土陇头埋白骨,今宵红绡帐底卧鸳鸯。金满箱,银满箱,转眼乞丐人皆谤。正叹他人命不长,那知自己归来丧?训有方,保不定日后作强梁;择膏粱,谁承望流落在烟花巷!因嫌纱帽小,致使锁枷扛;昨怜破袄寒,今嫌紫蟒长。乱烘烘你方唱罢我登场,反认他乡是故乡,甚荒唐,到头来,都是为他人作嫁衣裳!

这一首注解,便是说明万事无常。因缘相待,祸福相依;没有完全好的时候。若要完全"好",必须绝对"了"。若能了却一切,便是圆圆满满,常而不变,故曰《好了歌》。所以,最后的解脱便是佛教的思想。

宝玉生于富贵温柔之乡,极度的繁华也受用过。后来渐渐家败人亡:死的死,嫁的嫁,黄金时代的大观园变成荒草满地了!善感的宝玉如何不动今昔之情,最使他伤心的,便是开玩笑式的结婚,与林妹妹的死。宝钗告诉他黛玉亡故的消息,他便一痛决绝,倒在床上。及至醒来,"自己仍旧躺在床上。见案上红灯,窗前皓月,依然锦绣丛中,繁华世界。仔细一想,真正无可奈何,不觉长叹数声"。(第九十八回)试想这无可奈何的长叹含着有多少痛苦,从这里边能悟出多少道理?一悟再悟,根据其固有的思想见地,把以前的痴情旧病渐渐冷淡起来,色即是空,情即是魔,于是由纨袴子弟转变到佛教那条路上去,不再在这世界里惹愁寻恨了!

本来,在中国思想中,解脱这个人生大问题的大半都走三条路:一走儒家的路,这便是淑世思想;二走道家的路;与三走佛家的路,这便是出世思想。儒家之路想着立功立言以求永生;道家想着锻炼生理以求不死;佛家想着参禅打坐以求圆寂。三家都是寻求永恒,避免现世的无常。贾宝玉最后遁入空门,作书者为敷衍世人起见,说这是假的,不是正道。甄宝玉之由纨〔绔〕转为儒家，那才是真的；然而，在宝玉看来却是个禄蠹！当宝玉神游太虚幻境的时候，警幻仙子作最后忠告他说："从今后，万万解析，改悟前情，留意于孔、孟之间，委身于经济之道。"但是宝玉却始终讨厌这个经济之道，所以他终于走上了佛教之路！

八

宝玉是有计划的慢性的出家，不是顿时的自杀。所以当其长叹之后，虽一时想起黛玉未免心酸落泪，但又不能顿时自杀，又想黛玉已死，宝钗是第一流人物，举动温柔，遂将爱慕黛玉的心肠略移在宝钗身上。因为最易钟情的脾气，还不能一时脱掉，而宝钗亦实在有可爱之点。虽思想性格不在一条线上，然究竟亦不是俗流之人。有姿色美亦有内心美。所以他们俩结婚之后也着实过过很恩爱的生活。下面一段话描写小夫妇的起居生活太好了！

> 且说凤姐梳了头，换了衣裳，想了想，虽然自己不去，也该带个信儿；再者，宝钗还是新媳妇，出门子自然要过去照应照应的。于是，见过王夫人支吾了一件事，便过来到宝玉房中。只见宝玉穿着衣服，歪在坑上，两个眼睛，呆呆的看宝钗梳头。凤姐站在门口，还是宝钗一回头看见了，连忙起身让坐，宝玉也爬起来，凤姐才笑嘻嘻的坐下。〔……〕凤姐因向宝玉道：你还不走等什么呢？没见这么大人了，还是这么小孩子气，人家各自梳头，你爬在旁边看什么？成日家一块子在屋里，还看不够吗？也不怕丫头们笑话？说着，咪的一笑，又瞅着他咂嘴儿。宝玉虽也有些不好意思，还不理会；把个宝钗直臊的满脸飞红。又不好听着，又不好说什么。（第一百一回）

又如：

> 宝玉正在那里回贾母往舅舅家去。贾母点头说道：去罢，只是少吃酒，早些回来，你身子才好些。宝玉答应着出来，刚走到院内，又转身回来，向宝钗耳边说了几句，不知什么。宝钗笑道：是了，你快去罢。将宝玉催着去了。这里贾母和凤姐、宝钗说了没三句话，只见秋纹进来传说：二爷打发焙茗转来说，请二奶奶。宝钗道：他又忘了什么，又叫他回来？秋纹道：我叫小丫头问了焙茗，

说是二爷忘了一句话，二爷叫我回来告诉二奶奶：若是去呢，快些来罢；若不去呢，别在风地里站着。说的贾母、凤姐并地下站着的老婆子丫头都笑了。宝钗的脸上飞红，把秋纹啐了一口，说道：好个糊涂东西！这也值的慌慌张张跑了来说！〔……〕贾母向宝钗道：你去罢，省的他这么不放心。说的宝钗站不住，又被凤姐怄着顽笑，没好意思，才走了。（同上）

由这两段看来，宝玉真是可爱。此等夫妇焉能常久，亦不须常久。一日已足，何况年余？然则，宝钗虽守寡，其艳福亦胜黛玉多多矣。

九

宝玉终非负心之人。"禅心已作沾泥絮，莫向东风舞鹧鸪。"他必须要履践前言。宝钗虽可爱，小夫妇虽甚甜蜜，然而其爱的关系终不如与黛玉之深。不过逼着宝玉出家的主力，据情理推测，尚不在爱黛玉心切，而实在思想之乖僻与人世之无常。这两个主力合起来，使着宝玉感觉到人生之无趣。试想读书上进他既看不起，而他所最钟情的却又都风流云散，他所想望的以眼泪来葬他及大家都守着他的美梦，现在却只剩了他自己，使他感觉到活着无趣，种种想望不过是梦，不过是幻。他除了出家以外，还有什么办法？为黛玉出家实在是一个巧合，而事实上促成他这个目的与前言，却有好多其他成分在内。如果宝玉不是乖僻之人，如果是乖僻而不走到佛家的路上，转回来走儒家之路，如甄宝玉似的，则与宝钗偕老是必然的事。因为宝玉也实在爱慕宝钗，而宝钗运用柔情，也实有作过移花接木之计。然而并未偕老，这其中并非对于宝钗有所恨，有所过不去，这实在是世事使着他太伤心了，因而使着他对于生活也冷淡起来。这是蕴藏在他的内部的心理情绪。若说他一心想着黛玉而出家，这还是有热情。须知此时的宝玉不但是看富贵如浮云，即是儿女情缘也是如浮云。我们看这段话便知："哪知宝玉病后，虽精神日长，他的念头一发更奇僻了，竟换了一种：不但厌弃功名仕进，竟把那儿女情缘也看淡了好些，只是众人不大理会，宝玉也并不说出来。一日恰遇紫鹃送了林黛玉的灵柩回来，闷坐自己屋里啼哭，想着：宝玉无情。见他林妹妹的灵柩回去，并不伤心落泪；见我这样痛哭，也不来劝慰，反瞅着我笑！〔……〕只是一件叫人不解：如今我看他待袭人也是冷冷儿的！"（第一百十六回）这样微妙的心理，慧紫鹃也不慧了！

冷到极点，心中早有一家成见在那里。母子之情与夫妇之情皆未能稍动其心。一切情欲，扫涤净尽。心中坦然，倒觉无丝毫病魔缠身。所以他说："如今再不病的了，我已经有了心了，要那玉何用？"玉即欲，欲可以医病，可以养生亦可以害生。所以"欲"是人间生活的维持，没有了欲，便到了老病死的时候；而老病死之所以至，也即因为有了欲。如今他有了"心"了。心得其主是为永生，要欲何用？袭人说："玉即是你的命"，而宝玉却以为"心就是命"，玉是无用的了。所以当"佳人双护玉"的时候，他至不得已便笑道："你们这些人原来重玉不重人哪！"可怜凡夫俗子如何能了解他的领悟！

他既有了心，那玉之有无便不相干，对于他的行动毫无影响。于是他决定离开这欲的世界了。

> 只见宝玉一声不哼，待王夫人说完了，走过来给王夫人跪下，满眼流泪，磕了三个头说道：母亲生我一世，我也无可答报，只有这一入场，用心作了文章，好好的中个举人出来。那时太太喜欢喜欢，便是儿子一辈子的事也完了，一辈子的不好，也都遮过去了！

这是母子的惨别！

> 宝玉却转过身来给李纨作了一个揖说：嫂子放心！我们爷儿两个都是必中的。日后兰哥儿还有大出息，大嫂子还要带凤冠穿霞帔呢。

这是叔嫂之别！

> 此时宝钗听得早已呆了，这些话，不但宝玉说的不好，便是王夫人李纨所说，句句都是不祥之兆，却又不敢认真，只得忍泪无言。那宝玉走到跟前，深深的作了一个揖。众人见他行事古怪，也摸不着是怎么样，又不敢笑他。只见宝钗的眼泪直流下来，众人更是纳罕。又听宝玉笑道：姐姐！我要走了！你好生跟着太太，听我的喜信儿罢！宝钗道：是时候了，你不必说这些唠叨话了！宝玉道：你倒催的我紧，我自己也知道该走了！

这是夫妻惨别！还忍卒读吗？其为悲何亚于黛玉之死？

于是，"宝玉仰面大笑道：走了走了！不用胡闹了！完了事了！""走来名利无双地，打出樊笼第一关。"宝玉至今真出家矣！离家时，贾政不在家，于是便往辞亲父。

　　贾政写到宝玉的事，便停笔。抬头忽见船头上微微的雪影里面一个人，光着头，赤着脚，身上披着一领大红猩猩毡的斗逢①，向贾政倒身下拜。贾政尚未认清，急忙出船，欲待扶住问他是谁，那人已拜了四拜，站起来打了个问讯。贾政才要还揖，迎面一看，不是别人，却是宝玉。贾政吃一大惊，忙问道：可是宝玉么？那人只不言语，似喜似悲。贾政又问道：你若是宝玉，如何这样打扮，跑到这里来？宝玉未及回言，只见舡头上来了两人，一僧一道，夹住宝玉道：俗缘已毕，还不快走！说着，三个人飘然登岸而去。

　　这是父子之别！吾实不禁黯然伤神者矣！

　　以上别父母别妻嫂，极人间至悲之事。释迦牟尼正因着生离死别的悲惨而离了皇宫，然离皇宫又何尝不是极悲之事？宝玉冷了心肠而出家求那永生之境，正同释伽牟尼一样，都以悲止悲，去痛引痛。这是一个循环，佛法无边，将如何断此循环？

　　宝玉出家一幕，其惨远胜于黛玉之死。黛玉死，见出贾母之狠毒与冷淡，然此狠毒与冷淡犹是一种世情，其间有利害关系，吾人总有恕饶的一天。至于宝玉的狠与冷，却是一种定见与计画。母子之情感动不了，夫妇之情感动不了，父子之情更感动不了，刚柔皆无所用，吾人何所饶恕？恕宝玉乎？然宝玉之狠与冷，并非是恶，何用汝恕？惟如此欲恕而无可恕、无所恕之狠与冷，始为天下之至悲。盖其矛盾冲突之难过，又远胜于有恶可恕之利害冲突也。吾故曰第二幕之惨又胜于第一幕。其主因即在于思想性格冲突而外又加上一种无常之感。他要解脱此无常，我们恕他什么？

　　有恶而不可恕，以怨报怨，此不足悲。有恶而可恕，哑巴吃黄莲，有苦说不出，此大可悲，第一幕悲剧是也。欲恕而无所施其恕，其狠冷之情远胜于可恕，相对垂泪，各自无言，天地黯淡，草木动容，此天下之至悲也。第二幕悲剧是也。

（原载《文哲月刊》第 1 卷第 3/4 期　1935年 12 月/1936 年 1 月）

（选自《牟宗三先生全集 26 · 牟宗三先生早期文集》（下），1061～1088 页。）

---

　　①　此文原文"斗逢"，当改为"斗篷"

水浒世界
（1956）

吾尝云："红楼梦"是小乘，《金瓶梅》是大乘，《水浒传》是禅宗。请言《水浒传》。

《水浒》境界颇不好说。从其中的故事及人物而言之，较有凭借。然亦正因此，较易限定。一有限定，则《水浒》境界便不是《水浒》境界。酸腐气，学究气，市侩流氓气，皆不足以言《水浒》。吾常以为只从文字观之，亦可以悟。读小说者，总是先急于了解其中之故事，道说其中之人物，然后再进而解析其所表示之思想或意识。吾言《水浒》世界，岂不类于解析其思想或意识？是不然。如是，正是落于学究气。吾不知其是何思想，吾亦不知其是何意识。久而久之，吾亦不觉其中之故事，吾亦不想其中之人物。吾只随手翻来，翻至何处即看何处。吾单看文字，即触处机来。吾常如此而悟《水浒》之境界。《水浒》文字很特别：一充沛，二从容。随充沛而来者如火如荼，随从容而来者游戏三昧。不从容，不能冲淡其紧张。游戏所以显轻松，三昧所以显静定。其文字之声音色泽，一有风致，二极透脱。惊天动地即是寂天寞地。而惊天动地是如是如是地惊天动地，寂天寞地是如是如是地寂天寞地。如是如是，便是《水浒》境界。吴用说三阮撞筹，是那样地清机徐引，三阮之兴发上钩，是那样地水到渠成。吾不觉有来有往，吾只觉步步是当下。潘金莲毒死武大郎，其惊险可怕，阴森狠毒，令人透不过气来。然而其文字一经从容回环，便令人透过气来，便觉无处不停停当当，洒然自足。其令人洒然自足处，不在报应，而在描述潘氏之干号。"话说妇人之哭有三种。有泪有声谓之哭，有泪无声谓之泣，无泪有声谓之号。当下潘金莲干号了几声"云云，此就是《水浒》之从容也。其如是如是之境界，大抵由此等处烘托出。

若问其如是如是是什么东西之如是如是，则曰若可以说是什么东西之如是如是，便不是如是如是。此所以说单由文字亦可以悟之故也。

如是如是之境界是"当下即是"之境界。而当下即是之境界是无曲之境界。明乎此而后可以了解《水浒传》中之人物。此中之人物以武松李逵鲁智深为无曲者之典型，而以宋江吴用为有曲者之典型。就《水浒传》言之，自以无曲者为标准。无曲之人物是步步全体呈现者，皆是当下即是者。吾人观赏此种人物亦必须如如地（as such）观之。如如地观之所显者即是如是如是。

他们这些年强力壮之人物，在消极方面说，决不能忍受一点委屈。横逆之来，必须打出去。武松说："文来文对，武来武对。"决不肯低头。有了罪过，即时承认，决不抵赖。好汉作事好汉当。他们皆是"汉子"。汉子二字颇美。有气有势，又妩媚。比起英雄，又是一格。禅家常说：出家人须是硬汉子方得。他们只说个汉子，便显洒脱妩媚。《水浒》人物亦是如此。承认犯罪，即须受刑。受刑时，决不喊叫。"叫一声，不是打虎的好汉。"在消极方面，他们是如是抵抗承当。在积极方面，他们都讲义气，仗义疏财。消极方面是个义字，积极方面亦是个义字。义之所在，生死以之，性命赴之。天下有许多颠连无告者、弱者、残废者、哀号宛转无可告诉者，此种人若无人替他作主，直是湮没无闻，含恨以去。大圣大贤于此起悲悯心，伊尹之任亦于此处着眼，《水浒》人物则在此处必须打上去。所以他们常闹事，人海生波，与圣贤之悲，伊尹之任又不同。但无论如何，此皆是替颠连无告者作主之一方式。而《水浒》之方式乃是汉子之方式。武松替兄报仇，实是替残弱之武大作主。其兄弟之情甚笃。武大在潘金莲眼中看来，三分像人，七分像鬼，一打团团转，三打不回头的人物，而在武松看来，却口口声声是兄长，决无轻视他的意思，只是系念他是个弱者，常被人欺负，临别时，嘱他晚出早归，武大哭了，遂说：即不出门亦可，只在家坐地。武大说他兄弟的话是金子言语，我只信他。像这样一个诚实人，可怜虫，若无人作主，便是昏了天地。我每于此起无涯之悲痛，深深之怅惘。天地生人，真有许多不仁处，好像全无心地于不觉中夹带来许多渣滓，漂流道旁，像个蝼蚁，像棵干草。此种人物不必说被欺负，即其本身根本上便是可怜虫。彻头彻尾即须有人替他作主，以参赞化育之不及，以弥补天地之缺陷。不必到他被践踏了，被残害了，才为之作主，才显出他的可怜。我有许多最亲切的事例作印证，我无可奈何，天地亦无可奈何，我只有悲痛。我的怜悯之感，常是无端而来的。佛说众生可悲以此。

他们这些不受委屈，马上冲出去的人物，你可以说他们是小不忍则乱大谋。但是，在他们，罪过无大小，义理无大小，你对不起他，你欺负了他，你就是错了。一错永错，便无甚可说的。你若说：忍耐点吧，则在他们这种无曲的汉子，不能有忍耐。隐忍曲折以期达到某种目的，不是他们的心思。他们没有瞻前顾后，没有手段目的，而一切皆是当下即目的。然而人文社会就是有曲屈的。像他们这种无曲的人物，自然不能生在社会圈内。"水浒"者即社会圈外，山岭水涯之意也。普通说逼上梁山，好像是某种人一定把他们逼出去。实则还是从"对他"的关系上而看的。因此便有反抗暴虐，压迫被压迫阶级之说。须知此就是酸腐气，学究气，武松李逵不见得领你的情。你这种替他们仗义，是可以令他们耻笑的。他们根本不承认自己是被压迫者，他们并没有那种龌龊的自卑感。他们明朗而俊伟，所以是个汉子。现在的人必得以自己的卑鄙不堪之心把武松杀嫂的故事写成潘金莲恋爱的故事，直是污辱圣人。他这种"当下即是"的汉子，本性上就不是社会圈内的人物。社会圈内总是有缺陷。政治经济教育俱平等了，而人与人间未见得即无争吵打架之事。所以这是人性问题，并不是社会政治或经济问题。这些人并不能从事政治，亦不事生产，亦不能处家庭生活，赤条条来去无牵挂，东西南北走天涯。而又理无大小，罪无大小，一有不义，即时打去，而且一打常泛滥而不可收拾。试想此等人如何能处社会？在社会的立场上说，必是闹乱子，而在他们的立场上说，却是硬汉子。吾尝思其故，此中确有一面真理。此面真理即构成所谓《水浒》世界。盖纯直无曲，当下即是，只有上帝是如此，而上帝是真理的标准，本是在人以外的。现在《水浒》人物，是人而要类似上帝，自然非在社会圈外不可。自社会人文上说，要作到当下即是，是不容易的。《水浒》人物的当下即是，不是人文社会上的，乃是双拳两脚的野人的，不曾套在人文化成的系统中之汉子。孔圣人不能用拳打足踢来维持仁义。他有《春秋》之笔，有忠恕之道：从委曲中求一个"至是"。如是乃有文化。孔圣人是人与神的合一者。既是合一，则纯直无曲，当下即是，必在极高度的道德含忍中呈现。王学所谓"全体是知能呈现"，程朱所谓"天理流行"，岂不是纯直无曲，当下即是？朱子临终时说："天地生万化，圣人应万事，直而已矣。"这个直却不容易。这个直是随孔圣人之圣人之路下来的。如是，吾人有一个上帝，有一个孔圣人，二者之外，还有一个《水浒》世界。这《水浒》人物，既不能是上帝，因为他是人；又不能是孔圣，因为他不能处社会。所以只好在山巅水涯了。金圣叹即于此而言作《水浒》者有无量之隐痛。若处于上帝与孔圣一面而观之，他们自是可痛的。实则亦不必。他们自身并不是可痛可悲的。我看作《水浒》者并不是根据什么大悲心而写《水浒》。如此解之，亦未免头巾气。读施耐庵自序，即可知其心境（人或以为此篇自序即是金圣叹作的。但无论谁作，我以为此篇文字可以表示《水浒》境界）。

他们这种即时打去之行径，都是顶天立地之人物。首出庶物，无有足以掩盖之者。所以是自足而穷尽的。因为自足而穷尽，所以只有一个当下。此种自足而穷尽所呈现的当下，是极洒脱妩媚的。他们也有悲欢离合，喜怒哀乐。但是说他们为的什么一定的东西，或表示什么一定特殊化了的背景，我以为皆不免学究气。鲁智深大闹五台山，人或在此窥出他背后的寂寞，我以为他的寂寞只是无酒无肉，受了一套佛教文化的拘束。恐怕未必是普通人所意想的寂寞。我们常说耐住寂寞。耐住寂寞，就是固定个寂寞与不寂寞相对待。一定要从《水浒》行径窥测它背后的什么背景，不如直翻上来直从他们的无曲行径体会《水浒》境界。说《水浒》是寂寞的表示，不如直说原始生命必须蠢动。他有那股充沛的气力，你如何叫他不蠢动？而蠢动不是境界，亦不是什么思想或意识。其蠢动之方式，成为纯直无曲，当下即是，方是表得一个"如是如是"之境界。李逵见各人下山搬爹取娘，便大哭起来。宋江问他烦恼甚的，他说他也要搬老娘上山快活。宋江让他去搬。结果搬不来，在深山中被老虎吃了。我曾向一个朋友说：我有一个禅机，请你细参。李逵决搬不上他的娘来，写《水浒》的人压根就不想叫他搬上来；理上不能如此。请问什么缘故。友人瞪目不解。人多于此不留心。实则是一个大机窍。李逵不去搬，不是李逵，去搬而搬得上来，也不是李逵。照来布尼兹的哲学说，一个本体概念一经形成，则所有可能的谓词皆已含在里面了。去搬而搬不上来，是李逵一个体中必然的谓词。回来把他的经过告诉宋江等人，皆大笑。若说不替他惋惜，而却发笑，实在太不仁了。我于此也颇不解。实则并非不仁，而李逵自身即是可笑的。他的可笑掩盖了对于他娘的仁。若于此而不笑，便是虚伪。虚伪而可为仁乎？此就是超越了一切既成的固定的系统，而成就了一个当下即是的妩媚境界。此只能如如地观之。惟如如，而后觉其一切皆必然。林冲差人去东京取眷，回来知道已死了，无不为之悼惜悲叹，以助其哀。然而此决用不到李逵身上。人文系统之仁，在此不能呆板其用了。此处确有一点禅趣。许多道理俱当作如是观。人们必得以林黛玉之不得与宝玉成婚为大恨，因而必深恶痛绝于宝钗。我以为此皆不免流俗之酸腐气。试想若真叫黛玉结婚生子，则黛玉还其为黛玉乎？此乃天定的悲剧，开始时已经铸定了。人们必得于此恨天骂地，实在是一种自私的喜剧心理。人们必得超越这一关，方能了悟人生之严肃。同理，读《水浒》者，必随金圣叹之批而厌恶宋江，亦大可不必。须知梁山亦是一个组织。《水浒》人物虽不能过我们的社会生活，但一到梁山，却亦成了一个梁山社会。自此而言，宋江是不可少的。不可纯以虚假目之也。必须饶恕一切，乃能承认一切。必须超越一切，乃能洒脱一切。洒脱一切，而游戏三昧，是《水浒》妩媚境界。

没有生命洋溢，气力充沛的人，不能到此境界；没有正义感的人，也不能到此境界。武松说："武二这双拳头，单打天下不明道理的人。"又说："我武二是嚼齿戴发的男子汉，不是那禽兽不如的猪狗。嫂嫂以后休要恁的。"只是他们好为一往之行，乃是不学的野人，没有回环。所以不合圣人之道。然而他们却是另一世界。他们的生命并非全无安顿。义是他们生命的着落点，只是没有经过理性的自觉而建立，所以不是随孔子之路而来。此只可说是原始的、气质的，所以只是一个健实的、妩媚的汉子。他们作过即完，一切是当下，是新奇。他们的生命随时可以结束：完了就完了，并没什么可躲闪回避的。飘忽而来，飘忽而去。但是来也须来得妩媚，去也须去得妩媚：所以是个汉子。杜甫诗云：语不惊人死不休。此不是《水浒》境界。而《水浒》结尾诗云：语不惊人也便休。此方是《水浒》境界。

这个境界，出世不能为神，入世不能为圣人。殊不可由系统以解之。必须是在洒脱一切时的触处机来。《水浒传》自序云："薄暮篱落之下，五更卧被之中，垂首捻带之际，皆有所遇矣。"又云："所谈未尝不求人解，而人亦卒莫之解。盖事在性情之际，世人多忙，未之暇问也。"吾之感觉《水浒》境界，在由坝子上，在树底下，在荒村野店中，在世人睢盱下，在无可奈何之时，在热闹场中，在污浊不堪之社会中，花天酒地，金迷纸醉，冷冬小巷，皆有所遇。我之感觉，颇不易写得出。比起写哲学系统还难。以往生活，已成云烟。然而我未曾倒下去。我只因读了点圣贤之书，渐渐走上孔圣之路。假若有归宗《水浒》境界者，必以我为无出息矣。

（原载《生命的学问》，256～264页。）

美的感受
（1968）

虞主任、各位先生、各位同学：

我对艺术这方面的问题，可说是完全外行，所以，我也不打算在这方面表示任何意见。可是，上星期你们同学约我来说几句话，我想藉此机会讲一点我内心所想的。这恐怕不能给各位研究艺术的人有所鼓励，很可能是泄气的话。不过，对有专门学问修养的人，实在也不需要外行人去鼓励的。所以我不妨姑妄言之，诸位也不妨姑妄听之。假如我的说话在诸位的灵魂深处引起感发的话，那是一种意外的收获。

关于艺术的理论、美学方面的，在外国有很多大著，康德有《美学论》、黑格尔有《艺术哲学》、克罗来也有讲美学的。关于这些抽象的理论，我不大十分有兴趣。要说，也可以说一些出来，可是纯讲这些抽象的理论，也没有多大的意思。所以我对这方面的问题，从来不敢赞一词，很少表示任何态度。我不但在狭义方面，即纯艺术方面是这样；甚至广义上说，在文学方面就是诗、词、歌、赋等，也是这样的。我在台湾的一位朋友徐复观先生，常作笑话，说我这个人没有美感。不过，我不像墨子反对音乐的态度，因为我不反对音乐，也不能说我不能听音乐，因为我还不至于是墨子的耳朵。狭义一点来说，说我没有美感也是对的；可是广义一点来说，说我没有美感也不一定对。就作为专学的艺术说，是这样；可是在生活表现方面就不见得是这样。且从专学方面说，比如在诗、词方面，我完全不行；偶然可以作一句出来，可是刚好出一句，但下一句便没有了。因为以前现成的词句，词藻多得很，那些美丽的词语我都用不上。用不上则我的下一句便没有了。那末这就表示说你自己的趣味，这种词藻不够，不能表达，可是我自己也造不出新字眼来表达我的趣味。从这一点来说，我这个美感很难表现。我以前也常常读诗，有时也可讲一讲诗，有个时期我也做过关于评诗的文章，标题曰"说诗一家言"，但后来很少写这一方面的文字。历代大家，我真正能欣赏的很少，如李白、杜甫、李义山、陶渊明、曹子建的诗，这些诗都是不错的，但要使我能到赞叹不置的地步，则亦很难。经常我能念的诗少而又少，又是不见经传的，不是那些大家的诗。我不但在诗词这方面如此，在书法与绘画方面亦然，我的客厅里从没有想到挂点字画。我讨厌自己的字，但对当代大家的字如溥心畬、于右任等的字，我也不见得欣赏；对于古人的字画，我也不见得一定喜欢。我对这些艺术品没有兴趣，这可以说我对现实的具体的艺术品缺乏美感。我觉得欣赏也要经过训练的，比如欣赏西方音乐，是要经过训练的，有训练才能懂，缺乏训练是不能懂的。对中国的生活习惯薰染久了的时候，欣赏西方音乐是很困难的。又如听京戏亦要有训练，才能懂的。所以对欣赏艺术没有训练，也是不能懂的。但是我个人的感想还不只是训练的问题。有时候，我对于听京戏，我也不妄自菲薄，我敢说有一点相当的训练，我在听方面是相当的内行，可以说懂；但是你不能对我对它，有甚么了不起的一种赞叹。我有一个时期，对于昆曲，这是道地的中国音乐也有衷心的喜欢。那确实能一听这东西，马上可以使你神往，心中有难以说出的愉快，那是京戏达不到的。京剧不能使人有这种境界。

在成都的时候，我一听见吹笛子，配上唱这个昆曲，我就神往。可是这几年，就没有了。所以就这个情形，我常想一想，我是有一点感受的，但常常不能满足。这里面似乎有一个很深的问题。徐复观先生说我完全没有美感，我想这不见得对。但我也不跟他辩说。反正我也不想作，也不能作诗人或艺术家。不过就我的美感说，这里面确有一个问题，我想这不纯是一个训练的问题。

我不能讲"艺术"，但常喜欢讲"艺术性的"（artistic），我常讲有艺术性的生活情调。魏晋人的情调是 artistic，但又不单是 artistic，他们还有一种玄智来配合。他们一方面是 intellectual，一方面是 artistic。这两种成分合起来的情调，我常能欣赏。但是这一种情调不是艺术，这不是 arts，这是 artistic。这只可以是一种生活情调，生活情调是一种意境，也是一种姿态。一种意境、一种姿态，不是一种艺术。在我的《历史哲学》里面我就常谈到这方面，说中国文化精神有两条流支配：一条是从儒家下来，就是讲理性的，所以我叫这种精神为尽理的精神；还有一条流是英雄或天才型的人物，这种人物是尽气的人物。这是中国文化的两大流。尽理的，就是讲圣贤，这［是］儒家所向往的人品。这是主流，道是主宰我们的文化生命的。但是人的生命不能够完全是理性的；所以还有一条暗流，是个尽气的。这个气是广义地说；若细分之，当该是才、情、气。尽气的人物是英雄人物，尽才的人物就是各种天才家，像李太白这一类。尽情的人物，现实上有没有呢？假定就小说里面想，比如说《红楼梦》里面所表现的那些人物，好像就是尽情的了，就说是贾宝玉吧！事实上有没有贾宝玉这种人，则很难说；即有，能尽情到甚么程度也很难说。不过，从道理上讲，是有尽情、尽气、尽才这三种形态的人物的。这种人物总括起来都是 artistic、艺术性的。尽气的人物，比如是刘邦，我对这个人物有相当的了解，楚霸王还不太够，唐太宗也差一点。唐太宗平常大家都认为是英雄，但是唐太宗这个英雄格调，和刘邦不能相同。诸位假如有兴趣的话，请去看看我那部《历史哲学》。刘邦在两千年以前，我们在两千年以后，通过司马迁的文字，作这样的欣赏。假如现实的一个刘邦在眼前，是不是可以欣赏也有问题。在道理上，我们可以这样想，我们人间是有这一种英雄性的尽气的这种艺术性的人物，是有这种尽才的艺术人格，也是有尽情的这种艺术人格。这种人大体都是可以欣赏的，是 artistic。这里面就有一种美，这是一件艺术品，这种艺术作品不是我们画的，也不是我们写的，也不是我们演奏或雕刻……这是上帝创造的，这是生命人格的结晶。假定从西方来讲，在音乐上我不十分清楚，譬如说音乐家，像贝多芬这一种音乐家，这算不算是尽才型的艺术人格呢？我不懂得音乐艺术，但这一个音乐家的生命情调，算不算是尽才型的？他的艺术天才及人格形态，我想是可以欣赏的，这就表示一种艺术性的美。artistic 一字用在这个地方就叫做人格美。能欣赏人格美是一个大的本事。

从理论上讲，苏格拉底当年就告诉我们，你要知道你自己。不要说知道别人，就是知道自己，谁能真正知道自己呢？照他的道理，教训上说是一种劝人不要狂妄，我们在这里不说这个意思，而是想说把人或自己当作一个欣赏的对象看。这种欣赏的了解，相当困难。艺术性的人格是他的特别生命的突出。欣赏这种生命是颇不容易的，而这种生命也确有其美处，只是这种美都很难说。我对这一面常常特别有所感，所以我这个美感、美的趣味，常常不能够寄托在一个现实的艺术作品上，常常在这个地方有沧凉之感；这个地方就是可欣赏的，这就是生命的事情，这不是艺术，而这种艺术性的人格（artistic personality）或者说是艺术性的生命（artistic life），是上帝创造的，这是所谓"天也"！这个不是学得来的，不是经过学问道德的修养所能培养到的。所以不只像刘邦这种尽气的人物是个天才，就是像李白、贝多芬这种尽才型的也是个天才，就算是能尽情的人，那么这个尽情型的人物也是天才。我们都不行，我们不能尽情，这不是说某某人性情刻薄、寡情，还不单是这种情形，就假定你不寡情，你也未必真能尽情。不管是刘邦英雄型的尽气，或者是天才家、艺术家的尽才，或者是爱情上尽情的人物，这都是生命上的事情。这个生命一定是很突出，他的艺术性的情调，美的姿态就是从他的突出的生命之中呈现出来的。但是须知生命是有一个强度的，你究竟能突出到甚么程度？这个没有人能把握的。你突出到某某程度，你才能美；你突出的程度不够，你不算美。所以英雄很多，都有可欣赏处。但历史上二千年来数来数去只有刘邦一人，其余的一些，都是似是而非的。所以这个地方就有一个很深刻的问题在里面，就是从生命上看，生命是有限度的，是个有强度的东西，不能作直线的无限拉长，这里有个限制。我们这个美要靠着生命来表现，而生命同时又是限制了它，这是一个 paradox。那么假若我们离开这个生命，去解掉这 paradox，那就没有这样美，没有这种具体的美；这时只有柏拉图所谓美之理型，即美之自己，但不是艺术品。这种离开生命的理境也是可欣赏的。黑格尔曾说艺术表现上帝的形式（form of God）。他说有三种绝对的精神：一种是宗教，一种是艺术，一种是哲学。因为黑格尔是哲学家，故把哲学看得高，认为是三种绝对精神中的最高格。这个我们不去管他。他说艺术表现上帝的形式，这句话我很能欣赏。上帝是宗教崇拜的对象、信仰的对象，有甚么形式可言？从宗教的立场说，上帝是无所不在、无所不知，是个无限。这根本没有任何形式，假如有形式，便把它限制住了。限住了，上帝就不是这个样了，就不是一个无限了。现在我们说艺术是表现上帝的形式，其意当该是艺术所透显的美，就是上帝的形式（形象）。形象虽有限，而即融于无限中，此即所以说，艺术是一种绝对精神，是表现绝对精神的。艺术要想借用颜色、线条、画纸，一些有限的东西，来表现内在无限的东西，它就是以这种无限的美的意境来表现上帝的形式。

黑格尔的这个道理说得很美，但实际上是不是有这种艺术呢？很成问题。我对这句话所表示的理境非常欣赏，但是看看现实的作品，是不是也能有使我像欣赏黑格尔那种理境的美呢？黑格尔了解艺术的本质、从原理上说艺术，当该如此，这是一个道理，但并不表示现实上的艺术都是如此。所以这个理境是可以欣赏的，"艺术表现上帝的形式"，这个表示是很美的。这句话使我想起中国《庄子》里面有一些话相同，这个也是很可欣赏的。《庄子·天下》篇里面有几句话说：道术是一个全体。在战国时百家争鸣，各有所见，就是一孔之见。一孔之见，就把道的全体分裂了。因为分裂了，所以他说："寡能备于天地之美，称神明之容"。黑格尔说艺术表现上帝的形象，这个上帝的形象就是神明之容。"容"字实比"形象"更为美。神明有甚么容呢？"神明之容"这句话，就是一句美的话，这是一个美学上的欣趣。"天地之美"从"神明之容"的地方表示。假如通过自然科学来了解，是没有美的。天地之美就是给科学破裂了，支解了，这是庄子所说的"判天地之美，析万物之理，察古人之全"。所以"寡能备于天地之美，称神明之容"。"称"是"相应"的意思。支解破裂便不能够与"神明之容"，丝丝入扣相契应。"称神明之容"一语是庄子的美的灵感，虽然是讲的道，可是这个地方是把道在美的趣味中表示出来。这也是一个理境。现实上的作品，能不能够备天地之美，称神明之容呢？能不能够使我们有"天地之美，神明之容"这样赞叹呢？照我自己主观的感受上讲，这是很不容易得见的。我不是抹杀客观的艺术存在（创造）。你们也许可说我不对，但是至少从我主观的感受上讲，我觉得难。

我常常是想这天地之美、神明之容的，也常常向往这种尽才、尽情、尽气的艺术性的人格。这些常在我自己心中浮现一种若有若无的美境，而不能够表现出来。我自己也没有那种艺术的天才，作一个艺术作品，来把我心中所想的那种艺术性的生命或者把那种上帝的形象、神明之容，表示出来。我记得幼年在我们家乡，当春末夏初的时候，我常常仰卧在河边的沙滩上，仰望辽阔的天空，旁边是小溪流，有桑树两行，有杨柳几株，上面有布谷鸟鸣之声。在这一种清明辽阔的境况里，我一藐然之身，横卧在沙滩上，一种落寞而不落寞之感便在心中浮现。我当时并不能明其所以，但只觉得很神往。事后我想这落寞而不落寞之感便就是那天地之美、神明之容了。又有一次，我夜宿在一家旅客①里，半夜三更正在睡觉迷离之际，忽有乐声起于邻舍。那声音的低回悠扬大类

---

① 此处原文作"旅客"，当改为"旅店"。

梵音。在它的抑扬回旋之中，直可把那天地的哀怨给全部摇拽出来。我们常说天地也含悲。我想这天地的哀容就是天地之美、神明之容了。我常有这苍凉之悲感的。这才是令人回肠荡气而又是寂天寞地之美的。这种美是很难用艺术作品表达的。艺术或文学作品当该是表现神明之容的。但是一般的作品很难达到这种程度。这个不是理论的问题，也不[是]讲的问题，乃是作的问题。这个就是生命，是要靠艺术家创造出来。他有这生命，他就创造出来。所谓 artistic life, artistic personality 便是这样的生命。没有这个生命就作不出来。我自己也不能够创造，我空讲是没有用的。生命的事情常常有意外的出现，是不在这所讲的理论的圈套之内的。这是大体这样说，我自己的主观感受是如此。

我说这个意思是表示：艺术，它是不能离开生命来表现的，要离开就没有艺术作品，一通过生命来表现，那么你这个艺术作品，常常为这个生命所限，这个就是我刚才所说的一个两难的地方。那么你怎么把这个两难经过一种训练，所谓后天的功夫，来把生命调适一下，使它往上发展，发展到可以达到这个天地之美、神明之容的境地，来解决这两难呢？这样，那当可以无憾了。但是这是个理想的目标，现实上是不是能够作到，很有问题。我想我们在这里所学到的训练，后天的训练很有限度，所以在这个地方，我不采取训练主义。这里是天才的。这个是属于生命的东西。生命的事情是不能够训练的，它是先天性的。这个先天性，不是理性的先天性，这是父母所给我的。训练是在这个范围之内训练，这只是技巧上的事。生命的格范一旦定了，你无论如何训练都不能够超出那范围的圈套，你要想越过这个范围而开拓一下，那是千难万难的。这个是生命的事，不是理性的事。就使是理性的事情可以训练，也有限度。比如儒家讲，人人可以为圣人，这是从理性上讲，给你一个希望，这是理想主义。但是他一方面反过来还要说变化气质，要变化气质才能够使你的理性表现出来。而变化气质是有限的。气质是生命的事情。生命一定的时候，你这个变化是有限的。所以理想上来讲，人人皆可以为圣人，但事实上并没有人人皆成圣人。这个问题关键在哪里呢？就是生命的限制。照创造道德人格上说尚且是如此，而何况是艺术？艺术性的创造，是完全靠生命的。这个生命是一个先天的，不能训练。训练只是在你的范围之内训练一点技巧。假定你没有这种生命的突出，或者突出到某种程度就停止，这个美便不能表现。困难就在这个地方。

　　你要想成一个真正的艺术家，一个创造性的艺术家，这是要靠有独特性的生命的。但是哪一种独特的生命情调才是创造艺术的生命呢？这是没有答覆的，此即所谓先天。比如说孔夫子他的生命突出，但为甚么又不能成为艺术家呢？他怎么却成了圣人呢？那些宋明的理学家他们的生命也很突出，为甚么却只能成为一个儒者人格，而不能成艺术家呢？我只能描述地说：能表现天地之美、神明之容的生命才是艺术家。人常想到艺术家都是古里古怪的。这个古里古怪有其必然性。这不是假装的。这也是生命上的一个不容已。做作的不可靠。有一个时期，譬如说中国的留学生到法国去，都学着留长头发，这个不能表现真实的艺术生命，因为艺术的生命是不能摹仿的，不能摹仿任何时尚的，所以要特立独行，要发于性情之真。特立独行的人永远是令人讨厌的，在社会上是很难生存的，他们要奋斗，要颠连困苦。假如我们要颠倒在社会上适者生存，那么你就要舍己从人，久之你便是一个庸俗的人，不能成为一个艺术家。有些人他按照美学去装饰自己，这反而不美。比如说我们的老师就是熊先生，他这个人照现实生活上说，他是丝毫没有艺术性的，也可以说毫无生活。我们可以吃茶、吸烟、饮酒；但我们的老师既不饮茶、也不吸烟、也不饮酒，他只喝白开水，他的生活除了谈道以外，一无所有。就是这么一种生活。你说这个有生活没有生活？在我们来说，实在没有生活的。但他这个生命的整个情调，是艺术性的。他不作诗，也不填词，更无意于为文。写字是乱七八糟地写，不像我们平常的写法。但他写出来有天然的秀气。挂出来，个个字可以站得住。他没有训练，就这样写，这就是他的艺术性的生命情调。他不是理学家，是魏晋时代的人物，这就是特立独行的艺术性的生命突出。但是他的艺术性的生命突出没有应用在作文学、作艺术创造，却用在哲学上。那么假定说我们有这一种艺术性的生命突出，而能够恰恰应用到艺术创造上，那你就成艺术家。所以这里面有些很微妙的问题，常常这个人是 artistic，但他不能够作艺术创造。这就是生命的独特。这种地方也请诸位常常反省一下，检查一下你自己的生命是不是一个能做艺术创造的生命，这样也许能把你的灵魂深处那种真性情揭发出来。揭发出来就是用其所长，使你在这个方向再往前走，那么你可以有艺术的创造。

　　谈到这里，牵连到我对眼前有很多的观念也觉得是不很恰当的。说到艺术和文章，它的主体一定是生命主体。生命有独立的意义，上而它不是理性，下而它又不是物质。就单单拿这种有独立意义的生命，才是真正的艺术主体。好多谈艺术的从道家方面谈，从庄子来讲，说庄子是"艺术主体"，这个名词用得不恰当。在你们这期的《艺术专刊》上郑捷顺同学也提到这个观念。说庄子谈道的境界是含有艺术性的境界则可，但你不可以说庄子是艺术主体。"艺术性的"（artistic）是个形容词。艺术性的境界不单道家有，儒家也有。宋明儒者为甚么喜欢讲"孔颜乐处"，为甚么喜欢讲"自然"？王阳明门下泰州派都喜欢讲自然，陈白沙也喜欢讲自然。孔子也说："兴于诗，立于礼，成于乐。""成于乐"就是艺术境。但你不能说孔子、理学家、陈白沙、王阳明那些人是"艺术主体"。这是道德理性所达的一种境界，这是所谓"大而化之之谓圣"，达到一种"化"的境界。那么照儒家的讲法，最高的境界也是艺术性的境界，因为它代表谐和、圆满、无限。"成于乐"即是谐和。体现道，而能到达"乐"的境界，便是大成，便是自然、洒脱，如行云流水那么样。这就是艺术境界了。这里是真，是善，也是美。美是最后的圆成，这家的庄子也最能表现这种境界，但他这种表现是从修道立场达到的，而修道却是理性的问题。所以你可以说道家讲逍遥，讲自然，是含有一种艺术的境界，但讲自然不是现成的自然，是通过修养的工夫而达到的自然，达到那一种自然的境界。所以你可以说中国的艺术作品中的境界大体是开自道家，但不能说庄子本身所讲的那套道理是"艺术主体"的。艺术主体是单就生命讲，道家不能说是艺术主体。他讲道，讲道是理性的事情，他要你通过工夫才能达到的。我提到这点，不是在批评旁人，实在是希望诸位在研究艺术的时候要常常反省，正视你自己这个主体、这个生命主体。这个生命发的时候是不自觉的（unconscious），所以这里说天才，一发泄完就没有了，就是所谓"江郎才尽"。按照理性讲，当该没有尽，但是从生命上讲，他是"有尽"的时候。当他发的时候，不是理性所能控制的，所以李白斗酒诗百篇。他一喝酒，诗都出来了。艺术就是这样创造出来的。所以艺术的主体是生命，不是理性。儒家也讲创造，那是根据道德理性的创造，创造善，引发道德行为之"纯亦不已"。上帝也创造，上帝创造万物也不是艺术的创造。所以单单生命才是创造艺术的艺术主体。我们应把这些名词确定一下，不要把其他的也拉在一起讲，讲道家还是道家，讲庄子的还是照庄子讲。我提这个意思就是叫我们从理论上来确定艺术的主体如何来了解。这也许可以帮助我们反省一下我是不是有这一种艺术创造的生命主体。大体上，我的一点意见和感受只是如此。除此以外，至于照艺术本身讲，我是完全不敢赞一词的。

（1968 年 3 月 27 日香港中文大学艺术系学术演讲，由区慕弘记录。）

（原载《新亚生活双周刊》第 11 卷第 2 期（1968 年 6 月 7 日））

（本文选自《牟宗三先生全集 27·牟宗三先生晚期文集》，197～208 页。）

说"怀乡"
（1953）

　　叫我写怀乡，我是无从写起的。这不是说我的故乡无可怀。乃是我自己主观方面无有足以起怀的情愫。我爱山东，我也讨厌现时的山东。我爱中国，我也讨厌现时的中国。我爱人类，我也讨厌现时的人类。

　　试看，我这种爱憎，完全是一种一般的抽象的，也可以说是客观的情绪。（寡头的客观情绪。）

　　我讨厌现时的人类，但我的内心不能冷到完全是厌离的境地。可见我对于人类有内在的爱恋，因为是"人"，所以我爱他。这还是孔子"吾非斯人之徒与而谁与"的意识。但这只是抽象地，一般地说。

　　因为是人，就要真正地是一个"人"，同时就要真正地把人当人看。因此，我反对一切不把人当人看的理论与行动，此如□□①之类。"人是人"这一句重复的语句，这一句不把人下定义，不还原为另一种动物，或另一种概念的语句，是多么庄严而警策。因为是人，就要真正地是人，这含有多么崇高而丰富的意义。这点，我深深地起敬畏之系念。

　　可是，你知道，这只是一个抽象的系念。落在具体上，无论是山东人、中国人，以及现时风气中的人类，我都有点木然。我当然有我所敬爱的知交师友。但是一个人只能说有几个知交师友，那也就太孤零，太寡淡而乏陪衬了。虽说人生得一知己而可以无憾，但是若有陪衬，则以无知己为憾；若无陪衬，而徒有少数知交，则反以无陪衬为憾。在此，我可以说，我的情感似乎是受了伤。所谓受伤，不是说受了什么挫折或打击，乃是说先天上根本缺乏了培养，也就是缺乏了陪衬。

　　对于乡、国、人类，不应当只是抽象的爱，还要有具体的爱。这便

---

　　① 此处删去二字。

须要有陪衬。怀乡，也须要有陪衬。否则，是无可怀的。这就是我所说的主观方面无足以起怀之情愫。

现在的人太苦了。人人都拔了根，挂了空。这点，一般说来，人人都剥掉了我所说的陪衬。人人都在游离中。可是，惟有游离，才能怀乡。而要怀乡，也必是其生活范围内，尚有足以起怀的情愫。自己方面先有起怀的情愫，则可以时时与客观方面相感通，相粘贴，而客观方面始有可怀处。虽一草一木，亦足兴情。君不见，小品文中常有"此吾幼时之所游处、之所憩处"等类的话头吗？不幸，就是这点足以起怀的引子，我也没有。我幼时当然有我的游戏之所，当然有我的生活痕迹，但是在主观方面无有足以使我津津有味地去说之情愫。所以我是这个时代大家都拔根之中的拔根，都挂空之中的挂空。这是很悲惨的。

我是一个农家子弟，又生长于一个多兄弟姐妹的家庭，而又天天忙于生活的穷困家庭，只有质而无文的家庭，本是很少枝叶的。兄弟姐妹多了，父母对子女的娇爱就减少。穷困则无暇多顾念。因此，我自幼就是一个于具体生活方面很木然生疏的混沌。惟一使我怀念的还是那种暮色苍然中几匹大骡子急急奔野店的情景，但这太苍茫了。又使我常常想起的，则是在我十三四岁的时候，一个马戏班子骑在马上跑的那个小女孩。我当时莫名其妙地非想去看她不可，这也许就是所谓爱情了。我一生只有那么一点罗曼斯的爱苗。但从此以后，也就斩断了。就是对那个马戏班子的小女孩起爱怜，其情景也未免太流动，太飘忽了。及至在北平读大学了，暑假回家的时候，我还是常常睡在村庄的野外，或打麦的广场上。到上学了，也无人过问，说走就走了。只是先父偶尔嘱咐几句就完了。我现在想想，那还是生命的健旺。各人忙各人的，很少有离别之情。只是抗战那一年，我离家时便不同了。先父那时已年老了（先母已先去世）。我感觉到他老人家英雄气短，儿女情长的神色。

我这么一个在苍茫气氛中混沌流荡的人，在生活上，实在太孤峭乏润泽了。直到现在，我还是一个几乎无生活的人。譬如对于一般人的来来往往，若有若无，似乎皆不在心上。凡足以成礼饰情的事，我皆未寄以任何注意。我不往，你因而不来，亦无所谓。普通都说我傲慢，实则这是不恰当的。我在谦虚或傲慢方面，实在是没有什么意识的。凡不可以谈的，我不愿谈。我也未故示谦虚，也未有意傲慢。凡可以谈的，我就尽量地谈，不分昼夜地谈。普通说，爱情无条件，无贵贱。性情之交谈，真理之交悟，亦是如此。然须知这不是日常的具体生活。虽不是傲慢，然这里的孤峭，亦不是人生之幸福。

我愈孤峭，愈离现实，我平常写的那些文章，发的那些议论，只是兴趣之不容已，只是内在的"是非之追求"。我之写文章，就好像是一个艺术品之铸造。铸造成了，交付出去就算完了。我没有必期人懂之意念。我把道理说出来，置诸天壤间。悟者自悟，迷者自迷。我也没有据为己有的意思，好像是我创造出来，我就不管了。我也没有期人称赞的要求。我当然不能说完全无好名心。但这方面实在并不强烈。

这种倾向，是我常常感到的。这是一种艺术性的倾向。但是近来我写文章的意识又稍有转进。这与本文的说怀乡有关系。我由艺术性的兴趣之不容已，转到道德性的担负之不容已。我感觉到现在的人太苦了，连我自己也在内。实在有使其置根落实的必要。置根是对前面所说的拔了根说。落实是对前面所说的挂了空说。我近年来很意识到：我所发的那些思想，完全是想从崩解堕落的时代，涌现出足以安定人生建立制度的思想系统上的根据。要作这步工作，其心思必须是综合的、上提的。因为在这塌下来一切都落了空的时代，要想重新涌现出一个安定人生建立制度的思想系统，必须是翻上来而从根上滋生我们的指导观念。这里面含有三事：一是疏导出民主政治的基本精神，以建立政治生活方面的常轨。二是疏导出科学的基本精神，以建立知识方面的学问统绪。三是疏导出道德宗教之转为文制的基本精神，以建立日常生活方面的常轨。凡是说到基本精神处，都是说的足以安定人生建立制度的思想系统。而此思想系统的涌现，又必须从贯通中西文化发展的脉络途径与夫其程度处着眼，始能真实不谬，确定不疑。这是我个人以及几位朋友所努力从事的。

我现在已无现实上的乡国人类之具体的怀念。我只有这么一个孤峭的，挂了空的生命，来从事一般的、抽象的、足以安定人生建立制度的思想系统之厘清。这只是抽象的怀念，对于"人之为人"的本质之怀念。以前孔子说："老者安之，少者怀之，朋友信之。"① 了了数语，真是王道之大端。现在不但是老者少者须要安怀，一切人都须要安怀。这就必须从新来一个文化的反省，思想系统的厘定。张横渠说："为天地立心，为生民立命，为往圣继绝学，为万世开太平。"这四句话，在这里真有其切实的意义，并非是些空洞的大话。我们往常不解。我现在才

---

① 语出《论语·公冶长》。

真正感到了。试想在这个拔了根，落了空的时代，人类真是没有命了。这如何能不须要"为生民立命"呢？天地以生物为心。人类没有命了，天地的心在哪里？所以"为生民立命"，也就是一个仁心之不容已，也就是"为天地立心"了。往圣千言万语，所念念不忘者，总在此事，这不是科学所能担负的。所以在科学以外，必须承认有道德宗教的圣贤学问。所以为生民立命，为天地立心的大业，也就是为往圣继绝学，为万世开太平了。我以前有诗云："上苍有眼痛生民，留取丹心争剥复。"我现在也只有这一点丹心，尚未泯灭。

人类有了命，生了根，不挂空，然后才有日常的人生生活。离别，有黯然消魂之苦；团聚，有游子归根之乐。侨居有怀念之思，家居有天年之养。这时，人易有具体的怀念，而民德亦归厚。

吾友唐君毅先生曾云："人自觉地要有担负，无论是哪一面，总是痛苦的。"此言甚善。一定要以天下为己任，一定要以道为己任，其生命中总不免有破裂。即偏倾在某一面，而有了个沉重的担负。若是生在太平盛世，则不识不知，顺帝之则，岂不是好？否则，若只是顺艺术性的兴趣之鼓舞，则亦随时可以起，随时可以止。此亦是充实饱满之自娱。再不然，上上者"无适也，无莫也，义之与比"。"无可无不可"。此是大圣人之圆盈浑化，若没有先天的根器，很难至此。不幸，生在这个崩解的时代，既不能不识不知，顺帝之则，复不能只是顺艺术性的兴趣之鼓舞以自娱，更无大圣人浑化之根器，则其破裂偏倾而有担负之苦，亦势所当然。我以孤峭乏润泽之生命，只能一往偏倾，求其生命于抽象之域，指出时代症结之所在，凸出一思想系统以再造。甘愿受此痛苦而不辞，则亦安之若命也。我们这一代在观念中受痛苦，让他们下一代在具体中过生活。

（四十二年二月《人生》杂志）

（本文选自《生命的学问》，1～6 页。）

为学与为人
（1968）

吴校长、各位先生、各位同学：

我们经常上课，把话都已讲完了，再要向各位讲话，似乎没有好的意思贡献给大家。这次月会承陶训导长相邀作一次讲演，事前实在想不出一个题目来。想来想去，才想到现在所定的题目——为学与为人。为甚么想到这个题目呢？是因为我近来常常怀念我们在大陆上的那位老师熊先生。当年在大陆的时候，抗战时期，我们常在一起，熊先生就常发感慨地说："为人不易，为学实难。"这个话，他老先生常常挂在口上。我当时也不十分能够感受到这两句话的真切意义，经过这几十年来的颠连困苦渐渐便感觉到这两句话确有意义。我这几年常常怀念到熊先生。我常瞻望北天，喃喃祝问："夫子得无恙乎？"他住在上海，究竟能不能够安居乐业呢？今已八十多岁，究竟能不能还和当年那样自由的讲学，自由的思考呢？我们皆不得而知。（今按：熊十力先生已于五十七年五月二十三日逝世，享寿八十六岁。）常常想念及此，所以这次就想到他这一句话，"为人不易，为学实难"。这句话字面上很简单，就是说作人不容易，作学问也不是容易的事情。但是它的真实意义，却并不这么简单。我现在先笼统的说一句，就是：无论为人或为学，同是要拿出我们的真实生命，才能够有点真实的结果。

先从为人方面说。"为人不易"，这句话比起"为学实难"这句话好像是更不容易捉摸，更不容易了解。因为我们大家都是名义上在做学问，所以这里面难不难大家都容易感觉到。至于说为人不易，究竟甚么是"为人不易"呢？这个意思倒是很难确定的，很难去把握它的。我们在血气方刚，生命健旺的青年时候，或壮年时候，或者是当一个人发挥其英雄气的时候，觉得天下的事情没有甚么困难，作人更没有甚么困难，我可以随意挥洒，到处迎刃而解。此时你向他说"为人不易"，他是听不进去的。然则我们究如何去了解这"为人不易"呢？我们现在可以先简单地、总持地这样说，就是你要想真正地作一个"真人"，这不是容易的事情。我这里所说的"真人"，不必要像我们一般想的道家或道教里边所说的那种"真人"，或者是"至人"。那种真人，至人，是通过一种修养，道家式的修养，所达到的一种结果，一种境界。我们现在不要那样说，也不要那样去了解这真人。能够面对真实的世界，面对自己内心的真实的责任感，真实地存在下去，真实地活下去，承当一切，这就是一个真人了，这就可以说了解真人的意思了。因此，所谓真人就是说你要是一个真正的人，不是一个虚伪的，虚假的，浮泛不着边际的一个人。

怎么样的情形可以算一个真人呢？我们可以举一个典型的例，就是以孔夫子作代表。孔夫子说我这个人没有甚么了不起，我也不是个圣人，我也不敢自居为一个仁者，"若圣与仁则吾岂敢"①，我只是一个"学而不厌，诲人不倦"②，就是这么一个人。这个"学而不厌，诲人不倦"是我们当下就可以做，随时可以做，而且要永远地做下去。这样一个"学而不厌，诲人不倦"的人就是一个真人。这一种真人不是很容易做到的。没有一个现成的圣人摆在那里，也没有一个人敢自觉地以为我就是一个圣人。不要说装作圣人的样子，就便是圣人了，人若以圣自居，便已不是圣人。圣人，或者是真人，实在是在"学而不厌，诲人不倦"这个永恒的过程里显示出来，透示出来。耶稣说你们都向往天国，天国不在这里，也不在那里，在你们的心中，在每一个人的心中。当这样说天国的时候，这是一个智慧语。但我们平常说死后上天国，这样，那个天国便摆在一个一定的空间区域里面去，这便不是一种智慧；这是一种抽象，把天国抽象化，固定在一个区域里面去。关于真人、圣人，亦复如此。孔子之为一个真正的人，是在"学而不厌，诲人不倦"这不断的永恒的过程里显示出来。真人圣人不是一个结集的点摆在那里与我的真实生命不相干。真人圣人是要收归到自己的真实生命上来在永恒的过程里显示。这样，是把那个结集的点拆开，平放下，就天国说，是把那个固定在一个空间区域里面的天国拆开，平放下，放在每一个人的真

---

① ② 语出《论语·述而》。原文为："若圣与仁，则吾岂敢？抑为之不厌，诲人不倦，则可谓云尔已矣。"

实生命里面，当下就可以表现，就可以受用的。你今天能够真正作一个"学而不厌，诲人不倦"的人，眼前你就可以透示出那一种真人的境界来。永恒地如此，你到老也是如此，那末，你就是一个真正的人了。真人圣人的境界是在不断地显示不断地完成的，而且是随你这个"学而不厌，诲人不倦"的过程，水涨船高，没有一个固定的限制的。

我们这样子了解真人的时候，这个真人不是很容易的。你不要以为"不厌""不倦"是两个平常的字眼，不厌不倦也不是容易作到的。所以熊先生当年就常常感到他到老还是"智及"而不能"仁守"，只是自己的智力可以达到这个道理，还作不到"仁守"的境界，即做不到拿仁来守住这个道理。所以也时常发生这种"厌""倦"的心情，也常是悲、厌迭起的（意即悲心厌心更互而起）。当然这个时代，各方面对于我们是不鼓励的，这是一个不鼓励人的时代，到处可以令人泄气。令人泄气，就是使人厌倦，这个厌倦一来，仁者的境界，那个"学而不厌，诲人不倦"的境界就没有了。照佛教讲，这不是菩萨道。依菩萨道说，不管这个世界怎么样泄气，不鼓励我们，我们也不能厌，也不能倦。所以我们若从这个地方了解"学而不厌"、"诲人不倦"这两句话，则其意义实为深长，而且也不容易作到。因为这不是在吸取广博的知识，而是在不厌不倦中呈现真实生命之"纯亦不已"①，这是一个"法体"、"仁体"的永永呈露，亦即是定常之体的永永呈露。这种了解不是我个人一时的灵感，或者是一时的发现。当年子贡就是这样的了解孔子，孔子不敢以仁与圣自居，但是孔子说"学而不厌"，子贡说这就是智了，说"诲人不倦"，子贡说这就是仁了。仁且智也就是圣。这是子贡的解释。所以这一种了解从古就是如此。从来宋儒程明道也最喜欢这样来了解圣人，朱夫子的先生李延平也很能这样了解孔子。这可见出这两句话的意味不是很简单的。所以说要作一个真人，不是一件很容易的事情。我们天天在社会里"憧憧往来"②，昏天黑地，究竟甚么地方是一个真的我，我在甚么地方，常常大家都糊涂的，不能够把自己的真性情、真自己表现出来。这个也就好像是现在的存在主义者，海德格（Heidegger）所说，这些人都是街道上的人，马路上的人，所谓 das man，就是中性的人。

---

① 语出《诗经·周颂·维天之命》。原文为："维天之命，于穆不已。于乎不显，文王之德之纯。……"《中庸》解释说："诗云：'维天之命，于穆不已。'盖曰天之所以为天也。'于乎不显，文王之德之纯，盖曰文王之所以为文也，纯亦不已。'"

② 语出《周易·咸（卦）》。原文为："憧憧往来，朋从尔思。"

照德文讲，人的冠词当该是阳性，即 der man。今说 das man，表示这时代的人是没有真自己的，用中国成语说，就是没有真性情。假如我们能了解这个意义，反省一下我们自己，我究竟是不是一个"学而不厌，诲人不倦"，能够永远地这样不厌不倦下去呢？我看是每一个都成问题的。当年我们的老师，到老这样感触，也可以说这就是我们老师晚年的一个进境。孔子到老没有厌倦之心，所以说"发愤忘食，乐以忘忧，不知老之将至"。这个不是像一般人所说的，认为这是儒家的乐观主义，这里无所谓乐观，也无所谓悲观，这是一个真实心在那里表现。天下的事情用不着我们来乐观，也用不着我们来悲观，只有一个理之当然。这个理之当然是在学而不厌、诲人不倦这一个过程里永恒地表现，能如此表现的是真人。假如一个人能深深反省，回到这样一个地方来，不要攀援欣羡，欣羡那个地方是至人，那个地方有真人，那个地方是天国。假定你把这个攀援欣羡的驰求心境，予以拆掉，当下落到自己身上来，来看看这一种永恒的不厌不倦的过程，则你便知这就是真正的真人所在的地方。这里面有无限的幽默，无限的智慧，也是优美，也是庄严（有庄严之美），真理在这里面，至美也在这里面。

说这里面有无限的幽默，这是甚么意思？这里怎会有幽默？这幽默不是林语堂所表现的那种幽默，乃是孔子所表现的幽默。孔子有沉重之感而不露其沉重，有其悲哀而不露其悲哀，承受一切责难与讽刺而不显其怨尤，这就是幽默。达巷党人说："大哉孔子！博学而无所成名。"孔子闻之曰："吾执御乎？执射乎？吾将执御矣！"这就是幽默。说到圣人不要说得太严重，太严肃。孔子自谓只是"学而不厌，诲人不倦"，这就自处得很轻松，亦很幽默。说到此，我就常常想到一个很有趣的语句，足以表示圣人之所以为圣，真人之所以为真。这语句就是柳敬亭说书的语句。我们大家都看过《桃花扇》。《桃花扇》里有一幕是演柳敬亭说书——说《论语》。当时的秀才就问：《论语》如何可拿来作说书？柳敬亭便说：偏你们秀才说得，我柳麻子就说不得！柳敬亭是明末一个有名的说书的人，说得风云变色。所谓"说书"就是现在北方所谓打鼓说书。这个柳敬亭在演说《论语》时，描写孔子描写得很好。其中有两句是不管你世界上怎样"沧海变桑田，桑田变沧海，俺那老夫子只管朦胧两眼订六经。"不管世界如何变，我们的圣人只管"朦胧两眼订六经"。试想这句话的意味实在有趣。"朦胧两眼订六经"并不是说忽视现实上一切国事家事，对于社会上的艰难困苦，不在心上。"朦胧两眼订六经"

是把我自己的生命收回到自己的本位上来，在这个不厌不倦订六经的过程里面照察到社会上一切的现象，同时也在朦胧两眼照察社会一切的毛病缺陷之中来订六经。这不是把社会上一切事情隔离开的。我想这个话倒不错，它是很轻松，亦很幽默。幽默就是智慧。圣人的这种幽默，中国人后来渐渐缺乏，甚至于丧失了。幽默是智慧的源泉，也象征生命健康，生机活泼。所以要是我们这样的想这个真人的时候，虽是说的很轻松、很幽默，然作起来却是相当的困难。尤其当我们面对挫折的时候，所谓颠沛造次的时候，你能不能够不厌不倦呢？很困难！所以当一个人逞英雄气的时候，说是天下事没有困难，这是英雄大言欺人之谈。我们常听到说拿破仑字典里面没有难字，这明明是欺人之谈。你打胜仗的时候没有困难，打败仗被放逐到一个小岛上的时候，你看你有困难没有困难。亚历山大更英雄，二十几岁就驰骋天下，说是我到哪里就征服哪里。可是当他征服到印度洋的时候，没有陆地可征服了，便感觉到迷茫。楚霸王当年"力拔山兮气盖世"，当说这句话的时候没有困难，容易得很，可是不几年的工夫，就被刘邦打垮了。打垮了就说："时不利兮骓不逝，骓不逝兮可奈何，虞兮虞兮奈若何！"当说这话的时候，就要慷慨泣下。你面对这种人的生命的限制，当人的生命的限度一到的时候，你反省一下，回到你自己身上来，你是不是能够不厌不倦的永恒地维持下去呢？倒行逆施，不能定住自己的多得很！

我常想到现在聪明的人、有才气的人，实在不少。我认得一位当年是张作霖的部下，以后给张学良升为师长的人，这个人名叫缪开元，现在在台湾出家当和尚。他很慧敏，他常说到张作霖——他们的张大师，这个张大师一般传说是东北响马出身。大家当知道"响马"这名词的意义。可是虽然是一个响马出身，当他的生命的光彩发出来的时候，就是说他走运的时候，却真是聪明，料事必中，说话的时候都是提起来说的，绝没有那种呆滞、阻碍的意味，就是那么灵，而且他为人文秀得很，你看不出是一个响马，一个老粗，温文尔雅，明眉秀目。可是到生命的光彩完了，运气完了，那就像一个大傻瓜一样，糊涂得很。这个地方是一个困难。假定我们完全靠我们的原始生命来纵横驰骋，则我们的生命是有限度的。假定不靠我们的原始生命，我们要诉诸我们的理性，来把我们的生命提一提，叫它永远可以维持下去，这更困难。我看天下的人有几个人能这样自觉地去作工夫呢？大体都是受原始生命的决定，就是受你个人气质的决定。到这个地方，要想作一个真人，我想没有一个人敢拍拍胸膛说我可以作一个真人。我想这样作真人，比之通过一种炼丹、修行的工夫到达道家所向往的一个真人还要困难。这就是从为人这方面讲，说是不容易的意思。所以现在存在主义出来呼吁，说二十世纪的人都是假人，没一个真人。这个呼声实在是意味深长的。

其次我再在为学方面说一说。"为学实难"，这个难并不是困难的"难"，这个好像当该说"艰难"。当年朱夫子快要死的时候，对学生讲还要说"艰苦"两个字，表示朱夫子一生活了七十多岁，奋斗了一辈子，到底还是教人正视这两个字。不过我现在要表示为学的这个不容易，这个艰难的地方，我怎样把它确定地说出来呢？我现在只想说这一点，就是：一个人不容易把你生命中那个最核心的地方，最本质的地方表现出来。我们常说"搔着痒处"。我所学的东西是不是搔着痒处，就是打中我生命的那个核心？假定打中了那个核心，我从这个生命核心的地方表现出那个学问，或者说我从这个核心的地方来吸收某一方面的学问，那么这样所表现的或者是所吸收的是真实的学问。一个人一生没有好多学问，就是说一个人依着他的生命的本质只有一点，并没有很多的方向。可是一个人常常不容易发现这个生命的核心，那个本质的方向，究竟在甚么地方。我希望各位同学在这个地方自己常常反省、检点一下。你在大学的阶段选定了这门学问作你研究的对象，这一门学问究竟能不能够进到你的生命的核心里面去，究竟能不能够将来从这个生命的核心里，发出一种力量来吸收到这个东西，我想很困难，不一定能担保的。这就表示说，我们一生常常是在这里东摸西摸，常常摸不着边际的瞎碰，常常碰了一辈子，找不到一个核心的，就是我自己生命的核心常常没有地方可以表现，没有表现出来，没有发现到我的真性情究竟在哪里。有时候也可以这样想，就是一般人也许没有这个生命的核心。但是我不这样轻视天下人，我们承认每一个人都有他这个生命最内部的地方，问题就是这个最内部的地方不容易表现出来，也不容易发现出来。

当年鲁迅是一个学医的，学医不是鲁迅的生命核心，所以，以后他不能够吃这碗饭，他要转成为学文学，表现为那种尖酸刻薄的文章。这一种性情，这一种格调的文字，是他的本质。他在这里认得了他自己。这是现在美国方面所喜欢讨论的"认同"的问题，就是 self-identity 的问题，就是自我同一的问题。一个人常常不容易自我同一，就是平常所谓人格分裂。这个人格分裂不一定是一个神经病，我们一般都不是神经病，但你是不是都能认得你自己，我看很困难。我刚才提到鲁迅，这个例子是很显明的。天下这种人多得很，那就是说有一些人他一辈子不认得他自己，就是没有认同。

所谓认同这个问题，就照我个人讲，我从二十几岁稍微有一点知识，想追求这一个，追求那一个，循着我那个原始的生命四面八方去追逐，我也涉猎了很多。当年我对经济学也有兴趣，所以关于经济学方面的书，至少理论经济方面（theoretical economics）我也知道一点，所以有好多念经济学的人也说我：你这个人对经济学也不外行呀！其实究竟是大外行，经济学究竟没有进到我的生命来，我也没有吸收进来，那就是说我这个生命的核心不能够在这个地方发现，所以我不能成为一个经济学研究者。当年我也对文学发生兴趣，诗词虽然不能够作，但是我也想读一读，作个文学批评也可以了，鉴赏总是可以的。但是我究竟也不是一个文学的灵魂，我这个心灵的形态也不能够走上文学这条路，所以到现在在这一方面，完全从我的生命里面撤退了，所以闭口不谈，绝不敢赞一辞。譬如说作诗吧，我连平仄都闹不清楚，我也无兴趣去查诗韵。有时有一个灵感来了，只有一句，下一句便没有了，永远没有了。这就表示我不是一个文学家的灵魂、诗人的灵魂。当年我也想作一个logician，想作一个逻辑学家，但是这一门学问也不能够使得我把全副的生命都放在这个地方，停留在这个地方，那么你不能这样，也表示说你生命的最核心的地方究竟不在这个地方，所以这个学问也不能够在你的一生中全占满了你的生命，你也终于不能成为一个逻辑学家。所以我们这个生命常常这里跑一下子，那里跑一下子，跑了很多，不一定是你真正的学问的所在，不一定是你真正生命的所在。这个地方大家要常常认识自己，不是自己生命所在的地方，就没有真学问出现。当年我也喜欢念数学，有一次我作了一篇论文，写了好多关于涨量（tensor）的式子，把我们的老师唬住了，我们的老师说：你讲了一大堆"涨量"，你懂得吗？我心里不服，心想：你怎么说我不懂，我当然懂啦，我就是今天不懂，我明天也可以懂。青年时代是有这个英雄气，我今天不懂，我明天可以懂。这个虽然是一个未来的可能，我可以把它当成是一个现在。但是现在我没有这个本事，我没有这个英雄气了。所以经过这几十年来的艰苦的磨练，我觉得一个人诚心从自己的生命核心这个地方作学问吸收学问很不容易，而且发现这个核心很困难。假定不发现这个核心，我们也可以说这个人在学问方面不是一个真人；假定你这个学问不落在你这个核心的地方，我们也可以说你这个人没有真学问。

我们人类的文化的恒久累积，就是靠着每一个人把他生命最核心的地方表现出来，吸收一点东西，在这个地方所吸收的东西才可以算是文化中的一点成绩，可以放在文化大海里占一席地。当年牛顿说我这点成就小得很，就好像在大海边捡一颗小贝壳一样。他说这个话的意思不只是谦虚。这表示说牛顿的生命核心表露出来了，吸收了一种学问，在物理学方面有一点成就，他这点成就，不是偶然捡来的，不是由于他偶然的灵光一闪，就可以捡到，这是通过他的真实生命一生放在这个地方，所作出来的一点成绩。这一点成绩在物理学这个大海里面有地位，这就是我们所称为古典的物理学。那么从这个地方看，我们每一个人大家反省一下，不要说诸位同学在二十几岁的阶段，将来如何未可知也，就是你到了三十岁，到了四十岁，乃至于五十岁，你究竟发现了你自己没有，我看也很有问题。所以我们经过这几十年来艰苦的磨练，我以前觉得我知道了很多，我可以涉猎好多，好像一切学问都一起跑进来了。但到现在已一件件都被摔掉了，那一些就如秋风扫落叶一样，根本没有沾到我的身上来，沾到我的生命上来。我现在所知的只有一点点，很少很少。就是这一点点，我到底有多少成就，有多少把握，我也不敢有一个确定的断定。这就是所谓"为学实难"，作学问的艰难。当年朱夫子也说他一生只看得《大学》一篇文字透。试想《大学》一共有多少字呢？而朱子竟这样说，这不是量的问题，这是他的生命所在的问题。

我所说的还是就现在教育分门别类的研究方面的学问说。假定你把这个学问吸收到你的生命上来，转成德性，那么更困难。所以我想大家假如都能在这一个地方，在为人上想作一个真人，为学上要把自己生命的核心地方展露出来，来成学问，常常这样检定反省一下，那么你就知道无论是为人，或者是为学，皆是相当艰难，相当不容易的。所以我们老师的那一句话："为人不易，为学实难。"实在是慨乎言之。这里面有无限的感慨！我今天大体就表示这点意思。因为时间不多，而且诸位在月会完后还要开大会，所以我就说到这个地方为止。

（五十七年三月《人生》杂志）

（本文选自《生命的学问》，132～144 页。）

牟宗三主要著作

牟宗三的绝大多数主要著作均已收入《牟宗三先生全集》（台北，联合报系文化基金会联经出版公司，2003，共 33 册），以下是其单独出版的主要著作：

《周易的自然哲学与道德函义》（原名"从周易方面研究中国之元学与道德哲学"，天津《大公报》社，1935 年），台北，文津出版社，1988

《逻辑典范》，香港，商务印书馆，1941

《历史哲学》，台北，学生书局，1974

《理则学》，台北，国立编译馆，正中书局，1971

《认识心之批判》（上下册），香港，友联出版社，1956，1957；台北，台湾师范大学美术社影印，1984

《道德的理想主义》，台北，学生书局，1978

《正道与治道》，台北，学生书局，1980

《才性与玄理》，台北，学生书局，1974

《心体与性体》（1～3 册），台北，正中书局，1968，1968，1969

《生命的学问》，台北，三民书局，1970

《智的直觉与中国哲学》，台北，商务印书馆，1971

《现象与物自身》，台北，学生书局，1975

《佛性与般若》（上下册），台北，学生书局，1977

《从陆象山到刘蕺山》（《心体与性体》第四册），台北，学生书局，1979

《圆善论》，台北，学生书局，1985

《五十自述》，台北，鹅湖出版社，1989

《以合目的之原则为审美判断力之超越的目的原则之疑窦与商榷》
（作为牟宗三译注《康德〈判断力之批判〉》的长序），台北，学生书局，1992

《康德的道德哲学》（包括：一、《道德底形上学之基本原则》，二、《实践理性批判》），台北，学生书局，1982

《康德〈纯粹理性之批判〉》（上下册），台北，学生书局，1983

《康德〈判断力之批判〉》（上下册），台北，学生书局，1992，1993

牟宗三年谱简编

1909 年（清宣统元年，己酉）

夏历四月廿五日，出生于山东栖霞蛇窝泊牟家疃祖宅。

1917 年（民国六年），9 岁

读乡村私塾。

1919 年（民国八年），11 岁

由牟家疃私塾转入蛇窝泊新制小学就读。

1923 年（民国十二年），15 岁

考入栖霞县立中学。

1927 年（民国十六年），19 岁

暑期，考入北京大学预科。

1929 年（民国十八年），21 岁

升入北京大学哲学系本科就读。

1931 年（民国二十年），23 岁

于 9 月 7 日的《北平晨报》发表《辩证法是真理吗?》。

1932 年（民国二十一年），24 岁

是年或稍前，在栖霞故居与王氏结婚。

冬，由邓高镜介绍，初谒熊十力先生，开启生命的精神价值方向。从此，终生服膺熊十力先生，始从熊先生游。

1933 年（民国二十二年），25 岁

暑期，北京大学哲学系毕业。返山东，任教于鲁西寿张乡村师范学校。

1934 年（民国二十三年），26 岁

秋，赴天津，住社科研究所，与张东荪、罗隆基常相过从。经张东荪介绍，加入国家社会党。

参加"唯物辩证法论战"，撰著《辩证唯物论的限制》、《逻辑与辩证逻辑》和《唯物史观与经济结构》三文，收入张东荪主编的《唯物辩证法论战》（北平，民友书局，1934）一书；《逻辑与辩证逻辑》一文成为该书的压卷之作。

1935 年（民国二十四年），27 岁

初，在天津。处女作《从周易方面研究中国之元学与道德哲学》（又名"从周易方面研究中国之玄学与道德哲学"，后更名为"周易的自然哲学与道德函义"）由天津《大公报》社承印出版。秋，回栖霞小住。后赴广州，任教于私立学海书院。接替张东荪主编广州《民国日报·哲学周刊》。

是年，发表论文与译著凡二十余篇之多，重要者有：《中国土地分配与人口分配之原则》、《民族命运之升降线》、《任重而道远》，《中国农村生产方式》、《革命家与责任》、《中国农村经济局面与社会形态》刊于《再生》第 3 卷第 1～5 期；译文《怀悌海论自然元素》刊于《北平晨报》（9 月 26 日和 10 月 7 日）；译著《亚里士多德论时间》、《亚里士多德论空间》、《亚里士多德论运动》、《亚里士多德论无限》、《诺滋洛圃论物理自然说》（2 篇）以及论文《精灵感通论》、《逻辑当以命题表达理则为对象》刊于《民国日报·哲学周刊》第 8～11 期、第 13～14 期、第 16～17 期。又于广州《宇宙旬刊》第 3 卷第 10 期发表《中国政治家之两种典型》等文。

1936 年（民国二十五年），28 岁

是年发表论文与译著凡三十余篇之多，重要者有：《论逻辑中的二

分法》、《AEIO 的四角关系》（上下）、《论函蕴》（分三次刊出）、《主辞存在与否之意义》（上中下）、《命题之内的意义与外的意义》（分两次刊出）、《论析取与絷和》（上下）、《评约翰生的逻辑系统》、《一年来之哲学界并论本刊》（上下）以及译文《数学之直觉主义》（上下）、《直觉主义者论类》、《直觉主义者论基数》等，发表于所主编的《民国日报·哲学周刊》第 19～25 期、第 28～30 期、第 36～37 期、第 41～43 期以及第 31～34 期。此外，于《宇宙旬刊》第 5 卷第 2 期、第 38 期发表《中国人的具体感与抽象感》（上下）、于《文哲月刊》第 1 卷第 9 期发表《论蕴涵》，于《哲学评论》第 5 卷第 2 期发表《自相矛盾与类型说》等文。

夏秋之间，学海书院关闭，北返。经熊十力介绍，赴山东邹平乡村建设研究院，见梁漱溟，不欢而散。回栖霞故里，后赴北平。

1937 年（民国二十六年），29 岁

在北平主编《再生》杂志。与张遵遛定交。次子伯琏出生。"七七事变"爆发，自北平过天津，走南京，至长沙转衡阳。后赴桂林。于《哲学评论》发表重要论文《觉知底因果说与知识底可能说》（第 6 卷第 2、3 期合刊）。

1938 年（民国二十七年），30 岁

初，在广西先后任教于梧州中学、南宁中学。春，代张君劢撰写《立国之道》一书的"哲学基础"一章。秋，自广西转赴云南昆明。

1939 年（民国二十八年），31 岁

撰写《逻辑典范》一书。秋，自昆明赴重庆。奔璧山之凤驿拜谒熊十力先生，小住数日后返回重庆，再度主编《再生》杂志。始与唐君毅相识而神交，从此成为一生最好的挚友。分别于《再生旬刊》发表《说诗一家言》（格调篇、唐雅篇、诗意篇）和《时论》（一论纵与横、二赞封建、三箴现代、四究天人）以及《论现实主义》等文（第 30～31 期和第 33～36 期）。

1940 年（民国二十九年），32 岁

初，由重庆赴云南大理，住张君劢创办与主持的大理民族文化书

院。《逻辑典范》一书脱稿，转入构思与撰著巨著《认识心之批判》。

1941 年（民国三十年），33 岁

初，在大理。9 月，《逻辑典范》，由香港商务印书馆出版。12 月民族文化书院因政治原因被停办。遂由大理赴重庆，住梁漱溟在北碚金刚碑创办的勉仁书院，从游于熊十力先生。是年，父荫清公遭日本侵略者杀害。

1942 年（民国三十一年），34 岁

初，住勉仁书院。秋，由唐君毅介绍，赴成都华西大学哲史系任教，主讲西洋哲学，是为先生一生独立讲学之始。于《理想与文化》。发表《评罗素新著［意义与真理］》（第 3、4 期合刊）（1997 年重刊于《鹅湖月刊》第 261～266 期），又于《理想与文化》发表《阴阳家与科学》（第 1 期）。

1943 年（民国三十二年），35 岁

在成都，任教华西大学。

3 月，于《理想与文化》发表《怀特海论知觉两式》（第 5 期）。

1944 年（民国三十三年），36 岁

任教华西大学。先后于《理想与文化》发表《寂寞中之独体》和《论纯理》（第 6 期、第 7 期）。于《文史杂志》发表《纯粹理性与实践理性》（第 3 卷第 11、12 期合刊）。

1945 年（民国三十五年），37 岁

任教华西大学。初秋，自成都转往重庆，应中央大学之聘，任哲学系教授，始与唐君毅共事。秋冬之际，国民参政会议在重庆召开，梁漱溟、张东荪二先生皆出席。遂作一长函，委托梁氏转交张东荪，对二先生极尽规劝之义，未果，并最终导致与张梁二先生的决裂。

是年，译述罗素《莱布尼茨哲学之疏导》（未发表）。

1946 年（民国三十五年），38 岁

春，随中央大学由重庆迁回故都南京。秋，接续唐君毅先生轮任中央大学哲学系主任。

于《理想与文化》发表《传统逻辑与康德的范畴》（第 8 期）。

1947 年（民国三十六年），39 岁

在南京，任教中央大学。以教授薪金创办《历史与文化》。暑期，因开罪资深教授方东美先生之故，校方迟迟不下续聘书，唐君毅挺身而出争公平，未果。秋，接金陵大学和江南大学两校聘书，往来无锡、南京之间。于《历史与文化》发表《大难后的反省——一个骨干（代发刊词）》、《略案陈独秀的根本意见》、《本刊旨趣问答》（第 1 期）和《华族活动所依据之基础型式之首次涌现》、《公羊义之略记》（第 2 期）以及《王阳明致良知教》（上）（第 3 期）；又于《学原》发表《评杜威论逻辑》（第 1 卷第 4 期）。选译圣托马斯·阿奎那《神学总论》（未发表）。

1948 年（民国三十七年），40 岁

在南京，任教金陵大学与江南大学。秋，辞武汉大学之聘，应熊十力先生召请，赴杭州，任教浙江大学哲学系。是年，应程兆熊之请，撰《江西铅山鹅湖书院缘起暨章则》一文，首次提出儒学三期说。于《学原》发表《知觉现象之客观化问题》（第 1 卷第 9 期）、《时空为直觉形式之考察》（第 2 卷第 2 期）和《时空与数学》（第 2 卷第 6 期）。又于《理想历史文化》发表《王阳明致良知教》（下）、《莱布尼茨哲学疏导之一——论主题命题与关存命题》、《旬学大略》（第 1 期、第 2 期）。

是年，命名其居所为"旦暮楼"，撰《旦暮楼记》、《月华赋记》、《观生悲歌》、《四十志感》四文（未发表）。

1949 年（民国三十八年），41 岁

在杭州，任教浙江大学。春，伟构《认识心之批判》全书完稿。4 月，偕谢幼伟自杭州到上海，再乘船至广州。夏，谒熊十力于广州市郊黄氏观海楼。夏秋之间，只身乘船赴台湾。于《民主评论》第 1 卷发表《儒家学术之发展及其使命》（第 6 期）、《理性的理想主义》（第 10 期）、《道德的理想主义与人性论》（第 11 期）、《理想主义的实践之函义》（第 12 期）、《理想主义的实践之函义》（续）（第 13 期）。

1950 年（民国三十九年），42 岁

在台北。秋，应台湾师范学院（今台湾师范大学）之聘，主讲理则学，哲学概论，先秦诸子，中国哲学史。《理性的理想主义》（后经增订扩充，改书名为《道德的理想主义》），由香港人文出版社出版。于《理想与文化》发表《生理感中心中之生起事之客观化》（第 9 期），于《民主评论》发表《人类自救之积极精神》（第 2 卷第 2 期），于《学原》发表《认识论之前提》（第 3 卷第 2 期）。

1951 年（民国四十年），43 岁

在台北，任教师大。

夏，主持台湾师大人文讲座（人文讲习会），随即发展为"人文学社"。冬，应复兴岗之聘，兼授理则学与中国文化问题研究课程。

是年于《中国一周》发表《关于"生命"的学问——论五十年来的中国思想》。于《思想与革命》第 1 卷发表《佛老申韩与共党》（第 1 期）和《论黑格尔的辩证法》（第 6 期）。于《民主评论》发表《平等与主体自由之三态》（上下）（第 2 卷第 19～20 期）、《领导时代之积极原理》（第 2 卷第 24 期）与《凡存在即合理》（第 3 卷第 1 期）。

1952 年（民国四十一年），44 岁

任教台湾师范学院，《历史哲学》全书完稿。于《自由人》发表《一个真正的自由人》，与殷海光绝交；于《民主评论》第 3 卷发表《春秋战国时代之政治意义》（第 8 期）、《辟毛泽东的〈矛盾论〉》（第 12 期）和《孟荀合论》（指《孟子与道德精神主体》和《荀子与知性》两篇文章）（第 21～22 期）。于《中央日报》发表《要求一个严肃的文化运动之时代》（5 月 25 日）。于《台湾新生报》发表《论文化意识》（5 月 28 日）和《哲学智慧之开发》（6 月 4 日）。

1953 年（民国四十二年），45 岁

任教台湾师范学院。《荀学大略》一书，由友人谢幼伟先生介绍，由中央文物供应社印行。

1 月，于《幼狮月刊》发表《反共救国中的文化意识》（第 1 卷第 1 期）；于《民主评论》第 4 卷发表《天才时代之来临》（第 1 期）、《中国历史文化形态之特质》（第 7 期）、《中国历史文化形态之特质》（续）

（第8期），《人文主义的完成》（第13期）、《人文主义的完成》（续）（第14期），《秦之发展与申韩》（第5期）、《论上帝隐退》（第23期）；于《人生杂志》发表《说"怀乡"》（第4卷第8期）、《介绍〈中国文化之精神价值〉》（第5卷第8期）和《上帝归寂与人的呼唤》（第6卷第11期）；于《中央日报》发表《论坚定与开拓》（1月3日）、《理想、团结与世界国家》（6月28日）和《文化途径的抉择》（7月26日）等文。又于《中国文化月刊》发表《关于文化与中国文化》（第1卷第5期），于《自由青年》发表《略论对于中国文化了解之过程》（第9卷第7期），于《大陆杂志》发表《实存哲学的人文价值》（第7卷第5期），于《人文学刊》发表《人文主义的基本精神》（第2卷第1期），于《学术季刊》发表《论无人性与人无定义》（第2卷第2期）。

1954（民国四十三年），46岁

在台北，任教台湾师范大学，受聘为教育部学术审议委员会哲学组审议委员。是年8月，发起"人文友会"。《王阳明致良知教》一书，由中央文物供应社印行。

于《民主评论》第5卷发表《世界有穷愿无穷》（第7期）、《政道与治道》（上下）（第14～15期）；于《人生杂志》发表《世界有穷愿无穷》（节录）（第7卷10期），《人文讲座》（一至三）（第9卷第1～3期）。于《新思潮》发表《现时中国之宗教趋势》（第39期），于《幼狮月刊》发表《王船山之论佛老与申韩》（第2卷第8期），于《中国政治思想与制度史论集》发表《论中国的治道》。

1955年（民国四十四年），47岁

在台北，任教台湾师大。于《人生杂志》分别发表《人文讲习录》（四至十三）（第9卷第5期、第7期、第9期、第11期，第10卷第1期、第3期、第7期、第9期、第11期，第11卷第2期）。又于该刊第10卷发表《人文主义与宗教》（第1期）、《师友短札》（第10期）、《生命之途径》（第11期）。于《幼狮月刊》发表《王阳明学行简述》（第3卷第3期），于《祖国周刊》发表《尊理性》（第11卷第3期），于《民主评论》发表《理性之运用表现与架构表现》（第6卷第19期）。

《理则学》（"教育部"部定大学用书），由正中书局出版；《历史哲学》一书，由强生出版社印行。

1956 年（民国四十五年），48 岁

在台北，任教台湾师范学院。

是年 8 月，人文友会第 50 次聚会，特约唐君毅先生与会主讲。同月，应台中东海大学之聘为人文学科主任。离开台北之前，特为人文友会作第 51 次聚会演讲。连续两年的（台北）人文友会的聚会讲习至此宣告结束。秋，由台北转到台中东海大学任人文学科主任。是年，《认识心之批判》上册，由香港友联出版社印行。《黑格尔的历史哲学》收录于《黑格尔哲学论文集》第 2 册；《中国数十年来的政治意识》收录于《张君劢先生七十寿庆纪念论文集》。于《人生杂志》分别发表《人文讲习录》（十四至二十五）（第 11 卷第 4 期、第 5 期、第 7 期、第 9 期、第 12 期，第 12 卷第 1 期、第 2 期、第 5 期、第 6 期、第 7 期、第 9 期、第 11 期），又于该刊发表《关于外王与实践》（书信）（第 11 卷第 11 期）；于《民主评论》发表《关于历史哲学——酬答唐君毅》、《悼念韩裕文先生》和《存在主义底义理结构》（第 7 卷第 4 期、第 8 期、第 10 期）；于《自由学人》发表《陆王一系之心性之学》（一至三）（第 1 卷第 1～3 期）。

1957 年（民国四十六年），49 岁

在台中，任教东海大学。夏，应程兆熊之邀，在台中农学院（今中兴大学）继续人文友会讲习。是年，《认识心之批判》下册，由香港友联出版社印行。暑期，在东海大学讲《认识心之批判》与西方哲学诸课题。于《自由学人》发表《直觉的解悟与架构的思辨》（第 2 卷第 5 期）；于《人生杂志》第 14 卷发表《与贯之先生论慧命相续》、《略论道统、学统、政统》和《孔子与〈人文教〉》（第 2 期、第 4 期、第 8 期）于《民主评论》第 8 卷；发表《论政治神话之根源》和《论政治神话之神态》（第 21 期、第 24 期）。

1958 年（民国四十七年），50 岁

任教东海大学。元旦，与唐君毅、徐复观、张君劢联名于《民主评论》和《再生》两杂志发表《为中国文化敬告世界人士宣言》。4 月，人文友会主编文化问题专号，由《人生杂志》出刊，既是与《文化宣言》相呼应，也是祝贺牟宗三先生五十哲诞。秋，与赵惠元女士结婚。是年，《道德的理想主义》一书，由东海大学出版。于《民主评论》第

9 卷发表《论政治神话与命运及预言》（第 3 期）和《政治如何能从神话转为理性的》（上下）（第 11~12 期）；于《人生杂志》发表《刊前语》（第 15 卷第 10 期）；于《东风》发表《近代学术的流变》和《逻辑实征论述评》（第 4 期、第 5 期）。

1959 年（民国四十八年），51 岁

任教东海大学。开始撰写《才性与玄理》一书。10 月，三子元一出生。

于《东风》发表《魏晋名理与先秦名家》和《从范缜的〈神灭论〉略谈形与神的离合问题》（第 7 期、第 8 期）；于《东海学报》发表《道德判断与历史判断》（第 1 卷第 1 期）；于《民主评论》第 10 卷发表《〈人物志〉之系统的解析及其论人生之基本原理》和《〈道德的理想主义〉序言》（第 15 期、第 24 期）。

1960 年（民国四十九年），52 岁

任教东海大学。秋，应香港大学之聘前往任教，主授中国哲学。行前讲演批评台湾当局，被调查不准离境，延至 10 月乃成行。

于《人生杂志》发表《作为宗教的儒教》（第 20 卷第 1 期）、《儒教、耶教与中西文化》（第 20 卷第 3 期）和《魏晋名士及其玄学名理》（上下）（第 21 卷第 3~4 期）；于《新亚书院学术年刊》发表《魏晋名理正名》（第 2 期）；《心灵发展之途径（东风社讲演记录）刊于《民主评论》第 11 卷第 18 期。

1961 年（民国五十年），53 岁

任教香港大学，兼课于新亚书院。是年，开始撰写《心体与性体》。《政道与治道》一书，由台北广文书局出版。

于《人生杂志》第 21 卷发表《〈国家时代与历史文化〉序》（第 4 期）、《世界有穷愿无穷》（摘录）（第 5 期）、《王弼易学之史迹》（第 7、8 期合刊）、《王充之性命论》（上下）（第 10~11 期），又于该刊发表《论贾谊》（第 23 卷第 1 期）；于《中国一周》发表《关于"生命"的学问——论五十年来的中国思想》（第 558 期）；于《民主评论》第 12 卷发表《王弼玄理之易学》（第 1 期）、《王弼之老学》（第 5 期）、《向郭之注庄》（上中下）（第 5~7 期）、《嵇康之名理》（第 7 期）和《有感于罗素之入狱》（第 19 期）。又于《东方文化》发表《惠施与辩者之徒之怪说》（第 6 卷第 1、2 期合刊），于《新亚书院学术年刊》发表《朱子苦参中和之经过》（第 3 期）。

1962 年（民国五十一年），54 岁

任教香港大学。《历史哲学》增订版由香港人生出版社印行。8 月，与唐君毅发起的"东方人文学会"正式成立于香港。应约在香港大学校外课程部主讲"中国哲学的特质"，记录讲稿（一至五）以及《阮籍之风格》和《自然与名教：自由与道德》刊于《民主评论》第 13 卷第 2~6 期和第 14 期、第 16 期；《〈才性与玄理〉自序》刊于《人生杂志》第 24 卷第 9 期。

1963 年（民国五十二年）

任教香港大学。《中国哲学的特质》和《才性与玄理》二书，由香港人生出版社印行。再度应约在香港大学校外课程部主讲"宋明儒学综述"。于《民主评论》发表《公孙龙之名理》、《公孙龙子〈白马论〉篇疏解》、《公孙龙子〈通变论〉篇疏解》、《公孙龙子〈名实轮〉篇疏解》（第 14 卷第 1~4 期），《公孙龙子〈坚白论〉篇疏解》等系列专题论文（第 15 卷第 5 期），以及《寂感真几之生化之理与〈道德的形而上学〉之完成》（第 14 卷第 16 期）、《道德性的实理、天理与实然自然之契合》（第 14 卷第 17 期）、《康德所以只有"道德的神学"而无"道德的形而上学"之故》（上下）（第 14 卷第 18~19 期）、《"道德的形而上学"之完成》（第 14 卷第 20 期）等文。又于《人生杂志》发表《宋明儒学综述》（一至五）（第 25 卷第 12 期和第 26 卷第 1~4 期）、《关于宗教的态度与立场：酬答澹思先生》（第 26 卷第 5 期）等文。

1964 年（民国五十三年），56 岁

任教香港大学。3 月，应东海大学之约，返台讲学半年。完成译著康德《道德的形上学之基本原则》。于《民主评论》第 15 卷发表《〈心即理〉之渊源——胡五峰之知言》（上中下）（第 9~11 期）和《关于叶水心〈总述讲学大旨〉之衡定》（一至二）（第 22~23 期）。

1965 年（民国五十四年），57 岁

在香港，任教香港大学。于《民主评论》第 16 卷发表《关于叶水

心〈综述讲学大旨〉之衡定》（三至四）（第1～2期）和《象山与朱子之争辩》（一至四）（第8～11期）。

1966 年（民国五十五年），58 岁

任教香港大学。全力从事《心体与性体》的写作。

1967 年（民国五十六年），59 岁

任教香港大学。继续《心体与性体》的写作。

1968 年（民国五十七年），60 岁

春，应唐君毅之约，由香港大学转香港中文大学研究院及新亚书院哲学系任教。熊十力先生病逝于上海。7 月 14 日，在新亚书院与东方人文学会联合举办的"熊十力先生追悼会"上作长篇发言，报告熊先生的学术思想，并敬献挽联云："天将以夫子为木铎，任乾坤倒转，率兽食人，常运悲心存大理；时适逢大易之明夷，痛南北隔离，洰阴锢世，无由侍教慰孤衷。"8 月，返台参加世界华学会议，欲与徐复观商量在台湾为业师熊十力先生举行追悼大会，未果。时逢中兴大学筹设文学院，约请先生出任院长，先生商请校方建议"教育部"创设中兴大学哲学系，不果。是年，长篇巨制《心体与性体》第一册和第二册，先后由台北正中书局出版。于《新亚书院学术年刊》发表《综述朱子三十七岁前之大体倾向以及此后其成熟之义理系统之形态》（第 10 期）。

1969 年（民国五十八年），61 岁

在香港，任教香港中文大学。

是年，接任新亚书院哲学系主任。先后主授魏晋玄学、南北朝隋唐佛学、宋明儒学、康德哲学、知识论等课程。《心体与性体》第三册，仍由台北正中书局出版。

秋冬之际，《智的直觉与中国哲学》一书脱稿。

1970 年（民国五十九年），62 岁

在香港，任教香港中文大学。开始撰著巨著《佛性与般若》，并陆续翻译康德的《纯粹理性之批判》。《生命的学问》一书，由台北三民书局出版。于新亚书院《中国学人》发表《我与熊十力先生》一文（创刊

号第 1 期）。

1971 年（民国六十年），63 岁

在香港，任教香港中文大学。3 月，《智的直觉与中国哲学》一书，由台北台湾商务印书馆出版。于《新亚书院学术年刊》发表《龙树辩破数与时》。《存在主义入门》和《我的存在感受》收入文集《存在主义与人生问题》，由香港大学生出版社出版。

1972 年（民国六十一年），64 岁

在香港，任教香港中文大学。6 月，应邀赴美国夏威夷大学参加以王阳明哲学为主题的东西方哲学家会议。返港时途经台北，中国文化大学创办人张其昀先生偕同哲学研究所所长谢幼伟先生亲自敬送华冈教授聘书，邀请先生从新亚书院退休后到华冈讲学。于《中国文化》发表《哲学的用处》（第 42 期）；于《新亚书院学术年刊》发表《王学德分化与发展》；于《联合报》发表《访唐君毅与牟宗三两位教授谈冯友兰在大陆的处境》（12 月 21 日）。

1973 年（民国六十二年），65 岁

在香港，任教香港中文大学。1 月，在新亚月会讲"中国知识分子的命运"，讲稿刊于《新亚双周刊》。夏，《现象与物自身》一书完稿。9 月，于《新亚书院学术年刊》发表《王龙溪〈致知义辩〉疏解》（第 15 期）。

1974 年（民国六十三年），66 岁

在香港，任教香港中文大学。7 月，与唐君毅同时由香港中文大学退休。9 月，于《新亚书院学术年刊》发表《智者大师之位居五品》（第 16 期）。10 月，应华冈教授之聘，为中国文化大学哲学所主讲康德哲学。冬，先后在台北师范大学、台南成功大学、台中央大学作学术演讲，又在高雄佛光山佛学院讲"弘扬宗教的态度"。是年，在台作专题讲演："儒家的道德的形上学"、"道家之'无'底智慧与境界形态的形上学"、"佛家的存有论"、"宋明儒学的三系"，并整理成稿。《历史哲学》、《才性与玄理》、《中国哲学的特质》先后由台北书局再版发行。

1975 年（民国六十四年），67 岁

在香港，任教香港新亚研究所，为哲学组导师。先后于《清华学报》发表《涅经之佛学义》，于《成功大学学报》发表《关于大乘止观法门》，于《佛光学报》发表《天台宗之判教》，于《人与社会》发表《中国传统思想与西方民主精神之汇通与相济》。《佛性与般若》完稿。

6月，于《人与社会》发表《中国传统思想与西方民主精神之会通与相济问题》（第 3 卷第 2 期）。7 月，于《鹅湖月刊》发表《阳明学是孟子学》（上下）、《〈现象与物自身〉序》、《道家之"无"底智慧与境界形态的形上学》、《中国文化之问题》和《佛家的存有论》（第 1 卷第 1~6 期）。重要巨著《现象与物自身》，由台北学生书局出版。

1976 年（民国六十五年），68 岁

在香港，任教新亚研究所。9 月，受聘台湾大学客座教授。11 月返台，主讲"宋明儒学"，"南北朝隋唐佛学"。先后应中国文化大学、台湾大学、东海大学与中兴大学之邀，讲"我的学思经历"。12 月，应《鹅湖月刊》社之请作公开演讲。以"从鹅湖之会说起"为题，畅论分析之义旨以及对学术之重要性。先后于《鹅湖月刊》发表《宋明儒学的三系》、《如来禅与祖师禅》（上下）、《分别说与非分别说》（上下）和《惠施与辩者之徒之怪说》（一至四）（第 1 卷第 7 期、第 8~9 期、第 11~12 期和第 2 卷第 1~4 期）；于《自由学人》发表《陆王一系之心性之学》（一至三）（第 1 卷第 3 期）。

1977 年（民国六十六年），69 岁

2 月初，自台回港度岁。于新亚研究所授课之暇，撰成"王门江右学派"一章。4 月，返台大继续讲学。5 月，应台大哲学学社之邀，讲"中国哲学未来之发展"。7 月回港，重新校勘康德《纯理批判》译稿。11 月，再返台大哲学研究所主讲"魏晋玄学"，"天台宗与华严宗"两课程。12 月，应中国文化大学华冈哲学学社之请，讲"中国哲学之未来"，重申前义。于《鹅湖月刊》发表《公孙龙之名理》（一至五）（第 2 卷第 8~10 期和第 12 期以及第 3 卷第 1 期）。是年，《佛性与般若》（上、下册），由台北学生书局出版。

1978 年（民国六十七年），70 岁

1月，回港度岁。2月2日，唐君毅病逝于香港，著文追悼，称唐君毅为"文化意识宇宙的巨人"，并献挽联："一生志愿纯在儒宗，典雅弘通，波澜壮阔，继往开来，智慧容光昭寰宇；全幅精神注于新亚，仁至义尽，心力瘁伤，通体达用，性情事业留人间。"3月，于《鹅湖月刊》发表《哀悼唐君毅先生》（第3卷第9期）。4月，在新亚研究所教课之余，所著《心体与性体》之第四册《从陆象山到刘蕺山》两章完稿。4月19日，返台大继续讲学。5月，先后应邀于佛光山佛学院台北分院发表题为"天台宗在佛教中的地位"的讲演，于台湾师范大学国文学社发表题为"文化意识宇宙的含义"的讲演。7月20日回港，再度校订康德《纯粹理性之批判》译注稿。8月《道德的理想主义》第三次修订，作《修订版自序》，并收入《悼念唐君毅先生》、《"文化意识宇宙"一词之释义》为附录，由台北学生书局出版。9月，门人编印七十哲诞祝寿文集《牟宗三先生的哲学著作》，由台北学生书局出版。11月，再应"教育部"之聘，第三次讲学于台大哲学研究所，主讲"中国哲学之特质"（中国哲学之简述及其所蕴含之问题）、"天台宗研究"两课程。《中国哲学的特质》韩文版（成均馆大学教授宋恒龙翻译）在汉城印行。

1979 年（民国六十八年），71 岁

1月下旬，自台回港度岁。4月，返台继续讲学。7月1日，应立法委员会黄本初先生之邀，在"熊十力先生追念会"上讲话，讲稿《熊十力先生追念会讲话》刊于《鹅湖月刊》第5卷第2期。又于该刊发表《"文化意识宇宙"一词之释义》（第4卷第11期）。7月11日，于东海大学主办的首次中国文化研讨会上主讲"从儒家当前的使命说中国文化的现代意义"、"从儒家当前的使命说中国文化的现代意义"。8月，东海大学哲学系成立，受聘为中国文化荣誉讲座教授。《名家与荀子》和《从陆象山到刘蕺山》二书，由台北学生书局出版。9月，在新亚研究所第一次文化讲座讲"平反与平正"，讲稿刊于《鹅湖月刊》第5卷第7期。应联合报社邀请，发表题为"从索忍尼辛批评美国说起"的讲演，讲稿记录自1月14日于《联合报》副刊连载。《五四与现代化》于《台湾日报》5月29日—6月2日连载。

11月，于《古今谈》发表《黑格尔与王船山》（第174期）。

11月，于《中国文化》发表《从儒家当前的使命说中国文化的现

代意义》（第 1 期）。

12 月 7—11 日，于《青年战士报》发表《从儒家当前的使命说中国文化的现代意义》（连载）。

12 月，于《中国文化》发表《中国哲学之简述及其所涵蕴的问题》（第 2 期）。

1980 年（民国六十九年），72 岁

5 月，应台大哲学研究所之聘，返台指导研究生学位论文。7 月 25 日，应韩国退溪学会理事长李东俊先生之邀，赴汉城主持学术座谈会，并访问成均馆和陶山书院。8 月 2 日，应《联合报》之邀作题为"中国文化的断续问题"的公开演讲，讲稿刊于《联合报》副刊。是年，新亚研究所设立博士班，出任哲学组导师。

1981 年（民国七十年），73 岁

在香港，任教新亚研究所。春，旅美学者陈荣捷和哥伦比亚大学教授狄百瑞联名函邀出席翌年在夏威夷大学举行的朱子国际学术会议，因惮于远行，乃复函谢辞。5 月，应《联合报》和东海大学之邀，返台作短期讲学。10 月于新亚研究所月会作"僻执、理性与坦途"的讲演，讲稿刊于香港《百姓月刊》，后转载于《中国文化月刊》、《鹅湖月刊》。于《中国文化月刊》发表《中国哲学之简述及其所涵蕴的问题》（上下）（第 6 卷第 18～19 期）；于《鹅湖月刊》发表《中国哲学的未来拓展》和《文化建设的道路》（分为"历史的回顾"与"现时代的文化建设的意义"两讲（第 6 卷第 12 期和第 7 卷第 1～2 期）。

1982 年（民国七十一年），74 岁

在香港，任教新亚书院。年初，《联合报》社与台湾大学协议，联合聘请先生为特约讲座，唯以台大哲学系氛围复杂而未应承。4 月 1 日，徐复观病逝，特为文悼念，并嘱咐在台门人致送挽联："崇圣尊儒，精诚相感，巨著自流徽，辣手文章辨义利；辟邪显正，忧患同经，说言真警世，通身肝胆照天人。"11 月下旬，应台大之聘，主讲"中国哲学之契入"，"中西哲学会通之分际与限度"两课程。12 月 25 日，应《联合报》文化基金会之邀作讲演，讲稿刊于《联合报》（副刊）。是年，《康德的道德哲学》（译注）由台北学生书局印行。

1983 年（民国七十二年），75 岁

1 月 30 日，于东海大学文化研讨会作"哲学的用处"讲演，讲稿刊于《中国文化月刊》。2 月初。由台北回香港。4 月返台大讲学。5 月，应《联合报》文化基金会之邀，分别作题为"中国文化大脉动之'现实关心问题'"和"中国文化大脉动之'终极关心问题'"，讲稿由《联合报》副刊（9 月 13、14、15 日和 9 月 28 日—10 月 5 日）连载。是年，《康德纯粹理性之批判》（译注，上下册）和《中国哲学十九讲》，由台北学生书局出版；《中国文化省察》（中英对照本），由台北联经出版社出版。

1984 年（民国七十三年），76 岁

在香港，任教新亚研究所。3 月，二公子伯琏偕同长孙（长公子伯旋之子）由山东老家来港探亲，住约一月。3 月 13 返台，15 日接受台湾"行政院"国家文化奖章。3 月 21 日，应东海大学哲学研究所之请，作题为"哲学研究之途经"的讲演。3 月，《时代与感受》由鹅湖出版社印行。《〈认识心之批判〉序言》刊于《鹅湖月刊》第 10 卷第 3 期。

1985 年（民国七十四年），77 岁

在香港，任教新亚研究所。5 月，《中国哲学十九讲》韩文译者郑仁在博士至台北出席会议，特别面请先生为韩文版作序；至 10 月，该书韩文版由汉城莹雪出版社出版发行。5 月 29 日，应东海大学研究生联谊会之请，讲"《圆善论》大旨"。6 月 15 日，应台湾师范大学与鹅湖月刊社联合邀请，作题为"研究中国哲学之文献途径"的讲演。30 日，于东海大学文化研讨会作题为"理解与行动"的讲演。7 月，《圆善论》由台北学生书局出版。9 月，应国科会讲座教授之聘，返台为各大学研究生讲授"中国哲学专题研究"。11 月，在熊十力先生诞辰 100 周年纪念会上作题为"熊十力先生的智慧方向"的讲演，讲演记录稿同时刊于《联合报》和《鹅湖月刊》第 125 期。于《鹅湖月刊》发表《中西哲学之会通》（一至五）（第 11 卷第 4～8 期）。

1986 年（民国七十五年），78 岁

1 月，回港度岁。3 月，译完维特根斯坦《名理论》。4 月，返台讲学。6 月，应中央大学"柏园讲座"邀请作《人文教养与现代教育》的

公开演讲。7 月，回港。10 底，返台讲学，并再次应邀在中央大学作题为"中国文化发展义理开创的十大争辩"的公开演讲，讲稿刊于《中国时报》副刊以及《鹅湖月刊》第 12 卷第 11 期；于《联合报》发表《生命的智慧与方向——从熊十力先生谈起》（1 月 12 日的副刊）；于《鹅湖月刊》发表《中西哲学之会通》（三十四）（第 11 卷第 8～12 期和第12 卷第 1～7 期）。

1987 年（民国七十六年），79 岁

1 月末，回港度岁。《圆善论》和译著《名理论》，由台北台湾学生书局印行。在香港中文大学主办的第九届退溪学会国际会议上做主题演讲。4 月 22 日，接受香港大学颁赠的荣誉文学博士学位。7 月初回港，10 月 28 日，返台讲学，主讲"真善美之分别说与合一说"。于《鹅湖月刊》发表《〈单在理性范围内之宗教〉第二卷——善原则之统治人与恶原则之统治人之冲突》和《〈单在理性范围内之宗教〉第二卷》（下）（第 12 卷第 12 期和第 13 卷第 1 期）。

1988 年（民国七十七年），80 岁

2 月 2 日，在台北的"唐君毅先生逝世十周年纪念会"上讲话。4月，《周易的自然哲学与道德函义》（原名"从周易方面研究中国之元学与道德哲学"），由台北文津出版社重新排版印行。6 月 9 日，八十寿诞，连续数日，台北各报皆有访问报道；台视、中视、华视三家电视台同时播出访问录影。6 月 23 日，因梁漱溟在北京逝世，应《中央日报》记者访问，作《我所认识的梁漱溟先生》访谈录。7 月，台北中华书局出版的《简明大英百科全书》中文版中的"牟宗三"辞条修订（蔡仁厚执笔）。12 月 4 日，应邀在台湾师范大学主办的"王阳明学术讨论会"做主题演讲，讲稿编入次年出版的会议论文集。12 月 24 日，在新亚研究所举行的"唐君毅先生逝世十周年学术研讨会"上讲话。12月 25 日，应邀在法住学会主办的"唐君毅思想国际会议"闭幕式上做主题演讲，记录讲稿发表于次年 5 月的《鹅湖月刊》。是年，于《鹅湖月刊》发表《宋明儒学演讲录》（一至四）以及论文《依通、别、圆三教看佛家的"中道"义》（第 13 卷第 12 期至第 14 卷 1～3期与第 14 期）。

1989 年（民国七十八年），81 岁

在香港，任教新亚研究所。1 月，自传《五十自述》由鹅湖出版社印行。3 月起，《鹅湖月刊》连载《牟宗三先生学行著述纪要》（蔡仁厚撰著）。4 月返台讲学。5 月 4 日，应中国文化大学哲学研究所之邀，作学术演讲。5 月 21 日，在台门人为先生祝寿，席间言及自己从读大学开始，六十年来的学术使命只是一件事，即："反省中国之文化生命，以重开中国哲学之途径"。月底返港。8 月返台参加中国文化大学主办的国际哲学会议，以东西哲学比较为主题，发表主题演讲，由旅澳学者姜允明教授即席英译。10 月，长期为之努力的"中国哲学研究中心"正式成立，聘为研究讲座教授。陆续译述康德《判断力之批判》。12 月末，鹅湖论文研讨会召开，以牟宗三哲学思想为主题进行讨论，提供论文与参加讨论者达 56 人之多。

1990 年（民国七十九年），82 岁

继续译注康德《判断力之批判》。从 5 月 13 日起，应东方人文基金会与《鹅湖月刊》社之请，在鹅湖文化讲座讲"康德美学：第三批判"。同月，应社会大学与《联合报》之联合邀请，作公开演讲。11 月，应"行政院"文建会邀请，向全国文化会议提交书面讲稿《中国文化的发展与现代化》，刊于《联合报》11 月 8 日副刊；12 月 27 日，返台参加"第一届当代新儒学国际会议"，以名誉主席的身份为大会做主题演讲，题为"客观的了解与中国文化之再造"，强调"客观理解"的重要，记录讲稿刊于次年《鹅湖月刊》第 16 卷第 11 期和《当代新儒家论文集》（台北，文津出版社出版）。《中西哲学之会通十四讲》一书，由台北台湾学生书局印行。

1991 年（民国八十年），83 岁

元旦，由台北回香港。5 月，在台主持博士论文的答辩。8 月在香港主持新亚"宋明儒学与佛老"之学术研讨会。完成康德《判断力之批判》之译著。至此，康德"三大批判"全部译出。以一人之力翻译康德"三大批判"，为世界第一人。

1992 年（民国八十一年），84 岁

在香港，任教新亚研究所。于《鹅湖月刊》发表重要著作《以合目

的性之原则为审美判断力之超越的原则之疑窦与商榷》（上中下）（第17卷第10~12期）。

5月返台，主持东海大学哲学所的博士论文答辩。5月20日，在东海大学主持"康德第三批判之思路与限制"座谈会。5月21日，又以"真善美之分别与合一说"为题，在东海大学作公开演讲，中部各大学师生皆来听讲，盛况空前。5月30起，连续四周在鹅湖文化讲座作学术报告。为中国哲学研究中心作学术专题演讲，题为"康德之'第三批判'"。6月25日，在东海大学"徐复观学术思想国际研讨会"开幕式上做主题演讲，讲稿编入会议论文集。28日，应国际佛学研究中心之邀请，作佛学专题演讲。10月，济南山东大学举办"牟宗三与新儒家学术思想研讨会"。《康德判断力之批判》（译注，上册）由台北台湾学生书局印行。12月19日，在台出席"第二届当代新儒学国际会议"，做题为"中国文化发展中的大综合与中西传统的融会"的主题演讲，讲稿由《联合报》副刊连载（12月20—21日）。12月23日，因病入中华医院诊治。26日转台大医院。是年，大陆学者选编的《道德理想主义的重建：牟宗三新儒学论著辑要》，由北京中国广播电视出版社出版，郑家栋著《本体与方法：从熊十力到牟宗三》，由辽宁大学出版社出版。

1993年（民国八十二年），85岁

在台北。1月6日，香港《星岛日报》名人天下版刊出《新儒学第二代：硕果仅存——牟宗三》之访谈录。3月1日出院，返回住宅休养。6月10日，应邀出席"第二届国际东西方哲学比较研讨会"，作题为《超越的分解与辩证的综合》的专题演讲，讲稿分别刊于《东西哲学比较论文集》和《鹅湖月刊》第19卷第4期。10月回港，为新亚学生授课。《康德判断力之批判》（译注，下册）由台北台湾学生书局印行。12月，《中央日报·长河版》陆续刊出"牟宗三语录"；大陆学者黄克剑主编的《当代新儒学八大家集》第七册《牟宗三集》，由北京群言出版社出版。同年，大陆学者陈克艰选录唐君毅、牟宗三诸先生著作编为《理性与生命》出版。

1994年（民国八十三年），86岁

自3月6日起，以东方人文学术研究基金会、中国哲学研究中心讲座教授身份主持每周一次的学术讲座，主讲哲学的基本问题。4月22

日回港，为新亚研究所研究生作谈话式讲学。6月，正式辞去新亚研究所导师之聘，结束了在新亚研究所长达数十年的教学生涯。这标志着当代新儒家第二代大师全部退出新亚研究所。19日返台。12月14日，再次住进台大医院，留下"临终遗言"，自谓："一生著作，古今无两。"12月27日，第三届"当代新儒学国际会议"在香港中文大学召开。作为名誉会长，因病未能出席。所著《"四因说"演讲录》（第一讲至第四讲）刊于《鹅湖月刊》第20卷第3～6期。

1995年（民国八十四年），87岁

1月7日，出院后回家调养。为第一部系统研究牟宗三哲学思想的学术著作《整合与重铸——当代大儒牟宗三先生思想研究》（作者为大陆青年学者颜炳罡）一书略作文字润色，该书由台北学生书局出版。《"四因说"演讲录》（第五讲至第十六讲）续刊于《鹅湖月刊》第20卷第7～12期和第21卷第1～6期。

《"四因说"演讲录》（第十七讲、第十八讲、第十九讲）续刊于《鹅湖月刊》第21卷第7～9期；《人文讲习录》于次年（1996年）印行。

3月13日，第三次入住台大医院。3月16日，移住加护病房，各地门人纷纷赶来探视。3月24日，公子元一自香港来台大医院探视。3月29日，门人勘定新店竹林长乐景观墓园，预先安排后事。4月5日，医师对家属和门人发出病危通知。4月9日，病情加重，延至4月12日下午3时40分，与世长辞，享年87岁。

中国近代思想家文库

图书在版编目（CIP）数据

中国近代思想家文库. 牟宗三卷/王兴国编. —北京：中国人民大学出版社，2015.1

ISBN 978-7-300-20619-6

Ⅰ. ①中… Ⅱ. ①王… Ⅲ. ①思想史-研究-中国-近代②牟宗三（1909～1995）-思想评论 Ⅳ. ①B250.2

中国版本图书馆 CIP 数据核字（2013）第 008569 号

中国近代思想家文库

牟宗三卷

王兴国　编

Mou Zongsan Juan

出版发行	中国人民大学出版社			
社　　址	北京中关村大街 31 号		**邮政编码**	100080
电　　话	010 - 62511242（总编室）		010 - 62511770（质管部）	
	010 - 82501766（邮购部）		010 - 62514148（门市部）	
	010 - 62515195（发行公司）		010 - 62515275（盗版举报）	
网　　址	http://www.crup.com.cn			
经　　销	新华书店			
印　　刷	涿州市星河印刷有限公司			
开　　本	720mm×1000mm　1/16		**版　　次**	2015 年 3 月第 1 版
印　　张	40.5 插页 1		**印　　次**	2024 年 7 月第 3 次印刷
字　　数	651 000		**定　　价**	136.00 元